LA COMPROBACIÓN DE OPERACIONES VINCULADAS EN EL IMPUESTO SOBRE SOCIEDADES ESPAÑOL

Límites a la interpretación desde una perspectiva internacional, europea y nacional

LAURA VIVIANA SALAMANCA SAMUDIO

LA COMPROBACIÓN DE OPERACIONES VINCULADAS EN EL IMPUESTO SOBRE SOCIEDADES ESPAÑOL

Límites a la interpretación desde una perspectiva internacional, europea y nacional

Prólogo
ANA BELÉN MACHO PÉREZ

Editorial Aranzadi, S.A.U.
C/ Collado Mediano, 9
28231 Las Rozas (Madrid)
Tel: 91 602 01 82
e-mail: clienteslaley@aranzadilaley.es
https://www.aranzadilaley.es/aranzadi

Primera edición: 2024

Depósito Legal: M-11664-2024
ISBN versión impresa: 978-84-10295-92-6
ISBN versión electrónica: 978-84-10295-93-3
Incluye soporte electrónico

Diseño, Preimpresión e Impresión: Editorial Aranzadi, S.A.U.
Printed in Spain

A mi familia.

Índice General

Página

Abreviaturas

AEAT	Agencia Estatal de Administración Tributaria
ALP	Arm's length principle
AN	Audiencia Nacional de España
APA	Advanced Pricing Arrangements (Acuerdos previos de valoración)
ARC	Acuerdo de Reparto de Costes
Art.	Artículo
AT	Administración tributaria (Referencia general a oficinas de inspección tributaria de España)
BEPS	Base Erosion and Profit Shifting
BOE	Boletín Oficial del Estado. España
BRICS	Brazil, Russia, India, China, and South Africa
CbC	Country by country report. Informe país por país
CDI	Convenio de doble imposición
CE	Constitución Española
CEE	Comunidades Económicas Europeas
CJEU	Court of Justice of the European Union
CMM	Comparable Margin Method
CUP	Comparable Uncontrollable Price
CPM	Cost Plus Method
DEMPE	Development, enhancement, maintenance, protection and exploitation
Decisión CE	Decisión de la Comisión Europea
DGT	Dirección General de Tributos de España
DPT OCDE	Directrices sobre Precios de Transferencia de la Organización para la Cooperación y el Desarrollo Económicos
EMN	Empresa(s) multinacional(es)

ICC	International Chamber of Commerce
IDV	Intangibles de difícil valoración
Informe OCDE	Informe sobre Precios de Transferencia y Empresas Multinacionales de la OCDE 1979
IRS	Internal Revenue Service of the United States of America
JTPF	Foro Conjunto de la Unión Europea sobre Precios de Transferencia
LGT	Ley 58/2003, de 17 de diciembre, General Tributaria
LIS de 1978	Ley 61/1978, de 27 de diciembre, del Impuesto sobre Sociedades
LIS de 1995	Ley 43/1995, de 27 de diciembre, sobre el Impuesto sobre Sociedades
LIS de 2014	Ley 27/2014, de 27 de noviembre, sobre el Impuesto sobre Sociedades
MC OCDE	Modelo de Convenio de Doble Imposición de la OCDE
MC ONU	Modelo de Convenio en materia tributaria propuesto por la ONU
Medidas BEPS	Paquete de 13 informes entregados con las recomendaciones del Plan BEPS
P.	Página
Pár.	Parágrafo
Plan BEPS	Action Plan on Base Erosion and Profit Shifting
OCDE	Organización para la Cooperación y el Desarrollo Económicos
OECD TPG	Directrices de la OCDE sobre precios de transferencia
ONU	Organización de las Naciones Unidas
RPM	Resale Price Method
SAN	Sentencia de la Audiencia Nacional
STC	Sentencia del Tribunal Constitucional
STGUE	Sentencia del Tribunal General de la Unión Europea
STJCE	Sentencia del Tribunal de Justicia de las Comunidades Europeas
STJUE	Sentencia del Tribunal de Justicia de la Unión Europea
STS	Sentencia del Tribunal Supremo
TC	Tribunal Constitucional de España

TCE	Tratado constitutivo de la Comunidad Económica Europea
TEAC	Tribunal Económico-Administrativo Central
TFUE	Tratado de Funcionamiento de la Unión Europea
TGUE	Tribunal General de la Unión Europea
TJCE	Tribunal de Justicia de las Comunidades Europeas
TJUE	Tribunal de Justicia de la Unión Europea
TNMM	Transactional Net Margin Method
TRLIGRS	Texto Refundido de la Ley del Impuesto General sobre la Renta de Sociedades y demás Entidades Jurídicas
TRLIS de 2004	Texto Refundido de la Ley del Impuesto sobre Sociedades Real Decreto 4/2004
TS	Tribunal Supremo de España
UE	Unión Europea

Prólogo

Es un placer y un honor para mí escribir este prólogo al libro de Laura V. Salamanca Samudio, fruto de su tesis doctoral, con el que culmina un período de varios años de su vida académica en la Universidad Pompeu Fabra, que he tenido la suerte de compartir. Un primer hito en este camino académico se produjo con el acto de defensa de su tesis doctoral, el día 30 de marzo de 2023 en la Facultad de Derecho de la Universidad Pompeu Fabra, tesis doctoral que obtuvo la máxima calificación (excelente cum laude) y la Mención internacional.

Son varios los motivos, académicos y personales, por los que resulta especialmente gratificante escribir estas líneas. En primer lugar, me referiré a las razones estrictamente académicas y, en particular, a las que avalan el trabajo que aquí se presenta, referidas esencialmente al objeto de estudio; la metodología y fuentes utilizadas; y la contribución que esta obra supone para el avance científico.

En lo que se refiere a su objeto de estudio, el presente libro de Laura Salamanca Samudio, con el título «La comprobación de operaciones vinculadas en el Impuesto sobre Sociedades español», revisa un tema clásico y muy relevante en la disciplina del Derecho financiero y tributario (el régimen jurídico de las operaciones entre sociedades vinculadas y los precios de transferencia que estas acuerdan), tema que sigue planteando en la actualidad importantes cuestiones no resueltas y retos de futuro.

En el contexto actual de globalización y digitalización de la economía, es creciente la importancia de las operaciones vinculadas entre empresas multinacionales (EMN), como parte de las estrategias de planificación fiscal internacional, para el traslado de beneficios entre las empresas que participan en el grupo y que operan en distintas jurisdicciones. En este contexto, la autora realiza una extensa revisión del fundamento y de la evolución histórica de la regulación de los precios de transferencia a nivel internacional.

En este análisis, el trabajo dedica una especial atención a las operaciones vinculadas con intangibles, debido a la estrecha relación que estas presentan con la construcción de las Directrices sobre Precios de Transferencia de la OCDE (versiones de 2010, 2017 y 2022) y como núcleo esencial de los trabajos del Plan BEPS (Base Erosion and Profit Shifting), dirigidos a la lucha contra la erosión de las bases imponibles y el traslado de beneficios, iniciados en 2013. En particular, en esta obra la autora reflexiona sobre la transformación del principio de plena competencia (arm's length principle —ALP—), como criterio de valoración para determinar la atribución de los beneficios que corresponde a cada entidad del grupo y también como mecanismo antiabuso.

Los resultados de la investigación muestran el cambio interpretativo del principio de sustancia, a la luz de la incorporación del elemento normativo de la «generación de valor», en relación con la prevención de prácticas BEPS. En particular, en esta obra se estudia con detalle la metodología de aplicación para el análisis de las operaciones vinculadas y el tratamiento jurídico-tributario de los beneficios obtenidos en las mismas; concretamente, el análisis de la sustancia de la operación, las consecuencias de la recalificación y el desconocimiento de las operaciones cuando no se cumple el estándar de mercado. Se trata de un tema de gran complejidad técnica, con múltiples vertientes, que la autora ha analizado de forma minuciosa con una metodología eminentemente jurídica.

Por lo que se refiere a la metodología y las fuentes utilizadas, cabe destacar que la obra de Laura Salamanca no se limita a la tradicional revisión de las fuentes jurídicas que regulan esta materia en el Derecho internacional tributario, el Derecho de la Unión Europea y el Derecho tributario español (labor que se ha realizado mediante una amplia revisión de la normativa y de la bibliografía existentes). Junto a ello, en este libro se lleva a cabo un exhaustivo análisis jurisprudencial, desde una posición crítica, de los pronunciamientos del Tribunal de Justicia de la Unión Europea en la materia (relativos a la prohibición de restricción a las libertades fundamentales y al régimen de ayudas de Estado) y de la jurisprudencia española (Tribunal Supremo y Audiencia Nacional). Esta es una aproximación metodológica diferente a la habitual para abordar el tema objeto de estudio, lo que ha permitido alcanzar relevantes conclusiones en relación con el principio ALP y la comprobación de operaciones vinculadas desde una perspectiva antiabuso.

En cuanto a la contribución aportada por este trabajo, por una parte, se formula una propuesta interpretativa del vigente artículo 18 de la Ley 27/2014, de 27 de noviembre, del Impuesto sobre Sociedades (LIS) para la comprobación de operaciones vinculadas en el IS español. Dicha propuesta supone restringir el ámbito de aplicación de las normas generales antiabuso previstas en la Ley 58/2003, de 17 de diciembre, General Tributaria (LGT) a los supuestos en que no se verifique el supuesto de hecho del artículo 18 de la LIS. Por otra parte, con este libro se abren interrogantes claves para continuar la investigación futura, a fin de comprobar si el sistema de principios basado en el ALP (y, en particular, el principio de sustancia) será superado por un sistema de reglas concretas (en la línea de los recientes Pilares I y II de la OCDE) y a efectos de analizar cuál será la posición jurisprudencial que adopten los tribunales españoles respecto a ese posible cambio.

En definitiva, considero que este trabajo supone una contribución destacable que permite avanzar en la resolución de las cuestiones teóricas y prácticas que plantea el artículo 18 de la LIS, no solo por el esfuerzo de sistematización y estudio de los casos jurisprudenciales sobre operaciones entre sociedades vinculadas y precios de transferencia que ha realizado la autora, sino también porque este análisis, de carácter inductivo, le ha permitido extraer interesantes conclusiones que pueden resultar aplicables a todos los efectos a la comprobación de operaciones vinculadas en el futuro.

Finalmente, cabe señalar que este trabajo se ha enriquecido con los resultados de la investigación realizada por la autora en los años 2020 y 2022 en la Maastricht University (Países Bajos), en particular, en el Maastricht Centre for Taxation, una prestigiosa institución de investigación en materia de fiscalidad internacional. Sendas estancias de investigación fueron realizadas bajo la tutela de los Catedráticos de Derecho Tributario y Directores del Departamento de Derecho Tributario de la Maastricht University, Prof. Dr. Rainer Prokisch y Prof. Dr. Raymond Luja, a quienes agradezco nuevamente su disponibilidad y apoyo durante dichas estancias. Asimismo, el trabajo se ha enriquecido gracias a las inestimables valoraciones realizadas por la Prof. Dra. M.ª Luisa Esteve Pardo (Universidad de Girona), el Prof. Dr. Marco Greggi (Università di Ferrara) y la Prof. Dra. Patricia Toledo Zúñiga (Universidad Austral de Chile), a quienes agradezco sinceramente su disponibilidad para formar parte de la comisión que evaluó la tesis doctoral y sus valiosas observaciones.

Para concluir, quisiera destacar los valores personales de Laura Salamanca, que se añaden a las razones académicas antes expuestas y por los que escribir estas páginas resulta especialmente entrañable. Su esfuerzo y dedicación, su actitud siempre abierta y generosa, demostrada durante todos estos años de trabajo en la Universidad Pompeu Fabra, merecen todo mi cariño y gratitud. Espero que, tras esta primera etapa académica concluida con éxito, le sigan muchos más logros en el camino y deseo lo mejor en el futuro académico, profesional y personal de Laura Salamanca, porque sin duda ella lo merece.

Barcelona, a 15 de febrero de 2024

Ana Belén Macho Pérez

Introducción

El objeto central de estudio de esta obra son las operaciones vinculadas, en particular, las operaciones realizadas entre empresas que pertenecen a un mismo grupo empresarial *—empresas vinculadas—;* y los precios que fijan estas empresas cuando realizan operaciones entre si *—precios de transferencia—*. Las operaciones vinculadas incumben necesariamente a la actividad de la Empresas Multinacionales (EMN), que conforman grupos de entidades que tienen relaciones comerciales y financieras entre ellas con el fin de optimizar los procesos y rendimientos económicos del grupo en su totalidad. Estas empresas se encuentran ubicadas en distintos Estados y pueden dedicarse a distintas actividades de acuerdo con los propósitos del grupo. Por ello, las operaciones que realizan entre sí tienen, a su vez, el efecto de distribuir los beneficios que genera el grupo entre cada uno de los Estados en donde se encuentran sus entidades; beneficios gravables según el impuesto que corresponda en cada uno de estos Estados[1].

Para determinar la correcta distribución de ingresos, el régimen de precios de transferencia se ha estructurado sobre la base del principio de plena competencia, cuya formulación y desarrollo general se ha elaborado en gran medida en el ámbito internacional. El principio de plena competencia o *at arm's length principle* (ALP)[2], ha sido el principal criterio para determinar la atribución de

1. En esta investigación nos enfocamos en las operaciones vinculadas que se realizan entre sociedades, por ello, a pesar de ser un tema regulado en distintos impuestos, como el IRPF, entre otros, nos centramos en el régimen jurídico del Impuesto sobre Sociedades. nos centramos en el régimen jurídico del Impuesto sobre Sociedades. ver DE PABLO VARONA, C., Las operaciones vinculadas en el IRPF, Tirant lo Blanch 2002. Ver JABALERA RODRÍGUEZ, A., "Operaciones vinculadas en el IVA: régimen comunitario y experiencias comparadas". Crónica Tributaria, núm. *129* (2008), pp. 113-140.
2. En la literatura española el principio *at arm's length* ha sido traducido como principio de plena competencia, también como principio de plena concurrencia. Sin embargo, algunos autores como GARCÍA PRATS y PALAO TABOADA consideran que la aproximación más cercana al sentido de la expresión anglosajona sería la de "principio de independencia" entre partes vinculadas. Ver GARCÍA PRATS, F. A., "Los precios de transferencia: su tratamiento tributario desde una perspectiva europea", Crónica Tributaria núm. 117 (2005), p. 38. En este trabajo se hará referencia al ALP como principio de plena competencia con el objetivo de ubicar su estudio dentro de la literatura citada en la materia, utilizando la misma terminología. En todo caso la descripción y delimitación del principio, a efectos de la comprensión de este trabajo, se encuentra definida en el numeral 3.1 del Capítulo I de este trabajo.

los beneficios que corresponde a cada entidad partícipe en estas operaciones vinculadas. Este principio se basa a su vez en una serie de fundamentos económicos (como el de la eficiencia del libre mercado) y contables (como el criterio de la entidad separada), sobre los cuales se ha elaborado una metodología de aplicación para el análisis de las operaciones vinculadas y el tratamiento jurídico-tributario de los beneficios obtenidos en estas. En términos generales, este principio indica que los beneficios obtenidos en una operación vinculada deberían ser los mismos que se obtendrían en una operación realizada entre empresas independientes en condiciones similares, lo que se considera un *precio de mercado,* o una remuneración de *plena competencia*.

Para aplicar el ALP, en el Derecho internacional tributario se han elaborado un conjunto de reglas, principalmente a través de dos instrumentos: i) el Modelo de Convenio Tributario sobre la Renta y sobre el Patrimonio de la Organización para la Cooperación y el Desarrollo Económico (MC OCDE), que contiene la formulación del principio en su art. 9; y ii) las Directrices sobre precios de transferencia de la OCDE (DPT OCDE), que recogen las recomendaciones de la organización para la aplicación del ALP establecido en el art. 9 del MC OCDE y se refieren básicamente a los pasos metodológicos para llevar a cabo el análisis de una operación vinculada de acuerdo con este principio.

El tenor literal del ALP establecido en el art. 9 del MC OCDE ha permanecido casi intacto desde sus primeras formulaciones en Modelos de convenios tributarios en los años 1930 y 1940. Sin embargo, el contenido sustancial del principio ha sufrido una constante evolución. Objetivamente, el ALP es un principio que establece un criterio para determinar los beneficios que deben ser gravados por un Estado cuando son resultado de operaciones entre partes vinculadas. Sin embargo, la globalización de la economía y el desarrollo de la tecnología provocaron un incremento de las operaciones vinculadas a partir de las décadas de 1980 y 1990[3] y las estrategias de planificación fiscal se volvieron más importantes para las EMN, permitiendo obtener ventajas de realizar sus negocios en distintos Estados, al punto incluso de obtener resultados de no imposición de sus beneficios. La reacción de los Estados y de la OCDE ante estas estrategias de planificación fiscal fue la de enfatizar en el objetivo de identificar la sustancia real de las operaciones vinculadas al aplicar el ALP. Por

3. La globalización y el proceso de integración de los mercados globales se ha intensificado a partir de los años 1990's. De acuerdo con el informe sobre inversión global de la Conferencia de las Naciones Unidas sobre Comercio y Desarrollo, el proceso de internacionalización de las EMN tuvo dos fases de crecimiento, una entre 1993-1997 y otra entre 2007-2010. Ver United Nations (2017) World Investment Report. Investment and the digital Economy, p. 159. De acuerdo con los informes de la OCDE, aproximadamente dos terceras partes del comercio global se lleva a cabo en el ámbito de las EMN. Si tenemos en cuenta que estas agrupaciones empresariales utilizan mayoritariamente operaciones vinculadas para su actividad económica, esto implica también un incremento exponencial de los precios de transferencia como parte de la economía global. Ver OCDE. (2013). Report: *Addressing Base Erosion and Profit Shifting*.

ello, el análisis de este estándar de sustancia se ha vuelto cada vez más relevante en el análisis de los precios de transferencia y, en la comprensión del contenido del ALP.

Uno de los ámbitos más retadores para la aplicación del ALP ha sido el de las operaciones vinculadas que involucran activos intangibles[4]. Los intangibles son bienes o activos inmateriales que, a pesar de los altos costes y riesgos que conlleva su desarrollo, son cada vez más imprescindibles en la generación de valor de las empresas; aún más en un contexto de digitalización de la actividad económica de las empresas. El valor de estos bienes o activos está estrechamente relacionado con la singular utilidad que presta a la EMN que los ha desarrollado (como un *know how* o una marca comercial); por ello, los intangibles más valiosos son más bien únicos, haciendo prácticamente imposible determinar un mercado para comparar su valor, contrario a lo que sucede con los bienes o servicios que se comercian en volumen. Por sus características, las operaciones vinculadas con intangibles pueden permitir el traslado de beneficios entre las empresas de los grupos internacionales, sin que ello implique materialmente el movimiento de capitales o de bienes de un Estado al otro. Como resultado, estas operaciones vinculadas son cada vez más utilizadas como parte de las estrategias de planificación fiscal de las EMN para optimizar sus beneficios globales[5].

Estas circunstancias impulsaron que, tanto la planificación fiscal agresiva como el análisis de operaciones con intangibles, fueran objetivos principales del «Plan para la lucha contra la erosión de las bases imponibles y el traslado de beneficios», más conocido como *Base Erosion and Profit Shifting* (Plan BEPS), iniciado en 2013 y, consecuentemente, de la modificación trasversal de las DPT OCDE publicada en 2017. De acuerdo con los informes finales del Plan BEPS, las directrices debían modificarse para permitir que los beneficios obtenidos en las operaciones vinculadas se alinearan con la creación de valor, esto es, en función de la sustancia de las contribuciones efectivamente realizadas por las entidades vinculadas. En efecto, las modificaciones técnicas introducidas a las DPT OCDE tras los trabajos de BEPS fueron numerosas, especialmente en materia de intangibles. Incluso, el proceso de reflexión sobre la modernización de este conjunto de recomendaciones ha continuado más allá de los informes

4. En términos generales los intangibles son bienes inmateriales, que no tienen el carácter de activos o bienes financieros, que tienen la capacidad de ser apropiados o controlados por una empresa y pueden generar ingresos económicos para la misma. Algunos ejemplos de intangibles que son objeto de operaciones vinculadas son las marcas, patentes, o el *know how*. Estos pueden ser objeto de operaciones vinculadas para su transferencia, desarrollo o la prestación de servicios relacionados con los mismos. El concepto de intangible a efectos de los precios de transferencia se estudia en el numeral 1 del Capítulo II de esta monografía.
5. Ver United Nations (2017) World Investment Report. Investment and the digital Economy, *Op. cit.* p. 159.

finales de BEPS, como se observa con las propuestas de los Pilares I y II para abordar los retos de la digitalización lideradas por la OCDE[6].

Este conjunto de cambios en el ámbito internacional del ALP y los precios de transferencia tiene a su vez efectos en el funcionamiento de la interpretación y aplicación de las normativas internas de los Estados en este ámbito. Aunque la elaboración de las reglas de análisis bajo el criterio del ALP ha sido fundamentalmente internacional, muchos Estados han incorporado el ALP y las disposiciones internacionalmente para su aplicación de manera progresiva —y a veces inadvertida[7]—, bien sea en la celebración de Convenios sobre la doble imposición (CDI) o por el establecimiento de normas internas concretas, utilizando como modelo el MC OCDE y las DPT OCDE. De esta forma, a pesar de ser *soft law,* estos dos instrumentos han contribuido a una introducción, en principio, uniforme de las reglas internacionales sobre precios de transferencia, por lo que tienen un papel fundamental en la interpretación del principio cuando se trata de la aplicación en los ordenamientos internos[8]. Aunque ya se discute más ampliamente en el contenido de este trabajo, basta avanzar que las DPT OCDE están formuladas en clave de recomendaciones, por lo que el alcance concreto del ALP o sus disposiciones de aplicación en las normativas internas está determinado por la legislación nacional.

En el ámbito del Derecho de la UE, se debe resaltar que este asunto forma parte del ámbito de la fiscalidad directa cuya regulación no es materia armonizada. No obstante, la legislación europea ha proporcionado elementos importantes para el análisis de las operaciones vinculadas desde la perspectiva del principio de no discriminación y la prohibición de abuso del Derecho tributario, incluso en relación con la prevención de la evasión y la elusión fiscal[9]. Estas

6. Ver OECD (2015), *Addressing the Tax Challenges of the Digital Economy, Action 1 - 2015 Final Report*, OECD/G20 Base Erosion and Profit Shifting Project, OECD Publishing, Paris.; Ver OECD (2021). *Statement on a Two-Pillar Solution to Address the Tax Challenges Arising from the Digitalisation of the Economy.* 8 de octubre 2021.; Ver OECD (2022), Tax Challenges Arising from the Digitalisation of the Economy – Commentary to the Global AntiBase Erosion Model Rules (Pillar Two), OECD, Paris.
7. Sobre la incorporación progresiva de las DPT OCDE y su influencia en el sistema de fuentes del Derecho tributario de diferentes Estados, autores como CALDERÓN han realizado extensos trabajos de investigación. Ver CALDERÓN CARRERO, J. M., Precios de transferencia e impuesto sobre sociedades: un análisis de la normativa española desde una perspectiva Internacional, Comunitaria y Constitucional, Tirant lo Blanch 2005.
8. Este aspecto ha sido estudiado detalladamente por la investigación de Alberto Vega García. Ver VEGA GARCÍA, A., El soft law en la fiscalidad internacional, Tesis Doctoral, Universitat Pompeu Fabra 2014.
9. Ver SCHÖN, W., "Transfer Pricing, the Arm's Length Standard and European Union", Working Paper of the Max Planck Institute for Tax Law and Public Finance no. 2011-08; Ver SCHÖN, W., "Transfer Pricing Issues of BEPS in the Light of EU Law (No. 9)". Elsevier BV 2015.; Ver también GILLET, P., "Transfer Pricing disputes in the European Union", En BAISTROCCHI, E. & ROXAN, I. (Eds.) Resolving transfer pricing disputes: a global analysis, Cambridge University Press 2012.

contribuciones del Derecho europeo provienen tanto de disposiciones de organismos legislativos como de la interpretación hecha por los tribunales europeos.

En el ámbito del Derecho tributario español, la legislación contiene el ALP como principio fundamental para la valoración de las operaciones vinculadas. La incorporación de este principio, al igual que en el plano internacional, ha ido evolucionando progresivamente. La aplicación de este principio en el ordenamiento español ha estado respaldada por la motivación del legislador de alinearse cada vez más con las regulaciones internacionales en materia de precios de transferencia, con lo cual, ha seguido de manera general las recomendaciones para el diseño de la normativa concreta[10]. En todo caso, el papel de las DPT OCDE en la aplicación práctica de esta normativa sigue siendo fundamental para interpretar los aspectos no regulados en la legislación. Tras las reformas más recientes a la Ley del Impuesto sobre Sociedades (LIS), las disposiciones sobre operaciones vinculadas han mostrado una mayor conexión con objetivos de prevención de lucha contra el fraude, no solo partiendo del contexto internacional de BEPS sino también por razones de política fiscal interna[11]. Asimismo, el tratamiento jurídico de las operaciones vinculadas en España también se ha realizado a través de la aplicación de normas que previenen el abuso en materia tributaria, en concreto las establecidas en la LGT[12]. La utilización de estas normas en la regularización de operaciones vinculadas ha sido validada por el Tribunal Supremo (TS) y la Audiencia Nacional (AN).

Con la publicación de la Ley 27/2014, de 27 de noviembre (LIS de 2014), se incluyó el art. 18 LIS que establece el ALP como criterio de valoración de las operaciones vinculadas en el régimen jurídico español y contiene las condiciones principales para la aplicación del mismo. A diferencia del precepto antecesor (art. 16 TRLIS), este precepto autoriza a la Administración tributaria española a efectuar correcciones a las operaciones vinculadas, que no se limitan únicamente al valor del precio[13]. Este precepto es aplicable a las operaciones vinculadas realizadas en los ejercicios fiscales iniciados el 1 de enero de 2015 y pos-

10. Ver ESTEVE PARDO, M. L., Fiscalidad de las operaciones entre sociedades vinculadas y distribuciones encubiertas de beneficios. Editorial Tirant lo Blanch 1996; Ver SALA GALVAÑ, G., (2003). *Op. cit.*; Ver CALDERÓN CARRERO, J. M., "The Spanish Transfer Pricing Regime and the OECD/G20 Base Erosion and Profit Shifting Project", Bulletin for International Taxation núm. 70(8) (2016); Ver MARTÍN JIMÉNEZ, A. J., "Operaciones vinculadas y derecho comunitario: ¿es necesaria una nueva reforma del art. 16 TRLIS?", En CORDÓN EZQUERRO, T. (Ed.) Fiscalidad de los precios de transferencia (Operaciones vinculadas) (1a), CEF 2010.; Ver también CALDERÓN CARRERO, J. M. y MARTÍN JIMÉNEZ, A. J., "Problemas de la normativa española en materia de operaciones vinculadas/precios de transferencia", Crónica Tributaria núm. 116 (2005).
11. Ver PATÓN GARCÍA, G., "La posición del legislador español ante el Proyecto BEPS y los avances del Plan de Acción de la Unión Europea", Documentos. IEF núm. 20 (2016), pp. 1–56.
12. Las establecidas en los artículos 13, 15 y 16 de la LGT.
13. A efectos de este trabajo haremos referencia a estas como correcciones o ajustes a las operaciones vinculadas.

teriores, por lo que la interpretación y aplicación del mismo prácticamente no ha sido objeto de la jurisprudencia del TS o la AN. No obstante, partiendo de la base de que el núcleo esencial del art. 18 LIS continúa siendo el mismo (el ALP aplicable a supuestos de operaciones vinculadas), es necesario analizar la doctrina jurisprudencial de estos tribunales para identificar aquellos elementos relevantes para la interpretación y aplicación del art. 18 LIS.

Aunque el estudio de las operaciones vinculadas y los precios de transferencia es un tema clásico de la fiscalidad internacional, su aplicación no deja de plantear cuestiones actuales de discusión por su constante evolución. La presente obra se propone revisar la incidencia de los cambios recientes en el régimen jurídico, ocurridos como consecuencia de la creciente preocupación (internacional, europea y nacional) por la utilización de prácticas de elusión fiscal a través de operaciones vinculadas. En especial, esta obra revisa la influencia de estos cambios en los elementos normativos y en los criterios jurisprudenciales que fijan la interpretación y aplicación de las normas tributarias destinadas a comprobar las operaciones vinculadas en el ordenamiento español. Las normas sobre operaciones vinculadas fueron esencialmente concebidas como normas de valoración de los beneficios empresariales distribuidos a través de los precios de transferencia. Sin embargo, el contexto antes mencionado ha incrementado la importancia de estas normas tributarias desde la perspectiva de los objetivos antielusión. En este sentido, este trabajo también busca ofrecer una perspectiva sobre los problemas de aplicación de la comprobación de operaciones vinculadas cuando se interrelacionan dos distintas finalidades: la valoración adecuada y la prevención de elusión fiscal.

En concreto, en esta obra se estudia el régimen jurídico de las operaciones entre sociedades vinculadas y los precios de transferencia en el Derecho internacional tributario, el Derecho de la Unión Europea y el Derecho español, con el objetivo de identificar los principales elementos que delimitan la interpretación y aplicación del art. 18 de la Ley 27/2014, del Impuesto sobre Sociedades (LIS). Para ello, se analiza el origen y evolución de la regulación de los precios de transferencia en el plano internacional, con especial referencia al análisis de las operaciones vinculadas que involucran intangibles. Asimismo, se estudia el marco jurídico europeo y español sobre los precios de transferencia y las operaciones vinculadas, desde una perspectiva normativa y jurisprudencial, basada en los pronunciamientos jurisprudenciales tanto del Tribunal de Justicia de la Unión Europea, como de los órganos jurisdiccionales españoles (en particular, Tribunal Supremo y Audiencia Nacional), sobre el principio de plena competencia y la normativa que lo aplica.

La metodología de investigación empleada es fundamentalmente jurídica, basada en la revisión normativa y jurisprudencial desde el plano internacional, comunitario y nacional. En una primera parte de la monografía, se emplea un método esencialmente deductivo, en el que se pretende dar respuesta a los objetivos a través del análisis de los conceptos y disposiciones formuladas tanto en el plano internacional (OCDE) como europeo y español, así como de la revisión de la doctrina científica existente sobre la evolución de la materia objeto de estudio. En la segunda parte, el método empleado es inductivo, dado que se pretende extraer conclusiones a través del análisis jurisprudencial tanto del TJUE como de los tribunales españoles (TS y AN).

A este propósito, esta monografía se organiza en seis capítulos. En el primer capítulo se analizan los fundamentos y evolución de las reglas sobre precios de transferencia en el plano internacional. En este capítulo se describen los elementos más importantes para la comprensión básica del objeto de estudio, como el concepto de operaciones vinculadas y la relevancia fiscal de los precios de transferencia. Asimismo, se analiza la evolución del ALP, desde la perspectiva de las DPT OCDE. En el segundo capítulo se estudian los fundamentos y evolución del análisis de los precios de transferencia en operaciones con intangibles, esto es, su concepto; principales hitos históricos para la elaboración de sus medidas de análisis; y, sobretodo, su relación con las más modificaciones impulsadas por BEPS.

En el tercer capítulo, se describe el marco metodológico actual para el análisis de las operaciones vinculadas, desde la perspectiva de las operaciones con intangibles, establecido en las DPT OCDE post BEPS (versión 2017 y 2022). Este es un capítulo que, a pesar de su contenido técnico, busca ubicar al lector en los contenidos del procedimiento de análisis en la práctica. Es además un capítulo intermedio entre la primera parte de la obra, dedicada principalmente a una ubicación histórica y conceptual del objeto de estudio y una segunda parte enfocada en el tratamiento normativo y jurisprudencial en el ámbito europeo y español.

El cuarto capítulo, aborda el contenido normativo en el Derecho europeo y español respecto al tratamiento de las operaciones vinculadas y el ALP, con el objetivo de delimitar el marco legal para la interpretación y aplicación del principio de plena competencia en desde ambos ordenamientos.

En el quinto capítulo, se analiza la posición del ALP y de las normativas sobre precios de transferencia, mediante un estudio jurisprudencial. En primer lugar, se aborda la doctrina del Tribunal de Justicia de la Unión Europea (TJUE) elaborada en base a dos principios de Derecho de la UE: i) la prohibición de restricciones a las libertades fundamentales; y ii) la prohibición de ayudas de estado. En segundo lugar, se revisan los pronunciamientos de los altos órganos jurisdiccionales españoles (Tribunal Supremo y Audiencia Nacional) respecto a la aplicación de la normativa del Impuesto sobre Sociedades sobre operaciones vinculadas (anterior al art. 18 LIS), así como a la aplicación de las cláusulas generales antiabuso establecidas en el régimen general tributario español en estos supuestos.

En el sexto capítulo, partiendo de la base de los resultados del estudio tanto normativo como jurisprudencial realizado en los capítulos precedentes, se presenta una propuesta de límites a la interpretación y aplicación del art. 18 LIS. La propuesta integra los elementos identificados en los demás apartados de la monografía (internacionales, europeos y nacionales), de forma que se restrinja el ámbito de aplicación de las normas generales antiabuso de la LGT a los supuestos en que no se verifica el supuesto de hecho del art. 18 LIS.

Capítulo I

Régimen jurídico de las operaciones vinculadas y los precios de transferencia en el Derecho Internacional tributario

1. DELIMITACIÓN DEL CONCEPTO DE PRECIOS DE TRANSFERENCIA Y OPERACIONES VINCULADAS

Existen diferentes perspectivas para abordar el análisis del concepto de precios de transferencia. Como se verá a continuación, el término puede hacer referencia a varias perspectivas diferentes: al precio acordado en una operación; al conjunto de políticas de un grupo empresarial respecto a sus transacciones internas; o incluso a un mecanismo de planificación fiscal[1]. Estas aproximaciones dependen del objeto de referencia y también, de la posición del observador.

Sobre la primera perspectiva, se debe partir del hecho de que los grupos empresariales, en el tracto ordinario de sus actividades, realizan operaciones de todo tipo, que pueden ser bien con contrapartes independientes, es decir, ajenas a su grupo (personas físicas o jurídicas), o bien con contrapartes del mismo grupo. Los precios de transferencia se refieren a estas últimas operaciones, es decir, son los precios que se fijan entre partes que pertenecen a un mismo grupo empresarial[2].

Desde esta perspectiva, los precios de transferencia se distinguen de los precios que se fijan en operaciones entre partes independientes. De manera general, dos compañías independientes acuerdan las condiciones y precios de sus transacciones basándose en sus intereses económicos y comerciales individuales. Esta colisión de intereses permite que los precios se acuerden, en términos económicos[3], por la tensión entre las fuerzas del mercado: la oferta y la demanda[4], por lo que se les denomina «precios de mercado». Por el contrario, la concertación de los precios de transferencia no se rige bajo estas mismas fuerzas, pues los intereses que rigen a las partes del acuerdo se consideran como uno mismo, el del grupo al que pertenecen[5]. Esto no quiere decir que el valor de un precio de transferencia tenga que ser necesariamente diferente de un precio de mercado; pero sí que existe la presunción de que la vinculación entre las partes puede dar lugar a un precio distinto al de mercado.

En cuando a la segunda perspectiva sobre el término «precios de transferencia», a efectos fiscales, en una operación no vinculada, el ingreso gravable de cada parte está determinado por un precio de mercado, mientras que en una operación vinculada, el precio puede variar del que habrían pactado partes independientes al no haber tensión de intereses; esta variación implica a su vez una afectación en la determinación de la base imponible, particularmente la del impuesto de sociedades, por lo que controlar este tipo de precios es relevante para las administraciones tributarias.

1. Ver GÓMEZ REQUENA, J. A., El Análisis de Comparabilidad Post-Beps en Precios De Transferencia: Definición precisa y recaracterización de operaciones vinculadas con activos intangibles, Tesis doctoral, Universidad de Castilla-La Mancha 2018., pp. 41 y ss.
2. Ver Duff & Phelps Corp., Guide to international transfer pricing: law, tax planning and compliance strategies (Fifth). Kluwer Law International 2016. p. 5.
3. Entendido desde una perspectiva económica neoclásica, un mercado abierto es aquel en que los precios son verdaderamente legítimos pues las partes los acuerdan en virtud de la confrontación de la oferta y la demanda. Ver SALA GALVAÑ, G., (2003). *Op. cit.* p. 44 y ss.
4. Ver MONSENEGO, J., Introduction to transfer pricing. Wolters Kluwer 2015, p. 17.
5. Ver TORVIK, O., Transfer pricing and intangibles: US and OECD arm's length distribution of operation profits from IP value chains, IBFD 2018. p. 3.

Ahora bien, para las empresas, los precios de transferencia son propios de su actividad *intragrupo*, forman parte de la libertad que tienen las empresas para organizarse y, sobre todo, para realizar su actividad de la forma que consideren más eficiente[6]. De hecho, es habitual que las EMN tengan lineamientos internos para la determinación de sus precios de transferencia en función de los objetivos globales y de su estructura organizativa, lo que se denomina la «política de precios de transferencia» del grupo[7]. Sin embargo, para las administraciones tributarias los precios de transferencia tienen un efecto en la determinación de las bases imponibles, aún más considerando que la asignación de los beneficios a una u otra parte vinculada conlleva también una distribución de los beneficios a uno u otro Estado. En este sentido, también se denomina como precios de transferencia, al área del Derecho Tributario que se ocupa de las consecuencias que tienen los precios de las operaciones vinculadas en la atribución de rendimientos entre sus partes[8], especialmente en operaciones transfronterizas o internacionales, por la venta o transferencia de bienes o servicios.

Respecto a la perspectiva del término «precios de trasferencia como mecanismos de planificación fiscal», esta parte de la base de los resultados negativos que pueden obtenerse con su uso. En las perspectivas anteriores, hemos enunciado aspectos de los precios de transferencia que corresponden a una connotación neutra de los mismos, es decir, una práctica regular en el contexto de las EMN sin atender a otros calificativos. Sin embargo, ya que puede constituir una

6. En este sentido, las operaciones vinculadas permiten establecer unas condiciones de «mercado interior» que favorecen una operación más eficiente económicamente, por ejemplo, para centralizar o eliminar algunos costes, minimizar riesgos, acceder a mejores opciones de aseguramiento, diferenciar funciones en las cadenas de suministro o mejorar sus procesos de escala industrial. Por otro lado, la actividad de los grupos o empresas multinacionales también está sujeta a factores externos que pueden afectar su operación. Así, es común que las empresas multinacionales deban enfrentar costes por las diferencias en cambios y divisas, cambios en los indicadores financieros, variaciones regulatorias del sector económico en que operan, cambios en los requisitos o restricciones a los movimientos de capitales y regulaciones especiales para la repatriación de dividendos en diferentes Estados. A través del acuerdo de condiciones en las operaciones vinculadas, estas empresas pueden integrar mejores respuestas a estos factores externos y mejorar así las contingencias que puedan derivarse en estos casos. Ver MARKHAM, M., The transfer pricing of intangibles. Kluwer Law International 2005, pp. 11 y ss.

7. Por esto, es importante la distinción que resalta GÓMEZ REQUENA entre los términos *«Transfer pricing»* y *«Transfer price»*, donde el primero se refiere a la metodología para estimación o determinación del precio, que se refiere al segundo término. Ver GÓMEZ REQUENA, J. A., El Análisis de comparabilidad post-BEPS en precios de transferencia: una visión sobre las operaciones vinculadas con activos intangibles, Thomson Reuters Aranzadi 2019, p. 46.

8. GARCÍA PRATS hace referencia a la regulación tributaria de los precios de transferencia en los siguientes términos: *«La ubicación de dichas partes o entidades en diferentes jurisdicciones tributarias determina la necesidad de establecer la atribución de rendimientos correspondientes a la transacción económica valuable a las partes asociadas, función que desempeña entre otros mecanismos la regulación tributaria de los precios de transferencia»*. Ver GARCÍA PRATS, F. A., (2005), *Op. cit.*, p. 36.; Ver MONSENEGO, J., (2015). *Op. cit.* p. 4.

oportunidad para establecer los precios en función de la jurisdicción que representa una menor carga tributaria, también han sido considerados una práctica negativa. Por esta razón, también es posible encontrar definiciones con una connotación «negativa» de los precios de transferencia[9], por considerarse un medio de las empresas para manipular sus precios y ubicar los beneficios en la jurisdicción más beneficiosa para sus intereses (aprovechando las diferencias entre los ordenamientos fiscales), y con ello obtener una ventaja fiscal considerada ilegítima (por desviarse del propósito de las normas tributarias). Sin embargo, es necesario diferenciar la existencia de los precios de transferencia como parte del tracto natural de la actividad empresarial, sin que necesariamente intervenga un ánimo defraudatorio o una intención de evadir, y mantener una formulación neutra del concepto[10]. Así lo ha reconocido la OCDE, definiéndolos como *«los precios a los que una empresa transmite bienes materiales y activos intangibles, o presta servicios, a empresas asociadas»*[11], y reconociendo que son significativos tanto para los contribuyentes como para las administraciones tributarias, ya que determinan en gran medida la distribución de la renta y los gastos, afectando a los beneficios que deben ser gravados en las distintas jurisdicciones fiscales[12]. Otros organismos, como la ONU, también expresan una concepción neutral del *transfer pricing* en términos muy cercanos a los de la OCDE, *«The general term for the pricing of cross-border, intragroup transactions in goods, intangibles or services»*[13].

Una vez indicada la definición de los precios de transferencia, para comprender su contenido es necesario delimitar dos elementos fundamentales: a) las operaciones vinculadas y, b) las entidades vinculadas o asociadas.

1.1. OPERACIONES VINCULADAS

Las operaciones a las que nos referimos pueden corresponder a transacciones de bienes, servicios, operaciones financieras, licencias sobre derechos, etc., en las cuales se acuerdan precios de transferencia con la particularidad de la afiliación o vinculación entre las partes, por lo que se denomina a estas «opera-

9. Ver MARKHAM, M., (2005), *Op. cit.*, p. 13.
10. Ver GARCÍA PRATS, F. A., (2005), *Op. cit.*, pp. 33-82.
11. Ver OECD. (2010), *OECD Transfer Pricing Guidelines for Multinational Enterprises and Tax Administrations 2010*, OECD Publishing. (en adelante «DPT OCDE 2010»). p. 24, prólogo núm. 11.
12. *«Transfer prices are the prices at which an enterprise transfers physical goods and intangible property or provides services to associated enterprises» (...) «12. Transfer prices are significant for both taxpayers and tax administrations because they determine in large part the income and expenses, and therefore taxable profits, of associated enterprises in different tax jurisdictions. Transfer pricing issues originally arose in transactions between associated enterprises operating within the same tax jurisdiction».* Ver OCDE (2022), *Transfer Pricing Guidelines for Multinational Enterprises and Tax Administrations 2022*, OECD Publishing, Paris. (en adelante «DPT OCDE 2022»), p. 13, prefacio no. 12.
13. Ver United Nations. Department of Economic & Social Affairs. (2021). *UN Practical manual on transfer pricing for developing countries (2021).* (En adelante «Manual de la ONU sobre Precios de Transferencia»).

ciones vinculadas». De hecho, las DPT OCDE las definen de forma breve y concreta como «operaciones entre dos empresas asociadas entre sí» [14].

Aunque las operaciones vinculadas pueden darse entre partes que actúan bajo una misma jurisdicción, los aspectos más conflictivos de su tratamiento se presentan en el ámbito internacional. Los precios fijados en operaciones que involucran partes localizadas en diferentes jurisdicciones implican la interacción de diferentes reglas en materia de imposición sobre los ingresos percibidos en dichas transacciones. Para las empresas, la presencia de diferentes ordenamientos implica una oportunidad para organizar la actividad del grupo en función del resultado de la aplicación de dichas reglas para sus empresas. Mientras que, para los Estados, especialmente para las autoridades tributarias, las operaciones internacionales implican un riesgo por la doble tributación o la no tributación que pueden sufrir las rentas sobre las que se pretende recaudar un impuesto. En este sentido, las operaciones vinculadas a las que haremos referencia en esta obra son aquellas transacciones que se dan en el ámbito internacional.

1.2. ENTIDADES VINCULADAS

Ahora bien, si hablamos de asociación o vinculación como elemento fundamental en materia de precios de transferencia, ¿qué debe considerarse por partes vinculadas? Como se mencionaba anteriormente, la vinculación es el aspecto que determina que los precios de transferencia deban ser considerados separadamente de aquellos fijados comúnmente en las operaciones entre dos empresas independientes.

La preocupación de fondo tiene que ver con la capacidad que tiene una entidad de ejercer un poder de decisión sobre las partes o entidades de un grupo de empresas. En este sentido, los precios fijados en las operaciones vinculadas pueden ser determinados por quien tiene la capacidad de control de las empresas que participan en la operación. A primera vista parece una cuestión sencilla, sin embargo, la OCDE ha asociado este concepto de vinculación a distintos criterios incluyendo la capacidad de control económico, el control de los órganos de administración, el número y tipo de participaciones, etc.

Actualmente, el Modelo de Convenio de Doble Imposición de la OCDE (MC OCDE) [15], al tratar la distribución de potestades de imposición entre diferentes Estados señala que el concepto de entidades vinculadas se refiere a la participación directa o indirecta en la gestión, control o capital que tiene una entidad sobre otra, o que tiene una misma persona en varias empresas [16], es decir, si ambas empresas están sometidas a un control común. Este concepto está relacionado con la definición del principio de plena competencia establecida en el

14. Ver DPT OCDE (2017), p. 25. *Definiciones*.
15. Ver OCDE (2017), Model Tax Convention on Income and on Capital: condensed version.
16. Ver DPT OCDE (2017). *Op. cit.* p. 13, prólogo. núm. 11.

art. 9 del MC OCDE[17], que se revisará posteriormente en el numeral 3.2 de este Capítulo.

Esta participación evidencia la relación jurídica relevante, a efectos tributarios, que habilita la aplicación de las normas sobre operaciones vinculadas. Las reglas internacionales proponen un marco general sobre los criterios para considerar que existe vinculación entre las partes que realizan una operación. Sin embargo, es la legislación doméstica la que determina concretamente el criterio que se utiliza en cada ordenamiento, cualitativa y cuantitativamente. Existen entonces, diferentes supuestos de relación o vinculación que pueden estar presentes en las operaciones vinculadas, algunas de ellas entre las personas naturales y las entidades (como es el caso de las relaciones socio o partícipe-sociedad, consejero o administrador-sociedad, relaciones de parentesco de socios o administradores-sociedad), y otras entre entidades propiamente dichas (establecimiento permanente-matriz, entre dos sucursales, filial matriz, etc.).

Ahora bien, hemos hecho referencia a «entidades», ya que en este estudio nos ocuparemos de la relación de vinculación que existe entre entidades jurídicas, dejando de lado las operaciones vinculadas que involucran a personas naturales. Asimismo, en esta obra se han considerado aspectos de las operaciones vinculadas en el ámbito de la relación establecimiento permanente-empresa principal, ya que comparte similitudes con los elementos del régimen jurídico de las operaciones vinculadas entre empresas, pero su estudio no es parte del objeto de esta investigación. Dicho esto, la relación jurídico-tributaria sobre la que se enfoca este estudio es, principalmente, la que se presenta entre empresas vinculadas, bien sea por la participación de una en otra o bien por estar bajo el control de una empresa en común.

Las operaciones vinculadas entre empresas tienen lugar, en su mayoría, en el seno de los grupos empresariales que operan en distintas jurisdicciones[18]. Estos grupos suelen organizarse a través de un conjunto de empresas ubicadas en distintos Estados bajo la dirección de una empresa matriz que controla y toma las decisiones globales sobre el funcionamiento del grupo[19]. Dada esta organización, existen dos perspectivas desde las cuales observar estas operaciones, por un lado, la del grupo empresarial en su totalidad y, por el otro, el de las

17. Ver DWARKASING R. S., The concept of associated enterprises. Intertax, núm. *41*(8-9) (2013), p. 412.
18. Para profundizar en el surgimiento y desarrollo de los grupos multinacionales, se recomienda ver BARNET, RICHARD. J. y MÜLLER, RONAL. E., Global reach: the power of the multinational corporations. Simon and Schuster 1974.
19. En todo caso, el uso del término empresas multinacionales no se refiere solamente a las grandes compañías globales como Apple, Google o Coca-Cola, sino que aplica indistintamente a todas aquellas corporaciones o grupos que operan a través de varias entidades localizadas en distintos Estados. Ver, HAMAEKERS, H., Introduction to Transfer Pricing, IBFD Transfer Pricing Database (extract), International Tax Center Leiden 2010, p. 1.

empresas que pertenecen a éste, consideradas individualmente[20]. Esta dualidad fue la base inicial para definir cómo debían considerarse las empresas vinculadas a efectos tributarios en cada jurisdicción, es decir, i) teniendo en cuenta un enfoque del grupo, podría utilizarse un enfoque unitario en el que se considere que los ingresos de las empresas vinculadas hacen parte de los beneficios globales del grupo; o ii) teniendo en cuenta la perspectiva de cada empresa individual, podría considerarse que sus ingresos corresponden a su actividad y deben tratarse de manera separada, como los de cualquier otra empresa no vinculada. Como veremos en el numeral 3.1.2.1 de este capítulo, el enfoque de la entidad separada ha sido el preponderante en el desarrollo del régimen jurídico. Sin embargo, la utilización de este criterio ha sido objeto de una de las principales críticas a la construcción de reglas sobre precios de transferencia, la inconsistencia con la realidad de las entidades vinculadas como partes de un grupo.

2. RELEVANCIA FISCAL DE LOS PRECIOS DE TRANSFERENCIA

Los precios de transferencia están relacionados con la imposición sobre los beneficios sociales. La determinación de los precios de transferencia conlleva indirectamente una distribución de los ingresos producto de la operación entre las partes involucradas. Teniendo en cuenta el contexto de las operaciones vinculadas internacionales, esta distribución de ingresos también incide en la composición de los beneficios que serán gravados en cada jurisdicción involucrada. En este sentido, como algunos autores afirman, la determinación de los precios de transferencia en el seno de los grupos multinacionales decide implícitamente el régimen tributario al que están sometidos los beneficios que se obtienen de la operación correspondiente[21].

Desde una perspectiva fiscal, el reto principal es asegurar que la operación vinculada tenga como resultado una correcta distribución de los ingresos entre las partes, lo que se verá reflejado en una correcta asignación de los beneficios gravables reportados por cada empresa individualmente en sus impuestos.

De entrada, este asunto ya conlleva una tarea de comprobación por parte de las administraciones tributarias, con la finalidad de verificar la consistencia de los precios de transferencia declarados por los contribuyentes. En el contexto de las operaciones vinculadas internacionales, el asunto es todavía más complejo pues cada Estado tiene la potestad para establecer sus propias reglas en materia tributaria, incluyendo las relacionadas con las operaciones vinculadas[22]. No

20. Ver LINDE, S. A., Regulation of Transfer Pricing in Multinational Corporations: An International Perspective. N.Y.U. Journal of International Law and Politics, no. 10(67) (1977). p. 67.
21. Ver AVI-YONAH, R. S., «International Tax as International Law» Tax L. Rev. 57, no. 4 (2004). https://repository.law.umich.edu/articles/553. p.103.
22. En concreto, cada sistema legal cuenta con una serie de reglas tributarias, producto de diferentes objetivos políticos, económicos y legales.

existe un sistema global de imposición. Por el contrario, son aplicables tantos sistemas normativos como ordenamientos a los que están sujetas las entidades en la operación.

Las empresas que operan a nivel internacional consideran estas diferencias dentro de la planificación de su actividad[23], lo que en principio es considerado una práctica legítima[24]. Entre los incentivos propios que pueden tener las EMN para realizar operaciones vinculadas puede hallarse todo tipo de estrategias de optimización y organización para una actividad más eficiente[25]; incluso, la maximización de los beneficios después de impuestos[26]. Esta planificación no se queda únicamente en la identificación del tipo impositivo del impuesto de sociedades más favorable. Los grupos multinacionales estudian la interacción de estos ordenamientos para establecer el escenario fiscal que será aplicable a cada empresa. Para ello tienen en cuenta aspectos como la actividad, forma societaria, activos involucrados, etc., que conllevan la aplicación de distintas reglas de imposición directa (sujeciones, exclusiones, excepciones de aplicación, bonificaciones, etc.): un conjunto de elementos que determinan, ya no únicamente el tipo impositivo del impuesto de sociedades, sino la imposición efectiva que le será aplicable[27].

A través de las estrategias de planificación fiscal, las EMN pueden tomar decisiones relacionadas no solo con las operaciones vinculadas, sino con todo tipo de modificaciones o formas de organización necesarias para obtener un tra-

---

23. Esta práctica es conocida como «planificación fiscal» y busca organizar y proyectar sus operaciones en diferentes mercados de forma que se minimicen los gastos que deberá pagar el grupo por concepto de impuestos. Ver MILLER, A. y OATS, L., Principles of international taxation, Bloomsbury 2014, p. 29.
24. Monterrey y Sánchez incluso consideran que estas prácticas de planificación son *«positivamente valoradas por los inversionistas pues un ahorro de impuestos favorece la rentabilidad y podría aumentar el valor de mercado de la firma si los participantes en el mercado de capitales perciben sus efectos benéficos»*. Algunos estudios existentes que lo demuestran [DESAI Y DHARMAPALA (2009), WILSON (2009), KOESTER (2013), DE SIMONE Y STOMBERG (2014) e INGER (2014)]. Comentan los autores: *«Para Dyreng, Hanlon Y Maydew (2008) «es importante enfatizar que las prácticas de tax avoidance no necesariamente implican que las empresas practiquen algo impropio. Existen numerosas oportunidades en las normas fiscales que permiten reducir impuestos»»*. Ver MONTERREY MAYORAL, J. A. y SÁNCHEZ SEGURA, A., «Planificación fiscal y Gobierno Corporativo en las empresas cotizadas españolas», Hacienda Pública Española, núm. 214 (2015). pp. 56 y 62.
25. Como parte de estos incentivos para la utilización de operaciones vinculadas y estrategias de planificación, las empresas indican la estimación de riesgos de su actividad como los propios del mercado, el cambio de divisas, la reducción de costes, la centralización de actividades, etc. En general un conjunto de factores tanto internos como externos. Ver VEGA GARCÍA, A., (2014), *Op. cit.*, p. 353.
26. Ver SALA GALVAÑ, G. (2003). *Op. cit.*, p. 50.
27. El tipo impositivo efectivo *«es el indicador de elección para evaluar la presión fiscal que soportan las empresas»*. Ver BUSTOS-CONTELL, E., PERAIRE-SAUS, J., & CLIMENT-SERRANO, S., Los incentivos fiscales y la armonización de la presión fiscal en la Unión Europea (2014). URL: https://aeca.es/wp-content/uploads/2014/05/6a.pdf. Revisado en: 05/08/2022.

tamiento fiscal más favorable a sus intereses[28]. Como consecuencia de estas estrategias, se puede indicar que la configuración de los precios de transferencia ha tenido un impacto en fenómenos globales como el cambio de modelos empresariales; el traslado de unidades completas de producción o desarrollo de bienes o I+D de un territorio a otro; el incremento de la actividad bursátil; la transformación de negocios financieros y de capitalización; la movilidad estratégica de ejecutivos y directivos, etc.[29]. En síntesis, el conjunto de normas aplicables a las empresas, en materia tributaria, en cada ordenamiento, que busca obtener la debida imposición societaria, abre a la vez un amplio campo de maniobra para las EMN en materia de planificación[30].

Sin embargo, este es un escenario que también puede ser aprovechado por las empresas para trasladar beneficios a jurisdicciones donde la tributación es más favorable al resultado total del grupo, sin que ello corresponda con la realidad de las operaciones efectuadas, es decir, valiéndose de una planificación fiscal agresiva[31]. Los grupos empresariales están interesados en obtener el mayor beneficio posible a nivel global, indistintamente de los ingresos que obtengan sus empresas. El objetivo es aprovechar todas las diferencias en aspectos técnicos de cada sistema fiscal[32] para reducir al máximo la carga fiscal que le corresponde al grupo, llegando a imposición más baja o incluso nula[33]. Como bien menciona AVI-YONAH, el potencial de abuso se incrementa porque

28. Cambios en su estructura societaria y funcional, concentración y separaciones de unidades, incremento o disminución de inversiones en áreas específicas como por ejemplo el I +D. Todos estos procedimientos son también parte de las estrategias de planificación fiscal.

29. Puede verse por ejemplo el desarrollo en el campo de las reestructuraciones empresariales o «*Restructuring*», en relación con las estrategias de precios de transferencia. Ver CAÑABATE CLAU, D., Precios de transferencia en las operaciones de reestructuración empresarial: modelo de análisis y validación, Francis Lefebvre 2016.

30. En este sentido, es pertinente la afirmación que hacen SCHOLES *et al.* al señalar: «*Noble as the objectives listed earlier might be (finance public projects, redistribute wealth and encourage economic activities), any tax system designed to achieve a variety of social goals inevitably provides considerable private incentives to engage in tax planning*». Ver SCHOLES, MYRON. S., WOLFSON, MARK. A., ERICKSON, MERLE. M., MAYDEW, EDWARD. L. y SHEVLIN, TERRENCE. J., Taxes and business strategy: a planning approach. Pearson 2013. p. 3.

31. PATÓN GARCÍA señala que «los distintos niveles impositivos y los beneficios fiscales reconocidos en las legislaciones fiscales de los Estados permiten un margen de maniobra que los contribuyentes intentan aprovechar valiéndose de (...) planificación fiscal agresiva». Ver PATÓN GARCÍA, G., (2016), *Op. cit.*, p. 5.

32. Así lo ha expresado la Comisión Europea. Ver Recomendación de la Comisión Europea, de 6 de diciembre de 2012, sobre la planificación fiscal agresiva. (2012/772/UE).

33. Algunos ejemplos de técnicas de planificación fiscal incluyen la manipulación geográfica de los precios a través de la utilización de paraísos fiscales y territorios identificados como de baja o nula imposición; también se encuentran las operaciones que utilizan varios sistemas identificados como especiales por sus incentivos a la inversión extranjera. Por esto, es común ver en operaciones de este tipo la utilización de dos regímenes fiscales en donde se obtienen dobles deducciones o incluso una doble no imposición. Ver COLLIER, R. y ANDRUS, J., Transfer pricing and the arm's length principle after BEPS. Oxford University Press 2017, p. 3.

las partes vinculadas buscan incrementar sus beneficios después de impuestos manipulando los precios de transferencia, al punto de no importar el precio fijado en sí mismo sino simplemente la redistribución de los beneficios entre las partes vinculadas del grupo empresarial[34].

La propia OCDE ha reconocido que el uso de los precios de transferencia como vehículos de evasión fiscal es una práctica habitual de las empresas multinacionales[35]. Asimismo, autores como VEGA se atreven a señalar que la fiscalidad es el factor más importante para las EMN al momento de decidir los precios de sus operaciones intragrupo[36]. Incluso algunos GORDON y MACKIE-MASON han ido más lejos al afirmar que la existencia de numerosos grupos empresariales se debe a la posibilidad de operar en diferentes territorios y manipular los precios en sus operaciones vinculadas[37].

En este sentido, si bien la planificación fiscal es una práctica legítima de las EMN para organizar sus negocios de modo que se traduzcan en un ahorro impositivo, esta se convierte en planificación fiscal agresiva cuando involucra la manipulación de los precios de transferencia, pues se aprovecha intencionadamente de los efectos no queridos o no advertidos por el ordenamiento tributario[38]. Por ello, es un riesgo real para los Estados, al ser una práctica perjudicial para sus

---

34. Traducción propia. Texto original: «*Accordingly, the potential for abuse arises because the related parties will seek to increase after tax profits by manipulating the transfer price. If the effective tax rate in the manufacturer's country is higher, the price will be set as low as possible so as to channel all taxable profit to the reseller. Conversely, if the effective tax rate in the reseller's jurisdiction is higher, the transfer price will be as high as possible, so as to eliminate any taxable profit of the reseller and concentrate the entire profit in the hands of the manufacturer. But for tax considerations, the affiliated parties do not care what the transfer price is, since it merely re-allocates profits within the affiliated group.*». Ver AVI-YONAH, R. S. (2004). *Op. cit.*, p. 25.
35. La OCDE, en reportes de seguimiento a las medidas del Plan BEPS ha indicado que entre un 4% y un 10% de la recaudación del impuesto sobre sociedades se ve afectada por las conductas de evasión fiscal relacionadas con el traslado de beneficios, lo que puede llegar a suponer alrededor de 100-240 mil millones de dólares estadounidenses anuales. Ver OCDE, «Preguntas Sobre BEPS,». Página web oficial. URL: www.oecd.org/tax/beps.htm. Revisado en 22/01/2018; Ver también, OCDE, (2015). «*Measuring and Monitoring BEPS, Action 11. Final Report*» (octubre de 2015), p. 16.
36. Ver VEGA GARCÍA, A. (2014).*Op. cit.*, p. 354.
37. Así lo menciona AVI-YONAH: «*Given these facts, it is understandable that transfer pricing manipulation is one of the most common techniques of tax avoidance. This is especially true in the international sphere, as there are great differences in effective tax rates among jurisdictions. Indeed, some economists have argued that the ability to manipulate transfer prices is a major reason for the existence of multinational enterprises, which are groups of affiliated corporations operating in more than one country*», citando a GORDON, ROGER. H. y MACKIE-MASON, J. K., «Why is there corporate taxation in a small open economy? the role of transfer pricing and income shifting» (Ser. Nber working paper series, no. w4690). National Bureau of Economic Research (1994), en AVI-YONAH, R. S., (2004). *Op. cit.*, p. 1.
38. Ver MARÍN BENÍTEZ, G., «Capítulo 3. El concepto de planificación fiscal agresiva en BEPS», En ALMUDÍ CID, J. M.; FERRERAS GUTIÉRREZ, J. A.; HERNÁNDEZ GONZÁLEZ-BARREDA, P. A. (Eds.) El plan de acción sobre erosión de bases imponibles y traslado de beneficios (BEPS): G20, OCDE y Unión Europea, Aranzadi Thomson Reuters 2017, p. 86.

intereses fiscales[39], especialmente cuando se trata de Estados cuyos tipos impositivos son altos. El efecto más directo es la reducción de la recaudación prevista como consecuencia de la erosión de las bases imponibles, lo que afecta a la financiación de los gastos públicos[40] y a la sostenibilidad financiera de los Estados[41]. Ello sin dejar de lado las obligaciones suscritas por cada Estado para disminuir o eliminar la doble imposición[42].

Como veremos, las propias características del mercado y las diversas fuentes de regulación hacen difícil controlar el riesgo de manipulación de los precios de transferencia para el traslado de los beneficios en estos esquemas de planificación. Más aún, cuando el crecimiento del comercio global ha provocado, por un lado, un incremento de las operaciones de los grupos multinacionales, y por otro, la incorporación de nuevas tecnologías y modelos de organización relacionados con la digitalización, transformando constantemente las prácticas del mercado[43].

Así, se puede afirmar que, aunque es necesaria una definición neutra del concepto de precios de transferencia, por ser esto parte de las dinámicas habituales de los grupos empresariales, no debe olvidarse el riesgo que representan las prácticas de manipulación empresarial que buscan la reducción de las bases imponibles de manera agresiva y determinada.

---

39. Ver ZADOROZHNAYA, A., History of Institute of tax regulation of transfer pricing. Peterburgskiy yurist, núm. 3 (2014).
40. Sobre la concretización del principio de justicia en el gasto público, puede verse: MACHO PÉREZ, A. B., «El principio de justicia en el Gasto Público y la protección de los derechos constitucionales: ponderación y concretización», En NAVARRO FAURE, A. (dir.) y GIL GARCÍA, E. (coord.)., Retos del Derecho Financiero y Tributario ante los desafíos de la economía digital y la inteligencia artificial, Tirant lo Blanch 2021, pp. 539-585.
41. VEGA señala: «*La importancia de este factor ha sido ampliamente señalada por la literatura económica sobre el tema. Por ejemplo, BARTELSMAN y BEETSMA han analizado el uso de los precios de transferencia para favorecer la localización de los beneficios en las filiales situadas en territorios con una menor presión fiscal y, de acuerdo con sus estimaciones, en términos marginales más del 65% de los ingresos tributarios adicionales que resultarán de un incremento unilateral de la presión fiscal se pierden como consecuencia de la manipulación de los precios de transferencia*». En BARTELSMAN, E. J.; BEETSMA, R. M. W., «Why Pay More? Corporate Tax Avoidance through Transfer Pricing in OECD Countries», Journal of Public Economics, vol. 87, no. 9-10 (2003), p. 2246.; Ver. VEGA GARCÍA, A., (2014), *Op. cit.*, p. 354.
42. De acuerdo con MARKHAM «*International transfer pricing has been recognized as a «potentially explosive political issue», where At one extreme, it could be used to minimize or avoid taxes, while at the other, it could expose MNEs to overlapping or double taxation, with grave consequences for international trade*». Ver MARKHAM, M., (2005), *Op. cit.*, pp. 1 y ss.; Ver también EMMANUEL CLIVE, R., MEHAFDI, M., Transfer pricing, Academic Press London 1994, p. 62.
43. Para comienzos de los años 2000, más del 60% del comercio internacional se realizaba en el seno de operaciones de las EMN, lo que implicó, correlativamente, un incremento de las operaciones vinculadas no solo en número, sino también en la tipología de estas. Ver NEIGHBOUR, J. y OWENS, J., Transfer Pricing in the New Millennium: Will the Arm's Length Principle Survive. George Mason Law Review, no. 10(4) (2001), p. 952.

Partiendo de este escenario, la acción de las organizaciones internacionales como la OCDE, así como de los Estados, tiene como finalidad no solo establecer reglas para una distribución adecuada de los beneficios en las operaciones vinculadas internacionales, sino también enfrentar estas prácticas de evasión, contrarias a sus intereses fiscales.

Este contexto de los precios de transferencia ha demostrado que, a pesar de ser un fenómeno que tiene origen en las legislaciones nacionales, la búsqueda de soluciones a este fenómeno depende de una coordinación internacional; se trata de hallar un sistema estándar de reglas uniformes, que puedan ser incorporadas por los Estados en sus normativas internas. Adicionalmente, la finalidad del tratamiento de los precios de transferencia debe ser entonces la de alcanzar una distribución «adecuada» de beneficios, que contemple una noción de equidad en la distribución de potestades impositivas, pero también una idea de justicia respecto a la lucha contra las prácticas que implican un riesgo para los objetivos fiscales de los Estados[44]. De ahí que el proyecto de medidas concretadas a través del Plan BEPS se enfocara en la necesidad de alinear los beneficios con el valor creado en estas operaciones y de exigir mayor transparencia fiscal por parte de las EMN[45], como se explica en el numeral 4.3 de este Capítulo.

Esta es la base sobre la que se fundamenta actualmente el régimen de los precios de transferencia; el conjunto de principios y reglas dedicadas a establecer las condiciones en que un precio se considera adecuado. Y, por tanto, que los beneficios se han asignado correctamente entre los distintos Estados involucrados, así como la metodología para dicha determinación y las consecuencias que se derivan de su comprobación.

3. FUNDAMENTOS DE LOS PRECIOS DE TRANSFERENCIA

El propósito de dar un tratamiento jurídico tributario a los precios de transferencia es distribuir adecuadamente la base imponible de un grupo, respecto de las rentas generadas por sus operaciones vinculadas[46]. En este sentido, uno de los elementos principales de dicho tratamiento es el criterio o principio que asegura que dicha distribución será equitativa no solo entre los Estados, sino con respecto a las mismas EMN que realizan estas operaciones y la realidad de su actividad económica.

Como se mencionaba anteriormente, el objetivo de asignar beneficios puede verse desde dos enfoques; o bien observando las EMN como un solo ente global,

44. Ver MONSENEGO, J., (2015). *Op. cit.*, p. 8.
45. Ver EY's 2019 Transfer Pricing and International Transparency Tax Survey. Survey Series. URL: https://assets.ey.com/content/dam/ey-sites/ey-com/en_gl/topics/tax/tax-pdfs/ey-how-profound-change-transparency-and-controversy-are-reshaping-a-critical-business-function.pdf. Revisado el 6/08/2022.
46. Ver MONSENEGO, J., (2015). *Op. cit.*, p. 7.

o bien considerando de manera separada a cada una de sus entidades integrantes. Teniendo en cuenta dos estos enfoques, existen principalmente dos principios, propuestos para la distribución de beneficios en operaciones vinculadas: la distribución de beneficios globales a través de una fórmula de reparto (*formulary apportionment*) y la distribución basada en el principio de plena competencia (*arm's length principle*), en adelante también ALP[47].

De manera general, el *formulary apportionment* consiste en consolidar los ingresos obtenidos por las entidades del grupo empresarial para obtener un monto global de beneficios que se distribuye posteriormente utilizando un criterio de distribución, usualmente producto de una fórmula, de ahí su nombre. La asignación de cada Estado corresponde entonces a una parte proporcional de tal ingreso global, en función de los indicadores de reparto que se presenten en dicho Estado, por las entidades que tienen su base allí[48]. Una vez realizado el reparto de beneficios para cada jurisdicción, cada Estado puede aplicar el tipo impositivo que corresponde según su normativa. Por lo tanto, tal como menciona MONSENEGO, el precio fijado en la operación vinculada pasa a ser irrelevante pues la imposición se realiza sobre una proporción de los beneficios consolidados asignados según la fórmula, y no únicamente sobre ingresos obtenidos por cada entidad individualmente.

Por su parte, el principio de plena competencia o ALP requiere observar la distribución de beneficios de la operación vinculada en función de las condiciones que aceptarían empresas independientes, es decir, valorando la operación como se haría en el mercado. Como se verá en el numeral 3.1.1 de este Capítulo, en sus orígenes el ALP fue concebido sobre la ficción legal de considerar como partes separadas a las entidades de una misma empresa[49]. En este sentido, sus ingresos se observan separadamente, no se da el paso previo de consolidación de beneficios del grupo, y se aplica sobre los mismos el tipo impositivo que corresponde al Estado donde se encuentra cada entidad individualmente considerada. Aunque en

47. Algunos autores también lo denominan *Arm's Length Standard,* por lo que también es posible encontrar la abreviatura ALS en la literatura sobre precios de transferencia. Una de las razones para adoptar esta distinta denominación puede ser la comprensión del «at *arm's length» como* estándar es el énfasis en la evolución de su comprensión. Es decir, que ha iniciado su relevancia jurídica como un principio, al que han tenido que incorporarse elementos que pueden incluso no ser propios de su naturaleza original y por tanto se ha convertido en un estándar, más dinámico.

48. Algunos indicadores de reparto son por ejemplo el número de empleados, la cifra de facturación, el volumen de activos ubicados en cada Estado, entre otros. Ver MONSENEGO, J., (2015). *Op. cit.*, p. 9.

49. En tal sentido, en es una consideración a efectos fiscales, que no tiene en cuenta que las operaciones de una entidad vinculada son necesariamente diferentes a las de una entidad que no lo es, por lo que no son supuestos de hecho equiparables. Ver BRAUNER, Y., «Value in the Eye of the Beholder: The Valuation of Intangibles for Transfer Pricing Purposes», Virginia Tax Review, no. 28 (2008), pp. 160-162. URL: https://heinonline.org/HOL/Page?handle=hein.journals/vrgtr28&id=81&div=5&collection=journals Revisado en 09/08/2022.

esencia sigue partiendo de la misma base, su evolución ha tenido que considerar la realidad económica de las EMN, haciéndolo un principio más económico[50].

El principio de plena competencia fue considerado, en su momento, la mejor alternativa para asignar beneficios empresariales entre las empresas vinculadas, y, por tanto, entre los diferentes Estados involucrados. En este sentido, fue el principio adoptado internacionalmente, impulsado principalmente por la labor de organizaciones internacionales como la OCDE y la ONU, e incluido en los modelos de convenio en materia fiscal. Asimismo, para el desarrollo del principio de plena competencia se han elaborado guías y recomendaciones que hoy en día constituyen el recurso más uniforme sobre el análisis de precios de transferencia internacionales, las DPT y los trabajos relacionados con su contenido.

Este proceso de armonización desde el ámbito internacional provocó una fuerte incidencia en la incorporación del principio en legislaciones internas, como la española, e incluso su aceptación en el Derecho comunitario. Esta incorporación, alineada en muchos aspectos con las disposiciones de la OCDE en la materia, no ha resultado, en todo caso, en una uniformidad de las legislaciones. Por el contrario, hoy en día continúan existiendo diferencias entre los ordenamientos que hacen aún más complejo el sistema de reglas sobre precios de transferencia que se aplican internacionalmente a las operaciones vinculadas. Como menciona GÓMEZ REQUENA, la regulación de los precios de transferencia está presidida por la nota de la heterogeneidad, pues confluyen en ella fuentes normativas de todo tipo (internacionales, comunitarias, nacionales), algunas vinculantes y otras no[51].

3.1. EL PRINCIPIO DE PLENA COMPETENCIA O «ARM'S LENGTH PRINCIPLE» (ALP)

Las reglas sobre precios de transferencia se basan esencialmente en el principio de plena competencia. Este criterio es la base sobre la cual se realiza la valoración de las operaciones vinculadas. Como se indicó anteriormente, según este principio, los precios de transferencia de las operaciones vinculadas deben ser similares a aquellos acordados entre partes independientes en circunstancias comparables; por tanto, se consideran adecuados los precios de transferencia que se alinean con los precios de mercado.

50. Ver PETRUZZI, R., «The arm's length principle: between legal fiction and economic reality», en LANG, M., STORCK, A. y PETRUZZI, R. (Eds.), Transfer Pricing in a post-BEPS world, Wolters Kluwer 2016, pp. 1 y ss.

51. Ver GÓMEZ REQUENA, J. A., «Capítulo VI. Las operaciones entre personas y entidades vinculadas. Precios de transferencia», en MORENO GONZÁLEZ, S. y NOCETE CORREA, F. J. (Eds.), Introducción a la fiscalidad internacional, Atelier 2020, p. 278.

3.1.1. Origen del ALP

El surgimiento del principio se remonta a las primeras disposiciones sobre distribución de beneficios al establecimiento permanente, en el curso de la primera guerra mundial. Países como Estados Unidos[52] y Reino Unido[53], preocupados por las medidas proteccionistas de distintos Estados para recaudar la mayor cantidad de recursos destinados a financiar la guerra, decidieron incorporar disposiciones nacionales para controlar la atribución de gastos y rentas en las operaciones entre una sucursal[54] y su correspondiente casa central o principal extranjera[55]. Estas operaciones entre entidades asociadas podían permitir el traslado de ingresos a otras jurisdicciones en forma de gastos deducibles en los ingresos de la sucursal residente.

En 1921, la legislación de Estados Unidos autorizó por primera vez al Internal Revenue Services (en adelante IRS) a realizar, directamente, las consolidaciones contables de entidades asociadas que considerara necesarias, con el propósito de garantizar una correcta distribución de beneficios entre estas[56]. En 1928, la disposición sobre distribución de beneficios se actualizó para establecer con más detalle el perímetro de vinculación relevante entre las entidades asociadas y reflejar los ingresos correspondientes a tal actividad[57]. En otras legislaciones, como la británica, la discusión se abordó desde

52. En 1917, a través de la *War Revenue Act*, el legislador autorizaba al *Internal Revenue Service* (IRS) a solicitar a las empresas afiliadas a la presentación de declaraciones consolidadas para determinar más equitativamente los ingresos gravables: *«whenever necessary to more equitably determine the invested capital or taxable income.»*. Ver *US Congress.* (1917). *War Revenue Act.* Ch. 63, Regulation 40. State. 300.

53. Algunos autores consideran que la primera mención del principio fue en 1915, en la normativa británica propuesta para contabilizar las rentas de no residentes a efectos fiscales. Ver PETRUZZI, R., (2016), *Op. cit.* pp. 16 y ss.

54. Entidades que no tienen personalidad jurídica propia, distinta de la de su casa central, que en estos supuestos era una entidad no residente. Ver VOGEL, K., BECKER, J., Klaus Vogel on double taxation conventions (4º Ed), Kluwer Law International 2015, p. 606.

55. A finales del siglo XIX, los Estados tenían actividades comerciales de manera intensa a nivel internacional. Las transacciones incluían la actividad comercial con las colonias establecidas en África y en Asia por parte de países europeos y algunas naciones imperiales, como por ejemplo el imperio Turco-Otomano.

56. En 1921, el legislador estadounidense concedió autorización a la administración de impuestos para que, a través de sus agentes, pudiera «hacer una precisa distribución o repartición de ganancias, utilidades, ingresos, deducciones o capital entre los mencionados negocios o transacciones» entre estas empresas asociadas, denominadas *«Affiliated Enterprises»*. Ver *US Congress.* (1921), *Revenue Act*. Ch 136, Section 240(d), 42 Statute. 260.

57. La disposición anterior fue eliminada de la sección de consolidaciones del *Revenue Act* y se incluyó una nueva sección 45, específica para la distribución de ingresos y deducciones, en la que se indicó: *« In any case of two or more organizations, trades, or businesses (whether or not incorporated, whether or not organized in the United States, and whether or not affiliated) owned or controlled directly or indirectly by the same interests, the Commissioner is authorized to distribute, apportion, or allocate gross income or deductions between or among*

la relevancia del «control» que puede tener una entidad extranjera sobre sus asociadas residentes[58].

A comienzos de los años 1930's, algunas legislaciones nacionales, como la alemana, habían empezado a considerar, desde una perspectiva contable, el tratamiento de estas entidades en forma similar al de las subsidiarias o filiales (entidades legalmente independientes de su sociedad matriz), a efectos del impuesto sobre la renta[59]. Esta noción fue la base para implementar el «criterio de la entidad separada», según el cual una entidad vinculada o asociada debe considerarse, contablemente, como independiente del grupo empresarial al que pertenece[60].

En 1930, este tipo de enfoque fue incluido por primera vez el CDI suscrito entre Estados Unidos y Francia. Lo que, a su vez, conllevó a la inclusión del criterio de la entidad separada en la normativa nacional de EE. UU.., a través de las normas del *Internal Revenue Service Regulations* (en adelante Código Tributario)[61], expedidas por el IRS, como desarrollo reglamentario de las leyes tributarias[62], en los siguientes términos:

> *«(b) Ámbito de aplicación y finalidad. -- El propósito de la sección 45 es ubicar a un contribuyente controlado en paridad fiscal con un contribuyente no controlado, determinando, de acuerdo con el estándar de un contribuyente no controlado, la verdadera renta neta de la propiedad y el negocio de un contribuyente controlado. Se asume que*

---

such organizations, trades, or businesses, if he determines that such distribution, apportionment, or allocation is necessary in order to prevent evasion of taxes or clearly to reflect the Income of any of such organizations, trades, or businesses.». Ver *US Congress.* (1928). *Revenue Act.* Cha. 852, Sec. 45, 45 Statute 806.

58. En 1915, la Ley (2), *The Finance Act of the United Kingdom* introdujo una disposición que establecía que una empresa no residente podía quedar sujeta a la tributación de sus ingresos al considerarse que su entidad relacionada, residente en Reino Unido, estuviese actuando como agente en este país. A pesar de no mencionar el criterio para la revisión de las operaciones, esta disposición evidenció la preocupación por la estrecha conexión entre las partes y la consecuente distorsión que podría generar en el reparto de ingresos, por lo que introdujo la noción de «control» como elemento distintivo: una de las partes tiene la capacidad de imponer o fijar acuerdos de forma que una de las entidades obtuviese menos o nulos beneficios de los se esperaría que obtenga en el curso ordinario de tales negocios. Ver DWARKASING, R. S., *«Comments on the revised discussion draft on transfer pricing aspects of intangibles»*, 2013. URL: https://www.oecd.org/ctp/transfer-pricing/dwarkasing-maastricht-university.pdf, revisado: 10/08/2022. Ver también SALA GALVAÑ, G., (2003). *Op. cit.*, p. 52; PICCIOTTO, S., International business taxation: a study in the internationalization of business regulation, Quorum Books 1992, pp. 4 y ss.
59. Legislaciones como la alemana habían empezado a considerar las subsidiarias como filiales a efectos fiscales (*«Filialtheorie»*), es decir separando su contabilidad de la de su principal. Ver VOGEL, K., BECKER, J., (2015), *Op. cit.* p. 606 (art. 9).
60. Ver WITTENDORFF, J., Transfer pricing and the arm's length principle in international tax law. Wolters Kluwer Law & Business 2010, p. 88.
61. Las reglas del *Internal Revenue Service Regulations,* actualmente incluidas en el *Code of Federal Regulations,* son el compendio de normas de carácter regulatorio, expedidas por el IRS o Servicio Tributario Interno de los Estados Unidos. Ver US IRS. Guidance.
62. Específicamente en el apartado *Internal Revenue Service Regulations under Section 45.* Ver, *US IRS. (*1935*). relating to de Income Tax under the Revenue Act. Art. 45-1(c).*

los intereses que controlan un grupo de contribuyentes controlados tienen poder total para hacer que cada contribuyente controlado dirija sus asuntos de manera que sus transacciones y registros contables reflejen realmente los ingresos netos de la propiedad y los negocios de cada uno de los contribuyentes controlados. Sin embargo, si esto no se ha hecho, y los ingresos netos imponibles son, por lo tanto, subestimados el estatuto contempla que el Comisionado intervenga, y, realice las distribuciones, prorrateos o asignaciones que considere necesarias, de los ingresos brutos o deducciones, o de cualquier elemento que afecte a los ingresos netos, entre los contribuyentes controlados que constituyen el grupo, determinará los verdaderos ingresos netos de cada contribuyente controlado. ***El criterio que debe aplicarse en cada caso es el de un contribuyente no controlado que negocia en condiciones de independencia mutua con otro contribuyente no controlado»*** [63]*(Traducción y negrilla propia).*

La inclusión del criterio de la entidad separada, en la legislación nacional y en los CDI tuvo consecuencias más allá de ámbito interno de aplicación de estas reglas. Al utilizar el término «controlled taxpayer» o «uncontrolled taxpayer», la norma contemplaba la aplicación en supuestos de operaciones internacionales, considerando a cada empresa asociada como una entidad independiente, cuyos ingresos podrían ser redistribuidos en caso de no reflejar su verdadera capacidad económica, bajo el estándar de plena competencia.

Lo cierto es que, a pesar de tener sus orígenes en las legislaciones nacionales, la asignación de beneficios en estas operaciones internacionales entre partes asociadas también era parte de la discusión supranacionales, especialmente porque la interacción de diferentes regímenes tributarios aplicables podía dar lugar a doble imposición sobre las mismas rentas. En la década de 20`s la Sociedad de las Naciones[64] y la Cámara de Comercio Internacional[65] tuvieron iniciativas para buscar soluciones a este problema. Una de los más importantes fue el *Informe Carroll,* encargado en 1930 por el Comité fiscal de la Sociedad de

63. Texto original: *«(b) Scope and purpose. -- The purpose of section 45 is to place a controlled taxpayer on a tax parity with an uncontrolled taxpayer, by determining, according to the standard of an uncontrolled taxpayer, the true net income from the property and business of a controlled taxpayer. The interests controlling a group of controlled taxpayers are assumed to have complete power to cause each controlled taxpayer so to conduct its affairs that its transactions and accounting records truly reflect the net income from the property and business of each of the controlled taxpayers. If, however, this has not been done, and the taxable net incomes are thereby understated, the statute contemplates that the Commissioner shall intervene, and, by making such distributions, apportionments, or allocations as he may deem necessary of gross income or deductions, or of any item or element affecting net income, between or among the controlled taxpayers constituting the group, shall determine the true net income of each controlled taxpayer.* ***The standard to be applied in every case is that of an uncontrolled taxpayer dealing at arm's length with another uncontrolled taxpayer».*** Ver, *US IRS. (*1935*). Regulations relating to de Income Tax under the Revenue Act.* Section 45-1(c).

64. En 1923, se aprobó la composición del Comité Económico y Financiero de la Sociedad de las Naciones y ya en 1929, ante la relevancia de los asuntos fiscales, estableció un Comité dedicado únicamente a esa área. El estudio de este comité fue principalmente teórico y presentó una serie de métodos para enfrentar el problema partiendo de la diferencia entre los dos factores que determinan los beneficios: el origen de la riqueza y el dueño de la riqueza. Finalmente, el comité concluyó que la manera más deseable para resolver la doble

las Naciones a Mitchell B. Carroll[66]. El propósito del proyecto fue compilar y analizar la información de las normativas y metodologías fiscales, utilizadas por distintos países, para la asignación de beneficios en operaciones con entidades extranjeras, con el propósito de estructurar alternativas para tratar la doble imposición[67]. Los reportes de los países revelaron prácticas muy variadas sobre

imposición era la de asignar los derechos de imposición al país de residencia, sin desconocer que debía haber una cierta proporción de imposición basada en el origen. Ver COLLIER, R. y ANDRUS, J., (2017), *Op. cit.*, p. 18.

65. La primera entidad en hacer un llamado sobre este problema a nivel internacional fue la Cámara de Comercio Internacional (ICC por sus siglas en inglés). A partir de 1921, la ICC expresó en uno de sus congresos la preocupación por las barreras que representa la doble imposición, señalando que los Estados debían tomar cartas en el asunto. El trabajo de la ICC tomó como punto de partida la necesidad de establecer reglas de asignación de los beneficios que permitieran coordinar los derechos de imposición de uno y otro país en cada caso. La primera discusión se enfocó en determinar el criterio bajo el cual se establece dónde deben ser considerados los beneficios como parte de la base imponible. En otras palabras, si los beneficios relevantes son los que pertenecen a un contribuyente por estar domiciliado en un Estado (residencia) o si son relevantes por haber sido generados o producidos en dicho Estado (origen o fuente). La diferencia es fundamental, teniendo en cuenta que, de acuerdo con la regla de residencia, los beneficios de las filiales o sucursales deben ser gravados en el país donde se encuentran las empresas dominantes y holdings empresariales, mientras que, según la regla del origen los beneficios, deben ser gravados en el país donde se han producido, independientemente de si allí se encuentra la empresa principal o holding. Ver ICC Congreso de París 1921. Brochure 11, «*Double Taxation*». P. 7-52.; para un estudio más detallado sobre las aportaciones de la ICC en materia de doble imposición Ver COLLIER, R. y ANDRUS, J., (2017), *Op. cit.*, p. 14.

66. Debido a la complejidad y detalle del trabajo, el Comité Fiscal decidió aceptar ayuda de la Fundación Rockefeller dedicada específicamente a la financiación del proyecto. En el momento de encargarle el informe, Carroll era consejero del US Treasury y, posteriormente, se convertiría en director del Comité Fiscal de la Sociedad de las Naciones. Ello puede explicar la influencia del sector económico estadounidense y de la utilización de los mecanismos normativos que se estaban discutiendo en la legislación de este país, en los resultados del Informe. Ver HAMAEKERS, H., Arm's length: how long? *International and Comparative Taxation: Essays in Honour of Klaus Vogel*, Kluwer Law International 2002, p. 36.

67. De acuerdo con el reporte del Comité Fiscal, la revisión de la evolución de los sistemas fiscales era de especial importancia por la situación económica del momento haciendo referencia a los efectos de la depresión económica iniciada en 1929. En este sentido, señaló: «*Insofar as the changes in question represent a better adaptation of fiscal systems to the economic structure of the different States or the needs of international relations, they are certainly deserving of study in order that attention may be drawn to ideas the general adoption of which would contribute towards economic progress of the world. This also applies to changes representing technical improvements in legislation, the introduction of which into the laws of countries might be desirable. Moreover, it would be very advantageous if agreement could be reached on certain essential points of fiscal and juridical terminology. (...) Such work is also necessary in view of the fact that, in practice, the obscurity of fiscal systems is largely responsible for the uncertainty felt by enterprises operating in several countries at the same time, and because many questions relating to double taxation might be settled more easily if there were a somewhat more general simplification of tax systems.*» Ver. CARROLL, M. B., Taxation of Foreign and National Enterprises. League of Nations Fiscal Committee, Report to the Council on the Work of the Fourth Session of the Committee 1933.

la materia[68]. Para la asignación de beneficios entre empresas asociadas se observaron, particularmente, dos enfoques: por un lado, la contabilidad separada o *Separate Assessment, y* por otro, el enfoque de reparto fraccionado de las ganancias totales de la empresa holding o *Fractional Apportionment*. En general, Carroll observó que el criterio de la contabilidad separada era el que habían adoptado más Estados[69].

Ahora bien, en su propuesta de regla para la distribución de beneficios, además de incluir el criterio de la entidad separada, Carroll indicó que el tratamiento fiscal de las empresas asociadas debía ser el propio de una empresa independiente *«dealing at arm's length»*, expresión discutida en las propuestas de regulación en Estados Unidos, y que hace referencia a la distancia para considerar a estas empresas como no relacionadas y con interés distintos[70]. De esta manera, el principio de plena competencia o ALP fue originalmente estructurado de la mano del criterio de la empresa separada.

Con base en las conclusiones del *Informe Carroll,* y utilizando una redacción similar a la que se estableció en el CDI entre Francia y EE. UU. (1930)[71], el Comité Fiscal de la Sociedad de las Naciones presentó nuevos borradores de modelo de convenio (1933 y 1935), incluyendo el criterio de la contabilidad separada y el principio de plena competencia como estándar para la asignación de rentas de los establecimientos permanentes (art. 5)[72]. Sin embargo, no fue hasta la discusión de los Modelos de Convenio de México y Londres (1943-1946), cuando se propuso una disposición propia para la atribución de

68. El informe representó una compilación del material sobre normas y prácticas realizadas por 35 diferentes países, una fuente de recursos empíricos incomparable. Los resultados obtenidos fueron producto de la observación de preocupaciones específicas y prácticas que ya eran utilizadas en muchas legislaciones, por lo que al ponerlas todas sobre la mesa se pudo establecer una línea de conexión con dichas experiencias y la necesidad de encontrar criterios uniformes. Sin embargo, no puede dejarse de lado que estuvo altamente influenciado por las disposiciones legales de Estados Unidos, avanzadas en muchos aspectos, pero no necesariamente de extensa práctica en todos los países consultados.
69. Ver CARROLL, M. B., (1933), *Op. cit.*, nota 20.
70. Lo cual, posiblemente, fue reflejo de la posición de Carroll como experto participante en el proceso de diseño de dicha legislación. Ver HAMAEKERS, H., (2002), *Op. cit.*, p. 36.
71. Ver LEPARD, B. D., «Is the United States Obligated to Drive on the Right? A Multidisciplinary Inquiry into the Normative Authority of Contemporary International Law using the Arm's Length Standard as a Case Study», Duke Journal of Comparative and International Law, vol. 10, no. 1 (1999), pp. 68-69.
72. El borrador de modelo de convenio de 1933 incluyó un art. 3 sobre asignación de beneficios a los establecimientos permanentes incorporando el principio de la entidad separada y la plena competencia. En este instrumento se incorporó el principio de empresa independiente para tal distribución, haciendo alusión indirecta al criterio de contabilidad separada, en los siguientes términos: «*The fiscal authorities of the Contracting States shall when necessary, in executing the preceding paragraph, rectify the accounts produced, notably to correct errors or omissions or to re-establish the prices or remuneration entered in the books at the value which would prevail between independent persons* ***dealing at arm's length*** ». Ver Borrador de Modelo de Convenio Multilateral. Comité Fiscal. Sociedad de las Naciones 1933. Art 3.

rentas entre entidades vinculadas, distinta del artículo sobre el establecimiento permanente[73], que contenía igualmente el ALP como criterio de valoración[74]. El criterio fue propuesto en los siguientes términos:

> «*When an enterprise of one contracting State has a dominant participation in the management or capital of an enterprise of another contracting State, or when both enterprises are owned or controlled by the same interests, and, as the result of such situation, there exist in their commercial or financial relations conditions* ***different from those which would have existed between independent enterprises****, any item of profit or loss which should normally have appeared in the accounts of one enterprise, but which has been, in this manner, diverted to the other enterprise, shall be entered in the accounts of such former enterprise.*» ***(Negrilla fuera del texto original)***

El trabajo adelantado por el Comité Fiscal de la Sociedad de las Naciones fue relevado en el tiempo por la OCDE, creada en 1963[75]. En el primer proyecto de Modelo de Convenio propuesto por esta organización, se incluyó el criterio de la empresa separada y el principio de plena competencia como regla en la determinación de los precios entre empresas vinculadas[76], en una disposición distinta de la del establecimiento permanente (art. 9).

Como se observa, el principio de plena competencia fue inicialmente configurado en las legislaciones nacionales, en un momento del comercio internacional muy diferente al de las décadas más recientes, con poca actividad de operaciones internacionales o desarrollo tecnológico digital y que, por ello, representaba un menor riesgo de evasión en comparación con el que se evidencia actualmente[77].

73. Unos años más tarde, en 1943 y 1946, el Protocolo de las reuniones para adoptar un nuevo modelo de convenio confirmó la preeminencia del enfoque de la empresa independiente para la distribución de beneficios en establecimientos permanentes. Ver SALA GALVAÑ, G., (2003). *Op. cit.*, p. 79. Ver también, los Modelos de México y Londres (1943-1946).
74. El desarrollo histórico de las disposiciones sobre el establecimiento permanente y sobre empresas vinculadas (art. 7 y 9 del actual MC OCDE) se justifica porque, en esencia, ambos se ocupan de la asignación de rentas empresariales. Ver VOGEL, K., BECKER, J., Klaus Vogel on double taxation conventions (E. REIMER & A. RUST (eds.) (5ª ed.), Wolters Kluwer Law International 2022, p. 689.
75. Fruto del Plan Marshall de recuperación y de la Conferencia de los Dieciséis (Conferencia de Cooperación Económica Europea), que existió entre 1948 y 1960.
76. Aunque el tratamiento de las empresas asociadas, distinto del de los establecimientos permanentes, fue mencionado en los Protocolos de las Reuniones del Comité Fiscal en México y Londres (1943-1946), solo hasta los inicios del trabajo de la Organisation for European Economic Cooperation (OEEC), sucedida por la OCDE, se incorporó una disposición relativa a las empresas asociadas en los modelos de convenio (1963), considerando en esencia la inclusión del enfoque de la empresa independiente y el principio de plena competencia aplicables a este supuesto.
77. Ver BRAUNER, Y., (2008), *Op. cit.*

3.1.2. Elementos fundamentales

Aunque ha tenido variaciones, especialmente respecto a su metodología y en función de los objetivos de su aplicación, el principio de plena competencia se fundamenta sobre tres elementos fundamentales: el criterio de la entidad separada; el enfoque de mercado; y un *test* de comparabilidad.

3.1.2.1. Criterio de entidad separada

Como se ha visto en el numeral 3.1.1 de este capítulo, el criterio de la entidad separada consiste en observar la contabilidad de cada entidad de manera individual, separada de la unidad que representa el grupo empresarial. El criterio proviene de las metodologías utilizadas para la asignación de beneficios a los establecimientos permanentes; tras la discusión sobre el tratamiento fiscal de las sucursales a efectos del impuesto sobre la renta, se adoptó un criterio de separación de estas entidades respecto a su casa central para poder determinar qué rentas debían ser atribuidas a su actividad en el Estado de residencia y qué gastos podían ser deducidos por sus operaciones con la principal no residente. En el plano de los CDI's[78], el interés de los Estados desarrollados era el de privilegiar la distribución de estos beneficios en función de la residencia de las entidades principales y matrices usualmente residentes en estos Estados, limitando, correlativamente, la imposición en origen cuando esta fuera necesaria[79]. Un enfoque unitario de la contabilidad del grupo, más asociado al principio del *formulary apportionment,* implicaba dificultades técnicas para obtener información sobre los beneficios globales y menos posibilidades de controlar los gastos e ingresos reportados por las compañías a nivel de cada Estado[80], por lo que en términos prácticos era más aceptable adoptar en criterio la entidad separada[81]. El criterio de la entidad separada permitía a los Estados observar contablemente a estas entidades de manera separada, por lo tanto, de forma similar a como se hace con el resto de las entidades sujetas a imposición en su ordenamiento.

---

78. A comienzos del siglo XX, este tipo de actividades preocupaban sobre todo a los Estados desarrollados, donde la distribución de gastos e ingresos con empresas vinculadas en el extranjero podría afectar su recaudación. Desde la perspectiva de los Estados, era necesario conciliar la aplicación de las reglas tributarias en los escenarios donde una misma renta está sujeta a impuestos en dos o más ordenamientos.
79. Ver COLLIER, R. y ANDRUS, J., (2017), *Op. cit.*, p. 7.
80. Una distribución de los beneficios a través de un enfoque unitario o global implica que los Estados no pueden controlar previamente los ingresos y gastos reportados, pues su intervención se produce una vez que se ha aplicado la fórmula de reparto de los beneficios. MONSENEGO señala que muchos Estados han rechazado la utilización del criterio de reparto global —*formulary apportionment*— debido a la pérdida de una parte de la base imponible, si elementos importantes de la fórmula de reparto no terminan por favorecer la asignación de beneficios en sus territorios. Ver, MONSENEGO, J., (2015). *Op. cit.*, p. 12.
81. Ver Avi-Yonah, R. S. (2009). *Between Formulary Apportionment and the OECD Guidelines: A Proposal for Reconciliation. U of Michigan Law & Economics, Olin Working Paper No. 09-011*. Elsevier BV. URL: https://doi.org/10.2139/ssrn.1411649.

El ejercicio de separar una entidad de su grupo, en este caso es una ficción legal[82], que se utiliza para poder gravar a estas entidades vinculadas en función de su actividad propia en un determinado territorio, valiéndose de la información contable disponible y exigible bajo las reglas de su ordenamiento. Asimismo, el ALP requiere de la base del criterio contable de la entidad separada para poder observar a las empresas vinculadas en iguales condiciones que a las empresas independientes. Al observar las operaciones entre partes vinculadas, el criterio de la entidad separada permite determinar si el precio establecido en la operación está en línea con el establecido entre partes independientes, es decir, con el mercado. En este sentido, al utilizar el ALP en la comprobación de una operación vinculada, cualquier diferencia entre el precio de transferencia y el precio de mercado se presume una consecuencia de la vinculación[83]. Este vínculo estrecho entre ambos explica porque se considera que el criterio de la entidad separada es el reflejo contable del principio de plena competencia, y porque tanto la formulación del principio va de la mano con la utilización del criterio.

En todo caso, no puede dejarse de lado que la utilización de la ficción de la entidad separada tiene como consecuencia una desconexión del principio de plena competencia con la realidad económica de los grupos empresariales. Más aún cuando los incentivos de las EMN para organizar su actividad a través de operaciones vinculadas incluyen una mayor eficiencia en pro de sus objetivos económicos[84], incluso cuando se trata de obtener mayores beneficios después de impuestos. En este sentido la propia coordinación y organización del grupo, que escapa a los límites de la ficción de la entidad separada, contribuye al resultado económico de todas las operaciones de la EMN. Con la obligación de valorar las operaciones atendiendo al ALP, las EMN también se ven obligadas a desatender en este sentido sus propias dinámicas como una sola unidad, imitando las de entidades separadas.

3.1.2.2. Enfoque de mercado

La aplicación del principio de plena competencia se fundamenta en la teoría económica que define como óptimo el mercado en que las fuerzas de la oferta y la demanda lo autorregulan[85]; por lo tanto, utiliza como estándar de correcta

82. Ver GÓMEZ REQUENA, J. A., (2020). Capítulo VI ..., *Op. cit.*, p. 279.
83. Tal como lo menciona PETRUZZI, uno de los pilares fundamentales del ALP es la ficción jurídica de tratar a cada empresa vinculada como una entidad independiente, pues la vinculación es la causa de la diferencia de los precios de transferencia frente a los precios de mercado. Ver PETRUZZI, R., (2016), *Op. cit.*, p. 11.
84. Como vimos en los numerales 1 y 2 de este Capítulo.
85. El principio de plena competencia se fundamenta en la teoría económica que define el equilibrio óptimo entre esas fuerzas del mercado desde un equilibrio perfecto y autorregulado por el mercado mismo, o incluso con una mínima intervención del Estado para regular el correcto funcionamiento del mercado libre (KEYNESS). Ver BRAUNER, Y., (2008), *Op. cit.*, p. 97.

asignación de beneficios entre las partes los precios que resultan de tal tensión de intereses entre la oferta y la demanda, esto es, los «precios de mercado». De esta forma, el precio de una operación se fija teniendo en cuenta los intereses individuales conciliados de ambas partes, sin favorecer particularmente a ninguna de ellas; supuesto que a su vez es aceptado por la Administración tributaria como un ingreso que refleja la capacidad económica de las partes de la operación[86]. Lo anterior refleja una fuerte asunción sobre la eficiencia del mercado y la precisión de los precios producidos por la interacción de sus fuerzas[87]. En este sentido, se considera que el principio de plena competencia es correcto porque es la manera en que las operaciones vinculadas se pueden aproximar en mayor medida a las operaciones del mercado abierto[88].

En esta misma línea, el ALP permite un tratamiento en términos de igualdad para todos los contribuyentes, lo que es considerado por la mayoría de países, al menos en términos formales, como una medida justa y equitativa de establecer los precios y distribuir la base imponible de las EMN[89]. Desde la publicación de las DPT de 1995, la OCDE ha reconocido que unos de los fundamentos del principio de plena competencia es la igualdad de trato, con la que, además, se evaden las distorsiones que puede haber en materia de competencia entre empresas independientes y empresas pertenecientes a grupos empresariales[90]. Al respecto, HAMAEKERS identifica los principios de neutralidad e igualdad como bases del ALP, partiendo de su justificación desde el enfoque de mercado[91].

Ahora bien, este enfoque de la operación desde el comportamiento que habrían tenido entidades independientes no es únicamente una referencia para la verificación de la operación por parte de una autoridad. El ALP implica la asunción de que las partes consideraron esta perspectiva al tiempo de fijar las condiciones de la operación, con lo cual, el principio requiere ser el punto de partida de los términos contractuales de la transacción y, por tanto, estos deben reflejar tal enfoque, como cualquier otra operación en el mercado[92].

86. Ver MONSENEGO, J., (2015), *Op. cit.*, p. 17.
87. Ver BRAUNER, Y., (2008), *Op. cit.*, p. 98.
88. Ver DPT OCDE 1995. pár. 1.13.
89. Ver GÓMEZ REQUENA, J. A., (2020). Capítulo VI ..., *Op. cit.*, p. 280.
90. Ver DPT OCDE 1995. pár. 1.7.
91. Ver HAMAEKERS, H., «The Arm's Length Principle and the Role of Comparables», Bulletin of International Fiscal Documentation no. 46(12) (1992), p. 603; Ver también HAMAEKERS, H., (2002), *Op. cit.*, p. 38 (nota 30).
92. De hecho, PETRUZZI considera que los términos contractuales de la operación son uno de los tres pilares de aplicación del principio de plena competencia. Ver PETRUZZI, R., (2016), *Op. cit.*, p. 14.

3.1.2.3. Comparabilidad

Muy relacionado con los dos elementos anteriores se encuentra el de la comparabilidad. El principio de ALP requiere que los contribuyentes encuentren operaciones comparables en el mercado, entre empresas independientes, y que actúen bajo tales condiciones, al menos a efectos fiscales. Entre la formulación de las reglas para aplicar el principio, se encuentra una fase de identificación de la operación vinculada (sus partes contractuales, bienes o servicios, condiciones económicas del mercado, etc.), con el fin de establecer un grupo de operaciones no vinculadas, entre partes independientes, que puedan ser comparables a la transacción que se analiza[93]. Lo anterior con el fin de determinar el precio de mercado que correspondería a la operación si se diera entre partes independientes.

En cierta medida, la ejecución de esta comparación parece asegurar, en teoría, que los ingresos distribuidos entre partes vinculadas son asignados adecuada y equitativamente, como se haría en el mercado. Sin embargo, en la práctica este aspecto ha sido justamente el más difícil de sustentar a la hora de defender la idoneidad del principio de plena competencia, no solo por la dificultad de encontrar operaciones o empresas comparables para algunas operaciones, sino también porque la afirmación de que las empresas vinculadas deben actuar como lo hacen las empresas independientes, deja de lado las diferencias reales que existen en la dinámica entre ambas. Tal como señala MONSENEGO, el ALP requiere partir de muchas asunciones y no tiene en cuenta que los grupos empresariales pueden perseguir intereses comunes sin que cada entidad del grupo se beneficie directamente de cada operación específicamente[94].

En todo caso, la aplicación de un *test* de comparabilidad es más sencillo, en algunas transacciones, especialmente si se trata de una compraventa de bienes o de operaciones financieras, dado que existen muchas fuentes de comparables a las que puede accederse fácilmente[95]. Sin embargo, en las operaciones más complejas, como aquellas que involucran intangibles, las características que deben considerarse y el valor intrínseco para los grupos empresariales hacen muy difícil aplicar esta comparación en términos generales.

Por ello, este es, quizás, el aspecto en el que el contenido del ALP más ha evolucionado. Si bien, como vimos, la definición del principio en términos sencillos hace necesaria una comparación, el trabajo de la OCDE y la continua evaluación de algunas legislaciones internas como la de EE. UU., han incidido en la ampliación de dicha comparación hacia aspectos más conectados con la realidad de los grupos empresariales y sus operaciones. Por ello, la OCDE en sus trabajos recientes ha reconocido la importancia de las sinergias de los gru-

93. Como se explica con detalle en el Capítulo III de esta obra.
94. Ver MONSENEGO, J., (2015), *Op. cit.*, p. 19.
95. Ver GÓMEZ REQUENA, J. A., (2020). Capítulo VI ..., *Op. cit.*, p. 280.

pos[96], y la alineación de los ingresos con la creación de valor, como se aborda en el Capítulo II de esta monografía[97].

3.2. UBICACIÓN LEGAL DEL ALP: EL ART. 9 DEL MC OCDE

La descripción del principio de plena competencia, en términos generales, ha permanecido casi inalterada desde sus primeras menciones en las normativas nacionales de Estados Unidos (años 1930s) hasta la actualidad[98]. Desde entonces, el ALP se ha ido incorporando en instrumentos internacionales y normativas nacionales[99], fortaleciendo su estatus de principio internacionalmente aceptado para la distribución de beneficios entre empresas vinculadas.

En todo caso, la principal fuente de referencia sobre la descripción del ALP es el art. 9.1 del MC OCDE[100]. Incluso otros instrumentos internacionales similares, como el Modelo de Convenio en materia tributaria propuesto por la ONU

96. En términos de la OCDE, «*En algunas circunstancias, los grupos de empresas multinacionales y las empresas asociadas que los constituyen pueden beneficiarse de las interacciones o sinergias entre los miembros del grupo que normalmente no existirían entre empresas independientes que se encontraran en una situación similar. Estas sinergias de grupo pueden derivarse, por ejemplo, de la combinación de los poderes de compra o las economías de escala, de la combinación e integración de los sistemas informáticos y de comunicaciones, de la gestión integrada, la eliminación de duplicidades, una mayor capacidad de endeudamiento y de muchos otros factores similares. Estas sinergias de grupo frecuentemente favorecen al grupo en su conjunto, por lo que pueden acrecentar los resultados agregados obtenidos por sus miembros, dependiendo de si se materializa efectivamente el ahorro de costes previsto y de las condiciones de competencia. En otras circunstancias estas sinergias pueden ser negativas, como cuando el tamaño y el alcance de las actividades corporativas generan barreras burocráticas a las que no se enfrentan empresas más pequeñas o más ágiles, o cuando una parte de la actividad se ve obligada a operar con sistemas informáticos o de comunicaciones que no son los más eficientes para su actividad por razón de normas definidas por el grupo de empresas multinacionales para su aplicación a todo el grupo.*». Ver DPT OCDE (2017), *Op. cit.* pár. 1.157; Ver PETRUZZI, R., (2016), *Op. cit.* pp. 15 y ss.
97. Ver numeral 4.3 del Capítulo II.
98. Como bien mencionan ANDRUS y COLLIER, esta continuada preferencia por el ALP no quiere decir que su contenido o el de las reglas sobre precios de transferencia haya permanecido estático todo este este tiempo, sino que, por el contrario, ha estado sometido a fuertes críticas y cambios, como veremos en la evolución histórica sobre las reglas de precios de transferencia en el numeral 4 del Capítulo I. Ver COLLIER, R. y ANDRUS, J., (2017), *Op. cit.*, p. 2.
99. La normativa interna de muchos Estados contiene disposiciones sobre operaciones vinculadas que incluyen la corrección de los precios que no correspondan con el principio de plena competencia, aunque también existen Estados que han optado por no adoptar este principio. Ver MONSENEGO, J., (2015), *Op. cit.*, p. 14; De acuerdo con AULT y ARNOLD, «It is now estimated that the arm's length principle has spread to the tax laws of more than 100 countries». Ver AULT, H. J., ARNOLD, B. J., Comparative Income Taxation A Structural Analysis, (3ª ed.), Kluwer Law International 2010; Ver PARILLO, K. A., Tax Analysts Interview: OECD's Mary Bennett, Tax Notes International (2011).
100. Ver MC OCDE, (2017), *Op. cit.* Art. 9.1.

(en adelante MC ONU)[101], utilizan su redacción para definir el principio[102]. Asimismo, las normativas internas se han valido de esta formulación para describir el principio en sus propios textos. El tenor literal del ALP se encuentra descrito en el art. art. 9.1 del MC OCDE, que establece lo siguiente:

> *«1. Cuando*
>
> *a) una empresa de un Estado contratante participe directa o indirectamente en la dirección, el control o el capital de una empresa del otro Estado contratante, o*
>
> *b) unas mismas personas participen directa o indirectamente en la dirección, el control o el capital de una empresa de un Estado contratante y de una empresa del otro Estado contratante,*
>
> *y, en uno y otro caso, las dos empresas estén, en sus relaciones comerciales o financieras, unidas por condiciones aceptadas o impuestas que difieran de las que serían acordadas por empresas independientes, los beneficios que habrían sido obtenidos por una de las empresas de no existir dichas condiciones, y que de hecho no se han realizado a causa de las mismas, podrán incluirse en los beneficios de esa empresa y someterse a imposición en consecuencia.»*

La redacción del artículo permite observar tres aspectos importantes de la regla para la atribución de rentas entre partes vinculadas: i) la delimitación del elemento de la vinculación; ii) las condiciones entre empresas independientes como parámetro de asignación de beneficios; y iii) la consecuente habilitación para realizar el ajuste correspondiente cuando existe una diferencia.

En primer lugar, la regla indica que el criterio general para determinar que existe vinculación entre dos entidades es la participación, directa o indirecta, en la dirección, control o capital de una empresa en otra que se encuentra en el otro Estado contratante. En el mismo sentido, ni los comentarios al art. 9.1 del MC OCDE ni otros instrumentos relativos a este aportan mayores aclaraciones sobre la definición del vínculo. De hecho, las DPT OCDE, que contienen recomendaciones para la aplicación del ALP, hacen un reenvío a la disposición del MC OCDE en los siguientes términos:

> *«una "empresa asociada" es una empresa que cumple las condiciones determinadas en el artículo 9, apartado 1, letras a) y b) del Modelo de Convenio Tributario de la OCDE. Conforme a estas condiciones, dos empresas están asociadas si una de ellas participa directa o indirectamente en la dirección, el control o el capital de la otra; o si "las mismas personas participan directa o indirectamente en la dirección, el control*

---

101. Ver ONU, (1980), *Convención Modelo sobre la doble tributación entre países desarrollados y países en desarrollo*, Art. 9 «Associated enterprises».

102. El Convenio Multilateral de la Comunidad Andina de Naciones, el Convenio de doble imposición del Consejo Nórdico y el Convenio para evitar la doble imposición de los países de la Comunidad del Caribe, son ejemplos de instrumentos que recogen el principio en términos casi idénticos al MC OCDE, lo que GÓMEZ REQUENA señala como una posición hegemónica del art. 9 MC OCDE. Ver GÓMEZ REQUENA, J. A., (2019), *Op. cit.*, p. 42.

o el capital" de ambas empresas (es decir, si ambas empresas están sometidas a un control común)». [103].

El enunciado tiene una textura abierta, evitando señalar con mayor exactitud en qué medida se considera que tal dirección, control o capital deben ser relevantes, posiblemente porque la definición de tales parámetros corresponde a la legislación interna de cada Estado. En consecuencia, la definición del alcance subjetivo o «perímetro de vinculación» relevante corresponde a la determinación de cada ordenamiento; es decir, que el porcentaje de participación o de votos que determina la existencia de tal participación puede ser distinto en cada Estado, sin que esto sea incompatible con el Convenio.

Ahora bien, establecida la existencia de una operación entre partes vinculadas, el art. 9.1 del MC OCDE procede a fijar los términos del ALP, como estándar sobre el que deben valorarse las condiciones de dicha operación. Partiendo de un tratamiento separado de las entidades vinculadas, las condiciones fijadas entre ellas deben ser las que se hubieran pactado entre partes independientes. En tal sentido, la disposición trae implícita la asunción de que la vinculación es la causa de haberse impuesto o aceptado unas condiciones distintas de las que se darían en el mercado. Por lo tanto, a través de la ficción de la empresa independiente, la disposición exige la eliminación de tal vínculo para determinar la asignación adecuada de rentas entre las partes.

Finalmente, la disposición señala que, ante la verificación de una diferencia con respecto al estándar de plena competencia, la consecuencia será la corrección de estas a través de la inclusión de los beneficios que correspondan. Puntualmente, la disposición establece la facultad de las administraciones tributarias para restituir el equilibrio alterado y corregir los precios de transferencia[104]; esto es, hacer la modificación a los beneficios que deben ser atribuidos a las partes vinculadas en la operación, lo que se conoce como ajuste primario. Por ello, GARCIA PRATS señala la descripción del propio principio en los términos del art. 9.1 del MC OCDE, contiene tanto el presupuesto de hecho para su aplicación, como el alcance del ajuste que procede del mismo[105].

Vistas estas características, se puede afirmar que la naturaleza del art. 9.1 del MC OCDE es particular en varios sentidos. En cuanto al tipo de regla que contiene, a diferencia de otras reglas del MC OCDE, esta disposición no incluye una regla sobre el reparto de potestades entre los Estados contratan-

103. Ver DPT OCDE (2017), Prólogo, 11.

104. Ver TRAPÉ VILADOMAT, M., «III. Empresas asociadas». En CARMONA FERNÁNDEZ, N. (Ed.), Convenios de doble imposición: el impacto BEPS: análisis y evolución de la red española de tratados fiscales. Wolkers Kluwer CISS 2019, p. 413.

105. Ver GARCÍA PRATS, F. A., «Las operaciones vinculadas y los precios de transferencia: la aplicación del principio de libre competencia. Valoración a valor de mercado», en CORDÓN EZQUERRO, T. (Dir.), Fiscalidad de los precios de transferencia (operaciones vinculadas) (2ª ed.), CEF Madrid 2019, p. 32.

tes, sino que contiene una regla imperativa de valoración de las operaciones vinculadas, a efectos de la correcta asignación de beneficios[106]: el principio de plena competencia.

En cuanto al alcance de su consecuencia, la disposición también constituye una habilitación a los Estados para «incluir» los beneficios que deberían haberse obtenido si se hubiese dado entre entidades independientes; es decir, como indica GÓMEZ REQUENA, el precepto ofrece una cobertura convencional a las administraciones tributarias para proceder a realizar el ajuste de precios de transferencia, hasta alinear el precio vinculado con el de mercado[107]. En esta línea, el art. 9.1 del MC OCDE es un marco de actuación para realizar un ajuste que, a su vez, garantiza una distribución equitativa de beneficios entre los Estados; será la normativa interna la que determine las condiciones concretas de los ajustes, dentro de dicho marco[108]. Como bien señala GARCÍA PRATS, cuando existe un convenio vigente que aplique al análisis de una operación vinculada, este habilita a los Estados a acudir a los términos de su normativa interna para realizar un ajuste en caso de ser necesario; el art. 9.1 MC OCDE no es un precepto que *per se* contenga la base legal para realizar dichos ajustes[109].

Finalmente, como disposición de un instrumento internacional, el art. 9.1 del MC OCDE es la base convencional que articula la actuación de los diferentes Estados para que apliquen unánimemente el criterio de valoración del ALP al realizar ajustes, y para ello, señala una descripción objetiva y general del supuesto en que tal ajuste debe darse: la diferencia de las condiciones acordadas con aquellas que habrían aceptado partes independientes. El marco para la realización del ajuste no incluye ningún método o consideración específica sobre cómo debe realizarse, o si debiera penalizarse. Esta aclaración es relevante teniendo en cuenta que, por ejemplo, no hay mención alguna sobre la calificación de la conducta de las partes al determinarse un precio diferente al de mercado, es decir, el precepto del art. 9.1 MC OCDE no señala que el ajuste deba aplicarse como resultado de una conducta abusiva.

Cabe notar que, aunque el presente estudio se enfoca en el análisis del ALP y su correspondiente ajuste, es necesario señalar que el art. 9.2 del MC OCDE contiene una obligación correlativa para los Estados contratantes de comprometerse a eliminar la doble imposición que puede causar el ajuste primario si no se realiza un ajuste contable en el otro Estado o Estados involucrados en la operación: *«el otro Estado practicará el ajuste correspondiente de la cuantía del*

106. Ver GARCÍA PRATS, F. A., (2019), *Op. cit.*, pp. 25 y ss.
107. Ver GÓMEZ REQUENA, J. A., (2019). *Op. cit.* p. 42.
108. Ver VOGEL, K., Klaus Vogel on Double Taxation Conventions, Wolkers Kluwer 1997, p. 521.
109. Asimismo, GARCÍA PRATS señala que: *«En ausencia, pues, de dicha normativa tributaria interna no pueden practicarse dichos ajustes. El Convenio tampoco permite realizar el ajuste más allá de lo dispuesto en la normativa interna.»*. Ver, GARCÍA PRATS, F. A., (2005), *Op. cit.*, p. 41.

impuesto que ha percibido sobre esos beneficios». Es decir, el ajuste inverso sobre los beneficios que fueron redistribuidos por un ajuste primario en el primer Estado.

El análisis de las operaciones vinculadas y la aplicación de los correspondientes ajustes no atiende únicamente a esta disposición. El conjunto de fuentes normativas para aplicar el ALP también está conformado, además, por las normativas internas y por las reglas desarrolladas internacionalmente para concretar la aplicación del ALP, que históricamente han influido mutuamente en su construcción. Esta multiplicidad de fuentes hace que la convergencia de sus contenidos no sea necesariamente pacífica. Por el contrario, convierte en más complejo el sistema de reglas aplicables a los precios de transferencia.

4. DESARROLLO DE LAS REGLAS INTERNACIONALES SOBRE PRECIOS DE TRANSFERENCIA

En suma, el art. 9.1 MC OCDE contiene el marco para la realización de los ajustes de precios de transferencias que podrán llevarse a cabo en los términos que la normativa interna disponga, respetando los límites y las condiciones previstas en dicho artículo[110]. A estos efectos, las reglas internacionales sobre precios de transferencia fueron elaboradas, en principio, con la finalidad de explicar y concretar los lineamientos del ALP, en los términos del art. 9.1 MC OCDE.

La misma OCDE ha desarrollado distintos instrumentos para clarificar y unificar la aplicación de este criterio de asignación de beneficios empresariales. El instrumento principal de este sistema de reglas han sido las DPT OCDE aplicables en materia de precios de transferencia a empresas multinacionales y administraciones tributarias, que existen desde 1979 en forma de recomendaciones, pero que han recibido esta denominación de «directrices» a partir de 1995, como lo abordamos en este numeral. El propósito de estas directrices es el de indicar los principios aceptados para la aplicación del principio de plena competencia a las operaciones vinculadas (como el principio de sustancia), y recomendar las reglas que desarrollan estos principios.

En particular, las DPT desarrollan la metodología basada en la búsqueda de la sustancia de la operación vinculada para poder determinar el precio que corresponde a esta realidad, y compararlo con el precio establecido por partes independientes en condiciones similares. Por ello, contienen recomendaciones para la identificación de las relaciones comerciales y financieras entre las partes vinculadas, y de los términos acordados entre estas para realizar operaciones; también contienen los métodos de valoración recomendados para determinar los precios del mercado; y las condiciones para realizar el análisis de comparabilidad, considerando los tipos de operaciones vinculadas más frecuentes[111].

110. Ver GARCÍA PRATS, F. A., (2005), *Op. cit.*, p. 41.
111. Como se aborda en el Capítulo III de este trabajo.

Las DPT de la OCDE, y los trabajos relacionados con su contenido, han tenido una influencia innegable en la determinación de las legislaciones internas y en las decisiones de los tribunales nacionales. En un gran número de Estados son consideradas el instrumento de desarrollo de la normativa interna y la guía de interpretación del ALP por antonomasia. Sin embargo, no están consagradas en un instrumento de derecho vinculante y se consideran normas de *soft law*[112], lo que en su momento originó un gran debate respecto a su fuerza de aplicación[113]. A pesar de ello, su extendida aceptación se puede deducir de la conducta de los Estados y sus distintas manifestaciones para reconocerla. Esta voluntad de acogerse a las recomendaciones se ha expresado en distintos niveles, no sólo normativos, sino también judiciales y administrativos[114], con lo cual, a pesar de no estar contenidas, por ejemplo, en un convenio multilateral, las DPT han adquirido una posición instrumental vinculante en muchos ordenamientos jurídicos.

Teniendo en cuenta que el art. 9.1 del MC OCDE y las DPT, en conjunto, constituyen la fuente legal de las reglas internacionales sobre precios de transferencia, en las páginas siguientes analizamos su desarrollo histórico, desde los orígenes del ALP hasta llegar a la conformación de las recomendaciones actuales.

4.1. PRIMEROS DESARROLLOS JURÍDICOS

4.1.1. Enfoque inicial y primeras reglas de aplicación del ALP

En el numeral 3.1.1 de este capítulo, se describió el proceso de surgimiento del ALP como principio para la asignación de los beneficios en operaciones vinculadas. En suma, su formulación surgió en las legislaciones internas de EEUU y Reino Unido, y fue posteriormente introducido en la discusión de los modelos de CDI de la Sociedad de las Naciones (1930's) y la OCDE (1940's), hasta consolidarse en los términos del art. 9 del MC OCDE, casi de forma inalterada hasta nuestros días. La descripción literal del principio no ha generado mucha controversia. Lo más complejo ha sido el desarrollo de las reglas para su aplicación[115].

112. Para un estudio crítico sobre la fuerza vinculante de estos instrumentos de Soft Law se recomienda el trabajo del profesor VEGA GARCÍA. Ver VEGA GARCÍA, A., (2014), *Op. cit.*

113. Dependiendo del cada ordenamiento, la utilización de las DPT OCDE como fuente para la elaboración normativa o para la interpretación es criticables ya que las mismas no provienen de un proceso legislativo. Ver GÓMEZ REQUENA, J. A., (2020). Capítulo VI ..., *Op. cit.*, p. 273.

114. En el caso del ordenamiento jurídico español, el legislador ha señalado directamente las DPT como fuente de interpretación de las disposiciones sobre operaciones vinculadas en el impuesto sobre sociedades, junto con las recomendaciones del Foro Conjunto de Precios de Transferencia de la Unión Europea. Ver Ley 27/2014, de 27 de noviembre, del Impuesto sobre Sociedades (en adelante LIS). Boletín Oficial del Estado, 288, de 28 de noviembre de 2014. Exposición de motivos, III.; Ver también TRAPÉ VILADOMAT, M., (2019), «III Empresas asociadas», Op. Cit., pp. 414 y ss. Este aspecto se estudia con detalle en el numeral 2 del Capítulo IV.

115. Ver NAVARRO IBARROLA, A., Los ajustes transaccionales en la normativa sobre precios de transferencia, Tesis doctoral, Universidad Carlos III de Madrid 2016.

Los elementos fundamentales del ALP (contabilidad separada, enfoque de mercado y comparabilidad) se expresaron, desde sus inicios, en términos abiertos a su interpretación, con lo cual, en los primeros años de aplicación del principio se observaron versiones muy distintas de lo que debía considerarse *at arm's length.* En Estados Unidos, la publicación de las regulaciones del Código Tributario en 1935 había consagrado el principio, pero poco o nada fue señalado sobre lo que constituye «la conducta de partes independientes» (*those conditionts which would have existed between independent enterprises*). Durante sus primeros años de aplicación, la jurisprudencia de los Tribunales en Estados Unidos interpretó el contenido del principio de acuerdo con la finalidad expresada en la legislación[116], es decir, para prevenir la evasión fiscal o para reflejar los verdaderos ingresos obtenidos en la operación. Entre 1935 y 1968, aproximadamente, los Tribunales estadounidenses aplicaron la norma basándose en criterios como un precio *«fair and reasonable»*[117], *«true net income»*, *«reasonable return»*, etc[118]. A pesar de estar en la legislación, el principio de plena competencia fue poco referido en la jurisprudencia, e incluso, en algunos casos llegó a afirmarse que no era necesario determinar el acuerdo que tendrían empresas independientes para reflejar los verdaderos beneficios de una empresa vinculada y establecer su responsabilidad fiscal. Esta doctrina fue conocida como el *Frank Standard*[119] y claramente contradecía el ALP en el sentido expuesto en la normativa del Reglamento desde 1935. De hecho, en casos posteriores algunos jueces acudieron al *«Frank Standard»* para sustentar sus decisiones, estableciendo el ALP no como un criterio principal sino como un criterio opcional

116. Ver *Revenue Act 1928, section 45 y Code of Federal Regulation1935, Internal Revenue Service Code under section 45.* (Nota al pie 45)

117. En sentencia de *National Securities* (143), el Tribunal de Circuito expresó: *«arm's length nature of the transaction should be determined by whether it was "fair and reasonable" and that the question of whether unrelated parties would have entered into the same agreement was irrelevant».* Ver en National Securities Corp. v. Commissioner, 137 F.2d 600 (3rd Cir. 1943); Ver AVI-YONAH, R. S., «The Rise and Fall of Arm's Length: A Study in the Evolution of U.S. International Taxation», Law & Economics Working Papers Archive: 2003-2009 (2007), University of Michigan Law School Scholarship Repository. http://repository.law.umich.edu/law_econ_archive/art73, p. 4.

118. Ver AVI-YONAH, R. S., (2007), The Rise and Fall of Arm's Length..., *Op. cit.*, p. 5.

119. En 1962, se presentó el caso *Frank v. International Canadian Corporation.* En los hechos relevantes del caso, la matriz estadounidense pactó los precios por la venta de químicos con una sociedad Western Hemisphere Trade Corporation (WHTC), un tipo de sociedad con un régimen especial de tributación menor al general, residente en EE. UU., pero cuya actividad se desarrollaba en su mayoría en países como de América Latina, durante la segunda guerra mundial. En primera instancia las partes vinculadas señalaron que las ventas realizadas en la operación reflejaban un «precio y beneficio razonables», por lo que el Tribunal falló a favor del grupo empresarial. Sin embargo, el IRS apeló el fallo señalando que el Tribunal había utilizado el criterio de *«beneficio razonable»* en vez de acudir al ALP. En segunda instancia el fallo fue confirmado por la Corte de Apelaciones del Circuito Noveno, que consideró que el ALP ***«no era el único criterio que podía ser aplicado para determinar el verdadero ingreso neto de una compañía, en los términos de la sección 45» (negrilla propia).***

que podía o no ser válido según el caso[120], alejándose cada vez más de ser el criterio preferente y uniformemente aplicado en los ajustes de operaciones vinculadas. Teniendo en cuenta esta aplicación de la norma, para el IRS[121], era bastante incierto justificar un ajuste de beneficios utilizando el ALP.

Hasta mediados de Siglo XX aproximadamente, el volumen de decisiones judiciales relativas a operaciones vinculadas internacionales fue bastante bajo[122]. En un contexto de comercio internacional utilizado solo por ciertas industrias y en una escala menor a la actual, era poco frecuente la aplicación del ALP en estas instancias, y la necesidad de desarrollar normas para su aplicación no era primordial. Sin embargo, el crecimiento económico provocó un auge importante de la actividad de las EMN a mediados de siglo, y con ello también proliferaron las prácticas de planificación fiscal internacional[123]. Este cambio en

---

En sus consideraciones la Corte de Apelaciones del Circuito Noveno tuvo en cuenta que en los precedentes sobre la aplicación de ajustes de acuerdo con la sección 45 no se observaba que el ALP fuera aplicado en todos los casos, señalando que, incluso, en muchos de ellos ni siquiera se mencionaba el principio. Además, ésta Corte indicó que era igualmente válido acudir a estándares que habían señalado otros jueces en su jurisprudencia como «el precio justo», «el valor razonable», «beneficio razonable» y otros utilizados en la interpretación de la sección 45, para determinar los ingresos reales de una compañía y hacer el ajuste y «***que no era necesario establecer lo que habrían acordado partes independientes en las mismas condiciones» (negrilla propia).*** Ver *Frank v. International Canadian Corporation* [308 F.2d. 520 (9th Cir. 1962).

120. A partir de 1965 la jurisprudencia en torno a la aplicación del principio de plena competencia empezó a tomar más fuerza, inicialmente como principio complementario y más adelante como estándar para ciertos tipos de casos. (*24 T.C.M. (CCH) 1542 (1965). Id. at 1557.* En casos como *Oil Base, Inc. v. Commissioner* el tribunal retomó el ALP al señalar que el estándar de comparación debía ser el acuerdo que habrían realizado partes independientes sobre los mismos productos. El ajuste que hiciera el IRS debía basarse en el precio obtenido en condiciones de ALP: «*...the allocation should be based on the prices charged by unrelated parties that bought the same products from the taxpayer for resale in foreign markets*». Ver 23 T.C.M. (CCH) 1838 (1964). Ver también AVI-YONAH, R. S., (2007), The Rise and Fall of Arm's Length..., *Op. cit.*, p. 7.

121. Internal Revenue Service (IRS)

122. Como menciona GONZÁLEZ DE FRUTOS, en Estados Unidos de 168 casos juzgados entre 1935 y 1968, sólo 16 fueron expedientes internacionales, reflejando la escasa relevancia de estas actividades en este periodo. Ver GONZÁLEZ DE FRUTOS, U., «Capítulo 2. Historia de los precios de transferencia». En CORDÓN EZQUERRO, T., SOLER ROCH, M. T. (Eds.) Fiscalidad de los precios de transferencia: (operaciones vinculadas), CEF 2022. p. 58.

123. Esta estrategia tuvo su auge entre los años 50's y 60's. Ver MILLER, A. y OATS, L., Principles of international taxation, Bloomsbury 2016, p. 356; En Estados Unidos, las EMN podían operar a través de empresas residentes estadounidenses, pero con regímenes fiscales especiales para la actividad transfronteriza, como las fábricas en Puerto Rico (territorio bajo su jurisdicción, pero con un régimen especial), o las WHTC, mencionadas en el *Frank case*. Ver COLLIER, R. y ANDRUS, J., (2017). Op. Cit, p. 53. Otro factor importante, fue la etapa de procesos independentistas en países de Asia y África a comienzos de los años 60's, por los efectos que tuvo en las empresas ubicadas en lo que, hasta el momento eran consideradas, colonias de países industrializados. Ver SOLOVYOVA, O., «Historical Evolution on the transfer pricing and value creation», En PETRUZZI, R., TAVARES, R. J. S. (coords.) Transfer pricing and value creation, Linde 2019, p. 26.

las condiciones económicas hizo presente la necesidad de desarrollar el principio de ALP a través de reglas, especialmente metodológicas, para determinar cuál es la conducta que tendrían empresas independientes y cuál es el valor de mercado.

A partir de este punto, la elaboración de reglas sobre precios de transferencia empezó a darse de manera casi paralela en la OCDE y Estados Unidos. Por un lado, en el plano internacional, la OCDE había adoptado el MC sobre doble imposición en 1963. Por el otro, en EE. UU., las prácticas de evasión fiscal y el impacto del caso *Frank* (1962), impulsaron al IRS a presentar una iniciativa legislativa con una propuesta de reglas metodológicas, que curiosamente delineaban un método de reparto de los beneficios a través de una fórmula, teóricamente similar al *Formulary Apportionment*[124]. El Congreso rechazó su adopción[125], argumentando que lo que correspondía era una reforma del Reglamento, específicamente del art. 482 del Código Tributario[126].

Siguiendo esta indicación, la reforma del art. 482 del Código Tributario, sobre «*Allocation of income and deductions among taxpayers*», fue adoptada en 1968, estableciendo un compendio de reglas sobre los tipos de transacciones (prestación de servicios, licencias, y ventas de bienes tangibles e intangibles), con una particular atención a las operaciones con bienes tangibles[127]; y estableció un listado jerárquico de métodos para determinar el precio de mercado en estas operaciones. Estos métodos son: i) el método del precio libre comparable (CUP)[128] en el cual el precio aplicado en la operación vinculada es comparado directamente con el precio aplicado en una operación comparable entre independientes; ii) el método del precio de reventa (RPM)[129] a través del cual el margen de reventa obtenido por una entidad vinculada (que compra para hacer una venta posterior) se compara con el margen obtenido por una entidad revendedora en una operación independiente comparable; y iii) el método del precio de reventa (CPM)[130] en el que se compara el margen sobre costes obtenido por el vendedor de productos o servicios de una operación vinculada con el margen sobre sobre costes obtenido por el vendedor de productos o servicios en una operación independiente comparable. Como se observa, los métodos se basaron estrechamente en la comparabilidad de las operaciones (a través del precio o del margen).

124. Ver iniciativa HR 10650 de 1962, presentada ante el Congreso de EE. UU.
125. Posiblemente por el lobby de las mismas compañías multinacionales ante la posibilidad de un reparto sobre sus beneficios totales. Ver GONZÁLEZ DE FRUTOS, U., (2022), *Op. cit.*, p. 59.
126. Hasta 1954, la numeración del Código correspondía con la numeración legislativa (Sección 45). A partir de dicho año se estableció una nueva numeración en el Reglamento y pasó a ser el artículo 482. Ver GONZÁLEZ DE FRUTOS, U., (2022), *Op. cit.*, p. 59.
127. Ver COLLIER, R. y ANDRUS, J., (2017), *Op. cit.*, p. 59.
128. Comparable uncontrollable price method.
129. Resale price method.
130. Cost plus method.

En todo caso, se consideró el CUP como método preferente, por ser este el que en puridad comparaba precios vinculados con precios de mercado. Este sistema de precios se enfocó principalmente en operaciones de manufactura y distribución de bienes. En cuanto al resto de operaciones, en aquellos sobre servicios financieros se establecieron algunas instrucciones para la determinación de tipos de interés[131]; en materia de operaciones con activos intangibles se enunciaron, por primera vez, factores que podrían indicar el valor de estos, ante la falta de comparables, sin que se hiciera mayor desarrollo de los mismos[132], quizás porque para la época no eran tan habituales como las operaciones de venta de intangibles. Aun así, la regulación también indicó la posibilidad de utilizar «otros métodos no estipulados en la ley»[133], cuando no fuera posible encontrar comparables, impidiendo aplicar alguno de los métodos establecidos; este método sería el que más adelante tomaría relevancia para el análisis de operaciones con activos intangibles, por ejemplo. En suma, la reforma optó por una estructura de normas objetivas, que fueran aplicadas de manera rígida, sobre la base de la comparabilidad, tomando distancia de cualquier elemento subjetivo como la *razonabilidad o justicia* en la aplicación del ALP[134].

A nivel internacional, el aumento de la actividad de las EMN y el interés en los precios de transferencia impulsó el trabajo de la OCDE para establecer un conjunto de reglas guía para desarrollar el principio ya enunciado en el MC OCDE de 1963. La regulación de Estados Unidos había sido un gran avance, pero, para enfrentar el fenómeno de la planificación fiscal y la evasión y, a su vez, eliminar la doble imposición, era necesario promover un tratamiento uniforme y armonizado sobre la aplicación del principio. La OCDE se dio a la tarea de elaborar un documento que incluyera estos criterios básicos de aplicación y que sirviera como guía para que los Estados pudieran incorporar reglas similares

131. Disposiciones sobre operaciones financieras de préstamo y anticipos, algunas de las cuales permanecen vigentes en la regulación actual. Ver GONZÁLEZ DE FRUTOS, U., (2022), *Op. cit.*, p. 60

132. No puede afirmarse que correspondieran a métodos o criterios de valoración. Era un listado de 12 factores, que más bien correspondían a un conjunto de presunciones, que en todo caso podrían desvirtuarse: «*1) prevailing rate in the same industry or for similar property; 2) competing offers or bids; 3) terms of the licensing, such as limitation on the geographic area covered and the exclusive or non-exclusive character of the license; 4) uniqueness of the property and the period of time for which ir is likely to remain unique; duration and extent of legal protection of the property; 6) value of services rendered by the licensor to licensee in connection with the lincense; 7) licensee's capital investment and start-up cost; 8) vailability of substitutes; 10) arm's length rates and prices paid by unrelated parties where the property is resold or sublincensed to unrelated parties; 11) cost of developing the intangible property; 12) other relevant facts and circumstances.*». Ver US. IRS. Treasury Regulations. (1968). Section 1.482-2(d)(2)(iii).

133. Conocido también como el «cuarto método». Ver US IRS, (1968). *Treasury Regulation section* 1.482-1 (iii).

134. Ver SALA GALVAÑ, G., (2003), *Op. cit.*, p. 137.

en sus legislaciones internas[135]. Así, en 1976, la OCDE publicó la Declaración sobre Inversión Internacional y Empresas Multinacionales, con un anexo de Directrices para las Empresas Multinacionales[136].

Posteriormente, la OCDE realizó un estudio específico en precios de transferencia, cuyos resultados se presentaron en la publicación del Informe sobre Precios de Transferencia y Empresas Multinacionales de la OCDE 1979 (en adelante, Informe OCDE 1979)[137], considerado el primer documento internacional con recomendaciones sobre la metodología de aplicación del ALP. Estas disposiciones fueron dirigidas a la actuación de los Estados, sus administraciones tributarias y las EMN[138].

135. A diferencia de la problemática de la doble tributación, el instrumento seleccionado no fue un Convenio o Acuerdo, teniendo en cuenta que el objetivo era promover el desarrollo de reglas locales de aplicación para el análisis de las operaciones vinculadas. La estrategia metodológica en precios de transferencia fue distinta a la utilizada en otros temas del ámbito de la fiscalidad internacional. En materia de doble imposición, como es sabido, se celebran tratados bilaterales para acordar las reglas de aplicación entre partes contratantes. En otros ámbitos de regulación internacional se ha considerado el uso de tratados multilaterales suscritos al amparo de una organización internacional. Pero el uso de estas formas jurídicas puede considerarse rígido y más allá de un acuerdo de voluntades, en este caso lo que buscaba la OCDE era fomentar en los Estados la inclusión de normativas más completas, pero a la vez basadas en conceptos similares y armonizados. De manera que los contribuyentes en diferentes Estados estuviesen sujetos a reglas de valoración similares, en todos los ordenamientos en donde tienen lugar sus operaciones. En palabras de VEGA GARCÍA, *«la facilidad con la que las MNE pueden desviar beneficios de un país a otro comporta que una regulación unilateral de este problema no sea satisfactoria, por lo que resulta necesaria una regulación global en la que se vean implicados todos los países afectados»*. Ver VEGA GARCÍA, A., (2014), *Op. cit.*, p. 381.
136. En la cual los gobiernos de los países adherentes recomiendan en forma conjunta a las empresas multinacionales que operan en sus territorios o que tienen sede en estos la observancia de las Líneas Directrices para Empresas Multinacionales. Ver OCDE (1976), *Declaration and Decisions on International Investment and Multinational Enterprises,* 21 de junio.
137. En los comentarios iniciales del informe, la OCDE señala: *«While Taxation problems arising from international investment are not new, they have become more important in recent years as a consequence of the growing internationalization of economic activity. (...) The increasingly common phenomenon of related companies operating in a group with some degree of centralized management yet with individual members of the group operating under different national law, has given rise to important problems regarding the taxation of corporate profits»*. Ver OCDE (1979), *Transfer pricing and multinational enterprises*. (En adelante «Informe OCDE 1979»). p. 7, Preface no. 1.
138. Como se indica en su parte introductoria, en relación con el propósito de estas directrices, estas *«representan el principal intento internacional de reconciliar las variaciones normativas nacionales sobre la tributación de los precios de transferencia y de suministrar unas pautas que posibiliten la adopción de criterios a las Administraciones Tributarias de las distintas jurisdicciones fiscales en armonía y con consenso internacional general»*. Ver Informe OCDE (1979), *Op. cit.*, pp. 9 y ss, Preface no. 5 y ss.

El informe se basó en gran medida en las disposiciones estadounidenses de 1968[139]. Se caracterizó por dar una preferencia a los métodos tradicionales basados en la comparabilidad (CUP, RSM y CPM), señalando el CUP como la mejor alternativa al ser el que refleja en mayor extensión el postulado del ALP. En el caso de la OCDE, el Informe de 1979 desarrolló un poco más en detalle el «cuarto método», proponiendo el uso de métodos de distribución del beneficio, aunque con expresas reservas sobre su falencia para cumplir en estricto sentido con el estándar del ALP[140]. De hecho, el informe hace énfasis en la aplicación exclusiva del criterio de plena competencia, llegando incluso a rechazar cualquier aproximación a criterios similares al *«formulary apportionment»* por no reflejar estos la realidad económica de las operaciones y por la dificultad para obtener la información de las actividades económicas globales y los beneficios de la totalidad del grupo[141].

El Informe OCDE 1979 también hizo referencia a la tipología de las transacciones dividiéndolas en bienes, tecnologías y marcas, servicios y préstamos, y a la metodología para hacer un análisis de comparabilidad, incluyendo la realización de un análisis funcional para establecer el papel de las funciones, riesgos y activos de cada parte participante en la transacción[142]. En especial, en sobre las operaciones con intangibles, el Informe advierte de entrada la capacidad que tienen estas operaciones para trasladar beneficios entre las diferentes empresas de las multinacionales, reconociendo un reconocimiento a su relevancia dentro del tratamiento de las operaciones vinculadas. Sin embargo, de manera similar a la regulación de EE. UU., el Informe no desarrolla en mayor detalle las reglas sobre intangibles, salvo algunos factores y la descripción de los problemas para su análisis en materia de comparabilidad.

Entre los aspectos más relevantes del Informe OCDE 1979, está la declaración sobre los elementos fundamentales para aplicación del ALP, es decir, la relevancia de los términos contractuales de la operación; la identificación de operaciones comparables y la aplicación de los métodos recomendados para la valoración de los precios de transferencia, con el fin de identificar la realidad económica de la operación y, en caso de ser necesario, realizar el ajuste corres-

139. El Informe estaba compuesto por cinco capítulos: problemas, bienes, tecnología y marcas, determinados servicios intragrupo y préstamos. Adicionalmente un anexo con la recomendación del Consejo sobre la implementación de estas guías en la asignación de beneficios. Ver Informe OCDE (1979), *Op. cit.*, p. 3.

140. Ver SOLOVYOVA, O., (2019), *Op. cit.*, p. *27.*

141. Ver Informe OCDE (1979), *Op. cit.*, p. 14.

142. Algunos autores señalan que este tipo de análisis funcional implica un riesgo de potencial recaracterización de las transacciones ya que la aplicación de la metodología requiere esta distribución según categorías predeterminadas. En este sentido, no todas las operaciones desarrolladas por las multinacionales pueden coincidir con la tipología propuesta en el Informe y por tanto existe una carga de la prueba en dichos puntos para demostrar que la operación se encuentra ajustada al principio de plena competencia. Ver COLLIER, R. y ANDRUS, J., (2017), *Op. cit.*, p. 64.

pondiente. Justamente en este punto, el Informe de la OCDE establece el principio de respeto a la operación tal cual fue estructurada por las partes[143]. Este principio es base fundamental para los ajustes, por lo que, al momento de realizar correcciones a las operaciones vinculadas, las administraciones deben hacer todo lo posible por respetar tal estructura y, solo de manera excepcional, proceder a ignorar o sustituir la operación efectivamente realizada; siendo este el primer antecedente internacional de una regla sobre ajustes, no solo al valor (precio) sino a las condiciones de las operaciones (un ajuste transaccional)[144].

4.1.2. Crisis del enfoque tradicional del ALP e incursión de los métodos de reparto

Los primeros años de aplicación del ALP, tras la regulación de 1968 en Estados Unidos, estuvieron caracterizados por el uso de la comparabilidad[145], en sentido estricto, tal como se observó en la jurisprudencia. En el caso *Lufkin Foundry vs Commissioner*[146], el Tribunal del Circuito 5to, llegó a señalar que más allá de cualquier determinación interna de precios realizada por el contribuyente, es indispensable identificar el precio que habrían pactado entidades independientes, es decir que, en el análisis de la operación *«es incuestionable la necesidad de alcanzar el estándar de plena competencia»*. Sin lugar a duda, esta aplicación incrementó la seguridad jurídica en las operaciones en que tal comparabilidad era alcanzable, particularmente en la valoración de operaciones de fabricación, venta y distribución.

143. Ver Informe OCDE (1979), *Op. cit.*, p.19; Sobre el principio del respeto a la operación tal y como ha sido estructurada por las partes. Ver BULLEN, A., Arm's Length Transaction Structures. IBFD Doctoral Series 2011.

144. Resulta muy importante la afirmación de NAVARRO respecto al origen de esta regla de ajustes ya que no estaba contenida en la regulación estadounidense de 1968, sino que posiblemente fuera parte de la evolución jurisprudencial sobre los ajustes realizados en operaciones en las que el criterio de comparabilidad no había podido aplicarse y la comprobación de las condiciones hacía muy necesario dar una calificación o caracterización distinta a la operación para poder aplicar, ahora sí, el ajuste valorativo correspondiente. Un ejemplo de ello es la sentencia del caso *Commissioner v. National Alfalfa Dehydrating & Milling Co.*, (US Supreme Court (1974, Tribunal Supremo, Estados Unidos)), donde el Tribunal señala que, si el gravamen de una operación se hiciese depender de la determinación de formas alternativas de acometerla, ello crearía incertidumbre. NAVARRO señala: *«Por tanto, lo que (el contribuyente) ha hecho, en lugar de lo que podría haber hecho, debe ser la base de la determinación de la obligación tributaria, salvo que haya acordado unas condiciones que vulneren la doctrina de sustancia sobre forma (substance over form) definida por la jurisprudencia»*. Ver NAVARRO IBARROLA, A., (2016), *Op. cit.*, p. 85 (n. 267 y 268).

145. Ver AVI-YONAH, R. S., (2007), The Rise and Fall of Arm's Length..., *Op. cit.*, p. 10.

146. En este caso el contribuyente presentó documentos para justificar sus precios utilizando como criterio la razonabilidad de sus acuerdos de marketing con la Holding extranjera, por lo que el tribunal fiscal en primera instancia aceptó su criterio. La Inspección apeló la decisión acudiendo a la necesidad de utilizar el ALP y que las justificaciones internas del precio realizadas por el contribuyente no eran suficientes para alinearse con este criterio, argumentos que fueron finalmente admitidos por la Corte en esta instancia. Ver *Lufkin Foundry & Mach. Commisioner*. 468 F.2d 805-808 (5th Cir. 1972).

Ahora bien, en otro tipo de operaciones, era complicado o incluso imposible encontrar información, especialmente las operaciones con intangibles[147]. Justamente en estas operaciones empezó a concentrarse el mayor número de casos problemáticos[148]. En este contexto, el llamado «cuarto método» era cada vez más utilizado, permitiendo el uso de métodos no regulados en la norma. Como bien lo menciona AVI YONAH, al aplicar el ALP en su sentido estricto, empezaron a dejarse fuera un gran número de casos, y en muchos de los que se inspeccionaron, la forzada aplicación del estándar llevó a su utilización inadecuada[149].

A comienzos de la década de los 80´s, la problemática era tal que llegó a cuestionarse la utilidad del ALP por completo[150], por lo que el Congreso estadounidense encargó al Tesoro una reforma de la regulación del art. 482 del Código Tributario que permitiera analizar mejor estos métodos no especificados. El Informe del Tesoro se publicó en 1988 y se denominó «*White Paper. A Study of intercompany pricing*»[151] (Libro Blanco sobre los precios en operaciones vinculadas). Este *White Paper* contiene un trabajo juicioso y completo sobre el estado de aplicación de la legislación vigente en materia de operaciones vinculadas, pues estudia no solo las normas desde sus orígenes, sino también la jurisprudencia y la práctica del IRS para realizar los ajustes de acuerdo con el art. 482 del Código Tributario. Tras el estudio, el Tesoro concluye que las normas existentes solo

147. Esta dificultad era experimentada tanto por el IRS como por las empresas. De hecho, en 1981, la *Goverment Accountability Office* publicó un informe expresando su preocupación sobre la disponibilidad de datos comparables significativos, lo que a su vez implicaba que el IRS difícilmente podía encontrar la información necesaria para confirmar el precio de mercado que aplicaba en los ajustes. El informe se tituló *IRS Could better protect US Tax Interest in Determining the Income of Multinational Corporations (GAO/GGD-81-81-30 Sept. 1981, p. 52-3).*, citado en COLLIER, R. y ANDRUS, J., (2017), *Op. cit.*, p. 74.

148. El litigio de casos llevados hasta las Cortes aumentó, como puede verse en la recopilación de jurisprudencia que realiza AVI YONAH de las siguientes dos décadas. Ver AVI-YONAH, R. S., (2007), The Rise and Fall of Arm's Length..., *Op. cit.*, p. 10. Sin embargo, solo el 3% de los ajustes propuestos por el IRS en 1980 se habían basado en precios de mercado verdaderos, según los datos de la *General Accounting Office.* Ver GONZÁLEZ DE FRUTOS, U., (2022), *Op. cit.*, p. 61.

149. Vale la pena señalar que en algunos casos las decisiones judiciales llegaron a considerar comparables donde en realidad existían diferencias considerables, como el volumen de los productos licenciados en el caso de las transacciones con intangibles; o se consideraron comparables contratos de licencia cuyos precios fueron pactados originalmente sin tener en cuenta los cambios de condiciones durante la ejecución de los mismos, lo que puede tener efecto en los beneficios esperados de la operación. Ver AVI-YONAH, R. S., (2007). The Rise and Fall of Arm's Length. *Op. cit.* p. 16.

150. De esta forma, recuerda AVI-YONAH, al explorar el contexto histórico alrededor de la redacción del White Paper: *«as is reflected in the defensive tone of the Treasury's pronouncements, the White Paper was written at a time when this traditional conception of the ALS was coming under increasing criticism and suggestions for its replacement were rampant. In particular, the legislative history of the Tax Reform Act of 1986 indicates that Congress had mandated that the Treasury Department reevaluate the continued viability of the ALS.»*. Ver AVI-YONAH, R. S., (2007). The Rise and Fall of Arm's Length. *Op. cit.* p. *2.*

151. Ver *US IRS. (1988). A study of intercompany pricing*. Notice 88-123; 1988-2 C.B. 458 (en adelante «White Paper»).

son útiles para un grupo de operaciones, el que suele ser más sencillo, pero no representan una ayuda para resolver el análisis de las operaciones con intangibles, que suelen ser, además, las operaciones con mayor riesgo de evasión fiscal[152].

En su propuesta, el *White Paper* empieza por reconocer la relevancia del ALP como principio de aplicación extendida, tanto en Estados Unidos, como a nivel internacional, a través de los trabajos de la OCDE, por lo que, a pesar de sus críticas recomienda continuar adoptándolo como estándar[153]. Así, en vez de buscar otro estándar aplicable, el Tesoro propuso ampliar el alcance del ALP y considerar alternativas a la búsqueda de comparables, como los métodos basados en una valoración de los márgenes de beneficios económicos, que retribuyan las funciones realizadas por las partes en la operación[154]. Se incluyeron en el *White Paper*, dos métodos: el *Basic Arm's Length Return Method* (BALRM), y un método de reparto similar al *profit split method.* El BALRM, utilizado cuando una de las partes aporta el intangible valioso, que consistía en la identificación de tareas instrumentales para su retribución a precios de mercado, quedando a repartir los beneficios residuales de la operación para el titular de los intangibles; y el segundo, una especie de *profit split method,* utilizado cuando ambas partes aporten valor al intangible (a través de sus funciones, asumiendo riesgos o involucrando sus activos propios), que consistía en una designación del valor de mercado por cada función instrumental realizada, y la posterior distribución del beneficio residual entre partes en función del valor de los intangibles aportados por cada una.

Sin duda estas ideas fueron precursoras del análisis para la retribución de contribuciones que se hace hoy en día, a pesar no haber tenido gran acogida en su momento[155]. El conjunto de métodos propuesto era revolucionario respecto a la concepción tradicional del ALP. Pese al intento conservador por reconocer la importancia del principio y el consenso alcanzado en su incorporación, en realidad la propuesta se distanciaba bastante del método de comparación. Por lo que, unos años después, en 1992 cuando se presentó la propuesta de reforma de la regulación del art. 482 del Código Tributario, el BALRM no fue

152. AVI YONAH las resume en tres puntos: 1. La regulación depende particularmente de la búsqueda de comparables, 2. La experiencia práctica de los casos muestra que la regulación falla al resolver los casos más importantes y potencialmente abusivos de cara a la evasión de impuestos. 3. El llamado «cuarto método» ha sido manejado inadecuadamente. Ver AVI-YONAH, R. S., (2007), The Rise and Fall of Arm's Length..., *Op. cit.*, p. 18 y ss.

153. «*The arm's length standard is embodied in all U.S. tax treaties; it is in each major model treaty, including the U.S. Model Convention; it is incorporated into most tax treaties to which the United States is not a party; it has been explicitly adopted by international organizations that have addressed themselves to transfer pricing issues; and virtually every major industrial nation takes the arm's length standard as its frame of reference in transfer pricing cases...The United States should continue to adhere to the arm's length standard*». Ver *White Paper*, Supra note 1, at 459-61.

154. Ver COLLIER, R. y ANDRUS, J., (2017), *Op. cit.*, p. 75.

155. Como se estudia en el numeral 4 del Capítulo II de este trabajo.

incluido[156]. De hecho, varias de las ideas del *White Paper se* matizaron con esta propuesta, para mantener la preferencia por el uso de comparables. Entre estas se encuentran el uso de ajustes para utilizar comparables inexactos, el uso de algunos *Safe Harbors*[157], y una de las más importantes, el uso de un intervalo de beneficios aceptados de empresas que operan en el mismo sector, dentro del que podía entenderse que un margen era de mercado[158]. La propuesta consistía en una reforma completa del art. 482 del Código Tributario, por lo que hacía referencia a las transacciones con bienes tangibles, pero sobre todo se dirigía a las operaciones con bienes intangibles y a los Acuerdos de Reparto de Costes (en adelante también ARC)[159].

La reacción de la OCDE no se hizo esperar y presentó un informe específico sobre la propuesta de reforma de los Estados Unidos, manifestando su inconformidad con el contenido. La inclusión de este tipo de medidas en contra de la concepción del ALP dada hasta el momento podía romper el consenso internacional[160], en especial por la aceptación del intervalo de beneficios del sector, que se alejaba del uso de comparables casi por completo[161]. Si bien la OCDE ya había

156. En la exposition de motivos que se encuentra en el preámbulo de la reglamentación de 1992 se enuncia: *Many comments on the White Paper criticized the prominent role given to BALRM, arguing that BALRM would be difficult to apply because the information BALRM required generally would not be available, would be unfair to corporations whose rates of return vary considerably from the average, and would allocate too much income to U.S. entities. The Service also was urged to assign a greater role to inexact comparable transactions and to reconsider the use of safe harbor rules. These comments were taken into account in the development of the three pricing methods described in (...) these proposed regulations*. Ver, US IRS (1992). *Proposal to the Treasury Regulation section 1.482, 57. Federal Regulation 3571-3572*. Enero 30. Preámbulo.

157. Lo que quiere decir que se fijaban unos límites o valores presuntos. Si las empresas permanecían dentro de esos límites establecidos, podía entenderse que sus políticas de precios de transferencia eran correctas y no serían sujetas a inspección bajo las reglas del art. 482 del Código Tributario.

158. Ver GONZÁLEZ DE FRUTOS, U., (2022), *Op. cit.*, p. 63.

159. Estos acuerdos, mencionados por primera vez en el Informe OCDE de 1979. Ver Informe OCDE, 1979. *Op. cit.*, par. 102; son acuerdos suscritos para el desarrollo conjunto y posiblemente, también la utilización de intangibles, caracterizados por una distribución de los cotes entre los participantes y una correlativa participación en los beneficios futuros que se obtengan del intangible. Hay distintas formas de estos acuerdos, como la participación en costes *(Cost Sharing Arrangement)* o acuerdos de financiación *(Cost funding Arrangement)* y además pueden tener como objeto no sólo la investigación sino también la prestación de servicios. Ver BRAUNER, Y., «Cost Sharing and the Acrobatics of Arm's Length Taxation», Intertax no. 38(11) (2010), Kluwer Law International, p. 554 y ss.

160. Era paradójico que mientras a nivel internacional se estaba consolidando un consenso sobre la aplicación del ALP como criterio para valorar las operaciones vinculadas, en Estados Unidos se viviera un periodo de cuestionamiento total del criterio e incluso se discutiera la posibilidad de desecharlo por completo. Ver COLLIER, R. y ANDRUS, J., (2017). *Op. cit.*, 74 y ss.

161. Ver OCDE (1993), *Report of the task force of the OECD Committee of Fiscal Affairs in US Transfer Pricing Regulations, Tax aspects of pricing within Multinational Enterprises: The US proposed Regulations*.

señalado los problemas de aplicabilidad de los métodos basados en comparables en su Informe sobre precios de transferencia de 1979, en este informe también reconoce que otros Estados están presentando las mismas dificultades que EE. UU. para el análisis de operaciones con intangibles.

Estados Unidos modificó su propuesta y en 1993 adoptó una regulación transitoria del art. 482 del Código Tributario, que se volvió definitiva en 1994. En esta nueva regulación estableció definitivamente que, ante las dificultades para aplicar los métodos tradicionales, podía utilizarse uno de los métodos basados en el beneficio: o bien el método de intervalos denominado *comparable profit method* (CPM) o el *Profit Split Method* (PSM). En todo caso se dejó abierta la posibilidad de utilizar otros métodos siempre que pudieran producir resultados asimilables[162]. La regulación además eliminó la jerarquía entre los métodos de valoración, pues en la práctica causaba problemas, e instituyó la «*best method rule*» según la cual, en caso de desacuerdo sobre el método que debe ser usado, el método seleccionado será el que proporcione la determinación más precisa (*most accurate determination)* de un resultado de plena competencia[163]. En los años siguientes, la normativa estadounidense incorporó también reformas en materia de acuerdos de reparto de costes (1995-1996); sobre los aspectos sancionatorios del régimen de precios de transferencia (1996); y en materia de procedimientos administrativos de valoración previa (1996-1998).

4.2. LAS DIRECTRICES DE LA OCDE SOBRE PRECIOS DE TRANSFERENCIA Y EL CONSENSO INTERNACIONAL SOBRE EL ALP

Más conforme con los cambios debatidos con el Tesoro estadounidense[164], en 1995 la OCDE adoptó las «Directrices sobre Precios de Transferencia para EMN y administraciones tributarias», un documento que por primera vez presentó las recomendaciones en forma de directrices y no como parte de un informe de recomendaciones. La OCDE tomó en consideración la regulación estadounidense, pero mantuvo sus reservas, consolidando su posición sobre la preferencia del ALP como principio orientador. De esta manera la OCDE con-

162. Ver COLLIER, R. y ANDRUS, J., (2017). Op.Cit. p. 77.
163. Ver AVI-YONAH, R. S., (2007). The Rise and Fall of Arm's Length. *Op. cit.* p. 22.
164. Resulta curiosa la reflexión que hace GONZÁLEZ DE FRUTOS sobre la diferencia entre la postura del Tesoro de EE. UU. y la postura de la OCDE respecto a la utilización del método de reparto de beneficios: En pocos términos, la OCDE aceptó la introducción del método con la aclaración de que su enfoque era transaccional, mientras que, en la regulación de EEUU, el método simplemente se denominó método de reparto de los beneficios. «La batalla (...) no es más que otra modalidad de cálculo basado en transacciones, algo bastante difícil de aceptar intuitivamente, es la razón de que el método del margen de beneficios lleve el adjetivo ´transaccional`». Ver GONZÁLEZ DE FRUTOS, U., (2022), *Op. cit.*, p. 64.

siguió promover la aplicación extendida del ALP, a nivel global[165], reafirmando su oposición al uso de métodos unitarios.

El documento contenía cinco capítulos, los primeros tres fueron dedicados al ALP y sus criterios de aplicación (ALP, métodos y análisis de comparabilidad), y los capítulos cuarto y quinto se ocuparon de cuestiones administrativas y un esquema para fijar obligaciones sobre la documentación requerida[166]; complementados con publicaciones posteriores: intangibles (1996) y Acuerdos de Reparto de Costes (1997). Además, en esta guía de 1995 se introdujeron las disposiciones de dos informes separados publicados por la OCDE en 1984 (sobre servicios intragrupo)[167] y 1987 (sobre reglas de subcapitalización)[168]. En cuanto a su contenido sustancial, la OCDE no era ajena al conocimiento de los problemas de aplicación de los métodos basados en la comparabilidad y, en tal sentido, buscó dar mayor flexibilidad a las reglas sobre el ALP con la publicación de las DPT. Por ello, el primer paso de las DPT fue el reconocimiento de que los precios de transferencia no son una ciencia exacta, y requieren de un ejercicio por juicio de parte de las administraciones tributarias y de los contribuyentes[169].

Para visibilizar esta flexibilidad, las DPT OCDE incluyeron modificaciones relevantes, basándose en gran medida en la reciente reforma estadounidense. La primera, relacionada con la comparabilidad, fue la incorporación de un rango de precios aceptados o «*arm's length range*»[170], en vez de un valor exacto, partiendo de la consideración de que no es realista encontrar un comparable absolutamente exacto y que la aplicación de las reglas debe reconocer las diferencias entre las operaciones, e incluso aceptar comparables inexactos que pueden resultar más adecuados con la utilización de ajustes razonables.

En segundo lugar, en las DPT OCDE de 1995 se estableció el marcó para el análisis de comparabilidad, que debe tener en cuenta unos factores de la operación para encontrar comparables adecuados (las características del bien o servicio involucrado; las funciones desempeñadas por las partes —incluyendo ries-

165. La OCDE señala en las DPT la fuerte tendencia entre los países a adoptar normativas sobre precios de transferencia con base en las reglas del ALP. Ver DPT OCDE (1995), *Op. cit.*, pár. 1-6; Lo que en palabras de BRAUNER corresponde a la «universalidad» del ALP. Ver BRAUNER, Y., (2008), *Op. cit.*, p. 99.
166. Las Directrices recomiendan una serie de reglas para la documentación de sus operaciones vinculadas, destinadas a organizar y aportar información relevante sobre sus resultados económicos generales, estructura de funcionamiento y las transacciones vinculadas realizadas.
167. Ver OCDE (1984), *Precios de Transferencia y Empresas Multinacionales. Tres cuestiones Fiscales.*
168. Ver OCDE (1987), Informe sobre Subcapitalización.
169. Ver en DPT OCDE (1995), *Op. cit.*, pár. 1.13; Ver PETRUZZI, R., (2016), *Op. cit.* pp. 10 y ss.
170. Desarrollado en las propuestas normativas de Estados Unidos a partir de 1986, 1992 y las modificaciones definitivas de 1994.

gos y activos—; lo términos contractuales; las circunstancias económicas de las partes y las estrategias comerciales perseguidas por estas)[171].

En tercer lugar, las DPT introdujeron dos métodos sobre los beneficios, basados en los métodos de la reforma estadounidense de 1993-1994: el método del beneficio neto de la operación (TNMM)[172] a través del cual el margen neto obtenido por una empresa vinculada (sobre una base determinada) es comparado con el mismo margen obtenido por una entidad independiente en actividades económicas comparables; y el método de reparto del beneficio (PSM)[173] que busca identificar la distribución de beneficios que realizarían empresas independientes involucrada en una operación comparable; ambos métodos enfocados en atender los supuestos de hecho en que la comparabilidad es difícil o imposible de alcanzar. En cuanto al sistema de jerarquía entre los métodos, la OCDE continuó aplicando una preferencia por el uso de métodos tradicionales basado en la comparación, antes de aplicar un método de beneficios (preferencia que, como veremos, desaparecería con la publicación de las DPT OCDE de 2010).

En cuarto lugar, las DPT OCDE de 1995 incorporaron las reglas sobre la valoración previa de precios, a través de un mecanismo administrativo de resolución de conflictos denominado *Advanced Pricing Arrangements* (en adelante APAs). Este conjunto de recomendaciones fue introducido mediante un anexo en 1999. Se trataba de una nueva perspectiva sobre las medidas para enfrentar el problema, que buscaba obtener precios de mercado adecuados antes de que las operaciones vinculadas se llevarán a cabo, a través de acuerdos entre la Administración y los contribuyentes[174].

Finalmente, las DPT OCDE de 1995 desarrollaron un marco para la realización de recaracterizaciones. En general, como mencionamos antes, las reglas sobre ajustes de precios de transferencia parten del principio del respeto a la operación estructurada por las partes; las DPT de 1995 incorporaron dos circunstancias en las que, de manera excepcional, se puede considerar apropiado y legítimo que una administración tributaria ignore o sustituya tal estructura: cuando la sustancia económica de la operación sea distinta de la forma dada por las partes; y cuando los acuerdos entre las partes vinculadas difieran de lo que partes independientes habrían hecho comportándose de manera comercialmente razonable y ello impida a la Administración tributaria determinar adecuadamente el precio de transferencia[175]. En síntesis, las DPT actualizaron el contenido de las recomendaciones que hasta el momento había hecho el Comité

171. Ver DPT OCDE (1995), pár. 1.17 y ss.
172. Transactional Net Margin Method.
173. Profit Split Method.
174. Ver NEIGHBOUR, J. y OWENS, J., (2001), *Op. cit.*, p. 957.
175. Ver DPT OCDE (1995), pár. 1.36-1.37.

de la OCDE en sus informes de recomendaciones, pero en esencia, no constituyeron una ruptura respecto a los preceptos que venía proponiendo la OCDE.

La publicación de la Regulación definitiva de 1994 y las DPT OCDE de 1995 promovió un período de incorporación de las reglas sobre precios de trasferencia en un gran número de legislaciones internas[176], incluyendo la española en 1995[177]. Además, en los siguientes años se elaboraron algunos trabajos más para el desarrollo de las reglas. La OCDE publicó un par de documentos con actualizaciones específicas a las DPT; en 2008 sobre la atribución de beneficios a los establecimientos permanentes[178]; y en 2009 respecto al arbitraje y los procedimientos de mutuo acuerdo en el MC OCDE.

En 2010, tras una revisión sustancial, fue publicada una nueva versión de las DPT[179]. La OCDE modificó los tres primeros capítulos, sobre el ALP, la metodología y el análisis de comparabilidad. Por un lado, la jerarquía entre métodos (los métodos tradicionales sobre los métodos del beneficio) fue eliminada, con lo cual la selección de los métodos de transferencia se haría en función del método más pertinente de acuerdo con las circunstancias, adoptando la perspectiva del *«best method rule»* estadounidense[180]. En concordancia con esta perspectiva, se introdujeron aportes significativos sobre la aplicación práctica de los métodos sobre el beneficio (TNMM y PSM)[181]. También fue estudiado en profundidad el concepto de comparabilidad y la metodología para aplicarlo, por lo que se amplió el detalle del procedimiento del Análisis de Comparabilidad que se vería en el nuevo capítulo III de las DPT[182].

Adicionalmente, uno de los aspectos más relevantes de la actualización de las DPT en 2010 fue la inclusión de un nuevo capítulo sobre el tratamiento de las reestructuraciones empresariales (capítulo IX)[183]. Esta era una sección esperada, particularmente por su relación con el análisis de operaciones complejas y el traspaso de activos y derechos entre partes vinculadas, lo que requería ajustar el proceso de análisis a las diferentes fases de la reestructuración.

176. Para 2009, un periodo de aproximadamente 15 años desde la publicación de estas reglas, el número de estados con regulaciones especificas en materia de precios de trasferencia pasó de 6 a aproximadamente 37. Ver COLLIER, R., Y ANDRUS, J., (2017), p. 85.
177. Ver Ley 43/1995, de 27 de diciembre, del Impuesto sobre Sociedades. Boletín Oficial del Estado núm. 310, de 28 de diciembre de 1995, páginas 37072 a 37128. Sobre el detalle de esta ley ver numeral 2.3.1 del Capítulo IV de este trabajo.
178. Los trabajos de la OCDE entre 2008 y 2010 llevaron a la introducción de las reglas sobre el denominado *«Authorized OECD Approach»*. Entre estos, el *Report on the Attribution of profits to permanent establishments (OCDE 2008), Report on the Attribution of profits to permanent establishments (OCDE 2010).* Ver PETRUZZI, R., (2016), *Op. cit.* pp. 12 y ss (nota 60).
179. Ver OECD, (2010), *OECD Transfer Pricing Guidelines for Multinational Enterprises and Tax Administrations 2010*, (en adelante «DPT OCDE 2010»)
180. Ver DPT OCDE (2010), pár. 2.2.
181. Ver DPT OCDE (2010), pár. 2.1-2.11.
182. Ver DPT OCDE (2010), Capítulos I y III.
183. Ver DPT OCDE (2010), Capítulo IX.

Las EMN ya realizaban este tipo de reorganizaciones como parte de su actividad normal, pero era innegable que el incremento en el número de estas operaciones era una reacción a las normativas sobre precios de transferencia[184].

El análisis de las reestructuraciones tenía dificultades teóricas y prácticas para su verificación bajo el esquema del ALP. Por un lado, el enfoque de empresa separada debía verse en el contexto de la operación en estos casos, como parte de un grupo económico que finalmente es el sujeto que realiza la operación analizada en su totalidad. En cuanto a la aplicación práctica, la consideración del grupo implicaba valorar y distribuir elementos como la sinergia del grupo, dentro de la asignación de los beneficios. Estas operaciones frecuentemente incluyen transferencias de activos y riesgos entre las compañías del grupo, así como de las funciones desarrolladas por cada una. Por esta razón, el análisis de las reestructuraciones requería reglas para analizar el conjunto de sus operaciones de manera integrada. Con este panorama, el nuevo capítulo IX estableció las reglas para realizar este análisis, considerando el resultado antes y después de realizarse la reestructuración.

4.3. LA LUCHA CONTRA LAS PRÁCTICAS DE EROSIÓN DE LA BASE IMPONIBLE Y TRASLADO ARTIFICIOSO DE BENEFICIOS

4.3.1. El Plan de lucha contra la erosión de las bases imponibles y el traslado de beneficios (BEPS)

A pesar de las actualizaciones de las DPT OCDE realizadas en 2010, diferentes Estados continuaban seriamente preocupados por las prácticas empresariales de elusión basados en el uso de precios de transferencia para trasladar artificiosamente beneficios empresariales a territorios de más baja o nula imposición[185], con el consecuente deterioro de las bases imponibles, y con este, un descenso en la recaudación[186].

Asimismo, a nivel internacional, en 2009 el G20[187] había situado dentro de sus objetivos para combatir la evasión fiscal la promoción de estrategias de

184. Ver COLLIER, R. y ANDRUS, J., (2017), *96.*

185. En 2012 el Reino Unido, buscó acordar un plan para hacer frente a estas prácticas en un escenario de participación de los Estados desarrollados. Ver HERNÁNDEZ GONZÁLEZ-BARREDA, P. A., «Capítulo 1. El alcance material y formal del Plan BEPS», En ALMUDÍ CID, J. M., FERRERAS GUTIÉRREZ, J. A. y HERNÁNDEZ GONZÁLEZ-BARREDA, P.A. (Eds.) El plan de acción sobre erosión de bases imponibles y traslado de beneficios (BEPS): G20, OCDE y Unión Europea, Aranzadi Thomson Reuters 2017, p. 61.

186. Entre 2007 y 2010, los países desarrollados ya habían experimentado una caída en la recaudación debido también a la disminución del consumo durante la crisis, provocando también un incremento de los cuestionamientos de conductas como la planificación fiscal. Ver PATÓN GARCÍA, G., (2016), *Op. cit.*

187. El G20 es un grupo intergubernamental fundado en 1999, conformado 19 Estados y la UE, que corresponden a las economías del mundo (alrededor del 90% del producto mundial bruto (PMB)), creado para abordar cuestiones relacionadas con la economía mundial, como la

transparencia y de intercambio de información entre Estados[188]. El G20, preocupado por las deficiencias del sistema de reglas internacionales sobre fiscalidad y también por los riesgos de doble imposición, en su reunión de 2012, comisionó a la OCDE para elaborar una estrategia en contra de las prácticas de *Base Erosion and Profit Shifting (BEPS).*

En el proceso de trabajo que condujo a la revisión general de las DPT OCDE de 2010, la OCDE identificó la necesidad de un estudio con mayor profundidad en materia de intangibles, más allá de las recomendaciones incluidas en el Capítulo VI de las recién actualizadas DPT[189]. Aunque muchas de las reglas incluidas en la modificación eran aplicables a las operaciones con intangibles, la OCDE reconoció que las reglas de los Capítulos VI (intangibles) y VIII (Acuerdos de reparto de costes) estaban desactualizadas, a la luz de las prácticas empresariales actuales, y que ello dificultaba el análisis de estas operaciones, tanto para los contribuyentes como para las administraciones tributarias, aumentando su litigiosidad, y los riesgos por doble imposición. Por ello, en 2011 la OCDE inició un proyecto para el estudio de los precios de transferencia específicamente en operaciones con intangibles, y lo presentó en un documento denominado *«Transfer Pricing and intangibles: Scope of the OECD Project»*[190]. El grupo de trabajo de la OCDE dedicado al asunto presentó en 2012 un borrador de recomendaciones denominado *«Special considerations for intangibles»* para que diferentes profesionales y gobiernos pudieran presentar sus comentarios[191]. El borrador comentado fue presentado por la OCDE en Julio de 2013[192], incluyendo

estabilidad financiera internacional, la mitigación del cambio climático y el desarrollo sostenible. En 2022, los miembros del G20 son: Alemania, Arabia Saudí, Argentina, Australia, Brasil, Canadá, China, Corea del Sur, Estados Unidos, Francia, India, Indonesia, Italia, Japón, México, Reino Unido, Rusia, Sudáfrica, Turquía y la Unión Europea.

188. Ver Duff & Phelps Corp, (2016), *Op. cit.*, p. 97.

189. En palabras del Comité de Asuntos Fiscales de la OCDE: «*In the process that led to the 2010 revision of the TPG, transfer pricing issues pertaining to intangibles were identified as a key area of concern to governments and taxpayers, due to insufficient international guidance in particular on the definition, identification and valuation of intangibles for transfer pricing purposes*». Ver OCDE (2011), *«Transfer Pricing and intangibles: scope of the project»*, p. 2.

190. Según este documento, los trabajos se enfocaron en las siguientes cuestiones: el desarrollo de un marco para el análisis, aspectos de definición; categorías específicas de transacciones que involucran intangibles; cómo identificar y caracterizar una transferencia intangible; condiciones que dan derecho al rendimiento de un intangible distintas de la propiedad; y problemas de valoración. Ver OCDE (2011), *«Transfer Pricing and intangibles: scope of the project»*, *Op. cit.*, pp. 3 y ss.

191. Según este borrador, los aspectos a trabajar se distribuían en cuatro bloques: la identificación de intangibles; la determinación de la parte legitimada para recibir los beneficios por la explotación de un intangible; los tipos de transacciones con intangibles; y la determinación de la aplicación del principio de plena competencia en este tipo de operaciones. Ver OCDE (2012), *«Discussion Draft Revision of the Special Considerations for Intangibles in Chapter VI of the OECD Transfer Pricing Guidelines and Related Provisions»*, 6 de junio a 14 de septiembre de 2012, p. 3.

192. Ver OCDE (2013), *«Public Consultation Revised Discussion Draft on Transfer Pricing Aspects of Intangible»*.

los comentarios significativos aportados durante la discusión del borrador, y sobre todo impulsando la necesidad de actualizar el capítulo VI de intangibles lo más pronto posible.

El problema de los intangibles no fue únicamente identificado por la OCDE como clave en la resolución de los problemas de fiscalidad internacional. Paralelamente, varios gobiernos iniciaron reformas legislativas y estudios sobre las prácticas de las EMN, relacionadas con operaciones de intangibles, para trasladar beneficios a territorios de inferior tributación[193]. Se estaba construyendo un consenso institucional y político sobre la necesidad de revisar las reglas existentes sobre precios de transferencia en línea con las prácticas empresariales actuales, ya que las operaciones vinculadas tenían mayor incidencia en la disminución de las bases imponibles de los Estados[194].

La OCDE presentó ante el G20 un reporte preliminar el 12 de febrero de 2013, conocido como «*Addressing Base Erosion and Profit Shifting*»[195], en el que identificó la relación entre los precios de transferencia y el traslado de beneficios, y señaló, en particular, el rol de los intangibles en estas prácticas empre-

193. En Australia, el *Assistant Treasures,* David Brandbury, señaló en 2013, a través de un documento denominado «'*Risks to the Sustainability of Australia's corporate tax base*» que las disposiciones fiscales a nivel global habían demostrado ser insuficientes y estar desactualizadas para enfrentar los cambios de la economía global. De esta circunstancia, las EMN estaban tomando ventaja, ubicando sus beneficios en jurisdicciones de baja imposición y reconociendo también los retos de las operaciones con intangibles en este escenario. Ver BRADBURY, D. (Assistant Treasurer), «Treasury Scoping Paper «Risks to the Sustainability of Australia's corporate tax base'», 24 de Julio (2013). En Estados Unidos, el Departamento del Tesoro elaboró una propuesta de legislación incluyendo una ampliación y aclaración de la definición de intangibles, dirigida a incluir las rentas provenientes de «*workforce in place*», «*goodwill*» y «*the ongoing concern value*». Ver United States Department of the Treasury. (2013) «*General Explanations of the Administration's Fiscal Year 2014 Revenue Proposals, Limit Shifting of Income Through Intangible Property Transfers*». p. 51.; Ver también MARKHAM, M., «A rose by any other name...? the OECD's proposed revised definition of intangibles», Intertax, International Tax Review no. *43*(11) (2015), p. 676.

194. MARKHAM, se refiere a los trabajos de Jeffrey Owens, experto en los trabajos de fiscalidad internacional de la OCDE, quien en su momento señaló: «*The current political debate on the taxation of multinational enterprises should act as a wake-up call to both multinational companies and governments that what may have been acceptable in the past is no longer acceptable in an economy characterized by global companies and where intangibles are the main value drivers*». Ver OWENS, J., «Myths and Misconceptions About Transfer Pricing and the Taxation of Multinational Enterprises», Tax Management Transfer Pricing Report no. 21 (2013), p. 1051, citado en MARKHAM, M., (2015), *Op. cit.*, p. 676 (n. 36).

195. Sobre la cuestión política fundamental: «*the international common principles drawn from national experiences to share tax jurisdiction may not have kept pace with the changing business environment. Domestic rules for international taxation and internationally agreed standards are still grounded in an economic environment characterised by a lower degree of economic integration across borders, rather than today's environment of global taxpayers, characterised by the increasing importance of intellectual property as a value-driver and by constant developments of information and communication technologies.*». Ver OCDE (2013), «*Action Plan on Base Erosion and Profit Shifting*».

sariales[196]. Para julio del mismo año, la OCDE presentó el «*Action Plan on Base Erosion and Profit Shifting*»[197] o BEPS Action Plan, con el objetivo de alcanzar una realineación general de la fiscalidad con la sustancia relevante, y por ello en línea con la creación de valor en la actividad efectiva de las empresas[198]. Para ello, se elaboró un plan de 15 acciones[199], dirigidas a estudiar y diseñar reformas para abordar la mayoría de las preocupaciones sobre el uso de estrategias de planificación fiscal que explotan vacíos y asimetrías de la normativa fiscal para trasladar beneficios. Los Trabajos de BEPS se estructuraron en tres pilares fundamentales: la coherencia entre las normas, el fortalecimiento de la sustancia y la mejora de la transparencia[200].

Al menos cuatro de las quince acciones identificadas se dirigieron expresamente a las reglas sobre precios de transferencia (las Acciones 8-10 sobre operaciones con intangibles, riesgo y capital, y las Acción 13 sobre obligaciones de documentación de las operaciones vinculadas), aunque las demás acciones pueden tener también una relación indirecta con el tema. En este sentido, el objetivo principal de BEPS en cuanto a reglas internacionales de precios de transferencia fue el de proponer reformas que evitaran las prácticas a través

196. Los intangibles, por sus especiales características (como su fácil transferencia, su capacidad para generar valor y, especialmente, el lento ritmo de desarrollo de las políticas internacionales y normativas internas respecto de los cambios y desarrollo de las prácticas empresariales en torno a estos bienes), fueron identificados como un vehículo frecuente para trasladar beneficios. Para hacer esta afirmación, el Reporte se basa en un estudio realizado sobre la distribución de ingresos de EMN ubicadas en Estados Unidos, a través de los datos de recaudación del impuesto sobre sociedades proporcionados por el Tesoro, que revela la conexión entre los intangibles empresariales (como los derivados del I+D) y la erosión de las bases imponibles. En el estudio cerca de la mitad de las rentas derivadas de estos intangibles eran trasladadas desde países de alta a baja tributación. Ver GRUBERT, H., «Foreign Taxes and the Growing Share of U.S. Multination Company Income Abroad: Profits, Not Sales, Are Being Globalized», Office of Tax Analysis Working Paper No. 103 (2012), citado en OCDE (2013). *Action Plan ... Op. cit.* p. p. 63.

197. Ver OCDE (2013). *Action Plan ... Op. cit.*

198. Ver OCDE (2013). *Action Plan ... Op. cit.* p. 9-10.

199. Las acciones establecidas fueron las siguientes: 1. Abordar los retos de la economía digital para la imposición; 2. Neutralizar los efectos de los instrumentos híbridos; 3. Refuerzo de la normativa sobre la CFC; 4. Limitar la erosión de la base imponible por vía de deducciones en el interés y otros pagos financieros; 5. Combatir las prácticas tributarias perniciosas, teniendo en cuenta la transparencia y la sustancia; 6. Impedir la utilización abusiva del convenio para evitar la doble imposición; 7. Impedir la elusión artificiosa del estatuto de establecimiento permanente; 8. Garantizar que los resultados de los precios de transferencia estén en línea con la creación de valor intangibles; 9. Garantizar que los resultados de los precios de transferencia estén en línea con la creación de valor– riesgos y capital; 10. Garantizar que los resultados de los precios de transferencia estén en línea con la creación de valor– Otras operaciones de alto riesgo; 11. Establecer metodologías para la recopilación y el análisis de datos sobre la erosión de la base imponible y el traslado de beneficios y sobre las acciones para enfrentarse a ella; 12. Exigir a los contribuyentes que revelen sus mecanismos de planificación fiscal agresiva; 13. Reexaminar la documentación sobre precios de transferencia; 14. Hacer más efectivos los mecanismos de resolución de controversias;15. Desarrollar un instrumento multilateral.

200. Ver TRAPÉ VILADOMAT, M., (2019), «III Empresas asociadas», Op. Cit., p. 412.

de las cuales los ingresos podían separarse de las actividades económicas que crean valor[201]. Esta separación había sido identificada por la OCDE, especialmente en tres áreas: la transferencia de intangibles, la sobrecapitalización de empresas ubicadas en jurisdicciones de baja imposición y la asignación contractual de riesgos[202].

Concretamente, la Acción 8 del Plan BEPS estaba dirigida a las reformas relativas a operaciones con intangibles, debido a su altísima importancia como área clave para enfrentar las estrategias de planificación fiscal[203]. Los trabajos previos de la OCDE para actualizar el Capítulo VI de las DPT tenían enfoques similares de estudio (definición; identificación de operaciones; valoración y aplicación del ALP en casos relacionados con intangibles), razón por la que estos trabajos previos fueron subsumidos dentro de los planes del proyecto BEPS.

Para direccionar las discusiones en estos aspectos, la OCDE estableció como cuestiones de trabajo los siguientes: la clarificación de circunstancias para recaracterizar o rechazar operaciones; el desarrollo de reglas sobre la adecuada distribución de riesgo (con la asignación contractual bajo examen); el desarrollo de reglas sobre retribución que no dependen únicamente de la aportación de capital; el desarrollo de reglas que garanticen que los beneficios obtenidos en operaciones con intangibles corresponden con la creación de valor: y la aclaración de las reglas sobre el reparto de beneficios y otros métodos en el contexto de las cadenas globales de valor[204].

El proyecto BEPS dio como resultado en la publicación de un paquete de 13 informes[205] entregados entre 2013 y 2015 (en adelante «medidas BEPS»), enfocados hacia reformas del contenido sustantivo de las DPT OCDE, pero también sobre aspectos más administrativos y procesales como la transparencia fiscal, la cooperación administrativa y la resolución de disputas. Concretamente, las principales propuestas contenidas en los Informes finales de las Acciones 8-10 y de la Acción 13 sobre precios de transferencia, se centraron en:

---

201. Ver JIMÉNEZ-VALLADOLID DE L'HOTELLERIE-FALLOIS, D. J., «Evaluando BEPS: ¿es necesario un cambio de paradigma en la fiscalidad internacional?», Instituto de Estudios Fiscales núm. 15 (2016), p. 81.
202. Ver OCDE (2013), *Action Plan ..., Op. cit.,* p. 19-20.
203. Entre 2012 y 2013, varios Estados y organizaciones habían identificado las operaciones con intangibles como un factor clave dentro de las estrategias de evasión fiscal, por lo que este momento derivó en trabajos y estudios para entender y enfrentar el problema de la evasión fiscal en estas operaciones. De hecho, varios autores llaman al 2013 «el año de los intangibles». Ver MARKHAM, M., (2015), *Op. cit.*, p. 675; Ver SALVADOR, G., Il Transfer Pricing Nelle Transazioni Di Intangibles, Tesis doctoral, Università di Bologna (2018), p. 60.
204. Ver OCDE (2013), *Action Plan ..., Op. cit.,* pp. 20 y ss.
205. Correspondientes a cada acción, salvo por las acciones 8,9 y 10, cuyas recomendaciones fueron presentadas en un mismo informe, por su interrelación respecto al análisis de precios de transferencia y el objetivo de alinear los beneficios con la creación de valor. Los primeros siete informes fueron publicados en 2014 y los restantes en 2015.

- La reforma de la metodología del análisis de comparabilidad, en cuanto a la identificación de la sustancia de la operación vinculada, fase a la que se denominó «delineación exacta de la operación»[206], y que de manera general, se estructuró a través de varios factores de comparabilidad, donde el más importante es el análisis funcional basado en la identificación de las funciones económicamente relevantes en la operación, la definición de reglas sobre la asignación de riesgos (control y la capacidad financiera para asumir las consecuencias del riesgo)[207] y los activos relevantes para el desarrollo de dichas funciones significativas;

- El desarrollo de reglas sobre la localización de capitales (financiación) y la determinación adecuada de los retornos de capital[208];

- Una ampliación a las reglas sobre el análisis de las operaciones con intangibles, que incluyó una aproximación al concepto relevante a efectos de precios de transferencia[209]; el reconocimiento y tratamiento de elementos como las sinergias del grupo en la generación de valor; un marco específico de análisis funcional, basado en el desempeño de las funciones relevantes asociadas a intangibles (*development, enhancement, maintenance, protection and exploitation* —DEMPE por sus siglas en inglés—), y del cual se desprende qué entidades, en última instancia, tienen derecho a participar en los rendimientos derivados de la explotación de intangibles[210]; algunas consideraciones sobre los intangibles difíciles de valorar[211] y sobre particularidades en el caso de los intangibles desarrollados en el marco de Acuerdos de Reparto de Costes[212]. Estos cambios son estudiados con más detalle en el numeral 4 del Capítulo II;

- y finalmente, una reforma de las disposiciones en materia de transparencia y documentación, relacionada con la introducción de un nivel adicional en las obligaciones de documentación que corresponde a los contribuyentes: el *Country by country Report (CbC), que* en contraste con el contenido del *Master File,* presenta una imagen de la actividad en cada país en relación con la cadena de valor del grupo[213].

---

206. Ver OECD (2015), «*Aligning Transfer Pricing Outcomes with Value Creation, Actions 8-10-2015 Final Reports*, OECD/G20 Base Erosion and Profit Shifting Project», (en adelante «Informe Final de las Acciones 8-10»), pár 1.33-1.50.
207. Ver OECD (2015), Informe Final de las Acciones 8-10, pár. 1.60 y ss.
208. Ver OECD (2015), Informe Final de las Acciones 8-10, *pár.* 6.61 y ss.
209. En el numeral 1.2 del Capítulo II se analiza el detalle de este concepto.
210. Ver OECD (2015), Informe Final de las Acciones 8-10, pár. 6.32 y ss.
211. Ver OECD (2015), Informe Final de las Acciones 8-10, pár. 6.186 y ss.
212. Ver OECD (2015), Informe Final de las Acciones 8-10, pár. 6.65 y ss., pár. 8.3 y ss.
213. Hasta las DPT de 2010, la documentación exigida al contribuyente correspondía a un Master File o informe de grupo y un *Local File* o informe local del contribuyente. A estos se suma

Ahora bien, es importante resaltar que el trabajo de BEPS tuvo como premisa el respeto al ALP, y aunque pudo discutir alternativas basadas en enfoques como el *Formulary Apportionment*, en general se mantuvo el concepto extendido sobre la aplicación del principio de plena competencia en el desarrollo de las recomendaciones finales. Sin embargo, el contenido sustancial del principio debió ajustarse a las exigencias y metas propuestas en el Plan BEPS.

En este sentido, con el enfoque BEPS se buscó que la aplicación del ALP revelara la sustancia de la operación, es decir, la realidad económica de sus condiciones, y no simplemente la ficción de la conducta que tendría una empresa independiente en el mismo supuesto. La incorporación de una concepción de la sustancia en términos de creación de valor hace del ALP un principio con un contenido más económico, donde las razones comerciales y los principios económicos influencian su aplicación; lejos ya de ser simplemente una ficción jurídica por la que se asimila una empresa vinculada a una empresa independiente, separada de la unidad de su grupo[214]. Una muestra de ello es el propio criterio de la creación de valor, que a pesar de no estar definido concretamente en los informes de BEPS, deja ver en las recomendaciones su correspondencia con la necesidad de atribuir un ingreso a quien con su labor ha añadido valor al bien o servicio inserto en la operación.

Este enfoque de BEPS también se observa en las medidas propuestas para los supuestos de recaracterización de las operaciones. Con las DPT OCDE de 2010, estos ajustes se realizan excepcionalmente en dos casos: por falta de sustancia económica o por motivos de irracionalidad comercial. Las medidas propuestas en el marco de BEPS acentúan la sustancia económica como «elemento vertebrador» del análisis en la delineación exacta de la operación[215], es decir, como parte fundamental del análisis de comparabilidad, y antes de plantear la aplicación de una recaracterización de la operación[216]. En este último supuesto, la OCDE opta por centrarse en el criterio de la racionalidad comercial de las operaciones, atendiendo a las opciones realmente disponibles de las partes[217]. Además, se indica que la aplicación de este tipo de ajustes debe ser excepcional, y ello implica que no pueden realizarse simplemente porque es difícil determinar cuál es el precio de mercado de la operación *at arm's length,* o porque no es posible encontrar un comparable, ya que esto sería un ejercicio arbitrario de la facultad de la Administración para ajustar los precios de transferencia. Estos aspectos se revisan con mayor detalle en el Capítulo III de esta monografía.

---

el *Country by Country report* o informe país por país, dirigido a reflejar con mayor claridad la actividad del grupo en cada territorio y la delineación de la cadena de valor. Ver OECD (2015), «*Transfer Pricing Documentation and Country-by-Country Reporting, Action 13-2015 Final Report*, OECD/G20 Base Erosion and Profit Shifting Project».

214. Ver PETRUZZI, R., (2016), *Op. cit.* pp. 10 y ss.
215. Ver GÓMEZ REQUENA, J. A., (2018), *Op. cit.*, p. 166.
216. Ver OECD (2015), Informe Final de las Acciones 8-10, pár. 1.121 y ss.
217. Ver OECD (2015), Informe Final de las Acciones 8-10, pár. 1.123.

Finalmente, es importante mencionar que no todas las acciones identificadas en el Plan BEPS terminaron de examinarse dentro del plazo propuesto (finales de 2015). Las labores para establecer medidas en algunos temas (como las guías sobre la aplicación del método del reparto de beneficios; sobre las operaciones financieras; y sobre los servicios de bajo valor), no pudieron ser completadas en tiempo, a pesar de su extenso esfuerzo. En otros aspectos (como las reglas aplicables a supuestos donde no es posible encontrar información de comparables o no existen, y el estudio de las reglas para enfrentar los retos de las operaciones con componentes de digitalización) tuvieron muy poco o ningún desarrollo. En todo caso, estas cuestiones continuaron siendo parte del trabajo de la OCDE durante los años posteriores.

4.3.2. Implementación de las medidas BEPS y trabajos posteriores

El desarrollo de las reglas internacionales sobre precios de transferencia, una vez terminada la etapa de trabajo del Plan BEPS en 2015, se ha llevado a cabo a través de dos foros: la OCDE y el Marco Inclusivo.

4.3.2.1. Los trabajos de la OCDE

El primer nivel de implementación de las medidas BEPS era la propia reforma de las DPT OCDE. Tras un proceso de varias modificaciones aprobadas por el Consejo de la OCDE[218], en julio de 2017 se publicó una versión consolidada de las DPT[219], que incluyó principalmente las medidas BEPS en los términos antes mencionados, y también otras medidas aprobadas en informes anteriores (2013)[220]. Teniendo en cuenta el carácter holístico de los cambios propuestos en BEPS, las modificaciones a las DPT fueron transversales, y se reflejaron en los Capítulos I, II, V, VI, VII y VIII. En cuanto al ALP, las principales modificaciones se refieren a reglas sobre la aplicación del análisis de comparabilidad de las operaciones; también a algunas reglas sobre los métodos aplicables en operaciones de *commodities;* se incluyen disposiciones sobre el análisis de servicios intragrupo de bajo valor añadido[221]; una actualización del capítulo VIII

218. Modificaciones aprobadas por el Consejo de la OCDE, 1 de octubre de 2015 (C(2015)125/ADD8 y C(2015)125/ADD11) y 23 de mayo de 2016.

219. Versión consolidada aprobada por el Comité de Asuntos Fiscales de la OCDE el 19 de mayo de 2017 (CTPA/CFA/NOE2(2017)21). Ver CALDERÓN CARRERO, J. M., «Las nuevas directrices OCDE de Precios de Transferencia de 2017 adaptadas a BEPS», Análisis Tributario núm. 356 (2017), p. 12.

220. Principalmente la revisión del capítulo IV en materia de *safe harbors*, aprobada por el Consejo de la OCDE el 16 de mayo de 2013 (C(2013)69); y la revisión del capítulo IX sobre reestructuraciones empresariales, aprobada por el Consejo de la OCDE el 3 abril de 2017. (C(2017)37).

221. Servicios intragrupo que corresponden a funciones de apoyo; no forman parte de la actividad principal del grupo multinacional; no requieren el uso de intangibles únicos y valiosos; ni conducen a la creación de estos y no implican la asunción o control de un riesgo importante

sobre Acuerdos de Reparto de Costes; así como una actualización del modelo de obligaciones documentales que incluye un *Master File,* un *Local File* y un nuevo reporte, el *Country by Country Report.* Además, se incluyen otras revisiones de los capítulos sobre reestructuraciones, aspectos administrativos y resolución de disputas[222]. Sin embargo, la transformación más importante, a efectos de nuestro estudio es la actualización del Capítulo VI, en materia de intangibles, cuyo contenido se analiza en los Capítulos II y III de la monografía.

Adicionalmente, la OCDE continuó el trabajo de alguno temas específicos del análisis de operaciones vinculadas iniciados con el Plan de BEPS, que resultaron en la publicación de informes para la aplicación del método de reparto de beneficios (*Revised Guidance on the Application of the Transactional Profit Split Method*) en 2018[223]; el informe sobre la aplicación del enfoque para el análisis de intangibles de difícil valoración (*Guidance for Tax Administrations on the Application of the Approach to Hard-to-Value Intangibles*) en 2018[224]; y el informe sobre operaciones financieras (*Transfer Pricing Guidance on Financial Transactions*) publicado en 2020.

Estos trabajos fueron introducidos en una nueva versión consolidada de las DPT OCDE, publicada en enero de 2022[225]. Esta actualización reitera la estructura de reglas de 2017 e introduce los trabajos posteriores en el marco de BEPS, a través de los siguientes cambios: en cuanto a la metodología, la aplicación de las reglas sobre la utilización del método de reparto del beneficio y sobre todo la inclusión de ejemplos que ilustran la práctica de este método; en cuanto a las operaciones financieras, se incorpora un nuevo capítulo (Capítulo X) que contiene el marco específico para el análisis de estas operaciones, y el detalle de las funciones relevantes en este tipo de operaciones a efectos del análisis funcional; y, finalmente se incluye el esperado apartado sobre el análisis de los intangibles difíciles de valorar, para los que se establece un enfoque específico de análisis *ex post,* es decir la capacidad de considerar los resultados finalmente obtenidos como referencia de las condiciones acordadas inicialmente por las partes (*ex ante*), para determinar si el precio acordado fue idóneo o no. Estas

---

para el proveedor de servicios. A los que se puede aplicar un enfoque simplificado y opcional para la determinación del precio de mercado. Ver OECD (2017), *Transfer Pricing Guidelines for Multinational Enterprises and Tax Administrations 2017*, (DPT OCDE (2017), p. 381, pár. 7.44.

222. Ver DPT OCDE (2017), Capítulo IV en temas de puertos seguros y Capítulo IX en aspectos de reestructuraciones.

223. Ver OECD (2018), «*Revised Guidance on the Application of the Transactional Profit Split Method: Inclusive Framework on BEPS: Action 10, OECD/G20 Base Erosion and Profit Shifting Project*».

224. Cuyo desarrollo fue parte de un trabajo posterior de la OCDE que finalizó con un Informe concreto en 2018 y las modificaciones incluidas en la versión de las DPT que se publicaría en 2022.

225. Ver OCDE (2022), *Transfer Pricing Guidelines for Multinational Enterprises and Tax Administrations 2022*, (DPT OCDE 2022).

reglas se incorporan a través del Anexo II al Capítulo VI de las DPT OCDE sobre intangibles, y se refieren a los principios, ejemplos prácticos y disposiciones para su utilización en procedimientos amistosos. Las recomendaciones de BEPS ya habían mencionado este aspecto como parte del Informe de las Acciones 8-10, y el tratamiento de este tipo de intangibles fue mencionado en las DPT OCDE de 2017[226], reconociendo la asimetría de información entre los contribuyentes y la Administración para establecer el valor de este tipo de intangibles. Aunque esta perspectiva de análisis es muy reciente, no cabe duda de que llevará a una discusión sobre los riesgos de doble imposición, aún más considerando las diferentes alternativas que los Estados pueden adoptar frente a su utilización.

Otro asunto que ha ocupado los trabajos posteriores de la OCDE es la digitalización de la economía. Desde que se presentó el Plan BEPS, la digitalización de la economía fue identificada como un asunto clave a tratar frente a sus efectos en la imposición de los beneficios. De hecho, la Acción 1. del plan BEPS se dirigió a abordar sus retos. En su informe final *«Addressing the Tax Challenges of the Digital Economy»*[227], se delimita como economía digital aquella que se deriva de los procesos de transformación tecnológica y la innovación[228], y que es aplicada en la actividad económica de empresas de manera total o parcial. Lo distintivo de esta digitalización son sus características; se trata de una actividad empresarial caracterizada porque elementos valiosos de su actividad se han desmaterializado y que, por lo tanto, son fáciles de movilizar (intangibles, funciones, usuarios); su funcionamiento requiere un uso exponencial de datos; la estructura especial de sus modelos de negocio; y su impacto en las cadenas de valor, entre otras características[229]. El Informe destacó cómo algunas de estas características pueden agravar los problemas de evasión fiscal identificados en BEPS, y concluyó que las soluciones no deben partir de aislar el tratamiento de la economía digital con un régimen fiscal propio, pues en efecto, es un factor que eventualmente puede estar presente en todo tipo de actividad económica[230].

Algunos puntos importantes sobre economía digital fueron tratados como parte de las discusiones de la OCDE sobre atribución de beneficios de los esta-

226. Ver DPT OCDE (2017), pár. 6.186 y ss.
227. Ver OECD (2015), «*Addressing the Tax Challenges of the Digital Economy, Action 1 – 2015 Final Report*, OECD/G20 Base Erosion and Profit Shifting Project», (En adelante «Informe Final Acción 1»).
228. *«resultado de un proceso de transformación desencadenado por las TIC(...) que ha abarcado y potenciado las tecnologías, al tiempo que las ha estandarizado ampliamente, mejorando así los procesos comerciales e impulsando la innovación en todos los sectores de la economía»*. Ver OCDE (2015), Informe final Acción 1, p. 55.
229. Ver MORENO GONZÁLEZ, S., «Capítulo III. Las reglas de reparto de la potestad tributaria en los Convenios para evitar la doble imposición», en MORENO GONZÁLEZ, S. y NOCETE CORREA, F. J. (Eds.) Introducción a la fiscalidad internacional, Atelier 2020, p. 104.
230. Ver OCDE (2015), Informe final Acción 1. *Op. cit.* p. 11.

blecimientos permanentes y el método de reparto de beneficios, en los borradores de informes presentados en 2017[231]. En estos casos, la digitalización requiere poca o limitada presencia física en el desarrollo de las actividades empresariales, lo que da lugar al posible incumplimiento de la normativa fiscal y de evasión al estatuto de establecimiento permanente[232]. Desde esta perspectiva, las medidas propuestas por la OCDE estaban relacionadas con la definición de un concepto de presencia digital y la modificación de las reglas del nexo entre el ingreso o renta generada y una jurisdicción determinada. En todo caso, existía en el entorno internacional una falta de consenso sobre la orientación de las medidas para atajar el problema, razón por la cual el G20 y la OCDE optaron por continuar esta discusión en foros con mayor participación, como veremos a continuación.

4.3.2.2. Los trabajos de Marco Inclusivo para la armonización, participación y el seguimiento uniforme de BEPS

Tras aprobar las medidas BEPS para reformar las DPT ante el Consejo de la OCDE, el siguiente gran reto, sin duda, era alcanzar una implementación extendida de las medidas BEPS en los ordenamientos internos de los Estados. Hay que recordar que uno de los pilares fundamentales de BEPS es la coherencia entre las normas aplicables en materia de precios de transferencia. No en vano, la forma de discusión de la propuesta se basó en la participación de más de un centenar de Estados, miembros y no miembros del G20 o la OCDE[233], lo que dio un carácter de legitimidad a sus resultados. Por ello, más allá de la implementación interna de las reformas en cada Estado, era necesario dar continuidad a esta forma de participación y coordinación para la implementación de medidas internas por parte de los Estados.

Para ello, en primer lugar, se dio inicio a la discusión del Convenio Multilateral para modificar los convenios bilaterales para eliminar la doble imposición (*Multilateral Instrument-MLI*)[234], propuesto en la Acción 15 de BEPS. El 24 de noviembre de 2016 la OCDE publicó el texto del MLI[235], que fue firmado inicialmente por 68 países en junio de 2017. El instrumento tiene como propósito la modificación simultánea de los convenios bilaterales de doble imposición

231. Ver OCDE (2017), «*BEPS discussion drafts on attribution of profits to permanent establishments and transactional profit splits*».
232. Ver PETRUZZI, R. y BURIAK, S., «Addressing the Tax Challenges of the Digitalization of the Economy A Possible Answer in the Proper Application of the Transfer Pricing Rules?», Bulletin for International Taxation no. 72-4 (2018), p. 3.
233. Ver HERNÁNDEZ GONZÁLEZ-BARREDA, P. A., (2017), *Op. cit.*, p. 55.
234. «*Multilateral Convention to implement tax treaty related measures to prevent base erosion and profit shifting*», resultado de las recomendaciones del Informe Final de la Acción 15. Ver OCDE (2015), «*Developing a Multilateral Instrument to Modify Bilateral Tax Treaties, Action 15-2015 Final Report*, OECD/G20 Base Erosion and Profit Shifting Project».
235. Ver OCDE (2016), «*Multilateral Convention to implement tax treaty related measures to prevent base erosion and profit shifting*».

entre los Estados que suscriban el MLI, para incorporar las medidas recomendadas en el marco de las Acciones de BEPS. La iniciativa busca la implementación de mínimo las Acciones 5, 6, 13 y 14 de BEPS. El compromiso de los Estados está condicionado por la ratificación que haga cada uno de ellos y las condiciones del MLI que sean aceptados en cada caso[236]. Este instrumento es relevante en materia de operaciones vinculadas, especialmente por la modificación de los CDIs para incluir las medidas BEPS sobre procedimientos amistosos de resolución de conflictos, y otras medidas sobre ajustes correlativos (art. 9.2 del MC OCDE).

En segundo lugar, fue establecido un foro para la discusión sobre la implementación de estas medidas internas, distintas de las pertinentes a las modificaciones de los CDI's. Estaba claro que se requería una acción coordinada que asegurara un mínimo de coherencia en la inserción de las reformas. Esta condición fue el factor que impulsó a extender la discusión, más allá de los miembros de la OCDE o el G20, e invitarlos a formar parte del marco para la implementación de las medidas BEPS, al que denominaron «Marco Inclusivo para la implementación de BEPS» (en adelante Marco Inclusivo)[237]. Como bien indica BRAUNER, una forma de demostrar que BEPS era un proyecto con una visión global y universal para los intereses de los países productivos, no solo de los países más poderosos o desarrollados, era incorporar en sus mecanismos de acción coordinada hasta a los Estados más críticos con las posiciones de la OCDE[238]. La primera reunión del Marco Inclusivo se llevó a cabo en 2016, con más de 100 Estados participantes, pero con el tiempo muchos más se han unido, incluso los denominados BRICS[239], que incluyen Estados como China y Brasil, históricamente distintos en cuanto a su posición sobre la imposición

236. En este sentido, el MLI no contiene un conjunto de disposiciones como los CDIs, ni pretende reemplazarlos; contiene disposiciones referidas a la Acción 2 (sobre asimetrías híbridas); Acción 6 (Abuso de los Convenios de doble imposición); Acción 7 (alusión artificial de estatus de establecimiento permanente); y Acción 14 (sobre mecanismos de resolución de controversias fiscales internacionales. Ver CALDERÓN CARRERO, J. M. y MARTÍN JIMÉNEZ, A. J., «Capítulo I. Los tratados internacionales, los convenios de doble imposición en el ordenamiento español», En N. CARMONA FERNÁNDEZ (ed.) Convenios de doble imposición: el impacto BEPS, análisis y evolución de la red española de tratados fiscales, Wolters Kluwer CISS 2019, pp. 84 y ss.

237. El denominado Marco Inclusivo es un organismo que se creó para garantizar que los países y jurisdicciones interesados, incluidas las economías en desarrollo, pudieran participar en condiciones de igualdad en el desarrollo de estándares sobre cuestiones relacionadas con la erosión de la base imponible y el traslado de beneficios, revisando y fiscalizando al mismo tiempo la implementación del Proyecto BEPS de la OCDE y el G-20.

238. Ver BRAUNER, Y., «BEPS: An Interim Evaluation», World Tax Journal, 6(1) (2014), Tax Research Platform IBFD, p. 31.

239. Por las iniciales de sus Estados miembros, en inglés (Brazil, Russia, India, China, and South Africa). En diciembre de 2016, a través de un comunicado conjunto, los BRICS anunciaron su compromiso con las medidas BEPS relativas a prácticas fiscales perniciosas (regímenes de propiedad intelectual/intercambio de *tax rulings*) (acción 5); a evitar el abuso de los tratados (acción 6); información país por país (acción 13); y resolución de

de beneficios respecto de la perspectiva OCDE; abriendo así camino hacia esta búsqueda más inclusiva y global de soluciones a los problemas de la fiscalidad internacional[240].

Además de los trabajos del Marco Inclusivo para la implementación de las medidas BEPS, una de las tareas apremiantes era la discusión de las propuestas en materia de economía digital. La falta de consenso a nivel internacional estaba generando una serie de reacciones unilaterales de los Estados, que empezaron a implementar medidas internas para gravar los beneficios provenientes de actividades digitalizadas (implementación de nuevos impuestos; adaptación de reglas existentes a factores de digitalización; etc.)[241].

En 2017, el G20 solicitó al Marco Inclusivo la realización de un informe sobre el tema. En marzo de 2018, fue presentado el informe provisional «*Tax challenges arising from digitalization*»[242], en el que se estudiaron a fondo los nuevos modelos de negocio, caracterizados, en la mayoría de los casos, por una economía de comercio a escala sin producción en masa; la fuerte dependencia de los activos intangibles; y la importancia de los datos, la participación de los usuarios y sus sinergias con los activos intangibles[243]. A pesar de presentar las distintas posiciones de los Estados, el Marco Inclusivo no logró llegar a un consenso sobre las conclusiones en este informe, pero se comprometieron a continuar el trabajo y entregar un informe final para 2020.

---

litigios (MAP) (acción 14), así como las medidas posteriores relativas al intercambio de información financiera y el apoyo a países en desarrollo para combatir las prácticas de evasión fiscal. Ver, Ministry of Finance, Government of India, Press Information Bureau. (2016). «*Joint Communiqué issued at the end of the two-day Meeting of the BRICS Heads of Revenue and Experts on Tax Matters at Mumbai today; Heads of Revenue express their continued support to all international initiatives towards reaching a globally fair and universally transparent tax system; Reiterate their commitment to actions taken to ensure the fairness of the International Tax System*». Reunión del 5 y 6 de diciembre de 2016.

240. Ver CALDERÓN CARRERO, J. M., «La transformación del marco fiscal internacional resultante de la Reforma Fiscal Global», Civitas Revista Española de Derecho Financiero núm. 193 (2022), p. 18.

241. En el caso del Reino Unido, a través de la utilización del concepto de «*significant economic presence*», se estableció el impuesto sobre beneficios desviados (*diverted profits tax)* dirigido a las actividades de planificación fiscal agresiva a través de las cuales se trasladaban beneficios a territorios de menor tributación (gravando con un tipo del 25% los beneficios trasladados a estos territorios). En Australia, el 1 de julio de 2017 se estableció un impuesto del 40% sobre los beneficios desviados al extranjero a través de acuerdos entre partes vinculadas. En 2016, Israel incluyó en su definición de establecimiento permanente las actividades *online, que* se venden o proporcionan servicios a través de internet a residentes de su Estado; la India incluyó un «*equalization levy*» en su Ley de Finanzas de 2016, a través de la cual se aplica un 6% sobre los pagos «*business-to-business*» *(B2B),* por servicios digitales prestados por proveedores no residentes. Ver PETRUZZI, R. y BURIAK, S., (2018), *Op. cit.*, pp. 3 y ss.

242. Ver OECD (2018), «*Tax Challenges Arising from Digitalisation Interim Report 2018: Inclusive Framework on BEPS*, OECD/G20 Base Erosion and Profit Shifting Project».

243. Ver OECD (2018), «*Tax Challenges Arising from Digitalisation Interim Report 2018...*», *Op. cit.*, pár. 130 y ss.

Como parte de sus trabajos, el Marco Inclusivo anunció en 2019[244] el estudio de las propuestas sobre digitalización de la economía agrupadas en dos pilares: el primero, al que denominó *Pilar I*, con el propósito de ajustar la tributación a los nuevos modelos de negocio asociados a la digitalización, particularmente para proponer criterios de vinculación de las rentas basados, por ejemplo, en la ubicación de usuarios o consumidores ubicados en un determinado Estado[245]; y el segundo, el *Pilar II*, también conocido como *Global anti-Base Erosion proposal* (GloBE), encaminado a establecer disposiciones que permitan una tributación mínima global de las EMN mayores del planeta[246]. A lo largo de 2019 y 2020, el Marco Inclusivo continuó trabajando en estos dos pilares, culminando con la publicación de los «*Blueprints*» detallados para ambos pilares en octubre de 2020[247].

En 2021 los países del G7[248], y posteriormente el G20, llegaron a un acuerdo sobre una revisión de los enfoques propuestos en los dos pilares, que extendió el foco no solo a la digitalización de la economía sino a la actividad de las EMN en general[249], e impulsó un consenso entre los miembros del Marco Inclusivo para avanzar en su implementación[250]. En octubre de 2021, se estableció que la disposición del Pilar I se dirigía únicamente a las empresas multinacionales más grandes y rentables del mundo, a través de una metodología dirigida a determinar los beneficios obtenidos por estas que serán distribuidos bajo una fórmula concreta de reparto, particularmente de los beneficios de actividades producti-

244. Ver OECD (2019), «*Addressing the Tax Challenges of the Digitalisation of the Economy Policy Note, as approved by the Inclusive Framework on BEPS*».

245. Ver ANDRUS, J. y COLLIERS, R., «ALS after Pillars», Tax Notes International núm. 105 (2022), p. 550.

246. En cuanto a los orígenes de las dos propuestas, AVI-YONAH sugiere que sus antecedentes se relacionan con iniciativas que ya han tenido lugar, incluso antes de la era actual de desarrollo de tecnologías; citando Alexis de Tocqueville, indica «*the revolution in international taxation builds on elements that existed in the old regime it seeks to replace*». Ver AVI-YONAH, R. S., «The International Tax Regime at 100: Reflections on the OECD's BEPS Project», Bulletin for International Taxation no. 75(11/12) (2021), p. 522.

247. Ver OECD (2020), «*Tax Challenges Arising from Digitalisation Report on Pillar One Blueprint: Inclusive Framework on BEPS*, OECD/G20 Base Erosion and Profit Shifting Project»; y también, OECD (2020), «*Tax Challenges Arising from Digitalisation Report on Pillar Two Blueprint: Inclusive Framework on BEPS*, OECD/G20».

248. El G7 es un foro conformado por Alemania, Canadá, Estados Unidos, Francia, Italia, Japón y Reino Unido, que corresponde a los siete Estados considerados de mayor relevancia económica a nivel global (alrededor del 58% de la riqueza mundial, en 2018). Ver Credit Suisse (2018) Global Wealth Report 2018.

249. Ver ARNOLD, B. J., «An Investigation into the Interaction of CFC Rules and the OECD Pillar Two Global Minimum Tax», Bulletin for International Taxation no. *76*(6) (2022), p. 270.

250. En Declaración presentada en julio de 2021, una mayoría casi absoluta de miembros se manifestó sobre la aceptación de las propuestas (132 de los 139 miembros del Marco Inclusivo). Ver OECD (2021), «*Statement on a Two-Pillar Solution to Address the Tax Challenges Arising from the Digitalisation of the Economy*».

vas relacionadas no solo con la digitalización[251]. Llama la atención el acercamiento a un enfoque metodológico cercano al del *formulary apportionment* como mecanismo para la distribución de beneficios de las EMN a las que parece dirigirse esta propuesta. En cuanto al Pilar II, el tipo impositivo mínimo sería del 15% sobre la renta global de las EMN que tuvieran ingresos superiores a 750 millones de euros en sus cuentas financieras[252]. En diciembre de 2021, fue presentado un documento con las reglas modelo sobre el Pilar II, para guiar la promulgación de normativas internas, cuyos comentarios también se han incorporado en el curso de 2022[253].

El futuro de las propuestas de los *Blueprints* es incierto, pues depende de la disposición de los Estados a revisar su implementación. Sin embargo, es importante resaltar el camino adoptado para el trabajo de recomendaciones en este proyecto. A diferencia del enfoque basado en principios de BEPS, las propuestas de la OCDE y el G20 en el marco de los retos de la digitalización se han acercado a una regulación basada en la técnica, en reglas concretas sobre la distribución, distanciándose de la utilización de conceptos jurídicos indeterminados como el de la «sustancia» o la «racionalidad económica». El Pilar I se fundamenta básicamente en el *formulary apportionment,* tan explícitamente repudiado en el desarrollo de las reglas sobre precios de transferencia; mientras que el Pilar II propone la aplicación de una imposición mínima, acudiendo a una alternativa que tiene lugar en una fase anterior a la revisión de las operaciones vinculadas. Ambas alternativas pueden ser consideradas incompatibles con los postulados del principio de plena competencia. En todo caso, la finalidad del proyecto que algunos denominan BEPS 2.0[254] puede ser la definición de un renovado modelo de atribución de beneficios, más allá del marco del principio de plena competencia.

Pese a no tratar directamente aspectos de precios de transferencia, los planteamientos contenidos en estos dos pilares, aún en proceso de implementación y ratificación por los Estados comprometidos con el Marco Inclusivo, tendrían un gran impacto en las reglas actuales de precios de transferencia. La

251. Ver OECD (2021), «*Statement on a Two-Pillar Solution to Address the Tax Challenges Arising from the Digitalisation of the Economy 8 October 2021*».
252. Ver OECD (2021), «*Statement on a Two-Pillar Solution... 8 October 2021*», *Op. cit.*
253. Ver OECD (2022), «*Tax Challenges Arising from the Digitalisation of the Economy–Commentary to the Global AntiBase Erosion Model Rules (Pillar Two)*».
254. Ver GREIL, S., MÜLLER, R. y OLBERT, M., «Transfer Pricing for Digital Business Models: Early Evidence of Challenges and Options for Reform». World Tax Journal no. *11*(4) (2019), p. 681-722. Ver URQUIZU CAVALLÉ, Á. (dir.); RIVAS NIETO, E. (coord.) Comercio internacional y economía colaborativa en la era digital. Aspectos tributarios y empresariales, Aranzadi 2019; CARBAJO VASCO, D., «De la tributación de la economía digital a BEPS 2.0 ¿Una nueva etapa de la fiscalidad internacional?», Revista de Fiscalidad Internacional y Negocios Transnacionales núm. 12 (2019), p. 41-64.; Ver también, BAKER, P., «The BEPS 2.0 Project Over the Coming Months», Intertax no. 48(10) (2020), pp. 844-847; Ver QUENTIN, C., «Gently Down the Stream: BEPS, Value Theory and the Allocation of Profitability along Global Value Chains», World Tax Journal, 13(2) (2021), pp. 202 y ss.; Ver CALDERÓN CARRERO, J. M., (2022), «La transformación ...», *Op. cit.*, pp. 13-66.

adecuación de las operaciones vinculadas al principio de plena competencia no sería, siquiera, parte relevante de la discusión. En el caso del Pilar I, la creación de nuevos nexos de vinculación fiscal permitiría atribuir beneficios a las jurisdicciones sin atender a la estructura del análisis funcional sino a través de fórmulas predeterminadas. Mientras que, por el lado de la imposición mínima del Pilar II, se aseguraría una potestad a los Estados para gravar rentas que han sido infragravadas en otras jurisdicciones, atacando directamente el problema del traslado de beneficios[255]. La discusión de estos proyectos va ganando terreno y, pese a que su adopción depende en *ultima ratio* de un consenso político, su impacto podría ser notable para enfrentar los problemas de BEPS, y en consecuencia los de los precios de transferencia[256].

4.3.3. Los desarrollos de la ONU sobre precios de transferencia

Aunque nos hemos enfocado en el estudio de las DPT elaboradas por la OCDE. También es necesario mencionar que la ONU también cuenta con un conjunto de recomendaciones en materia de precios de trasferencia. Sin embargo, estas recomendaciones han partido de la base de las propuestas por la OCDE. Por ello, una vez revisado el proceso de elaboración de las DPT OCDE, se hace mención a los elementos diferenciadores de estas recomendaciones de la ONU:

En materia de fiscalidad internacional, la ONU también había realizado algunos trabajos de recomendaciones para la suscripción de convenios[257], considerando especialmente su aplicación en países en vía de desarrollo y países no

---

255. En palabras de NAVARRO, *«el efecto de estas medidas (...) consiste en el aumento del tipo efectivo de gravamen de rentas transfronterizas gravadas a tipos efectivos bajos o nulos, para anular la ventaja fiscal que supone una tributación reducida o inexistente y así cercenar el incentivo para atraer o canalizar inversiones que dicho tratamiento fiscal conlleva»*. Ver NAVARRO IBARROLA, A., «Consideraciones de política fiscal sobre la propuesta GloBE de tributación mínima (pilar 2) y su implementación», Revista Crónica Tributaria, 179(2) (2021), p. 86.

256. De hecho, algunas de las experiencias más próximas a esta propuesta están justamente relacionadas con las rentas derivadas de intangibles. El borrador de la propuesta de la OCDE sobre imposición mínima utilizó partes del texto de la regulación publicada en Estados Unidos en 2017, denominada *Global Intangible Low Taxed Income* (GILTI), que modificaron el régimen de transparencia fiscal internacional (Controlled Foreign Corporation CFC). Por otro lado, Estados Unidos también expidió en 2017 una normativa de imposición de salida, conocida como *Base Erosion Anti-Abuse Tax* (BEAT). Asimismo, también consideraron en la propuesta algunos aspectos de imposición mínima propuestas por otros miembros de la OCDE, como Alemania y Francia (impuesto sobre los pagos al exterior, régimen tipo CFC). Ver HERZFELD, M., «Can GILTI + BEAT = GLOBE?», Intertax 47(5) (2019), University of Florida Levin College of Law Research Paper Forthcoming; sobre la experiencia alemana de la imposición mínima y su conexión con la propuesta de GloBe ver STJEPAN GADŽO, Š. J., «International Corporate Tax Regime Post-BEPS: A Regulatory Perspective», Intertax núm. 48(4) (2020), pp. 432 y ss.

257. En 1968, la ONU conformó un grupo de expertos para establecer un Modelo de Convenio Fiscal. En 1979 se publicó el Manual para la negociación de acuerdos fiscales bilaterales

pertenecientes a la OCDE[258]. Siguiendo como referencia general el MC OCDE, en 1980 se publicó la Convención Modelo de la ONU, que reproduce casi de manera exacta el art. 9 del MC OCDE, sobre operaciones vinculadas, recomendado la utilización del principio de plena competencia como criterio para la distribución de beneficios en precios de transferencia[259].

Desde 2009, el grupo de expertos fiscales de la ONU reforzó su trabajo en precios de transferencia e impulsó, en 2013, la publicación de un Manual Práctico de Precios de Transferencia para Países en Desarrollo, en el que ratifica su respaldo al ALP como principio internacional[260]. El Manual coincide en términos generales con los postulados de las DPT OCDE, pero hace énfasis en la consideración de los términos contractuales, y la precaución que deben tomar los Estados en vía de desarrollo a la hora de llegar estos acuerdos, así como la importancia de la sustancia económica en la distribución de riesgos en las operaciones[261].

Este Manual fue actualizado en 2013 y, más recientemente, en 2017 incorporando una compilación de la normativa de países no miembros de la OCDE y de reglas de tratamiento distintas. El capítulo más importante de este Manual es el relativo a las prácticas específicas de los países en vía de desarrollo, incluyendo Brasil, China, India o Sudáfrica, países que tienen gran participación en el mercado global, lo que permite constatar que existen perspectivas relevantes, diferentes a las de la OCDE, sobre la distribución de beneficios en términos de plena competencia.

---

entre países desarrollados y países en desarrollo y un año después, en 1980 se publicó la Convención modelo de las Naciones Unidas sobre la doble tributación entre países desarrollados y países en desarrollo.

258. Los modelos de convenio existentes, como el de la OCDE, se enfocan en privilegiar la localización de beneficios en los territorios de países desarrollados y los países en vía de desarrollo terminan renunciando a los beneficios que podrían gravar. Adicionalmente, debido a las características económicas de los países en vía de desarrollo, el número de convenios suscritos con este tipo de países es poco o casi nulo. La Convención modelo de la ONU buscaba en principio promover la celebración de convenios en estos países. Ver SALA GALVAÑ, G., (2003). *Op. cit.*, p. 88.; Ver también, COLLIER, R. y ANDRUS, J., (2017). *Op. cit.*, p. 67.

259. En algunos puntos del Modelo de Convenio de la ONU, como el artículo 7, se observó una diferencia respecto a la posición de la OCDE, en la que se favorece una ampliación de los ingresos para calcular los beneficios atribuibles a los establecimientos permanentes en los países en vía de desarrollo, usualmente países de origen del ingreso. En este artículo se incluye una regla sobre la atribución de beneficios a los establecimientos permanentes según la cual los derechos de imposición del país de origen pueden aplicarse también a ventas y otras actividades que, a pesar de no ser realizadas por el establecimiento permanente, son similares a las de otros establecimientos permanentes de la empresa contribuyente. Ver ONU (1980), Convención Modelo sobre la doble tributación entre países desarrollados y países en desarrollo, Art 7.

260. Ver ONU (2021), Manual de la ONU sobre Precios de Transferencia. *Op. cit.*

261. Ver SOLOVYOVA, O., (2019), *Op. cit.*, p. 28.

Los problemas del escenario global respecto a los retos de la digitalización y la transformación de la economía no han escapado a la discusión de la ONU. A pesar de sus esfuerzos por legitimar un consenso más allá de sus propios miembros, las propuestas de la OCDE siguen partiendo de la protección a los países en desarrollo y su influencia en la determinación de las medidas para la distribución de beneficios a nivel global. Con base en las consideraciones señaladas en el Informe Final de la Acción 1 de BEPS, especialmente de los hallazgos sobre su incidencia en el problema de la evasión fiscal, la ONU reveló que los modelos de negocio digitalizados parcial o totalmente están sujetos a una imposición con un tipo efectivo menor que el de aquellos negocios cuya actividad no es del tipo de la economía digital[262]. En 2017, el Comité Fiscal de la ONU inició el proceso para elaborar una propuesta propia sobre los retos fiscales de la digitalización de la economía, considerando sus efectos para todos los Estados, incluidos los desarrollados y aquellos en vía de desarrollo[263]. En 2021, el Comité aprobó el artículo 12B de la Convención Modelo de la ONU[264], correspondiente a la imposición de rentas provenientes de servicios digitales, *income from automated digital services (ADS).* Una alternativa a las propuestas de la OCDE y a las acciones unilaterales de los Estados, relevante si tenemos en cuenta el número de Estados que forman parte de la ONU, y el punto de partida sobre la participación de Estados menos desarrollados.

4.4. COVID-19 Y PRECIOS DE TRANSFERENCIA

A pesar de ser una situación excepcional y cuyos efectos en el tiempo aún son inciertos[265], es importante mencionar brevemente sobre el impacto que tuvo la COVID-19 en el tratamiento jurídico de los precios de transferencia. La crisis global causada por la pandemia impactó drásticamente en el comercio y la actividad económica de las empresas. Las EMN enfrentaron cambios como el

262. Ver MPOHA, J. W., «Article 12B of the UN Model (2021): A Simplified Solution for Developing Countries to Tax Income from the Digital Economy?», Bulletin for International Taxation no. 76(5) (2022), pp. 228 y ss.
263. En distintos momentos, la ONU ha manifestado su insatisfacción con la delimitación de medidas de la OCDE como las propuestas en el Pilar I, teniendo en cuenta que su aplicación es compleja y que enfocarse en las EMN que superan los 750 millones de euros es restrictivo e implica que los países en desarrollo posiblemente no lleguen a gravar estos ingresos. Ver Comité Fiscal de la ONU (2020), «*Tax consequences of the digitalized economy issues of relevance for developing countries*». (E/C.18/2020/CRP.25). 30 de mayo de 2020.; Ver también, MPOHA, J. W., (2022), *Op. cit.*, p. 228.
264. Ver ONU (1980), Convención Modelo, *Op. cit.*, Art. 12B. Para un estudio sobre el contenido de la disposición se recomienda ver también ANDRADE RODRÍGUEZ, B., «Article 12B: Income from Automated Digital Services (UN Model)», Global Tax Treaty Commentaries Global Topics IBFD (2022).
265. Tras dos años desde el inicio del confinamiento en marzo de 2020, el impacto de la crisis no solo en términos de mortalidad, sino en el ámbito social y económico, siguen extendiéndose en el tiempo. Ver JORDÀ, Ò., SINGH, S. y TAYLOR, A., «Longer-Run Economic Consequences of Pandemics», The Review of Economics and Statistics no. 104(1) (2022), pp. 166-175.

cierre de la actividad presencial en muchos sectores; el incremento de operaciones electrónicas y online; la demanda de nuevos productos; la disminución en el consumo; los cambios en las cadenas de suministro; la afectación por bajas en el personal; etc. El impacto económico no fue igual para todas las empresas, y menos para todos los sectores, pero lo cierto es que la pandemia llevó a las EMN a realizar ajustes en su organización y sus políticas internas de precios de transferencia. En 2020, la OCDE[266] y varios Estados publicaron documentos dirigidos a orientar la adaptación de la aplicación del análisis de las operaciones vinculadas bajo las circunstancias de la crisis; especialmente en aspectos como la metodología para practicar los *benchmarking* considerando los resultados financieros de los años de crisis; la consideración de los supuestos de fuerza mayor; la asignación de gastos extraordinarios, así como el impacto en los acuerdos previos de valoración suscritos entre los contribuyentes y las administraciones tributarias. Ello no quiere decir que se haya realizado una modificación de las reglas existentes, sino que más bien ha orientado su aplicación a los escenarios excepcionales causados por la pandemia.

Sin embargo, hay que señalar el efecto que la crisis ha tenido en la evolución del contenido de asuntos como la sustancia de la operación a efectos la determinación del lugar en que se entiende que una entidad lleva a cabo su actividad económica. La pandemia obligó a casi toda la humanidad a permanecer en casa durante los periodos de confinamiento, y con ello restringió la movilidad dentro de las mismas ciudades y a nivel global por un período prolongado. Las empresas implementaron la modalidad de trabajo remoto para continuar su actividad, afectando elementos del análisis funcional de las operaciones vinculadas (según se estudia en los Capítulo II y III de esta monografía), si se considera que uno de los vínculos principales a una determinada jurisdicción es el personal dedicado a realizarla. En muchos casos los empleados se han visto obligados a desarrollar sus trabajos desde una jurisdicción que puede ser distinta a aquella desde la que desarrollaban sus funciones. Sin duda, el análisis funcional de las EMN y las administraciones tributarias durante los siguientes años tendrá que considerar cuidadosamente este aspecto.

Quizás el efecto más significativo en términos de análisis de la sustancia sea respecto a la fuerte incursión de la digitalización en la actividad económica. Aunque este no era un aspecto imprevisto en el futuro cercano del comercio, la pandemia aceleró la adaptación de la digitalización y la tecnología en los modelos de negocio y las cadenas de suministro global. En este sentido deben considerarse las reglas, aún en proceso de aceptación e implementación, anunciadas en los *Blueprints,* y que buscan la alineación de los beneficios en función de la creación de valor. Sin duda, la aplicación de los nuevos criterios sobre el nexo abrirá, más pronto que tarde, el debate sobre la consistencia entre la

266. Ver OCDE (2020), «*Guidance on the Transfer Pricing Implications of the COVID-19 Pandemic*», 18 de diciembre.

atribución de beneficios bajo el enfoque de análisis de funciones relevantes (DEMPE) y el enfoque del nexo basado en usuarios o consumo[267] (que puede resultar en una atribución de beneficios allí donde las entidades del grupo no han realizado funciones relevantes). Sin duda, la interacción entre las reglas sobre precios de transferencia y las medidas que se deriven de los Pilares I y II es una cuestión que deberá ocupar los estudios de la fiscalidad internacional en los próximos años.

267. Ver HOROWITZ, M., MARTIN, M. y BETTGE, T., «INSIGHT: Transfer Pricing Substance in Flux-DEMPE, BEPS 2.0, and Covid-19», (2020), URL: https://news.bloombergtax.com/transfer-pricing/insight-transfer-pricing-substance-in-flux-dempe-beps-2-0-and-covid-19. Revisado 19/08/22.

Capítulo II

Intangibles. Concepto y elementos relevantes a efectos de precios de transferencia

Las operaciones vinculadas que involucran intangibles representan un reto permanente en el análisis de los precios de transferencia. Los intangibles son fundamentales para las EMN por su capacidad para generar valor, pero al mismo tiempo, sus características especiales, hacen difícil la comprobación de las operaciones vinculadas que los involucran, teniendo en cuenta las reglas internacionales establecidas para ello. Aunque las dificultades mencionadas han sido reconocidas desde hace varias décadas, la relevancia de la discusión sobre medidas para resolver estos problemas se ha incrementado por el mayor uso de intangibles y tecnología en los últimos años[1].

1. Ver COLLIER, R., Y ANDRUS, J., (2017), *Op. cit.*, p. 130 y ss.

Hasta hace algunas décadas, el modelo de negocio de las EMN se basaba principalmente en el uso y explotación de bienes tangibles como las fábricas, almacenes, y bienes de equipo[2]; los intangibles eran importantes solo para algunas empresas, especialmente las más grandes, que ya explotaban marcas o patentes[3]. Desde finales de los años 1990's, el rápido crecimiento de las tecnologías de la información, así como el desarrollo del campo digital, han incrementado la importancia de los intangibles en la actividad empresarial[4]; actualmente, esto se puede ver en el aumento exponencial que de la participación de los activos intangibles en el patrimonio de las EMN[5], y el porcentaje de inversión en I+D que realizan[6]. Si se observa el listado de las mayores EMN del mundo, en términos de valor en el mercado, dentro de los primeros puestos se encuentran, principalmente, compañías tecnológicas o altamente digitalizadas[7]. Teniendo en cuenta su inmaterialidad, los intangibles son fácilmente trasladables y su valoración es compleja[8]. Este cambio también implica un aumento de las operaciones vinculadas con intangibles, cuantitativa y cualitativamente[9]

2. Ver VERLINDEN, I., DE BAETS, S. y PARMESSAR, V., «Grappling with DEMPEs in the trenches: trying to give it the meaning it deserves», Intertax no. 47(12) (2019), p. 1042.
3. Ver HAMAEKERS, H., (2002), *Op. cit.*, p. 31; Ver también FEINSCHREIBER, R. y KENT, M., «Connecting Intangibles to Goods or Services», Corporate Business Taxation Monthly no. 14(1) (2012), p. 29; Ver también BORGSTRÖM, I. y ANDERSSON, S., The Concept of Commensurate with Income: Retroactive adjustments and the arm's length standard, Master dissertation, Jönköping University (2009), pp. 20 y ss.
4. Ver GRÜBER, S., Intangible values in financial accounting and reporting: An analysis from the perspective of financial analysts, En Intangible Values in Financial Accounting and Reporting: An Analysis from the Perspective of Financial Analysts, Springer 2015, p. 1.; Ver también VERLINDEN, I. y BAKKER, A., Mastering the IP Life Cycle from a Legal, Tax and Accounting Perspective, IBFD 2018. p. 5.
5. En 2007, se estimaba que al menos dos terceras partes del valor de las EMN más grandes de Estados Unidos, provenía de intangibles. Ver MENELL, P. y SCOTCHMER, S., «Cap. 19. Intellectual Property Law». En Handbook of Law and Economics (1ª Ed.) Vol. 2., Elsevier 2007, p. 1475.; Ver BLAIR-STANEK, A., «Intellectual Property Law Solutions to Tax Avoidance», UCLA Law Review núm. 62(2) (2015), p. 14; En 2015, el 84% del valor de las empresas pertenecientes al índice Standard & Poors (S&P) 500's, estaba asociado a intangibles, según un estudio realizado por Ocean Tomo, sobre propiedad intelectual. Ver *«Annual Study of Intangible Asset Market Value»*, Ocean Tomo 2015; Ver también Duff & Phelps, Insight: Transfer Pricing of Intangibles (2012).
6. Ver BORNEMANN, M., KOCH, G. y LEITNER, K., *Measuring and reporting intangible assets and results in a European Contract Research Organization*; Ver también PENG, C. y LAGARDEN, M., «DEMPE Functions and the RACI Concept More Clarity or Confusion Ahead?», International Transfer Pricing Journal no. *26*(1) (2019), p. 3.
7. En 2008, las multinacionales más grandes de Estados Unidos (con referencia a su valor de mercado), eran: 1. Exxon, 2. General electric, 3. Microsoft, 4. AT&T (...), 7. Google, 8. Chevron, 9. J&J y 10. Walmart. En 2018, 1. Apple, 2. Google, 3. Microsoft, 4. Amazon, 5. Facebook (..) 9. Exxon. Ver, JOHNSTON, S., «Largest companies 2008 vs. 2018, a lot has changed», Milford Asset (2018); Ver también VERLINDEN, I., DE BAETS, S. y PARMESSAR, V., (2019), *Op. cit.* p. 1043.
8. Ver HERNÁNDEZ GONZÁLEZ-BARREDA, P. A., (2017), *Op. cit.*, p. 46.
9. De hecho, como bien menciona BLAIR-STANEK, la Organización Mundial del Comercio, ha señalado que *«muchos productos que antes se comercializaban como bienes o mercancías*

(marcas; patentes; derechos de autor; contratos de transferencia de tecnologías, *software*; desarrollo de plataformas digitales; etc.). Las EMN pueden obtener grandes rentas de estos, con respecto a sus costes de desarrollo[10]; además pueden utilizar las operaciones vinculadas para que varias entidades del grupo puedan explotar este tipo de bienes y derechos[11]. Por esto, los intangibles son, sin lugar a dudas, parte fundamental de la cadena de valor de las EMN[12].

En este contexto, el aumento de operaciones vinculadas con intangibles favoreció su utilización como parte de las estrategias de planificación fiscal utilizadas por las EMN. Aunque esta utilización puede ser legítima, sin duda también significa un incremento de las oportunidades para el traslado artificial de los beneficios[13], a través de la ubicación de intangibles en territorios de inferior imposición, y utilizando operaciones como licencias de uso, o la transferencia de los intangibles o Acuerdos de Reparto de Costes[14].

El problema se hizo más evidente tras el escándalo de noticias sobre las estrategias de planificación fiscal de reconocidas EMN como Apple[15], Google[16] o Microsoft, entre 2011 y 2012, en las cuales se observaba cómo habían logrado

---

de baja tecnología contienen ahora una mayor proporción de propiedad intelectual en su valor, por ejemplo, ropa de marca o nuevas variedades de plantas». Ver World Trade Organization, Intellectual Propery/Protection and Enforcement, citado en BLAIR-STANEK, A., (2015), *Op. cit.*, p. 14.

10. Ver OWENS, J., (2013), *Op. cit.*, pp. 1051 y ss.
11. Un intangible está estrechamente conectado con la estructura tecnológica y la capacidad de innovación de las empresas para crear y para organizarse de diferentes maneras. Pero además de ello, los intangibles son capaces de generar valor muy por encima de los costes asociados a su desarrollo y manejo. En este sentido, a diferencia de los bienes tangibles, los intangibles tienen la posibilidad de ser explotados por diferentes sujetos sin costes de oportunidad o disminución en el retorno esperado por la inversión. Ver NAVARRO IBARROLA, A., «Intangibles de difícil valoración y ajustes retrospectivos en la normativa española sobre precios de transferencia», Crónica Tributaria núm. 173 (2019), p. 162; Ver BRAUNER, Y., (2008), *Op. cit.*, p. 89-92.
12. Ver HERNÁNDEZ GONZÁLEZ-BARREDA, P. A., (2017), *Op. cit.*, p. 35.
13. Ver BLAIR-STANEK, A., (2015), *Op. cit.*, p. 4.
14. Sobre estos acuerdos ver nota a pie 159 del Capítulo I de esta obra; Ver también LAGARDEN, M., «Intangibles in a Transfer Pricing Context: Where Does the Road Lead?», International Transfer Pricing Journal núm. 21(5) (2014), p. 333.
15. Ver DUHIGG, C. y KOCIENIEWSKI, D., «Apple's Tax Strategy Aims at Low-Tax States and Nations», The New York Times (2012, April 28). URL: https://www.nytimes.com/2012/04/29/business/apples-tax-strategy-aims-at-low-tax-states-and-nations.html ; Ver HOOK, J. y YADRON, D., «Apple CEO Tim Cook, Lawmakers Square Off Over Taxes», Wall Street Journal (2013, May 22). URL: https://www.wsj.com/articles/SB10001424127887324102604578497550932292788
16. Ver DRUCKER, J., «Google 2.4% Rate Shows How $60 Billion Is Lost to Tax Loopholes», Bloomberg (2010, October 21), URL: https://www.bloomberg.com/news/articles/2010-10-21/google-2-4-rate-shows-how-60-billion-u-s-revenue-lost-to-tax-loopholes; Ver SCHECHNER, S., «Google's Tax Setup Faces French Challenge», Wall Street Journal (2014, October 9), URL: https://www.wsj.com/articles/googles-tax-setup-faces-french-challenge-1412790355

reducir sus pagos de impuestos considerablemente, a través de operaciones con intangibles[17]. Jeffrey Owens, director del Centro de Política fiscal y Administración de la OCDE entre 2001 y 2012, afirmó en 2013 «*The current political debate on the taxation of multinational enterprises should act as a wake-up call to both multinational companies and governments that what may have been acceptable in the past is no longer acceptable in an economy characterized by global companies and where intangibles are the main value drivers*»[18].

En el fondo, Owens también hacía referencia a un problema conocido pues la aplicación del ALP en el análisis de las operaciones con intangibles siempre ha sido problemática[19], como veremos en el numeral 4 de este Capítulo. En general, la OCDE ha afirmado que «los intangibles son una de las materias más desafiantes en precios de transferencia»[20]. Debido a su fuerte dependencia en la comparabilidad, el ALP tiene dificultades para aplicarse en el análisis de operaciones con intangibles, principalmente en aspectos como la identificación de los intangibles relevantes, y el uso de métodos de valoración ante la ausencia de comparables, especialmente cuando se trata de los intangibles más valiosos para la actividad económica de las empresas.

La realidad de las actividades económicas dentro de las EMN y el rápido crecimiento tecnológico hicieron más urgente que nunca la necesidad de revisar los lineamientos existentes sobre el tema[21]. Por ello, la búsqueda de medidas más adecuadas para abordar estas dificultades fue uno de los principales motores de evolución de la regulación de los precios de transferencia[22]. En 2012 esta preocupación impulsó la coordinación en torno a la iniciativa BEPS, en la que muchas de sus medidas están dirigidas directamente a enfrentar los esquemas de planificación fiscal que utilizan operaciones con intangibles[23].

17. Ver BRAUNER, Y., (2008), *Op. cit.*, p. 81.
18. Ver OWENS, J., (2013), *Op. cit.*, p. 1051; Ver MARKHAM, M., (2015), *Op. cit.*, p. 676.
19. El uso de intangibles en las operaciones vinculadas ha sido un reto por el análisis de estas operaciones, que ha preocupado a los gobiernos y organizaciones durante décadas. Como se analiza en el numeral 4.1 de este Capítulo, países como Estados Unidos observaron como uno de sus mayores problemas en materia de precios de transferencia las controversias con intangibles; ya en 1986, por lo menos la mitad de los ajustes por precios de transferencia propuestos por la administración tributaria estadounidense estaban relacionados con operaciones vinculadas que involucran activos intangibles. Ver WILLS, M., «The Tax Treatment of Intangibles in the Context of Transfer Pricing», Revenue Law Journal no. *9*(1) (1999), p. 3. URL https://doi.org/10.53300/001c.6616
20. Como señala MARKHAM, «*Intangibles are one of the most challenging topics in the transfer pricing area*», En *tax and Intangibles Survey,* OECD 2013. Ver MARKHAM, M., (2015), *Op. cit.*, p. 673 (nota 1).
21. Ver VERLINDEN, I., DE BAETS, S. y PARMESSAR, V., (2019), *Op. cit.*, p. 1042.
22. Ver BRAUNER, Y., (2008), *Op. cit.*, p. 30.
23. Ver T'NG, A., «The modern Marketplace, the Rise of Intangibles and Transfer Pricing», Intertax no. 44 (2016), p. 420.

Teniendo en cuenta la relevancia de estos bienes en la materia, en el presente capítulo se realiza una aproximación a los elementos principales de los intangibles en precios de transferencia como son: la definición relevante de intangible; las clasificaciones de operaciones vinculadas en las que se encuentras estos intangibles; el origen y fundamentos de las reglas de precios de transferencia en este tipo de operaciones y, por último, cómo el enfoque de BEPS impactó en este tratamiento.

1. DELIMITACIÓN DEL CONCEPTO DE INTANGIBLE A EFECTOS DE PRECIOS DE TRANSFERENCIA

1.1. APROXIMACIONES JURÍDICAS AL CONCEPTO DE INTANGIBLE

Al hacer referencia al término intangible es posible considerar un gran número de bienes cuya característica natural es la inmaterialidad; por ejemplo, los derechos de autor, las marcas, las carteras de clientes, bases de datos, o el fondo de comercio de una empresa. Aunque son importantes dentro de la actividad normal de las empresas, no todos son relevantes a efectos de los precios de transferencia. Hasta 2013, la definición del término fue abordada a través de ejemplos o ilustraciones de elementos considerados intangibles, principalmente bienes relativos a la propiedad intelectual e industrial[24], con la condición adicional de ser valiosos, pero sin que se estableciera un concepto propio. Por lo tanto, este sistema de ejemplos permitía dirigir el análisis de precios de transferencia sobre todo tipo de supuestos en los que se considerara que existía uno bien intangible de valor considerable.

Para tratar de definir los intangibles, era necesario utilizar las aproximaciones jurídicas de otras áreas del Derecho, que permitieran identificar algunos elementos delimitativos, como el Derecho civil, contable, o el mismo Derecho tributario. Sin embargo, este ejercicio no eliminaba la incertidumbre respecto a

24. Según el parágrafo 6.2 de las DPT OCDE de 2010: *«the term "intangible property" includes rights to use industrial assets such as patents, trademarks, trade names, designs or models. It also includes literary and artistic property rights, and intellectual property such as know-how and trade secrets. This chapter concentrates on business rights, that is intangible property associated with commercial activities, including marketing activities. These intangibles are assets that may have considerable value even though they may have no book value in the company's balance sheet. There also may be considerable risks associated with them (e.g. contract or product liability and environmental damages)»;* Ver DPT OCDE (2010), pár. 6.2; En la normativa de Estados Unidos, artículo 1.482-4(b): *«(b) Definition of intangible. For purposes of section 482, an intangible is an asset that comprises any of the following items and has substantial value independent of the services of any individual— (1) Patents, inventions, formulae, processes, designs, patterns, or know-how; (2) Copyrights and literary, musical, or artistic compositions; (3) Trademarks, trade names, or brand names;(4) Franchises, licenses, or contracts;(5) Methods, programs, systems, procedures, campaigns, surveys, studies, forecasts, estimates, customer lists, or technical data; and (6) Other similar items. For purposes of section 482, an item is considered similar to those listed in paragraph (b)(1) through (5) of this section if it derives its value not from its physical attributes but from its intellectual content or other intangible properties»*. Ver US IRS, (2017), *Treasury Regulativos section* 1.482-4(b).

los intangibles relevantes a efectos de precios de transferencia; y esta seguía siendo una de las principales dificultades para realizar el análisis en este tipo de operaciones vinculadas. El proyecto BEPS incluyó el trabajo sobre la definición en sus objetivos, y en el marco del Informe de las medidas de la Acción 8 presentó una definición recomendada[25], que se estudia en el numeral 1.2. de este Capítulo. El concepto propuesto contiene elementos de estas otras aproximaciones jurídicas tradicionalmente utilizadas, y reconoce su importancia para la identificación de los intangibles. Por ello, antes de estudiar el concepto propio incorporado por BEPS, es necesario revisar estas aproximaciones jurídicas sobre la noción de intangible.

En primer lugar, de acuerdo con el Derecho civil, los intangibles son bienes inmateriales, es decir, que carecen de corporeidad; son producto de una creación o invención del intelecto humano, cuya representación puede ser exteriorizada o incorporada de forma material, por ejemplo, a través de un documento que da cuenta de su existencia[26]. Por lo anterior, los intangibles son bienes susceptibles de ser apropiados, y pueden tener uno o más titulares que ejercen derechos de propiedad sobre los mismos[27]. La ley civil establece un régimen de protección a distintos bienes intangibles, por ejemplo, aquellos de propiedad industrial o intelectual; en algunos casos la protección de la propiedad sobre estos intangibles requiere la realización de alguna formalidad, por ejemplo, su registro[28]. Sin embargo, esta no es una condición para determinar la naturaleza intangible de un bien en Derecho civil, por lo que no puede decirse que la formalidad sea una característica propia de estos bienes[29]. Otra característica importante de los intangibles es que pueden ser objeto de tráfico jurídico; por ejemplo, pueden ser objeto de contratos civiles y mercantiles (operaciones de transferencia, o acuerdos de licencias, etc.).

Desde la perspectiva contable, los intangibles son parte del patrimonio de las empresas; pueden ser considerados gastos o ser reconocidos como activos,

25. Ver OECD (2015), Informe Final de las Acciones 8-10, *pár.* 6.1 y ss.
26. Ver LACRUZ BERDEJO, J. L., Elementos de derecho civil.: Vol. III. Derechos Reales, Librería Bosch (1979), p. 339 y ss.
27. Ver Real Decreto de 24 de julio de 1889 por el que se publica el Código Civil de España, art. 348.
28. En algunas jurisdicciones, como la española, se ha realizado la distinción entre los derechos de propiedad industrial (invenciones, signos distintivos, diseños y modelos industriales, obtenciones vegetales y productos semiconductores) y propiedad intelectual (protección de los derechos de autor). Aunque muchos de estos intangibles son los más utilizados en las operaciones vinculadas, durante este trabajo se utiliza el término «propiedad intelectual» en sentido amplio, incluyendo ambos aspectos. Al respecto ver MENÉNDEZ MENÉNDEZ, A. y ROJO FERNÁNDEZ-RÍO, A., Lecciones de derecho mercantil. Vol. I, (11ª Ed.), Aranzadi (2011), p. 231.
29. Para un estudio más profundo de los elementos de los intangibles desde la perspectiva civilista, pero con el objetivo de comprender su delimitación a efectos de los precios de transferencia véase GÓMEZ REQUENA, J. A., (2019). *Op. cit.* p. 52.

y son distintos de aquellos denominados activos monetarios[30]. Ahora bien, para ser considerado un activo[31], el intangible debe presentar tres características: i) ser identificable; ii) estar bajo el control de la entidad; y iii) generar una expectativa de beneficios económicos futuros. Una vez considerados como activo, su valor debe ser contabilizado y amortizado, como sucede con todos los demás activos del patrimonio empresarial[32]. En cuanto a la primera característica, los activos son identificables[33] cuando: a) son separables (o susceptibles de serlo) respecto de la entidad que los controla y, por lo tanto, pueden ser objeto de transacciones como la venta, la cesión, la licencia de derechos, el arriendo o el intercambio; y b) cuando los activos surgen de derechos contractuales o legales. En cuanto a la segunda característica, se considera que un intangible está bajo el control de la entidad cuando, además de poder obtener los beneficios económicos futuros que procedan de los recursos que subyacen en el mismo, la entidad puede restringir el acceso de terceras personas a tales beneficios[34]; usualmente esta capacidad de oponer su derecho de explotación ante terceros se justifica mediante un derecho legal, pero esta no es una condición necesaria para considerar que un activo intangible está bajo el control de una entidad. Respecto de la tercera característica, la capacidad de producir beneficios económicos futuros se refiere a la posible generación de ingresos contables que va a generar el intangible para la empresa, bien sea directamente por su explotación o como parte de los activos del proceso productivo[35].

En este sentido, existen también intangibles dentro del ámbito empresarial que no pueden ser considerados como activos contablemente, sino que corresponden, más bien, a factores o fenómenos indicadores de valor para la empresa, pero que no pueden identificarse y apropiarse separadamente de ésta, para ser objeto de una operación; un ejemplo de estos puede ser la cuota de mercado[36].

Desde una perspectiva jurídico-tributaria, la normativa no contiene propiamente una definición de activos intangibles, a pesar de existir disposiciones que

30. Son activos monetarios tanto el dinero en efectivo como otros activos, que se van a recibir en cantidades fijas o determinables de dinero. Ver International Accounting Standards Committee (2020) Normas Internacionales de Contabilidad. Sección 38. (en adelante NIC 38). pár. 8.
31. Ver NIC 38. *Op. cit.* pár. 10 y ss.
32. En este sentido, como bien señala GÓMEZ REQUENA, el reconocimiento de estos activos en el balance requiere también que el coste de estos pueda ser valorado fiablemente. Así lo señala la normativa contable, en los términos del Real Decreto 1514/2007 de 16 de noviembre por el que se aprueba el Plan General de Contabilidad. Ver GÓMEZ REQUENA, J. A., (2019). *Op. cit.* p. 52.
33. Ver NIC 38. *Op. cit.* pár. 11-12.
34. Ver NIC 38. *Op. cit.* pár. 13 y ss.
35. Ver NIC 38. *Op. Cit.* pár. 17.
36. Ver NIC 38. *Op. Cit.* pár. 9-16.

hacen referencia a estos bienes[37]. Se pueden señalar algunos ejemplos relevantes de estas referencias normativas. En primer lugar, algunas reglas internacionales como la señalada en el art. 12 del MC OCDE directamente se refieren a los cánones o *royalties*, establecidos exclusivamente sobre los bienes de propiedad intelectual, entendida bajo los términos del derecho anglosajón que, por lo tanto, incluyen los derechos de autor, los derechos de propiedad industrial y los *know-how*[38]. Sin embargo, la disposición hace referencia a un grupo específico de rentas cuyo supuesto de aplicación es distinto al de las operaciones vinculadas[39]. En segundo lugar, la legislación del impuesto sobre sociedades español respecto a la reducción de rentas procedentes de determinados intangibles, conocida como *Patent Box,* concede el derecho a la reducción en la base imponible sobre un listado específico de bienes, sin mencionar características o definiciones generales sobre el término «intangible»[40]. En tercer lugar, la normativa tributaria del impuesto sobre sociedades contiene algunas referencias al término estudiado, como parte del tratamiento del inmovilizado intangible (reglas sobre la imputación o amortización en la base imponible del impuesto, o sobre la limitación a su deducibilidad como gastos)[41]; y por supuesto, en las reglas de valoración de las operaciones vinculadas. En todo caso, la normativa del impuesto de sociedades solo menciona el término sin incluir alguna descripción relevante.

En todo caso, teniendo en cuenta los fines propios del Derecho tributario[42], es posible indicar que, dentro de la actividad económica de las empresas, los intangibles son bienes inmateriales que tienen un valor económico y pueden contribuir a generar rentas, susceptibles de ser gravadas de acuerdo con la ley. En este sentido, cuando los bienes o activos intangibles de la empresa corresponde a una manifestación de cierta capacidad económica de la misma, son fiscalmente relevantes; las transacciones que los involucran pueden demostrar la capacidad económica de las empresas. Adicionalmente se debe recordar que la determinación de la base imponible del impuesto de sociedades se basa en el resultado contable de las empresas[43], y en tal sentido, es posible tener en cuenta todos los elementos de la perspectiva contable de los intangibles.

---

37. Ver LÓPEZ DE HARO, R., PONS MESTRE, A. y DÍAZ DE DURANA, J., «Spain», En HEIDECKE, B., HÜBSCHER, M. C., SCHMIDTKE, R. y SCHMITT, M. (Eds.) Intangibles in the World of Transfer Pricing, Springer International Publishing (2021), p. 580.
38. Ver VOGEL, K., BECKER, J., (2015), *Op. cit.* p. 1002.
39. Ver GONZÁLEZ CARCEDO, J., «Capítulo 13. Valoración de activos intangibles», En CORDÓN EZQUERRO, T. (Ed.) Fiscalidad de los precios de transferencia (operaciones vinculadas) (3ª Ed.), CEF 2019, p. 566.
40. Ver LIS de 2014, *Op. cit.*, Art. 23.
41. Ver LIS de 2014, Op. Cit., Arts. 11.9, 12, 13.2 y 35
42. Ver MARTÍN QUERALT, J., LOZANO SERRANO, C., TEJERIZO LÓPEZ, J. M. y CASADO OLLERO, G., Curso de Derecho Financiero y Tributario, (31ª ed.) Tecnos 2020, pp. 121 y ss.
43. *«el resultado contable sigue siendo el elemento nuclear de la base imponible y constituye un punto de partida clave en su determinación».* Ver LIS. *Op. Cit.* Preámbulo y Art. 10.3.

1.2. DEFINICIÓN DE INTANGIBLE A EFECTOS DE PRECIOS DE TRANSFERENCIA

1.2.1. El contenido de la definición propuesta en el marco de BEPS

El primer paso para realizar el análisis de precios de transferencia tiene que ver con la identificación del intangible. La dificultad para identificar los intangibles relevantes, especialmente aquellos valiosos, cuya naturaleza no fuera propiamente la de un intangible de propiedad intelectual o industrial, hacía urgente la delimitación de un concepto dentro del ámbito de las reglas internacionales de precio de transferencia. Como se mencionó anteriormente, BEPS abordó esta tarea y propuso un concepto autónomo considerando las características de la relevancia de estos bienes y derechos a efectos de la aplicación del ALP. Aun así, en normativas como las Estados Unidos, se sigue observando la regla de identificación a partir de un listado ilustrativo de intangibles, en gran parte fundada en la propiedad intelectual y derechos contractuales, acompañada de alguna característica general de los mismos, como su inmaterialidad, o su valor sustancial[44].

La discusión de una definición propia no es reciente. Como bien señalaba MIYATAKE, en la introducción al Informe de la IFA en 2007 sobre los precios de transferencia de los intangibles, una definición de intangible en materia de precios de transferencia no puede ceñirse a una lista de bienes de propiedad intelectual, pues va mucho más allá de estos[45]; tampoco es suficiente basarse en la definición contable de intangible, pues los libros de contabilidad no siempre reflejan los intangibles que pueden ser relevantes; en todo caso, las reglas de contabilidad sobre la definición y clasificación de estos bienes deben considerarse de carácter informativo[46].

En el marco de BEPS, esta discusión no fue sencilla, como muestran los comentarios a los borrador*es publica*dos por la OCDE en el proceso de actualización del Capítulo VI de las DPT OCDE[47]. Tras numerosas consideraciones[48], el Informe Final de la Acción 8 propuso la siguiente definición de intangible:

44. Ver nota a pie 24 del Capítulo II de este trabajo; Ver, Sección 1.482-4(b) de la Regulación del Tesoro.
45. Ver MIYATAKE, T. y GREEN, R. H., «Transfer pricing and intangibles», International Fiscal Association Congress 61st. Kyoto, Japan (2007), Sdu Fiscale y Financiële Uitgevers, p. 22.
46. Ver LANG, M., STORK, A., PETRUZZI, R. y RISSE, R., «Transfer Pricing and Intangibles: Current Developments, Relevant Issues and Possible Solutions», Linde (2019), p. 6.
47. Ver OCDE (2012), *«The Comments received with respect to the Discussion Draft Revision of The Special Consideration for Intangibles in Chapter VI of the OECD Transfer Pricing Guidelines And Related Provisions»*, Comentarios de Ernst & Young, p. 425.
48. La respuesta al borrador de reformas presentado por la OCDE en junio 6 de 2012 fue masiva. Fueron presentados más de 70 comentarios provenientes de expertos y representantes comentaristas que entregaron más de mil páginas de sus sugerencias. Ver MARKHAM, M., (2015), *Op. cit.*, p. 677.

«the word «intangible» is intended to address something which is not a physical asset or a financial asset, which is capable of being owned or controlled for use in commercial activities, and whose use or transfer would be compensated had it occurred in a transaction between independent parties in comparable circumstances. Rather than focusing on accounting or legal definitions, the thrust of a transfer pricing analysis in a case involving intangibles should be the determination of the conditions that would be agreed upon between independent parties for a comparable transaction» [49].

La propuesta fue aprobada por el Consejo de la OCDE [50] e incluida en la versión de las DPT OCDE publicada en 2017 [51], y desde entonces no ha sufrido modificaciones [52]. También fue incorporada por la ONU en su Manual de Precios de Transferencia, en los mismos términos [53].

1.2.2. Elementos del concepto

Para comprender la delimitación propia de los intangibles a efectos de precios de transferencia es necesario analizar cada uno de los elementos comprendidos en la definición propuesta en el marco de BEPS. En general, la OCDE empieza por reconocer que una definición adecuada no puede ser ni muy amplia ni muy restringida [54]. Parte de la consideración de aspectos relevantes de otras áreas legales [55], para incluir características a efectos contables

49. Ver OECD (2015), Informe Final de las Acciones 8-10, *pár.* 6.6.
50. Ver notas de pie 231 y 232 de este trabajo.
51. En la traducción no oficial al español propuesta por el IEF: *el referente del término «intangible» no es un activo físico ni un activo financiero*, que pueda poseerse o controlarse para su uso en actividades comerciales y cuyo uso o transferencia generaría una compensación en caso de que la operación se realizara entre partes independientes en circunstancias comparables. Trascendiendo las definiciones contables o legales, la esencia de un análisis de precios de transferencia en un caso relacionado con activos intangibles debe ser la determinación de las condiciones que hubieran acordado partes independientes en una operación comparable»*. Ver Instituto de Estudios Fiscales (IEF)(Trad.), (2018), Directrices de la OCDE aplicables en materia de precios de transferencia a empresas multinacionales y administraciones tributarias Julio 2017, Traducción, Publicaciones de la Administración General del Estado. pár. 6.6.
52. Ver DPT OCDE (2022), pár. 6.6.
53. *«For the purposes of this Chapter the term «intangible» encompasses something which is neither a physical nor a financial asset, which is capable of being owned or controlled for commercial purposes, whose use or transfer would be compensated had it occurred between independent enterprises in comparable circumstances. (...)»*. Ver ONU, «Manual de la ONU sobre Precios de Transferencia», *Op. cit.*, pár. 6.2.1.3.
54. Ver DPT OCDE (2017), pár. 6.5.
55. Diferentes académicos y expertos consideran indispensable que la definición de intangibles contenida en la DPT cumpla con los principios tanto legales como contables de este tipo de bienes. Ver MARKHAM, M., (2015), *Op. cit.*, p. 680; Ver OCDE (2012), *«The Comments received with respect to the Discussion Draft...» Op. cit.*, p. 289 Comentarios de Confédération Fiscale Européenne (CFE) y p. 296 Comentarios de Chartered Institute of Taxation (CIOT)

—como un activo—, o a efectos legales —propiedad intelectual—[56], pero aclara que no son las únicas características que determinan su relevancia como intangible a efectos precios de transferencia[57].

En concreto, el concepto propuesto por la OCDE contiene tres elementos: i) la caracterización general de los intangibles respecto de otros bienes o activos (delimitación negativa); ii) la referencia a su relevancia económica (aplicación comercial y empresarial); y iii) la relevancia transaccional a efectos del ALP.

En primer lugar, las DPT OCDE señalan que el intangible «*is intended to address something which is not a physical asset or a financial asset (...)*». La primera caracterización que vemos es que se trata de «*something*» (algo), tratando de no identificar el intangible en una categoría específica como bien o activo[58], de manera que puede tener cualquier denominación. Lo que se aclara con la segunda caracterización, al señalar que no es activo material o físico, ni activo financiero; distinguiéndose de las categorías con que se le califica a los intangibles en Derecho civil y contable. Vale la pena resaltar la aclaración de la OCDE sobre la noción de un activo financiero: es cualquier activo que sea dinero en efectivo, un instrumento de patrimonio, un derecho u obligación contractual de percibir efectivo u otro activo financiero o de canjear activos o pasivos financieros, o un derivado[59]. Se observa cómo la OCDE optó por recomendar una definición negativa, «*ad excludendum*». La primera parte de la definición conserva un carácter genérico, que demuestra el debate sobre los riesgos de utilizar definiciones muy amplias o muy cerradas, y teniendo en cuenta el propósito de la OCDE de no enfocarse en aproximaciones contables o legales, con el propósito de poder dar cobertura a supuestos más allá de los contenidos en estas definiciones, y que implican una generación de valor relevante.

El segundo elemento o propiedad relevante en la definición de intangible por la OCDE señala que este debe ser susceptible de apropiación o control para su uso en actividades comerciales. En este sentido, se hace referencia a la capacidad de ser identificado e individualizado, de manera separada, de forma que la

56. Ver consideraciones descritas en el numeral 1.1 de este Capítulo, sobre las aproximaciones jurídicas al concepto de intangibles.

57. «*whether an item should be considered to be an intangible for transfer pricing purposes (...) can be informed by its characterisation for accounting purposes, but will not be determined by such characterisation only*». Ver DPT OCDE (2017), pár. 6.7.

58. Diferentes expertos como *The Business and Industry Advisory Committee* (BIAC) y *McDermott Will & Emery*, comentaron su aceptación en cuanto al uso de estos términos ya que establecen unos requisitos que incluso tienen coherencia con otros aspectos señalados en la definición como el ser objetos de apropiación y control, además de poder ser objeto de una transferencia separada. También es importante señalar, que utilizar los términos «activo» o «propiedad» permite fijar unos límites para las administraciones y los contribuyentes ya que «*no todo lo que es valioso que no es un servicio o una propiedad es necesariamente un intangible*», Ambos comentarios pueden encontrarse en OCDE (2012), «*The Comments received with respect to the Discussion Draft ...*». *Op. cit.* p. 158 y 853.

59. Ver DPT OCDE (2017), pár. 6.6 (nota 59)

entidad que se lo atribuya pueda explotarlo económicamente. Esta propiedad también hace referencia a la capacidad del intangible de generar un valor para quien lo explota; distinguiéndose de aquellos elementos o bienes que, sin ser materiales o físicos, se caracterizan porque no puede determinarse separadamente el beneficio o valor que produce para quien lo apropia o controla.

El tercer elemento es la relevancia transaccional del intangible desde la perspectiva de los precios de transferencia, es decir, que su uso o transferencia sería compensado si fuera objeto de una operación entre partes independientes. En este sentido, el aspecto distintivo que hace relevante a un intangible es su sujeción a las condiciones del ALP en el ámbito de una operación vinculada[60]; no solo ser objeto de la operación, sino que entre partes independientes esta sería una operación remunerada. En palabras de GÓMEZ REQUENA, esto quiere decir que debe haber un interés en su uso o enajenación comercial[61].

Dicho lo anterior, en las DPT OCDE de 2017 también se incorporaron otras reglas que pueden definir un intangible a efectos de precios de transferencia. En el parágrafo 6.17 de las DPT se describen los supuestos de intangibles que no son comparables a los que se utilizan entre partes independientes, pero de cuyo uso se esperan valiosos beneficios económicos futuros. Se denominan intangibles «únicos y valiosos»[62], y engloban aquellos bienes o derechos para los que posiblemente el análisis de precios de transferencia es más complejo; por ello, su análisis puede requerir consideraciones especiales basándose en la incertidumbre sobre sus resultados futuros.

Dada la ausencia total de un concepto hasta el Informe de la Acción 8 de BEPS, la definición propuesta por la OCDE fue considerada un gran avance; teniendo en cuenta que fue fruto del debate y los comentarios de expertos fiscales de las administraciones, abogados de despachos, y de los grupos de trabajo de la misma OCDE. A pesar de ello, su recepción en la doctrina ha tenido distintas reacciones. Entre las opiniones más críticas, la definición fue recibida con

60. Para varios autores e incluso grupos de expertos, esta consideración es muy positiva, teniendo en cuenta que la definición adoptada tiene unos fundamentos y propósitos fiscales y que debe limitarse la dependencia de otras definiciones que no sean las que apuntan al objetivo de los Precios de Transferencia. Ver TORVIK, O., (2018), *Op. cit.*, p. 711.

61. Característica ya identificada y descrita en la doctrina jurisprudencial de Estados Unidos. Interesante posición teniendo en cuenta que la legislación de Estados Unidos sobre precios de transferencia no contiene un concepto de intangible, sino un listado ilustrativo de aquellos que pueden considerarse como tal. En palabras de GÓMEZ REQUENA, *«De esta manera, se introduce en la doctrina OCDE una de las premisas de construcción jurisprudencial que conforman el concepto de activo intangible en las normas sobre precios de transferencia en Estados Unidos. Como indica el precedente manifestado por la Tax Court en Merck & Co. v. United States, se requiere que el intangible sea objeto de transacción comercial (commercially transferable interest) ya sea mediante su venta, licencia o permuta en cualquier mercado [Merck & Co. v. United States, 24 CL. Ct. 73 (1991)].»*. Ver, GÓMEZ REQUENA, J. A., (2019). *Op. cit.* p. 62.

62. Ver DPT OCDE (2017), pár. 6.17.

reservas; solo los efectos en la aplicación permitirán ver si es útil para contribuyentes y administraciones tributarias[63]. El concepto propuesto sigue siendo tan abierto, que deja un amplio margen de interpretación para contribuyentes y administraciones tributarias, lo que puede generar inseguridad jurídica. MARKHAM, por ejemplo, cuestiona la elección de un término tan genérico de intangible —«*something*»—, pues trata de utilizarse como un mecanismo antiabuso, en el que deben caber todas las transferencias valiosas. Esto puede exceder el alcance de las operaciones con intangibles y generar confusión sobre la aplicación de otro tipo de operaciones como las de reestructuración empresarial[64].

También se encuentran opiniones más favorables sobre el concepto propuesto por la OCDE. GÓMEZ REQUENA, por ejemplo, considera que la estructura de la definición permite determinar la existencia de un intangible relevante en línea con los principios de sustancia sobre la forma, pues se identifica el intangible más allá de su documentación o contabilidad; y también en línea con el ALS, al requerir la existencia de un interés comercial en la transacción con el intangible. Para GÓMEZ REQUENA, esto manifiesta los fundamentos del ALP y el enfoque de BEPS desde el inicio del análisis[65]. Por su lado, SALVADOR, un poco más conservadora, indica las debilidades de las que puede adolecer la definición propuesta, pero reconoce que es casi imposible conjugar una definición de intangible que pueda satisfacer diferentes perspectivas, especialmente en materia tributaria. Por lo que la adopción, por parte de la OCDE, de una definición lo más amplia y comprensiva posible es acertada, aún más considerando la aproximación antielusiva que puede darse a las reglas de precios de transferencia en el contexto de BEPS[66].

Desde la perspectiva de la autora, la utilización de una definición amplia es el reflejo de una discusión sobre las necesidades de las administraciones tributarias, para encajar todos los supuestos en que se considera que existen fuentes de valor sustancial en la renta de las empresas. Es un concepto que busca resaltar algunas características, pero sobre todo que protege el marco de acción de las autoridades para evitar el uso de prácticas abusivas, propósito principal de BEPS. Esto se refuerza con la salvaguarda de la OCDE al incorporar la definición de intangibles «únicos y valiosos», con la que se considera intangible un supuesto en el que las condiciones para aplicar el ALP (elemento distintivo introducido en el concepto de intangible del parágrafo 6.6 de las DPT OCDE

63. Como lo señala Michelle Markham: «*Instead of achieving the OECD's stated aim of limiting uncertainty and risk in the area of the transfer pricing of intangibles, the revised definition could achieve the very opposite effect: While the OECD has clearly worked hard to tackle the thorny issue of a definition of intangibles, and has admirably opened the matter for public debate, it has yet to achieve consensus approval from tax professionals. A more precise and concrete definition would provide greater certainty to all stakeholders in the transfer pricing process and would be beneficial to the global economy.*». Ver MARKHAM, M., (2015), *Op. cit.*, p. 687.

64. Ver MARKHAM, M., (2015), *Op. cit.*, p. 681.

65. Ver GÓMEZ REQUENA, J. A., (2019). *Op. cit.* p. 62.

66. Ver SALVADOR, G., (2018), *Op. cit.*, p. 107.

2017), no son identificables. En el fondo estos intangibles «únicos y valiosos» exponen el aspecto más problemático, que la definición propuesta sigue sin abarcar: los intangibles valiosos no pueden asimilarse a las prácticas del mercado entre partes independientes. Esta definición es muy importante, y ha sido poco desarrollada en las DPT OCDE; sigue siendo ambigua y abierta, y deja al contribuyente inmerso en la incertidumbre de identificar si está frente a un intangible relevante a efectos de precios de transferencia o no[67].

2. CLASIFICACIÓN DE LOS INTANGIBLES

En general, las reglas internacionales sobre precios de transferencia no establecen una clasificación de intangibles en particular[68]. Para la OCDE, la aplicación del ALP no depende de estas categorías[69]; en todo caso sí encontramos algunos lineamientos sobre categorías que pueden contribuir a una mejor identificación de los intangibles relevantes a efectos de precios de transferencia. A continuación, se mencionan tres categorías, importantes por su conexión con reglas especiales o con el análisis de las funciones o contribuciones al valor del intangible en la operación.

2.1. SEGÚN LA ACTIVIDAD A LA QUE ESTÁ AFECTO EL INTANGIBLE

En primer lugar, es posible distinguir entre intangibles en función del área o actividad de la empresa en la que son utilizados o se involucran. En este caso, se pueden mencionar dos tipos: los intangibles de comercialización *(marketing intangible)* y los intangibles industriales *(trade intangibles).*

Los primeros, más comúnmente conocidos como intangibles de marketing, están vinculados a las actividades que contribuyen a la explotación comercial de un producto o servicio, o a su promoción[70]. Son ejemplos de estos: las marcas; los nombres comerciales; las listas de clientes y los datos propios sobre el mercado, entre otros[71]. Usualmente, el desarrollo de este tipo de intangibles requiere inversión no tan riesgosa para su desarrollo, y puede ser costosa sobre todo en la protección del intangible durante su explotación.

---

67. Ver LANG, M., STORK, A., PETRUZZI, R. y RISSE, R., (2019), *Op. cit.*, p. 30.
68. Vale la pena notar que ni las DPT OCDE, ni el Manual de la ONU sobre precios de transferencia, e incluso normativas nacionales históricamente referenciadas en la materia como la de Estados Unidos, señalan una clasificación específica de intangibles que deba aplicarse en el análisis.
69. En concreto, la OCDE señala «*The approach contained in this chapter for determining arm's length prices in cases involving intangibles does not turn on these categorizations. Accordingly, no attempt is made in these Guidelines to delineate with precision various classes or categories of intangibles or to prescribe outcomes that turn on such categories.*». Ver DPT OCDE (2022), pár. 6.15.
70. Ver DPT OCDE (2022), pár. 6.16.
71. Ver TORVIK, O., (2018), *Op. cit.*, p. 89.

Por el contrario, los intangibles industriales son aquellos cuyo papel fundamental se da en actividades de producción o fabricación, o en el funcionamiento de la empresa; la OCDE los caracteriza como aquellos que no son intangibles de marketing, con lo cual podría entenderse como aquellos destinados a cualquier actividad de la empresa distinta de la comercialización[72]. En esta categoría se encuentran intangibles como las patentes, invenciones; fórmulas; diseños; y *know-how*, entre otros. A diferencia de los intangibles de marketing, estos suelen ser creados en procesos de investigación y desarrollo que requieren inicialmente altos costes de inversión y, por ello, implican un alto riesgo para las empresas. Una vez desarrollados, se aplican a la venta de productos, contratos de servicios o acuerdos de licencia[73], entre otros, y pueden resultar considerablemente valiosos.

Hasta las DPT OCDE de 2010, la clasificación según la actividad era una de las formas de identificar intangibles, ante la ausencia de un concepto para ello. La clasificación estaba fundada en la orientación de los intangibles en el mercado[74]. Sin embargo, esta clasificación utilizaba una distinción poco concreta, en la que todo aquello que no fuera un intangible de marketing era un intangible industrial[75]; asumiendo que todos los intangibles dedicados a cualquier actividad empresarial distinta de la comercialización, son industriales[76]. Esta distinción generaba incertidumbre en los casos de intangibles con características de ambas categorías; por ejemplo, aquellos relacionados con la gestión o funcionamiento de la empresa (formas de administración y técnicas de ventas, entre otros)[77]. En este sentido es importante que, con la incorporación del concepto de intangible en las DPT OCDE de 2017, se hiciera énfasis en la no dependencia de las categorías para la realización del análisis[78].

2.2. SEGÚN SU PROTECCIÓN LEGAL

En segundo lugar, los intangibles se clasifican entre aquellos que tienen protección legal *(hard intangibles o intangibles duros)* y aquellos que no tienen protección legal *(soft intangibles o intangibles blandos)*.

Los *hard intangibles* son intangibles que pueden ser registrados, o protegidos contractualmente, de acuerdo con los términos de la ley[79]; en este sentido, pue-

72. Ver DPT OCDE (2022), p. 23. Glosario.
73. Ver DPT OCDE. (2010), pár. 6.3.
74. Ver KIPKA, T., Arm's length treatment of soft-intangibles: Comparative analysis of the treatment of soft-intangibles in business restructurings in Germany, the United States and according to the OECD, Tesis doctoral, Maastricht University (2019), p. 42.
75. Ver DPT OCDE (2010), pár. 6.3.
76. Ver DPT OCDE (2017), p. 30 Glosario.
77. Ver MIYATAKE, T. y GREEN, R. H., (2007), *Op. cit.*, pp. 22 y 23.
78. Ver KIPKA, T., (2019) *Op. cit.*, p. 45.
79. Ver ONU, «Manual de la ONU sobre Precios de Transferencia», *Op. cit.*, pár. B.5.2.6-B.5.2.9, pp. 276-277; Ver DPT OCDE (2017), pár. 6.15.

den ser identificados, apropiados[80] y comercializados de manera individual. Estos intangibles son, por ejemplo, todos los que forman parte de la propiedad intelectual (como las marcas; patentes; nombres comerciales; derechos de autor), cuya titularidad es usualmente formalizada a través de registros; o también otros intangibles derivados de la protección contractual, como las bases de datos o los diseños[81]. En cambio, los *soft intangibles*, son intangibles que, a pesar de generar valor dentro del ámbito de la empresa, no tienen un marco definido de protección (contractual o formal) de acuerdo con la ley; por ello, a diferencia de los *hard intangibles,* es difícil determinar si pueden comercializarse o apropiarse de manera separada a la existencia de la empresa[82]. Como ejemplo de estos intangibles se pueden señalar las sinergias de grupo[83] o el capital humano[84]. En todo caso, pueden ser reconocidos como factores de comparabilidad, para caracterizar una entidad en un análisis o las relaciones entre partes vinculadas.

Algunas legislaciones como la de Estados Unidos han incluido intangibles blandos en sus listas de intangibles relevantes a efectos de precios de transferencia[85]. Esta consideración implica un debate sobre distribución del valor que se genera de manera conjunta, y no puede ser fácilmente atribuido a cada entidad del grupo separadamente. En el fondo, esta consideración se relaciona

80. Aunque existe un debate sobre si puede llamarse propiedad a la disposición de estos bienes. En este caso, especialmente partiendo de ejemplos como la propiedad intelectual, es posible diferenciar aquellos intangibles que son susceptibles de ser apropiados y tal propiedad es protegida por la ley. Sin enfocarnos en el debate sobre si es posible apropiarse de un intangible o simplemente puede accederse a su uso de manera exclusiva, su disposición por parte de un titular identificado es protegida por los términos de la ley. Ver SCREPANTE, M., «Rethinking the Arm's Length Principle and Its Impact on the IP Licence Model after OECD/G20 BEPS Actions 8-10: Nothing Changed but the Change?», World Tax Journal no. 11(3) (2019), p. 443.

81. Ver FEDI, A., «Transfer Pricing Aspects of Transactions with Marketing Intangibles in a Post-BEPS World», International Transfer Pricing Journal no. 26(6) (2019), p. 408.

82. Ver MARKHAM, M., (2005), *Op. cit.*, p. 38.

83. Interacciones o sinergias entre los miembros del grupo que normalmente no existirían entre empresas independientes que se encontraran en una situación similar. Estas sinergias de grupo pueden derivarse, por ejemplo, de la combinación de los poderes de compra o las economías de escala; de la combinación e integración de los sistemas informáticos y de comunicaciones; de la gestión integrada; la eliminación de duplicidades; una mayor capacidad de endeudamiento y de muchos otros factores similares. Estas sinergias de grupo frecuentemente favorecen al grupo en su conjunto, por lo que pueden acrecentar los resultados agregados obtenidos por sus miembros, dependiendo de si se materializa efectivamente el ahorro de costes previsto y de las condiciones de competencia. Ver DPT OCDE (2017), par. 1.157.

84. El capital humano es un grupo de empleados con una cualificación o experiencia únicas. La existencia de tal plantilla puede influir en los precios de plena competencia de los servicios que presten o en la eficiencia con la que la empresa presta los servicios o produce los bienes. Ver DPT OCDE (2017), pár. 1.152.

85. Esta distinción puede observarse en el artículo 1.482-4(f)(3)(i) del Código Tributario. Adicionalmente, con la reforma producida a la US Tax Act de 2017, el Congreso de Estados Unidos incluyó en la definición de intangible del art. 936(h)(3)(B) del Código Tributario: *«any goodwill, going concern value, or workforce in place... or any other item the value or potential of which is not attributable to tangible property or the services of any individual»*. Ver US IRS (2017). *Treasury Regulation section* 936(h)(3)(B).

con los fundamentos del ALP que, como se estudió en el numeral 3.1.2.1. del Capítulo I, va de la mano con el criterio contable de la entidad separada. Como bien indica SCREPANTE, el valor generado por los intangibles blandos, como las sinergias de grupo, implica un paradigma para el ALP; pues, por su misma naturaleza, no pueden escindirse del grupo[86] pero a la vez son intangibles valiosos. Sin embargo, es cuestionable considerar estos intangibles únicamente como factores de comparabilidad, pues crean valor para el grupo en su totalidad[87]. Un enfoque apropiado partiría de la paradoja de considerar el intangible como un valor de todo el grupo, para el cual debe establecerse una distribución adecuada, que permita asignarlo a cada entidad separada (una fórmula de reparto). No hay una base fáctica bajo los fundamentos del ALP para considerar que, por ejemplo, las sinergias del grupo deben distribuirse por contribuciones significativas identificables y atribuibles a las entidades por separado, pues este valor es generado por todas sus partes por la integración de las mismas[88]. Debido a estas posiciones, cercanas al enfoque del *formulary apportionment*, en las DPT OCDE se ha optado por considerar estos elementos como factores de comparabilidad[89]; una aproximación más consistente con el enfoque de la entidad separada y, por tanto, compatible con el principio de plena competencia.

2.3. SEGÚN SU COMPARABILIDAD

Finalmente, una tercera clasificación de los intangibles, que se observa tanto en las DPT OCDE de 2017, como la legislación de Estados Unidos, es aquella que distingue entre aquellos intangibles para los que es posible aplicar la metodología de comparabilidad con otras operaciones del mercado, y aquellos intangibles para los que es más difícil o no es posible dicha aplicación. De los primeros, basta con decir que son parte de operaciones que pueden encontrarse comúnmente en el mercado; existen bases de datos e información pública disponible que permite encontrar comparables para aplicar el ALP regularmente. Por el contrario, los «no comparables» son intangibles que tienen la capacidad de generar valor, pero para los que, por sus características singulares, no es posible encontrar comparables; y, además, es difícil determinar su valor. En esta categoría podemos encontrar los mencionados intangibles «únicos y valiosos»[90].

86. Ver SCREPANTE, M., (2019), *Op. cit.*, p. 443.
87. Ver SCREPANTE, M., (2019), *Op. cit.*, p. 444.
88. Ver AVI-YONAH, R. S. y XU, H., «Evaluating BEPS: A Reconsideration of the Benefits Principle and Proposal for UN Oversight», Harvard Business Law Review no. 6(2) (2016), p. 215.
89. Ver DPT OCDE (2017), pár. 6.30-6.31.
90. Ver nota al pie 62 del Capítulo II de este trabajo, sobre el concepto de intangibles «únicos y valiosos».

También es posible incluir en esta clasificación a los que se denominan «intangibles de difícil valoración»[91], definidos por la OCDE como aquellos para los que no es fácil establecer comparables fiables o para los cuales su valor no es fácilmente determinable por distintas circunstancias (por ejemplo, cuando se transfiera el intangible estando inacabado su desarrollo; o cuando no está previsto explotar comercialmente el intangible a corto plazo, posterior a su transferencia; o cuando la forma de explotación elegida se considera nueva y hay poca información sobre intangibles que se hayan explotado en modo similar); entre otras circunstancias que hacen incierta su determinación de ingresos futuros[92]. La delimitación de estos intangibles está, por tanto, muy relacionada con el elemento de la previsibilidad, y depende de cómo esta circunstancia se justifique ante una eventual comprobación de la operación por parte de la Administración tributaria. En este caso, las DPT OCDE de 2017, partiendo de la asimetría en la información sobre la proyección de rentabilidad del intangible, que existe entre el contribuyente y las administraciones tributarias, establecen la posibilidad de realizar análisis retrospectivos[93]. Un enfoque tomado de las reglas de Estados Unidos, como se detalla en el numeral 4.1 de este Capítulo, en el que se permite el uso del resultado *ex post* de la operación como referencia para establecer si el precio acordado en la operación es adecuado.

---

91. De acuerdo con las DPT OCDE, un intangible se considera de difícil valoración cuando, al tiempo de su transferencia entre partes vinculadas: i) no existen o pueden establecerse comparables fiables; y ii) las previsiones efectuadas de los flujos de caja o rentas futuras del intangible, o las hipótesis que sustentan su valoración, son muy inciertas, lo que hace difícil predecir el grado de éxito que el intangible pueda llegar a tener. Ver DPT OCDE (2022), pár. 6.189 y Anexo al Capítulo VI.

92. La normativa de Estados Unidos también señala disposiciones especiales para los que no hay comparables o cuyas condiciones a futuro son inciertas y son inciertos en el sentido en que: se relacionan con activos cuyo estado de desarrollo al tiempo de la operación no permite establecer cuál puede ser su resultado final; o cuya etapa de desarrollo aún es muy temprana y por lo tanto faltan algunos años para esperar su explotación económica; o porque forma parte del desarrollo de intangibles más complejos; o se transfieren a cambio de un pago único; entre otras circunstancias que revelan verdadera incertidumbre sobre los beneficios o acontecimientos relacionados con el intangible a futuro. Ver US IRS. *Treasury Regulation.* Section 1.482-4; Ver NAVARRO IBARROLA, A., (2019), *Op. cit.*, p.166.

93. Se observa que la identificación de estos intangibles está estrechamente relacionada con la previsibilidad de sus condiciones a futuro; especialmente con la posibilidad de generar beneficios y su cuantificación. Sin embargo, no se observan parámetros para medir ese grado previsibilidad. Como bien menciona NAVARRO, *«Evidentemente este es un aspecto que debe quedar sujeto a un análisis que tenga en cuenta las circunstancias de cada caso, pero la inexistencia de pautas es notoria»*. Navarro incluso señala que en los ejemplos contenidos en las DPT no se establecen o analizan los criterios para señalar porqué los eventos no son previsibles, sino que esta previsibilidad es obviada, lo cual es preocupante teniendo en cuenta que el ajuste se produce sobre la base de que existía cierta certidumbre en la previsibilidad de los beneficios. Entonces no podría aplicarse a los intangibles de difícil valoración, pues por definición carecen de esta previsibilidad, lo que demuestra la contradicción entre los objetivos y las recomendaciones de las DPT en este sentido. Ver NAVARRO IBARROLA, A., (2019), *Op. cit.*, pp. 171 y ss.

En este sentido, esta clasificación es importante justamente porque uno de los mayores problemas de aplicación de las reglas sobre intangibles es la falta de comparabilidad[94]. La identificación de intangibles «no comparables» tiene como consecuencia la posible aplicación de un enfoque específico para la determinación de su valor de mercado[95]. Desde mi perspectiva, esta es quizás la clasificación más importante que puede hacerse, pues son, justamente, estos intangibles «no comparables» los que mayor reto suponen para aplicar el enfoque la aplicación del ALP.

3. OPERACIONES VINCULADAS CON INTANGIBLES

Otro elemento importante en el estudio de los intangibles en precios de transferencia es la diferenciación entre las distintas operaciones vinculadas en las que pueden estar presentes. En este sentido, la OCDE señala que hay dos grandes categorías de operaciones que pueden resultar útiles para el análisis de precios de transferencia: i) Las operaciones que conllevan la transferencia de intangibles o derechos sobre estos, como objeto directo de la transacción; y ii) las operaciones que conllevan el uso de intangibles en relación con otras operaciones, como pueden ser la prestación de servicios o las reestructuraciones empresariales[96]. Aunque un mismo intangible (por ejemplo, una licencia de uso) puede formar parte de cualquiera de estas operaciones, su posición en la transacción determina una perspectiva distinta de la metodología.

3.1. OPERACIONES QUE CONLLEVAN LA TRANSFERENCIA DE INTANGIBLES O DERECHOS SOBRE ESTOS

En este tipo de operaciones, se deben considerar no solo aquellas transacciones en las que se transmite un intangible en su totalidad, sino también los acuerdos sobre derechos derivados del intangible[97]. En este sentido, la transferencia puede ser sobre un activo (una marca, una patente, etc.), o sobre sus derechos (licencia exclusiva de uso de una marca), o incluso sobre una parte de estos, como un derecho limitado (el uso de un intangible restringido a un determinado ámbito geográfico, o durante un determinado período de tiempo limitado)[98]. Por ello, además de identificar el intangible que se involucra en la operación, el análisis debe considerar las condiciones particulares sobre limitacio-

94. Ver TORVIK, O., (2018), *Op. cit.*, p. 90 y ss.
95. Ver DPT OCDE (2017), pár. 6.186 y ss.; En el caso de la normativa de Estados Unidos, cuando los intangibles que son objeto de una operación vinculada, no pueden compararse o no es previsible cuanto valor producirán al tiempo de realizarse el acuerdo, se establece una metodología de ajustes periódicos que deben realizar las partes durante la ejecución del acuerdo. Como se estudia en el numeral 4.1.2 de este Capítulo.
96. Ver DPT OCDE (2017), pár 6.87.
97. Los derechos sobre un intangible son considerados por la OCDE como un intangible en sí mismo. Ver DPT OCDE (2017), pár. 6.25.
98. Ver DPT OCDE (2017), pár. 6.88.

nes de uso del intangible[99]: exclusividad; duración; ámbito geográfico; estado de desarrollo; y derechos a actualizaciones, entre otras[100].

Existen también operaciones en las que se trasmiten conjuntamente distintos intangibles, en cuyo caso, se debe analizar cómo se relacionan estos intangibles entre sí e identificar cada uno de los derechos o activos que pueden estar involucrados. Esto se presenta cuando, por ejemplo, se realiza un acuerdo de fabricación o comercialización de un producto (un medicamento, que involucra una patente; un *know how* de fabricación; el uso de una o varias marcas; etc.). La transferencia de estos intangibles, de manera conjunta, puede ser más valiosa que la venta separada de cada uno de ellos, teniendo en cuenta que algunos de estos intangibles pueden tener mayor valor que otros[101]. A efectos del análisis de la operación vinculada, se debe identificar cada intangible, para determinar las contribuciones realizadas por las entidades vinculadas a cada intangible, y su correspondiente retribución.

Las operaciones que tienen por objeto directo un intangible pueden estar presentes en cualquiera de los pasos dentro de una típica cadena de valor de las EMN: la investigación y el desarrollo; la fabricación; o distribución[102]. Aún más, están presentes en los modelos de negocio altamente digitalizados. Los intangibles pueden explotarse a través de numerosos tipos de transacciones[103]. Sin embargo, para ilustrar algunas de las operaciones más comúnmente utilizadas[104] en materia de intangibles se puede utilizar el modelo de licencia[105].

En general, los acuerdos de licencia de intangibles son contratos a través de los cuales el propietario legal de un intangible (por ejemplo, una marca), deno-

99. Ver DPT OCDE (2017), pár. 6.91. Más allá de la etiqueta que revista el acuerdo y la condición que se haya dado por escrito, son los hechos y las circunstancias los que deben ser analizados. Ver PANKIV, M., «Post-BEPS Application of the Arm's Length Principle to Intangibles Structures», International Transfer Pricing Journal 23(6) (2016), p. 467.

100. Ver FEDI, A., (2019), *Op. cit.*, p. 408.

101. Ver DPT OCDE (2017), p. 321, pár 6.94; Ver FEDI, A., (2019), *Op. cit.*, p. 410.

102. Ver MONSENEGO, J., (2015), *Op. cit.*, p. 70.

103. LAGARDEN de hecho señala que las transacciones más relevantes son la venta, el reparto de costes para el desarrollo de intangibles y la licencia. Ver LAGARDEN, M., (2014), *Op. cit.*, p. 333.

104. Entre las cuales, la más común posiblemente es la licencia. Una de las razones de esta habitual utilización puede ser que el licenciante puede retener la propiedad sobre su intangible o el derecho concreto y explotarlo continuamente a través de un pago periódico por permitir su uso. En cuanto al licenciatario, es un acuerdo beneficioso ya que le permite acceder a intangibles ya desarrollados sin tener que incurrir directamente en todos los costes para tal desarrollo. Ver VERLINDEN, I. y BAKKER, A., (2018), *Op. cit.*, pp. 406-407.

105. Existen varios modelos de estructuras empresariales para la explotación de intangibles; entre los que se encuentran la estructura de royalties; el reparto de costes; entre otros. SCREPANTE hace una extracción de las características comunes de las tres estructuras para hablar genéricamente de un «modelo de licencia» de intangibles, el cual se utiliza como base para la descripción que se realiza en este numeral. Ver SCREPANTE, M., (2019), *Op. cit.*, p. 439.

minado licenciante, permite a otra entidad, denominada licenciataria, el uso de un intangible, a cambio del pago de un canon o royalty[106]. Más que una sola operación, la utilización de un modelo conlleva varias operaciones en torno a esta licencia, relacionadas con la explotación del intangible en las EMN, a lo largo de una típica cadena de valor. En una primera fase, previamente a un acuerdo de licencia, debe haberse desarrollado el intangible (por ejemplo, a través de servicios de I+D prestados por una entidad del grupo o entre varias, utilizando un ARC para su desarrollo); en este caso, la financiación de tal desarrollo pudo provenir de la misma entidad que se encargó del desarrollo o de otra entidad del grupo. Una vez acabado, el intangible puede mantenerse en propiedad de la entidad que lo desarrolla o ser trasladado a otra entidad del grupo; puede ser la entidad que aporta la financiación, u otra encargada de la gestión de todos los intangibles del grupo, también conocida como *IP Company* (una estructura usual es la centralización de estos intangibles en una unidad para su mejor gestión). En la segunda fase, la entidad propietaria, que tiene los derechos de explotación, será la encargada de explotarlo, lo que implica, entre otras cosas, poder conceder licencias sobre el intangible. Estas licencias permiten realizar actividades como la fabricación de productos, bien sea sobre la totalidad de derechos del intangible o con limitaciones en su uso. Este modelo operativo puede darse en EMN que utilizan una estructura centralizada de sus actividades, donde una sola entidad del grupo se dedica a la tenencia y explotación de los derechos de los intangibles; o también en modelos descentralizados donde el grupo empresarial se organiza en distintos negocios y, dentro de estos, una entidad desarrolla y licencia los intangibles[107]. Dependiendo de la estructura empresarial que tenga la EMN, pueden existir acuerdos posteriores a esta licencia acordada con el fabricante, como el que suscribe para la distribución y comercialización en el mercado, etc. Adicionalmente, cada acuerdo de licencia puede permitir el uso de sublicencias, por ejemplo, para la distribución de un solo producto bajo una marca, o solo en un área geográfica.

Esta estructura es la forma básica de la que parten muchas de las organizaciones empresariales, cuya actividad económica involucra intangibles. Cada una de las entidades participantes puede estar ubicada en un Estado distinto, y contar con acuerdos que establecen condiciones particulares según cada ordenamiento. Por lo tanto, al hacer referencia a la licencia es posible considerar tanto una sola operación como un modelo de varios negocios conectados. Aunque no se aplica en todos los casos, las denominadas *IP Companies* se localizan, habitualmente, en Estados cuyo régimen fiscal es más favorable, lo que implica una carga fiscal más baja para el grupo[108]. Además, estas compañías suelen dedicarse principalmente a la gestión de estos intangibles sin requerir el mismo volumen

106. Existen distintas alternativas de acuerdos de licencia, entre ellas la licencia de explotación, la de uso y la de distribución. Ver FEDI, A., (2019), *Op. cit.*, p. 411.
107. Ver SCREPANTE, M., (2019), *Op. cit.*, p. 470.
108. Ver PANKIV, M., (2016), *Op. cit.*, p. 471.

de personal o recursos físicos que los empleados por la entidad desarrolladora del intangible; a través de los acuerdos de licencia establecidos con las demás entidades del grupo (para la fabricación, comercialización o distribución) atraen a dichos territorios gran parte de los beneficios producidos por el intangible en forma de cánones.

Lo anterior no quiere decir que el uso de *IP Companies* constituya *per se* una estrategia elusiva o que estas no tengan un propósito de negocio válido[109]. La OCDE reconoce que las EMN pueden estructurar sus negocios en la forma que consideren más apropiada a sus intereses[110], siempre que esta estructura esté en línea con el principio de plena competencia. Aplicar el análisis de precios de transferencia en este caso, requiere identificar los intangibles usados, transferidos, y licenciados dentro del complejo de transacciones que pueden estar involucradas.

3.2. OPERACIONES QUE CONLLEVAN EL USO DE INTANGIBLES COMO PARTE DE OTRAS TRANSACCIONES

Existen operaciones en las que se transfiere un intangible en combinación con otras transacciones como la venta de un bien tangible, la prestación de servicios, o las reestructuraciones empresariales. Esta combinación afecta el análisis de precios de transferencia (factores de comparabilidad de las operaciones, el análisis funcional, la distribución de los beneficios, y los métodos que puedan ser aplicados), pues deben considerarse las reglas especiales de los diferentes bienes o servicios inmersos en la operación vinculada.

En los casos de combinación en la venta de un bien tangible[111], se encuentra, por ejemplo, la transferencia de un producto que involucra la licencia de uso de una marca o el *know how* (como en los casos de los contratos de franquicia empresarial[112]). La interacción de estos bienes y su combinación en una misma operación puede significar un mayor valor que si fueran transferidos en operaciones individuales. En algunos casos será posible segmentar o desagregar cada parte de los bienes o derechos transferidos, mientras que en otros será más complejo. Estos puntos son importantes a la hora de establecer las condiciones para buscar comparables (operaciones que son igualmente combinadas o, por el contrario, comparables de cada bien o derecho involucrado en la operación)[113].

---

109. Una EMN puede optar por tener centralizada la propiedad de sus intangibles por la especialización de sus plantas de fabricación, por ejemplo. Ver DPT OCDE (2022), pár. 9.34.
110. Ver DPT OCDE (2022), pár. 9.58.
111. Una entidad del grupo puede aceptar la prestación de una combinación de servicios e intangibles a otra entidad vinculada a cambio de una contraprestación única.
112. Ver DPT OCDE (2022), *Op. cit.* pár. 6.100.
113. Ver PANKIV, M., (2016), *Op. cit.*, p. 468.

En cuanto a las operaciones que combinan intangibles en la prestación de servicios, es importante señalar que esto no implica la transferencia de la propiedad del intangible. En algunos casos no hay tal transferencia; la OCDE pone como ejemplo una compañía de exploración minera que presta servicios a una entidad vinculada [114]. Estos servicios pueden dar lugar al desarrollo de datos y análisis geológicos, intangibles que pueden tener mucho valor, pero sobre los cuales la compañía de exploración no adquiere ningún derecho; aun así, el valor creado por estos datos afecta el valor de la prestación de los servicios. En este caso, se debe identificar tanto el intangible como los servicios y la relación entre ambos para estimar el valor que corresponde a cada uno.

Cada elemento debe ser analizado de acuerdo con las reglas que le corresponden por la naturaleza del bien o servicio transferido. Cuando la operación implica la transferencia directamente sobre un intangible, el análisis está dirigido a estimar el valor de las contribuciones de las partes respecto del total de los beneficios obtenidos. Mientras que cuando el intangible forma parte de una operación conjunta o de mayor complejidad, debe determinarse, en primer lugar, qué proporción de los beneficios se deriva directamente del intangible y a su vez, qué parte corresponde a las demás transacciones o transferencias de la operación.

Los intangibles pueden formar parte de operaciones complejas de reestructuración en el marco de los grupos empresariales. De hecho, las reestructuraciones empresariales pueden realizarse específicamente para transferir intangibles de entidades locales a una central extranjera (como veíamos anteriormente, para centralizar su gestión en una sola entidad). Los intangibles también pueden formar parte de las reestructuraciones de forma tácita o indirecta [115], por ejemplo, a través del traslado de unidades enteras de negocio activo [116] (un departamento completo que se escinde para formar una nueva empresa o integrarse en otra, o la absorción de una entidad por otra). El objeto de la reestructuración no es directamente la transacción con el intangible, pero a pesar de ello, implica la reorganización transfronteriza de funciones, riesgos y activos [117], que pueden afectar a la propiedad de los intangibles a efectos de los precios de transferencia.

En este caso, el análisis de los intangibles se debe hacer dentro del marco de la operación conjunta de reestructuración. La valoración de estas operaciones requiere la delimitación de la situación inicial del grupo, según se observa en los acuerdos de reestructuración, pero también de la situación posterior a dicha reorganización. En el plano de los intangibles, esto implica un análisis de los cambios en las actividades y funciones realizadas por las entidades involucradas

114. Ver DPT OCDE (2017), pár 6.104-106.
115. Ver GÓMEZ REQUENA, J. A., (2019), *Op. cit.*, p. 78.
116. Ver DPT OCDE (2022), pár. 9.68.
117. Ver GONZÁLEZ DE FRUTOS, U., (2022), *Op. cit.*, p. 82.

en el desarrollo y la explotación de los intangibles, incorporados en estas reorganizaciones. Asimismo, la OCDE también hace referencia a los supuestos de traslado de personal cualificado que desempeña funciones significativas, como consecuencia de la reubicación de unidades completas de una actividad[118]. Esto también implica cambios en cuanto a los roles de cada entidad en materia de riesgos; por ejemplo, una entidad que previamente fungía como distribuidor a riesgo total puede resultar ser un distribuidor de riesgo limitado tras la reorganización[119]. Debe determinarse en qué medida el acceso a esta mano de obra calificada, por ejemplo, en el desarrollo de un I+D específico, influye en el valor de la operación final[120]. En todos estos supuestos, las contribuciones al valor del intangible pueden afectar a la asignación de beneficios que corresponde a cada entidad y, por ende, a cada jurisdicción. Para analizar estos supuestos, se deben considerar no solo las reglas de precios de transferencia sobre intangibles, sino también las de servicios intragrupo si corresponden, y las de operaciones de reestructuración.

4. REGLAS DE PRECIOS DE TRANSFERENCIA SOBRE INTANGIBLES

La aplicación de la metodología del ALP ha sido problemática en este tipo de operaciones. Todas las características de los intangibles, mencionadas anteriormente, han requerido el desarrollo de reglas especiales, dentro del régimen de precios de transferencia, para su tratamiento. La elaboración e incorporación de estas reglas especiales ha ido ampliando el contenido del ALP para poder dar cabida a los principales retos que suponen los intangibles para el análisis.

Actualmente las reglas sobre intangibles, recogidas en el Capítulo VI de las DPT OCDE de 2022, señalan las directrices especiales en materia de identificación, propiedad, métodos de valoración, y consideraciones especiales para los intangibles difíciles de valorar. Sobre la identificación (la definición, categorías y tipos de operaciones), ya hemos estudiado los aspectos fundamentales en los numerales 1 a 3 de este Capítulo. En el numeral 4, nos referiremos a los hitos que marcaron el desarrollo de las reglas de precios de transferencia sobre intangibles; particularmente de las reglas que se refieren a la propiedad, los métodos de valoración y el análisis de los casos más difíciles, aspectos que han tenido un desarrollo histórico debatido[121].

118. Ver DPT OCDE (2022), pár 9.68.
119. Ver GÓMEZ REQUENA, J. A., (2019), *Op. cit.*, p. 79.
120. Ver DPT OCDE (2022), pár 1.176.
121. Ver AVI-YONAH, R. S., (2007), The Rise and Fall of Arm's Length..., *Op. cit.*, pp. 2 y ss.; Ver también MARKHAM, M., (2005), *Op. cit.*, p. 9 y ss.; Ver también COLLIER, R. y ANDRUS, J., (2017), *Op. cit.*, pp. 72 y ss.

4.1. HITOS QUE MARCARON LA ELABORACIÓN DE LAS REGLAS EN MATERIA DE INTANGIBLES

A continuación, se revisan cronológicamente los hitos históricos que condujeron a la configuración de las reglas en materia de intangibles respecto a los métodos de valoración, el análisis de los casos más difíciles de comparar y la propiedad de estos bienes o derechos a efectos de la retribución en el ámbito de los precios de transferencia.

4.1.1. La introducción de métodos basados en el beneficio en el contexto de intangibles

De acuerdo con la regulación estadounidense de 1968 y el Informe OCDE de 1979[122], el análisis económico de los precios de transferencia debía realizarse, principalmente, con la utilización de métodos basados en la comparación de operaciones, llamados métodos tradicionales (CUP, RPM y CPM). En la legislación de Estados Unidos, se incluía la posibilidad de utilizar, subsidiariamente, otros métodos[123] (denominados comúnmente como «el cuarto método»), *que* no fueron plenamente desarrollados hasta casi dos décadas después.

Vale la pena resaltar que, desde la publicación del Informe 1979, la OCDE ya reconocía la dificultad de encontrar transacciones comparables para las operaciones con intangibles. En este caso el Informe recomendaba utilizar dos métodos de valoración o combinar alternativas, tanto para las patentes[124] como para las marcas[125], que permitieran obtener resultados alineados con el principio de plena competencia. A su vez, se recomendaba una lista de factores para determinar el precio de mercado en casos de intangibles[126] que, más que una herramienta metodológica de valoración, eran valores concretos de referencia para algunas actividades específicas.

122. Ver numeral 4.1.2 del Capítulo I de esta obra.

123. Ver US IRS (1968). *Treasury Regulation section 1.482-1* (iii).

124. En el caso de las patentes y know how, se indican dos alternativas metodológicas: i) por un lado, la posibilidad de analizar las utilidades obtenidas en un periodo de tiempo y compararlas con las de empresas envueltas en actividades similares, de manera que pueda observarse el impacto del intangible en la diferencia obtenida y ii) por otro lado sugiere la revisión del retorno sobre los costes incurridos por el titular para desarrollar el intangible. Ver Informe OCDE (1979), pár. 99-102.

125. Las menciones al método para analizar este tipo de intangibles se limitan a recomendar el uso de comparables de operaciones con licencias similares (CUP), dejando alguna posibilidad de utilizar la información sobre los costes de mantenimiento del valor de la marca, o incluso comparando el volumen de ventas frente alguna compañía comparable que venda productos similares sin implicar una marca en el valor.

126. Se mencionan 12 factores relevantes que podrían tenerse en cuenta en caso de no poder aplicar los métodos para operaciones comparables (CUP, RPM, CPM). Ver nota al pie 132 del Capítulo II de esta obra.

Estas reglas fueron difíciles de aplicar en los casos donde no era posible encontrar operaciones comparables para determinar el valor de mercado. En EE. UU, contribuyentes e IRS empezaron a utilizar técnicas de valoración basadas en el uso de datos e información interna del contribuyente, para justificar el precio estimado en la operación vinculada bajo análisis. Un ejemplo de ello es el caso *DuPont vs Commissioner,* decidido en 1979[127], en el que *DuPont International S.A.,* compañía residente en Estados Unidos realizó un acuerdo de venta de productos con una entidad vinculada suiza para su comercialización, la compañía *DISA,* utilizando un margen sobre costos (de reventa RPM) ya que sus productos tenían un carácter único y no era posible encontrar comparables disponibles en el mercado. Por su lado el IRS, considerando el precio de transferencia muy inferior al de mercado, se opuso a los argumentos de la compañía, utilizando el testimonio dos peritos economistas que, para demostrar que el precio acordado debía ser mucho más alto, analizaron: i) el margen bruto de beneficios sobre los costes totales de explotación obtenidos por compañías independientes similares[128]; y ii) las tasas de retorno de una muestra amplia de compañías del sector económico del contribuyente. En su fallo, el Tribunal de Cuentas (*United States Court of Claims*) decidió a favor del IRS, indicando que no centraba su decisión en la metodología utilizada por la Inspección tributaria, sino en la razonabilidad del resultado presentado por esta[129]. El Tribunal también reconoció que no era fácil calcular la asignación de beneficios en el caso concreto, pero que la regulación aplicable facultaba al IRS para determinar discrecionalmente el enfoque correspondiente, al ser este un campo inexacto; para el Tribunal lo relevante era que la asignación presentada por el IRS fuera razonable.

Desde mediados de los años 1980's empezaron a observarse muchos más litigios relevantes sobre intangibles[130], que pusieron de manifiesto aspectos problemáticos del enfoque de comparabilidad del ALP. Algunos de los casos más

127. Ver *E.I. DuPont de Nemours & Co. vs. Commissioner,* 608 F2d 4445 (Fed. Cir. 1979). United States Court of Claims. Octubre 17. Ver COLLIER, R. y ANDRUS, J., (2017), *Op. cit.*, p. 72.

128. Conocido como «*Berry Ratio*», por el nombre del economista Charles Berry, quien expuso el análisis.

129. «*In reviewing the Commissioner's allocation of income under Section 482, we focus on the reasonableness of the result, not the details of the examining agent's methodology .... The amount of reallocation would not be easy for us to calculate if we were called upon to do it ourselves, but Section 482 gives that power to the Commissioner and we are content that his amount... was within the zone of reasonableness. The LANGuage of the statue and the holdings of the courts recognize that the Service has broad discretion in reallocating income ... A «broad brush» approach to this inexact field seems necessary.*». Ver *E.I. DuPont de Nemours & Co. vs. Commissioner. (1979) Op. cit.* (pár. 455-456).

130. Ya en 1986, al menos la mitad de los ajustes por precios de transferencia propuestos por la administración tributaria estadounidense estaban relacionados con operaciones vinculadas que involucran activos intangibles. Ver WILLS, M., (1999), *Op. cit.*, p. 3.

conocidos son *Ciba-Geigy v. Commissioner (1985)*[131] y *Bausch & Lomb v. Commissioner (1989)*[132], entre otros, caracterizados por el traslado de intangibles valiosos, o por el establecimiento de acuerdos de licencia con entidades vinculadas extranjeras[133]. En tales operaciones, era difícil encontrar una transacción comparable. En esta serie de litigios, las partes presentaban valoraciones del precio basadas en técnicas distintas de los métodos tradicionales. En este sentido, el Tribunal de Cuentas correspondiente rechazó las justificaciones presentadas, tanto por el contribuyente (basadas usualmente en datos internos) como por el IRS (basadas en cálculos técnicos y a veces utilizando márgenes obtenidos en el sector económico). Las decisiones del Tribunal se basaron en argumentos respecto de la justicia y razonabilidad del precio estimado[134], por

131. Geigy-Basle, una empresa suiza, creó una filial en Estados Unidos (Ciba-Geigy Corporation) y le concedió una licencia de los derechos para fabricar y vender dos herbicidas químicos en Estados Unidos, siendo el canon pagado el 10% de las ventas. La compañía estadounidense presentó una operación comparable para justificar su precio. El *Commissioner* impugnó el precio del canon por considerar que entre ambas partes existía un *Joint Venture* para el desarrollo de los intangibles y que, por lo tanto, no procedía el pago de cánones a la entidad suiza; y que, en caso de haberlo, no sería del 10% sobre las ventas, para lo que presentó algunas operaciones comparables. El Tribunal de Cuentas no consideró adecuados los comparables presentados por las partes, por considerar que no se encontraban condiciones de comparabilidad suficientes. Para determinar el precio analizó los factores prescritos en la regulación (Treas. Reg. §1.482-2(d)(2)), pero al final estableció que los herbicidas autorizados no constituían productos promedio. En su decisión, basándose en el reparto de beneficios usual entre licenciatarios y licenciantes conocido como la *rule of thumb* (25% 75%), determinó que el contribuyente retenía cerca del 80% de sus beneficios sobre las ventas, por lo que consideró que el canon de 10% estaba en línea con el ALP. Ver *Ciba-Geigy Corp. vs. Commissioner, 85 T.C. 172 (1985). United States Tax Court.*

132. Una compañía residente estadounidense, Bausch & Lomb (BL), fabricante y comercializadora de lentes de contacto «blandas» en todo Estados Unidos, suscribió en 1981 un acuerdo de fabricación y licencia con una vinculada en Irlanda, Bausch & Lomb Ireland (B&LI). Además del precio por cada lente fabricado que pagaría BL a B&LI, esta última pagaría un canon por el uso de los intangibles para la fabricación a BL. Estos intangibles consistían en patentes, información técnica y know how; sobre algunos BL tenía una sublicencia por la que pagaba un canon a un tercero y sobre otros, era propietaria pues los había desarrollado completamente. En el acuerdo de licencia con B&LI, se estableció un pago del 5% sobre las ventas de lentes fabricados de B&LI a BL, basándose en el precio que BL pagaba al tercero licenciante de las técnicas originales de fabricación. El *US Tax Court* no estuvo de acuerdo con el precio del canon, al considerar que no eran los mismos intangibles de los acuerdos previos de BL y rechazó la valoración del IRS (un cálculo del canon de 27-33% sobre ventas), por considerarla demasiado elevada. El Tribunal no pudo encontrar una operación comparable y, basando en un documento sobre las proyecciones de inversión con algunos ajustes (ver par. 600), estableció que el canon adecuado sería del 20% sobre las ventas. (par. 607). Ver *Bausch & Lomb Inc. vs. Commisioner., 92 T.C. 525, 599 (1989). United States Tax Court*; Ver también BIRCH, R. J., «High Profit Intangibles After the White Paper and Bausch and Lomb: Is The Treasury Using Opaque Lenses?», University of Miami Business Law Review no. 2(105) (1991).

133. Otros casos con supuestos similares y criterios de decisión de los Tribunales basado en a «fair aproximation» price, son: *Sundstrand Corp. v. Commissioner of Internal Revenue*, 96 T.C. 226, 96 T.C. 12 (1991). United States Tax Court; *Seagate Tech., Inc. v. Commissioner of Internal Revenue*, 102 T.C. 149, 102 T.C. 9 (1994) United States Tax Court.

134. Ver BRAUNER, Y., (2008), *Op. cit.*, pp.140 y ss.

tanto, alejados del ALP, sin el uso de comparables o de métodos regulados en la ley.

En este contexto, el gobierno de Estados Unidos inició un proyecto de reforma de la regulación sobre precios de transferencia, que dio como resultado en las propuestas del White Paper en 1988[135]. En este documento se discutió a fondo la utilización de métodos de valoración económica basados en los beneficios obtenidos por la compañía (BALRM y el *profit split method*); ambos cercanos a la aproximación del análisis realizada por los economistas expertos en la defensa del caso *DuPont*. A pesar de sus esfuerzos técnicos, estos métodos fueron considerados inconsistentes con el principio de plena competencia, por lo que el primero fue rechazado y el segundo fue ajustado para que pudiera considerarse compatible con el ALP. En la regulación definitiva de 1994, en el Código Tributario estadounidense, se incluyeron dos métodos: i) el método del margen comparable (CMM)[136] *que* buscaba comparar indicadores de beneficios obtenidos por compañías comparables con un perfil y actividades económicas similares a la parte seleccionada para el análisis[137]; y ii) el *Profit Split Method* (PSM) que distribuye el resultado obtenido en base a las funciones desarrolladas en la operación. Con esta reforma, el análisis económico de las operaciones con intangibles pasó a establecer no solo el uso de métodos tradicionales, sino también el uso de estos métodos del beneficio; además de cualquier otro que pudiera justificarse por las circunstancias específicas de la operación. Estos métodos fueron adoptados en las DPT OCDE de 1995, bajo la denominación de *Transactional Net Margin Method* (TNMM) y *Profit Split Method* (PSM), aunque su aplicación se estableció de manera subsidiaria, siempre que se demostrara que no podía utilizarse uno de los métodos tradicionales para determinar el precio de una operación vinculada. En las DPT OCDE de 2010, esta jerarquía se eliminó. Aunque la discusión sobre la incorporación de estos métodos surgió en el contexto de casos complicados para aplicar la comparación en intangibles, fueron adoptados por la OCDE como métodos aplicables para todas las operaciones en las que fueran adecuados para la determinación de un precio de mercado. No obstante, es notable su utilización preferente en la determinación de los precios en operaciones vinculadas con intangibles[138]. Como señalan COLLIER y ANDRUS, la consecuencia de esta mayor flexibilidad en el uso de métodos de valoración es una mayor dependencia de estos en los últimos años, particularmente del TNMM[139].

135. Ver numeral 4.1.2 del Capítulo I de este trabajo.

136. En la regulación se denominó *Comparable profit method*. En síntesis, este método fue la base que utilizó la OCDE para incluir en TNMM, solo que en las DPT OCDE se adicionó el vocablo «transactional» para diferenciarlo de la interpretación que podía dar al método propuesto en la regulación estadounidense. Ver numeral 4.1.2 del Capítulo I de este trabajo.

137. Ver US IRS, (1994). *Treasury Regulation* Section 1.482-6.

138. Ver DPT OCDE (2022), pár. 6.145.

139. Ver COLLIER, R. y ANDRUS, J., (2017), *Op. cit.*, p. 112.

4.1.2. El enfoque ex post para la determinación de los precios de transferencia de intangibles

Otro problema identificado en los primeros años de aplicación de las reglas del ALP estuvo relacionado con el traslado de intangibles inacabados a jurisdicciones de menor imposición. Paralelamente a la regulación de operaciones vinculadas (Regulación de 1968), los EEUU tenían normativas especiales para fomentar la actividad económica, particularmente a través de incentivos para invertir en determinados territorios con los que tenían alguna vinculación política o económica[140]. Entre estas, estaban las normas de promoción del desarrollo de actividades económicas en los denominados *«US possessions»* [141], territorios con autonomía fiscal, cuyas políticas para atraer inversión podían incluir incluso la no imposición para entidades constituidas en estos[142]. Esto fue visto por las EMN de EE. UU. como una oportunidad para transferir intangibles valiosos en forma de aportaciones de capital a entidades residentes en estas *possessions*. Para ello, las EMN ubicaban en estos territorios una empresa del grupo, usualmente una fabricante, que recibía el intangible como aportación de capital de la entidad estadounidense del grupo, que lo había desarrollado hasta el momento del acuerdo, y era considerada accionista de la entidad fabricante a partir de la aportación. Debido a su estado inacabado[143], y sobre todo a los riesgos sobre su finalización, la aportación del intangible era valorada con un precio muy inferior al que tendría si ya pudiera explotarse. Tras terminar el proceso de desarrollo del intangible, la empresa fabricante suscribía una licencia para permitir el uso o explotación del intangible a la estadounidense, a cambio del pago de un canon periódico, de forma que los beneficios producidos por el intangible terminaban siendo ubicados en el territorio del *US possession*[144].

140. Como se mencionó en el numeral 4.1.2 del Capítulo I. durante los años 50's y 60's proliferaba la inversión en territorios con regímenes especiales como Puerto Rico, gracias en parte a la propia legislación de Estados Unidos sobre la actividad económica en estas zonas. Ver nota al pie 123 del Capítulo II de esta obra; otro ejemplo son las *Western Hemisphere Trade Corporation* (WHTC), utilizadas por entidades residentes en EE. UU., para realizar actividades económicas en países de América Latina y otros territorios.
141. Ordenamientos que se encuentran bajo la jurisdicción de los Estados Unidos pero que tienen su propio gobierno y régimen fiscal. Ver IRS web site definitions: *International Tax Payers/ Persons Employed In U.S. Possessions*.
142. Como resultado de ello los potenciales beneficios de la explotación del intangible eran atribuidos en Puerto Rico y no en Estados Unidos. Ver HAMAEKERS, H., (2002), *Op. cit.*, p. 31; Ver también FEINSCHREIBER, R. y KENT, M., (2012), *Op. cit.*, p. 29; Ver también BORGSTRÖM, I. y ANDERSSON, S., (2009), *Op. cit.*, p. 20 y ss.
143. Ver COLLIER, R. y ANDRUS, J., (2017), *Op. cit.*, p. 73.
144. Un caso similar es G.D. Serle & Co. vs Commissioner, 88 TC 252 (1987), tras una transferencia de intangibles a una vinculada en Puerto Rico, el IRS cuestionó el precio del canon fijado por la entidad no residente a cargo de la residente en Estados Unidos. Rechazando las estimaciones propuestas por el contribuyente y el Commissioner, el Tribunal acudió a una metodología propia de análisis no explicada en detalle, estableciendo el precio del canon de 25% como acorde con el ALP, argumentando que es una aproximación justa. Ver BRAUNER, Y., (2008), *Op. cit.*, p. 141.

Este es el supuesto fáctico de litigios como el de *Eli Lilly v. Commissioner (1988)*[145]. Teniendo en cuenta la estructura de la operación del contribuyente, para el IRS estos acuerdos (la aportación y la posterior licencia) eran cuestionables, porque la retribución que debían recibir las entidades extranjeras correspondía a su actividad de fabricación, y no a su derecho de explotación del intangible, pues este había sido desarrollado por la entidad residente en Estados Unidos. Para el IRS, no era propio de una entidad independiente realizar el traslado de intangibles valiosos, que involucraron recursos e inversión para su desarrollo, a cambio de un precio bajo basado en su estado inacabado-pero avanzado—; para posteriormente suscribir una licencia con el adquirente para poder usar dicho intangible. Sin embargo, al analizar el caso, el Tribunal de Cuentas llegó a la conclusión de que estas entidades extranjeras eran legalmente titulares de los intangibles, al haber sido aportados como capital[146], y que la valoración de estos intangibles al momento de su aportación debía observarse según la información que las partes vinculadas tenían al tiempo de realizar tal acuerdo. Esto validaba la aportación a bajo valor, e impedía cuestionarlo utilizando como argumento los beneficios obtenidos una vez completado su desarrollo[147].

Para tratar de solucionarlo, el legislador estadounidense adoptó una norma estatutaria que limitó el valor del intangible que podía trasladarse a estos territorios en forma de aportaciones de capital[148], y además estableció que, en estos casos, las rentas derivadas de los intangibles debían ser atribuidas a la accionista que los desarrolló principalmente, residente en Estados Unidos, salvo que la entidad extranjera hubiese participado en sus costes o el reparto de dichos fuera proporcional. Sin embargo, esta medida no modificó las reglas sobre precios de transferencia, por lo tanto, al margen del límite a las aportaciones de capital, las operaciones vinculadas con intangibles siguieron utilizándose para el traslado de rentas a entidades extranjeras; particularmente a través de acuerdos de licencia y de ARC, celebrados cuando los intangibles aún no habían completado su desarrollo. En este caso, el principal problema era que, de acuerdo con el ALP, el valor debía ser determinado con la información disponible para las partes al tiempo del acuerdo inicial, con lo cual, si el intangible estaba parcialmente

145. Este es el caso de *Eli Lilly & Co. v. Commissioner, 856 F.2d 855 (7th Cir. 1988).* Ver AVI-YONAH, R. S., (2007), The Rise and Fall of Arm's Length..., *Op. cit.*, p. 8.

146. A pesar de reconocerse por el Tribunal en primera instancia que una entidad independiente no habría aceptado transferir un intangible valioso en un estado avanzado de su desarrollo, para ser explotado económicamente por su comprador. Argumento que no fue acogido por el Tribunal de apelación, que aceptó el acuerdo y validó la contribución de capital realizada por la entidad no residente en Estados Unidos. Ver Eli Lili & Co. vs. Commissioner 84 TC 996 (1985). 856 F.2d 855 (7th Cir. 1988); Ver también COLLIER, R. y ANDRUS, J., (2017), *Op. cit.*, p. 73.

147. Algunos de los casos más representativos de este modelo fueron R.T. French Co. v. Commissioner (1973), Bausch & Lomb v. Commissioner (1984). Ver notas de pie 412 y 429 de este trabajo.

148. Ver GONZÁLEZ DE FRUTOS, U., (2022), *Op. cit.*, p. 69.

desarrollado aún era considerada una inversión riesgosa, lo que justificaba un precio más bajo, que aquel que habría de pactarse una vez acabado el intangible.

El problema de respetar la valoración del intangible al tiempo del acuerdo entre las partes no solo se daba en los casos de traslado de intangibles a las *«US possession»*. En cualquier operación con un intangible, usualmente a través de licencias, el acuerdo inicial podía tener un largo período de duración, pactado a un precio fijo, a pesar de la variación sustancial de su rentabilidad[149]. Este es el supuesto del caso conocido como *French Co. v. Commissioner (1973),* en el que el IRS impugnó el canon de licencia sobre una patente al considerar que, entre partes independientes, estas acordarían una modificación del precio al notar cambios en la rentabilidad del intangible, y que este debía ajustarse de forma proporcional a los ingresos derivados de la patente. En este caso, el Tribunal de Cuentas finalmente rechazó tal suposición, por considerar que el acuerdo original se había dado en términos del ALP y que el hecho de que la rentabilidad cambiara «no desvirtúa en absoluto la razonabilidad inicial»[150]. En este sentido, las reglas sobre precios de transferencia eran ineficaces para ajustar las distribuciones de beneficios cuya rentabilidad variara sustancialmente respecto de la estimada en el acuerdo inicial.

Por esta razón, en 1986 se realizó una reforma legal del art. 482 del Código Tributario estadounidense[151], por la que se introdujo una regla según la cual, en toda operación vinculada sobre intangibles, las rentas debían ser proporcionales a los ingresos efectivamente generados por el intangible, regla conocida como *Commensurate with income (en adelante CWI)*[152]. De acuerdo con esta disposi-

149. Es el caso de French Co. v. Commissioner (1973). La entidad estadounidense French, subsidiaria de una matriz inglesa, acordó un canon por la patente del proceso para producir puré de patatas instantáneo en 1946, por un período de 21 años, antes de conocerse cómo de rentable seria. El acuerdo fue modificado en 1960, pero no se cambió el canon acordado. Ver *R.T. French Co. vs. Commissioner of Internal Revenue*, 60 T.C. 836 (1973) United States Tax Court.

150. *«The process controlled by MPP, however, was apparently not so well known even in 1949 that «Produsol» was unwilling to pay for it, and the subsequent developments in the relationship between petitioner and MPP suggests only that petitioner might have secured the license on even more advantageous terms if the contracting parties had been able to foresee those developments in 1946.* ***What later transpired in no way detracted from the reasonableness of the agreement when it was made.*** *» (negrilla propia).* Ver R.T. French Co. vs. Commissioner... *Op. cit.* (par. 852-853).

151. Durante el gobierno de Ronald Reagan se realizó la reforma conocida como *Tax Reform Act de 1984,* para enfrentar el problema de la asignación de los ingresos en forma de cánones por intangibles desarrollados por residentes de Estados Unidos pero trasladados al extranjero antes de culminar su desarrollo. Ver US Congress. *Tax Reform Act* (1984). Section 123 1(e)(1).; posteriormente fue necesaria una reforma de la regulación del IRS, que fue realizada en 1986 y que estableció los parámetros para las operaciones vinculadas. Ver US IRS. Treasury regulations. (1986) Section 1.482-4(f)(2)(ii).

152. El modificado art.482 quedó así: *«In any case of two or more organizations, trades, or businesses (whether or not incorporated, whether or not organized in the United States, and whether or not affiliated) owned or controlled directly or indirectly by the same interests, the Secretary*

ción, la distribución de ingresos de la operación debe considerar la totalidad de los ingresos obtenidos por la explotación del intangible, es decir, no solo el valor previsto en el acuerdo inicial, sino los ingresos efectivamente generados con el transcurso del tiempo. Así, de existir un cambio sustancial entre los beneficios previstos y los obtenidos, las partes tendrían que modificar el acuerdo para considerarse que los ingresos están correctamente establecidos[153].

Cabe señalar que la regla del CWI no reemplazó al ALP. De hecho, el art. 482 del Código Tributario estadounidense contiene, por un lado, la regla general de valoración de las operaciones vinculadas que faculta al IRS para ajustar la distribución de beneficios según el principio de plena competencia. Y, por otro lado, la regla especial de valoración de intangibles según la cual la retribución acordada debe reflejar la totalidad de los ingresos derivados del intangible durante el transcurso de la operación[154]. Por lo tanto, esta regla no es un método de valoración, sino un estándar adicional que deben cumplir todas las operaciones vinculadas con intangibles. Ahora bien, en cuanto a la forma de aplicación del CWI, se configuró un doble análisis: en primer lugar, se debe tener en cuenta la valoración *ex ante* de los beneficios esperados; y, en segundo lugar, se debe revisar el resultado *ex post* de los beneficios. Por esta razón, la aplicación del CWI implica realizar los ajustes periódicos necesarios al valor acordado para que coincidan con el valor efectivamente obtenido de la explotación del intangible. La nueva disposición otorgó al IRS la facultad de analizar retrospectivamente los beneficios generados en las operaciones vinculadas y realizar ajustes basados en este enfoque[155]. Como bien indica NAVARRO, *«a partir de ese momento la Administración tributaria estadounidense tiene potestad para reasignar parte del beneficio generado por un intangible atendiendo a la variación en su potencial para generar rentas atendiendo a información obtenida ex post»*[156].

---

may distribute, apportion, or allocate gross income, deductions, credits, or allowances between or among such organizations, trades, or businesses, if he determines that such distribution, apportionment, or allocation is necessary in order to prevent evasion of taxes or clearly to reflect the income of any of such organizations, trades, or businesses. ***In the case of any transfer (or license) of intangible property (within the meaning of section 936(h)(3) (B)), the income with respect to such transfer or license shall be commensurate with the income attributable to the intangible*»*. *(negrilla propia).* Ver US IRS. Treasury regulations. (1986) Section 1.482-4(f)(2)(ii).

153. Ver SALA GALVAÑ, G., (2003), *Op. cit.*, p. 147.

154. El IRS podría revisar los beneficios derivados del intangible desde el acuerdo inicial hasta el momento de la inspección. Ver HAMAEKERS, H., La Tributación Frente a las Relaciones Internacionales y la Utilización de Nuevas Tecnologías, Tema 2 Precios de Transferencia, Conferencia Técnica (1999), p. 11. https://www.ciat.org/Biblioteca/ConferenciasTecnicas/1999/Espanol/Portugal_oporto_tema_2_ibfd.pdf

155. Vale la pena señalar que la normativa estadounidense del CWI no estableció un ajuste de los ingresos ante toda diferencia evidenciada en este análisis retrospectivo. La aplicación de este ajuste valorativo se excluye si existen comparables en alguna medida o si la diferencia comprobada no es relevante (no excede un margen de variación del 20%). Ver US IRS. Treasury regulations. (1988) Section 1.482-4(f)(2)(ii).

156. Ver NAVARRO IBARROLA, A., (2019), *Op. cit.*, p. 164.

La introducción de esta regla no fue bien recibida por la OCDE. Para la organización, la introducción de esta medida era contraria a la tendencia internacional sobre el consenso del ALP como criterio preferente basado en la comparación con partes independientes[157]. La normativa estadounidense, a través del CWI, daba por sentado que el acuerdo entre dos partes independientes incluirá una cláusula de revisión periódica del precio o algún tipo de renegociación, sin evidencia empírica de ello[158]. A pesar de que Estados Unidos consideró que estas normas eran compatibles con el ALP[159], la OCDE mostró su posición en contra[160], y en la publicación de las DPT OCDE de 1995 no incluyó la posibilidad de aplicar el enfoque de ajustes periódicos basados en un análisis retrospectivo, por considerar que estos no corresponden con el principio de plena competencia, y no representan el comportamiento que tendrían partes independientes en condiciones similares. Adicionalmente era considerada una regla insegura teniendo en cuenta que podían afectar la distribución de ingresos que ya se había realizado en diferentes ejercicios fiscales[161].

El CWI sigue siendo la regla especial de valoración de las operaciones vinculadas con intangibles en la regulación estadounidense hasta la actualidad. La aplicación de los ajustes *ex post* ha sido especialmente eficaz para atender los casos en que no era previsible establecer comparables al tiempo del acuerdo inicial, y también en aquellos casos en los que el desarrollo de los acontecimientos tampoco podía ser previsto[162]. Es por esto que, ante la dificultad para establecer reglas sobre los casos más complejos, la OCDE empezó a cambiar su posición sobre la utilización de la técnica de ajustes periódicos. En el marco de la iniciativa BEPS, se retomó la idea, pero su admisión fue limitada a los supuestos de los intangibles de difícil valoración, recogidos en el Capítulo VI publicado en 2017[163]; a diferencia de la regla estadounidense que se aplica a toda operación con intangibles. El trabajo de la OCDE sobre este enfoque se siguió adelantando

157. Ver la posición de la OCDE sobre la propuesta de regulación de Estados Unidos en 1993. Ver nota al pie 161 del Capítulo II de esta obra.

158. Además de ello, NAVARRO señala que existe abundante bibliografía que documenta que este tipo de pactos de revisión del precio sin límites temporales definidos no es lo usual entre partes independientes pues ello genera incertidumbres. Ver NAVARRO IBARROLA, A., (2019), *Op. cit.*, p. 166. (nota 36).

159. Documentos como el *White Paper* del año1986 (en el que también se discutían métodos para la aplicación de la regla del CWI), reconocían la posición del ALP y la necesidad de formular propuestas acordes con este principio. Ver nota al pie 153 del Capítulo II de esta obra. Además, autores como MOGLE, consideraron que la compatibilidad de la regla del CWI con el ALP radicaba en la revisión de los hechos y circunstancias existentes al tiempo en que la transferencia fue realizada, por lo que un ajuste retrospectivo sería procedente solo si el análisis de tales circunstancias fue irracional. Ver MOGLE, J. R., «Intercompany transfer pricing for intangible property», Tax Management Transfer Pricing Report no. 6(2-25) (1997), p. 43.; MARKHAM, M., (2005), *Op. cit.*, p. 78.

160. Ver nota al pie 161 del Capítulo II de este trabajo.

161. Ver GONZÁLEZ DE FRUTOS, U., (2022), *Op. cit.*, p. 70.

162. Ver NAVARRO IBARROLA, A., (2019), *Op. cit.*, p. 165.

163. Ver DPT OCDE (2017). Pár. 6.69, pár 6.186-6.195.

con posterioridad a los Informes finales de BEPS, y en 2018 se publicó el *Guidance for Tax Administrations on the Application of the Approach to Hard-to-Value Intangibles,* un conjunto de reglas sobre su aplicación, que sería posteriormente incorporado en las DPT OCDE de 2022, como Anexo I al Capítulo VI sobre intangibles.

4.1.3. La determinación de la propiedad de los intangibles y el titular del derecho a percibir ingresos por su explotación

Como se ha podido observar, el análisis de los precios de transferencia parte de la comprobación de los acuerdos y términos contractuales establecidos entre las partes vinculadas. Entre otros aspectos, estos acuerdos son fundamentales para identificar la entidad propietaria de los intangibles. Esta noción de propiedad es crucial, pues determina quién es el titular de los beneficios provenientes de la explotación del intangible. Inicialmente, la propiedad de los bienes y derechos involucrados en estas operaciones estaba ligada a la titularidad formal de la propiedad[164], es decir, a la protección que dan la ley o los propios acuerdos entre las partes. A efectos de precios de transferencia, este criterio de la propiedad fue evolucionando hacia un criterio basado en la realidad de la conducta de las partes y la sustancia económica de la operación. Con lo cual, la identificación de la entidad titular del derecho a percibir ingresos por la explotación del intangible también se ha ido en dicha dirección.

La discusión sobre la propiedad del intangible inició en el ámbito de los intangibles que no tienen protección legal. En el caso de los intangibles protegidos legalmente, el propietario legal de un intangible era el titular del derecho a percibir la renta por su explotación[165]. La reforma del Código Tributario de EE. UU. de 1994 señalaba que los propietarios de los intangibles no protegidos legalmente serían quienes tuviesen derechos de explotación sobre los mismos, derivados, por ejemplo, de un contrato (un criterio de propiedad contractual); y en caso de no evidenciarse estos derechos, el propietario sería el «desarrollador»[166], entendido como la persona que asumió mayoritariamente los costes y riesgos para el desarrollo del intangible[167]. Las demás entidades o partes con interés en los ingresos, por haber asumido costes y riesgos, eran consideradas «asistentes», con derecho a ser compensadas por el propietario, pero sin derecho sobre los beneficios generados por el intangible. Con este marco, la definición de la propiedad del intangible podía provenir de la propiedad legal, o la propiedad contractual, y en su defecto, de la capacidad para asumir los costes y riesgos del intangible.

164. Ver MARKHAM, M., (2005), *Op. cit.*, p. 48.
165. Ver US IRS, (1994). *Treasury Regulation section* 1.482-4(f)(3).
166. «Developer» en su texto original US IRS, (1994). *Treasury Regulation section* 1.482-4(f)(3); Ver TORVIK, O., (2018), *Op. cit.*, p. 577 y ss.
167. Ver US IRS. Treasury regulations. (1994) Section 1.482-4(f)(3)(ii).

Esta regla del «desarrollador-asistentes» fue criticada por la posición que daba a las demás partes que contribuyeron a la formación del intangible; la compensación de los asistentes era la propia de un proveedor de servicios ordinario, sin consideración de su interés en la explotación económica del bien o derecho[168]. Además, la distinción entre la propiedad legal y la propiedad del desarrollador era problemática en los casos en que un intangible protegido legalmente y un intangible no protegido se encontraban en la misma operación. Un ejemplo de ello es el caso *DHL Corp. vs. Commissioner (2002)*[169], en el que se disputó la valoración de una operación que, entre otros negocios, incluyó el traslado de la marca «DHL» de una entidad residente en Estados Unidos (DHL), a una vinculada residente en Hong Kong (DHLI). El IRS cuestionó la valoración de la marca trasladada y, partiendo de la valoración de la propiedad intangible global del grupo, estimó que el valor debía ser mucho mayor. DHL alegó que el precio estimado por el IRS no consideraba otros intangibles valiosos que DHLI había desarrollado en favor de la marca internacional; según el contribuyente, DHLI había contribuido al valor de la marca y por tanto debía considerarse asistente con derecho a compensación por parte del desarrollador (DHL). En primera instancia, el Tribunal de Cuentas, no consideró las aportaciones señaladas por DHL adecuadas para considerarlo asistente, pues tal calificación solo aplica en ausencia de un intangible con propietario legal; en este caso existía una acuerdo de licencia del que podía establecerse el propietario del intangible y titular de los beneficios y, en todo caso, no se había demostrado que los gastos de DHLI fueran superiores a los que un licenciatario, en situación similar, asumiría para el desarrollo de su marca. El Tribunal de Apelación rechazó la posición de primera instancia, por considerar un error la equiparación de DHLI con

168. Ver BRAUNER, Y., (2008), *Op. cit.*, p. 126.

169. En los hechos, la marca «DHL» fue transmitida por DHL a DHLI (DHL International) ubicada en Hong Kong, a través de una transferencia en 1990, por un valor de 20 millones de USD. El acuerdo fue revisado por el valor del canon estipulado posteriormente para el uso de la marca por parte de DHL, pero también por el valor de la marca en sí misma. El IRS señaló que el valor debía ser más alto teniendo en cuenta el valor global de los activos de DHL; mientras que DHL alegó que, además de la marca, DHLI tenía otros intangibles valiosos por lo que debía asignarse mucho más valor a esta compañía, dentro de la distribución del valor global de la EMN. Además, DHL señaló que respecto a la marca y a los otros intangibles, DHLI debía considerarse un desarrollador (promotor) por los gastos y riesgos que había asumido en su desarrollo, o por lo menos reconocerse su posición como asistente. El Tribunal Fiscal, en primera instancia, negó esta calificación como desarrollador o asistente por existir un acuerdo legal de licencia que determinaba la propiedad del intangible y, adicionalmente, porque no existía un acuerdo sobre el reparto de los costes ni de la marca ni de los otros intangibles, del que pudieran derivarse derechos sobre su explotación y, porque tales gastos tampoco estaban plenamente demostrados. El Tribunal de Apelación, particularmente en este último aspecto, señaló que el Tribunal Fiscal en primera instancia se equivocaba al negar tal consideración y que DHLI tenía la posición de asistente de los derechos de la marca internacional «DHL», además de reconocer el valor de los demás intangibles valiosos que contribuían a su actividad. Ver, DHL Corp. v. Commissioner, 76 T.C.M. (CCH) 1122 (1998) primera instancia; Ver, DHL Corp. v. Commissioner, 285 F.3d 1210 (9th Cir. 2002) segunda instancia.

la conducta que asumiría un licenciatario. El Tribunal de Apelaciones reconoció que el valor de la marca «DHL» se creó solo en virtud de los esfuerzos sostenidos y combinados de DHL y DHLI, y señaló que esta última actuó más como una socia en condiciones iguales que como una subsidiaria realizando gastos rutinarios de publicidad para su matriz[170]. Para el Tribunal de Apelaciones, DHLI fue desarrolladora internacional y a la vez participó como asistente en el desarrollo de la marca en el ámbito de DHL (Estados Unidos).

Este caso permitió al Tribunal de Apelaciones observar la interacción entre el criterio de la propiedad formal (acuerdo sobre la transferencia de la marca y la licencia) y el criterio de la propiedad en ausencia de protección legal (la conducta de las partes). Sin señalarlo directamente, el Tribunal de Apelaciones dejó ver la importancia de analizar la propiedad del intangible desde las contribuciones al mismo; analizando tanto la colaboración regular en los gastos como aquellas que van más allá de la regla de «desarrollador-asistentes» prevista en el Código Tributario desde 1994.

Esta interpretación requería una configuración de la propiedad de los intangibles mucho más cercana a la realidad de los hechos y circunstancias, que pudiera oponerse incluso a las estipulaciones formales de un acuerdo. En esta línea, en 2006 se aprobó la regulación transitoria que reformó el art. 482 del Código Tributario, buscando ampliar el concepto de propiedad del intangible, a través de la distinción entre la titularidad formal (legal o contractual) y la titularidad económica, más cercana a la realidad económica de la operación[171]. En este sentido, para los intangibles protegidos legalmente o a través de derechos contractuales, se mantuvo la consideración del propietario legal como titular del derecho a recibir las rentas de explotación del intangible, pero se estableció la posibilidad de reasignar tal propiedad, a efectos del análisis de la operación, si la titularidad formal era inconsistente con la sustancia económica de la operación analizada[172]. Para los casos en que la propiedad formal no pudiera determinarse, se debían considerar los hechos y circunstancias de la operación, para establecer quién ejerce el «control» del intangible[173]; haciendo énfasis en que debe darse mayor peso a la conducta real de las partes sobre los términos contractuales[174]. De esta forma, el enfoque del «desarrollador-asistentes» fue superado;

170. Con ello el Tribunal de Apelaciones trae a colación una distinción que puede indicar cuándo se sobrepasa la barrera del desarrollo para entrar en la explotación: cuando los gastos invertidos en el intangible superan la línea de lo rutinario, es posible que se esté hablando de un intangible de marketing. Ver VERLINDEN, I. y BAKKER, A., (2018), *Op. cit.*, p. 458.

171. El debate se había iniciado con una propuesta de reforma en 2003, pero fue solo con la reforma de 2006 cuando empezaron a considerarse estos criterios para todas las operaciones con intangibles. Ver GONZÁLEZ DE FRUTOS, U., (2022), *Op. cit.*, p. 74; Ver US IRS. Temporary Treasury Regulations. (2006) Section 1.482-1(d)(3)(B)(1).

172. Ver US IRS. Temporary Treasury Regulations. (2006) Section 1.482-4T(f)(3)(i)(A).

173. Ver US IRS. Temporary Treasury Regulations. (2006) Section 1.482-9T.

174. Refiriéndose en general a todo análisis de operaciones vinculadas. Ver US IRS. Temporary Treasury Regulations. (2006) Section 1.482-1(d)(3)(B)(1).

para pasar a un enfoque de la propiedad y la titularidad basado en la sustancia de la operación más allá de los términos formales, en todos los casos, y no solo para aquellos intangibles no protegidos legalmente.

Vale la pena mencionar que esta aproximación sobre la propiedad del intangible también tuvo efecto en los ARC utilizados para el desarrollo de intangibles. En estos acuerdos, se establecía una distribución de gastos y, a su vez, de derechos sobre los beneficios por la explotación del intangible desarrollado; lo que implicaba una estimación —contractual— de la propiedad del intangible a efectos de precios de transferencia. En 1994, en Estados Unidos, las reformas normativas sobre la limitación de aportaciones a capital en las *US Possessions,* y la regla del CWI, restringieron considerablemente el uso de estos acuerdos. Sin embargo, la preocupación de EEUU por no afectar a las actividades de innovación en su economía llevó a flexibilizar las normas reguladoras de los ARC. A través de una modificación de la regulación de los ARC publicada en 1996[175], se estableció, que, para participar en estos acuerdos, los firmantes solo requerían tener una expectativa razonable de beneficios por la explotación del intangible desarrollado en el acuerdo. Por lo tanto, podían participar en dichos acuerdos, partes vinculadas cuyo aporte fuera un intangible preexistente (una patente útil para la investigación); un intangible inacabado (que podía continuar desarrollándose como objeto del acuerdo); o capital (recursos financieros); sin que fuera requisito que estos participantes previeran usar el intangible en sus actividades económicas, una vez desarrollado[176]. Por lo tanto, estos acuerdos siguieron constituyendo una oportunidad ventajosa para trasladar la propiedad de intangibles y, a través de una distribución contractual, ubicar beneficios en compañías que no estaban implicadas en su desarrollo más allá de la aportación de capital.

El problema se hizo evidente en años posteriores, a través de las disputas sobre los pagos de nuevos participantes cuando un ARC ya está en ejecución —*buy in payments*—; en estos casos, los nuevos participantes deben hacer aportaciones para compensar los gastos que ya han asumido los participantes iniciales del acuerdo. Esta compensación debe realizarse bajo las reglas del ALP y el CWI[177] por involucrar intangibles. En el análisis de los casos en litigios sobre ACR, se evidenció que los acuerdos permitían hacer contribuciones iniciales con intangibles preexistentes cuya valoración era baja, mientras que las aportaciones

175. Ver US IRS, (1996). *Treasury Regulation.* Section 1.482-7(c).;

176. La propuesta de reforma de la regulación en materia de *cost sharing agreements* incluía una limitación a los participantes en el acuerdo, según la cual solo los contribuyentes vinculados que en el futuro previeran utilizar los intangibles (desarrollados en el ARC) en su actividad comercial o empresarial serían «participantes elegibles» en los acuerdos de reparto de costes. Sin embargo, tras el debate de la regulación este requisito se eliminó. Ver BRAUNER, Y., «Changes? BEPs, Transfer Pricing for Intangibles, and CCAS», Global Transfer Pricing Conference WU Proceedings Research Paper No. 16-14 (2016), p. 16. Esta condición de utilización se conoce como «*active business requirement*». Ver BRAUNER, Y., (2010), *Op. cit.*, p. 558.

177. Ver US IRS, (1968). *Treasury Regulation. Section* 1.482-7(f)(3).

de recursos financieros tenían mucho más peso en el reparto de costes. Esto determinaba la distribución de los derechos de explotación del intangible, permitiendo trasladar más beneficios a empresas aportantes de capital, que a las aportantes de intangibles o de servicios de I+D. En conjunto, la regulación vigente era muy ventajosa para trasladar beneficios a partes cuya aportación era básicamente financiera[178]. Con la reforma de 2006, que permitió determinar la propiedad del intangible en función de la conducta de las partes respecto a la contribución al desarrollo del intangible, se estableció una primera limitación a la distribución contractual que hacían los ARC de los beneficios en función de las aportaciones a gastos. Los participantes serían propietarios según la distribución contractual del ARC solo si esta era consistente con la conducta de las partes, teniendo en cuenta el control efectivo del intangible[179].

A partir de 2009, una reforma del régimen del ARC en el Código Tributario[180] incluyó la obligación de valorar adecuadamente las contribuciones iniciales de los participantes (incluyendo las de intangibles); además, se incluyó la necesidad de requerir el interés de la entidad participante en la explotación del intangible desarrollado con relación a su actividad económica; y no simplemente por la aportación de recursos financieros[181]. Criterio que se incluyó posteriormente en el Capítulo VIII de las DPT OCDE de 2010[182].

El criterio de propiedad basado en las contribuciones permitía identificar al titular del derecho a percibir ingresos del intangible incluso en total ausencia de un acuerdo contractual sobre el mismo. Así pudo verse en el caso de *Glaxo*

178. Por lo que los casos relacionados con estos acuerdos involucraban disputas sobre el valor que debía tenerse en cuenta en la base de los costes distribuidos y sobre la relevancia de dichas contribuciones en la determinación de los derechos a percibir rentas por la explotación del intangible en el marco de estos ACR. Ver BRAUNER, Y., (2016), *Op. cit.*, p. 19.

179. Ver BRAUNER, Y., (2008), *Op. cit.*, p. 127.

180. Ver US IRS Temporary Regulations Section 1.482-7T(c) and (g)(2)(ii). (TD 9441) published at 74 Fed. Reg. 340 (5 Jan. 2009).

181. Vale la pena señalar que, en propuestas sobre esta normativa, realizadas desde 2007, el IRS consideró oportuno utilizar el denominado «modelo del inversor» que permitía obtener beneficios financieros superiores a los normales únicamente a los participantes que aportaran al acuerdo más que solo recursos financieros o capital; dando prioridad a los participantes que aportaran intangibles y desarrollo de investigación; Ver BRAUNER, Y., (2016), *Op. cit.*, p. 17; Ver US IRS. (2005) Proposed Cost Sharing Regulations (REG-144615-02) Pub. 70 Fed. Reg. 51116. *Preamble*.

182. *«8.8 For the conditions of a CCA to satisfy the arm's length principle, a participant's contributions must be consistent with what an independent enterprise would have agreed to contribute under comparable circumstances given the benefits it reasonably expects to derive from the arrangement.»*. Ver DPT OCDE (2010), par. 8.8.; en las definiciones de las DPT de 2017 y 2022, se indica que los ARC son acuerdos contractuales *«entre partes mercantiles para distribuir las aportaciones y los riesgos que conlleva el desarrollar, producir u obtener de forma conjunta activos tangibles, intangibles o servicios, en el entendimiento de que lo que se espera de dichos activos tangibles, intangibles o servicios es que generen beneficios para las empresas de cada participante, consideradas individualmente»*. Ver IEF (2018). Directrices de la OCDE (traducción en castellano) *Op. cit.* p. 27, Glosario.

vs Commissioner (2001)[183], donde, más allá de los acuerdos de licencia entre partes vinculadas, el IRS estableció que la actividad del distribuidor de un producto podía contribuir en sí misma al desarrollo de un intangible (el mejoramiento de una marca, por ejemplo). En este sentido, el análisis de la conducta del distribuidor respecto del valor del intangible puede dar lugar a un derecho sobre sus rendimientos, hasta tal punto que debía remunerarse separadamente del acuerdo de licencia existente. En este sentido, el análisis funcional se estableció como el aspecto más importante del análisis de comparabilidad.

4.2. ASPECTOS PROBLEMÁTICOS DE LA APLICACIÓN DEL ALP EN OPERACIONES CON INTANGIBLES

Como se ha visto en este Capítulo, los intangibles presentan singularidades; son fáciles de trasladar; difíciles de valorar; y pueden ser objeto de operaciones que no son comunes entre partes independientes. Y, más importante aún, juegan un papel fundamental en la generación de beneficios para la empresa[184], sobre todo con los avances tecnológicos actuales y la digitalización de la actividad económica. Este conjunto de características siempre ha representado un reto para la aplicación del ALP. A pesar de los avances históricos revisados anteriormente, la configuración de las reglas de precios de transferencia sobre intangibles, contenida en las DPT OCDE de 2010, no es suficiente para llevar a cabo un análisis adecuado de estas operaciones. Aunque en algunos casos de intangibles la metodología de comparabilidad podía aplicarse, para los intangibles más valiosos no había un mercado[185]. La OCDE reconoció estas dificultades en el propio documento de las DPT OCDE de 2010[186].

A pesar de su contenido más flexible, como consecuencia de los cambios analizados anteriormente, el ALP internacionalmente aceptado se basa en elementos que son incompatibles con la naturaleza de los intangibles en el ámbito de las EMN. Dos aspectos del ALP son problemáticos para su aplicación en este contexto: el primero, el ALP se fundamenta en una realidad distinta a la de las operaciones en el interior de una EMN. El enfoque de la entidad separada es

183. Ver GlaxoSmithKline Holdings (Americas) Inc. v. Commissioner. 117 T.C. 1 (2001); y TC Nº 5750-04 (1989-1996); y No. 6959-05 (1997-2000), United States Tax Court.

184. El inmovilizado inmaterial tiene la aptitud de contribuir fuertemente a la obtención de ingresos, lo que resalta su función productiva. Ver SANZ GADEA, E., Impuesto sobre sociedades (Tomo I.), Centro de Estudios Financieros (1987), p. 331; Ver también BRAUNER, Y., (2008), *Op. cit.*, p. 93.

185. Por ejemplo, las patentes y marcas pueden tener un valor mucho más alto para la empresa cuando son exclusivas y específicas, haciendo prácticamente imposible realizar comparaciones con intangibles externos. Ver MORO VISCONTI, R., «Exclusive Patents and Trademarks and Subsequent Uneasy Transaction Comparability: Some Transfer Pricing Implications», Intertax no. 40(3) (2012), Kluwer Law International, p. 212; Ver también WITTENDORFF, J., (2010), *Op. cit.*

186. Ver DPT OCDE (2010), pár. 6.13.

contrario a la realidad económica de las operaciones vinculadas[187]; los grupos empresariales actúan como una unidad integrada, en las que se genera valor por el trabajo conjunto de sus entidades integrantes. En este sentido, tratar segmentadamente a cada una de sus integrantes desconoce la parte del valor que proviene del trabajo conjunto de las entidades del grupo[188], por ejemplo, el que proviene de sus sinergias[189]. Los riesgos también pueden asumirse de una manera distinta por la integración del grupo; al negociar una operación entre vinculadas, ciertos riesgos de la operación son menores que al contratar con un tercero. Por todo esto, aunque pueden encontrarse comparables en algunos casos, el tratamiento separado hace que en los intangibles más valiosos la identificación de operaciones comparables sea más hipotética que real.

El segundo problema tiene que ver el enfoque de mercado que caracteriza el ALP; que exige la comparación con operaciones de mercado para constatar la adecuación de la operación vinculada con el principio de plena competencia[190]. Este enfoque es incompatible con la naturaleza de los intangibles, particularmente los que son más valiosos para la generación de valor en las EMN, en donde no hay un mercado suficientemente establecido de operaciones entre partes independientes o del que no se dispone de información fiable[191]. Como resultado, las operaciones con intangibles deben ser analizadas, casi siempre, acudiendo a los métodos de valoración del beneficio y no de las operaciones comparables. Aunque estos métodos fueron incluidos y descritos en las DPT OCDE de 1995 y 2010, la valoración de los intangibles también depende del uso de otras técnicas no descritas o reguladas por la OCDE, que pertenecen más al campo de la valoración económica y que pueden depender de información del grupo o de fórmulas de reparto no utilizadas en el mercado entre partes independientes; haciendo riesgosa y costosa su utilización para determinar los precios.

4.3. EL ENFOQUE BEPS PARA EL ANÁLISIS DE INTANGIBLES

La configuración de las reglas sobre intangibles, como vimos en el numeral 4.1 de este Capítulo, tuvo varios hitos históricos que resultaron en una serie de consideraciones especiales en materia de intangibles. Sin embargo, tras dos décadas de aplicación de algunos de estos cambios[192], el volumen de casos pro-

187. Ver VOGEL, K., BECKER, J., (2022), *Op. cit.*, p. 705.
188. Ver PICCIOTTO, S. (1992), *Op. cit.*, p. 193.
189. Ver COLLIER, R. y ANDRUS, J., (2017), *Op. cit.*, p. 125 y ss.; Ver KANE, M. A., «Transfer Pricing, Integration and Synergy Intangibles: A Consensus Approach to the Arm's Length Standard», World Tax Journal no. 6(3) (2014), p. 289; Ver HEY, J., «Taxation Where Value is Created and the OECD/G20 Base Erosion and Profit Shifting Initiative», Bulletin for International Taxation no. 72(4/5) (2018), p. 206.
190. Como se vio en el numeral 3.1.2.2 del Capítulo I.
191. Ver DPT OCDE (2017), pár 1.13; Ver VOGEL, K., BECKER, J., (2022), *Op. cit.*, p.705.
192. Como bien menciona BRAUNER, durante los años 1980's, (periodo de la primera revisión profunda del ALP en el ámbito de los Estados Unidos), el White Paper ya señalaba que la mitad de los casos de precios de transferencia involucraban intangibles. 20 años después,

blemáticos relacionados con precios de transferencia de intangibles seguía creciendo[193]. A principios de los años 2000, la situación parecía ser aún más aguda, considerando la coyuntura de la crisis económica experimentada a partir de 2007[194].

A la víspera de la iniciativa BEPS, se percibía una preocupación común por el uso de estrategias de planificación fiscal agresiva, relacionadas con precios de transferencia, para las que el marco de reglas existente resultaba insuficiente. No solo la OCDE, o el G20, sino también los Estados individualmente, tenían evidencias de conductas de las EMN a nivel global, en las que, valiéndose de esquemas formalmente legales, trasladaban sus beneficios a otros territorios, con el objetivo de reducir el pago de impuestos o incluso no pagar por los ingresos generados globalmente. Estas conductas incluyen, entre otras, el uso de operaciones vinculadas como el modelo de licencia o los ACR, donde los intangibles son explotados por entidades como las *Cash boxes*[195] y *IP Companies*[196]; negocios generalmente ubicados en jurisdicciones de inferior imposición y, cuyas funciones son de gestión y financiación, pero que poco contribuyen al desarrollo del intangible[197].

En materia de precios de transferencia, las EMN se centraban en cumplir con las obligaciones de las DPT OCDE, de forma que pudieran operar y evitar posibles ajustes por sus precios[198]. Por esto, las estrategias de planificación

de acuerdo con una revisión global de E&Y, dicha proporción de disputas seguía creciendo, dando cuenta de la complejidad para cumplir con los requisitos del ALP y de la indeterminación de muchas de sus reglas. Ver BRAUNER, Y., (2008), *Op. cit.*, p. 154.

193. Ver Ernst & Young (EY). (2007) 2007-2008 Global Transfer Pricing Survey: global transfer pricing trends, practices and analyses. p. 13 y ss.

194. De acuerdo con HERNÁNDEZ, las medidas adoptadas por la OCDE en el contexto de BEPS se enmarcan en un periodo de caída de la recaudación, por la crisis en el consumo y la inversión a partir de 2007; por lo que el Plan BEPS se origina dentro de un movimiento contra la planificación fiscal internacional identificado por ciertos países como Reino Unido o Alemania, preocupados por hacer frente a dicha caída económica y su impacto fiscal. Ver HERNÁNDEZ GONZÁLEZ-BARREDA, P. A., (2017), *Op. cit.*, p. 61.

195. Entidades ubicadas en un territorio de inferior tributación, con un elevado nivel de liquidez, que usualmente realizan operaciones vinculadas en las que acuerdan financiar el desarrollo de intangibles y pueden por ejemplo obtener la propiedad una vez el intangible es finalmente desarrollado. Ver NAVARRO IBARROLA, A., «Capítulo 5. La modificación de las pautas sobre precios de transferencia en BEPS (Acciones 8-10): ¿cambio o evolución?», En ALMUDÍ CID, J. M., FERRERAS GUTIÉRREZ, J. A. y HERNÁNDEZ GONZÁLEZ-BARREDA, P.A. (Eds.) El plan de acción sobre erosión de bases imponibles y traslado de beneficios (BEPS): G20, OCDE y Unión Europea, Aranzadi Thomson Reuters 2017, pp. 136 y ss.

196. Respecto a las *IP Companies*, ver numeral 3.1 de este Capítulo.

197. Ver ESTEVE PARDO, M. L., «Capítulo XII. Intangibles y precios de transferencia. Las nuevas directrices de la OCDE y sus aspectos más cuestionables», en MORENO GONZÁLEZ, S. & GÓMEZ REQUENA, J. A. (Eds.) Tendencias y desafíos fiscales de la economía digital, Thomson Reuters Aranzadi 2017, p. 365.

198. De acuerdo con las consideraciones del Plan BEPS, una de las preocupaciones principales se refiere a los precios de transferencia y la aplicación del ALP pues, así como sus reglas

fiscal de las empresas se dirigían a cumplir formalmente con descripciones de las funciones, . riesgos y activos en los informes sobre sus operaciones vinculadas, y a realizar algunos ajustes en su plantilla o recursos que dieran también un mínimo de consistencia; y aun así poder beneficiarse sustancialmente de las diferencias entre ordenamientos para trasladar los beneficios en operaciones con intangibles[199]. Sin embargo, los casos de estrategias fiscales de las grandes EMN del mundo (Apple, Google, Amazon) terminaron de encender las alarmas y promover el consenso (en principio de los Estados más desarrollados[200]) en torno a la necesaria evaluación de las reglas existentes y la proposición de nuevas medidas para enfrentar estas conductas.

Como se estudia en el Capítulo I de este trabajo, el Plan BEPS propuso una revisión holística de todos los aspectos relacionados con la lucha contra las prácticas de erosión de la base imponible y traslado de beneficios, desde la fiscalidad internacional. Concretamente, las Acciones 8-10 fueron dedicadas a los trabajos en materia de precios de transferencia sobre intangibles[201]; riesgos y capital; y otras operaciones riesgosas[202]. Las medidas BEPS fueron desarrolla-

---

permiten distribuir los beneficios adecuadamente en muchos casos, en otros las multinacionales las usan indebidamente para separar los beneficios de las actividades económicas que los producen, trasladándolos a jurisdicciones de inferior imposición. Según el Plan, esto ocurre con mayor frecuencia a través del uso de operaciones con intangibles, entre otras: *«In other instances, however, multinationals have been able to use and/or misapply those rules to separate income from the economic activities that produce that income and to shift it into low-tax environments. This most often results from transfers of intangibles and other mobile assets for less than full value, the over-capitalisation of lowly taxed group companies and from contractual allocations of risk to low-tax environments in transactions that would be unlikely to occur between unrelated parties.»*. Ver OCDE (2013), *Action Plan on Base Erosion and Profit Shifting… Op. cit.*, p. 19-20.

199. Señala GONZÁLEZ DE FRUTOS que *«la brillante elaboración conceptual de «funciones, activos y riesgos» ofreció también un camino expedito a los planificadores, que no tenían más desplazar las funciones, los activos y/o los riesgos allá donde su gravamen fuese más favorable. Esto no hubiera sido especialmente problemático si se produjese una verdadera reestructuración del grupo, pero sí lo era cuando las operaciones eran meramente aparentes.»* Ver GONZÁLEZ DE FRUTOS, U., «Capítulo 3. BEPS y los precios de transferencia», En CORDÓN EZQUERRO, T. (Ed.), Fiscalidad de los precios de transferencia (operaciones vinculadas) (3ª ed.), CEF 2019, p. 128.

200. Como vimos en el numeral 4.3.1 del Capítulo I ya la OCDE en 2011, tras la publicación de las DPT OCDE de 2010, había iniciado los trabajos de actualización del Capítulo VI en materia de intangibles; y a su vez, dentro de los reportes presentados al G20 se identificó el uso de estas operaciones con intangibles como parte de las estrategias para el traslado de beneficios que estaban erosionando las bases imponibles de los Estados, lo que dio origen a la iniciativa, que subsumió el trabajo de la OCDE realizado hasta 2012 en materia de intangibles.

201. En concreto, el Plan BEPS señaló como uno de sus objetivos en precios de transferencia: *«ensuring that profits associated with the transfer and use of intangibles are appropriately allocated in accordance with (rather than divorced from) value creation»*. Ver OCDE (2013), *Action Plan …, Op. cit.*, p. 20.

202. Ver OCDE (2013), *Action Plan …, Op. cit.*, p. 20.

das con el objetivo central de asegurar que los resultados obtenidos en las operaciones vinculadas estuvieran en línea con la «creación de valor»[203].

4.3.1. El concepto de creación de valor introducido por BEPS

En este sentido, en el marco de BEPS, el concepto de creación de valor fue introducido como una idea fundamental que sirve de referencia para resolver las cuestiones sobre dónde deben gravarse los beneficios y cuándo se entiende que han sido trasladados[204]. Ahora bien, a pesar de la relevancia con la que fue enunciado este elemento en el enfoque de las medidas BEPS, los Informes finales no incluyeron una definición de lo que debe entenderse por creación de valor[205].

La OCDE se refiere a la alineación de imposición en relación con la creación de valor y la actividad económica real, indistintamente[206], con lo que puede intuirse que las asocia. Aun así, no se pueden confundir los dos conceptos: no es lo mismo establecer la imposición en función de dónde el valor es creado, que establecerla en función de la actividad económica real; en algunos casos estos dos criterios pueden coincidir y en otros no.

Lo que sí puede afirmarse es que la creación de valor es un concepto que tiene una connotación económica. En su desarrollo, los precios de transferencia han sido un fenómeno relevante para la fiscalidad, por la interacción de complejas estructuras de negocios de las EMN, con la necesidad de los Estados de gravar los beneficios económicos que obtienen estas entidades[207]. El principal propósito de toda compañía es crear valor[208]y, esto se ve reflejado en sus beneficios. A lo largo de la historia, este valor ha sido entendido desde distintas teorías económicas[209], como precio, plusvalía, utilidad, etc.; dependiendo del factor económico relevante en que se basa cada perspectiva. En general, el valor puede ser entendido como la relevancia o utilidad de un servicio o bien y la valoración

203. *«The current rules have revealed weaknesses that create opportunities for Base Erosion and Profit Shifting (BEPS), thus requiring a bold move by policy makers to restore confidence in the system and ensure that profits are taxed where economic activities take place and value is created»*. Ver OECD (2015), Explanatory Statement, OECD/G20 Base Erosion and Profit Shifting Project, p. 4, par. 1.
204. Ver HEY, J., (2018), *Op. cit.*, p. 203.
205. Ni en los informes sobre las medidas BEPS, o ni en las DPT OCDE de 2017, es posible encontrar una definición de lo que debe considerarse «creación de valor».; Ver también HERZFELD, M., «The Case Against BEPS: Lessons for Tax Coordination», Florida Tax Review núm. 21(1) (2017), p. 1; Ver NAVARRO IBARROLA, A., (2017), *Op. cit.*, p. 136;
206. Ver HEY, J., (2018), *Op. cit.*, p. 203.
207. Ver SOLOVYOVA, O., (2019), *Op. cit.*, p. 29.
208. Ver SOLOVYOVA, O., (2019), *Op. cit.*, p. 7.
209. Como una «necesidad» para los teóricos económicos preclásicos; como el precio que se obtiene de la interacción de las fuerzas del mercado según la teoría clásica; como «plusvalía» de acuerdo con la teoría Marxista, etc. Ver SOLOVYOVA, O., (2019), *Op. cit.*, p. 11-16.

que le atribuyen quienes desean aprovecharlo[210]. Por ello, en el contexto de las empresas, el concepto está relacionado con la identificación de los ingresos y cómo se generan; no existe una única acepción objetiva de creación de valor.

Desde la perspectiva de fiscalidad internacional, la creación de valor, como elemento fundamental introducido por la OCDE, puede tener distintas consideraciones: i) como una regla positiva de asignación de beneficios; o ii) como una regla negativa para determinar dónde no deben asignarse los beneficios. En el primer sentido, la creación de valor, como regla de asignación de beneficios, parece estar relacionada con el principio de imposición en la fuente[211]; en este sentido, la creación de valor es un principio que fundamenta la pretensión de un Estado para poder gravar los beneficios de una empresa, con base en la actividad económica desarrollada en su territorio[212]. De esta manera, como bien señala MARTÍN, la creación de valor es una regla de imposición en la fuente positiva, que establece un parámetro para la distribución de beneficios[213]. Ahora bien, este parámetro puede corresponder con la imposición en origen o en destino, según los criterios que se establezcan en cada ordenamiento; por ejemplo, es posible justificar que el valor se crea en destino, allí donde se realizan acciones de producción; donde se encuentran los usuarios de un servicio o sus consumidores (una concepción útil en materia de actividades económicas relacionadas con la digitalización)[214]. También se puede justificar la asignación de beneficios en origen, allí donde se realizan actividades significativas de creación de valor, como los servicios de I+D de un intangible[215]. Por tanto, la creación de valor

210. Ver SOLOVYOVA, O., (2019), *Op. cit.*, p. 8.

211. Ver HEY, J., (2018), *Op. cit.*, p. 204; Ver STEVENS, S. A., «The Duty of Countries and Enterprises to Pay Their Fair Share», Intertax no. 42(11) (2014), p. 703; Ver MARTÍN JIMÉNEZ, A. J., «Value Creation: A Guiding Light for the Interpretation of Tax Treaties?», Bulletin for International Taxation no. 74(4/5) (2020), p. 199.

212. Ver MORENO GONZÁLEZ, S. y GÓMEZ REQUENA, J. A., «Capítulo I. Los principios y conceptos tradicionales de la fiscalidad internacional: pasado, presente y futuro», en MORENO GONZÁLEZ, S. y NOCETE CORREA, F. J. (Eds.) Introducción a la fiscalidad internacional, Atelier 2020, pp. 27 y ss.

213. A pesar de ello, como bien menciona MARTÍN, la introducción del concepto de creación de valor por BEPS destapó uno de los debates constantes de la imposición sobre beneficios empresariales a nivel: internacional; la imposición en la residencia o en la fuente. Ver MARTÍN JIMÉNEZ, A. J., (2020), *Op. cit.*, p. 207.

214. La propuesta del Pilar I, apunta a la determinación de criterios de asignación de beneficios en este sentido. Como vimos en el numeral 4.3.2.2 del Capítulo I de este trabajo; Ver HEY, J., (2018), *Op. cit.*, p. 204.

215. No puede negarse que el origen del Plan BEPS y el establecimiento de sus objetivos responde también a una necesidad de los Estados en los que residen las grandes EMN de poder gravar los beneficios que estas producen globalmente, entendiendo que las actividades más significativas (como I+D) para la creación de valor son desarrolladas en Estados (allí donde se ubican estas EMN); lo que no necesariamente es así. Esto que puede asociarse a una especie de imposición en la residencia, haciendo referencia al domicilio de los holdings principales de las EMN; más que asociar el valor a la residencia, lo que implica la regla de tributación en origen en este caso, es la retribución a los holdings o headquarters por sus contribuciones al valor del intangibles. Ver HEY, J., (2018), *Op. cit.*, p. 204.

como regla de distribución positiva requiere de claridad en los criterios de valor que justifiquen la imposición. Puesto que las medidas BEPS no mencionan estos criterios, se puede justificar el uso del principio como regla de imposición en origen o en destino; ello dependerá de la interpretación discrecional de valor que se utilice en cada Estado[216].

En segundo lugar, es posible considerar la creación de valor como una regla negativa, ya que establece un criterio para determinar dónde no deben ser distribuidos los beneficios: allí donde no hay actividad económica[217]. Acudiendo a una interpretación teleológica, en el contexto de los objetivos de BEPS, la creación de valor puede entenderse como principio dirigido a evitar las prácticas de planificación fiscal agresiva. En este sentido, la utilización de la creación de valor está relacionada con una idea de justicia en la imposición[218]; la iniciativa BEPS está ambientada en un reproche a las EMN por sus conductas evasivas, especialmente evidenciadas en los casos famosos, respecto al objetivo de cumplir con la parte justa de la imposición que les corresponde[219]. Desde la perspectiva del principio de capacidad económica, las acciones de BEPS evidencian una necesidad de que la imposición refleje la actividad económica de las EMN (de lograr bases imponibles no erosionadas). En este sentido, si estas entidades crean valor, asimismo deberían ser gravados sus ingresos, tal como lo establecen las reglas sobre imposición en la renta de cada ordenamiento; así, el principio de creación de valor se refiere al cumplimiento de la obligación de pagar impuestos en función de su capacidad económica manifestada.

Siguiendo esta línea, es posible considerar que el propósito del Plan BEPS era el de promover que los beneficios empresariales fueran efectivamente gravados, en función del valor generado, pero al final gravados en algún lugar[220], como si se protegiera globalmente el deber de contribuir al sostenimiento de los Estados. Al respecto, es necesario señalar, quizás desde una perspectiva más política que jurídica, que la utilidad del concepto de creación de valor, en el marco del Plan BEPS, se aproxima más a una herramienta para «retrasladar» los beneficios desde Estados de baja imposición hacia los Estados de mayor imposición, bajo la presunción de que el valor se crea en las

216. Ver HEY, J., (2018), *Op. cit.*, p. 203; Ver SCREPANTE, M., (2019), *Op. cit.*, p. 455 y ss.
217. Más claro puede ser en el caso de los territorios donde las empresas no tienen presencia alguna, como el de los paraísos fiscales. Aunque esta es una consideración debatible, no solo porque la presencia física es uno de los puntos más problemáticos respecto a los nexos de conexión en la asignación de beneficios en diferentes jurisdicciones, sino porque en sí mismo, el valor creado en una operación se puede vincular a un Estado de distintas formas. Ver SOLOVYOVA, O., (2019), *Op. cit.*, p. 20.
218. Ver OCDE (2013), *Action Plan ... Op. cit.*, pp. 8 y 15.
219. SOLOVYOVA se refiere a ello como la obligación de las EMN de asumir su «*Fair part of tax*». Ver SOLOVYOVA, O., (2019), *Op. cit.*, p. 6.
220. Ver CHRISTIANS, A., «Taxing According to Value Creation», Tax Notes International no. 90 (2018), pp. 1379 y ss.

entidades establecidas en estos últimos[221], y que es usualmente allí donde tienen lugar las actividades más significativas para el valor del intangible, por ejemplo. Como bien señala HEY, a pesar del aparente debate de BEPS sobre la justicia tributaria, esta justificación no está muy desarrollada y, el argumento se acerca más a la definición del principio de los beneficios según el cual, si un Estado provee los bienes y servicios que permiten que una empresa cree valor, dicho Estado tiene un interés legítimo en gravar el resultado de su actividad empresarial[222]; en este sentido, el principio de los beneficios no puede ser el fundamento de la distribución de beneficios internacionales, pues se basa en el interés de los Estados, lo que es distinto de la creación de valor de las empresas. A pesar de estas consideraciones, lo cierto es que el principio de creación de valor, bajo la perspectiva de BEPS, puede considerarse como una regla dirigida a impedir la asignación de beneficios donde no hay actividad económica real de las empresas.

En todo caso, la connotación como regla negativa de distribución de beneficios, representa un criterio más concreto que el de la regla positiva, pues permite establecer normas más precisas para limitar la atribución de beneficios a entidades que no realizan contribuciones de valor al intangible, como las *Cash boxes;* esta noción, además, promueve una interpretación de las reglas sobre precios de transferencia, anti prácticas BEPS —anti-prácticas que no crean valor—. Como bien señala MARTÍN, a pesar de que esta noción de creación de valor también está sujeta a indeterminaciones y ambigüedades, *«has the undeniable virtue of contributing to define, not «light», but «darkness», where income should not be allocated.»*[223].

4.3.2. Sustancia en términos de creación de valor

Para hablar del requisito de sustancia, en materia de precios de transferencia, es necesario señalar que, en general, la aplicación de las reglas fiscales parte de una revisión de los hechos respecto a la norma que es aplicable[224]. La evaluación de los hechos tiene en cuenta la calificación otorgada por las partes (forma)[225] y la realidad económica de la operación (sustancia económica)[226]. En este sentido, las administraciones tributarias tienen la tarea de establecer si la forma determinada por las partes coincide con la conducta real, para aplicar la

221. Ver HEY, J., (2018), *Op. cit.*, pp. 204 y ss.; Ver NAVARRO IBARROLA, A., (2019), *Op. cit.*, pp. 166 y ss.
222. Ver HEY, J., (2018), *Op. cit.*, p. 205.
223. Ver MARTÍN JIMÉNEZ, A. J., (2020), *Op. cit.*, p. 214.
224. Ver ZIMMER, F., «Form and substance in tax law General Report», IFA Cahiers (Vol. 87A) (2002), Kluwer Law International, p. 21.
225. Ver SEVILLA, B., «Cuestiones debatidas sobre forma y sustancia en la tributación internacional», Revista Crónica Tributaria núm. 176(3) (2020), p. 117.
226. Ver LI, J., Economic Substance: Drawing the Line between Legitimate Tax Minimization and Abusive Tax Avoidance, Osgoode Hall Law School Legal Studies Research Paper Series (2012), pp. 43 y ss.

norma correspondiente. Esta tarea se denomina calificación jurídica de los hechos o la conducta[227].

En las reglas sobre precios de transferencia, el requisito de sustancia para la distribución de los beneficios es fundamental. Desde 1979, el Informe de la OCDE sobre precios de transferencia relacionó la aplicación de las normas en materia de operaciones vinculadas con el principio de sustancia sobre la forma[228]. Este principio se ha desarrollado con el objetivo de dar prevalencia a la conducta real de las partes sobre los términos acordados en las operaciones vinculadas[229]. Por ello, ha adquirido una connotación asociada a la realidad económica de la operación. Con las medidas impulsadas por BEPS[230], esta aproximación de la sustancia en términos económicos buscó reforzarse con la incorporación del principio de creación de valor[231].

El principal problema al que el Plan BEPS quiso dar respuesta, fue la falta de sustancia en la operación, desde una perspectiva más amplia que la sola constatación de consistencia entre los términos pactados y la conducta de las partes[232]; buscando con ello alcanzar aquellas conductas identificadas de traslado de beneficios a entidades que no desarrollan actividades significativas o cuyo aporte no es relevante para el desarrollo de los intangibles[233]. En este caso, el propósito de la incorporación del principio de creación de valor fue hacer énfasis en vínculo entre la imposición de los beneficios y la existencia de sustancia de actividades de valor en una determinada jurisdicción.

Como se ha visto anteriormente, la interpretación de la sustancia en términos de creación de valor puede depender de la perspectiva de «creación de valor» que se adopte. Aun así, la vinculación de la sustancia a este principio parece suavizar aún más la posición que debe darse a las estructuras y contratos

227. Ver MARTÍN QUERALT, J. y otros (2020), *Op. cit.;* Ver CASERO BARRÓN, R., Aplicación de la norma tributaria: conflictos de calificación, Aranzadi Thomson Reuters 2020. Ver también el numeral 2 del Capítulo VI de este trabajo.
228. Ver OCDE, (1979). *Op. cit.*, par. 24.
229. Ver PETRUZZI, R. y MYZITHRA, A., «Substance in Transfer Pricing in a Post-BEPS World and Beyond», International Transfer Pricing Journal no. 27(6) (2020), p. 430.
230. El Plan BEPS se enfocó en tres elementos fundamentales: i) la coherencia en la imposición de beneficios empresariales a nivel internacional; ii) una realineación de la fiscalidad y la sustancia relevante; y iii) la transparencia. Ver OCDE (2013), *Action Plan ... Op. cit.,* pp. 13 y ss.
231. Ver OCDE (2013), *Action Plan ... Op. cit.,* p. 14.
232. Se debe recordar que, hasta el marco del análisis de precios de transferencia de las DPT OCDE 2010, este era justamente el enfoque de la sustancia de la operación y, por tanto, no cabe hacer un ajuste a la delimitación de la operación realizada por las partes si existe tal consistencia.
233. *Cash boxes*, usualmente resultaban de un proceso de reestructuración que, bajo las reglas de las DPT de 2010, cumplían individualmente con la asignación contractual de riesgos y activos que daba lugar a su retribución.

de las partes vinculadas[234]; con lo cual, las administraciones tributarias, en busca de la sustancia relevante, pueden llegar a establecer una distribución de los beneficios más allá de las relaciones estructuradas por las partes, si no reflejan la creación de valor relevante. En este sentido, aunque el examen de la sustancia requiere una revisión de los términos y la conducta real de las partes, BEPS pone mucha más presión en el requisito de que la valoración de la operación refleje la realidad de la cadena de valor en relación con el intangible. Por ello, desde mi perspectiva, el concepto de creación de valor direcciona la noción de «sustancia de la operación», más allá del estándar de *sustancia sobre la forma.*

Ahora bien, aunque parece claro que es una aproximación económica mucho más resaltada que en el escenario pre-BEPS, la indefinición del concepto de creación de valor tiene como resultado un margen más amplio para la interpretación de la sustancia relevante; permitiendo a las administraciones tributarias una calificación de la operación aún más discrecional que la que se había establecido dentro del marco anterior. Aunque debe señalarse que el límite de esta interpretación es el propio principio de plena competencia, específicamente en los términos de su fuente legal (art. 9 del MC OCDE); no caben dudas del riesgo que representan las diferentes interpretaciones que pueden darse en la aplicación interna sobre el principio de creación de valor.

Las medidas BEPS introdujeron una serie de cambios en la metodología de las DPT OCDE en materia de intangibles que se vieron reflejados en la publicación de las mismas en 2017, y que se estudian en el Capítulo III de este trabajo. Específicamente respecto a la consideración de la sustancia en términos de creación de valor, es importante señalar dos cambios de fondo sobre los fundamentos del análisis: el primero, sobre la ubicación de la sustancia como eje central en la delineación adecuada de la operación; y el segundo, respecto de las circunstancias en las que una operación, tal como fue calificada por las partes, puede ser ignorada o sustituida por otra.

En primer lugar, las medidas BEPS establecieron que el primer paso del análisis debe ser la «correcta identificación de las relaciones comerciales y financieras de las partes vinculadas, y de las condiciones y circunstancias con relevancia económica de dichas relaciones»[235]. Esta identificación tiene como fin «definir adecuadamente la operación vinculada» (*accurate delineation of the actual transaction*)[236]. En términos prácticos, una vez identificado un intangible

234. Ver COLLIER, R. y ANDRUS, J., (2017), *Op. cit.*, p. 200.

235. *«Dos son los aspectos clave del análisis de comparabilidad: el primero es identificar las relaciones comerciales o financieras entre las empresas asociadas, así como las condiciones y circunstancias con relevancia económica de dichas relaciones al objeto de definir de forma precisa la operación vinculada; el segundo aspecto es comparar las condiciones y circunstancias con relevancia económica de la operación vinculada y definida de forma precisa con las de operaciones comparables realizadas entre empresas independientes.»*. Ver DPT OCDE (2017), *Op. cit.*, pár. 1.33.

236. Ver DPT OCDE (2017), *Op. cit.*, pár. 1.33.

relevante, el paso a seguir es la identificación de la realidad económica de la operación que, bajo el enfoque BEPS, se refiere a la delimitación de la sustancia en términos de creación de valor[237]. Esta delimitación requiere un análisis de las características económicas de la operación, mucho más allá de los términos contractuales o acuerdos entre las partes[238]. La identificación de esta sustancia es crucial para definir las partes con derecho a recibir beneficios en la operación, por lo que el análisis debe hacerse, en cualquier caso, existan o no acuerdos entre las partes[239]. De hecho, incluso existiendo, no todos los aspectos que reflejan valor pueden estar definidos en dichos términos[240]. En este sentido, el enfoque de BEPS implica que la sustancia de la operación— en términos de creación de valor— debe ser la que delimite adecuadamente la operación; de manera que resuelve incluso estos aspectos ambiguos o no definidos en los acuerdos de las partes[241].

Por esta razón, dentro de los factores determinantes de revisión, el análisis funcional toma un lugar mucho más relevante que en el marco anterior a BEPS. La definición adecuada de la transacción será aquella que refleje la realidad de las funciones significativas efectivamente realizadas, los riesgos asumidos y los activos utilizados por las partes vinculadas relevantes en la operación[242]. Esta fórmula del análisis ya estaba presente en las DPT OCDE de 2010[243], pero, con el enfoque de BEPS en la creación de valor, se hace énfasis de la sustancia en las funciones significativas, respecto a los riesgos y los activos[244]; estos dos últimos aspectos se analizan en relación con las funciones significativas para la creación de valor. Las medidas BEPS se enfocaron en un análisis funcional basado en el desarrollo, mejoramiento, mantenimiento, protección y explotación (esquema DEMPE), como funciones significativas[245] en el campo de los intangibles. En este sentido, será relevante el examen de la sustancia para determinar qué entidades realizan y ejercen control sobre estas funciones sobre el intangible; asumen riesgos relacionados con esas funciones significativas (control y capacidad económica para mitigarlos); y utilizan activos relacionados con los intangibles. La distribución de los beneficios en la operación debe ajustarse a dichas contribuciones.

237. Ver OECD (2015), «*Explanatory Statement, OECD/G20 Base Erosion and Profit Shifting Project*», *Op. cit.;* Ver HEY, J., (2018), *Op. cit.*, p. 203.
238. Como se estudia en el Capítulo III, se requiere considerar varios factores de comparabilidad, dentro de los que se encuentran los términos contractuales.
239. Ver MONSENEGO, J., (2015), *Op. cit.*, p. 68.
240. Ver DPT OCDE (2017), pár 1.43.
241. Ver DPT OCDE (2017), pár. 1.45 y ss.
242. Ver COLLIER, R. y ANDRUS, J., (2017), *Op. cit.*, p. 200.
243. Ver DPT OCDE (2010), pár 1.53.
244. Ver NAVARRO IBARROLA, A., (2017), *Op. cit.,* p. 136.
245. Existen otros enfoques de estas funciones relevantes en materia de intangibles, propuestos por ejemplo por la ONU que incluye también la función de adquisición de intangibles, o en China se incluye también la función de promoción, relacionada con las actividades de publicidad. Ver LANG, M., STORK, A., PETRUZZI, R. y RISSE, R., (2019), *Op. cit.*, p. 12.

Con este énfasis en las funciones, se limita la importancia de las aportaciones de recursos financieros como contribución relevante en las operaciones con intangibles. Con las medidas BEPS, la OCDE señaló explícitamente que esta función no tiene un papel principal en la creación de valor del intangible. Así, una entidad que ejerce funciones de financiación será compensada con los rendimientos ordinarios propios de los recursos financieros, pero no tendrá derecho a los beneficios del intangible si no desempeña una función significativa para el valor del intangible. De esta manera, la propiedad de los intangibles se centra en el valor de las contribuciones según el análisis de las funciones —propiedad funcional—, y no simplemente económico[246].

En segundo lugar, la interpretación del principio de sustancia de la operación a través de la creación de valor, propuesta por BEPS, también impacto las circunstancias en que una operación puede ser ignorada o sustituida por otra. En general, las DPT OCDE de 2010 indicaban que, el simple de hecho de no encontrar una transacción comparable entre empresas independientes no conlleva que una operación no esté acorde con el principio de plena competencia[247]. En línea con lo anterior, las DPT OCDE de 2010 también señalaban que debe respetarse la delimitación que las partes hayan hecho de su operación y, en general, hacer los ajustes valorativos necesarios para que el precio vinculado refleje un resultado de mercado[248]. Sin embargo, en circunstancias excepcionales, esta delimitación realizada por las partes puede no reconocerse por las administraciones tributarias; concretamente, cuando la operación no tuviera sustancia económica o racionalidad comercial[249]. En estos casos, las DPT OCDE de 2010 establecían la posibilidad de realizar ajustes a la operación delineada por las partes y no únicamente al precio vinculado. En este marco, la falta de sustancia económica se examinaba, una vez realizado el análisis de la operación, y de manera excepcional.

Con el enfoque de BEPS, la sustancia se resalta como el objetivo central de la definición adecuada de la operación, por lo que este examen de la sustancia se traslada a la etapa inicial del análisis de las operaciones vinculadas[250]. Hasta las DPT OCDE de 2010, la mención de la falta de sustancia económica como circunstancia de desconocimiento de las operaciones vinculadas estaba poco desarrollada. Con el enfoque de BEPS, las reglas sobre la definición adecuada de la operación clarifican la sustancia como eje central de análisis de la operación, y reemplazan la vaga expresión anterior de «falta de sustancia» como circuns-

246. Ver LANG, M., STORK, A., PETRUZZI, R. y RISSE, R., (2019), *Op. cit.*, p. 12.
247. Ver DPT OCDE (2010), pár. 1.11.
248. Ver DPT OCDE (2010), pár. 1.64-1.65.
249. Ver DPT OCDE (2010), pár. 1.64-1.65.
250. Hasta las DPT OCDE de 2010, esta era una de las causas de recaracterización de las operaciones vinculadas, que podía significar un ajuste de los términos de la operación. Ello se estudia posteriormente en este mismo apartado.

tancia de desconocimiento o rechazo de la operación vinculada[251]. Como hemos visto la determinación de la sustancia en términos de creación de valor (a pesar de no ser este un concepto expresamente definido), se asocia a las contribuciones significativas a la operación, cuyo examen se concreta en el análisis funcional. Por tanto, la única causa que habilita al desconocimiento de una operación, excepcionalmente, es la irracionalidad comercial de la misma[252]. Vale la pena señalar que, sobre este último concepto, las DPT OCDE tienen poco desarrollo, pero señalan dos situaciones para intentar clarificarlo: por un lado, es irracional la operación en la que no se tienen en cuenta las «opciones de las que dispongan las partes, de modo realista, en el momento de realizarse la operación» *(realistically available options)*[253]; y por el otro, puede considerarse irracional la operación en la que la posición global del grupo empresarial, antes de impuestos, se deteriora ya que esto carecería de lógica comercial entre partes independientes. Se debe recordar que, la clarificación de las circunstancias en las cuales se puede recaracterizar o desconocer operaciones era uno de los objetivos planteados en el Plan BEPS en materia de precios de transferencia de intangibles[254]; parece ser que el objetivo llegó solo hasta la mitad de su recorrido, y se quedó en el desarrollo de la sustancia relevante como eje vertebrador de la parte inicial del análisis.

Con todo, a pesar del traslado del análisis de sustancia a la etapa inicial de la comprobación de la operación, la cuestión del desconocimiento de la operación sigue estando relacionada con la misma. El examen de la sustancia de la operación permite una distribución de los beneficios con base en las funciones significativas, en términos de creación de valor, con lo cual, puede dar lugar a ajustes que afecten a la transacción tal como fue estructurada por las partes. Por su lado, la racionalidad comercial es otro aspecto no definido por la OCDE, con una aproximación económica[255], incluido con la finalidad de asociar la imposición a la realidad fáctica, y que depende en última *ratio* de la interpretación y aplicación que se le otorgue en los ordenamientos internos con respecto a las reglas sobre precios de transferencia. Aunque el desconocimiento de la operación vinculada es un escenario excepcional, en materia de intangibles singulares, donde las operaciones comparables entre independientes no existen o no son fáciles de encontrar, el límite entre la falta de sustancia económica y la irracionalidad comercial sigue siendo difícil de establecer.

251. Ver COLLIER, R. y ANDRUS, J., (2017), *Op. cit.*, p. 199.
252. Ver DPT OCDE (2017), *Op. cit.*, pár. 1.122.
253. Alternativas que, en todo caso, implican considerar transacciones comúnmente realizadas entre partes independientes. Lo que, de darse el caso, no pudo establecerse en un paso previo a llegar a este examen, sugiriendo el uso de operaciones más hipotéticas que realistas.
254. Ver OCDE (2013), *Action Plan ... Op. cit.*, pp. 20 y ss.
255. Como se deduce de sus referencias ilustrativas sobre el resultado de los beneficios antes y después de impuestos como indicio sobre la lógica comercial de la operación Ver DPT OCDE (2017), *Op. cit.*, pár. 1.125 y ss.

Capítulo III

Metodología de análisis de las operaciones vinculadas-DPT OCDE

1. MARCO GENERAL DE ANÁLISIS DE OPERACIONES VINCULADAS

De manera general, el marco de aplicación del principio de plena competencia consiste en la identificación de la operación vinculada, sus partes y su objeto; y su comparación con las condiciones que se pactarían en una operación entre partes independientes en circunstancias similares. El criterio metodológico propuesto por las DPT OCDE pretende que el análisis de las operaciones vinculadas tenga una cierta continuidad y consistencia entre sus distintas etapas, no solo para llevar a cabo esta comparación, sino para interpretar correctamente sus resultados.

En este sentido señala el parágrafo 3.1 de las DPT OCDE que «*Un criterio metodológico coherente debe garantizar una cierta continuidad o establecer los vínculos dentro de todo un proceso analítico, permitiendo así mantener una relación constante entre las distintas etapas: desde el análisis preliminar de las condiciones de la operación vinculada, hasta la selección del método de determinación de los precios de transferencia, pasando por la identificación de comparables potenciales para llegar finalmente a una conclusión sobre si las operaciones vinculadas objeto de estudio son compatibles con el principio de plena competencia descrito en el artículo 9 del Modelo de Convenio Tributario de la OCDE.*»[1]

El proceso de comparación de las operaciones se lleva a cabo a través de dos grandes fases. La primera, se refiere a la identificación de las relaciones comerciales y financieras entre las empresas vinculadas, en la que, teniendo en cuenta las condiciones económicas relevantes de dichas relaciones, se obtiene una «delineación precisa de la operación». Y la segunda, es el análisis de comparabilidad, que consiste en comparar las condiciones y circunstancias de esa operación adecuadamente delineada con las condiciones de operaciones comparables entre partes independientes[2].

1.1. DELINEACIÓN PRECISA DE LA OPERACIÓN

La «delineación precisa de la operación»[3] es principalmente una noción introducida por las medidas BEPS para estructurar la determinación de la sustancia de la operación como eje vertebrador del análisis de precios de transferencia[4]. La importancia de la sustancia, como principio para la aplicación del ALP, no es nueva en las DPT OCDE, como se estudió en el Capítulo II[5]; en cuanto a la delineación de la operación, las DPT OCDE de 1995 y 2010, ya señalaban, como regla general, que la operación estructurada por las partes debía ser respetada por las administraciones tributarias y solo podía excepcionalmente no reconocerse (principio de respeto a la operación estructurada por las partes como base)[6]. Con el enfoque BEPS, la sustancia en términos de creación de valor pasó a ser principio esencial del análisis de precios de transferencia desde su etapa inicial. Para expresar este cambio, se incorporó la «definición precisa de la operación» como la fase centrada en la determinación de la sustancia.

A pesar de su denominación, aparentemente enfocada en la transacción, esta delineación requiere, en primera medida, una amplia comprensión de las condiciones económicas del grupo y otros factores externos que pueden afectar a las operaciones. La comprensión de la operación debe ubicarse dentro del universo de las relaciones comerciales y financieras existentes entre las entidades del grupo multinacional al que pertenecen[7]. Entre los aspectos característicos

1. Ver DPT OCDE (2017), pár. 3.1.
2. Ver DPT OCDE (2017), pár. 1.33.
3. De acuerdo con el Informe Final de las Acciones 8-10 de BEPS la expresión original es «*accurate delineation of the actual transaction undertaken*». Ver OECD (2015), Informe Final de las Acciones 8-10, *pár.* 1.33 y ss.
4. Ver GÓMEZ REQUENA, J. A., (2019), *Op. cit.*, p. 160 y ss.
5. Ver numeral 4.3.2 del Capítulo II de esta obra.
6. Ver DPT OCDE (2010), pár. 1.64-1.69, 9.161 y ss.
7. Ver GÓMEZ REQUENA, J. A., (2019), *Op. cit.*, p. 108.

del grupo que se deben considerar, se encuentran[8]: las estrategias empresariales; la cuota de participación en los mercados en los que opera; los tipos de productos o servicios que comercializa; la cadena de suministro; las actividades y funciones realizadas por las entidades del grupo; los activos involucrados en la actividad económica del grupo y los riesgos asumidos en tal actividad. Una vez valorados estos aspectos del grupo, es posible enfocar el análisis en la operación correspondiente.

La delineación precisa de la operación se lleva a cabo a través del análisis de las características económicamente relevantes en las ésta que tiene lugar. Las DPT OCDE establecen cinco características, también denominadas factores de comparabilidad[9], que son las siguientes: i) Los términos contractuales de la operación; ii) El análisis de las funciones realizadas, riesgos asumidos y activos involucrados, en relación con la creación de valor; iii) Las características de los bienes o servicios objeto de la operación; iv). Las circunstancias económicas de las partes y el mercado en que operan; y v). Las estrategias empresariales.

Aunque cuando todas estas características son importantes para la delineación precisa de la operación, las dos más relevantes son los términos contractuales y el análisis funcional[10]; ambos factores están relacionados con el enfoque BEPS de sustancia en términos de creación de valor. En general, la confrontación de los términos contractuales con las evidencias obtenidas del análisis funcional conduce, en gran medida, a la conclusión sobre la realidad económica de la operación. En este sentido, las modificaciones introducidas por BEPS a las DPT OCDE se encargan, en buena parte, de mejorar la aplicación metodológica de estos dos factores.

Es necesario indicar que el análisis de las características económicamente relevantes no solo es útil en la etapa de delineación precisa de la operación, sino también en la etapa posterior del análisis de comparabilidad[11]. Este conjunto de factores es indispensable como marco de referencia para la búsqueda de comparables independientes; para la evaluación del grado de comparabilidad entre la operación vinculada y las no vinculadas; y para la identificación de diferencias que podrían corregirse con ajustes de comparabilidad que permitan mejorar la fiabilidad de algunos comparables en el análisis[12].

8. Como se observa en las obligaciones documentales en materia de precios de transferencia, entre los informes que deben ser aportados y preparados por el contribuyente, se requiere de una descripción de estos aspectos. La identificación del grupo y de las entidades que lo conforman es indispensable para realizar el posterior análisis económico de la operación en concreto. Ver DPT OCDE (2017), pár. 1.34., 5.16 y ss.
9. Ver DPT OCDE (2017), pár. 1.36.
10. Ver GÓMEZ REQUENA, J. A., (2019), *Op. cit.*, p. 110.
11. Ver DPT OCDE (2017), pár. 1.40.
12. Ver GÓMEZ REQUENA, J. A., (2019), *Op. cit.*, p. 111.

1.1.1. Términos contractuales

De acuerdo con las DPT OCDE de 2017, una operación vinculada es la expresión de las relaciones comerciales o financieras entre las partes de esta[13]. Para formalizar las condiciones de dicha operación, las partes vinculadas suelen suscribir contratos o acuerdos, o fijar dichas condiciones a través de las distintas comunicaciones entre ellas. Las DPT OCDE denominan estos pactos o acuerdos de manera general como «términos contractuales».

Los contratos o acuerdos escritos entre las partes recogen como mínimo elementos sobre la identificación de las entidades involucradas, el acuerdo sobre el precio, y la distribución de las obligaciones y derechos que les corresponden; estos acuerdos pueden incluir la distribución de funciones y los riesgos entre las partes de la operación. En la revisión de los términos contractuales, es importante considerar todos los acuerdos relevantes que pueden abarcar el inicio o celebración del contrato; los posibles cambios en caso de renegociación de los términos durante su ejecución, así como, los acuerdos de terminación[14]. Al respecto, es necesario identificar los derechos y obligaciones de las partes vinculadas en estos distintos momentos y analizar cómo se reflejan en la retribución pactada. Por ejemplo, cuando un acuerdo de fabricación o de licencia se termine anticipadamente, es necesario valorar si los pactos contemplan alguna compensación de esta situación respecto a la entidad que va a dejar de vender productos o explotar los derechos de licencia antes de lo previsto y por tanto recibirá menos ingresos de los inicialmente proyectados. En estos casos, es importante evaluar las modificaciones realizadas para comprender si las partes llegaron al acuerdo de una nueva operación con otros términos o si continúan bajo la ejecución de los términos de la operación inicial[15]. La interpretación de estos acuerdos depende de las reglas propias de la interpretación en cada ordenamiento[16].

Aun así, es posible que no todas las circunstancias y condiciones de la operación estén claramente indicadas en los términos contractuales. Algunos términos de las operaciones pueden estar definidos en otras fuentes distintas de contratos o acuerdos, como los registros públicos o la propia ley, como se indica en las consideraciones especiales sobre intangibles que se revisan en el numeral 2.1 de este Capítulo. Estos términos son el punto de partida para la delineación precisa de la operación, pues permiten a las administraciones tributarias obtener una primera identificación de las circunstancias de la operación establecidas *ex ante* por las partes (antes de realizarse la operación, o al inicio de esta).

13. Ver DPT OCDE (2017), pár. 1.42.
14. Ver VOGEL, K., BECKER, J., (2022), *Op. cit.*, p. 754; ver DPT OCDE (2017), pár. 1.47, 9.84.
15. Ver DPT OCDE (2017), pár. 1.47.
16. Ver DPT OCDE (2017), pár. 1.43.

En todo caso, la delineación de la operación requiere complementarse con el análisis de los demás factores económicamente relevantes, especialmente del análisis funcional. En este sentido, el estudio de los términos contractuales está relacionado con la aplicación del principio de sustancia sobre la forma[17]. El proceso de análisis de los precios de transferencia implica la constatación de la forma (términos establecidos entre las partes) frente a la sustancia de la operación (la realidad fáctica). De acuerdo con PETRUZZI, cada uno de estos elementos responde a fundamentos distintos: los términos contractuales entre partes vinculadas definen la estructura de la operación adoptada entre ellas, mientras que el análisis de precios de transferencia debe realizarse de acuerdo con el principio de plena competencia[18]. En un contrato entre partes independientes, la diferencia entre sus intereses garantiza que los términos contractuales reflejen de la mejor manera posible los intereses de cada parte, y que ambas partes busquen ceñirse al cumplimiento de sus condiciones para gestionar la ejecución de la operación. Entre partes vinculadas los términos contractuales pueden no reflejar esa tensión de intereses, por lo que la gestión de la operación puede estar sujeta más a relaciones de control que al constreñimiento de las partes por el acuerdo al que han llegado en un contrato. El análisis de la operación incluye la evaluación de la consistencia entre los términos contractuales y la realidad fáctica de la operación. En este sentido, cuando se presenten diferencias entre el contrato y la conducta de las partes, la determinación de la naturaleza de la operación viene dada por el análisis funcional —las funciones realizadas, los riesgos asumidos y los activos involucrados en la operación efectiva—, y por las comprobaciones del resto de factores de comparabilidad en el análisis[19].

Asimismo, en ausencia de términos contractuales, la naturaleza y condiciones de la operación serán las que se evidencien de este análisis de los factores de comparabilidad, especialmente del análisis funcional[20]. Esto sucede, por ejemplo, cuando las partes no consideraron como una operación singular algunas transferencias importantes de valor incluidas en la prestación de una asistencia técnica; o cuando se transfieren conocimientos como el *know how* de un proceso como parte del traslado de una plantilla de trabajadores. La operación principal, cuyos términos contractuales están definidos, no contempló individualmente las condiciones de una trasferencia valiosa de intangibles, en los casos menciona-

17. Desde 1979, la metodología para realizar el análisis de precios de transferencia ha indicado que los acuerdos contractuales deben ser el punto de partida en la determinación del precio de mercado en las operaciones vinculadas y que debe establecerse la sustancia de la operación, cuya comprensión ha evolucionado en un sentido más económico. Ver Informe OCDE 1979, pár. 183 y ss. En las DPT OCDE de 1995, se hizo énfasis en la constatación de las condiciones reales de la operación vinculada; en 2010, las DPT OCDE reconocían explícitamente el valor de los términos contractuales como punto de partida del análisis. Ver PETRUZZI, R., (2016), *Op. cit.* pp. 18 y ss.
18. Ver PETRUZZI, R., (2016), *Op. cit.*, p. 16.
19. Ver DPT OCDE (2017), pár. 1.45.
20. Ver DPT OCDE (2017), pár. 1.49.

dos; lo que sí puede ser considerado una operación separada en un análisis sobre precios de trasferencia.

Con todo, el examen de los términos contractuales siempre ha sido parte del análisis de la operación. Sin embargo, su posición en este análisis ha evolucionado, teniendo en cuenta el *test* de sustancia, para determinar la realidad de la operación efectivamente realizada. Aunque el principio de sustancia sobre la forma estuvo presente en las reglas sobre precios de trasferencia desde el Informe OCDE de 1979[21], su evolución en un sentido más económico ha significado una menor dependencia de los términos contractuales en la revisión de las operaciones vinculadas. Con la introducción del enfoque BEPS, el énfasis en la delineación de la operación está en las funciones relevantes y, más aún, en la creación de valor. Por ello, a pesar de indicar que los términos contractuales son el punto de partida para la definición de la operación vinculada, la fiabilidad de estos como parte del análisis ha ido descendiendo, dentro del marco propuesto por las DPT OCDE[22].

1.1.2. Análisis funcional

Como se mencionó anteriormente, además de los términos contractuales, la delineación de la operación se establece, en gran medida, en base al análisis funcional que refleja la realidad fáctica de la operación[23]. En una operación entre partes independientes, la remuneración acordada usualmente evidencia las funciones realizadas, riesgos asumidos y activos involucrados por cada parte de la operación[24]. Por esto, el objetivo de este análisis es establecer si la remuneración pactada en la operación vinculada refleja la valoración de estos tres elementos.

El primero de ellos es el análisis de las funciones desempeñadas en la operación. Este aspecto requiere identificar las actividades y responsabilidades asumidas por las distintas partes vinculadas involucradas en la operación; particularmente, de aquellas más significativas para la generación de valor[25]. Para ello, es necesario empezar por comprender cómo se genera valor en la actividad del grupo en la que se enmarca la operación; esto permite identificar cuáles son las funciones y las contribuciones que aporta cada parte vinculada en esa cadena de valor. En la actividad normal de las EMN, el valor es generado por un número de entidades vinculadas, en distintos países, simultáneamente[26]; por lo que las funciones significativas pueden estar distribuidas y a la misma vez organizadas

21. Ver PETRUZZI, R., (2016), *Op. cit.* pp. 12-16.
22. Ver COLLIER, R. y ANDRUS, J., (2017), *Op. cit.*, p. 200; Ver PETRUZZI, R., (2016), *Op. cit.*, pp. 19 y ss.
23. Ver PETRUZZI, R., (2016), *Op. cit.*, p. 20.
24. Ver DPT OCDE (2017), pár. 1.51.
25. Ver DPT OCDE (2017), pár. 1.51.
26. Ver VERLINDEN, I., DE BAETS, S. y PARMESSAR, V., (2019), *Op. cit.*, p. 1045.

de manera integral para realizar su una actividad económica. Por ello, es necesario identificar las funciones y cómo estas se interrelacionan, a través de aspectos como la toma de decisiones, las capacidades de cada entidad y la coordinación entre estas[27].

Dado el énfasis en la generación de valor, no todas las funciones son significativas en el análisis; algunas tienen mayor relevancia económica que otras. Tampoco es posible afirmar que una misma sociedad del grupo se encarga únicamente de una función; puede realizar muchas funciones en comparación con otra; o una sola de estas funciones puede ser más significativa que varias[28]. En todos los casos, la importancia de las variaciones depende de la operación vinculada y las condiciones particulares que la rodean.

El segundo aspecto del análisis funcional es el que corresponde a los riesgos. Este es uno de los principales desarrollos técnicos que produjo BEPS en las DPT OCDE. En el marco de las DPT OCDE de 2010, era posible separar los riesgos de las actividades valiosas de la operación a través de asignaciones contractuales. Por ejemplo, en el caso de los intangibles, la entidad que asumía el riesgo financiero por el desarrollo de una patente no necesariamente era la misma que realizaba la actividad de investigación de la misma, pues podía contratar otra empresa vinculada o incluso una independiente para llevar a cabo los servicios de I+D; en tal supuesto, la financiación del riesgo era retribuida en mayor valor que la actividad propiamente realizada que era la que aportaba valor al intangible. Por ello, fue necesaria una ampliación de las recomendaciones en cuanto a la metodología de análisis de los riesgos, para alinear la asignación de estos riesgos con las actividades que generan valor.

Las DPT OCDE de 2017 definen el riesgo como el efecto de la incertidumbre sobre los objetivos de la actividad económica[29]; por ello, en cada paso u operación de la actividad de las empresas existe una incertidumbre y unos riesgos que deben asumirse en consecuencia. Las DPT OCDE señalan una clasificación de los riesgos según la fuente de incertidumbre que puede generarlo[30]: i) riesgos estratégicos o de mercado; ii) riesgos de infraestructura u operativos; iii) riesgos financieros; iv) riesgos de la operación; v) riesgos de daños. La OCDE asume que en el mercado libre (entre partes independientes) la aceptación de un riesgo mayor se compensará con un aumento en el rendimiento previsto[31]; por esto, la relevancia de un riesgo depende de la probabilidad y la importancia de los beneficios que puedan derivarse de él.

---

27. Ver DPT OCDE (2017), pár. 1.51-1.55.
28. En estos casos, la importancia económica de las funciones está determinada por la frecuencia, naturaleza y valor respecto a cada entidad involucrada en la operación.
29. Ver DPT OCDE (2017), pár. 1.71.
30. Ver DPT OCDE (2017), pár. 1.72.
31. Ver DPT OCDE (2017), pár. 1.56.

Para determinar en qué medida influye el riesgo en el valor de una operación (por ejemplo, en el valor de un intangible), es indispensable analizar los riesgos significativos dentro del marco de las funciones relevantes, y no de forma separada a estas[32], particularmente considerando el enfoque en la creación de valor. El análisis parte de los términos contractuales establecidos por las partes respecto a la distribución de los riesgos, lo que las DPT OCDE denomina «asunción contractual del riesgo» (*allocation of risk*)[33]. En todo caso, la *forma* no determina por sí sola la remuneración que corresponde a cada parte por los riesgos asumidos; esta debe corresponderse con la realidad fáctica de las partes, respecto a cómo gestionan[34] y controlan los riesgos en la operación (*factual risk allocation*)[35]. Esta determinación efectiva requiere la identificación de los riesgos, de las funciones significativas respecto de estos[36] y de las partes que las desempeñan[37]. En este sentido, el análisis de riesgos requiere una suerte de análisis específico de sus funciones, dentro del análisis funcional de toda la operación[38].

Para alinear los riesgos con la creación de valor, las DPT OCDE establecieron dos funciones determinantes en materia de riesgos: a) el control sobre estos[39]; y b) la capacidad financiera para asumirlos[40]. La entidad que lleve a cabo

32. Ver DPT OCDE (2017), pár. 6.67.; Ver RUBIO CUADRADO, F., «Capítulo 7. Análisis de comparabilidad», En CORDÓN EZQUERRO, T. (Ed.) Fiscalidad de los precios de transferencia (operaciones vinculadas). (3ª Ed.) CEF 2019, p. 321.
33. Los contratos suelen indicar qué riesgos son asumidos por cada parte de la operación, algunos de forma explícita y otros de forma implícita. La asunción contractual implica un acuerdo *apriori* sobre la asunción potencial de los riesgos en caso de materializarse posteriormente. Ver DPT OCDE (2017), pár. 1.77-1.78.
34. Es importante señalar que, de acuerdo con la OCDE, gestionar un riesgo no es lo mismo que asumirlo. Gestionar tiene que ver con las distintas funciones que pueden realizarse en torno a los riegos, mientras que asumirlo tiene que ver con soportar sus consecuencias positivas y negativas, en caso de materializarse. Estas consecuencias pueden ser financieras o de otra índole. En este sentido, una entidad puede ser contratada para desempeñar las funciones de mitigación de riesgo bajo la dirección de otra entidad que lo asume. Ver DPT OCDE (2010), pár. 1.63.
35. Ver DPT OCDE (2017), pár. 1.77.
36. Las entidades vinculadas pueden realizar distintas actividades y funciones por lo que se refiere específicamente de los riesgos, por ejemplo, la gestión de los riesgos, que se compone de tres aspectos: i) la capacidad de tomar decisiones sobre la aceptación, interrupción o declinación de una operación que implica un riesgo; ii) la capacidad de decidir sobre la respuesta a ese riesgo; iii) y la capacidad para mitigarlo. Ver DPT OCDE (2017), pár. 1.61.
37. Ver DPT OCDE (2017), pár. 1.58.
38. Ver RUBIO CUADRADO, F., (2019), *Op. cit.*, pp. 323 y ss.
39. El control del riesgo está relacionado con la capacidad y autoridad para decidir aceptar el riesgo y para decidir sobre la idoneidad y la forma de responder al mismo. Es decir, el control del riesgo se refiere a los primeros dos aspectos de gestión señaladas en la nota a pie 36 del Capítulo III de este trabajo. Conforme a esta definición, se entiende que una parte ejerce el control de un riesgo cuando tiene la capacidad para tomar decisiones en estas funciones y puede hacerlas efectivas. Ver DPT OCDE (2017), pár. 1.65-1.67, 1.76.;
40. Tener capacidad financiera, en este sentido, es tener acceso a los fondos suficientes para aceptar el riesgo o desistir de él, para pagar (a otra entidad si es el caso) por las funciones

estas funciones debe ser compensada por ello[41]; tal retribución debe estar reflejada en el precio acordado en la operación[42]. Por ello, si de acuerdo con los términos contractuales (*allocation of risk*) la parte que asume los riesgos significativos no controla el riesgo o no tiene la capacidad financiera para asumir las consecuencias de los mismos en caso de que se materialice (*factual risk allocation*), estas condiciones contractuales pueden ser desconocidas y la remuneración se fijará con base en la conducta efectiva de las partes[43]. Para cumplir con estas funciones del riesgo, especialmente la de control, es necesario contar con el personal que tenga la autoridad y capacidad en la toma de decisiones, con lo cual se evidencia la importancia del factor humano como indicador de sustancia en estas actividades[44].

Teniendo en cuenta la complejidad del análisis de los riesgos, las DPT OCDE de 2017 establecieron un proceso de seis pasos para su determinación. En este proceso básicamente se sistematizan los aspectos relevantes descritos indicados previamente: 1º) Identificar específicamente los riesgos con relevancia económica[45]; 2º) Establecer la asunción contractual de los riesgos[46]; 3º) Analizar la asunción de las funciones significativas en materia de riesgos[47]; 4º) Determinar si existe consistencia entre la asunción contractual y la asunción funcional de los riesgos (interpretación de los pasos 1 a 3)[48]; 5º) Redistribuir los riesgos en caso de no haber consistencia[49]; y 6º) Determinar el precio de la operación teniendo en cuenta las consecuencias de la asignación del riesgo[50]. Como se observa, el proceso concluye con la determinación del precio teniendo en cuenta la incidencia de la asignación de riesgos, con lo cual se reafirma su importancia, no como un elemento independiente en el análisis, sino como parte del análisis de creación de valor en su conjunto.

Dentro del análisis funcional, también deben identificarse los activos utilizados, teniendo en cuenta el tipo de activo (instalaciones, intangibles valiosos, etc.) y la naturaleza de los mismos (antigüedad, valor de mercado, ubicación, derechos sobre ellos, etc.)[51]. Aunque no existe una lista exhaustiva de los activos que pueden involucrarse en el desempeño de estas funciones, las DPT OCDE indican que pueden ser activos intangibles (utilizados en la investigación,

de mitigación de riesgos y hacer frente a las consecuencias del riesgo si se materializa. Ver DPT OCDE (2017), pár. 1.64.

41. Ver DPT OCDE (2017), pár. 1.100 y ss.
42. Ver DPT OCDE (2017), pár. 1.86 y ss.
43. Ver DPT OCDE (2017), pár. 1.88.
44. Ver PENG, C. y LAGARDEN, M., (2019), *Op. cit.*, p. 6.
45. Ver DPT OCDE (2017), pár. 1.71-1.76.
46. Ver DPT OCDE (2017), pár. 1.77-1.81.
47. Ver DPT OCDE (2017), pár. 1.82-1.85.
48. Ver DPT OCDE (2017), pár. 1.86-1.97.
49. Ver DPT OCDE (2017), pár. 1.98-1.99.
50. Ver DPT OCDE (2017), pár. 1.100-1.106.
51. Ver DPT OCDE (2017), pár. 1.54.

desarrollo o comercialización), activos físicos o activos financieros[52]. En el numeral 2.1 de este Capítulo se estudian las consideraciones más relevantes en materia de activos dentro del análisis de funciones.

1.1.3. Características de los bienes o servicios

Las características de los bienes o servicios objeto de la operación pueden explicar las diferencias de su valor en el mercado[53]. Ahora bien, las diferencias entre el precio vinculado y el precio de mercado no necesariamente corresponden a diferencias en las características de estos bienes o servicios.

Dependiendo del método de valoración de los precios de transferencia, este factor puede ser más o menos relevante. Por ejemplo, el CUP es un método que se basa en la comparación directa de precios, por lo que las diferencias entre los productos o servicios objeto de la operación vinculada y los de la operación comparable pueden excluir la utilización de este método, teniendo que aplicarse en este caso uno que dependa menos de la similitud entre productos o servicios[54]. En este sentido, para la aplicación del CUP, el factor de las características de los intangibles involucrados es especialmente importante[55]; esto no quiere decir que en la aplicación de otros métodos este factor no sea relevante, pues de la misma manera las características de los productos o servicios pueden ser el resultado de las funciones desempeñadas, riesgos asumidos, o activos involucrados y, por lo tanto, deben considerarse en la delineación de la operación.

Por ejemplo, en materia de intangibles, es importante determinar características relacionadas con la forma de la operación (ej. licencia o venta); con el tipo de intangible (ej. marca o *know-how*); pero también con características específicas respecto a las condiciones en las que se han trasferido los intangibles o sus derechos. Entre otras características, las DPT OCDE señalan[56]: la exclusividad de los derechos sobre intangibles[57]; el alcance y duración de su protección legal[58]; el ámbito geográfico de los intangibles o de los derechos sobre estos[59]; la vida útil del intangible o sus derechos, especialmente en relación con la vida comercial de la línea de productos que se basan en este[60]; la fase de desarrollo del intangible, relacionada con la viabilidad comercial de los productos que se basan en dicho intangible[61]; los derechos de las partes a mejoras, revi-

52. Ver DPT OCDE (2017), pár. 6.59.
53. Ver DPT OCDE (2017), pár. 1.107.
54. Ver VOGEL, K., BECKER, J., (2022), *Op. cit.*, p. 753.
55. Ver DPT OCDE (2017), pár. 1.108.
56. Ver DPT OCDE (2017), pár. 6.117 y ss.
57. Ver DPT OCDE (2017), pár. 6.118.
58. Ver DPT OCDE (2017), pár. 6.119.
59. Ver DPT OCDE (2017), pár. 6.120.
60. Ver DPT OCDE (2017), pár. 6.121-6.122.
61. Ver DPT OCDE (2017), pár. 6.123-6.124.

siones y actualizaciones futuras de los intangibles[62]; y finalmente, la expectativa de las partes vinculadas respecto de los beneficios futuros que pueden derivarse del uso de los intangibles[63]. Esta lista no es exhaustiva, por lo que pueden tenerse en cuenta otras características según cada operación.

1.1.4. Circunstancias económicas

Este factor hace referencia a las condiciones o características de los mercados en los que se realizan las operaciones vinculadas. Cuando el análisis de precios de transferencia va a realizarse a través de la comparación de una operación vinculada con una operación entre independientes, es muy importante tener en cuenta que las circunstancias económicas del mercado, en ambas operaciones, sean comparables[64].

Teniendo en cuenta el mercado en que las operaciones vinculadas tienen lugar, a efectos de la comparabilidad, las DPT OCDE identifican las siguientes circunstancias relevantes a considerar:[65]: su localización geográfica; su dimensión; el grado de competencia y la posición competitiva relativa de compradores y vendedores; la disponibilidad de bienes y servicios alternativos (el riesgo que implica la disponibilidad de estos bienes y servicios por parte de la competencia); los niveles de oferta y demanda en el conjunto del mercado y en zonas concretas, si son relevantes; el poder adquisitivo de los consumidores, la naturaleza y alcance de la reglamentación del mercado; los costes de producción, incluyendo los costes del suelo, del trabajo y del capital; los costes de transporte; el nivel de mercado (por ejemplo, venta al por menor o al por mayor); la fecha y el momento de la operación, etc.

Adicionalmente deben tenerse en cuenta, factores como el ciclo (económico, comercial o de producción) y el mercado geográfico[66]. En este último aspecto resulta interesante el reconocimiento que realiza la OCDE respecto de grandes mercados regionales, que comprenden más de un país y que pueden resultar razonablemente homogéneos, en cuyo caso podría utilizarse un enfoque de comparabilidad multi-país. No obstante, tal homogeneidad debe estar clara para el producto o servicio específico de la operación vinculada que se analiza, ya que de lo contrario puede afectarse la fiabilidad del análisis.

62. Ver DPT OCDE (2017), pár. 6.125-6.126.
63. Ver DPT OCDE (2017), pár. 6.127.
64. Ver DPT OCDE (2017), pár. 1.110.
65. Ver DPT OCDE (2017), pár. 1.110 y ss.
66. Ver DPT OCDE (2017), pár. 1.111.

1.1.5. Estrategias empresariales

Las estrategias empresariales corresponden a una serie de decisiones tomadas por las EMN para la obtención de resultados óptimos en su actividad[67]. Estas estrategias pueden estar relacionadas con todo tipo de aspectos de la empresa, aunque las DPT OCDE se enfocan principalmente en estrategias que adoptan las EMN relacionadas con el mercado (la entrada de una entidad o un producto en un nuevo mercado; la expansión de la cuota en el mercado; o la conservación de la cuota existente)[68]. Entre estas estrategias, pueden encontrarse factores como los siguientes: la innovación y el desarrollo de nuevos productos; cambios en cuanto al grado de diversificación de sus líneas de negocio; medidas de aversión al riesgo; estrategias para enfrentar y valorar los cambios políticos, así como la incidencia de las leyes laborales vigentes y de proyectos de ley; políticas internas sobre la duración de los acuerdos entre empresas vinculadas, etc; entre otros factores que influyen en la gestión cotidiana de la empresa[69].

Este tipo de estrategias deben ser tenidas en cuenta a la hora de analizar la operación, ya que pueden explicar una variación temporal de los precios de transferencia, frente a los precios de mercado. En concreto, se debe evaluar si un contribuyente sigue una estrategia empresarial, de manera temporal, por la que obtiene resultados menores, a la espera de mejorar sus ingresos en el futuro[70]. Por ello, un elemento importante de esta evaluación es la definición de un marco temporal que permita valorar el éxito o fallo de la estrategia empresarial respecto al esfuerzo realizado por el contribuyente[71] (ej. haber asumido mayores gastos o aceptar menores ingresos, etc.).

Para establecer si la estrategia empresarial es compatible con el principio de plena competencia, se deben tener en cuenta tres factores[72]: i) la conducta de las partes debe ser consistente con la estrategia declarada; ii) la naturaleza de la relación entre las partes vinculadas debe ser coherente con la situación del contribuyente que soporta los costes de la estrategia empresarial (aspecto muy relacionado con la función o actuación que realiza)[73]; y iii) debe haber una expectativa razonable de obtener ingresos suficientes, en un plazo aceptable, que justifique los costes asumidos[74]. Se pueden encontrar algunas referencias en los

67. La RAE define «estrategia», entre sus acepciones, como el conjunto de las reglas que, en un proceso regulable, buscan una decisión óptima en cada momento. Ver Real Academia Española: Diccionario de la lengua española, (23.ª ed.).
68. Ver DPT OCDE (2017), pár. 1.115.
69. Ver DPT OCDE (2017), pár. 1.114.
70. Ver DPT OCDE (2017), pár. 1.117.
71. Ver DPT OCDE (2017), pár. 1.116.
72. Ver DPT OCDE (2017), pár. 1.117; Ver VOGEL, K., BECKER, J., (2022), *Op. cit.*, p. 758.
73. Cuando una entidad que actúa como un agente de ventas, con poca responsabilidad sobre la evolución del mercado, normalmente no asume los costes de una estrategia empresarial. Ver DPT OCDE (2017), pár. 1.117.
74. Ver DPT OCDE (2017), pár. 1.118.

ordenamientos nacionales sobre la definición y elección de marcos temporales razonables para el análisis de las estrategias empresariales; por ejemplo, la jurisprudencia alemana señala que un hombre prudente de negocios establecería un período razonable para obtener dichos beneficios; puntualmente, en esta jurisprudencia se reconoce que es razonable no tener ganancias —u obtener pérdidas— hasta por un período de 3 años[75].

1.2. ANÁLISIS DE COMPARABILIDAD: LA BÚSQUEDA DE COMPARABLES

Una vez hecha la delineación precisa de la operación, corresponde la segunda parte del proceso: el análisis de comparabilidad. El objetivo de este análisis es realizar la comparación entre la remuneración de la operación vinculada y la remuneración obtenida entre partes independientes, para comprobar si la valoración del precio de transferencia está en línea con el principio de plena competencia[76].

Al igual que sucede con otros aspectos del análisis de precios de transferencia, las DPT OCDE contienen un «proceso tipo» para realizar el análisis de comparabilidad, que recoge todos los aspectos que se estudian en este numeral[77]. De manera general, señala los siguientes pasos: 1. Determinación de los años incluidos en el análisis; 2. Análisis del conjunto de las circunstancias del contribuyente; 3. Comprensión de la operación u operaciones vinculadas objeto de comprobación; 4. Revisión de los comparables internos, si los hay; 5. Fuentes de información sobre comparables externos cuando sean necesarios; 6. Selección del método de determinación del precio y del indicador de beneficios pertinente; 7. Identificación de comparables potenciales; 8. Aplicación de ajustes de comparabilidad pertinentes; y 9. Interpretación de los datos y determinación de la remuneración.

Los primeros pasos están relacionados con las circunstancias propias del contribuyente y de la operación vinculada objeto de análisis. En este sentido, el inicio del proceso de comparabilidad depende del análisis previo de la operación vinculada[78], en el que se han identificado las características económicamente relevantes que delimitan su estructura y condiciones; estas características son a su vez los factores de comparabilidad, marco para identificar los comparables más similares. Es importante señalar el estándar de comparabilidad en materia de precios de transferencia; las DPT OCDE no exigen que los comparables seleccionados sean idénticos a la operación o a las partes vinculadas, sino que

75. Ver German Bundesfinanzhof of 17 February 1993, I R 3/92, BStBl II 457 (1993); German Bundesfinanzhof of 17 October 2001, I R 103/00, BStBl II 171 (2004); Ver VOGEL, K., BECKER, J., (2022), *Op. cit.*, p. 759.
76. Ver DPT OCDE (2017), pár. 3.2.
77. Ver DPT OCDE (2017), pár. 3.4.
78. Ver DPT OCDE (2017), pár. 3.1.

haya una similitud entre ambos teniendo en cuenta los factores de comparabilidad[79]; con lo cual, en algunos casos, pueden realizarse ajustes de comparabilidad para eliminar las diferencias existentes entre la operación vinculada y los posibles comparables, convirtiéndolos en comparables fiables.

En este sentido, tampoco se requiere hacer una búsqueda exhaustiva de comparables en todas las fuentes posibles de información; es más importante demostrar la fiabilidad de los comparables que tener un número extenso de estos[80]. Ahora bien, ya que los contribuyentes y las administraciones tributarias tienen que justificar esta fiabilidad, las DPT OCDE señalan varios elementos que deben tenerse en cuenta. Por un lado, la OCDE entiende que la búsqueda de comparables y de información adecuada puede ser gravosa, tanto para los contribuyentes como para las administraciones tributarias, por lo que el análisis de comparabilidad debe atender a una aplicación razonable respecto a los costes y las cargas que implica[81]; un ejemplo de ello es la recomendación de exigir a los contribuyentes una actualización constante de los análisis de comparables solo respecto de las operaciones más importantes y significativas, tratando de simplificar la exigencia respecto de las operaciones más simples[82]. Por otro lado, la selección de los comparables fiables debe realizarse siempre bajo un marco de transparencia, que conlleva una obligación, para las administraciones tributarias y para el contribuyente, de aportar la información que justifica la selección de los comparables, las fuentes y su fiabilidad[83]; en este sentido la OCDE también señala la importancia de no utilizar comparables secretos[84], refiriéndose explícitamente a las administraciones fiscales, pues esto constituye una conducta injusta para el contribuyente[85].

Respecto de la operación vinculada, esta puede analizarse de forma separada, lo que se considera más preciso, pero también puede comprender un análisis combinado de varias operaciones estrechamente ligadas entre sí[86], dependiendo de las circunstancias de cada caso. Este análisis combinado es común en operaciones de realización continuada como las licencias de *know how,* y el suministro de los elementos para la fabricación del producto que se fabrica con

79. Ver DPT OCDE (2017), pár. 3.47.
80. Ver DPT OCDE (2017), pár. 3.2.
81. Ver DPT OCDE (2017), pár. 3.80.
82. Esto se refiere en concreto al contenido de la documentación sobre precios de transferencia que deben tener a disposición las administraciones tributarias, en el que deben actualizar los análisis de las operaciones vinculadas para cada periodo fiscal, según se determine en la legislación interna de cada Estado. En las operaciones más simples o menos cuantiosas no será necesario exigir un nuevo análisis o búsqueda de comparables si puede entenderse razonablemente aplicable la del ejercicio anterior. Ver DPT OCDE (2017), pár. 3.82.
83. Ver DPT OCDE (2017), pár. 3.3.
84. Ver DPT OCDE (2017). *Op. cit.*, pár.3.36.
85. Ver VOGEL, K., BECKER, J., (2022), *Op. cit.*, p. 752.
86. Ver DPT OCDE (2017), pár. 3.9.

tal intangible. El análisis del conjunto de circunstancias que rodean la operación debe servir para determinar el enfoque adecuado en estos casos[87].

Otro aspecto relevante del análisis de comparabilidad puede ser la selección de la parte vinculada que será objeto de comparación. Esto es así cuando no va a compararse la operación como tal (ej. cuando se aplica el método CUP), o cuando solo se analiza el margen obtenido por una de las partes de la operación (métodos CPM, RPM o el TNMM); las DPT OCDE recomiendan que la parte seleccionada sea aquella cuyo análisis funcional sea menos complejo[88], pues usualmente la determinación del precio para estas partes es más fiable y la información sobre comparables suele ser más sólida.

En cuanto a los posibles comparables, estos pueden provenir de una operación realizada entre una parte de la operación vinculada y una parte independiente (comparables internos), o de una operación entre partes independientes (comparables externos)[89]. Aunque es posible que los comparables internos estén más directamente relacionados con la operación vinculada analizada, no existe preferencia por el uso de estos sobre los comparables externos; lo más importante en la elección es la similitud teniendo en cuenta los factores de comparabilidad y la fiabilidad de la información[90]. En cuanto a los comparables externos, es frecuente que estos se encuentren en bases de datos comerciales que recopilan información contable presentada por las sociedades a organismos públicos administrativos[91]. Esta información puede sistematizarse y organizarse de manera que sus datos estadísticos permitan la realización de búsquedas a través de filtros por criterios, que arrojen un grupo de posibles comparables. Sin embargo, las bases de datos también tienen sus limitaciones (no existen en todos los países; no contienen toda la información que requiere la aplicación de algunos métodos; no suelen tener información sobre operaciones realizadas en específico, etc.), por lo que es importante complementar la búsqueda en las bases de datos con una verificación más detallada. Por ejemplo, en el caso del análisis de operaciones con intangibles es posible utilizar búsquedas en bases de datos, aunque ello no es muy frecuente por el tipo de información que se requiere; por ello, hay que valorar si los datos extraídos de las bases comerciales están lo suficientemente detallados como para evaluar las particularidades de los intangibles[92]. En definitiva, no se trata solo de la cantidad sino de la calidad de los comparables seleccionados[93].

87. Ver DPT OCDE (2017), pár. 3.7.
88. Ver DPT OCDE (2017), pár. 3.18.
89. Ver DPT OCDE (2017), pár. 3.24.
90. Ver DPT OCDE (2017), pár. 3.27-3.28.
91. Ver DPT OCDE (2017), pár. 3.30.
92. Ver DPT OCDE (2017), pár. 6.130.
93. Ver DPT OCDE (2017), pár. 3.31-3.33.

Cuando se utilizan este tipo de búsquedas en bases de datos, es indispensable establecer criterios para aceptar o rechazar comparables, que pueden ser cuantitativos (el tamaño de la empresa, el volumen de intangibles que posee o su valor neto respecto del total de la empresa, entre otros)[94], o cualitativos (la verificación específica de la actividad que desarrollan, más allá del sector económico o código de actividad con el que se clasifican). Una vez seleccionados los comparables, se podrá realizar el análisis de valoración de los mismos. Teniendo en cuenta el método de determinación del precio y el indicador de beneficios, se obtendrá la remuneración obtenida por los comparables. Dependiendo del caso, esta remuneración puede ser una cifra exacta (posiblemente cuando hay un solo comparable o existen comparables internos); o un conjunto de cifras (que pueden ser relativamente similares pero dispares), en cuyo caso se debe establecer un punto central dentro del rango de remuneraciones (por ejemplo, de los precios o márgenes netos); usualmente se calcula la mediana o el rango intercuartil[95] de la muestra, dentro del que se considera que debe estar la remuneración «de mercado»[96].

1.3. MÉTODOS PARA LA DETERMINACIÓN DEL PRECIO DE MERCADO

Las DPT OCDE recomiendan la utilización de cinco métodos para la determinación de los precios en las operaciones vinculadas[97]; tres métodos tradicionales (CUP[98], RPM[99] y CPM[100]) y dos métodos basados en el beneficio[101] (el método de reparto del beneficio[102] y TNMM[103]), además de la posibilidad de utilizar otros métodos alternativos, siempre que permitan alcanzar resultados de plena competencia[104].

---

94. Ver DPT OCDE (2017), pár. 3.44.
95. Usualmente esta técnica permite seleccionar el rango de un grupo de datos entre la cuarta parte más baja (25%) y la cuarta parte más alta (75%) de la muestra de datos. A efectos del ALP, se considera que un precio de transferencia está en línea con el valor de mercado cuando se ubica dentro de la parte central de la muestra, es decir, entre ese 25% y 75%. Ver RUBIO CUADRADO, F., (2019), *Op. cit.*, pp. 332 y ss.
96. Ver DPT OCDE (2017), pár. 3.55-3.66; Al respecto puede consultarse también la Recomendación 6 de documento sobre uso de comparables del Foro Conjunto de la Unión Europea sobre Precios de Transferencia. (en adelante «JTPF» o «Foro»). Ver JTPF (2017). Informe sobre Uso de Comparables en la UE. marzo de 2017. Recomendación No. 6.
97. Ver DPT OCDE (2017). *Op. cit.*, Capítulo II.
98. Ver DPT OCDE (2017), pár. 2.14-2.26.
99. Ver DPT OCDE (2017), pár. 2.27-2.41.
100. Ver DPT OCDE (2017), pár. 2.45-2.58.
101. Ver DPT OCDE (2017), pár. 2.62.
102. Ver DPT OCDE (2022). *Op. cit.*, pár. 2.114-2.183.
103. Ver DPT OCDE (2017), pár. 2.64-2.110.
104. Estos métodos pueden ser, por ejemplo, técnicas de valoración como el flujo de caja, o el uso de proyecciones de beneficios. En todo caso, la utilización de estos métodos debe corresponder con los principios de las DTP y por lo tanto no puede ser contraria al principio

Los métodos tradicionales, reconocidos como métodos válidos desde la publicación del Informe OCDE de 1979, permiten realizar el análisis de comparabilidad entre una operación vinculada y una operación comparable entre partes independientes. En el método CUP, se comparan directamente el precio vinculado y el precio de mercado, mientras que en los métodos RPM y CPM se comparan márgenes obtenidos por alguna de las partes de la operación (margen de reventa[105] o el margen sobre costes[106], respectivamente). En cuanto a los métodos basados en el beneficio, están basados en las rentas obtenidas por el contribuyente, y buscan establecer el margen neto obtenido con relación a una actividad o función específica[107] (en el caso del TNMM); o dividir el beneficio total de la operación entre las partes vinculadas (en el caso del método de reparto del beneficio)[108].

El método que refleja de manera más precisa la aplicación del ALP es el CUP. Sin embargo, las DPT no establecen ninguna jerarquía en la elección del método apropiado para determinar los precios de transferencia; se aplica la regla del mejor método[109] según la cual, el método apropiado será aquel qué mejor pueda aplicarse teniendo en cuenta la naturaleza de la operación (análisis funcional), la disponibilidad de información fiable, y el grado de comparabilidad. Por esto, en algunos casos debe seleccionarse un método que se enfoque en la operación en su totalidad (CUP); y en otros, un método que analice la remuneración desde la perspectiva de una de las partes (RPM, CPS y TNMM).

Para la valoración de las operaciones con intangibles, las DPT OCDE establecen que cualquiera de los cinco métodos propuestos es válido para determinar el precio de la operación vinculada[110]; las entidades pueden elegir el método que consideren más apropiado teniendo en cuenta el intangible y la complejidad

---

de plena competencia. Los resultados que se obtienen a través de estas técnicas de valoración deben ser coherentes con los que habrían podido obtener dos entidades independientes en una operación en condiciones similares. Ver DPT OCDE (2017), pár. 2.9.

105. Una entidad del grupo compra productos a una vinculada para luego revenderlos a un cliente final o un tercero. El margen de reventa es el ingreso que tiene después de descontar el coste de la compra que realizó a la entidad vinculada; se obtiene de restar, del precio que cobra por la venta al cliente, el valor que pagó a su vinculada por el producto. Ver COLLIER, R. y ANDRUS, J., (2017), *Op. cit.*, p. 110.

106. En este caso el margen es la utilidad que obtiene la entidad, que vende un bien o presta un servicio, después de descontar los costes en los que incurrió para producir dicho bien o prestar los servicios. Ver COLLIER, R. y ANDRUS, J., (2017), *Op. cit.*, p. 111.

107. Por lo que se calculan sobre la base correspondiente para ello, por ejemplo, las ventas o los activos intangibles.

108. El método se aplica estableciendo el total de los beneficios y haciendo la distribución de los mismos como se habría pactado entre partes independientes. Los beneficios derivados del intangible que son distribuidos habitualmente corresponden a los beneficios residuales; los cuales son distribuidos de acuerdo con el criterio de su aporte, evidenciado en el análisis funcional. Ver DPT OCDE (2017), pár. 6.148.

109. Ver DPT OCDE (2017), pár. 2.2.

110. Ver DPT OCDE (2017), pár. 6.136.

para aplicar el método. En todo caso las DPT OCDE señalan ciertos aspectos generales sobre los métodos de valoración. De manera general, por la naturaleza del intangible o del sector económico en que se utiliza, en muchos casos los costes no reflejan el verdadero valor del intangible[111]; en estos supuestos, los costes no tienen un valor significativo y por tanto una metodología basada en estos no es recomendable para el análisis de intangibles[112].

Lo métodos que permiten una determinación más acorde a la naturaleza de los intangibles son el CUP[113] (en todos aquellos casos en que las circunstancias y los factores de comparabilidad lo permitan)[114]; y, tratándose de intangibles más complejos, los métodos del beneficio[115], ya que permiten considerar las contribuciones valiosas y únicas que hacen las partes a la operación[116]. En este caso, cuando se aplican métodos basados en los beneficios, el factor del análisis funcional es especialmente importante, ya que se requiere un grado de similitud desde la perspectiva de las funciones, más que desde el intangible o los productos o servicios basados en éste[117]. El TNMM es especialmente apropiado cuando solo una de ellas realiza estas contribuciones valiosas[118], ya que el margen neto se ve menos afectado por la existencia de diferencias funcionales entre la operación vinculada y los comparables[119]. En los casos en que ambas partes realizan un aporte valioso o están altamente integradas, es mejor utilizar el

111. Ver VERLINDEN, I., DE BAETS, S. y PARMESSAR, V., (2019), *Op. cit.*, p. 1053.

112. Esto no quiere decir que el método no pueda aplicarse cuando, por la naturaleza del intangible o del sector económico de las entidades, puedan utilizarse los costes como base para un margen de remuneración. Es el caso de la valoración del precio en algunos intangibles que no son únicos o valiosos, como pueden ser los sistemas informáticos de uso interno. Ver DPT OCDE (2017), pár. 6.142 y ss.

113. Ver DPT OCDE (2017), pár. 6.145-6.147.; la OCDE incluye, a modo de ejemplo, aquellas operaciones en las que los intangibles adquiridos por un grupo a una empresa independiente se transfieren inmediatamente después de su adquisición a un miembro del grupo por medio de una operación vinculada, también conocidas como «*back-to-back-transfers*». En este caso la empresa vinculada que transfiere a su parte relacionada tiene la información del precio al que recientemente adquirió el intangible o el derecho sobre este. El precio pagado por el intangible adquirido al tercero es el comparable útil. Ver VERLINDEN, I., DE BAETS, S. y PARMESSAR, V., (2019), *Op. cit.*, p. 1053.

114. La aplicación del CUP requiere un alto grado de comparabilidad entre las características de los intangibles de ambas operaciones (la vinculada y la no vinculada), fiabilidad de la información sobre la operación no vinculada y que la aplicación de los ajustes de comparabilidad también sea fiable. Ver LANG, M., COTANI, G., PETRUZZI, R., (Eds.), Fundamentals of Transfer Pricing: General Topics and Specific Transactions, Kluwer Law International (2021), pp. 39-69. Como se ha visto, uno de los aspectos problemáticos de los intangibles es la dificultad para identificar operaciones comparables que involucren intangibles. Ver numeral 4.2 del Capítulo II de esta obra. Ver también VERLINDEN, I., DE BAETS, S. y PARMESSAR, V., (2019), *Op. cit.*, p. 1053.

115. Ver DPT OCDE (2017), pár. 6.145.

116. Ver DPT OCDE (2017), pár. 2.4.

117. Ver DPT OCDE (2017), pár. 1.109.

118. Ver DPT OCDE (2017), pár. 2.65.

119. Ver DPT OCDE (2017), pár. 2.68.

método de reparto del beneficio[120], ya que permite la distribución de las rentas de la operación entre las partes vinculadas con base en criterios económicos (la proporción de sus aportes al valor del intangible), lo que se considera acorde con el ALP[121].

Aun así, el análisis de comparabilidad de las operaciones con intangibles revelará frecuentemente que no existen operaciones no vinculadas cuya comparabilidad sea fiable para determinar el precio[122] y otras condiciones de plena competencia[123]. Esto se debe a las características únicas de los intangibles[124] que muchas veces solo son objeto de operaciones vinculadas. En estos casos, ninguno de los cinco métodos de las DPT OCDE puede aplicarse adecuadamente, por lo que las mismas DPT OCDE recomiendan un listado de factores a considerar[125], entre los que se encuentran los siguientes: las funciones, activos y riesgos de las partes de la operación; los motivos empresariales para llevar a cabo la operación; las perspectivas de cada parte de la operación y las opciones de las que dispongan de modo realista; las ventajas competitivas que otorgan los activos intangibles; los beneficios económicos que se prevé que genere la operación en el futuro; así como otros factores de comparabilidad, tales como los mercados locales, las economías de localización, el capital humano y las sinergias en el seno del grupo multinacional. Como se observa, se trata de aspectos que no se refieren propiamente a una metodología para la determinación del precio, sino a indicadores que podrían dar un indicio sobre su validez.

2. MARCO ESPECÍFICO DE ANÁLISIS DE OPERACIONES CON INTANGIBLES

Los intangibles pueden tener características especiales que dificultan la aplicación del análisis de precios de transferencia[126], por lo que el Capítulo VI de las CPT señala un conjunto de principios y consideraciones especiales para realizar el análisis de precios de transferencia en las operaciones con intangibles[127]. Aun así, todas las recomendaciones de los Capítulos I a III de las DPT OCDE son aplicables en el análisis de las operaciones vinculadas con intangi-

120. Ver DPT OCDE (2017), pár. 2.115.; VOGEL, K., BECKER, J., (2022), *Op. cit.*, p. 781.
121. Ver DPT OCDE (2017), pár. 2.114; Ver VERLINDEN, I., DE BAETS, S. y PARMESSAR, V., (2019), *Op. cit.*, p. 1053.
122. Ver DPT OCDE (2017), pár. 3.47 y 6.138.
123. Ver DPT OCDE (2017), pár. 6.138.
124. Ver VOGEL, K., BECKER, J., (2022), *Op. cit.*, p. 762.
125. Ver DPT OCDE (2017), pár. 6.139.
126. Las DPT OCDE señalan las dificultades que puede plantear el análisis de intangibles, entre otras: por su falta de comparabilidad; porque pueden pertenecer y ser usados por distintos miembros del grupo; porque es difícil aislar el efecto de los intangibles del total de la renta del grupo; o porque su valor está relacionado con actividades que pueden realizar distintas entidades del grupo en una estructura más integrada que la que se daría entre partes independientes. Ver DPT OCDE (2017), pár. 6.33 y 6.108.
127. Ver DPT OCDE (2017), pár. 6.3 y 6.33.

bles[128]; en tal sentido, en todo aquello que no se encuentre tratado en el análisis del Capítulo VI, son aplicables las recomendaciones del marco general[129].

Aunque se han mencionado algunos puntos dentro del estudio del marco general de análisis, en este numeral nos centraremos en dos aspectos: primero, en la relación entre el análisis funcional (basado en DEMPE) y el derecho a percibir beneficios por la explotación del intangible en línea con el ALP[130]; y segundo, en los enfoques específicos para los casos en que la valoración del intangible es incierta al tiempo de realizar la operación; o se trata de intangibles difíciles de valorar.

2.1. LA RELEVANCIA DEL ENFOQUE FUNCIONAL EN LA DETERMINACIÓN DE LA PROPIEDAD DE LOS INTANGIBLES EN PRECIOS DE TRANSFERENCIA (DEMPE)

Para la delineación precisa de las operaciones con intangibles se tiene en cuenta el proceso de análisis de las características económicamente relevantes, pero relacionado con las particularidades de estas operaciones. En el párrafo 6.34 de las DPT OCDE este análisis particular con los siguientes pasos: i) Identificar específicamente los activos intangibles utilizados o transferidos en la operación y los riesgos específicos con relevancia económica asociados al desarrollo, mejoramiento, mantenimiento, protección y explotación (DEMPE); ii) Identificar la totalidad de los términos contractuales y de indicadores de propiedad legal; iii) Identificar las partes que desempeñan las funciones (realización y control), que utilizan activos y que gestionan riesgos relacionados con DEMPE; iv) confirmar la consistencia entre los términos contractuales y legales y la realidad fáctica evidenciada (incluyendo la distribución de los riesgos); v) definir la operación u operaciones vinculadas efectivas realizadas en torno a DEMPE, con base en la propiedad legal, los términos contractuales y la conducta de las partes incluyendo la que se evidencia en el análisis funcional; vi) Cuando sea posible, determinar el precio de plena competencia de acuerdo con las aportaciones relevantes, activos utilizados y riesgos asumidos.

Como se observa, el análisis de intangibles depende, en gran medida, de la delineación de la operación con base en los términos contractuales y el análisis funcional de DEMPE (incluyendo los riesgos asociados a las funciones significativas). Por esto, una vez identificados los intangibles y los riesgos relevantes, el siguiente paso es la revisión de los términos contractuales. Estos pueden estar contenidos en contratos; en derechos reconocidos por la ley; en documentos públicos como registros; correspondencia o cualquier tipo de comunicaciones entre las partes[131]. La identificación de estos términos contractuales

128. Ver DPT OCDE (2017), pár. 6.110.
129. Ver GÓMEZ REQUENA, J. A., (2019), *Op. cit.*, p. 113.
130. Ver DPT OCDE (2017), pár. 6.48 y 6.50.
131. Ver DPT OCDE (2017), pár. 6.35.

es importante porque permite establecer cuál es la entidad propietaria legal del intangible; en ausencia de estos términos, la propiedad del intangible será deducida de los hechos comprobados y la conducta de las partes[132].

Ahora bien, como se estudia en el Capítulo II, la propiedad legal de los intangibles es distinta de la determinación del derecho a percibir beneficios por la explotación del intangible a efectos de los precios de transferencia; la propiedad legal[133], y otras condiciones que se encuentran en los términos, son la referencia inicial para identificar las partes vinculadas en la operación[134], pero la propiedad fiscal del intangible, es decir, la determinación de quién tiene derecho a recibir las rentas por su explotación[135], depende de las funciones DEMPE realizadas, los activos utilizados y los riesgos asumidos. En principio, los términos pueden contener la descripción de quiénes realizan algunas de estas funciones, así como de la asignación de los riesgos que hayan evidenciado las partes, que constituye el punto de partida, pues la delineación de estos elementos depende del análisis funcional.

Para determinar si una entidad vinculada realiza una función DEMPE asociada al intangible, las DPT OCDE señalan dos criterios: el *«desempeño»* y el *«control»*[136] sobre dichas funciones[137]. El propietario legal puede ser el titular de todos los beneficios derivados del intangible si desempeña y controla todas las funciones DEMPE, aporta los activos y asume los riesgos[138]; sin embargo, si otros miembros del grupo desempeñan o controlan estas funciones, estos pueden ser considerados propietarios del intangible a efectos fiscales[139] y deben ser compensados en línea con el ALP.

Esto lleva a la pregunta sobre la remuneración que corresponde al propietario legal, cuando del análisis resulta que no desarrolla ninguna función DEMPE, no asume riesgos relativos a estas y tampoco aporta un activo relevante. Se debe recordar que, en la práctica, como parte de las relaciones comerciales, el propietario legal seguramente es quien recibe materialmente los ingresos por la explotación del intangible, y quien debe asegurarse de compensar adecuadamente a los miembros del grupo que contribuyen a generar valor para el intangible en los

132. Ver DPT OCDE (2017), pár. 6.36; Ver VERLINDEN, I., DE BAETS, S. y PARMESSAR, V., (2019), *Op. cit.*, p. 1051.; Ver GÓMEZ REQUENA, J. A., (2019), *Op. cit.*, p. 118.
133. Sobre la propiedad ver también el numeral 4.1.3 del Capítulo II de este trabajo.
134. Ver DPT OCDE (2017), pár. 6.43.
135. Ver PANKIV, M., (2016), *Op. cit.*, p. 471; Ver GÓMEZ REQUENA, J. A., (2019), *Op. cit.*, p. 118; Ver también VOGEL, K., BECKER, J., (2022), *Op. cit.*, p. 763.
136. La OCDE las considera como funciones importantes para determinar quién debe ser la entidad con derecho a remuneración en relación con DEMPE. Ver DPT OCDE (2017), pár. 6.48.
137. Ver DPT OCDE (2017), pár. 6.32, 6.48, 6.51.
138. Ver DPT OCDE (2017), pár. 6.51.
139. Pueden existir varios copropietarios de un intangible desde este plano económico y a efectos de los precios de transferencia. Ver GÓMEZ REQUENA, J. A., (2019), *Op. cit.*, p. 117.

términos de DEMPE. Las DPT OCDE señalan explícitamente que no debe asumirse que el beneficio residual (después de retribuir a los miembros que han desempeñado funciones y controlado el DEMPE) debe ser necesariamente asignado al propietario legal del intangible[140]. Entonces, esta retribución al propietario legal queda sujeta a la interpretación que las administraciones tributarias hagan de esta recomendación. En la doctrina, autoras como PANKIV, consideran que la lógica de DEMPE puede conducir a una malinterpretación que resulte en un retorno-cero para el propietario legal, en contra del sentido jurídico de la propiedad en sí misma[141]. Desde la perspectiva de quien escribe esta monografía, la interpretación de las DPT OCDE sobre la asignación de beneficios residuales al propietario legal del intangible, se refiere concretamente al derecho a percibir beneficios derivados de la explotación de este (ligados a las funciones DEMPE); aun así, una parte de los ingresos obtenidos del intangible no se debe a la realización de estas funciones sino al desempeño de actividades más rutinarias y que contribuyen en menor medida al valor del intangible, de las cuales se puede entender que el propietario legal puede participar.

Ahora bien, una vez establecido que una entidad que realiza una función DEMPE es aquella que desempeña y controla estas funciones, es necesario señalar algunas consideraciones sobre el «control» al que se refieren las DPT OCDE. En el contexto de las relaciones entre partes independientes, el propietario legal de un intangible puede externalizar el desempeño de una función en otra entidad, y tal actividad se realiza bajo el control del propietario del intangible. En cambio, en el ámbito de las relaciones entre partes vinculadas, es posible que la entidad que controla el desempeño de una función sea distinta de la entidad que es propietaria del intangible[142]. En este sentido, las recomendaciones de la OCDE están dirigidas a atacar esa separación de estas dos «actividades» que considera fundamentales y presentes en la conducta de partes independientes, respecto a la explotación de los intangibles. Por esta razón, el elemento del control también se encuentra presente en el análisis del riesgo[143]; de hecho, para explicar el contenido de «control» dentro del marco del análisis DEMPE, las DPT OCDE reconocen completamente aplicable la descripción establecida sobre la actividad de «control» en el marco del análisis general de los riesgos[144].

En cuanto a las funciones significativas para el intangible, aunque la OCDE optó por indicar las funciones OCDE, existen otras perspectivas sobre las funciones significativas en materia de intangibles. El Manual de Precios de Trans-

140. Ver DPT OCDE (2017), pár. 6.133.
141. Una perspectiva que privilegia una interpretación de propiedad desde el trabajo más que desde el capital. Ver PANKIV, M., (2016), *Op. cit.*, p. 471.
142. Ver DPT OCDE (2017), pár. 6.53.
143. Como se estudia en el numeral 1.2 de este Capítulo de este trabajo.
144. Ver DPT OCDE (2017), pár. 6.128.

ferencia de la ONU se refiere a las funciones DAEMPE[145], incluyendo la función de adquisición a terceros, para señalar que las EMN, además de desarrollar internamente sus propios intangibles, también pueden adquirirlos[146]. Otro punto de vista sobre estas funciones es el introducido en la regulación china, conocido como DEMPEP, en el que se adiciona la función de promoción[147], teniendo en cuenta el interés de este país de enfocarse en el valor creado por la promoción de intangibles y productos en el mercado chino[148]. Aun así, estos no son enfoques restrictivos; la OCDE señala que la importancia del marco propuesto —DEMPE— es relativa y varía según las circunstancias de cada caso[149]; por ejemplo, en el caso de una operación para el desarrollo de un *know how* puede ser más importante el diseño y planificación del presupuesto, que otras funciones en materia de publicidad.

En cuanto a los activos, las DPT OCDE establecen que toda entidad del grupo que haya aportado o utilizado activos para el desarrollo, mejora, mantenimiento, protección y explotación del intangible debe ser compensada[150]. Como se indicó en el marco general, estos activos pueden ser intangibles (que sirven a la investigación, el desarrollo y comercialización, etc.), activos tangibles o activos financieros. Sobre estos últimos las DPT OCDE señalan explícitamente que, a efectos del ALP, una entidad que aporte activos de financiación pero no realice funciones DEMPE, ni controle riesgos distintos del financiero, por lo general, no obtendrá beneficios derivados de la explotación del intangible, sino únicamente los rendimientos ordinarios que recibiría un inversor en una posición similar[151]. Esta disposición demuestra claramente el objetivo del Plan BEPS de enfrentar las estructuras que utilizan *cash boxes,* entre otras entidades, cuya contribución al desarrollo del intangible es poca[152]; además también se relaciona directamente con la necesidad de evitar la separación entre la función de control del intangible y el derecho a recibir los beneficios derivados de éste. Para autoras como PANKIV, el mensaje de BEPS respecto de este tipo de estructuras empresariales era necesario, pues en el escenario pre-BEPS parecía seguirse una interpretación errónea sobre la relación entre

145. Ver ONU (2021), Manual de la ONU sobre Precios de Transferencia, *Op. cit.,* pár. 6.12.
146. Ver PENG, C. y LAGARDEN, M., (2019), *Op. cit.*, p. 5.
147. Ver Chinese State Administration of Taxation SAT. (2017). «Administrative Measures of Special Tax Investigation and Adjustment and Mutual Agreement Procedure». SAT Bulletin. 6, 1 Apr. 2016. (unofficial english traslation). Art. 30. Recurso online. URL: http://www.chinatax.gov.cn/download/pdf/20171122.pdf
148. Ver PENG, C. y LAGARDEN, M., (2019), *Op. cit.*, p. 6.
149. La OCDE pone como ejemplo, en el caso de intangibles que sirven como base para el desarrollo de otros intangibles, la importancia de las funciones relacionadas con el curso de la investigación como el diseño y la orientación de los programas de desarrollo; y también señala como una actividad relevante en todos los casos de intangibles la relacionada con la defensa y protección de los intangibles. Ver DPT OCDE (2017), pár. 6.49, 6.55 y 6.56.
150. Ver DPT OCDE (2017), pár. 6.59.
151. Ver DPT OCDE (2017), pár. 6.59-6.63.
152. Ver GÓMEZ REQUENA, J. A., (2019), *Op. cit.*, p. 131.

asumir costes financieros y tener derecho a los beneficios derivados de las actividades más valiosas para el valor del intangible[153]; bajo el nuevo enfoque será difícil que estas estructuras puedan tener acceso a esta parte de los beneficios[154]. Sin embargo, la directiva respecto a la contribución de los activos financieros no deja de ser criticable, teniendo en cuenta que la OCDE asume que, entre partes independientes, un inversor recibe una retribución ordinaria, sin mayor derecho sobre las rentas por la explotación del intangible. Tal como señala GÓMEZ, la realidad de estas operaciones en el mercado es otra; los inversores de capital en el desarrollo de intangibles muchas veces no desempeñan ninguna función significativa con relación a estos, y no por ello dejan de percibir una gran parte de los rendimientos que estos producen[155].

Sobre el análisis de los riesgos, como se indicó en el marco general de análisis de los precios de transferencia, es indispensable evaluar su incidencia en el valor del intangible teniendo en cuenta los riesgos que se asumen en relación con las funciones significativas[156]; los miembros del grupo que controlen estos riesgos y tengan la capacidad financiera para asumir las consecuencias de su materialización deben ser compensados, pues se considera que estas contribuciones son parte del valor del intangible. En concreto, las DPT identifican los siguientes riesgos específicos en las operaciones con intangibles[157]: (i) el riesgo por el desarrollo de intangibles, que implica evaluar los costes de la investigación frente a las posibilidades y viabilidad del intangible a futuro; (ii) el riesgo de obsolescencia del producto y de depreciación, que incluye por ejemplo las posibilidades de que un competidor introduzca productos que disminuyan el valor del intangible analizado; (iii) el riesgo derivado de las lesiones legales, por la infracción o la defensa de los derechos sobre los intangibles; (iv) el riesgo por la responsabilidad sobre el producto y servicios basados en los activos intangibles; y (v) los riesgos de explotación y las incertidumbres en relación con los beneficios que generará el activo intangible.

La importancia de los riesgos depende las circunstancias del caso; aun así, debe tenerse en cuenta que el análisis de los riesgos se realiza en conexión con las funciones DEMPE; esto quiere decir que el análisis de los riesgos es relevante, pero en todo caso su incidencia se mide dentro de la valoración íntegra de las funciones significativas. Las DPT OCDE señalan que en el análisis, riesgos y funciones son igualmente importantes[158]; sin embargo, la lectura de las

153. Ver PANKIV, M., (2016), *Op. cit.*, p. 472-473.
154. Ver VERLINDEN, I., DE BAETS, S. y PARMESSAR, V., (2019), *Op. cit.*, p. 1046; Ver SCREPANTE, M., (2019), *Op. cit.*, p. 475 y ss.
155. Ver GÓMEZ REQUENA, J. A., (2019), *Op. cit.*, p. 132 (nota 55)
156. La asunción de los riesgos per se queda desprovista de relevancia para la aplicación del ALP, si no se observa desde la perspectiva de las funciones significativas que aportan valor. Ver VOGEL, K., BECKER, J., (2022), *Op. cit.*, p. 757.
157. Ver DPT OCDE (2017), pár. 6.65 y 6.148.
158. Ver DPT OCDE (2017), pár. 1.59.; Ver PENG, C. y LAGARDEN, M., (2019), *Op. cit.*, p. 5.

directrices, desde la óptica de la creación de valor y la relevancia del desempeño de las funciones significativas que establece el enfoque de BEPS, deja ver la importancia relativa de los riesgos frente a las funciones[159].

Esta prevalencia de las funciones sobre los demás elementos del análisis funcional también está relacionada con la determinación de la sustancia de la operación, y con un mayor distanciamiento de los términos contractuales[160]. Esto puede verse, por ejemplo, en el énfasis sobre realización de actividades fundamentales para el valor del intangible distintas de la financiación; la contribución de activos financieros y el riesgo que se deriva de esta actividad no se consideran significativos a efectos de las retribuciones de plena competencia en materia de intangibles[161]. Asimismo, la referencia directa sobre no asumir que el propietario legal tiene derecho a retener los beneficios aun después de haber compensado a los miembros que han hecho contribuciones significativas, es muestra de esta prevalencia. Este enfoque plantea problemas fundamentales teniendo en cuenta que el marco del análisis sigue siendo la propia operación vinculada, estructurada por las partes. Para NAVARRO esta variación en el equilibrio de los elementos del análisis funcional es un intento por acercar la metodología de los precios de transferencia a los enfoques elaborados por las OCDE para la distribución de los beneficios en materia de establecimientos permanentes[162]; específicamente NAVARRO hace referencia al *Authorized OECD Approach* (en adelante AOA). Este enfoque se utiliza para dotar al establecimiento permanente de una entidad distinta de la de su casa central (ya que jurídicamente son una sola entidad), y atribuirle unos beneficios en razón de las funciones que desempeña; esta asignación funcional permite que luego se asocien al establecimiento permanente los riesgos y activos que corresponden a dichas funciones[163]. A pesar del propósito común entre el tratamiento de una correcta distribución de beneficios, que persiguen tanto el régimen del establecimiento permanente, como el de los precios de transferencia, equiparar este tratamiento es inadecuado y anula casi completamente la relevancia de las relaciones contractuales entre las partes vinculadas[164].

El enfoque en las funciones también es criticable desde el punto de vista práctico; primero, porque las DPT OCDE asume que es más difícil trasladar

159. Ver MARTÍN JIMÉNEZ, A. J. y CALDERÓN CARRERO, J. M., «El plan de acción de la OCDE para eliminar la erosión de bases imponibles y el traslado de beneficios a otras jurisdicciones ¿Final, el principio del final o el final del principio?», Quincena fiscal núm. 1-2 (2014), p. 87-115.
160. Como se estudia en el numeral 4 del Capítulo II.
161. Ver PANKIV, M., (2016), *Op. cit.*, p. 472.
162. Ver NAVARRO IBARROLA, A., (2017), *Op. cit.*, p. 139.
163. Ver NAVARRO IBARROLA, A., (2017), *Op. cit.*, p. 140.
164. Ver NAVARRO IBARROLA, A., (2017), *Op. cit.*, p. 140.; Ver GÓMEZ REQUENA, J. A., (2019), *Op. cit.*, p. 141 y ss.

funciones que activos o riesgos[165], lo cual puede ocurrir en cierta medida, pero no impide que las EMN hagan los ajustes funcionales necesarios para alcanzar los estándares requeridos por el análisis funcional DEMPE[166], y aun así seguir trasladando sus beneficios a territorios de inferior imposición. Segundo, porque el énfasis funcional asocia el desempeño y control de las funciones DEMPE, y los riesgos derivados, al factor humano (privilegiando el trabajo ejecutado por personal sobre los recursos[167]); lo que se explica por su esfuerzo para luchar contra las estructuras de *cash boxes* o *IP Companies*[168], pero que aun así se distancia de la realidad económica de las entidades independientes. Tercero, porque con el análisis funcional basado en DEMPE, se requiere de un mayor esfuerzo en la comprensión de la actividad del grupo, lo que ya es una debilidad en el alcance de los conocimientos que pueden tener las administraciones tributarias para realizar el análisis; con el enfoque DEMPE del análisis funcional, la OCDE buscó utilizar la mejor representación de la creación de valor como criterio para distribuir los beneficios del intangible. Lo anterior depende de un adecuado entendimiento de la generación de valor en el entorno global del grupo respecto de los intangibles[169], que posiblemente solo tengan los grupos empresariales, pero no las administraciones tributarias. En este sentido, el énfasis en el elemento funcional profundiza una brecha ya existente entre la experiencia y el conocimiento de las EMN para determinar su propia operación y el análisis que deben llevar a cabo las administraciones[170]. En línea con lo anterior, la valoración de la retribución basada en este tipo de enfoque funcional tiene en cuenta una especie de reparto global del valor generado por el grupo. El parágrafo 6.133 de las DPT OCDE indica que: *«La selección del método de determinación de precios más adecuado debe basarse en un análisis funcional permita entender claramente los procesos operativos a escala global del grupo multinacional y cómo interactúan los activos intangibles transferidos con otras funciones, activos y riesgos que conlleva esa actividad mundial»*[171]. Por ello, autores como GÓMEZ han concluido que el enfoque DEMPE está cada vez más próximo a una distribución de

165. Ver SCREPANTE, M., «The Arm's Length Principle Evolves Towards a «Value Creation Functional (i.e. DEMPE) Formula Standard»: A Barrier or a Gateway to Locational Business Planning?», Intertax no. 48(10) (2020), pp. 862 y ss.
166. Para SCREPANTE, el enfoque DEMPE puede ser incorporado rápidamente por las EMN y convertirse en un instrumento de recomendaciones para validar estrategias de planificación fiscal agresiva. Ver SCREPANTE, M., (2019), *Op. cit.*, p. 474 y ss.
167. Este enfoque preferente sobre la interacción humana también está relacionado con la finalidad de BEPS de frenar el uso de empresas con mucho capital y poca actividad desarrollada por personas y a menudo situadas en jurisdicciones «fiscalmente más eficaces». Ver VERLINDEN, I. y BAKKER, A., (2018), *Op. cit.*, p. 506; Ver VERLINDEN, I., DE BAETS, S. y PARMESSAR, V., (2019), *Op. cit.* pp. 1045 y ss.; Ver VOGEL, K., BECKER, J., (2022), *Op. cit.*, p. 757.
168. Ver MARTÍN JIMÉNEZ, A. J., (2020), *Op. cit.*, p. 208.
169. Ver DPT OCDE (2017), pár. 6.48.
170. Ver VERLINDEN, I., DE BAETS, S. y PARMESSAR, V., (2019), *Op. cit.*, p. 1055.
171. Ver DPT OCDE (2017), pár. 6.133.

beneficios globales, teóricamente similar a la del *formulary Apportionment*[172]; lo que, en última instancia, es explícitamente contrario al ALP.

2.2. EL ENFOQUE EX POST EN LAS OPERACIONES CON INTANGIBLES DE DIFÍCIL VALORACIÓN

En algunos casos, los intangibles o los derechos sobre estos tienen características que hacen que su valoración sea muy incierta al tiempo de realizar la operación. De hecho, este es uno de los riesgos específicos identificados en materia de intangibles[173]. Cuando la valoración de un activo intangible o de los derechos sobre un activo intangible en el momento de la operación sea muy incierta, se plantea el problema de cómo determinar el precio de plena competencia. Para empezar, es importante señalar que los términos contractuales (incluida la remuneración) usualmente se pactan antes de que tenga lugar la operación (*ex ante*) y antes de conocerse cuáles serán sus resultados efectivos (*ex post*). Asimismo, las DPT señalan la distinción entre la remuneración pactada por las partes (*ex ante*) y la remuneración efectivamente obtenida (*ex post*)[174]. Para resolver la cuestión de la valoración del precio vinculado en estos casos, se debe tomar como referencia la conducta que adoptarían empresas independientes que tuvieran que incluir este elemento de incertidumbre en la determinación del precio de la operación[175].

Las DPT OCDE plantean dos posibles mecanismos para realizar esta valoración. En primer lugar, la utilización de la estimación de los beneficios previstos por las partes al tiempo de realizar la operación; esto es, acudir a la documentación sobre la evolución prevista de los ingresos que se esperarían del intangible a futuro. De acuerdo con la OCDE, empresas independientes utilizarían este tipo de información, siendo lo suficientemente previsible, para determinar el precio de una operación en tales circunstancias[176]. En segundo lugar, en las DPT OCDE se parte de la premisa de que, entre empresas independientes, tal elemento de incertidumbre se abordaría incluyendo en el acuerdo (*ex ante*) una cláusula de ajuste del precio ante determinados cambios en la rentabilidad[177]; esto, por ejemplo, a través de acuerdos de corto plazo para revisar el precio según una evolución periódica de la rentabilidad; o con la incorporación de pagos contingentes (un incremento del precio al alcanzar ciertos objetivos, cierta etapa de desarrollo o un determinado umbral financiero). En este mismo sentido, de acuerdo con la OCDE, las partes podrían llegar a renegociar el precio de la operación de acuerdo con el principio de plena competencia, también cuando el precio acordado haya

172. Ver GÓMEZ REQUENA, J. A., (2019), *Op. cit.*, p. 122 y ss.
173. Ver DPT OCDE (2017), pár. 6.65 y 6.148.
174. Ver DPT OCDE (2017), pár. 6.44.
175. Ver DPT OCDE (2017), pár. 6.181.
176. Ver DPT OCDE (2017), pár. 6.182.
177. Ver DPT OCDE (2017), pár. 6.185.

sido excesivo[178]. Esta perspectiva es cuestionable, pues no tiene en cuenta que la operación vinculada debe ser delineada con base en su estructuración efectiva[179]; definida por el análisis de las circunstancias económicamente relevantes, especialmente la evidenciada en la realidad de la conducta de las partes. Asumir que las partes debían incluir un acuerdo de reajuste o renegociar el precio en ciertas circunstancias de variación de la rentabilidad, ciertamente excede la delineación de la operación efectivamente realizada por estas, y es contraria a la valoración *ex ante* sobre la que debe aplicarse el ALP[180].

Otro supuesto que tiene un enfoque particular es el de los intangibles de difícil valoración. En este caso, la aproximación del análisis propuesto por la OCDE consiste en facultar a las administraciones tributarias para determinar los supuestos en que un acuerdo entre partes vinculadas *ex ante* no fue pactado en condiciones de plena competencia, tomando como referencia sus resultados *ex post.* El enfoque de análisis busca proteger a las administraciones tributarias de los efectos negativos de la asimetría en la información de la que disponen para evaluar los acuerdos sobre este tipo de intangibles[181], permitiendo que éstas consideren los resultados *ex post como* una presunción de los precios para evaluar el acuerdo *ex ante*[182]. Usualmente la determinación de los precios de estos intangibles está estrechamente relacionada con el entorno empresarial, y requiere de un conocimiento especializado, experiencia y entendimiento de la práctica en la que el intangible se desarrolla o explota; las administraciones tributarias carecen de este conocimiento y dependen de la información que aporta el contribuyente para evaluar si el acuerdo *ex ante* fue adoptado en términos de plena competencia[183].

De acuerdo con las DPT OCDE, esta aplicación es distinta de la utilización de un enfoque retrospectivo[184] para calcular la valoración, pues en este caso debe considerarse si la información en la que se basaron los acuerdos *ex ante* podría o debería haberse conocido razonablemente por las partes al tiempo de realizar la operación[185]. Como consecuencia, la carga de la prueba en este caso corresponde al contribuyente, quien debe demostrar que el acuerdo alcanzado *ex ante* consideró las circunstancias que eran razonablemente previsibles en aquel momento y, por tanto, que los resultados obtenidos *ex post* se deben a hechos imprevisi-

178. Ver DPT OCDE (2017), pár. 6.184.
179. El *«as structured principle»*, establece que la operación estructurada por las partes es la base para considerar la aplicación de ajustes. Ver VOGEL, K., BECKER, J., (2022), *Op. cit.*, pp. 728 y 765.
180. Ver VOGEL, K., BECKER, J., (2022), *Op. cit.*, p. 765.
181. Ver DPT OCDE (2022), p. 633, Anexo II al Capítulo VI. pár. 2 y 5; Ver NAVARRO IBARROLA, A., (2019), *Op. cit.*, p. 169.
182. Ver DPT OCDE (2017), pár. 6.189 y 6.192.
183. Ver DPT OCDE (2022), pár. 6.186.
184. La regla del CWI utiliza un enfoque retrospectivo para todas las operaciones que involucran intangibles. Ver numeral 4.1.2 del Capítulo II de esta obra.
185. Ver DPT OCDE (2017), pár. 6.188.

bles[186](desarrollos imprevistos, o que no estaba previsto que se materializaran, etc.)[187]. Cuando la Administración pueda comprobar la fiabilidad de la información en la que se basó el acuerdo *ex ante,* no podrá utilizar el resultado *ex post como* referencia para valorar la determinación inicial del precio[188].

Además de lo anterior, el enfoque *ex post* no se aplica cuando la transferencia del intangible estuvo amparada por un APA[189]; cuando la diferencia entre los beneficios inicialmente previstos y los efectivamente obtenidos no implica una reducción o aumento del precio de más del 20%; o cuando ha transcurrido un período de comercialización del intangibles de 5 años, y la diferencia entre los beneficios previstos y los obtenidos no varía en más del 20%.[190]

En 2020 fue revisada la aplicación práctica de este enfoque, dentro del marco de BEPS. El informe final resultó en el Anexo II al Capítulo VI incluido en las DPT OCDE publicadas en 2022. Estas recomendaciones se enfocaron especialmente en señalar ejemplos prácticos sobre la aplicación de las excepciones listadas en el párrafo 6.193 de las DPT OCDE, en particular respecto a la aplicación temporal de esta referencia *ex post*[191]. A pesar del desarrollo de trabajos y documentación para su aplicación, la incorporación de este enfoque en el análisis de intangibles sigue siendo cuestionable respecto a su compatibilidad con el ALP. Como se menciona en el Capítulo II de esta t monografía[192], la aplicación de este enfoque depende del elemento de la previsibilidad, cuyo criterio será en última instancia determinado por las administraciones tributarias[193]. Solo el tiempo dirá si es esta es una metodología efectiva o no para mejorar el análisis de las operaciones con intangibles de difícil valoración, al menos en términos prácticos. En todo caso, puede anticiparse que seguirán presentes las críticas respecto a su inconsistencia con la conducta real que tendrían partes independientes.

186. Ver DPT OCDE (2017), pár. 6.194.
187. Ver DPT OCDE (2017), pár. 6.69, 6.186 y 6.191.
188. Ver DPT OCDE (2017), pár. 6.192.
189. Pues se entiende que el contribuyente y la administración tributaria consideraron todos los aspectos previsibles al momento de realizar tal APA.
190. Ver DPT OCDE (2017), pár. 6.193.
191. Las disposiciones del Anexo señalan como aspecto relevante el alcance temporal que puede tener el enfoque considerando los tiempos en los que se llevan a cabo las inspecciones tributarias a los contribuyentes. Teniendo en cuenta que el análisis de los intangibles de difícil valoración solo es posible algunos años después de la operación, debe hacerse de manera diligente considerando las condiciones del ajuste (particularmente el tiempo señalado en las excepciones). Ver DPT OCDE (2022), p. 633, Anexo II al Capítulo VI, pár. 12 y ss.
192. Ver numeral 4.1.2 del Capítulo II de este trabajo.
193. Para AITOR NAVARRO la formulación utilizada tiene diferentes problemas entre los que se encuentran la coherencia entre la definición de AIDV y la condición para aplicar el ajuste.; la incertidumbre de valoración del activo intangible, incluyendo la incertidumbre en su comparabilidad en todos los aspectos; la inversión de la carga de la prueba; o problemas con el ajuste, entre otros. Para ahondar más en estos puntos ver NAVARRO IBARROLA, A., (2019), *Op. cit.*, p. 169.

3. EL NO RECONOCIMIENTO DE LA OPERACIÓN VINCULADA

De manera general, las DPT OCDE señalan que debe hacerse todo esfuerzo posible para determinar el precio de la operación efectiva (como haya sido delineada de forma precisa de acuerdo con los factores que hemos visto)[194]; esto es, siguiendo el procedimiento de análisis de las características económicamente relevantes, y aplicando el posterior análisis de comparabilidad[195]. Siguiendo estas herramientas, las administraciones tributarias deben respetar la operación efectivamente realizada por las partes, tal como fue estructurada por estas[196] (*«as structured principle»*)[197]. Esto no se refiere simplemente a los términos contractuales pactados entre las partes, sino a lo que se evidencia de sus relaciones comerciales y financieras, a la realidad fáctica de la operación que efectivamente quisieron realizar. En este sentido, la operación tal como fue estructurada debe ser la base para realizar los ajustes de precios de transferencia (realizar una redistribución de los beneficios a través del ajuste valorativo del precio) cuando sea necesario.

Sin embargo, las DPT OCDE también establecen que, en casos excepcionales[198], una operación efectivamente realizada puede ignorarse o no ser reconocida (*disregarded*) a efectos de la determinación de los precios de transferencia, incluso si su forma y sustancia real son consistentes[199], cuando esta operación carece de racionalidad comercial[200]. De acuerdo con las DPT OCDE, la cuestión clave es si la operación delineada en el análisis preliminar tiene la racionalidad comercial de los acuerdos a los que habrían llegado partes independientes en circunstancias económicas comparables, no si puede observarse esa misma operación entre partes independientes[201]. Aun así, sigue siendo complejo determinar cuál es el comportamiento que habrían tenido entidades independientes actuando de forma comercialmente racional[202]. El término no fue muy desarrollado por las directrices, pero para ilustrarlo mejor se incorporaron algunos ejemplos de lo que podría considerarse una operación sin lógica comercial[203]: la realización de operaciones que conllevan un deterioro de la

194. Ver DPT OCDE (2017), pár. 1.121.
195. Ver DPT OCDE (2017), pár. 1.119-1.121; Ver PETRUZZI, R., (2016), *Op. cit.,* pp. 18 y ss.
196. Ver DPT OCDE (2017), pár. 1.64.
197. Basado en la aproximación *ex ante que* hacen las partes, sobre la operación vinculada. Ver WITTENDORFF, J., (2010), *Op. cit.*, pp. 332 y ss.; Ver también BULLEN, A., (2011), *Op. cit.*; VOGEL, K., BECKER, J., (2015), *Op. cit.* p. 662.
198. De lo contrario, el desconocimiento de operaciones vinculadas legítimas puede constituir un ejercicio arbitrario de este tipo de facultades. Ver DPT OCDE (2017), pár. 1.123.
199. Ver MARTÍN JIMÉNEZ, A. J., (2020), *Op. cit.*, p. 208.; Ver también NAVARRO IBARROLA, A., El desconocimiento de operaciones vinculadas en el marco del principio de plena competencia del artículo 18 de la Ley del impuesto sobre sociedades. Instituto de Estudios Fiscales 2018, pp. 124 y 190.
200. Ver DPT OCDE (2017), pár. 1.122.
201. Ver DPT OCDE (2017), pár. 1.123.; Ver NAVARRO IBARROLA, A., (2018), *Op. cit.,* p. 195.
202. Ver VOGEL, K., BECKER, J., (2022), *Op. cit.*, p. 745.
203. Ver DPT OCDE (2017), pár. 1.122 y 1.125 ss.

posición del grupo después de impuestos; el aseguramiento de actividades altamente riesgosas de otra entidad vinculada; o la transferencia de intangibles por una suma fija, cuando su desarrollo o valoración a futuro es incierto. En todo caso, es complejo determinar el contenido de este requisito de racionalidad comercial, y aún más, establecer una distinción respecto del requisito de sustancia cuyo *test*, se supone, ya fue realizado en la delineación precisa de la operación. Por esta razón, para autores como MARTÍN, el sentido de racionalidad comercial no parece ser muy diferente del *test* de motivos económicos válidos que incorporan las reglas generales antiabuso (GAAR)[204], teniendo en cuenta que la disposición faculta a las administraciones para corregir o reajustar operaciones, posterior a la realización de un análisis de sustancia[205].

Ahora bien, la facultad para desconocer o ignorar la operación efectiva, a efectos fiscales, implica una modificación de la operación —tal como fue estructurada— en sí misma[206], y no solo de las condiciones de la valoración del precio; este tipo de modificaciones se conoce como ajustes transaccionales[207]. De acuerdo con las DPT OCDE, ignorar o no reconocer una operación, implica una sustitución de la estructura adoptada por las partes[208], que debe ser lo más cercana posible a la realidad fáctica evidenciada en el análisis preliminar pero delineada de tal forma que permita alcanzar el objetivo de racionalidad comercial[209]. De acuerdo con WITTENDORFF, este tipo de ajustes pueden darse de tres formas[210]: a) cuando no se reconoce la existencia de una operación vinculada; b) cuando se reconoce la existencia de la operación vinculada pero su forma es reestructurada a efectos fiscales (ajuste completo)[211]; y c) cuando la existencia y la forma de una operación vinculada son reconocidas, pero condiciones influyentes en el precio son reestructuradas (ajuste parcial). Una vez aplicado el ajuste transaccional, la sustitución tiene como consecuencia la modificación del valor de la operación vinculada objeto de comprobación[212].

Para NAVARRO, la premisa para la aplicación de un ajuste transaccional a las operaciones vinculadas es la imposibilidad de acometer correctamente el análisis

---

204. Ver MARTÍN JIMÉNEZ, A. J., (2020), *Op. cit.*, p. 208.
205. Ver Numeral 4.3.1 del Capítulo II de este trabajo, respecto a la perspectiva de la creación de valor como una regla negativa para la asignación de beneficios en operaciones vinculadas.
206. Ver WITTENDORFF, J., (2010), *Op. cit.*, pp. 152 y ss.; ver también BULLEN, A., (2011), *Op. cit.*, p. 113.
207. «A transactional adjustment usually means that a legally valid private law transaction is disregarded for tax purposes». Ver WITTENDORFF, J., (2010), *Op. cit.*, p. 17; VOGEL, K., BECKER, J., (2022), *Op. cit.*, p. 728; Ver NAVARRO IBARROLA, A., (2018), *Op. cit.*, p. 103.
208. La OCDE también se refiere a veces a estos ajustes como reestructuración de operaciones empresariales. Ver DPT OCDE (2017), pár. 1.123.
209. Ver DPT OCDE (2017), pár. 1.124.
210. Ver WITTENDORFF, J., (2010), *Op. cit.*, p. 17.
211. En el texto original se indica «recharacterized». Ver WITTENDORFF, J., (2010), *Op. cit.*, p. 17.
212. Ver NAVARRO IBARROLA, A., (2018), *Op. cit.*, p. 105.

de comparabilidad[213]. Como la operación ya quedó delimitada en el análisis preliminar —y con ella la sustancia de misma—, la facultad excepcional para ignorar y realizar el ajuste transaccional solo será aplicable cuando sea imposible para la Administración tributaria determinar el precio apropiado en la operación en línea con lo que harían partes independientes[214]. En palabras del propio NAVARRO *«si la valoración de una operación entre partes vinculadas es susceptible de ser ajustada mediante el análisis de comparabilidad, la realización de ajustes transaccionales es contraria al principio de plena competencia»*[215]. Teniendo en cuenta las características de los intangibles únicos y valiosos, cuya comparabilidad puede ser difícil de determinar, es muy factible que pueda utilizarse esta facultad excepcional para realizar ajustes a las condiciones de la operación. Aunque el contenido de las DPT OCDE que trata directamente la facultad para desconocer operaciones vinculadas es escaso, en materia de intangibles[216] es posible encontrar referencias a supuestos en los que podría desconocerse una operación vinculada. Un ejemplo de ello es el parágrafo 6.114 que señala como un comportamiento lógico que las EMN busquen optimizar la asignación de sus recursos; por ello, cuando el precio mínimo aceptable para el transmitente de un intangible excede del precio máximo que estaría dispuesto a aceptar el adquirente, teniendo en cuenta las opciones realistas de las que disponen, quizá habría que considerar si la operación en sí debería ignorarse[217].

Teniendo en cuenta que este tipo de ajustes implican una modificación de las condiciones estructurales de la operación delineada, la doctrina ha discutido su relación con el art. 9.1 del MC OCDE[218]. De acuerdo con este artículo[219], en una operación vinculada dos empresas están *«unidas por condiciones aceptadas o impuestas»*, haciendo referencia al conjunto de condiciones que se estructuran

213. Incluyendo la imposibilidad de encontrar operaciones comparables, pero también de realizar ajustes de comparabilidad de manera fiable, que pudieran permitir la utilización de algunos supuestos. Ver NAVARRO IBARROLA, A., (2018), *Op. cit.*, pp. 196, 205 y ss.

214. Ver NAVARRO IBARROLA, A., (2018), *Op. cit.*, p. 190.

215. Ver NAVARRO IBARROLA, A., (2018), *Op. cit.*, p. 191; Ver también GARCÍA PRATS, F. A., «Capítulo 18. Recaracterización de operaciones y normas antiabuso», En CARMONA FERNÁNDEZ, N. (Ed.) Nuevo régimen fiscal de las operaciones vinculadas: valoración, documentación y supuestos prácticos. Wolters Kluwer 2016, p. 624.

216. De hecho, las DPT señalan en el parágrafo 6.33 el listado de factores que dificultan la aplicación del análisis de comparabilidad; en el parágrafo 6.34, el último paso del análisis de comparabilidad incluye la posible aplicación del desconocimiento de la operación. Ver DPT OCDE (2017), pár. 6.33-6.34.

217. En las consideraciones especiales, en materia de distribución de riesgos y el enfoque para los intangibles de difícil valoración. Ver DPT OCDE (2017), pár. 6.114.

218. Ver VOGEL, K., BECKER, J., (2022), *Op. cit.*, p. 726.

219. En la redacción del art. 9.1 del MC OCDE: *«Cuando (...) dos empresas estén, en sus relaciones comerciales o financieras,* ***unidas por condiciones aceptadas o impuestas*** *que difieran de las que serían acordadas por empresas independientes, los beneficios que habrían sido obtenidos por una de las empresas de no existir dichas condiciones y que de hecho no se han realizado a causa de las mismas, podrán incluirse en los beneficios de esa empresa y someterse a imposición en consecuencia.» (negrilla propia)*

la operación; cuando estas difieran de las condiciones que acordarían entre partes independientes, las rentas que hayan dejado de incluirse en los beneficios de un contribuyente por razón de la vinculación podrán ser incluidos y gravados en consecuencia[220]. En este sentido, el art. 9.1 MC OCDE establece la posibilidad de modificar los ingresos, pero no se manifiesta respecto a la modificación de la estructura de la operación efectivamente realizada por las partes.

Ahora bien, en el texto de las DPT OCDE pueden observarse referencias como las del parágrafo 1.2, en donde se indica como ejemplo de las «condiciones comerciales y financieras» de una operación el precio de los bienes transmitidos o de los servicios prestados y las condiciones de la transmisión o de la prestación[221]. Teniendo en cuenta que estas condiciones son el objeto de revisión de las autoridades tributarias, lo anterior podría ser interpretado como que, entre las condiciones que pueden ajustarse, están aquellas que no se refieren explícitamente al precio[222].

No obstante, el art. 9.1 MC OCDE solo autoriza los ajustes del precio (los beneficios) en estricto sentido[223]. El art. 9.1 del MC OCDE describe el ALP como un principio de distribución de beneficios en operaciones vinculadas y, con ello, de reparto de derechos entre los Estados para gravar dichos beneficios. Como se demuestra en su redacción, no se indican los elementos sobre los que debe fundarse la determinación de la inconsistencia, o la estimación de la posible responsabilidad fiscal por la comprobación de un precio de transferencia distinto de un precio de mercado[224]. El art. 9.1 MC OCDE no contiene propiamente el principio de sustancia sobre forma, o uno similar; estos principios para la aplicación del ALP son relevantes, pero no son parte del contenido de esta disposición[225]. Y, por lo tanto, la realización de ajustes que respondan a estas evaluaciones sobre las condiciones de la operación (distintas de las que configuran el precio) solo puede hacerse en la medida en que el Derecho interno lo autorice. Esta autorización puede encontrarse en las reglas sobre imposición a la renta; en las reglas generales antiabuso del régimen tributario; doctrina jurisprudencial en materias como la sustancia sobre la forma, la sustancia económica, motivos comerciales, etc.[226]. En este sentido, las disposiciones de las DPT OCDE sobre el no reconocimiento de una operación y el ajuste transaccional correspondiente serán aplicables por las administraciones internas en la medida en que los ordenamientos internos autoricen estos ajustes.

220. Ver numeral 3.2 del Capítulo I de este trabajo.
221. Ver DPT OCDE (2017), pár. 1.2.
222. Ver VOGEL, K., BECKER, J., (2015), *Op. cit.*, p. 637.
223. Ver MC OCDE (2017), *Op. cit.,* Comentario no. 1, Art. 9; Ver también VOGEL, K., BECKER, J., (2022), *Op. cit.*, p. 729.
224. Ver VOGEL, K., BECKER, J., (2022), *Op. cit.*, p. 729.
225. Ver MC OCDE. (2014). *Op. cit.,* Comentario no. 22.1, Art. 1.
226. Ver WITTENDORFF, J., (2010), *Op. cit.*, p. 17; Ver ZIMMER, F., (2002), *Op. cit.*, p. 19.

En este sentido, el siguiente capítulo estudia cómo estas y, en general, las disposiciones sobre precios de transferencia son interpretadas y aplicadas en el ordenamiento español, teniendo en cuenta también las disposiciones del Derecho comunitario que le son aplicables.

Capítulo IV

Régimen jurídico de las operaciones vinculadas y los precios de transferencia en el Derecho de la Unión Europea y el Derecho Español

En los capítulos I, II y III de este trabajo, se han señalado los fundamentos de los precios de transferencia a nivel internacional con énfasis en el desarrollo de reglas para el análisis de las operaciones vinculadas con intangibles. Como se ha visto, este conjunto de reglas se basa, en primer lugar, en el principio de plena competencia el cual requiere, a su vez, de otros principios para ser aplicado como el principio de entidad separada y el principio de la sustancia sobre la forma; asimismo, el conjunto de reglas contiene conceptos jurídicos indeterminados como la racionalidad comercial que son relevantes para completar adecuadamente el análisis. El alcance y contenido de estos principios y conceptos se determina, en última medida, por la interpretación y aplicación que se hace de ellos a nivel interno de los Estados. A continuación, se estudia el tratamiento jurídico normativo que tienen, en la Unión Europea y en España, los precios de transferencia en estas operaciones.

1. LOS PRECIOS DE TRANSFERENCIA Y LAS OPERACIONES VINCULADAS EN EL DERECHO DE LA UNIÓN EUROPEA

A nivel comunitario, el desarrollo de normas sobre precios de transferencia tuvo su origen en el propósito de eliminar la doble imposición económica y establecer medidas que permitan el mejor funcionamiento del mercado interior. Aunque sobre este tema no se ha elaborado un compendio normativo específico con carácter vinculante y eficacia aplicable a todos los Estados miembros[1], sí se han alcanzado desarrollos fundamentales para la comprensión de los precios de transferencia en el ámbito comunitario.

Por su relación directa con la materia, en primer lugar, se encuentra la labor del Foro Conjunto sobre Precios de Transferencia de la Unión Europea (JTPF); y, en segundo lugar, los trabajos de la Comisión Europea sobre la lucha contra la evasión fiscal y su incidencia en la aprobación de directivas comunitarias que afectan el tratamiento de las operaciones vinculadas. Para analizar los aportes de cada una de estas instituciones, realizaremos: primero, un acercamiento a los antecedentes históricos; a continuación, un estudio de los principales temas abordados por el JTPF en sus trabajos; y finalmente, una revisión de las principales iniciativas normativas y consultivas de la Comisión en materia de precios de transferencia y operaciones vinculadas.

1.1. ANTECEDENTES HISTÓRICOS

Desde la firma del Acta Única Europea[2] en 1986 por los Estados miembros de la entonces Comunidad Europea, uno de los objetivos fundamentales fue crear y consolidar el mercado interior europeo[3]. Para ello, fue necesario establecer un marco que garantizara la protección de las libertades económicas (libre circulación de mercancías, personas, servicios y capitales), y a la vez, buscar la eliminación de las barreras al comercio transfronterizo dentro del ámbito comunitario. En este sentido, se inició la tarea de revisar los regímenes fiscales de los países miembros, e identificar posibles obstáculos para la consecución de estos fines.

1. Ver GÓMEZ REQUENA, J. A., (2020). Capítulo VI ..., *Op. cit.*, p. 275.
2. Ver Comunidades Europeas (1986), Acta Única Europea. (Diario Oficial de las Comunidades Europeas No. L169/1, 29 de junio de 1987).
3. El art. 13 establece que el Tratado de las Comunidades Económicas Europeas (TCEE) se complementa incluyendo un art. 8 A, a través del cual la Comunidad se compromete a adoptar las medidas destinadas a establecer progresivamente el mercado interior; el cual implica un espacio sin fronteras interiores, en el que la libre circulación de mercancías, personas, servicios y capitales estará garantizada de acuerdo con las disposiciones del TCEE. Ver Comunidades Europeas (1986), Acta Única Europea, Art. 13.

En materia de imposición directa de las sociedades, la principal preocupación era el efecto que tenían las diferencias entre los Estados en su normativa fiscal, especialmente por la competencia para atraer la actividad económica de las EMN a sus territorios. En 1990, la Comisión Europea convocó un comité de expertos para identificar las diferencias en imposición sobre los beneficios empresariales y analizar si provocaban una distorsión capaz de afectar el mercado interior[4]. El informe, conocido como «*Ruding Report*» [5], fue entregado en 1992 y concluyó que existían amplias diferencias entre los regímenes fiscales de los Estados miembros, que afectaban directamente el funcionamiento del mercado interior y que era poco probable que este efecto se redujera a través de la acción independiente de los Estados[6]. El *Ruding Report* dejó claro que los Estados miembros deseaban continuar teniendo la mayor flexibilidad posible en la recaudación de impuestos directos en sus territorios[7], es decir, no realizar actuaciones que implicaran ceder su competencia en este aspecto; aun así, el informe recomendó considerar un mínimo de normas estatutarias a nivel comunitario sobre los tipos impositivos; una posible base imponible común mínima, sobre los límites a la competencia fiscal excesiva entre Estados miembros (ya que erosiona la base imponible de la Comunidad en su conjunto); y finalmente recomendó promover al máximo la transparencia fiscal en la promoción de incentivos para la inversión a nivel comunitario. A pesar de las conclusiones y recomendaciones, el informe no produjo mayores cambios, lo que posiblemente se explique por la intención de los Estados miembros de no limitar su soberanía en materia de imposición directa[8].

En 2001, con un objetivo similar al de los años 1990, la Comisión Europea (por encargo del Consejo Económico y Financiero)[9] publicó un *working paper*

---

4. En concreto, el trabajo del Comité debía responder a las siguientes preguntas: «*(1) Do differences in business taxation among Member States cause distortions in the functioning of the internal market, particularly with investment decisions and competition? (2) In so far as such distortions do arise, are they likely to be alleviated or elim simply through the interplay of market forces and competition between tax regimes, or is action at the Community level required? (3) What specific measures are required at the Community level to re mitigate these distortions?*. Ver European Commission (1992) «*Report of the Committee of independent experts on company taxation*»», Publications Office. Chapter 1.
5. Llamado así en honor al presidente del Comité de expertos. Ver European Commission, DG XV – Internal Market and Financial Services (1992), «*Conclusions and recommendations of the Committee of independent experts on company taxation*», Publications Office, (en adelante «*Ruding Report*»).
6. Ver Ruding Report (1992), *Op. cit.,* Ch 10 pp. 15 y ss.
7. Ver Ruding Report (1992), *Op. cit.,* Ch 10 p. 27.
8. Ver GILLET, P., (2012), *Op. cit.*, p. 165.
9. En 1999, la Comisión Europea inició una investigación, encargada por el Consejo de Ministros de la UE, sobre el impacto que podían tener las diferencias legales entre las tasas impositivas efectivas de los Estados miembros, en relación con las actividades económicas, el volumen de inversiones y otros aspectos. Ver CORDERO GARCÍA, J. A., «Las operaciones vinculadas y el impuesto sobre sociedades: el desarrollo de la ley de medidas de prevención del fraude fiscal», Nueva Fiscalidad núm. 5 (2010), p. 59.

titulado *Company Taxation in the Internal Market*[10], también llamado «*2001 Report*». El propósito de este trabajo era realizar un estudio analítico sobre la tasa efectiva de imposición sobre los beneficios en los Estados miembros. Tras casi una década de distancia respecto del *Ruding Report*, las conclusiones al observar los diferentes regímenes fiscales de los Estados miembros fueron muy similares; de acuerdo con el *2001 Report,* las diferencias entre los sistemas de imposición sobre los beneficios y las tasas efectivas aplicadas por los distintos Estados obstruyen los objetivos de funcionamiento del Mercado interno[11]. A diferencia de las conclusiones en 1990, el *2001 Report* tuvo una mayor incidencia en la definición de políticas en materia de imposición directa sobre los beneficios en los siguientes años a su publicación. Esto quizás se debió a la transformación del comercio europeo en el ámbito de las operaciones transfronterizas en el trascurso de la década entre los dos informes[12]; si bien en 1990 el contexto de la actividad empresarial se desarrollaba de manera tradicional y dentro del margen territorial nacional, a medida que se acercaron los años 2000 las EMN implementaron cada vez más procesos de producción a escala, de centralización de funciones y costes (división de actividades en entidades ubicadas en diferentes Estados) y, con ello, incrementaron el uso de operaciones vinculadas transfronterizas. Este fenómeno estaba ocurriendo a nivel global, como se evidencia en el Capítulo 1 de esta monografía. En este contexto, el interés de los Estados miembros por establecer medidas para limitar los posibles efectos de esta actividad empresarial en las bases imponibles también creció con respecto a 1992[13].

Particularmente en el ámbito de los precios de transferencia se refirió a los problemas causados por la aplicación del principio de plena competencia y la dificultad para distribuir los beneficios siguiendo el parámetro del valor de mercado[14]. Asimismo, el *2001 Report,* resaltó el alto costo derivado del cumplimiento de las obligaciones legales derivadas de este ámbito, en cada ordenamiento, y finalmente alertó sobre el riesgo de doble imposición económica cau-

10. Ver Comisión Europea (2001), «*Company Taxation in the Internal Market,* N° 5», Taxation Studies DG XV. Bruselas, 23 de octubre. COM (2001) 582 final. (en adelante «*2001 Report*»)
11. Ver 2001 Report (2001), *Op. cit.,* p. 4.
12. Ver GILLET, P., (2012), *Op. cit.*, p. 166.
13. Desde la perspectiva de las empresas, el coste de los impuestos se volvió un elemento determinante de sus decisiones económicas. Los Estados miembros empezaron a incorporar en sus legislaciones internas las reglas sobre operaciones vinculadas, teniendo en cuenta también la celebración CDIs. Por ello, las EMN que operaban en el ámbito europeo se veían sujetas al cumplimiento de estas normas y a los riesgos derivados de la doble imposición por la realización de operaciones vinculadas internacionales. Teniendo en cuenta el coste del riesgo de doble imposición y el coste del cumplimiento de las normativas en materia de precios de transferencia, las EMN también pueden considerar las jurisdicciones más ventajosas dentro del ámbito europeo, tal como lo hacían en el resto del mundo.
14. Ver 2001 Report (2001), *Op. cit.,* Part. III. Ch. 5.

sado por la aplicación de las normativas internas en materia de operaciones vinculadas. Estos problemas no eran distintos de los que en el ámbito de la fiscalidad internacional de los precios de transferencia se estaba tratando de resolver en general. Por ello, la Comisión reconoció en el *2001 Report* que el trabajo a nivel internacional realizado por la OCDE (MC OCDE y las DPT OCDE) proveía una base amplia y consistente sobre la cual elaborar medidas para enfrentar estos problemas[15].

Las recomendaciones del *2001 Report* fueron presentadas en dos enfoques distintos. Por un lado, un grupo de medidas desde el punto de vista integral y comprensivo de la cuestión, cuya implementación debía ser a largo plazo, relacionadas con la utilización de una base imponible común consolidada para las EMN que operan en la UE[16]. Y por el otro lado, un conjunto de medidas de carácter práctico y técnico, realizables en el corto plazo, enfocadas al diálogo, la coordinación administrativa, y el establecimiento de unos lineamientos sobre prácticas comúnmente aceptadas en el tratamiento de los precios de transferencia a nivel comunitario[17].

Con base en estas recomendaciones, fueron llevadas a cabo distintas acciones específicas a nivel comunitario. Una de las más relevantes fue la creación del JTPF, con el objetivo de estudiar y adelantar las medidas que, sin requerir iniciativas legislativas, pudiera mejorar y hacer más uniforme la aplicación de las metodologías de los precios de transferencia propuestas por la OCDE. También se puso en marcha la revisión del Convenio de Arbitraje[18], instrumento multilateral suscrito por los Estados miembros en 1990 para la resolución de controversias por doble imposición derivadas de la corrección de los beneficios por precios de transferencia entre los Estados, cuya firma y ratificación total no se había alcanzado aún, impidiendo su utilización efectiva[19].

1.2. EL FORO CONJUNTO DE PRECIOS DE TRANSFERENCIA DE LA UNIÓN EUROPEA

La propuesta de creación del JTPF (o Foro) fue presentada por la Comisión Europea en el *2001 Report*, y en marzo de 2002, el Consejo Europeo acogió

15. Ver 2001 Report (2001), *Op. cit.,* Part III. Ch. 5.2, pp. 256 y ss.
16. Una propuesta que, desde el análisis realizado por la Comisión, era capaz de dar una respuesta amplia y general a todos los retos de los sistemas de imposición a los beneficios a nivel europeo, incluyendo los que resultan de los precios de transferencia. Ver 2001 Report (2001), *Op. cit.,* Part. IV. Ch 13, pp. 373 y ss.
17. Ver 2001 Report (2001). *Op. cit.,* Part IV. Ch 8. p. 344 y ss.
18. Ver Comunidades Económicas Europeas. (1990). Convenio relativo a la supresión de la doble imposición en caso de corrección de los beneficios de empresas asociadas Acta final Declaraciones conjuntas Declaraciones unilaterales. 90/436/CEE. Publicado en el Diario Oficial de las Comunidades Europeas No. L 225 de 20/08/1990 p. 0010 0024).
19. Ver 2001 Report (2001), *Op. cit.*, Part. IV. Ch 13, pp. 347 y ss.

favorablemente la iniciativa[20]. Tras el proceso de selección de sus representantes, el Foro se reunió por primera vez el 3 de octubre de 2002[21], y fue encargado de examinar las modificaciones que, sin requerir iniciativas legislativas, pudieran realizarse para mejorar la aplicación de las normas sobre precios de transferencia establecidas por los Estados miembros. El propósito del Foro desde entonces es estudiar y delimitar las mejores prácticas y unificar las metodologías utilizadas por los Estados miembros, siempre dentro del ámbito de las DPT OCDE. En este punto, es importante señalar que las DPT OCDE fueron indicadas como marco de referencia para el tratamiento de los precios de transferencia, ya que fueron y siguen siendo el modelo para la elaboración de las legislaciones internas de los Estados miembros, y en muchos casos son parte de las herramientas interpretativas de estas normas. En todo caso, estas directrices son un compendio de recomendaciones sujetas a interpretaciones diferentes en cada Estado miembro, por lo cual se requiere armonizar el sentido de las mismas de cara al mejor funcionamiento del mercado interior[22]. Asimismo, a pesar de ser un órgano consultivo, cuyas recomendaciones no son vinculantes[23], el reconocimiento del Foro sobre las DPT OCDE fortaleció la posición de estas a nivel comunitario[24] y el consenso sobre la relevancia de sus recomendaciones en la materia.

El Foro está conformado por representantes tanto de las autoridades fiscales de los Estados miembros como del sector empresarial[25]; de esta forma, este organismo trata de conciliar los puntos de vista de estos grupos de actores en pro de una aplicación más armónica de las reglas sobre precios de transferencia a nivel europeo[26]. A su vez, esta composición del JTPF permite una discusión entre los diferentes Estados miembros, con el objetivo de minimizar los efectos

20. Ver 2001 Report (2001), *Op. cit.*; FISC 76 doc. 6917/02 de 6 de marzo.
21. Durante esta reunión, la Sra. Montserrat TRAPÉ VILADOMAT y el Sr. Guy A.M. KERSCH fueron elegidos vicepresidentes por los Estados miembros y los representantes de las empresas, respectivamente. Ver Comisión Europea. (2002). Summary record of the first meeting of the EU Joint Transfer Pricing Forum. Bruselas, 3 de octubre. JTPF/004/2002/EN.
22. Ver CARMONA FERNÁNDEZ, N. y otros, Fiscalidad de las operaciones vinculadas, CISS 2009, p. 50.
23. Ver GÓMEZ REQUENA, J. A., (2020). Capítulo VI ..., *Op. cit.*, p. 276.
24. No es la primera vez que un ente que realiza un estudio con efectos consultivos para la UE hace tal reconocimiento de las DPT. Ya en 1999, el Grupo Primarolo, encargado del seguimiento y aplicación del Código de Conducta de Fiscalidad Empresarial, señaló a las DPT de la OCDE como un parámetro para determinar la existencia de una práctica fiscal ilegal, lo que CALDERÓN CARRERO consideró la «comunitarización» de las Directrices. Ver CALDERÓN CARRERO, J. M., (2005), *Op. cit.*, p. 29.
25. Ver TRAPÉ VILADOMAT, M., «El Foro sobre precios de transferencia en la Unión Europea», Información Comercial Española (ICE): Revista de Economía núm. 825 (2005), p. 162.
26. «*The establishment by the Commission of a Joint Forum on transfer pricing comprising representatives of tax authorities and business might allow the currently conflicting perspectives of the two sides to be reconciled. While on the one hand tax administrations view transfer pricing as a common vehicle for tax avoidance or evasion by companies and as a source of harmful tax competition between Member States, business on the other hand considers that tax authorities*

de las diferencias entre sus regímenes fiscales. Estas diferencias no se encuentran únicamente en el contenido de las normas asociadas a la imposición de beneficios entre partes vinculadas, sino también en los procedimientos de elaboración e incorporación de las mismas en cada ordenamiento; el alcance de las mismas; y la experiencia de cada Estado en el tratamiento e inspección de operaciones vinculadas, etc.[27]. En esta medida, la discusión en el seno del Foro se da en un formato de participación que, hasta el momento, no se había dado en materia de precios de transferencia en el contexto europeo; y que permite que sus conclusiones y recomendaciones sean percibidas con una «fuerza relevante» a pesar de no tener un carácter vinculante[28]. De acuerdo con sus objetivos, la mayoría de trabajos del Foro se han formalizado en códigos de buenas prácticas —*códigos de conducta*—, adoptados y aprobados por el Consejo Europeo, que son posteriormente acogidos por los Estados miembros en sus normativas. Entre los aspectos más relevantes[29] que han ocupado el trabajo del Foro se encuentran los siguientes:

1.2.1. El Convenio de Arbitraje y el Código de Conducta

La primera tarea abordada por el JTPF se centró en el impulso de la implementación y aplicación del Convenio de Arbitraje. Este instrumento no es parte del Derecho comunitario sino un convenio multilateral suscrito por los mismos Estados pertenecientes a las Comunidades Económicas Europeas (CEE) para regular el arbitraje como mecanismo de reducción de la doble imposición derivado de los ajustes por precios de transferencia en el ámbito europeo[30]. El Convenio fue inicialmente firmado en 1990, con una vigencia de 5 años, prorrogada

«are imposing disproportionate compliance costs. The study finds that both sides have legitimate concerns to which it is necessary to seek a balanced solution through a dialogue on EU level. A more uniform approach by EU Member States would also contribute to a stronger position in relation to third countries». Ver COM (2001) 582 final, *Op. cit.*, Annex, no. 61 «targeted remedial measures».

27. Vale la pena señalar que, al menos en sus inicios, la incorporación de estas normas en las legislaciones internas de muchos Estados fue resultado de la influencia de la OCDE y la suscripción de CDIs y no de la necesidad material de regular el fenómeno de las operaciones vinculadas en su territorio. En efecto, algunos Estados contaban con mucha más experiencia que otros en el tratamiento y aplicación de las metodologías de precios de transferencia. Ver GILLET, P., (2012), *Op. cit.*, p. 170.
28. Ver TRAPÉ VILADOMAT, M., (2005), El Foro sobre precios ..., *Op. cit.*, p. 163.
29. En este trabajo hacemos mención a los trabajos más relevantes a efectos de nuestro análisis. Sin embargo, el Foro ha tenido un trabajo destacado en otros aspectos como las obligaciones de documentación de operaciones vinculadas, el uso de datos y de comparables, técnicas de valoración económica y la aplicación técnica de métodos de reparto del beneficio, entre otros.
30. El Convenio de Arbitraje ya mencionaba en el art. 1 el principio de plena competencia como criterio utilizado por distintos Estados de las Comunidades Económicas Europeas para la distribución de los beneficios societarios en operaciones vinculadas. Ver SCHÖN, W., (2011), *Op. cit.*, p. 4; para un estudio más detallado sobre las particularidades del Convenio y su importancia como mecanismo de resolución de conflictos fiscales en el ordenamiento

hasta diciembre de 1999. En estos 10 años, algunos Estados firmaron el Convenio, pero adelantaban lentamente el proceso de su ratificación, mientras que otros ni siquiera iniciaron los trámites para completar este proceso. Era necesario que todos los Estados firmantes implementaran el Convenio en sus legislaciones para poder, primero, revalidar la vigencia del mismo; y segundo, aplicar sus mecanismos de manera efectiva. Por esto, el primer esfuerzo del Foro fue promover la ratificación del Convenio en los Estados que aún no lo hubieran completado[31].

Una vez revalidada la vigencia del Convenio de Arbitraje, la discusión del Foro se centró en estudiar los mecanismos de solución contemplados en el mismo para formular medidas que ayudaran a su mejor aplicación. El Convenio contiene dos mecanismos o procedimientos, que corresponden a dos fases consecutivas para resolver la doble imposición por correcciones derivadas de los precios de transferencia. La primera fase, corresponde a un procedimiento de acuerdo amistoso; y la segunda, a un procedimiento de arbitraje aplicable en caso de no alcanzarse acuerdo en la primera fase. El Foro identificó aspectos de los mecanismos del Convenio sobre los cuales no había un criterio específico y que eran fundamentales para su aplicación coordinada; para solucionar este problema buscó establecer un contenido uniforme en aspectos como los límites temporales establecidos para los procedimientos; los plazos de inicio; y los principios relevantes que debían guiar el desarrollo de cada procedimiento; entre otros aspectos[32].

Estas recomendaciones fueron presentadas por la Comisión Europea en una propuesta de Código de Conducta[33], sobre la interpretación de las disposiciones del Convenio de Arbitraje. El Código fue adoptado por el Consejo Europeo en diciembre de 2004, sin embargo, el trabajo del JTPF para mejorar la aplicación del Convenio de Arbitraje continuó y en 2015 emitió un informe al respecto añadiendo algunos aspectos sobre el análisis caso a caso, que fueron incluidos en el Código de Conducta. Aun sí, en 2017 fue adoptada la Directiva UE 1852 del Consejo Europeo[34], un instrumento vinculante para los Estados miembros,

europeo, ver CALDERÓN CARRERO, J. M., «El procedimiento para la resolución de conflictos fiscales de precios de transferencia establecido por el Convenio Europeo 90/436/CEE», Civitas Revista española de derecho financiero núm. 151 (2011), pp. 910 y ss.

31. Además, para el año 2002, 10 países estaban cerca de ingresar a la UE y por lo tanto debían firmar y ratificar este instrumento en el futuro.
32. Ver GILLET, P., (2012), *Op. cit.*, pp. 171 y ss.
33. Ver Comisión Europea (2004) Comunicación relativa a las actividades del Foro conjunto de la UE sobre los precios de transferencia en el ámbito del impuesto sobre sociedades desde octubre de 2002 a diciembre de 2003 y a una propuesta de Código de Conducta para la aplicación efectiva del Convenio de Arbitraje (90/436/CEE, de 23 de julio de 1990). Bruselas 23 de abril. COM (2004) 297 final. Anexo II. Proyecto de Código de Conducta.
34. Ver Consejo Europeo (2017). Directiva relativa a los mecanismos de resolución de litigios fiscales en la Unión Europea. de 10 de octubre. DIRECTIVA (UE) 2017/1852. Publicada en el Diario Oficial de la Unión Europea No. L 265/1 del 14.10.2017.

que reguló los mecanismos de resolución de conflictos fiscales en la Unión Europea, incluyendo buena parte de los aspectos contenidos en el Convenio de Arbitraje[35]. En todo caso, se debe reconocer que el trabajo del Foro sobre el Código de Conducta dio un impulso a la utilización de este tipo de mecanismos alternativos en los litigios sobre precios de transferencia, lo que también permitió promover, desde la perspectiva europea, la inclusión del mecanismo de arbitraje como parte del MC OCDE[36].

1.2.2. Acuerdos de Valoración Previa y otros mecanismos de resolución alternativa de conflictos

Como sucedía con otros aspectos de la normativa de los precios de transferencia de los distintos Estados miembros, también existían diferencias en el tratamiento de los APA. La Comisión Europea los define como *«acuerdos entre las administraciones fiscales de los Estados miembros que regulan la forma de gravar las transacciones futuras entre contribuyentes asociados que estén establecidos en dos o más Estados miembros»*[37]. El JTPF identificó los APA como una de las mejores maneras para evitar en primera instancia los litigios derivados de los precios de transferencia[38]; estos acuerdos representan ventajas para ambas partes, pero la negociación de los mismos es su principal debilidad[39]. En los años 2000, este tipo de acuerdos ya eran realizados en el ámbito de los Estados europeos pero su procedimiento era largo y complicado; además era utilizado en operaciones vinculadas como la prestación de servicios administrativos o de gestión para las que no se esperaba que la negociación de la valoración fuera tan compleja[40]; y, por el contrario, en operaciones cuya valoración era más incierta, para las cuales se esperaría que el acuerdo fuera más utilizado, como las que involucran intangibles, solo se habían logrado un pequeño número de acuerdos[41].

El Foro tomó como base jurídica el art. 25 del MC OCDE, apartado 3, que permite a los Estados celebrar APAs en precios de transferencia[42]. El reto de este tipo de acuerdos recae, por un lado, en establecer condiciones para realizar el procedimiento que sean prácticas y permitan la negociación de manera rela-

35. Ver GÓMEZ REQUENA, J. A., (2020). Capítulo VI ..., *Op. cit.*, p. 276.
36. Ver GILLET, P., (2012), *Op. cit.*, p. 173.
37. *«APAs are agreements between the tax administrations of EU Member States concerned defining how future transactions between related taxpayers established in two or more Member States will be taxed.»*. Ver Comisión Europea. (2007). Communication from the Commission to the Council, the European Parliament and the European Economic and Social Committee on the work of the EU Joint Transfer Pricing Forum in the field of dispute avoidance and resolution procedures and on Guidelines for Advance Pricing Agreements within the EU SEC (2007) 246}. Bruselas, 26 de febrero. COM (2007) 71 final. pár. 4, 13 y 35 y ss.
38. Ver COM (2007) 71 final, *Op. cit.*, pár. 7.
39. Ver COM (2007) 71 final, *Op. cit.*, pár. 35 y ss.
40. Ver GILLET, P., (2012), *Op. cit.*, p. 177.
41. Ver GILLET, P., (2012), *Op. cit.*, p. 178.
42. Ver COM (2007) 71 final, *Op. cit.*, Anexo. pár 1-6.

tivamente rápida y eficiente (especialmente la determinación del volumen de información y los plazos para tramitar el procedimiento); y, por el otro, en definir el alcance que tiene el acuerdo una vez alcanzado[43]. En este sentido, el Foro i) recomendó la utilización de un procedimiento con pasos detallados, con la delimitación de lo que debería realizarse en cada etapa de la negociación[44]; ii) señaló que el acuerdo debería comprender el conjunto de las administraciones involucradas y el contribuyente que solicita el acuerdo (prefiriendo la celebración de acuerdos bilaterales sobre los acuerdos unilaterales— con una sola Administración—)[45]; iii) indicó un plazo razonable para alcanzar el acuerdo de 18 meses; y iv) señaló que el acuerdo podía incluir la posible retroactividad de algunos de sus efectos, particularmente respecto a la actividad del contribuyente desde que inició la negociación del acuerdo[46].

En el informe de actividades realizadas por el JTPF, presentado por la Comisión en febrero de 2007[47], se incluyó una propuesta de directrices para la realización de acuerdos previos de valoración sobre precios de transferencia en el ámbito de la UE, la cual fue aprobada por el Consejo en junio del mismo año.

1.3. LOS TRABAJOS DE LA COMISIÓN EUROPEA EN LA LUCHA CONTRA LA EVASIÓN FISCAL

1.3.1. Armonización en el ámbito de la fiscalidad directa

Además de su labor en la creación del JTPF y su participación en la incorporación de las recomendaciones que este órgano consultivo ha propuesto, la Comisión también ha tenido un rol fundamental en la elaboración de propuestas legislativas en ámbitos de la fiscalidad directa que afectan el tratamiento de las operaciones vinculadas.

En este punto es importante resaltar dos aspectos. En primer lugar, que las normas fundamentales de la UE, como el Tratado de Funcionamiento de la Unión Europea (TFUE), no establecieron la necesidad de armonizar la imposición directa (al contrario de lo que sucede con la imposición indirecta)[48]; este aspecto es competencia exclusiva de los Estados miembros[49]. Aunque existen

43. Ver COM (2007) 71 final, *Op. cit.*, pár. 23.
44. Ver COM (2007) 71 final, *Op. cit.*, pár. 16 y ss. Anexo pár. 20 y ss.
45. Ver COM (2007) 71 final, *Op. cit.*, Anexo. pár. 63.
46. Ver COM (2007) 71 final, *Op. cit.*, Anexo. pár. 58 y ss.
47. Ver COM (2007) 71 final, *Op. cit.*
48. Ver Tratado de Funcionamiento de la Unión Europea. Versiones consolidadas. DOUE. núm. 83, de 30 de marzo de 2010. Art. 110-113.
49. Además de la limitación por la competencia, tal como señala GARCIA PRATS, existe una limitación de forma, relacionada con el procedimiento para la aprobación de directivas que incidan directamente en el mercado interior señalado en el art. 115 del TFUE. De acuerdo con esta disposición, el Consejo debe dar su aprobación, por unanimidad, con arreglo a un procedimiento legislativo especial y previa consulta al Parlamento Europeo y al Comité Económico y Social. Teniendo en cuenta las diferencias entre los sistemas de imposición

elementos armonizadores de la imposición directa en el Derecho comunitario, estos se limitan a la determinación de medidas necesarias para el funcionamiento del mercado interior[50]. En segundo lugar, el TFUE contiene diferentes disposiciones que, a pesar de no referirse a los precios de transferencia, dan forma o establecen parámetros que inciden en estas reglas. De acuerdo con el contenido del TFUE, la creación y funcionamiento del mercado interior se basa en la garantía de las libertades económicas fundamentales[51] y el respeto a principios como la no discriminación por razón de la nacionalidad[52]. En este sentido, se prevé una prohibición para los Estados miembros de establecer medidas nacionales que restrinjan o vulneren estas libertades; sin embargo, existen excepciones a esta prohibición de medidas restrictivas, especialmente por razones de interés general, entre las que se han considerado cuestiones de política fiscal, como vemos en el numeral 1.1 del Capítulo IV.

El trabajo de la Comisión en el ámbito de la fiscalidad directa se ha realizado dentro del marco de estas reglas y, asimismo, tratando de disminuir la doble imposición que puede darse en el ámbito europeo (por su efecto negativo en el funcionamiento del mercado interior). Concretamente, la Comisión ha presentado propuestas legislativas que inciden en el tratamiento de las operaciones vinculadas, atendiendo a diferentes objetivos. Entre 1990 y 2010, aproximadamente, con el propósito de asegurar un reparto equitativo de los beneficios evitando la doble imposición, fueron presentadas diversas iniciativas, posteriormente aprobadas por el Consejo Europeo, como la Directiva 90/434 sobre Fusiones[53] (que contiene medidas sobre la imposición diferida en procesos de reorganización); la Directiva 90/435[54] sobre la relación «Matriz-filial» que señala las medidas para eliminar la doble imposición sobre los pagos de dividendos transfronterizos en esta relación empresarial; y el Convenio de Arbitraje 90/436[55] que establece el procedimiento de solución de controversias por las correcciones en materia de precios de transferencia.

A partir de 2011, teniendo en cuenta el contexto internacional del proyecto BEPS, las iniciativas legislativas de la Comisión, además de buscar la garantía

directa, así como los intereses de cada Estado en la materia, dicha provisión ha limitado fuertemente la adopción de directivas que pueden incidir más profundamente en aspectos de imposición directa. Ver GARCÍA PRATS, F. A., (2005), *Op. cit.*, p. 60.

50. Ver art. 94 TFUE (antes art. 100 del TCE).
51. Ver art. 26.2 TFUE.
52. Ver art. 18 TFUE.
53. Ver Consejo Europeo (1990) Directiva relativa al régimen fiscal común aplicable a las fusiones, escisiones, aportaciones de activos y canjes de acciones realizados entre sociedades de diferentes Estados miembros. 90/434/CEE. Publicada en el Diario Oficial de las Comunidades Europeas No. L 225/1 20.8.90.
54. Ver Consejo Europeo (1990) Directiva relativa al régimen fiscal común aplicable a las sociedades matrices y filiales de Estados miembros diferentes. 90/435/CEE. Publicada en el Diario Oficial de las Comunidades Europeas No. L 225/6. 20.8.90.
55. Ver nota al pie 18 del Capítulo IV de este trabajo.

de un reparto de beneficios justo entre los Estados miembros, también tuvieron como finalidad prevenir conductas de evasión fiscal. En primer lugar, la Comisión promovió normativas comunitarias relacionadas con la coordinación y la cooperación administrativas para el intercambio de información, como las recomendaciones sobre Planificación Fiscal Agresiva No. 8805 y 8806 de 2012, y la Directiva sobre Cooperación Administrativa 2011/16/EU, también conocida como DAC[56], que regula el intercambio de información entre administraciones fiscales. En segundo lugar, la Comisión también promovió temas sustanciales de prevención de estas prácticas de evasión, a través de iniciativas relacionadas con la transparencia fiscal; la imposición de salida; las limitaciones a las deducciones de gastos financieros; las asimetrías híbridas; la estructuración de la cláusula general antielusiva; y la prevención de la doble no imposición, entre otros aspectos.

El trabajo de la Comisión en estas cuestiones de fiscalidad internacional se relaciona con la disminución de los obstáculos al mercado interior derivados de la doble imposición, pero también con la afectación al mercado interior que proviene de prácticas empresariales abusivas. Este enfoque nos lleva a la pregunta sobre cómo debe entenderse el «uso indebido» o «abusivo» a efectos fiscales en el ámbito del Derecho europeo. Como se estudia en el Capítulo II de esta monografía, las DPT OCDE y los demás trabajos de la OCDE se estructuran sobre una base de principios y conceptos jurídicos indeterminados, cuyo propósito es dar unos lineamientos generales y abstractos sobre el sentido de las normas en materia de precios de transferencia, por ello, no establecen en concreto qué debe entenderse como una conducta abusiva[57], dejando en manos de cada ordenamiento la definición de este aspecto. Por supuesto, esta no es una pregunta nueva en el ámbito comunitario. De hecho, ya que en el Derecho comunitario las normas suelen contener unos mínimos comunes que deben considerar los Estados miembros en su normativa doméstica, es posible encontrar disposiciones más concretas sobre lo que puede considerarse un abuso de la norma a efectos fiscales.

Vemos por ejemplo que el enfoque de las medidas BEPS sugiere como una práctica empresarial no deseable aquella que lleva a la erosión de la base imponible y al traslado artificial de beneficios (en inglés BEPS) a un ordenamiento fiscal más beneficioso; esto último interpretado a través de otros principios de contenido indeterminado como la creación de valor. Mientras que la normativa comunitaria ha definido, en concreto, la planificación fiscal agresiva en el ámbito de la fiscalidad directa en diferentes disposiciones, aunque con algunas diferen-

56. Aunque su objeto no era nuevo, pues en realidad este instrumento reemplazó a la Directiva 77/799/CEE del Consejo, de 19 de diciembre de 1977, relativa a la asistencia mutua entre las autoridades competentes de los Estados miembros en el ámbito de los impuestos directos y de los impuestos sobre las primas de seguros.
57. Ver Capítulo II y Capítulo III de este trabajo.

cias[58]. En 2012, la Comunicación de recomendaciones para combatir el fraude fiscal señalaba la planificación fiscal agresiva como «*la utilización de operaciones o estructuras artificiales y la explotación de desajustes entre los sistemas fiscales*»[59]; en el mismo sentido en la Recomendación No. 8806 del mismo año la Comisión indicó que este tipo de planificación consiste en «*aprovechar los aspectos técnicos de un sistema fiscal o las discordancias entre dos o más sistemas fiscales con el fin de reducir la deuda tributaria, a través de diferentes formas*»[60], ante lo cual parece que adopta una definición centrada en el arbitraje fiscal. Sin embargo, en la misma Recomendación No. 8806 invita a los Estados a incluir una cláusula general antifraude en sus legislaciones en los siguientes términos: «*Es preciso ignorar todo mecanismo artificial o serie de mecanismos artificiales introducidos con el objetivo fundamental de evadir impuestos y que conducen a una ventaja impositiva*»[61].

La Recomendación No. 8806 en este sentido fue parte de las medidas presentadas por la Comisión en 2016, dedicadas exclusivamente a evitar la elusión fiscal[62], que entre otras resultó en la adopción de la Directiva 2016/1194/UE de normas contra la elusión fiscal que inciden en el mercado interior. Se introdujo por lo tanto una norma comunitaria a través de la cual la planificación agresiva pasó a ser una conducta ilícita[63], en los siguientes términos de su artículo 6:

> «*1. A efectos del cálculo de la deuda tributaria en concepto de impuesto sobre sociedades, los Estados miembros no tendrán en cuenta ningún mecanismo o serie de mecanismos que, por haberse establecido teniendo como propósito principal o uno de sus propósitos principales la obtención de una ventaja fiscal que desvirtúa el objeto o la finalidad de la normativa tributaria aplicable, resulten estar falseados una vez analizados todos los datos y circunstancias pertinentes. Tales mecanismos podrán estar constituidos por más de una fase o parte.*
>
> *2. A efectos del apartado 1, un mecanismo o serie de mecanismos se considerarán falseados en la medida en que no se hayan establecido por razones comerciales válidas que reflejen la realidad económica*».

Aunque el tema central de esta disposición es justamente la norma general antiabuso a nivel europeo, la aproximación que hace la Comisión Europea sobre

58. Ver MARÍN BENÍTEZ, G., (2017), *Op. cit.*, pp. 90 y ss.
59. Ver Comisión Europea. (2012). Comunicación al Parlamento y al Consejo Europeo sobre formas concretas de reforzar la lucha contra el fraude y la evasión fiscal, también en relación con terceros países. Bruselas 27 de junio. COM (2012) 351 final, p. 4.
60. Ver Comisión Europea. (2012). Recomendación sobre la planificación fiscal agresiva. Bruselas 6 de diciembre. C (2012) 8806 final. Recomendación 4.2.
61. Ver Comisión Europea. (2012). Recomendación sobre la planificación fiscal agresiva. Bruselas 6 de diciembre. C (2012) 8806 final. Recomendación 4.2.
62. Que incluyó la «*Anti-Tax-Avoidance Directive*» (ATAD), una modificación de la Directiva 2011/16/UE sobre intercambio de información (DAC), las Recomendaciones sobre la prevención de abuso por la aplicación de los Convenios 2016/136, entre otras.
63. Ver MARÍN BENÍTEZ, G., (2017), *Op. cit.*, p. 94.

el propósito de este sistema de reglas es muy importante pues incide inevitablemente en la interpretación de todo tipo de disposiciones fiscales nacionales relacionadas con el impuesto sobre sociedades que puedan adoptar los Estados miembros, incluyendo las reglas sobre operaciones vinculadas. Se debe recordar que, al incorporar las reglas sobre precios de transferencia que recomiendan las DPT OCDE, los funcionarios de los Estados pueden interpretar y aplicar aspectos de estas como «la sustancia de la operación» o la «racionalidad económica», haciendo uso de las doctrinas permitidas en su ordenamiento, dentro de las que se encuentra, por ejemplo, el de las reglas antielusivas, más aún cuando describen conductas de elusión que pueden ser identificadas como BEPS.

1.3.2. Presencia digital significativa

Entre los retos actuales más importantes para la fiscalidad, se encuentra la adaptación de los regímenes tributarios a las circunstancias del desarrollo digital y su impacto en los modelos de negocio. La Acción 1 del Plan BEPS examinó esta cuestión, aunque, como vimos en el Capítulo I[64], su complejidad implicó un trabajo posterior al mismo proyecto y su incorporación en los trabajos del Marco Inclusivo. En 2017, la Comisión Europea presentó la Comunicación *«Un sistema impositivo justo y eficaz en la Unión Europea para el Mercado Único Digital»*[65] en la que expuso los retos de esta cuestión para la economía mundial, incluyendo los relacionados con activos intangibles. En esta Comunicación se señaló: *«La actual normativa fiscal ha dejado de encajar en el contexto moderno en el que las empresas se sustentan en gran medida en activos intangibles difíciles de valorar, que facilitan el comercio electrónico transfronterizo sin presencia física.»*[66]

El Consejo solicitó a la Comisión la elaboración de propuestas adecuadas ante estos retos[67]. En marzo de 2018, la Comisión Europea presentó su propuesta al Consejo[68], en la que se reconoció la imposibilidad de que las normas actuales sobre la imposición de sociedades alcanzasen las actividades digitales, ya que están basadas en la presencia física y no tienen en cuenta la participación de los usuarios en la creación de valor[69]. En consecuencia, la Comisión estableció la necesidad de nuevos indicadores de presencia económica para determinar los derechos impositivos de los Estados en relación con los nuevos mode-

64. Ver numeral 4.3.2 del Capítulo I de este trabajo.
65. Ver Comisión Europea (2017) Comunicación al Parlamento Europeo y al Consejo *«Un sistema impositivo justo y eficaz en la Unión Europea para el Mercado Único Digital»*. Bruselas, 21 de septiembre. COM (2017) 547 final.
66. Ver COM (2017) 547 final, *Op. cit.*, p. 1.
67. Ver Reunión del Consejo Europeo (19 de octubre de 2017): Conclusiones (doc. EUCO 14/17).
68. Ver Comisión Europea (2018) Propuesta de Directiva del Consejo por la que se establecen normas relativas a la fiscalidad de las empresas con una presencia digital significativa. Bruselas, 21 de marzo. COM (2018) 147 final.
69. Ver COM (2018) 147 final. *Op. cit.*

los empresariales basados en la digitalización[70]. En primer lugar, la Comisión propuso un nuevo nexo para la imposición de la empresas con una presencia comercial no física —*«presencia digital significativa»*—[71]; en segundo lugar, fueron propuestos los principios de atribución de los beneficios (basados en un análisis funcional), pero conectados con las actividades significativas emprendidas por las empresas a través de una interfaz digital, aun cuando estas no estén vinculadas a funciones humanas en el mismo Estado miembro[72], es decir, considerando las actividades relacionadas con los sistematización de datos y la participación de los usuarios[73]. Esto, a su vez, implicó la consideración de indicadores de ingresos que reflejen la importancia de tal presencia digital significativa (número de usuarios o el número de contratos entre empresas para servicios digitales). En tercer lugar, la Comunicación indicó que, debido a la importancia del análisis de las actividades significativas en la creación de valor en los modelos empresariales digitales, el método de reparto de beneficios o *profit split* se suele considerar el más adecuado para asignar beneficios a la presencia digital significativa[74].

1.3.3. El régimen de ayudas de Estado

Otro principio establecido en el TFUE es el de la prohibición de ayudas de Estado selectivas establecido en el art. 107. De acuerdo con esta norma, son ilegítimas las ayudas otorgadas por los Estados, bajo cualquier forma, que falseen o amenacen la competencia en el mercado interior, favoreciendo selectivamente a determinadas empresas o sectores. Entre estas ayudas que pueden otorgar los Estados se encuentran los *tax ruling,* entre los que se encuentran los acuerdos previos entre contribuyentes y administraciones fiscales sobre la valoración de una operación vinculada, en los que es una administración tributaria ha aceptado un determinado precio de transferencia considerándolo de mercado.

Pues bien, para establecer que no se está otorgando una ayuda de Estado selectiva, de aquellas prohibidas por el art. 107 del TFUE, es necesario tener en cuenta si el precio aceptado por la Administración tributaria en un *tax ruling* no constituye una ayuda selectiva. Como hemos visto, el parámetro para considerar que un precio de transferencia es adecuado, aceptado por la mayoría de Estados a nivel global, es el principio de plena competencia (ALP). Por esta razón, tanto la Comisión Europea como los órganos jurisdiccionales de la Unión (Tribunales General y Tribunal de Justicia) han reconocido el valor del ALP como criterio apropiado para analizar los supuestos de ayudas de Estado que involucran ope-

70. Ver COM (2018) 147 final. *Op. cit.*, p. 2.
71. Ver COM (2018) 147 final, *Op. cit.*, pp. 3 y 17.
72. Ver «Propuesta de Directiva del Consejo por la que se establecen normas relativas a la fiscalidad de las empresas con una presencia digital significativa».COM (2018) 147 final. Comisión Europea. No. 5 de la exposición de motivos.
73. Ver COM (2018) 147 final, *Op. cit.*, pp. 9 y ss.
74. Ver COM (2018) 147 final, *Op. cit.*, pp. 10, 13 y 19.

raciones vinculadas. En materia de ayudas de Estado, la Comisión Europea ha publicado varias iniciativas relacionadas con el intercambio de información administrativa respecto de los *tax rulings*[75]. Lo anterior, para promover que los Estados miembros notifiquen a la Comisión de ayudas que otorgan a los contribuyentes para que pueda comprobarse que no se otorga una ayuda de Estado prohibida. Asimismo, en caso de que la Comisión Europea o los órganos jurisdiccionales de la Unión determinen que existió una ayuda de Estado ilegal, esta se informa a otras administraciones que pueden verse afectadas por el acuerdo invalidado. Un ejemplo de ello, es la disposición pública de las decisiones sobre ciertos *tax rulings,* como es el caso de los acuerdos de Starbucks, suscritos con Países Bajos sobre los términos de las operaciones vinculadas de compra de café a Suiza; y el acuerdo de aceptación con UK sobre el precio por la licencia de *Know-how* —entre partes vinculadas—; ambos acuerdos de la conocida EMN fueron declarados ilegales en 2015 justamente por constituir una ayuda de Estado que erosiona la base imponible de los Estados involucrados[76]. La rápida acción de comunicación de la Decisión permite reafirmar las políticas en materia de alineación de beneficios con el lugar de generación y además implica un mensaje de unificación de estrategias en función de la protección del mercado interior.

1.3.4. Armonización de la base imponible del impuesto sobre sociedades

Finalmente es importante resaltar el trabajo de la Comisión respecto al establecimiento de una base imponible común consolidada para la UE[77]. Como

75. Ver Comisión Europea. (2015) Comunicación sobre la transparencia fiscal para luchar contra la evasión y la elusión fiscales. Bruselas 18 de marzo. COM (2015) 136 final; también puede verse la Propuesta de Directiva del Consejo que modifica la Directiva 2011/16/UE en lo que respecta al intercambio automático y obligatorio de información en el ámbito de la fiscalidad, 6 de octubre de 2015.
76. Ver Comisión Europea (2015) Decisión relativa a la ayuda estatal SA.38375 (2014/C ex 2014/NN) ejecutada por Luxemburgo en favor de Fiat [notificada con el número C(2015)7152]; Press release IP/15/5880. Ver también MORENO GONZÁLEZ, S., «State Aid and Tax Competition: Comments on the European Commission‘s Decisions on Transfer Pricing Rulings», European State Aid Law Quarterly no. 15(4) (2016)», pp. 556-574.
77. La introducción de una base imponible consolidada común del impuesto sobre sociedades (BICCIS), como nuevo recurso propio de la UE, se había propuesto ya por la Comisión Europea anteriormente, en la Propuesta de Decisión del Consejo sobre el sistema de recursos propios de la Unión Europea, de 29 de junio de 2011 [COM (2011) 510 final] y en la Propuesta de Decisión del Consejo sobre el sistema de recursos propios de la Unión Europea, de 2 de mayo de 2018 [COM (2018) 325 final]. Estas propuestas, que habían quedado paralizadas debido a la regla de la unanimidad (arts. 113, 115 y 311 del TFUE), se han retomado en la actualidad. Al respecto, puede verse la Decisión (UE, Euratom) 2020/2053/UE, de 14 de diciembre de 2020, sobre el nuevo sistema de recursos propios de la UE; y el Acuerdo Interinstitucional de 16 de diciembre de 2020 entre el Parlamento Europeo, el Consejo de la Unión Europea y la Comisión Europea sobre disciplina presupuestaria, cooperación en materia presupuestaria y buena gestión financiera, así como sobre nuevos recursos propios, que establece una «hoja de ruta para la introducción de nuevos recursos propios». Entre otros recursos, la introducción de la BICCIS está prevista para el año 2026.

se menciona en los antecedentes[78], este mecanismo permitiría eliminar lo que se considera un obstáculo fundamental para el funcionamiento del mercado interior, especialmente desde la perspectiva de la competencia fiscal[79]: la asimetría entre los regímenes de imposición directa de los Estados miembros. Esto sin olvidar que este instrumento corregiría en una fase inicial el problema de los precios de transferencia, al menos en el ámbito de la UE.

Concretamente, la Comisión presentó la primera propuesta de Directiva de Base Imponible Común Consolidada del Impuesto sobre Sociedades (BICCIS) en marzo de 2011[80], que no logró aprobarse en el Consejo por falta de apoyo de los Estados miembros[81]. La Comisión reactivó esta iniciativa en 2015[82], posiblemente, impulsada por la necesidad de alcanzar un plan de acción común teniendo en cuenta los resultados y recomendaciones de BEPS. En esencia, la propuesta de 2015 es muy similar a la primera, aunque la Comisión ha realizado algunas modificaciones[83]; asimismo, la propuesta se dividió en dos partes o fases para hacer más digerible su contenido y alcanzar su aprobación[84].

A pesar de su semejanza con la primera propuesta, el clima para la discusión ahora es distinto. Como hemos visto, los objetivos de la UE en materia de armonización fiscal se han movido lentamente hacia una fiscalidad cuya

78. Tanto en el *Ruding Report* como en el *2001 Report*. Ver numeral 1.1 del Capítulo IV de este trabajo.
79. Ver PÉREZ BERNABEU, B., «La armonización como instrumento de lucha contra la planificación fiscal internacional», En HINOJOSA TORRALVO, J. J., CRUZ PADIAL, I. y SÁNCHEZ-ARCHIDONA HIDALGO, G. (Eds.) Cuestiones actuales de planificación fiscal internacional, Atelier 2019, p. 119.
80. Ver Comisión Europea. (2011) Propuesta de Directiva del Consejo relativa a una base imponible consolidada común del impuesto sobre sociedades (BICCIS). Bruselas 16 de marzo. COM (2011) 121 final; Sobre el contenido de esta propuesta puede verse también RAMOS HERRERA, A. J. y CALVO VÉRGEZ, J., «Los esfuerzos de la Comisión Europea por la implantación de una Base Imponible Común Consolidada del IS en el ámbito comunitario: de la propuesta de Directiva [COM (2011) 121 final/SEC (2011) 315 final] a las propuestas de Directiva [COM (2016) 685 final] y [COM (2016) 683 final]», Documentos de Trabajo 13/2017, V Encuentro de Derecho Financiero y Tributario: «El futuro del Impuesto sobre Sociedades» (2ª parte), Instituto de Estudios Fiscales (2017), pp. 12 y ss.
81. Ver GILLET, P., (2012), *Op. cit.*, pp. 182 y ss.
82. Ver Comisión Europea. (2016). Comunicación al Parlamento Europeo y al Consejo sobre el establecimiento de un sistema de imposición de las sociedades equitativo, competitivo y estable para la UE. Estrasburgo 25 de octubre. COM (2016) 682 final.
83. Ver CENCERRADO MILLÁN, E., «Análisis de algunas de las cuestiones más relevantes de la nueva propuesta de Directiva relativa a una Base Imponible Común del Impuesto sobre Sociedades», Documentos de trabajo, V Encuentro de Derecho Financiero y Tributario «El futuro del Impuesto de sociedades» (1ª parte), Instituto de Estudios Fiscales (2017).
84. Una primera propuesta que contiene la Base Imponible Común del IS y una segunda que contiene la Base Consolidada Común. Ver Comisión Europea. (2016). Propuesta de Directiva del Consejo sobre la Base Imponible Común del impuesto de Sociedades. Estrasburgo 25 de octubre. COM (2016) 685 final; y Ver Comisión Europea. (2016). Propuesta de Directiva del Consejo sobre la base imponible consolidada común del impuesto sobre sociedades (BICCIS). Estrasburgo 25 de octubre. COM (2016) 685 final.

preocupación por el fenómeno de la evasión y la disminución de las bases imponibles de los Estados miembros es mucho mayor a la de 1990 o incluso 2001; el objetivo de enfrentar la evasión fiscal ha pasado a ser común[85]. En este sentido, respecto a la posible implementación de una base imponible común algunos cambios concretos ya se han visto; por ejemplo, la declaración conjunta franco-alemana de apoyo al proyecto presentado por la Comisión en 2015. También es importante mencionar la cercanía de los fundamentos de estas propuestas de base imponible común con las estrategias que se han planteado en el seno del Marco Inclusivo, relacionadas con el Pilar II, particularmente en materia de imposición mínima[86].

2. LA NORMATIVA ESPAÑOLA SOBRE OPERACIONES VINCULADAS Y PRECIOS DE TRANSFERENCIA

2.1. EL ALP EN LOS CDIS SUSCRITOS POR ESPAÑA

El principio de plena competencia se encuentra presente en la mayoría[87] de CDIs celebrados entre España y otros Estados[88], incorporado en una cláusula equivalente al art. 9.1 del MC OCDE[89]. Como se estudia en el Capítulo I[90], el enunciado del art. 9.1 requiere i) que ante un supuesto de vinculación entre dos partes (que involucra empresas o personas); ii) se considere, como parámetro de asignación de beneficios, la distribución que se habría obtenido en una operación entre empresas independientes; iii) que en caso de no estar distribuidos los beneficios de acuerdo con este parámetro pueden ser reasignados hasta obtener tal resultado.

85. Ver SÁNCHEZ-ARCHIDONA HIDALGO, G., La erosión de las bases imponibles societarias, Aranzadi 2018, pp. 199 y ss.
86. Ver numeral 4.3.2.2 del Capítulo I de este trabajo.
87. Algunos Convenios no contienen esta disposición como el CDI con la URSS (respecto de asuntos fronterizos con Bielorrusia, Kirguistán, Tayikistán, Turkmenistán y Ucrania). Ver SALA GALVAÑ, G., (2003), *Op. cit.*, p. 232.; Ver NAVARRO IBARROLA, A., (2016), *Op. cit.*, p. 81.; Además en los Convenios con Australia y Bulgaria, estos Estados preservan la aplicación de su legislación doméstica limitando la incidencia del art. 9 del CDI en sus relaciones fiscales con Europa. Ver HORTALÀ I VALLVÉ, J., Comentarios a la red española de convenios de doble imposición, Aranzadi 2007, p. 277.; de acuerdo con SALA, España ha dado carta blanca a Australia y a Estados Unidos, para que, a la hora de calcular el ajuste, estos Estados podrán aplicar su normativa interna independientemente de la colisión con el principio de plena competencia, incluso en los términos propuestos por la OCDE. Ver SALA GALVAÑ, G., (2003), *Op. cit.*, p. 233.
88. Pueden consultarse en URL: https://sede.agenciatributaria.gob.es/Sede/normativa-criterios-interpretativos/fiscalidad-internacional/convenios-doble-imposicion-firmados-espana.html
89. Aunque esta cláusula puede encontrarse en distintos Modelos de Convenio como el MC OCDE, el MC ONU, o el Modelo de Convenio de los Estados Unidos; la cláusula del art. 9 en estos modelos se refiere a la distribución de los beneficios empresariales en las operaciones vinculadas y establece el parámetro de las empresas independientes, en un enunciado relativamente similar.
90. Ver numeral 4 del Capítulo I de este trabajo.

En cuanto a la relación entre los CDI y la norma española sobre operaciones vinculadas, es necesario señalar que estos Convenios no crean hechos imponibles, sino que autorizan la aplicación de la legislación fiscal del Estado en el marco del propio Convenio; las disposiciones de la legislación nacional que configuran el hecho imponible son previas a los convenios y constituyen un presupuesto sobre el que luego se aplican las normas del CDI[91]. La legislación española delimita y establece la materia imponible que será sujeta a imposición, incluyendo las rentas derivadas de las operaciones vinculadas; el CDI delimita el parámetro que debe seguirse en la asignación de los beneficios entre partes vinculadas y la posibilidad de realizar el ajuste para que los beneficios reflejen tal parámetro[92].

De esta forma, en virtud de los CDIs firmados por España, la normativa interna sobre la asignación de beneficios en operaciones vinculadas está limitada por lo dispuesto en el art. 9.1 del MC OCDE cuando se trate de las relaciones cubiertas por tales Convenios[93]. Como bien señala NAVARRO, la norma de Derecho interno que permite realizar ajustes a los beneficios en una operación vinculada surte efectos a nivel convencional siempre que se respete el parámetro señalado en el art. 9.1 del CDI[94]. Esto no quiere decir que un Estado está habilitado directamente por el art. 9.1 de un Convenio para realizar ajustes en los beneficios empresariales en operaciones vinculadas[95], sino que ante la existencia de tal Convenio la aplicación de su normativa interna debe enmarcarse dentro del parámetro establecido en el art. 9.1 del mismo. Entonces, se requiere de la normativa española para poder llevar a cabo dichos ajustes. Ahora bien, ante la ausencia de un CDI en la materia, España puede aplicar su normativa interna sobre este asunto sin limitación alguna más que la propia legislación nacional[96].

---

91. Ver CALDERÓN CARRERO, J. M. y MARTÍN JIMÉNEZ, A. J., (2019), Capítulo I..., *Op. cit.*, p. 38.
92. La Audiencia Nacional ha señalado que «corresponde al legislador interno determinar los hechos imponibles (artículo 33.3 y 133.1 CE) y a los convenios de doble imposición resolver, para los casos que contempla, si el Estado español puede gravarlos y en qué medida». Ver SAN 16 de julio de 2009 (Rec. 216/2007). Ver también SAN 24 de enero de 2008 (Rec. 864/2004). En tal sentido el TEAC también ha señalado que los CDIs corresponden a instrumentos de reparto de poder tributario de los Estados, incluyendo los principios sustantivos de tal potestad ya que la legislación regula los elementos esenciales de cada impuesto. Ver TEAC Resolución 5 de noviembre de 2013 (Registro 2526/2011).
93. Ver SALA GALVAÑ, G., (2003), *Op. cit.*, p. 231.; ver DEL ARCO RUETE, L., Doble imposición internacional y derecho tributario español, Ministerio de Hacienda 1977, p. 377.
94. Ver NAVARRO IBARROLA, A., (2016), *Op. cit.*, p. 83.
95. La habilitación administrativa para la práctica de ajustes en los beneficios empresariales en operaciones vinculadas no es una facultad concedida por el art. 9.1 de un CDI, sino que se genera en el derecho interno. Ver SALA GALVAÑ, G., (2003), *Op. cit.*, p. 231.
96. Ver SALA GALVAÑ, G., (2003), *Op. cit.*, p. 232.

Los órganos jurisdiccionales españoles, en particular la Audiencia Nacional y el Tribunal Supremo, han señalado en algunas de sus decisiones que el art. 9.1 autoriza directamente la aplicación de ajustes a los beneficios de las operaciones vinculadas[97 y 98]. Sin embargo, es necesario resaltar que el art. 9.1 de los CDI establece una potestad para las Administraciones que sólo puede aplicarse en la medida que el Derecho interno de un Estado contemple las normas para realizar estos ajustes; la aplicación del art. 9.1 de un CDI se apoya en la legislación interna para poder llevar a cabo su propósito; en este caso, en la norma del art. 18 de la Ley 27/2014[99] (en adelante LIS de 2014) y su normativa reglamentaria. No obstante, esta posición de los órganos jurisdiccionales ha dado un giro total a esta consideración en decisiones más recientes[100].

Además del apartado 9.1 de los CDIs, es importante señalar el art. 9.2 del MC OCDE contiene el compromiso de los Estados de realizar el ajuste correlativo una vez se ha practicado un ajuste primario, estableciendo el mecanismo convencional para realizar este procedimiento, con el fin de prevenir un supuesto de doble imposición económica. En este sentido, varios de los convenios celebrados entre España y Estado como Brasil, China, Italia, Japón, Marruecos, Países Bajos o Reino Unido, no contienen este apartado[101]; en otros CDIs, se han utilizado expresiones para que el Estado que deba practicar el ajuste correlativo lo haga si lo estima conveniente (Islandia o Noruega). Ante la ausencia de este apartado en los CDIs, también es posible acudir a la aplicación de otras disposiciones de estos convenios para resolver estas controversias, como los procedimientos de mutuo acuerdo o, en el ámbito comunitario, los mecanismos del Código de Arbitraje o la Directiva UE 2017/1852 sobre mecanismos de resolución[102].

En el ámbito de los CDIs también es necesario tener en cuenta el Convenio Multilateral para implementar las medidas BEPS (MLI), que forma parte las medidas de la Acción 15 de BEPS[103]. Este instrumento permite la modificación simultánea de los convenios bilaterales de doble imposición, con el fin de incorporar las medidas BEPS; está pensado para lograr la potencial modificación de más de 1.300 convenios bilaterales de doble imposición, en un período corto de

97. Ver STS 18 de julio de 2012, (Rec. 3779/09); SAN 11 de diciembre de 2014 (Rec. 317/2011); TEAC 5 de noviembre de 2015 (Reg. 05110/2012). Ver CARMONA FERNÁNDEZ, N., «Recaracterización de operaciones por aplicación del régimen de vinculación fiscal», Carta Tributaria núm. 2 (2015), p. 1-2.
98. Casos BIC, Lafarge Asland y Peugeot. Algunos de los cuales se estudian en el numeral 2 del Capítulo V.
99. Ver LIS de 2014. *Op. cit.*
100. Ver STS 31 de mayo de 2016 (Rec. 58/2015); Ver RUBIO CUADRADO, F., (2019), *Op. cit.*, pp. 356.
101. Ver HORTALÀ I VALLVÉ, J., (2007), *Op. cit.*, pp. 827 y ss.
102. Ver numeral 1.2.1 del Capítulo IV de este trabajo.
103. Ver numeral 4.3.2.1 del Capítulo I de este trabajo.

tiempo[104]. El MLI se abrió para sus firmas el 7 de junio de 2017, y la OCDE dispuso de una base de información para que los distintos Estados puedan contrastar las posiciones fiscales adoptadas por otros firmantes[105]. El instrumento ha sido firmado por casi 90 países, muchos de los cuales ya lo han ratificado. España firmó el MLI en junio de 2017 y lo ratificó el 28 septiembre de 2021[106]. Aunque las disposiciones contenidas en el MLI no se refieren concretamente al art. 9 de los CDI en materia de operaciones vinculadas, es importante tener en cuenta a sus implicaciones en relación con las medidas en materia de abuso de los convenios (art. 6 y 7 del MLI), especialmente respecto a los *test* de motivos económicos que se aplican en materia de establecimientos permanentes. Como se observa en el numeral 2 del Capítulo V, el TJUE ha utilizado el *test* de abuso para determinar la existencia de una estructura de planificación fiscal, partiendo de la observación de las razones comerciales (o la inexistencia de estas). Por ello, a pesar de ser un asunto que tiene un tratamiento distinto al de las operaciones entre empresas vinculadas en los CDI esta doctrina puede influir en el análisis de la lógica comercial en materia de precios de transferencia.

2.2. LA POSICIÓN DE LAS DPT OCDE EN LA NORMATIVA ESPAÑOLA

El desarrollo del art. 9.1 de los CDIs se encuentra en las DPT OCDE, cuya evolución ha permitido consolidar un consenso internacional sobre los fundamentos de la aplicación del ALP, como se estudia en el Capítulo I y II de esta monografía. Mientras que los CDI corresponden a instrumentos vinculantes suscritos entre los Estados, que de acuerdo con la Constitución Española (en adelante CE) forman parte del ordenamiento interno y por lo tanto son fuente de Derecho[107]. Adicionalmente, la Ley General Tributaria (en adelante LGT) señala que son fuente de Derecho en el sistema tributario español[108]. No obstante; el MC OCDE o las DPT OCDE son instrumentos cuya naturaleza no encaja como fuente vinculante del Derecho. El MC OCDE (y sus Comentarios)

---

104. Ver CALDERÓN CARRERO, J. M. y MARTÍN JIMÉNEZ, A. J., (2019), Capítulo I..., *Op. cit.*, p. 83.
105. Ver OCDE. MLI Matching Database. URL: https://www.oecd.org/tax/treaties/mli-matching-database.htm
106. Sobre la posición española en cada una de las disposiciones materiales del MLI. Ver CALDERÓN CARRERO, J. M. y MARTÍN JIMÉNEZ, A. J., (2019), Capítulo I..., *Op. cit.*, pp. 95 y ss.
107. Según el art. 96.1 de la CE: «*Los tratados internacionales válidamente celebrados, una vez publicados oficialmente en España, formarán parte del ordenamiento interno. Sus disposiciones sólo podrán ser derogadas, modificadas o suspendidas en la forma prevista en los propios tratados o de acuerdo con las normas generales del Derecho internacional.*». Ver Constitución Española (1978) publicada en el BOE núm. 311, de 29/12/1978.
108. «*Los tributos se regirán: a) Por la Constitución. b) Por los tratados o convenios internacionales que contengan cláusulas de naturaleza tributaria y, en particular, por los* ***convenios para evitar la doble imposición****, en los términos previstos en el artículo 96 de la Constitución (...).» (negrilla propia).* Ver Ley 58/2003, de 17 de diciembre, General Tributaria. LGT. Art. 7.

se considera un instrumento de *soft law*[109] teniendo en cuenta su importancia en la interpretación y aplicación de la red de convenios de doble imposición[110]. Pero la naturaleza de las DPT OCDE como fuente de interpretación de la normativa sobre precios de transferencia en España ha sido bastante controvertida[111], como lo vemos a continuación.

Las DPT OCDE, son un instrumento que sirve de modelo para la incorporación de normas sobre precios de transferencia en las legislaciones internas y también como fuente de interpretación para la aplicación del principio de plena competencia según esta legislación[112]. Además de estas funciones, las DPT OCDE se consideran un instrumento con calidad técnica, no solo por la especificidad de su contenido sino también por el organismo que las elabora[113]. En este sentido, a pesar de no ser creadas o aprobadas por un parlamento nacional, que garantice el principio democrático y les imprima obligatoriedad jurídica[114], tienen un estatus relevante[115]. Teniendo en cuenta estos

109. De acuerdo con VEGA la expresión *soft law «se ha utilizado especialmente para referirse a aquellos instrumentos jurídicamente no vinculantes que son creados con el propósito de influir en el ordenamiento jurídico ya sea afectando a la interpretación del Derecho vigente o bien promoviendo la adopción de nuevas normas. (...), esta finalidad es el elemento jurídico que caracteriza al soft law y que permite diferenciarlo de otros instrumentos no vinculantes como los acuerdos meramente políticos»*. Ver VEGA GARCÍA, A. (2014). *Op. cit.,* p. 32.

110. El MC OCDE es relevante para la red de convenios de doble imposición ya que está llamado a cumplir las funciones de actuar como avance de normas jurídicas; servir de complemento y ser guía interpretativa de los mismos. Ver CUBERO TRUYO, A. M. y DÍAZ RAVN, N., Convenios para evitar la doble imposición suscritos por España y modelo de la OCDE: análisis comparativo, Tirant lo Blanch 2012, p. 18. La Jurisprudencia del Tribunal Supremo reconoce el papel de los comentarios al MC OCDE como un elemento interpretativo, que corresponde a la «interpretación auténtica» de los tratados: STS de 3 de junio de 2000 (RJ 2000, 4874); STS 15 de julio de 2002 (RJ 2002, 7724) y STS 12 de febrero de 2003 (RJ 2003, 2492), recogidas en VEGA GARCÍA, A. (2014).*Op. cit.,* p. 313 y ss.

111. Ver VEGA GARCÍA, A. (2014).*Op. cit.,* p. 473 y ss., 543.; Ver PALAO TABOADA, C., Los precios de Transferencia, En Temas pendientes de derecho tributario, Librería Anticuaria Jerez 1997, p. 27.; Ver CALDERÓN CARRERO, J. M., (2005), *Op. cit.*, p. 163.; Ver TRAPÉ VILADOMAT, M., (2019), «III Empresas asociadas», Op. Cit., p. 414.; Ver RUIZ ALMENDRAL, V., «The Transfer Pricing in Spain: The tax problem for the next ten years», En BAISTROCCHI, E. (Coord) Resolving transfer pricing disputes: a global analysis., Cambridge University Press 2012, p. 266.

112. Ver NAVARRO IBARROLA, A., (2018), *Op. cit.*, p. 100.

113. Ver NAVARRO IBARROLA, A., (2016), *Op. cit.*, p. 8.

114. Ver NAVARRO IBARROLA, A., (2018), *Op. cit.*, p. 94.

115. Ver GÓMEZ REQUENA, J. A., (2019), *Op. cit.*, p. 272; ver CARMONA FERNÁNDEZ, N., «Capítulo 1. Principios generales, fuentes de Derecho y doctrinales: incidencia del proyecto BEPS y otras regulaciones», En CARMONA FERNÁNDEZ, N. (Ed.) Nuevo Régimen de las operaciones vinculadas, CISS 2016, p. 64; Ver VOGEL, K., «The Influence of the OECD Commentaries on Treaty Interpretation. Tax Treaty Monitor», Bulletin for International Fiscal Documentation núm. 51(12) (2000), p. 616.; ver NAVARRO IBARROLA, A., (2018), *Op. cit.*, p. 93.; Para VEGA, es posible que los Estados queden vinculados más allá del plano jurídico, por los planos político y moral. Ver VEGA GARCÍA, A. (2014).*Op. cit.,* p. 47.

Supremo (TS) se ha pronunciado respecto a este punto en varias sentencias. En sentencia del 18 de julio de 2012 el TS señaló que las DPT OCDE tienen el carácter de recomendaciones para los Estados, con un valor interpretativo[135]. En sentencia del 16 de octubre de 2016[136], el TS indicó que tal función interpretativa se deriva del propio papel que les asigna la exposición de motivos de la Ley 36/2006, lo que en todo caso no les otorga un valor vinculante para fundar, por ejemplo, un motivo casacional; en esta sentencia añade el TS, que las DPT entrañan un mandato dirigido a la Administración tributaria en el seno de las actuaciones de comprobación, pero no obligan a los Tribunales de justicia, al resolver los procesos judiciales de que sean competentes, a valorar las pruebas procesales con plena supeditación a tales Directrices, que no condicionan ni matizan sus facultades de libre apreciación de la prueba[137]. Así fue reiterado también en pronunciamientos posteriores del TS, como el del 21 de febrero de 2017[138], en el que el Tribunal se pronuncia sobre la prohibición de aplicación retroactiva del método TNMM, que solo fue incorporado en el texto del art. 16 del TRLIS de 2004 con la reforma realizada por la Ley 36/2006. El Tribunal Supremo encontró inadmisible la aplicación retroactiva de este método por no estar recogido en la normativa vigente al momento de realizarse la operación vinculada, aun cuando el método ya estuviera incluido en las DPT OCDE en el momento de la comprobación realizada por la Administración Tributaria[139]. En general, esta doctrina es seguida por otros tribunales como la Audiencia Nacional (AN)[140].

Ahora bien, estas consideraciones sobre las DPT OCDE no pueden extrapolarse a las medidas de BEPS contenidas en los Informes Finales; estas ni siquiera se mencionan en el cuerpo de la LIS de 2014 o su Reglamento, y no tienen un recorrido similar al de las DPT OCDE en la jurisprudencia nacional o la doctrina administrativa. Por lo anterior, no podrían entenderse como una herramienta de interpretación sino hasta el momento en que fueron integradas en las DPT OCDE de 2017.

Con todo, la consideración de las DPT OCDE como una seudo regulación, que llena los vacíos de la normativa interna, es criticable teniendo en cuenta el alto grado de inseguridad que ello implica. En las DPT OCDE se establecen en su mayoría principios básicos sobre la aplicación del ALP, formulados de forma general y amplia —como directrices— para que puedan ser incorporadas por las

135. Ver STS de 18 de julio de 2012 (RJ 2012,7924).
136. Ver STS de 19 de octubre de 2016 (RJ 2016, 5194).
137. Ver STS de 19 de octubre de 2016 (RJ 2016, 5194). *Op. cit.* FJ 7º.
138. Ver STS de 21 de febrero de 2017 (RJ 2017, 1757).
139. Ver STS de 21 de febrero de 2017 (RJ 2017, 1757). *Op. cit.* FJ 5º y 6º.
140. Ver SAN de 22 de febrero de 2018 (JT 2018, 373). FJ 3º. Alguna jurisprudencia de la AN ha llegado a señalar que las DPT son aplicables a los supuestos revisados, sin aclarar que tienen una función interpretativa, incluso citando directamente una de las recomendaciones incluidas. Este es el caso de la Sentencia de *Acer* en 2018. Ver SAN de 29 de marzo de 2018 (JUR 2019, 128007). FJ 2º.

legislaciones internas de los Estados. Las DPT OCDE no son normas específicas que cubren los aspectos más concretos de aplicación del ALP, por lo que no son, en estricto sentido, una regulación detallada que complementa los vacíos de la LIS de 2014[141]. La doctrina ha expresado sus críticas a esta utilización «seudo regulatoria» de las DPT OCDE. Para CALDERÓN es una interpretación defectuosa desde una perspectiva jurídica y práctica, pues las DPT no están lo suficientemente detalladas para aportar mayor seguridad jurídica a la aplicación de la normativa española[142]. De acuerdo con RUIZ ALMENDRAL, las DPT OCDE usualmente son sustitutos prácticos del Derecho en estricto sentido, pero no constituyen fuente formal, sino a duras penas una fuente de sentido común, contraviniendo el fundamento principal del Estado de Derecho en cualquier democracia[143].

2.3. LA NORMATIVA SOBRE OPERACIONES VINCULADAS EN LA LEY DE IMPUESTO SOBRE SOCIEDADES

2.3.1. Antecedentes normativos

2.3.1.1. Primeros desarrollos normativos

Tal como sucedió en el contexto del desarrollo histórico de las reglas sobre precios de transferencia que se estudia en el Capítulo I, en España el tratamiento fiscal de las operaciones vinculadas tuvo sus inicios en reglas sobre la valoración de las rentas que conforman la base imponible del impuesto sobre sociedades. En concreto, en las reglas sobre deducibilidad de gastos correspondientes a pagos realizados por entidades españolas a sus matrices extranjeras[144]. Ante la preocupación por el traslado de rentas que deberían ser gravadas en España, a través de gastos reportados por la entidad residente, la normativa empezó a incorporar reglas de distribución de los beneficios entre las entidades vinculadas, basadas en el criterio contable de la entidad separada, asociadas a la regulación de los establecimientos permanentes[145]. En

141. Ver CALDERÓN CARRERO, J. M., (2007), *Op. cit.,* pp. 4 y ss.

142. Ver CALDERÓN CARRERO, J. M., (2005), *Op. cit.*

143. Ver RUÍZ ALMENDRAL, V., (2012), *Op. cit.*, p. 265.

144. Ver ESTEVE PARDO, M. L., (1996) Fiscalidad de las operaciones..., *Op. cit.*, p. 63.

145. Ya a inicios del siglo XX, la normativa española incorporaba la aplicación de una tarifa tributaria según la cual la imposición de este tipo de empresas debía distribuirse en dos cuotas, una basada en los beneficios obtenidos por la filial como entidad separada del total de beneficios de la empresa multinacional y otra basada en el capital de negocios ejecutado por la filial en España (cifra relativa de negocios). Con esta distinción la norma tributaria se dirigía a evitar la utilización de la filial como intermediaria en la operación de traslado de beneficios vía deducción de gastos o manipulación de ingresos en las operaciones con su filial. Ver Ley de 30 de diciembre de 1910 por la cual se modifica la Tarifa III de la Contribución de Utilidades de Riqueza Mobiliaria (impuesto sobre sociedades). Ver NAVARRO PORTILLO, M. J., «Desde la contribución de inmuebles cultivo y ganadería hasta el impuesto sobre bienes inmuebles. Evolución histórica, situación actual y perspectivas de futuro», Documentos IEF núm. (14) (2010), pp. 13-18.

1922[146], se introdujo en la Tarifa III de la Contribución sobre Utilidades de Riqueza Mobiliaria una norma que establecía la no deducibilidad absoluta de los gastos pagados a las matrices extranjeras. La norma iba dirigida al control de las operaciones de inversión extranjera, pero específicamente a evitar que los beneficios disminuyeran por el pago de gastos a la matriz extranjera, lo que puede explicar por qué la norma únicamente se refirió a los casos en que la filial era la entidad española y la matriz la extranjera, y no al contrario[147]. No obstante, a través de la jurisprudencia, el Tribunal Supremo estableció ciertas circunstancias excepcionales a esta regla que permitieron deducir, en algunos casos, los gastos reportados por la filial; por ejemplo, cuando la operación entre ambas entidades se hubiera realizado efectivamente y fuera necesaria para la obtención de beneficios de la matriz[148].

Esta norma se mantuvo así, en las siguientes reformas tributarias[149]. Sin embargo, en 1964, la Reforma del Sistema Tributario[150], en relación con el

146. En 1922 se introdujo en la legislación española la Disposición 5ª, regla 4ª, apartado b) de la Tarifa III de la Contribución sobre Utilidades de Riqueza Mobiliaria, que fijó la regla general -de *no deducibilidad* de los gastos pagados por la filial a la matriz que disminuían los beneficios de la base imponible, en los siguientes términos: *«no se deducirán nunca de los beneficios los intereses exigidos por las empresas matrices extranjeras a sus filiales o sucursales establecidas en el Reino por razón de capitales invertidos por aquéllas en los negocios de éstas, ni por la contribución a los gastos de otro establecimiento, ni por ningún otro concepto análogo que permita reducir el beneficio obtenido en España».*

147. Ver GOTA LOSADA, A. Tratado del impuesto de sociedades (Tomo II). Extecom (1988), p. 353.; Ver GARCÍA-HERRERA BLANCO, C., Precios de Transferencia y otras operaciones vinculadas en el Impuesto sobre Sociedades, Ministerio de Hacienda 2001. Además, como señalan ESCUDERO y GUTIÉRREZ la preocupación del legislador por la actividad de las matrices españolas no fue determinante, pues, para la época la inversión española en el extranjero era casi nula. Ver ESCUDERO GUTIÉRREZ, E. y GUTIÉRREZ LOUSA, M., «Algunas consideraciones sobre la regulación de los precios de transferencia. Especial consideración de los métodos de valoración», IEF (2009), pp. 90 y ss.

148. Ver STS del 13 de junio de 1942. Ver SALA GALVAÑ, G., (2003), *Op. cit.*, p. 235.

149. Adicionalmente cabe señalar que la norma general de *no deducibilidad* de los gastos fue incluida en la normativa del Impuesto General sobre la renta de Sociedades, establecida a través de la Orden Ministerial de del 13 de mayo de 1958. que contenía la Instrucción provisional para la exacción del Impuesto General sobre la renta de las Sociedades y demás entidades Jurídicas establecido en la Reforma Tributaria de 26 de diciembre de 1957. Norma que dio sustancia propia a la Tarifa III como antecedente del Impuesto sobre Sociedades. Ver SALA GALVAÑ, G., (2003), *Op. cit.*, p. 236; Ver también GOTA LOSADA, A., (1988), *Op. cit.*, pp. 354 y ss.

150. *«Las cantidades o intereses exigidos por las empresas matrices extranjeras a sus filiales españolas por razón de los capitales invertidos por aquéllas en los negocios de éstas o por contribución a los gastos de otro establecimiento, o por cualquier concepto análogo que permita reducir el beneficio de la filial, se considerarán solamente como gastos deducibles* ***cuando resulte justificada la causa de dichos pagos y las condiciones de éstos puedan presumirse normales, habida cuenta de las especiales relaciones existentes entre el acreedor y el deudor****. Tales condiciones habrán de ser, en su caso, acreditadas por el contribuyente. Las discrepancias que se originen en la apreciación de estas circunstancias se dilucidarán por el Jurado tributario». (negrilla propia).* Ver Ley 41/1964, de 11 de junio, de Reforma del Sistema Tributario. Publicada en BOE núm. 142, de 13 de junio de 1964, pp. 7701 a 7753. Art. 77.

Impuesto sobre Sociedades, flexibilizó la regla para aceptar la deducibilidad de los gastos, utilizando una redacción en línea con las excepciones jurisprudenciales antes mencionadas, es decir «*cuando resulte justificada la causa de dichos pagos y las condiciones de éstos puedan presumirse normales, habida cuenta de las especiales relaciones existentes entre el acreedor y el deudor*». A pesar de ello la reforma fue considerada por algunos autores como un tímido avance[151] teniendo en cuenta los elementos subjetivos para su definición-consideración de lo que es normal o no-[152].

En 1967 se publicó el Decreto 3359 que aprobó el Texto Refundido de la Ley del Impuesto General sobre la Renta de Sociedades y demás Entidades Jurídicas[153] (en adelante TRLIGRS de 1967), que incluyó en su artículo 17.16, además de la regla de deducibilidad, la delimitación de la vinculación relevante entre filial y matriz, en los siguientes términos[154]. Además, en el art. 20.1 del TRLIGRS de 1967 se reiteró el criterio de la entidad separada como base para la distinción de los beneficios percibidos por los establecimientos permanentes[155].

Esta primera etapa normativa es considerada por la doctrina como un período proteccionista y antielusivo[156]. En todo caso, este conjunto de normas formó el antecedente de lo que serían las disposiciones propias de las opera-

151. Se observa la posibilidad de deducir los gastos pagados a la matriz extranjera cuando su causa esté justificada y resulte de una operación normal, lo que en principio es un cambio formal respecto de la norma anterior, pero en realidad un tímido avance por mejorar la inflexibilidad que se había aplicado hasta el momento, como bien señala FERRER. Ver FERRER VIDAL, D., El ajuste secundario en las operaciones vinculadas, Tesis Doctoral, Universitat Ramon Llull ESADE 2014, p. 29.

152. De otra parte, se observa que la carga probatoria del cumplimiento de estas condiciones es del contribuyente, pero que la definición del cumplimiento o no de las condiciones corresponde a la Administración, especialmente a un órgano configurado para ello que es el Jurado Tributario. Esta regulación evidencia la ausencia de un criterio objetivo para invocar las causales y también respecto de los contenidos que debía probar el contribuyente para beneficiarse de la opción ofrecida por la norma. En palabras de GALVAÑ «*Esta fue una modificación que flexibilizó la normativa anterior a costa de la introducción de un criterio subjetivo y que deja por fuera supuestos de hecho distintos como el de los casos en que es la matriz la entidad que se encuentra en España*». Ver SALA GALVAÑ, G., (2003), *Op. cit.*, p. 236.

153. Ver Decreto 3359/1967, de 23 de diciembre, por el que se aprueba el texto refundido de la Ley del Impuesto General sobre la Renta de Sociedades y demás Entidades Jurídicas. publicado en BOE núm. 67, de 18 de marzo de 1968, páginas 4047 a 4058.

154. «*existe relación de entidad matriz a filial cuando la primera participe, directa o indirectamente, como mínimo, en el 25 por 100 del capital social de la segunda, o cuando, sin mediar dicha circunstancia, una entidad ejerza en otras funciones determinantes del poder de decisión. También se considerará que existe dicha relación entre las entidades que, según la norma anterior, sean filiales de una misma matriz*». Ver Art. 17.16.

155. Art. 20.1 del TRLIGRS de 1967. «serán atribuidos a éste —establecimiento permanente— los mismos beneficios que habría podido obtener de tratarse de una empresa distinta y separada que ejerciese con total independencia actividades idénticas o análogas».

156. Ver FERRER VIDAL, D., (2014), *Op. cit.*, p. 31; Ver ESCUDERO GUTIÉRREZ, E. y GUTIÉRREZ LOUSA, M., (2009), *Op. cit.*, pp. 92 y ss.; Ver RUÍZ ALMENDRAL, V., (2012), *Op. cit.*, p. 265.

ciones vinculadas posteriormente[157]. Esto coincide con el desarrollo de las reglas a nivel internacional, que tuvieron un primer período de elaboración dentro de las reglas sobre el establecimiento permanente, y empezaron a tener un tratamiento separado con la publicación de los MC OCDE a mediados del Siglo XX, lo que se consolidaría con el MC OCDE de 1963[158].

2.3.1.2. Introducción del ALP en el ordenamiento español

Con la transición a la democracia, también se dio paso a las primeras leyes de un sistema de impuestos moderno, caracterizado por el aumento progresivo de la presión fiscal en sus primeros años de introducción[159]. En 1978, con la publicación de la Ley 61, de 27 de diciembre, del Impuesto sobre Sociedades[160] (LIS de 1978), se introdujo por primera vez el principio de plena competencia en el ordenamiento interno español. El artículo 16.3 de la LIS de 1978 estableció que *«(...) cuando se trate de operaciones entre sociedades vinculadas, su valoración a efectos de este Impuesto se realizará de conformidad con los precios que serían acordados en condiciones normales de mercado entre sociedades independientes»*. De esta forma, se introdujo en el ordenamiento una norma sustantiva de valoración[161] de los precios de las operaciones vinculadas a efectos fiscales[162], distinta de la norma de deducibilidad de los gastos asociada a los establecimientos permanentes. Esta modificación fue una primera aproximación de la legislación española a los postulados internacionales sobre materia, incluso previos a Informe que la OCDE presentaría en 1979 con las primeras recomendaciones[163].

El art. 16 de la LIS de 1978 contenía los elementos para considerar la operación relevante a efectos del impuesto. En primer lugar, se requiere la existencia de una transacción entre «sociedades vinculadas» teniendo en cuenta la delimi-

157. FERRER considera que los artículos 17.16 y 20.1 del Decreto son *«directamente predecesores del artículo 16.3 de la Ley 61/1978 del IS, cuya redacción propició los primeros auténticos debates doctrinales acerca del régimen de operaciones vinculadas»*. Ver FERRER VIDAL, D., (2014), *Op. cit.,* p. 29.
158. Ver numeral 3.1.1 y 4.1 del Capítulo I de este trabajo.
159. Ver RUÍZ ALMENDRAL, V., (2012), *Op. cit.*, p. 252.
160. Ver Ley 61/1978, de 27 de diciembre, del Impuesto sobre Sociedades. Publicado en BOE núm. 312, de 30 de diciembre de 1978.
161. Norma sustantiva de valoración que permite centrarse en un criterio para valorar la operación y no en una prohibición con carácter antielusivo como determinante de la validez de los pagos en este tipo de operaciones. Ver FERRER VIDAL, D., (2014), *Op. cit.,* p. 31.; Ver también CORDÓN EZQUERRO, T. «El artículo 16 del Texto Refundido de la Ley del Impuesto sobre Sociedades: análisis crítico y alternativas de reforma», Cuadernos de Formación Colaboración núm. I (2006), Instituto de Estudios Fiscales, p. 7.; Ver SALA GALVAÑ, G., (2003), *Op. cit.*, p. 268.
162. Ver SALA GALVAÑ, G., (2003), *Op. cit.*, p. 239.
163. Ver MC OCDE (1977), art. 9, distinto del art. 7 sobre la asignación de beneficios a los establecimientos permanentes.

tación de la vinculación[164], sin hacer mención al elemento de la residencia[165]. En segundo lugar, se observa en el art. 16 la inclusión del principio de plena competencia, como estándar exigible a los precios pactados en las operaciones vinculadas— el valor normal de mercado entre partes independientes—.

La introducción del ALP generó un debate doctrinal respecto a la naturaleza jurídica de la norma contenida en el art. 16, particularmente por las consecuencias jurídico-tributarias de considerar el principio como una norma de valoración o quizás con otra connotación[166]. En este sentido, era posible analizar la naturaleza de la norma desde su finalidad. Por ejemplo, para ESTEVE PARDO, a diferencia de las normativas previas, enmarcadas dentro del ámbito restrictivo de las deducciones en la relación filial-matriz extranjera[167], la legislación de 1978 dio paso a una perspectiva encaminada a limitar las «distribuciones encubiertas de beneficios»[168]. En este sentido ESTEVE PARDO consideró que se introdujo una norma cautelar[169] con el objetivo de prevenir el uso de los precios de transferencia como una alternativa que conduzca a la evasión fiscal. También se entendió la legislación de 1978 como una norma disuasiva y sancionatoria del uso de operaciones vinculadas[170]. Otro aspecto controvertido de la naturaleza de norma fue su consideración como una ficción jurídica utilizada para la valoración de los precios en las operaciones vinculadas; ficción jurídica considerada

164. En particular, la LIS en el apartado 4 y 5 del art. 16 y el Reglamento RD 2631/1982 delimitaron la vinculación fiscal relevante, cuando -una sociedad participe, directa o indirectamente, en el capital social de la otra en el 25%, o cuando sin mediar esa circunstancia una sociedad ejerce otras funciones que impliquen el ejercicio de poder de decisión. Ver CARMONA FERNÁNDEZ, N. y otros, (2009), *Op. cit.*, p. 57.

165. Por lo que la norma no se centró únicamente en operaciones internacionales. Ver FERRER VIDAL, D., (2014), *Op. cit.*, p. 32; lo cual fue debatido por la doctrina por contradecir el objeto de las reglas internacionales desarrolladas con este objeto, el de evitar la doble imposición internacional. Al respecto ver RUÍZ ALMENDRAL, V., (2012), *Op. cit.*, p. 261; Ver también COMBARROS VILLANUEVA, V. E., Régimen tributario de las operaciones entre sociedades vinculadas en el impuesto sobre sociedades, Tecnos 1988.

166. Ver SALA GALVAÑ, G., (2003), *Op. cit.*, p. 239 y ss.

167. Ver ESTEVE PARDO, M. L., (1996) Fiscalidad de las operaciones..., *Op. cit.*, p. 72.

168. Así indicaba la Exposición de Motivos del Proyecto de Ley del Impuesto sobre Sociedades. Boletín Oficial de las Cortes, No. 131 de 20 de julio de 1978. Vale la pena resaltar que el texto original de la Exposición de Motivos señalaba en sus considerandos el de *«evitar que mediante precios de transferencia se produzcan posibles economías de opción que abran una puerta a la evasión fiscal»*. Al respecto bien señala ESTEVE PARDO la incorrección del legislador al identificar economías de opción con evasión fiscal, teniendo en cuenta la clara distinción que existe entre ambas figuras. Ver ESTEVE PARDO, M. L., (1996) Fiscalidad de las operaciones..., *Op. cit.*, p. 72 nota 93.

169. Al respecto ver ESTEVE PARDO, M. L., (1996) Fiscalidad de las operaciones..., *Op. cit.*, p. 72; Ver MORENO CEREZO, F., Impuesto sobre sociedades, Pirámide 1981, p. 159.

170. Como bien señala ESTEVE PARDO, esta posición se enfrentaba a algunas dificultades insalvables para ser sostenida, especialmente a falta de elementos para considerar que contiene la descripción de una conducta ilícita. Ver ESTEVE PARDO, M. L., (1996) Fiscalidad de las operaciones..., *Op. cit.*, p. 79; Ver QUINTAS BERMÚDEZ, J., «Las relaciones intergrupo en el Impuesto sobre Sociedades», Revista de derecho financiero y de hacienda pública Vol. 33 núm. 166-167 (1983), pp. 995-1020.

por algunos como una presunción absoluta, o una mera ficción jurídica, con un carácter valorativo que se aplica al producirse el supuesto de vinculación[171]. Tal como considera ESEVERRI, el carácter sustantivo de la norma no necesariamente excluye que pueda considerar una ficción legal, pues el legislador exige que cuando se presente el supuesto de hecho —la vinculación—, los beneficios deben tributar al valor de mercado, sin que la norma califique de falsa o verdadera la operación, de acuerdo con las condiciones del mercado[172]. Más allá de estas consideraciones estaba claro que la norma contenía un mandato imperativo de valoración de las operaciones (lo que harían partes independientes), a efectos del impuesto sobre sociedades[173], cuando se cumpliera el supuesto de hecho (la vinculación)[174]. En este sentido, el criterio de valoración sirve como un instrumento para el objetivo jurídico tributario realmente relevante, que es la delimitación correcta de la renta entre las partes[175]. Por esto, para ESTEVE PARDO el precepto del art. 16 de la LIS de 1978 funcionaba como una técnica para la correcta distribución de beneficios.

Ahora bien, la redacción del artículo no permitía establecer con certeza qué tipo de corrección podía llevarse a cabo o cuál sería la calificación de las rentas redistribuidas como resultado de la aplicación del artículo. Tampoco había certeza sobre el alcance de los ajustes resultantes de tal valoración[176], ni se hacía referencia al destinatario de la tarea de ajustar, por lo que podía entenderse que tanto el contribuyente[177] como la Administración podrían corregir el valor[178].

---

171. Ver PÉREZ ROYO, F., «Sobre los ajustes por operaciones vinculadas (Resolución del TEAC de 10 de septiembre de 1986)», Crónica Tributaria núm. 56 (1986), p. 268, recogida en SALA GALVAÑ, G., (2003), *Op. cit.*, p. 268 y ss.
172. Ver ESEVERRI MARTÍNEZ, E., Presunciones legales y derecho tributario. Marcial Pons 1995, p. 19.; Ver también SALA GALVAÑ, G., (2003), *Op. cit.*, p. 270.
173. Por tanto, la norma no cuestiona el negocio pactado o su validez. Ver CORDÓN EZQUERRO, T., (2006), *Op. cit.*, pp. 7-8.
174. Así también lo señaló el TEAC en diversas resoluciones, afirmando que *«una vez reconocida o probada la vinculación, no cabe cuestionarse la aplicabilidad del art. 16.3 de la LIS»*. Ver Resolución del TEAC de 2 de febrero de 1994 (JT 199971919) —considerando 4º—, entre otras.
175. Ver ESTEVE PARDO, M. L., (1996) Fiscalidad de las operaciones..., *Op. cit.*, p. 75; Ver también COMBARROS VILLANUEVA, V. E., (1988), *Op. cit.*, p. 33.
176. El ajuste ordenado por la ley podría considerarse unilateral (corrección del valor en una de las partes vinculadas) o bilateral (corrección del valor sobre las dos partes). Sin embargo, el debate sobre el sentido de las correcciones dio paso a una concepción bilateral de la naturaleza del ajuste, indicando que este tiene efectos sobre las dos partes vinculadas que acordaron la operación, especialmente promovido por la doctrina administrativa y algunas posiciones del Consejo de Estado ya que pueden tener un carácter bilateral teniendo en cuenta sus efectos tanto en el ámbito interno como en el ámbito internacional. Ver ESCUDERO GUTIÉRREZ, E. y GUTIÉRREZ LOUSA, M., (2009), *Op. cit.*, p. 91.
177. En este sentido, el contribuyente, teniendo en cuenta su información contable, podía hacer una revisión de los precios acordados en sus operaciones y en caso de encontrar una diferencia con el valor de mercado realizar ajustes internos, bien de tipo contable (41.3 del RIS) o extracontable (art. 99.1b) bis del RIS). Ver más información respecto a los antecedentes

Otro aspecto importante de esta normativa tiene que ver con la descripción de los «métodos indiciarios» para la valoración de las operaciones señalados en el Reglamento de la LIS, publicado en 1982, en su artículo 169.1[179]. Podría decirse que, más que un listado de métodos, consistían justamente en referencias a indicios que podrían considerarse valores de mercado. En concreto la normativa se refiere a precios y valores existentes en operaciones similares, por lo que se enfoca mayoritariamente en el ámbito del *Precio Libre Comparable* indicado por la OCDE, guardando silencio respecto otras metodologías[180]. El listado de métodos indiciarios fue ampliamente criticado por considerarse restringido, rígido y desalineado con la doctrina internacional de manera general[181]. Teniendo en cuenta la publicación del Informe OCDE de 1979, habrían podido incluirse o utilizarse como referente los métodos de comparación señalados en dicho informe[182], en vez de señalar un listado de indicios que, en última instancia, no son técnicas para valorar los precios.

2.3.1.3. El art. 16 de la ley 43/1995

A comienzos de los años 1990, España se encontraba atravesando cambios de gran incidencia en el sistema tributario. En 1986, se hizo efectiva su entrada en la Unión Europea, iniciando un proceso de mayor apertura económica. Además, se creó de la Agencia Estatal de Administración Tributaria (AEAT) en 1990. En 1994 fue promulgada la Ley 42 de 1994, de medidas fiscales, administrativas y de orden social[183], en la que fueron introducidas reformas del Impuesto sobre Sociedades, debido a la necesidad de adaptar el sistema de imposición directa al proceso de creciente internacionalización de la economía. Así se incluyeron, entre otras[184], medidas para la incorporación de la técnica de transparencia fiscal (utilizada por países del entorno europeo y conocida también como

---

y evolución en materia de ajustes por precios de transferencia de FERRER. Ver FERRER VIDAL, D., (2014), *Op. cit.;* Ver también SALA GALVAÑ, G., (2003), *Op. cit.*, p. 305 y ss.

178. Sobre las diferentes posiciones doctrinales de los ajustes en la normativa de la Ley 61/1978. Ver FERRER VIDAL, D., (2014), *Op. cit.*, p. 32 y ss.

179. *«Art. 169.1 RD 2631/1982: a) Cotizaciones en mercados oficiales regulares a la fecha a que debe referirse la valoración. b) Precios aplicados en operaciones similares en la misma época o aproximada. teniendo en cuenta la relación comercial entre Empresas o personas no vinculadas. c) Precios, tarifas o condiciones autorizadas administrativamente, publicadas en algún <Boletín Oficial> o dados a conocer a través de un medio de difusión. d) Valor asignado a efectos de otro tributo. e) Precios, tarifas o condiciones expresadas por el sujeto pasivo en expedientes de carácter administrativo o que figuren en sus catálogos y listas de precios. f) Valores consignados en el mismo contrato o en otros de características similares. g) Margen comercial habitual en operaciones similares.»*. Ver Real Decreto 2631/1982. *Op. cit.*

180. Ver HERRERO MALLOL, C., Precios de transferencia internacionales: estudio tributario y microeconómico, Aranzadi 1999, p. 221.

181. Ver SALA GALVAÑ, G., (2003), *Op. cit.*, p. 336.

182. Ver HERRERO MALLOL, C., (1999), *Op. cit.*, p. 221.

183. Ver Ley 42/1994, de 30 de diciembre, de medidas fiscales, administrativas y de orden social. Publicada en BOE núm. 313, de 31 de diciembre de 1994.

184. Ver Ley 42/1994, *Op. cit.*, Exposición de motivos 1.

Controlled Foreign Company Rules), para evitar el diferimiento en el pago de los impuestos mediante el uso instrumental de sociedades no residentes, sometidas a baja tributación. También se adoptaron medidas para evitar la minoración de la base imponible gravada en España a través de la facturación de gastos desde sociedades vinculadas no residentes sometidas a inferior tributación. En este contexto fue promulgada la Ley 43/1995 sobre el Impuesto sobre Sociedades[185] (en adelante LIS de 1995). El propósito de la disposición fue superar las deficiencias de la legislación de 1978, a través de mejoras en algunos aspectos significativos para el análisis de las operaciones vinculadas; algunas fueron favorecedoras y otras más bien problemáticas.

Lo primero que puede destacarse es el cambio de ubicación sistemática de la norma en la Ley[186]. Con la aprobación de la LIS de 1995, el art. 16 quedó configurado como un precepto autónomo y especial que, a pesar de estar dentro de las reglas sobre la determinación de la base imponible, quedó separado de las normas de valoración de ingresos y gastos[187]. Así, el art. 16 de la LIS de 1995, y su desarrollo en los artículos 15, 18 y 20 el Reglamento del impuesto[188], configuraron por primera vez un régimen jurídico específico para las operaciones vinculadas dentro de la legislación fiscal española[189].

En cuanto a su contenido, el artículo 16 de la LIS de 1995 en su numeral primero se estableció: «*La Administración tributaria podrá valorar, dentro del período de prescripción, por su valor normal de mercado, las operaciones efectuadas entre personas o entidades vinculadas cuando la valoración convenida hubiera determinado, considerando el conjunto de las personas o entidades vinculadas, una tributación en España inferior a la que hubiere correspondido por aplicación del valor normal de mercado o un diferimiento de dicha tributación*». En este artículo 16.1 de la LIS de 1995 podemos identificar varios elementos.

En primer lugar, encontramos la incorporación como regla de valoración del denominado «valor normal de mercado», que coincide expresamente con el criterio del principio de plena competencia (el valor acordado entre partes independientes). Para lo cual, la LIS de 1995 aclara expresamente en el art. 15.2,

185. De acuerdo con el preámbulo de Ley 42/1994, busca atender a una economía que está abierta a los movimientos internacionales de capital y que necesita adaptar el impuesto sobre sociedades, concebido para una economía cerrada bajo la legislación anterior.
186. Ver AGULLÓ AGÜERO, A., «Operaciones vinculadas», En YEBRA MARTUL-ORTEGA, P., GARCÍA NOVOA, C. y LÓPEZ DÍAZ, A. (Eds.) Estudios sobre el impuesto de sociedades, Comares 1998, p. 177.
187. Ver FERRER VIDAL, D., (2014), *Op. cit.*, p. 48.
188. Ver Real Decreto 537/1997, de 14 de abril, por el que se aprueba el Reglamento del Impuesto sobre Sociedades. Publicado en BOE núm. 98, de 24 de abril de 1997. (En adelante «RIS de 1997»)
189. FERRER considera que es a partir de 1995 cuando puede afirmarse que el sistema tributario español goza de un régimen tributario especial de operaciones vinculadas. Ver FERRER VIDAL, D., (2014), *Op. cit.*, p. 48.

inciso final, que se entiende por valor de mercado «*el que hubiera sido acordado en condiciones normales de mercado entre partes independientes*».

En segundo lugar, hay que destacar que el art. 16 de la LIS de 1995 contiene una norma de valoración que está dirigida a la Administración tributaria —«*La Administración podrá valorar (...)*»—, dejando así atrás el mandato general que podía vincular también al sujeto pasivo. En este sentido, puede decirse que no se estableció una obligación por parte de los sujetos pasivos de valorar sus operaciones al valor normal del mercado[190] —salvo en el caso del uso del mecanismo convencional de valoración que se mencionará más adelante—, lo cual distaba de las recomendaciones de la OCDE[191]. Este cambio permitió establecer que la Administración es destinataria de la norma, sino que implicó una habilitación explícita a la misma para realizar ajustes en aplicación del principio de plena competencia[192], concretamente el ajuste valorativo; lo que GALVAÑ considera como la entrada en conexión del derecho interno con estándares internacionales similares a los establecidos en el art. 9.1 MC OCDE[193].

En tercer lugar, la potestad de la Administración para valorar estaba condicionada, como se observa, al cumplimiento de dos presupuestos de aplicación. Por un lado, el supuesto fáctico de la vinculación entre las partes de la operación, para lo cual la legislación estableció una participación mínima del 5% en el capital social e incrementó los supuestos de hecho (art. 16.2 de la LIS de 1995), aclarando las circunstancias respecto a la pertenencia a un grupo (criterios de con-

190. A diferencia de la regla anterior, según la cual el contribuyente tenía la posibilidad de realizar ajustes voluntarios (contables o extracontables), que le permitían alinear sus operaciones vinculadas con el valor de mercado antes del requerimiento de la Administración tributaria. Esta posición del contribuyente respecto de la norma suscitó diferentes posturas doctrinales. Algunos autores consideraron que la norma no impedía la presentación de regularizaciones voluntarias. Ver CRUZ AMORÓS, M., «Los precios de transferencia y la deslocalización de beneficios», Revista Impuestos núm. 13(2) (1997), pp. 359-370. Mientras que otros autores señalaban que la norma era limitativa y por lo tanto el contribuyente no podía realizar este tipo de ajustes. Ver SALA GALVAÑ, G., (2003), *Op. cit.*, p. 314.Vale la pena señalar que en la práctica el contribuyente contaba con la posibilidad de presentar una declaración complementaria del impuesto sobre sociedades, con lo cual, a pesar de no ser el destinatario de la norma, podía valorar sus operaciones bajo el estándar de mercado y realizar este tipo de ajustes a su liquidación. Ver HERRERO MALLOL, C., (1999), *Op. cit.*, p. 230.

191. Especialmente de las Directrices en materia de precios de transferencia publicadas recientemente por la OCDE en 1995. El objetivo de las directrices para el tratamiento de las operaciones vinculadas, más que el de simplemente evitar la elusión fiscal, es el de proponer una distribución equitativa de beneficios entre las administraciones tributarias y equilibrar el reparto de poder impositivo, especialmente en las operaciones internacionales.

192. Hasta el momento, esta habilitación a la administración sólo podía darse en aplicación de los CDI suscritos por España en los que estuviera pactado tal ajuste según los términos del art. 9 del MC OCDE. «*Con ello, el derecho tributario interno entra en conexión con la norma internacional sobre operaciones vinculadas (cláusula semejante al art.9.1 MCOCDE contenida en casi todos los CDI celebrados por España); esto es habilitando el ajuste administrativo inicial o primario...*». Ver SALA GALVAÑ, G., (2003), *Op. cit.*, p. 310.

193. Ver SALA GALVAÑ, G., (2003), *Op. cit.*, p. 310.

trol y de toma decisiones)[194]. Y, por otro lado, se requiere que el precio aplicado en la operación vinculada hubiera resultado en una menor tributación en España respecto de aquella que se hubiera obtenido si se hubiera aplicado el valor de mercado. Lo anterior considerando como tributación el conjunto de cuotas tributarias de las partes vinculadas en la operación, versus la que resulta de la valoración a mercado del precio de la misma. Por lo tanto, el ajuste sólo tenía lugar si, i) el precio no era de mercado, y ii) esto causaba una disminución en los ingresos tributarios que debía recibir la Administración tributaria.

Esta formulación de la norma sobre operaciones vinculadas le confería un carácter antielusivo, dirigido a la protección de la recaudación más que a la distribución de los beneficios entre partes vinculadas, principal objetivo del ALP y las DPT OCDE de 1995. En este caso, la finalidad de la normativa fue evitar que se verificara un perjuicio recaudatorio y la valoración asociada al principio de plena competencia fue más bien un elemento instrumental[195]. Para RUIZ, la norma representó un régimen antiabuso que utilizó el ALP como vehículo para su propósito[196]. De hecho, esta configuración antielusiva de la regulación permitía a los contribuyentes establecer precios de transferencia «desalineados» con el principio de plena competencia, siempre que su tributación consolidada no implicara un perjuicio recaudatorio, lo cual en palabras de ESTEVE toleraba que los sujetos pasivos *«alteraran a su libre disposición la renta gravable, lo que es tanto como ignorar el principio de tributación con arreglo a la capacidad contributiva»*.[197]

Ahora bien, la verificación del perjuicio debía hacerse con referencia a la recaudación en España, con lo cual la aplicación de los ajustes era válida en los supuestos en que las partes vinculadas fueran todas residentes en España, dejando fuera de su ámbito los ajustes correlativos en otras administraciones tributarias. En tales casos, el tratamiento legal quedaba supeditado a la existencia de un CDI con el otro Estado afectado por la operación vinculada. Este enfoque en el perjuicio recaudatorio implicaba además un riesgo de incompatibilidad con las normas de Derecho comunitario de prohibición de medidas restrictivas a las libertades económicas fundamentales y, sobre todo, con la prohibición de no discriminación[198]. A ello debe sumarse que, por la disposición de la norma del art. 16 de la LIS de 1995, la carga de la prueba la tenía la Administración tributaria, destinataria del mandato de valoración.

194. En este sentido, la vinculación a través del poder de decisión introdujo reglas sobre el perímetro subjetivo, no solo referidos a la relación económica, sino también a la afinidad de intereses de ambas partes vinculadas. Ver CARMONA FERNÁNDEZ, N. y otros, (2009), *Op. cit.*, p. 57.
195. Ver CALDERÓN CARRERO, J. M., (2005), *Op. cit.*, p. 29.
196. Ver RUÍZ ALMENDRAL, V., (2012), *Op. cit.*, p. 263.
197. Ver en ESTEVE PARDO, M. L., (1996), Fiscalidad de las operaciones..., *Op. cit.*, p. 79.
198. Aún más grave teniendo en cuenta la desatención de los trabajos de instituciones como el Foro Europeo sobre Precios de Transferencia. Ver CALDERÓN CARRERO, J. M. y MARTÍN JIMÉNEZ, A. J., (2005), Problemas..., *Op. cit.*, p. 39.

El art. 16 de la LIS de 1995, incluyo otras regulaciones importantes como la que se refiere a los métodos de valoración. El art. 16.3 mencionaba los siguientes métodos, organizados jerárquicamente: de manera preferente i) el método del Precio Libre Comparable, ii) el método de Coste Incrementado y iii) el Precio de Reventa; y subsidiariamente, en caso de no aplicar alguno de los métodos preferentes, el método de la Distribución del Resultado Conjunto de la Operación. Teniendo en cuenta el listado cerrado de métodos indiciarios establecidos en la legislación anterior, la adopción de otros métodos fue una mejora significativa. El sistema de indicios anterior no había sido reglamentado y dejaba un amplio margen de discrecionalidad y subjetividad en la aplicación de los ajustes por precios de transferencia[199], por lo que, como indica AGULLÓ, la inclusión de los métodos de valoración estaba dirigida a limitar la discrecionalidad de la Administración en la valoración de las operaciones vinculadas[200]. Ahora bien, la modificación fue solo un paso en el avance, pues los métodos fueron simplemente mencionados, sin incluir una descripción o contenido respecto a su aplicación[201], lo que habría sido posible teniendo en cuenta el desarrollo de estos en las DPT OCDE de 1995.

Otra regulación novedosa fue la del numeral 6 del art. 16 de la LIS de 1995, que incorporó los Acuerdos Previos de Valoración de los precios en las operaciones vinculadas. Esta norma estableció la posibilidad de que los contribuyentes presentaran una propuesta de valoración previa de sus operaciones vinculadas a la Administración Tributaria. Para ello, los contribuyentes debían presentar la solicitud con la información que demostrara el cumplimiento del principio de plena competencia y los demás requisitos contenidos en el art. 16 de la LIS de 1995. La Administración Tributaria podía revisarla y solicitar más información al contribuyente para su rechazo o aceptación. La aceptación de esta propuesta por parte de la Administración tenía los efectos de un APA vinculante durante los siguientes tres períodos impositivos. De esta manera el legislador introdujo un primer mecanismo convencional para enfrentar la conflictividad suscitada por la aplicación del régimen de precios de transferencia en las inspecciones. En todo caso, como señala ESTEVE, la introducción de este tipo de mecanismos en la normativa española debía hacerse teniendo en cuenta que la declaración de voluntad de la Administración Tributaria debe estar enmarcada dentro del principio de legalidad y de indisponibilidad del crédito tributario, y no desde el principio de autonomía de las partes que rige los acuerdos en derecho privado[202]. Teniendo en cuenta estos aspectos, la utilización de los APA en la normativa española fue un avance significativo como instrumento de seguridad

199. Aspecto destacado por el TEAC en varios de sus pronunciamientos. Ver Resolución del 14 de junio de 1989, Cons. 7º; Resolución de 22 de abril de 1992(JT 1992/16); entre otras.
200. Ver AGULLÓ AGÜERO, A., (1998), *Op. cit.*, p. 179.
201. Ver RUÍZ ALMENDRAL, V., (2012), *Op. cit.*, p. 263.
202. Ver ESTEVE PARDO, M. L., (1996), Fiscalidad de las operaciones..., *Op. cit.*, p. 178-186.

jurídica tanto para los contribuyentes como para la Administración Tributaria, que en todo caso iba a requerir un mayor desarrollo normativo[203].

Con todo, el propósito de apertura económica internacional y de adaptación de la legislación del impuesto sobre sociedades a tales fines no podía evidenciarse en la configuración de las normas sobre operaciones vinculadas del art. 16 de la LIS 1995. Aunque la exposición de motivos de dicha ley no hizo mención explícita a las DPT OCDE, era posible observar la influencia de las mismas en la descripción de algunas reglas. De hecho, el gobierno sí había manifestado en algunos documentos su intención de considerar estas recomendaciones en la elaboración de la legislación[204]. Sin embargo, la normativa también fue utilizada para otros propósitos, como el de evitar el perjuicio recaudatorio, lo que resultó en un régimen de precios de transferencia opuesto a los lineamientos internacionales: Por ello, CALDERÓN consideró que esta regulación tenía un déficit de alineamiento de la normativa española con la práctica internacional[205]. La configuración de la norma privilegiaba la comprobación del perjuicio recaudatorio, por encima de la aplicación del principio de plena competencia como criterio para la asignación de beneficios en operaciones vinculadas internacionales, pudiendo ser incompatible, incluso con el propio Derecho comunitario, que es de obligado cumplimiento para España como Estado miembro de la UE.

Además de esto, desde una perspectiva práctica, el art. 16 de la LIS de 1995 implicó una carga excesiva para la Administración tributaria, ya que debía cumplir el mandato de valoración y verificar la existencia de un perjuicio recaudatorio[206] sin que hubiese obligaciones documentales para el contribuyente, sobre sus operaciones vinculadas[207]. Estos extensos trabajos de investigación y comprobación hacían casi imposible la aplicación efectiva de la regla[208]. De hecho, la disposición no contenía incentivos (o consecuencias) para los contribuyentes por no valorar sus precios de transferencia bajo el estándar del mercado; por lo que las EMN podían trasladar sus beneficios a otras jurisdicciones asumiendo el riesgo de comprobación por parte de la Administración tributaria[209]. Aun así,

203. Ver CALDERÓN CARRERO, J. M., (2005), *Op. cit.*, pp. 167 y ss.
204. Ver Ministerio de Economía y Hacienda (1994), *Informe para la reforma del Impuesto sobre Sociedades,* Madrid, p. 112 y 114. citado en SALA GALVAÑ, G., (2003), *Op. cit.*, p. 304.
205. Ver CALDERÓN CARRERO, J. M., (2005), *Op. cit.*, pp. 155 y ss.
206. Ver ESTEVE PARDO, M. L., (1996), Fiscalidad de las operaciones..., *Op. cit.*, p. 145 y ss.; Ver DELGADO PACHECO, A., «Algunas cuestiones de procedimiento en los ajustes por precios por transferencia en el Ordenamiento tributario español», Revista Impuestos núm. 14(2) (1998), pp. 332 y ss.; Ver SANZ GADEA, E., «Operaciones Vinculadas (I)», Revista de Contabilidad y Tributación núm. 209-210 (2000), pp. 73 y ss.
207. CALDERÓN también menciona que la AT es un órgano que tiene poco conocimiento del «mercado», haciendo todavía más gravosa la carga de la aplicación de esta norma. Ver CALDERÓN CARRERO, J. M. y MARTÍN JIMÉNEZ, A. J., (2005), Problemas..., *Op. cit.*, p. 36.
208. Ver PIEDRA ARJONA, S., «El régimen español de las operaciones vinculadas», En FERRER VIDAL, D. (dir.) Metodología de los precios de transferencia: régimen fiscal de las operaciones vinculadas, Thomson Reuters Aranzadi 2019, p. 905.
209. Ver ESCUDERO GUTIÉRREZ, E. y GUTIÉRREZ LOUSA, M., (2009), *Op. cit.*, p. 92.

tampoco quedaban claros los derechos de los contribuyentes para oponerse a la valoración realizada por la Administración.

2.3.1.4. La reforma de la Ley 36/2006

En 2004 fue publicado el Real Decreto legislativo 4/2004[210], por el cual se aprobó el Texto Refundido de la Ley del Impuesto sobre Sociedades (en adelante TRLIS) en el que se conservó la descripción del art. 16 sobre valoración de operaciones vinculadas que se encontraba en la LIS de 1995, a pesar de las críticas existentes sobre dicha disposición[211]. Además de esto, se había observado un problema en la consideración del valor de mercado como estándar, ya que la información contable, de la que se vale el derecho tributario para aplicar el impuesto sobre sociedades, no establecía este tipo de valor, dando lugar a confusiones sobre la aplicación de uno u otro criterio (valor contable o valor de mercado).

Estas dificultades motivaron varias modificaciones durante los siguientes años. La primera y más importante reforma se realizó a través de la Ley 36/2006 de Medidas para la Prevención del Fraude fiscal. La reforma incluyó varias modificaciones tributarias, entre ellas, medidas relativas al impuesto sobre sociedades. La Ley 36/2006 modificó el art. 16 de la TRLIS, teniendo en cuenta los siguientes objetivos: por un lado, definir la correspondencia que debe existir entre la valoración de mercado y el valor contable de las operaciones; y, por otro, adaptar en mayor medida el Derecho interno español al contexto internacional en materia de precios de transferencia, particularmente a la doctrina de la OCDE y el JTPF[212]. Sobre el primer objetivo, la Ley 36/2006 aclaró que el sujeto pasivo debe valorar sus precios a valor de mercado y registrarlo así en su información contable; no son dos valores distintos, sino que el valor de mercado debe reflejarse en la contabilidad, y en tal sentido ser consistentes[213]. En cuanto al segundo objetivo, el texto de la reforma señaló expresamente el propósito de

210. Ver Real Decreto Legislativo 4/2004, de 5 de marzo, por el que se aprueba el texto refundido de la Ley del Impuesto sobre Sociedades. Publicado en BOE núm. 61, de 11/03/2004.

211. Como se mencionó anteriormente, la normativa de la LIS de 1995 recibió fuertes críticas por la falta de alineación con las disposiciones internacionales en la materia, no solo con las DPT de la OCDE, sino también con las recomendaciones en el ámbito comunitario publicadas, desde 2002, por el JTPF. Ver CALDERÓN CARRERO, J. M., (2005), *Op. cit.*, p. 155 y ss.

212. Ver Ley 36/2006, *Op. cit.,* Exposición de motivos.

213. Con lo que el objetivo de correspondencia resaltado por el legislador en la reforma aporta también mayor fortaleza a la idea de coherencia que debe existir entre el régimen de operaciones vinculadas y otras normas del Derecho interno. De manera acertada afirma Diana Ferrer que no puede entenderse la normativa fiscal sin contrastar con la normativa contable o incluso con algunas disposiciones del Código de Comercio. Ver FERRER VIDAL, D., (2014), *Op. cit.,* p. 63. Esta consistencia fue resaltada constantemente por la propia Administración tributaria. Esta posición fue resaltada por la Dirección General de Tributos (DGT) en distintas resoluciones dictadas en vigencia de esta norma. Ver DGT, 7 feb. 2008, V0249/2008; DGT, 10 nov. 2010, V2402-10; y DGT, 17 feb. 2011, V0382-11;

adaptar la normativa del impuesto sobre sociedades *«a las directrices de la OCDE sobre la materia y al Foro europeo sobre precios de transferencia, a cuya luz debe interpretarse la normativa modificada»*'[214]. De esta forma, se estableció una relación directa con las DPT OCDE como fuente para la interpretación del ordenamiento interno en materia de precios de transferencia. Destacar que, a pesar de haber sido reconocidas como fuente para la interpretación técnica en algunas sentencias y en la doctrina administrativa del Tribunal Económico-Administrativo Central (en adelante TEAC), esta era la primera mención de las Directrices OCDE en la normativa sobre operaciones vinculadas[215]. Además de esta mención como herramienta interpretativa, las modificaciones realizadas en el art. 16 del TRLIS y sus normas reglamentarias tuvieron como base estas disposiciones internacionales. Veamos las modificaciones más significativas.

En primer lugar, el art. 16.1.1º modificado por la Ley 36/2006 señaló: *«Las operaciones efectuadas entre personas o entidades vinculadas se valorarán por su valor normal de mercado. Se entenderá por valor normal de mercado aquel que se habría acordado por personas o entidades independientes en condiciones de libre competencia.»*. En ese sentido, el art. 16 cerró las confusiones respecto al criterio de valor que debe guiar el análisis de las operaciones vinculadas, el valor de mercado; hasta el momento el criterio del «valor de mercado» se encontraba en el art. 15 del TRLIS, pero fue integrado en el texto del art. 16 con la reforma de la Ley 36/2006, completando el compendio normativo autónomo de las operaciones vinculadas en el impuesto sobre sociedades.

En segundo lugar, el 16.1.2º del TRLIS, modificado por la Ley 36/2006, estableció la configuración del principio de plena competencia como un mandato general de valoración: *2º La Administración tributaria podrá comprobar que las operaciones realizadas entre personas o entidades vinculadas se han valorado por su valor normal de mercado y efectuará, en su caso, las correcciones valorativas que procedan (...)»*. Con esta reforma se eliminó la fórmula de destinatario único del mandato de valoración dirigido a la Administración tributaria; al contrario, se estableció la obligación general de valorar bajo el criterio del mercado las operaciones vinculadas, sin hacer mención a un destinatario concreto de tal obligación. El mandato general de valoración se estableció sin condiciones, pues se eliminó el requisito del perjuicio económico para la Hacienda pública como condición para realizar ajustes valorativos a las operaciones vinculadas. Por lo tanto, la adecuación de las operaciones vinculadas a la ley quedó sujeta únicamente a la comprobación del principio de plena competencia; una aplicación más armónica con los lineamientos internacionales de la OCDE. Además, esta modificación eliminó las posibilidades de dar un trato diferente a las sociedades resi-

214. Ver Ley 36/2006. *Op. cit.* Exposición de motivos.
215. Hasta el momento, las menciones sobre el rol de las DPT OCDE como fuente se habían señalado solamente en algunas sentencias judiciales o en la doctrina administrativa del TEAC, pero no en el texto de la ley.

dentes respecto de las no residentes en España, eliminando el riesgo de incompatibilidad con el Derecho comunitario en este aspecto[216].

En tercer lugar, ya que los contribuyentes están sujetos al mandato de valorar sus operaciones vinculadas según el estándar de mercado, el numeral 2 del art. 16 del TRLIS introdujo la obligación correlativa de documentar todo lo relacionado con sus operaciones vinculadas y los precios de transferencia. Con esta modificación los contribuyentes quedaron obligados a elaborar y tener a disposición de la Administración un documento con la información que demuestre la consideración del valor de mercado en sus operaciones vinculadas (el precio y la metodología utilizada para su determinación). Tanto el art. 16.2 del TRLIS, como el art. 18 del Reglamento del impuesto[217], establecieron los requisitos y contenidos de la documentación requerida, bastante alineados con las recomendaciones en materia de Informe Local sobre el obligado tributario (*Country Report*), Informe Maestro sobre el grupo (*Master File*). La Reforma de la Ley 36/2006 señaló que el establecimiento de estas obligaciones documentales debía hacerse teniendo en cuenta un enfoque proporcional a la relevancia de las operaciones[218], considerando el coste que supone para los contribuyentes cumplir con estas obligaciones, razón por la cual fueron incluidas disposiciones sobre las cuantías mínimas relevantes de las operaciones, o el tipo de informe requerido en función del volumen de facturación de los contribuyentes y sus grupos empresariales[219]. La incorporación de obligaciones documentales fue complementada con un régimen de sanciones por su incumplimiento, previsto en el art. 16.10 del TRLIS[220]. Estos dos aspectos permitieron una mejor aplicación de la norma por parte de la Administración; además de la alineación con los estándares de la OCDE dentro de la ley y los reglamentos, disminuyendo el déficit de compatibilidad por el que se criticó al art. 16 de la LIS de 1995.

216. Ver CORDÓN EZQUERRO, T., (2006), *Op. cit.*, p. 8-11.

217. Ver Real Decreto 1777/2004, de 30 de julio, por el que se aprueba el Reglamento del Impuesto sobre Sociedades, modificado por el Real Decreto 1793/2008, de 3 de noviembre. Publicado en BOE núm. 278, de 18 de noviembre de 2008.

218. En Exposición de Motivos de la Ley 36/2006: «(...) *Las obligaciones específicas de documentación deberán responder al principio de minoración del coste de cumplimiento, garantizando a la vez a la Administración tributaria el ejercicio de sus facultades de comprobación en esta materia, especialmente en aquellas operaciones susceptibles de ocasionar perjuicio económico para la Hacienda Pública. Para ello, el futuro desarrollo reglamentario podrá fijar excepciones o modificaciones de la obligación general de documentación, de acuerdo con las características de los grupos empresariales, las empresas o las operaciones vinculadas, en particular cuando la exigencia de determinadas obligaciones documentales pudiera dar lugar a unos costes de cumplimientos desproporcionados.*»

219. En el art. 14 del Real Decreto Ley 6/2010, de 9 de abril, se simplifican las obligaciones de documentación en determinadas operaciones vinculadas para las pequeñas y medianas empresas. Ver Real Decreto-ley 6/2010, de 9 de abril, de medidas para el impulso de la recuperación económica y el empleo. Publicado en «BOE» núm. 89, de 13 de abril de 2010.

220. De acuerdo con este precepto, era una infracción grave «*no aportar o aportar de forma incompleta, inexacta o con datos falsos la documentación (...)*» y también «*que el valor normal de mercado que se derive de la documentación (...) no sea el declarado en el Impuesto...*».

En cuarto lugar, la reforma modificó las funciones de la Administración como consecuencia del mandato general de valoración. La Administración dejó de ser la destinataria del mandato de valoración y pasó a centrarse en la comprobación de las operaciones vinculadas y la realización de las correcciones valorativas necesarias, esta vez sirviéndose no sólo de la información pública disponible sino también de la documentación aportada por los contribuyentes como parte de sus obligaciones documentales. En este sentido, la disposición es mucho más cercana a la realidad teniendo en cuenta que el primer «experto» en el mercado es el propio contribuyente. Por ello, la modificación implicó también una nueva distribución de la carga de la prueba, ya que el contribuyente debía demostrar, ante todo, que sus precios se habían establecido bajo el estándar del mercado; siendo en el fondo una oportunidad del mismo para justificar la elección del precio y, sobre todo, para señalar las condiciones relevantes que pudieron incidir en la determinación del mismo.

Respecto a los ajustes que podía realizar la Administración, la Ley 36/2006 señaló dos categorías de estos: el ajuste primario y el ajuste secundario. El ajuste primario quedó indicado en el art. 16.1.2º del TRLIS en los siguientes términos: *«La Administración tributaria (...) efectuará, en su caso, las* ***correcciones valorativas*** *que procedan respecto de las operaciones (...) que no hubieran sido valoradas por su valor normal de mercado (...). La Administración tributaria quedará vinculada por dicho valor en relación con el resto de personas o entidades vinculadas.» (negrilla propia)*. Este ajuste corresponde a las correcciones valorativas por la diferencia entre el precio de transferencia y el precio de mercado, que ya estaba descrito en la normativa anterior. Sin embargo, con la reforma de la Ley 36/2006, el ajuste primario dejó de estar condicionado a la verificación del detrimento patrimonial para el Estado, como requisito concomitante, para llevarse a cabo por la Administración. Adicionalmente, con la modificación de la Ley 36/2006, se establecieron los elementos para señalar que tal ajuste primario podía ser bilateral[221] al indicar que la Administración quedaba *«vinculada por dicho valor en relación con el resto de partes vinculadas»;* caso en el cual son relevantes las recomendaciones del Foro que contiene algunas referencias sobre estos procedimientos[222].

El ajuste secundario fue incorporado en el apartado 8 del art. 16 de la TRIS que señaló: *«En aquellas operaciones en las cuales el valor convenido sea distinto del valor normal de mercado, la diferencia entre ambos valores tendrá para las personas o entidades vinculadas el tratamiento fiscal que corresponda a la naturaleza de las rentas puestas de manifiesto como consecuencia de la existencia de dicha diferencia»*. El ajuste secundario está relacionado con el tratamiento fiscal de las diferencias en las bases imponibles después de aplicar el ajuste primario.

221. Ver nota al pie 176 del Capítulo IV de este trabajo.
222. Ver Comunicación de la Comisión al Consejo, el Parlamento Europeo y el Comité Europeo Económico y Social de fecha 26 de febrero de 2007 [COM (2007) 71 final].

En este sentido, como bien señala CALVO, una eventual diferencia en la valoración puede dar lugar a un cambio en la naturaleza de la renta obtenida en las operaciones comprobadas[223]; es decir, una vez se ha realizado el ajuste valorativo primario, es necesaria una recalificación contable para dar a las rentas involucradas el tratamiento tributario que les corresponde[224]. La reforma del art. 16 del TRLIS señaló un supuesto específico de recalificación contable, en el caso de vinculación por la relación entre socios (o partícipes) y la entidad, que se calificaría como *«participación en beneficios de entidades si dicha diferencia fuese a favor del socio o partícipe, o, con carácter general, de aportaciones del socio o partícipe a los fondos propios si la diferencia fuese a favor de la entidad»* [225]. Queda entonces delimitado que el ajuste primario corresponde a la regla de valoración y el ajuste secundario a la regla de recalificación contable de las operaciones vinculadas.

Otra modificación importante consistió en el desarrollo de la metodología para realizar el análisis de las operaciones vinculadas. El Real Decreto 1793/2008 (RIS 2008), que modificó el Reglamento del Impuesto, incorporó los factores necesarios para realizar el análisis de comparabilidad descritos en las DTP OCDE de 1995[226] y una descripción de los métodos de valoración, que

223. Ver CALVO VÉRGEZ, J., «Las reglas de valoración de operaciones vinculadas en el IS a la luz de la Ley 36/2006, de 29 de noviembre, de medidas para la prevención del fraude fiscal: principales novedades», Nueva Fiscalidad núm. 4. (2007), p. 50.

224. *«Recalificación de cuentas que se produce como consecuencia de atribuir el tratamiento tributario que corresponda a la diferencia entre el valor convenido y el valor de mercado. Adecuando la tributación de dichas rentas a la nueva realidad jurídico tributaria resultante de la práctica del ajuste primario.»* Ver LÓPEZ-HERMOSO AGIUS, J. C., «El nuevo régimen de las operaciones vinculadas», En BAEZA DÍAZ-PORTALES, M. J. (coord.) V Congreso tributario: cuestiones tributarias problemáticas y de actualidad, Consejo General del Poder Judicial. Centro de Documentación Judicial. Asociación Española de Asesores Fiscales 2010. p. 21.

225. Art. 16.8 del TRLIS modificada por la Ley 36/2006. Tanto en estos como en otros casos, el ajuste secundario parte de una ficción, la de una operación «secundaria» de la que se deriva esta renta —excesiva—, a partir de la cual se realiza la calificación de dicha renta. La introducción de dicho ajuste en la legislación abrió paso a distintas posiciones doctrinales, especialmente por su consideración como una regla específica de calificación, por su posible conflicto con principios como la reserva de ley y por su posible interrelación —o no— con el instituto de la simulación. Ver FERRER VIDAL, D., (2014), *Op. cit.,* p. 124; Ver CALDERÓN CARRERO, J. M. y MARTÍN JIMÉNEZ, A. J., (2005), Problemas..., *Op. cit.*, pp. 507 y ss.; Ver CARMONA FERNÁNDEZ, N. y otros, (2009), *Op. cit.*, p. 42.

226. De acuerdo con el art. 10 del Real Decreto 1793/2008, de 3 de noviembre, por el que se modifica el Reglamento del Impuesto sobre Sociedades, aprobado por el Real Decreto 1777/2004, de 30 de julio: *«a)* ***Las características*** *específicas de los bienes o servicios objeto de las operaciones vinculadas, b)* ***Las funciones*** *asumidas por las partes en relación con las operaciones objeto de análisis, identificando los* ***riesgos asumidos*** *y ponderando, en su caso, los* ***activos utilizados****. c) Los* ***términos contractuales*** *de los que, en su caso, se deriven las operaciones teniendo en cuenta las responsabilidades, riesgos y beneficios asumidos por cada parte contratante. d) Las* ***características de los mercados*** *en los que se entregan los bienes o se prestan los servicios, u otros factores económicos que puedan afectar a las operaciones vinculadas. e) Cualquier otra circunstancia que sea relevante en cada caso, como las estrategias comerciales.» (negrilla propia)*

en la legislación anterior sólo estaban mencionados. La descripción incluida en el RIS 2008 correspondió con la señalada en las DPT OCDE. Se mantuvo su organización jerárquica, con preferencia por los métodos tradicionales, y la aplicación subsidiaria del método de reparto del beneficio. La reforma del Reglamento del RIS en 2008 también incluyó como método válido el del neto del conjunto de operaciones (reconocido en las DPT OCDE de 1995 como TNMM), completando así el grupo de métodos de valoración en línea con las disposiciones internacionales.

En otros aspectos como los supuestos de vinculación entre las partes[227], fueron incluidas disposiciones que ampliaban el detalle de las mismas para mejorar su aplicación. En el caso de los APA, el nuevo art. 16.7. del TRLIS incluyó la posibilidad de que la Administración tributaria pudiera formalizar acuerdos con otras Administraciones a los efectos de determinar conjuntamente el valor normal de mercado de las operaciones. Lo que sería posteriormente desarrollado a través de la regulación del procedimiento de resolución de acuerdos de valoración de operaciones vinculadas, según fue establecido por la misma Ley 36/2006.

Como puede verse, las reformas del TRLIS y las realizadas al Reglamento del Impuesto de sociedades buscaron una mayor incorporación de las disposiciones internacionales en materia de precios de transferencia. Con estas reformas, se corrigieron algunos aspectos de la legislación anterior que impedían una mayor consistencia en este sentido con las DPT de la OCDE. En todo caso, no deja de llamar la atención que el principal instrumento utilizado por el legislador para realizar estas modificaciones significativas haya sido un compendio normativo dirigido a la lucha contra el fraude fiscal[228]. En este sentido, aunque la norma interna sobre operaciones vinculadas se haya alineado con el art. 9.1 del MC OCDE y las DPT OCDE, al establecer como criterio el principio de plena competencia, también era posible hacer una lectura de la alineación internacional desde una perspectiva antielusiva. Por ello, algunos autores afirman que tras la Reforma de la Ley 36/2006, se dio continuidad a la perspectiva negativa de

227. Con un mayor detalle de los supuestos aplicables, particularmente en términos de afinidad de los socios o los miembros de los órganos de decisión. Adicionalmente se suprimió la mención que existía sobre el «poder de decisión» en cuanto a las terceras empresas y en su lugar se incluyó la referencia al concepto de grupo, como unidad de decisión, remitiendo al art. 42 del Código de Comercio. La reforma extendió la posible incidencia en la capacidad de decisión fijando un criterio de parentesco por consanguinidad o afinidad, hasta el 3º grado de los socios, partícipes, consejeros o administradores. Resulta interesante la inclusión de los partícipes, que permite ampliar la vinculación a otros sujetos pasivos que no necesariamente corresponden a la categoría de socios, como las asociaciones y fundaciones. Al respecto ver CALVO VÉRGEZ, J., (2007), *Op. cit.*, p. 53.

228. ESCUDERO Y GUTIÉRREZ llaman la atención sobre el hecho de que la norma haya sido reformada en una Ley de prevención de fraude, cuando de manera casi concomitante se encontraba en trámite un proyecto de reforma del TRLIS. Ver ESCUDERO GUTIÉRREZ, E. y GUTIÉRREZ LOUSA, M., (2009), *Op. cit.*, p. 94.

los precios de transferencia, como prácticas empresariales para el traslado de beneficios y en general para el fraude fiscal[229].

2.3.2. El art. 18 de la Ley 27/2014

Como se estudia en el Capítulo I, para finales de la década de los 2000 los países desarrollados experimentaban una creciente preocupación por los esquemas de planificación fiscal agresiva y su efecto en la disminución de las bases imponibles por el traslado de beneficios empresariales a jurisdicciones de inferior tributación[230]. Este tipo de prácticas por parte de las EMN eran aún más reprochables en el contexto de la crisis económica global que inició en 2007 aproximadamente. Este contexto influyó en un cambio en el tratamiento de las empresas en el escenario fiscal internacional; aunque siempre hubo una preocupación por la elusión fiscal y la disminución de las bases imponibles, el uso de prácticas agresivas en un nuevo escenario económico renovó el consenso internacional —al menos entre los países desarrollados— hacia una acción coordinada para enfrentar estos problemas y asegurar que los beneficios se graven efectivamente[231]. Este consenso llevó a impulsar el Plan BEPS y las consecuentes modificaciones a las DPT OCDE.

España no era ajena a estos problemas. Ya en las reformas de 2006 se había incluido en el impuesto sobre sociedades el esquema de Transparencia Fiscal Internacional para tratar de contener el traslado de beneficios a territorios de baja o nula tributación a través de compañías offshore. Sin embargo, entre 2007 y 2009 se dio una fuerte caída en la recaudación, provocada en gran parte por la crisis económica que impactó en los ingresos empresariales[232], pero también por algunas deficiencias estructurales del IS[233]; particularmente la aplicación de incentivos fiscales ineficientes para atraer inversión extranjera y el diseño complejo de diferentes regímenes especiales[234].

En este contexto fue publicada la Ley 27/2014, de 27 de noviembre, a través de la cual el legislador buscó una mayor alineación con las tendencias interna-

229. Ver PIEDRA ARJONA, S., (2019), *Op. cit.,* p. 907; Ver CARMONA FERNÁNDEZ, N. y otros, (2009), *Op. cit.*, p. 57 y ss.
230. Ver numeral 4.3 del Capítulo I de este trabajo.
231. Ver en PATÓN GARCÍA, G., (2016), *Op. cit.*, p. 5.
232. Sobre la caída en la recaudación efectiva entre 2007-2009 expresa GASCÓN CATALÁN: «*En cualquier caso, es el Impuesto sobre Sociedades, con gran diferencia, el tributo en el que la recaudación ha caído en mayor medida y presenta un porcentaje de reducción respecto de 2007 superior al 50%.*». Ver también GASCÓN CATALÁN, J., «Análisis de los datos estadísticos del Impuesto sobre Sociedades». Crónica Tributaria núm. 150 (2014), pp. 99 y ss.
233. Ver GASCÓN CATALÁN, J., Diagnóstico y propuestas para una reforma fiscal, Civitas 2013, pp.172 y ss.
234. Particularmente la falta de coherencia entre la aplicación de incentivos fiscales, regímenes especiales y las amortizaciones, que en su conjunto debilitan la base imponible incluso antes de que pueda hablarse de erosión por traslados de rentas. Ver PATÓN GARCÍA, G., (2016), *Op. cit.*, p. 9.

cionales sobre el fraude fiscal, pero también implementar medidas que simplificaran el impuesto y permitieran una ampliación de la base imponible[235]. La acción del legislador español ante los problemas internos coincidió con la elaboración de los trabajos internacionales en el marco de BEPS, permitiendo integrar en la nueva Ley 27/2014 la orientación y medidas del Plan. Aunque no habían sido publicados en su totalidad los informes de las 15 Acciones de BEPS, la Ley 27/2014 tuvo en cuenta las conclusiones existentes al establecer las nuevas disposiciones[236]. La exposición de motivos de la Ley 27/2014 reitera la intención de consolidar esta armonización entre la legislación nacional y las normas internacionales señalando que «*debe tenerse en cuenta que la interpretación del precepto que regula estas operaciones debe realizarse, precisamente, en concordancia con las Directrices de Precios de Transferencia de la OCDE y con las recomendaciones del Foro Conjunto de Precios de Transferencia de la UE, en la medida en que no contradigan lo expresamente señalado en dicho precepto, o en su normativa de desarrollo*»[237]. En todo caso, es problemático que la ley no señalara a qué versión de las DPT OCDE hizo referencia o qué disposición elegir en caso de contradicción entre las DPT OCDE y las recomendaciones del JTPF, quedando sujetos a la interpretación subjetiva de quien aplique la norma[238].

2.3.2.1. Naturaleza del ALP en el art. 18 de la LIS de 2014

El art. 18.1 de la LIS de 2014 señala: «*Las operaciones efectuadas entre personas o entidades vinculadas se valorarán por su valor de mercado. Se entenderá por valor de mercado aquel que se habría acordado por personas o entidades independientes en condiciones que respeten el principio de libre competencia*». Como se observa, la norma conserva la redacción de la legislación anterior que enuncia el principio de plena competencia como criterio de análisis de las operaciones vinculadas. En este sentido, el art. 18 LIS contiene a una norma de valoración autónoma y obligatoria, específicamente aplicable a los supuestos de vinculación descritos en la norma, por lo que se mantiene como un mandato general de valoración de las operaciones vinculadas. Este mandato implica que el ALP debe aplicarse como criterio de valoración por los contribuyentes (en la valoración de los precios reflejada, a su vez, en la documentación de las operaciones vincula-

235. Ver PATÓN GARCÍA, G., (2016), *Op. cit.*, p. 10.
236. En todo caso se debe destacar que la legislación fue aprobada casi de manera simultánea con la promulgación del primer informe de medidas del Plan BEPS (septiembre 2014), lo que algunos autores ubican en el límite de la celeridad y la falta de meditación de tales medidas. Ver PATÓN GARCÍA, G., (2016), *Op. cit.*, p. 6; Ver también PATÓN GARCÍA, G., «Análisis de las medidas españolas alineadas con el Plan de acción BEPS: desafíos en la implementación e incidencia en Latinoamérica. Relatoría española», XXVIII Jornadas Latinoamericanas de Derecho Tributario. Tema 1: Medidas nacionales para evitar la erosión de la base tributaria ¿Influencia de BEPS en Latinoamérica?, México, D.F. (Fecha de redacción y entrega a la AEDF: abril de 2015).
237. Ver LIS de 2014. *Op. cit.* Preámbulo III e).
238. Ver CALDERÓN CARRERO, J. M., (2016), *Op. cit.*, p. 432.

das), y también por la Administración Tributaria (en la comprobación de las operaciones y la valoración a efectos de posibles ajustes).

Ahora bien, cabe preguntarse si el art. 18 de la LIS de 2014 puede, a su vez, tener un carácter antielusivo o antiabuso. Las denominadas «normas antiabuso», son disposiciones de salvaguarda del ordenamiento jurídico, incorporadas para evitar que se validen conductas que, a pesar de no estar prohibidas, atentan contra los objetivos de la norma o el conjunto de normas en el que se insertan. En concreto, una norma antiabuso en materia tributaria habilita a la Administración para recalificar o reestructurar los actos o negocios jurídicos en determinado supuesto o para aplicar una tributación atendiendo a la naturaleza de los hechos y no a las actuaciones convenidas por el sujeto pasivo[239]. Aunque es un tema controvertido, algunos autores sostienen que el art. 18 LIS puede llegar a tener esta naturaleza[240].

En el ordenamiento español existen normas generales antielusión tributario (en la LGT) y normas específicas antielusión (distintas disposiciones tributarias). Las normas generales de la LGT son cláusulas de cierre del ordenamiento para corregir comportamientos formalmente lícitos pero que no dejan de ser contrarios a una interpretación integradora del ordenamiento[241]. Son entonces, normas que protegen la adecuada aplicación del ordenamiento tributario, en atención a la finalidad del mismo. Partiendo de un análisis de las finalidades de la norma, el art. 18 de la LIS de 2014 puede considerarse una disposición destinada a evitar el traslado de beneficios a través de prácticas BEPS. Aunque esta no es su finalidad principal, pues como ya lo hemos mencionado el art. 18 LIS es jurídicamente un mandato de valoración sobre las operaciones vinculadas, el contexto en que fue establecido y que influye en la

239. Ver en GÓMEZ REQUENA, J. A., (2019). *Op. cit.*; Ver DELGADO PACHECO, A., Las normas generales antielusión en la jurisprudencia tributaria española y europea, Tesis doctoral, Universidad Autónoma de Madrid 2017; Ver GARCÍA BAÑUELOS, J. A. y MUT AGUILAR, I., «Descripción precisa de las transacciones entre partes vinculadas, desconocimiento o sustitución de las mismas y su relación con las cláusulas antiabuso generales», Crónica Tributaria núm. 164 (2017), pp. 97-131.

240. DELGADO señala que, las normas de precios de transferencia se enmarcan dentro de las normas generales antielusión del régimen de planificación fiscal internacional y que constituyen normas *«ad hoc»*, a diferencia de las normas generales antiabuso que se encuentran recogidas en los artículos 13,15 y 16 de la Ley 58/2003, de 17 de diciembre, General Tributaria (LGT). Ver DELGADO PACHECO, A., (2017), *Op. cit.*, *Op. cit.*, pp. 9 y ss.

241. Ver PALAO TABOADA, C., «Algunos problemas que plantea la aplicación de la norma española sobre el fraude a la ley tributaria», Crónica tributaria núm. 98 (2001); Ver también PALAO TABOADA, C., La aplicación de las normas tributarias y la elusión fiscal, Lex Nova 2009; RUIZ ALMENDRAL, V. y ZORNOZA PÉREZ, J., Interpretación, calificación, integración y medidas anti elusión en la Ley 58/2003, de 17 de diciembre, General Tributaria, La reforma de la Ley General Tributaria núm. 57, Consejo General del Poder Judicial 2004; EY Abogados, Cláusula general antiabuso tributaria en España: propuestas para una mayor seguridad jurídica. Fundación Impuestos y Competitividad 2015; Ver DELGADO PACHECO, A., (2017), *Op. cit.*, p. 10; Ver GARCÍA BAÑUELOS, J. A. y MUT AGUILAR, I., (2017), *Op. cit.*, pp. 106 y ss.

finalidad de su aplicación, podría llevar a considerar que también tiene un carácter antiabuso. Para NAVARRO, más que una finalidad antigua de la normativa corresponde a uno de los efectos que se deriva de la aplicación (la imposibilidad del contribuyente de eludir cierto nivel de tributación) que al objetivo de la norma[242]; además, para este autor el concepto de abuso varía en cada Estado por lo que esta concepción antielusiva de las normas sobre operaciones vinculadas va más allá de la interpretación razonable de la norma. En este sentido, el posible carácter antiabuso de la norma es un elemento que le resta objetividad y afecta l mandato de valoración[243].

Desde la perspectiva de quien escribe esta monografía, aunque en estricto sentido la enunciación del ALP en las disposiciones internacionales —el art. 9.1 del MC OCDE— o en el art. 18 de la LIS de 2014 no establece directamente elementos antielusivos (artificiosidad de los precios, la falta de motivos comerciales) como parte de los requisitos de aplicación de la norma, esto no impide su consideración como norma de naturaleza antielusiva. Si bien el art. 9.1 del MC OCDE establece un criterio de distribución de los beneficios en función del ALP, el hecho de que no contenga referencia o no mencione alguna doctrina específica utilizada para la aplicación del ALP o de sus consecuencias (ajustes para conseguir la redistribución de los beneficios) no quiere decir que las normas sobre precios de transferencia no puedan tener esta naturaleza. De acuerdo con los comentarios al MC OCDE, doctrinas como las de las normas antiabuso son parte del Derecho tributario interno que regula los supuestos fácticos que dan lugar a una obligación tributaria[244]; dichas doctrinas no se describen en los CDIs por lo que no se ven afectadas por ellos[245]. Por ello, aunque el principio internacionalmente reconocido del ALP esté descrito de manera objetiva como una norma de valoración (en el art. 9.1 del MC OCDE), esto no afecta a la consideración que se haga en el Derecho interno respecto de doctrinas como las de las normas antiabuso[246]. En tal sentido, no es incomprensible que en el ordenamiento interno la norma sobre precios de transferencia pueda tener el carácter de una norma antiabuso, pues no son consideraciones incompatibles. El punto de vista antielusivo del régimen de operaciones vinculadas dentro del ordenamiento español no solo refleja el giro del consenso internacional respecto a la aplicación de estas normas, sino que además es parte de la evolución del principio de plena competencia como tal. Aún más cuando la aplicación de la norma por parte de la Administración Tributaria, o los jueces[247] ha tenido tal alcance; y cuando las recientes reformas (Medidas BEPS a nivel internacional, y la Ley 27/2014 a nivel español) han evidenciado estos objetivos.

242. Ver NAVARRO IBARROLA, A., (2018), *Op. cit.*, p. 77.
243. Ver NAVARRO IBARROLA, A., (2018), *Op. cit.*, p. 78.
244. Ver OCDE (2010) MC OCDE, Comentario 22 al art. 1.
245. Ver OCDE (2010) MC OCDE, Comentario 22.1 al art. 1
246. Ver VOGEL, K., BECKER, J., (2022), *Op. cit.*, p. 730.
247. Como se estudia en el Capítulo V de este trabajo.

2.3.2.2. Contenido normativo del art. 18 de la LIS y su Reglamento

Los cambios introducidos por la Ley 27/2014, y también por el Reglamento del Impuesto sobre Sociedades incluido en el Real Decreto 634/2015[248], de 15 de julio (en adelante RIS de 2015), buscaron incorporar, no solo las actualizaciones de las DPT OCDE de 2010, sino también las conclusiones que se venían adoptando en el marco del Plan BEPS[249]. A continuación, se mencionan los aspectos básicos de este contenido normativo, incluyendo estos cambios.

a) Supuestos de vinculación

En primer lugar, el art. 18.2 de la LIS establece los supuestos de vinculación relevante entre las partes de la operación (personas naturales o entidades)[250]. Con respecto a la norma anterior, la nueva norma eliminó y limitó algunos de los supuestos de vinculación. Tal como indican las DPT OCDE, la vinculación está determinada por la existencia de la participación de una de las partes de la operación en el control, la dirección o el capital de la otra u otras partes en la operación[251]; o también porque ambas partes comparten elementos comunes respecto a dicha participación de capital, control o dirección; y finalmente respecto a las

248. Ver Real Decreto 634/2015, de 10 de julio, por el que se aprueba el Reglamento del Impuesto sobre Sociedades. Publicado en BOE núm. 165, de 11/07/2015.
249. *«El capítulo V recoge la principal novedad de este Reglamento, incorporando modificaciones sustanciales en relación con las entidades y las operaciones vinculadas. En el momento actual, resulta absolutamente esencial hacerse eco de las conclusiones que se vienen adoptando en el denominado Plan de acción «BEPS», esto es, el Plan de acción contra la erosión de la base imponible y el traslado de beneficios, que se elabora en el ámbito de la OCDE y en concreto en relación con la acción 13 relativa a la información y documentación de las entidades y operaciones vinculadas.»*. Ver RIS de 2015. *Op. cit.* Preámbulo.
250. *«2. Se considerarán personas o entidades vinculadas las siguientes: a) Una entidad y sus socios o partícipes. b) Una entidad y sus consejeros o administradores, salvo en lo correspondiente a la retribución por el ejercicio de sus funciones. c) Una entidad y los cónyuges o personas unidas por relaciones de parentesco, en línea directa o colateral, por consanguinidad o afinidad hasta el tercer grado de los socios o partícipes, consejeros o administradores. d) Dos entidades que pertenezcan a un grupo. e) Una entidad y los consejeros o administradores de otra entidad, cuando ambas entidades pertenezcan a un grupo. f) Una entidad y otra entidad participada por la primera indirectamente en, al menos, el 25 por ciento del capital social o de los fondos propios. g) Dos entidades en las cuales los mismos socios, partícipes o sus cónyuges, o personas unidas por relaciones de parentesco, en línea directa o colateral, por consanguinidad o afinidad hasta el tercer grado, participen, directa o indirectamente en, al menos, el 25 por ciento del capital social o los fondos propios. h) Una entidad residente en territorio español y sus establecimientos permanentes en el extranjero. En los supuestos en los que la vinculación se defina en función de la relación de los socios o partícipes con la entidad, la participación deberá ser igual o superior al 25 por ciento. La mención a los administradores incluirá a los de derecho y a los de hecho. Existe grupo cuando una entidad ostente o pueda ostentar el control de otra u otras según los criterios establecidos en el artículo 42 del Código de Comercio, con independencia de su residencia y de la obligación de formular cuentas anuales consolidadas.»*
251. La Ley 27/2014 fijó el ámbito de la relación socio-sociedad en una participación del 25%, bien sea esta directa o indirecta, distanciándose del 5% mínimo que ordenaba la legislación anterior. Asimismo, se aplica este límite a la participación entre una entidad y otras, o aquellas que tienen un socio o partícipe común. Ver LIS de 2014, *Op. cit.*, Art. 18.2.

personas naturales[252], socios o partícipes, administradores o consejeros y las entidades con las que tienen tal relación[253]. A pesar de utilizar el término «entidades vinculadas», a diferencia de otros ordenamientos que las denominan «empresas asociadas», como se observa en el art. 18 de la LIS, la legislación se refiere al contenido de las recomendaciones internacionales sobre precios de transferencia, pero en España este se asimila al tratamiento de las operaciones vinculadas[254].

En este punto la existencia de la vinculación se determina en función de la existencia de dirección, control y capital, distanciándose de la mención a la «facultad para ejercer poder de decisión» del anterior art. 16 de la LIS[255]. Con la reforma, la definición de la vinculación se enmarca dentro de las formas societarias, y atendiendo a los mencionados criterios, con lo que otro tipo de entidades, fuera del espectro societario (fundaciones, asociaciones, etc.) que podían corresponder con el criterio del poder de decisión, quedan excluidas de la aplicación de la normativa. En este mismo sentido, el art. 18.2 de la LIS de 2014 también señala que existe grupo cuando una entidad ostente o pueda ostentar el control de otra u otras según los criterios establecidos en el artículo 42 del Código de Comercio[256]. Estos criterios hacen referencia a los derechos de voto de una entidad sobre otra o a los derechos para elegir o controlar los administradores; en cierto modo, como lo hacen los criterios descritos en el art. 18.2 de la LIS de 2014[257].

252. Como por ejemplo los cónyuges o personas unidos por medio del parentesco por consanguinidad o afinidad a los socios o partícipes, en diferentes supuestos del art. 18.2 de la LIS. En este caso las reglas descritas no presentan mayor margen de interpretación, por el contrario, pueden ser aplicadas con claridad. Sin embargo, no deja de ser debatido en la doctrina que estas reglas alcancen hasta los bisabuelos o bisnietos de los socios, por ejemplo, lo que puede llegar a ser excesivo. Ver RUIZ GALLUD, S., «Ámbito subjetivo del perímetro de vinculación», En CORDÓN EZQUERRO, T. (Dir.) Fiscalidad de los precios de transferencia: (operaciones vinculadas) (3ª ed.), CEF 2019, p. 245.

253. En este sentido, la referencia a la existencia de dirección, control o capital como base para la determinación de la vinculación se conecta, por ejemplo, con términos de relación estatutaria, es decir, entre entidad y administradores o consejeros (de hecho o de derecho). Ver GARCÍA PRATS, F. A., (2019), *Op. cit.*, p. 40; Ver RUIZ GALLUD, S., (2019), *Op. cit.*, p. 238.

254. Ver GARCÍA PRATS, F. A., (2019), *Op. cit.*, p. 39.

255. Esta formulación permitía una interpretación amplia y vaga en cuanto la existencia de vinculación y provocaba una carga de la prueba sobre dicho «poder de decisión», dejando al arbitrio de la Administración la determinación de un elemento con un alto margen de asimetría en la información de la toma de decisiones en la relación de las entidades inspeccionadas. Ver GARCÍA PRATS, F. A., (2019), *Op. cit.*, p. 41.

256. En cuanto al significado del término «control», de acuerdo con el art. 42.1 de C.Co, este existe cuando una sociedad cumple alguna de las tres condiciones siguientes con respecto a otra u otras sociedades: (1) la propiedad de la mayoría de los derechos de voto; (2) el derecho a nombrar o destituir a la mayoría de los administradores de la sociedad; y (3) la posibilidad, junto con otros accionistas, de obtener la mayoría de los administradores de la sociedad cuando se elaboren las cuentas consolidadas y en los dos ejercicios anteriores. Ver Real Decreto de 22 de agosto de 1885 por el que se publica el Código de Comercio. Publicado en Gaceta de Madrid núm. 289, de 16/10/1885. Art. 42.

257. Ver RUIZ GALLUD, S., (2019), *Op. cit.*, p. 249.

b) Análisis de comparabilidad

De acuerdo con la LIS y su reglamento[258], la determinación del valor requiere realizar un análisis de comparabilidad, que en este caso consiste en establecer las condiciones de la operación convenida para poder contrastarlas con operaciones entre partes independientes en condiciones similares. Como se vio en el Capítulo III, la configuración del análisis de comparabilidad tiene, por lo menos, dos grandes fases. La primera, en la que se identifican las relaciones comerciales y financieras entre las partes, y las características económicamente relevantes de la operación, de modo que se obtiene la delineación precisa de la misma. Y la segunda, en la que se compara la operación precisamente delineada con operaciones comparables entre partes independientes, de acuerdo con las características económicamente relevantes identificadas en la primera fase.

Para realizar la delineación precisa de la operación y posteriormente el proceso de comprobación (comparabilidad con otras operaciones comparables), el artículo 17.2 del RIS recoge las circunstancias relevantes del análisis: a) Las características específicas de los bienes o servicios objeto de las operaciones vinculadas; b) Las funciones asumidas por las partes en relación con las operaciones objeto de análisis, identificando los riesgos asumidos y ponderando, en su caso, los activos utilizados; c) Los términos contractuales de los que, en su caso, se deriven las operaciones teniendo en cuenta las responsabilidades, riesgos y beneficios asumidos por cada parte contratante; d) Las circunstancias económicas que puedan afectar a las operaciones vinculadas, en particular, las características de los mercados en los que se entregan los bienes o se prestan los servicios; e) Las estrategias empresariales y cualquier otra circunstancia que sea relevante y sobre la que el contribuyente tenga la información disponible. En términos generales, esta estructura de factores se encuentra alineada con las DPT OCDE[259]. El RIS de 2015 no provee descripción de cada uno de estos factores, por lo que para su aplicación se utilizan las mencionadas directrices como herramienta técnica[260]. El art. 17 del RIS también menciona otros elementos que se corresponden con las DPT OCDE, como la posibilidad de realizar el análisis de una operación individualmente considerada o de manera conjunta con otras, cuando se encuentren estrechamente ligadas; así como las condiciones para realizar los ajustes de comparabilidad, entre otras[261].

258. Ver RIS de 2015. *Op. cit. Ar.* 17.1.
259. Ver DPT OCDE (2017). *Op. cit.*, pár.1.6. Ver también JONES RODRÍGUEZ, L., «Criterios para la determinación del valor de mercado de las operaciones vinculadas. El análisis de comparabilidad», En CARMONA FERNÁNDEZ, N. (Dir) Régimen fiscal de las operaciones vinculadas: valoración y documentación: supuestos prácticos, doctrina y jurisprudencia, especial referencia a Pymes, CISS 2011. p. 125.
260. Sobre ello nos remitimos a la descripción de estos factores que se encuentra en el numeral 1.1 del Capítulo III de este trabajo.
261. Ver NAVARRO IBARROLA, A., (2018), *Op. cit.*, pp. 33 y ss.

Una vez establecidas las condiciones de la operación vinculada, según los factores mencionados, procede ubicar una operación comparable. Aunque no se hace mención expresa en las reglas del RIS, es indispensable elegir cuál será la entidad analizada, cuyo ingreso o valor será el que se compare con otras operaciones para comprobar que se ajusta al mercado. De acuerdo con las DPT OCDE esta elección tiene en cuenta los perfiles resultantes del análisis funcional y suele devenir en la entidad cuyo análisis sea menos complejo y que permita la aplicación de un método de valoración con mayor fiabilidad[262].

En cuanto a la selección de comparables, la normativa también señala la posibilidad de utilizar comparables externos (una operación comparable realizada entre dos empresas independientes) o internos (operaciones similares entre el contribuyente o la compañía analizada y una entidad independiente) y la necesidad de justificación cuando no puedan encontrarse comparables de empresas independientes o deban realizarse ajustes para poder realizarse el análisis. Aunque parece haber una preferencia en el ordenamiento español por los comparables internos[263], es posible utilizar comparables externos para lo cual pueden usarse bases de datos que contengan la información necesaria para establecer que las operaciones son equiparables[264]. El proceso de selección en estos casos tiene en cuenta un marco temporal de revisión de márgenes de beneficios de varios años, así como la eliminación de comparables con pérdidas recurrentes, entre otros aspectos. El RIS explícitamente indica que no pueden existir diferencias significativas, pero, en caso de haberlas y de que su eliminación sea imposible, pueden utilizarse ajustes de comparabilidad.

Una vez obtenidas las entidades comparables, teniendo en cuenta el indicador de beneficio (precio; margen bruto; margen neto; etc.), se establece un rango de valores que representa razonablemente el espectro del mercado. El precio o margen obtenido por la parte analizada de la operación vinculada debe ubicarse dentro de este margen para considerar que se adecua al estándar de plena competencia y está en línea con el mercado[265].

262. Ver RUBIO CUADRADO, F., (2019), *Op. cit.*, pp. 338.

263. Tanto el art. 18.4 de la LIS como las DPT OCDE, utilizadas como herramienta interpretativa, establecen el recurso de valor o margen obtenido *«en operaciones similares con personas o entidades independientes o,* ***en su defecto****, el (...) que entidades independientes aplican a operaciones equiparables»* (negrilla propia). Ver LIS de 2014. *Op. cit.* Art. 18.4.

264. En España fuentes como el Sistema de Análisis de Balances Ibéricos (SABI), son bastante utilizadas teniendo en cuenta que representan un recurso de información fiable. Además, el FCPT también ha recomendado la utilización de comparables paneuropeos, como AMADEUS Existen también bases de datos de ciertos tipos de operaciones como las de transacciones financieras (Bloomberg), las de licenciamiento de marcas de distribución (Royalty Range), etc. A pesar de presentar algunos problemas en cuanto a la limitación para determinar factores de comparabilidad como el análisis de funciones, riesgos y activos, este sistema ha permitido alcanzar el estándar de comparación exigido legalmente y es comúnmente aceptado por la Administración tributaria española.

265. La Administración tributaria usualmente se enfoca en el rango intercuartil (50% central de los valores cuando se ordenan de menor a mayor), aún más cuando se trata de comparar el

Cabe mencionar que la valoración de las operaciones vinculadas a precio de mercado es un mandato general, que debe ser realizado en primer lugar por las partes vinculadas y que, de acuerdo con el art. 16.1 b) del RIS, además debe quedar en la documentación obligatoria que incluye el *«análisis de comparabilidad detallado, en los términos descritos en el artículo 17 de este Reglamento»*. La elección de los factores de comparabilidad, la relevancia de la información, la posibilidad de realizar ajustes de comparabilidad o de separar y/o agregar operaciones siempre que el análisis de plena competencia sea más adecuado bajo una u otra técnica, son todas facultades que se extienden al contribuyente para que determine, en este primer momento y en virtud de la información que posee, cuál es la mejor manera de valorar la transacción y justificar las variaciones que considere necesarias. En contraste con el régimen anterior, la carga de la prueba corresponde en primer lugar al contribuyente; las facultades que tiene para determinar los elementos más relevantes del análisis son muestra de ello. Puede decirse que el análisis de comparabilidad es la matriz fundamental del material probatorio del sujeto pasivo cuando se enfrenta a la comprobación de sus operaciones vinculadas.

c) Métodos de valoración

En general, los métodos de valoración establecidos en la LIS están en línea con las DPT OCDE; fueron descritos en el art. 18.4 de la LIS de 2014, que también eliminó la jerarquía de métodos que se establecía en el anterior art. 16 del TRLIS. El objetivo del legislador fue el de establecer una «regla del método más adecuado» que garantice el respeto al principio de plena competencia según cada caso. En este sentido, la elección del método de valoración adecuado debe basarse en la naturaleza de la operación vinculada, la disponibilidad de información fiable y el grado de comparabilidad entre las operaciones vinculadas y no vinculadas[266]. De acuerdo con el 18.4 de la LIS, los métodos que pueden ser aplicados son los siguientes:

- *Método del precio libre comparable (*que corresponde al CUP), según el cual el precio se determina comparando el precio del bien o servicio objeto de la operación vinculada con el precio que tiene el mismo bien o servicio en una operación entre partes independientes en circunstancias equiparables. Este método incluye la posibilidad de utilizar comparables internos (precio de operaciones de una de las partes vinculadas con un tercero sobre los mismos bienes o servicios) o comparables externos (el precio entre dos terceros independientes). Este

margen neto del conjunto de operaciones. Ver CALDERÓN CARRERO, J. M., (2016), *Op. cit.*, p. 436.

266. Ver CARMONA FERNÁNDEZ, N., «Nuevo régimen fiscal para Operaciones Vinculadas», Estrategia Financiera núm. 324 (2015), pp. 16-19.

método ha sido considerado por la jurisprudencia como el más apropiado para cumplir con el propósito de comparabilidad del ALP[267].

- *Método del coste incrementado (*que corresponde al CPM), según el cual el valor de mercado se determina al añadir al valor de los costos de adquisición o producción un margen habitual o margen que se habría acordado entre personas o entidades independientes. En este método la parte analizada es la que vende, y el indicador de beneficios elegido suele ser el margen incrementado sobre el coste de producción, que usualmente retribuye al fabricante o comprador por las funciones que llevó a cabo[268]. Este es un método usualmente indicado para valorar las compraventas de productos semiterminados o la prestación de servicios. En aplicación de este método también se puede recurrir a comparables internos o externos en el proceso de valoración.

- *Método del precio de reventa (*que corresponde al *RPM).* El precio de reventa es el precio que fija un revendedor o distribuidor a un comprador independiente. En este caso, el valor de mercado se determina al sustraer del precio de reventa de un bien o servicio el precio al que fue adquirido inicialmente[269]. Por lo anterior este método es considerado adecuado para valorar actividades de comercialización o distribución en las que el revendedor añade poco o nada de valor al producto antes de venderlo a un tercero.

- *Método de la distribución del resultado (*que corresponde al *transactional Profit Split Method)*, por medio del cual se asigna a cada parte vinculada de la operación una parte del beneficio común obtenido, en función de un parámetro o factor, previamente acordado, que refleje las condiciones que se habrían acordado en una operación similar entre partes independientes. La utilización de este método depende estrechamente de la determinación de la aportación que realiza cada parte al trabajo o resultado común, por lo que la conducta de las partes y la forma en que establecen sus acuerdos respecto a la retribución es el punto de inicio y desarrollo del análisis en este caso. Esta valoración tiene la fortaleza de enfocarse en la aportación de las partes en su conjunto, por lo que un análisis de solo una de las partes no sería apropiado en aplicación de este método. Como consecuencia de esta consideración de todas y cada una de las partes, el análisis debe tener en cuenta hechos y condiciones

---

267. Así lo señalan sentencias de la Audiencia Nacional como la SAN 4 de febrero de 2010 (JUR 2010, 67538), Telefónica I, Fj 4°, entre otras, recogidas en NAVARRO IBARROLA, A., (2018), *Op. cit.*, p. 37 (nota 71).
268. Ver TRAPÉ VILADOMAT, M., «Capítulo 8. Métodos de valoración». En CORDÓN EZQUERRO, T. (Ed.) Fiscalidad de los precios de transferencia: (operaciones vinculadas), CEF 2022. p. 354.; ver NAVARRO IBARROLA, A., (2018), *Op. cit.*, p. 39.
269. Utilizado en decisiones judiciales como SAN 11 de junio de 2015, (Rec.) 47/2012, *Zeraim Ibérica*, Fj 2°.

especiales del grupo respecto a la transacción, que no suelen presentarse en empresas independientes[270]. Este método suele utilizarse para valorar actividades integradas u operaciones que involucran intangibles de valor. A pesar de ser un método que se basa sobre todo en el análisis de la transacción y no tanto en la información de comparables, las aportaciones o funciones sí suelen apreciarse, de forma subjetiva, en atención a parámetros de comparables independientes que siguen sin considerar el enfoque global de la operación.

- *Método del margen neto operacional (*que corresponde al *TNMM)*. Este método consiste en atribuir el margen neto (ej. sobre costes; ventas; activos; número de empleados; etc.) en una operación vinculada, que habría sido calculado en una operación similar entre partes independientes. En este caso es muy importante el indicador de beneficios seleccionado, pues debe determinarse de tal forma que demuestre el valor de la retribución en la operación, distinto del margen neto global de la entidad analizada, ya que esto es distinto. Utiliza una base de costes asociados al bien o servicio, con lo que es similar al RPM o al CPM, y se ve menos afectado por un posible análisis funcional. Puede ser aplicado a solo una de las partes, usualmente la menos compleja, y pueden utilizarse comparables internos o externos. Este es el método más empleado en la práctica, pues permite comparar un margen de beneficio que es menos sensible a las diferencias que pueden existir respecto a los productos o bienes involucrados en la operación. Adicionalmente, la utilización de búsquedas de comparables en bases de datos usualmente permite obtener información suficiente para establecer comparables fiables[271].

Tal como señalan las DPT OCDE, el art. 18.4 de la LIS permite utilizar otros métodos de valoración, de manera subsidiaria. Estos otros métodos pueden corresponder a técnicas de valoración generalmente aceptadas, que en todo caso no contradigan el principio de plena competencia. En este sentido, los sujetos pasivos deberán justificar por qué no fue posible aplicar alguno de los cinco métodos indicados en el art. 18.4 de la LIS y señalar las razones por las que seleccionan una técnica distinta.

d) Obligaciones documentales

Una de las novedades más importantes introducida por la LIS de 2014 tiene que ver con las obligaciones documentales. El art. 18.3 de la LIS de 2014 señala

270. Ver TRAPÉ VILADOMAT, M., «Métodos de valoración», En CORDÓN EZQUERRO, T. (Dir.) Fiscalidad de los precios de transferencia (operaciones vinculadas) (3ª ed.), CEF 2019, p. 371.

271. Tras la correspondiente tarea de depuración más detallada (aceptación o rechazo) que garantice tal fiabilidad. Ver DPT OCDE (2017), pár. 2.84. Ver NAVARRO IBARROLA, A., (2018), *Op. cit.*, p. 41.

que dicha obligación de documentar debe hacerse de acuerdo con los principios de proporcionalidad[272] y suficiencia; por lo que se establecen distintos regímenes de obligación documental (general y simplificado) en función del importe neto de la cifra de negocios; y, por otro, lado también se incrementa la documentación requerida para los grupos multinacionales con mayores ingresos. Esta fórmula reduce la carga administrativa de los sujetos pasivos correspondientes a entidades pequeñas y medianas, e incrementa los recursos de información disponible para los Estados especialmente en materia de transparencia fiscal, haciendo más pertinente la aplicación de la regla a los objetivos de la legislación y de BEPS.

Teniendo en cuenta estas premisas, el régimen general de documentación se distribuye en distintas categorías: un régimen de documentación específica, un régimen de contenido simplificado, y finalmente algunas exclusiones[273]. El régimen de documentación específica se configura como un modelo de tres niveles que incluye: a) La documentación del grupo del que forma parte el contribuyente o Informe Maestro[274]; b) La documentación del obligado tributario o

272. Este principio no solo es parte de los principios rectores de la obligación documental en operaciones vinculadas, sino en general respecto de la aplicación del sistema tributario, como se contempla en el art. 3.2 de la LGT (como una limitación y garantía de las cargas que recaen sobre los obligados tributarios). En la Jurisprudencia del Tribunal Constitucional se interpreta el principio de proporcionalidad como límite a los poderes públicos, acudiendo a criterios de idoneidad, necesidad y ponderación de las medidas adoptadas. 1987. Al respecto ver CORDÓN EZQUERRA, T. y GUTIÉRREZ, M. «La obligación de documentación». En CORDÓN EZQUERRO, T. (Dir.) Fiscalidad de los precios de transferencia (operaciones vinculadas). CEF 2019, pp. 406 y ss. Sobre el principio de proporcionalidad, ver Roca Trías Encarnación y Ahumada Ruiz María A. (2013), Los principios de razonabilidad y proporcionalidad en la jurisprudencia constitucional española. En Conferencia en la reunión de Tribunales constitucionales de Italia, Portugal y España, celebrada en Roma, 24 al 27 de octubre de 2013.

273. Art. 13.3 RIS: *«No obstante, la documentación específica señalada en el apartado anterior no resultará de aplicación: a) A las operaciones realizadas entre entidades que se integren en un mismo grupo de consolidación fiscal, sin perjuicio de lo previsto en el artículo 65.2 de la Ley del Impuesto. b) A las operaciones realizadas con sus miembros o con otras entidades integrantes del mismo grupo de consolidación fiscal por las agrupaciones de interés económico, de acuerdo con lo previsto en la Ley 12/1991, de 29 de abril, de Agrupaciones de Interés Económico y las uniones temporales de empresas, reguladas en la Ley 18/1982, de 26 de mayo, sobre régimen fiscal de agrupaciones y uniones temporales de Empresas y de las Sociedades de desarrollo industrial regional, e inscritas en el registro especial del Ministerio de Hacienda y Administraciones Públicas. No obstante, la documentación específica será exigible en el caso de uniones temporales de empresas o fórmulas de colaboración análogas a las uniones temporales, que se acojan al régimen establecido en el artículo 22 de la Ley del Impuesto. c) A las operaciones realizadas en el ámbito de ofertas públicas de venta o de ofertas públicas de adquisición de valores. d) A las operaciones realizadas con la misma persona o entidad vinculada, siempre que el importe de la contraprestación del conjunto de operaciones no supere los 250.000 euros, de acuerdo con el valor de mercado.* Ver RIS de 2015. *Op. cit.* Art. 13.3.

274. Las partes principales de la documentación relativa al grupo, descritas en el artículo 15.1 del RIS son: *a) Información relativa a la estructura y organización del grupo: (...) b) Información relativa a las actividades del grupo: (...) c) Información relativa a los activos intangibles*

Informe Local[275]; y c) Un informe País por País que se exige a las entidades dominantes de un grupo empresarial cuando el importe neto de la cifra global de facturación del grupo sea superior a 750 millones de euros[276]. De hecho, España fue el primer país en implementar en su legislación interna la documentación del Informe País por País (*CbC*) recomendada en el Informe Final de la Acción 13 de BEPS[277].

Ahora bien, la legislación de 2014 también incorporó un contenido simplificado de documentación en relación con los sujetos pasivos cuyo importe neto de la cifra de negocios sea inferior a los 45 millones de euros[278]. Con esta modificación se intentó tener en cuenta no solo los principios rectores mencionados, sino también el criterio jurisprudencial del Tribunal Constitucional[279] y del Supremo[280], respecto al contenido de la obligación para algunos contribuyentes que, por los ingresos declarados, sufrían de manera desproporcionada la carga de la documentación. Lo anterior exceptuando algunas operaciones que, por su trascendencia en el ámbito de los precios de transferencia, deben ser comprobadas por la Administración, entre de las que se encuentran la transmisión de negocios o las operaciones sobre activos intan-

---

del grupo: (...) d) Información relativa a la actividad financiera: (..) e) Situación financiera y fiscal del grupo:(...).» Ver RIS de 2015. *Op. cit.* Art. 15.1.

275. Las partes principales de la documentación relativa al obligado tributario, según el artículo 16.1 del RIS son: a) Información del contribuyente: (...) b) Información de las operaciones vinculadas: (...) c) Información económico-financiera del contribuyente:(...). Ver RIS de 2015. *Op. cit.* Art. 16.1.

276. Art. 14 del RIS: *La información país por país comprenderá, respecto del período impositivo de la entidad dominante, de forma agregada, por cada país o jurisdicción: a) Ingresos brutos del grupo, distinguiendo entre los obtenidos con entidades vinculadas o con terceros. b) Resultados antes del Impuesto sobre Sociedades o Impuestos de naturaleza idéntica o análoga al mismo. c) Impuestos sobre Sociedades o Impuestos de naturaleza idéntica o análoga satisfechos, incluyendo las retenciones soportadas. d) Impuestos sobre Sociedades o Impuestos de naturaleza idéntica o análoga al mismo devengados, incluyendo las retenciones. e) Importe de la cifra de capital y otros resultados no distribuidos en la fecha de conclusión del período impositivo. f) Plantilla media. g) Activos materiales e inversiones inmobiliarias distintos de tesorería y derechos de crédito. h) Lista de entidades residentes, incluyendo los establecimientos permanentes y actividades principales realizadas por cada una de ellas. i) Otra información que se considere relevante y una explicación, en su caso, de los datos incluidos en la información.* Ver RIS de 2015. *Op. cit.* Art. 14.

277. A través del RIS de 2015. Ver CALDERÓN CARRERO, J. M., (2016), *Op. cit.*, p. 431; Ver MARTÍN JIMÉNEZ, A., «La información fiscal país por país, la interacción con el Derecho de la UE y su utilización como instrumento de política tributaria», En CORDÓN EZQUERRO, T. (Dir.) Fiscalidad de los precios de transferencia (operaciones vinculadas). CEF 2016. p. 73 y ss.

278. *«(...)Dicha documentación tendrá un contenido simplificado en relación con las personas o entidades vinculadas cuyo importe neto de la cifra de negocios, definido en los términos establecidos en el artículo 101 de esta Ley, sea inferior a 45 millones de euros».* Ver LIS de 2014. *Op. cit.* Art. 18.3.

279. Auto de 8 de febrero de 2011 del Tribunal Supremo, elevado a cuestión de inconstitucionalidad resuelto en STC de 11 de julio de 2013 (RTC 2013, 145).

280. Ver STS de 27 mayo 2014 (RJ 2014, 3884); STS de 23 de mayo de 2018 (RJ 2018, 2431).

gibles. Además, la normativa del art. 18.3 de la LIS excluye de la obligación de documentación específica a las operaciones realizadas entre entidades de un grupo que consolida fiscalmente sus cuentas; las operaciones en el marco de ofertas públicas de venta o adquisición de valores; o las realizadas con el mismo sujeto pasivo cuando el conjunto de operaciones no supere los 250.000 euros, de acuerdo con el valor de mercado.

Esta delimitación de las obligaciones de documentación es muy importante, pues el cumplimiento de las mismas es complejo y costoso para los contribuyentes. La jurisprudencia española ha reconocido la importancia de no exigir el cumplimiento de estas obligaciones de manera desproporcionada[281], cuando los obligados cumplen de manera razonable con las obligaciones documentales y el principio de plena competencia. Desde esta perspectiva se estaría en línea con lo indicado en las recomendaciones del JTPF de la UE y también con las DPT OCDE. En todo caso, más allá de las complejidades o cargas que implica la elaboración y conservación de la documentación exigida, esta supone un elemento de prueba fundamental que tiene en su disposición el sujeto pasivo para demostrar que cumple con el estándar de plena competencia[282]. Cabe anotar que la Administración tributaria puede requerir información adicional en caso de estar frente a un procedimiento de inspección de las operaciones vinculadas. Y que, gracias a los acuerdos en materia de intercambio de información, las autoridades tributarias de distintos países, entre ellos España, solicitan información pública o de inspecciones que se estén llevando a cabo en otros ordenamientos[283]. Este es un mecanismo de cooperación bastante acertado, teniendo en cuenta que la base del problema se encuentra en la interacción entre diferentes ordenamientos jurídicos con lo que, no solo se requiere una incorporación unánime de las directrices, sino la posibilidad de accionar coordinadamente entre las administraciones que se encuentran comprobando una misma operación vinculada.

Estas obligaciones documentales se complementan con un régimen de sanciones, existente desde la reforma realizada por la Ley 36/2006 a la TRLIS de 2004, que partía específicamente de dos tipos infractores: 1) la falta de aportación de la documentación, aportación incompleta o con datos falsos; y 2) que el valor normal de mercado derivado de la documentación no fuera el declarado en el impuesto correspondiente. La Ley 27/2014 mantuvo este régimen sancionador, teniendo en cuenta las distintas críticas que recibió la norma anterior (incluyendo los efectos sobre los principios constitucionales de legalidad y

281. Ver CALDERÓN CARRERO, J. M., (2016), *Op. cit.*, p. 440.
282. Ver CORDÓN EZQUERRO, T., «La obligación de documentación en las operaciones vinculadas», Crónica Tributaria núm. Extra 3 (2010), p. 12.
283. Ver CALDERÓN CARRERO, J. M., (2016), *Op. cit.*, p. 438.

seguridad jurídica[284], tal como había sido reconocido por el Tribunal Supremo y por el Tribunal Constitucional[285]).

La legislación vigente incorpora criterios de restricción o excepción a la aplicación del régimen de documentación, lo que positivamente restringe el espectro de aplicación del régimen sancionador (objeto y sujetos)[286] y constituye un avance, teniendo en cuenta los principios de proporcionalidad y suficiencia que deben guiar la estructura de las obligaciones documentales. Más allá del efecto disuasivo que pueda tener en los sujetos pasivos la existencia de un conjunto de sanciones relacionadas con la documentación de las operaciones vinculadas, estas sanciones se establecen como consecuencia de la infracción de un deber concreto (el de documentar la determinación del valor convenido en dichas operaciones y que tal determinación está en línea con el valor de mercado). En este sentido, es importante resaltar que el legislador no consideró constitutivo de un supuesto de infracción el hecho de que la documentación presentada sea correcta y aun así se realice un ajuste valorativo. El régimen sancionador no castiga, por tanto, las desviaciones del valor normal de mercado. Este último, como ha señalado la doctrina, corresponde a una ficción o presunción legal; el valor normal de mercado es más una meta que un concepto jurídico determinado[287]. Cualquier hipótesis sancionadora en este sentido supondría una violación de la garantía de seguridad jurídica sobre la que se basan los sistemas sancionatorios (la exigencia de una *«ley previa y cierta»*[288]).

e) Acuerdos previos de valoración-APAs

En la legislación española, el art. 91 de la LGT establece la posibilidad que tienen los obligados tributarios de solicitar a la Administración la determinación previa y vinculante de la valoración a efectos fiscales de algún elemento determinante de la deuda tributaria. Lo anterior siempre que la ley o reglamento propio de cada tributo lo permita. Los sujetos pasivos del Impuesto sobre Sociedades pueden acudir al mecanismo de la valoración previa, según establece el apartado 9 del artículo 18 de la LIS, como un mecanismo preventivo, antes de que se produzca la operación vinculada, para brindar mayor tran-

284. Ver PIEDRA ARJONA, S., (2019), *Op. cit.*, p. 114 y ss.; Ver MARTÍN JIMÉNEZ, A. J. y CALDERÓN CARRERO, J. M., Los precios de transferencia en la encrucijada del siglo XXI, Netbiblo 2012, p. 234.

285. Ver TS Auto de 8 de febrero de 2011 (JUR 2011, 86969) y STS de 27 mayo 2014 (RJ 2014, 3884); STC de 11 de julio de 2013 (RTC 2013, 145); Ver CALDERÓN CARRERO, J. M., (2016), *Op. cit.*, p. 440.

286. Ver ALONSO GONZÁLEZ, L. M., «Régimen especial de infracciones y sanciones», En CORDÓN EZQUERRO, T. (Ed.) Fiscalidad de los precios de transferencia: (operaciones vinculadas) (3ª ed.), CEF 2019, p. 853.

287. Ver ESTEVE PARDO, M. L., (1996), Fiscalidad de las operaciones..., *Op. cit.*, p. 79 y ss.; NAVARRO IBARROLA, A., (2018), *Op. cit.*, pp. 55 y ss.

288. Ver ALONSO GONZÁLEZ, L. M., (2019), *Op. cit.*, pp. 870 y ss.

quilidad y certeza sobre las contingencias que podrían devenir de una comprobación futura.

La doctrina reconoció inicialmente el APA como un mecanismo convencional[289]. Ello no quiere decir que sea una negociación entre la Administración y los contribuyentes; sino más bien que corresponde con una propuesta presentada por el sujeto pasivo ante la Administración, quien determina si esta se encuentra fundamentada y es acorde con el principio de plena competencia, a través de una resolución administrativa que formaliza el acuerdo, o por el contrario si la rechaza. A pesar de no ser un acuerdo entre dos sujetos en estricto sentido, no puede desconocerse su valor como mecanismo complementario de los medios tradicionales de resolución de conflictos, que sirve para hacer frente a la inseguridad jurídica del régimen de precios de transferencia[290].

Las reglas sobre el procedimiento, que incluyen una fase de actuaciones previas; la presentación de documentación sobre la propuesta de valoración a mercado; las posibles pruebas; las alegaciones; etc., se encuentran desarrolladas en los art. 21 y siguientes del RIS. La tramitación de los APAs tiene adicionalmente unos plazos definidos para la actuación tanto de la Administración como del contribuyente y, en todo caso, el plazo máximo para resolver es de 6 meses. La tramitación puede tener como resultado la estimación de la propuesta; la aprobación de una propuesta distinta siempre que haya sido aceptada por el contribuyente; o la desestimación de la propuesta inicial. El acuerdo se concreta en una resolución administrativa que no se puede recurrir, a diferencia de lo que sucede contra alguno de los actos que se producen durante el procedimiento, como el propio acto de liquidación tributaria[291].

El régimen jurídico de los APAs también contiene la posibilidad de que los acuerdos sean prorrogados o modificados, esto último resulta especialmente importante cuando varían significativamente las condiciones sobre las que se entiende aplicable el acuerdo. Es importante señalar que, además del acuerdo con el contribuyente, la Administración tributaria española también puede formalizar APAS bilaterales, es decir, llegar a acuerdos con otras administraciones tributarias para determinar conjuntamente el valor de mercado de las operaciones en

289. Ver ESTEVE PARDO, M. L., (1996) Fiscalidad de las operaciones..., *Op. cit.*; Ver también AGULLÓ AGÜERO, A., (1998), *Op. cit.*, p. 167 y ss.

290. Ver MANZANO SILVA, M. E., Las Directrices de la OCDE en materia de precios de transferencia y su influencia en el régimen español de operaciones vinculadas: métodos de valoración y comparabilidad. En SERRANO ANTÓN, F., SIMÓN ACOSTA, E. A. y TAVEIRA TORRES, H. (Coords) Fiscalidad y Globalización, Aranzadi 2012, p. 840.; Ver también TRAPÉ VILADOMAT, M., «Acuerdos previos de Valoración». En CARMONA FERNÁNDEZ, N. y CALDERÓN CARRERO, J. M. (coords), Fiscalidad de las operaciones vinculadas, CISS 2009, p. 553.

291. Ver GARCÍA PUENTE, J., «Los acuerdos previos de valoración como mecanismo para evitar la conflictividad derivada de las operaciones vinculadas», VII Encuentro de Derecho Financiero y Tributario, Documentos de trabajo No. 11 (2019), pp. 158-162.

condiciones de plena competencia, en cuyo caso es relevante la orientación del JTPF que contiene algunas referencias sobre estos procedimientos[292].

Ahora bien, la novedad más importante que incorporó la Ley 27/2014 en materia de APAs se refiere a la posibilidad de que los acuerdos puedan tener efectos retroactivos. De conformidad con el art. 18.8 de la LIS, los acuerdos surtirán efectos durante los 4 períodos impositivos siguientes a su aprobación y alcanzarían periodos anteriores «*siempre que no hubiese prescrito el derecho de la Administración a determinar la deuda tributaria mediante la oportuna liquidación ni hubiese liquidación firme que recaiga sobre las operaciones objeto de solicitud*». Este cambio implica una mejora sobre la eficacia temporal del acuerdo, si se tiene en cuenta que puede incluir no solo el período impositivo anterior sino el que está en curso cuando no haya expirado el plazo de presentación de la declaración, y los cuatro periodos siguientes. Aún más, el acuerdo puede abarcar períodos impositivos anteriores, siempre que no haya prescrito el derecho de la Administración a determinar la deuda tributaria mediante la oportuna liquidación y no exista una liquidación definitiva en relación con las operaciones objeto de la solicitud.

El procedimiento, como bien mencionan HORTALÀ y SOLER, adolece de rigideces y formalidades[293]. Los APAs son mecanismos costosos en recursos y tiempo. En ocasiones las condiciones de aplicación pueden ser muy variables a futuro (como en el caso de los intangibles); los contribuyentes deben presentar gran cantidad de información a la Administración con la incertidumbre del resultado; y la Administración a su vez debe disponer de los medios para dar trámite a las solicitudes. Por ello, a pesar de haber sido percibido como un instrumento novedoso y de avanzado alcance en el momento de su incorporación a la legislación española[294], el APA ha tenido una evolución normativa tímida, por lo que continúa sin constituir una alternativa que reduzca considerablemente la litigiosidad en materia de operaciones vinculadas[295].

A pesar de esta conclusión, la novedad normativa de los efectos retroactivos del acuerdo deja abierta la posibilidad de utilizar los APAs, no solo como un mecanismo de determinación previa, sino para resolver controversias con la

292. Ver Comisión Europea (2007), Comunicación de la Comisión al Consejo, el Parlamento Europeo y el Comité Europeo Económico y Social. Bruselas 26 de febrero. (COM (2007) 71 final).
293. Ver HORTALÀ I VALLVÉ, J. y SOLER BABRA, R., «Los acuerdos previos de valoración», En CORDÓN EZQUERRO, T. (Ed.) Fiscalidad de los precios de transferencia: (operaciones vinculadas) (3ª ed.), CEF 2019, p. 882.
294. Ver ESTEVE PARDO, M. L., (1996), Fiscalidad de las operaciones..., *Op. cit.*, p. 186-197; Ver HORTALÀ I VALLVÉ, J. y SOLER BABRA, R., (2019), *Op. cit.*, p. 911.
295. Ver SANTOS FLORES, I., Régimen jurídico de los acuerdos previos de valoración (APAS), Tesis doctoral, Universidad Complutense de Madrid 2017, pp. 309 y ss.

Administración siempre que se enmarquen dentro de los términos establecidos en la normativa[296].

2.3.3. Los ajustes por precios de transferencia en el art. 18 de la LIS

El art. 16.1.2º del TRLIS señalaba expresamente que la Administración tributaria podría efectuar «***las correcciones valorativas que procedan***» respecto de las operaciones sujetas al Impuesto sobre Sociedades. El art. 18.10 de la LIS introdujo la posibilidad de realizar ajustes transaccionales, y no únicamente valorativos, como enunciaba la legislación anterior. De acuerdo con este artículo «*La Administración tributaria podrá comprobar las operaciones realizadas entre personas o entidades vinculadas **y efectuará, en su caso, las correcciones que procedan en los términos que se hubieran acordado entre partes independientes** de acuerdo con el principio de libre competencia, respecto de las operaciones sujetas a este Impuesto (...)*». En este sentido, es posible señalar que la norma ha extendido, más allá de las correcciones valorativas, la potestad de la Administración para hacer ajustes[297]. Asimismo, parece indicarlo el RIS de 2015 en su exposición de motivos, al afirmar que el análisis de comparabilidad de las operaciones vinculadas «*no se circunscribe exclusivamente a un supuesto de valoración*»[298].

Como se estudia en el Capítulo III de esta monografía, este tipo de ajustes se refieren a la facultad de la Administración para no reconocer la operación precisamente delineada por las partes y recaracterizarla de forma que tenga lógica comercial[299]. Así, el art. 18 de la LIS, no solo provee el mandato de valoración según el ALP, sino que además constituye una habilitación a la Administración para recalificar operaciones vinculadas cuando considere que estas difieren de lo que habrían acordado partes independientes en las mismas circunstancias[300]. En este sentido, la incorporación de esta autorización es compatible con el art. 9.1 del MC OCDE, teniendo en cuenta que este artículo solo autoriza los ajustes valorativos, y los ajustes transaccionales deben ser autorizados por la propia legislación interna de cada Estado[301].

296. Las dificultades de la comprobación de las operaciones con intangibles y la posibilidad de realizar análisis ex post para determinar la correcta asignación de beneficios en intangibles de difícil valoración, pueden ser el escenario para explorar las posibilidades de la normativa de APAs con efectos retroactivos; eso sí, dentro de un marco temporal relativamente pequeño (no más de un par de períodos impositivos atrás), pero posible.
297. Ver GÓMEZ REQUENA, J. A., (2019), *Op. cit.*, p. 272; ver también CALDERÓN CARRERO, J. M., (2016), *Op. cit.*, p. 434; CAÑABATE CLAU, D. (2016), *Op. cit.*, p. 164; Ver CARMONA FERNÁNDEZ, N., (2015), «Nuevo régimen fiscal...», *Op. cit.*, p. 16-19; GARCÍA BAÑUELOS, J. A. y MUT AGUILAR, I., (2017), *Op. cit.*, p. 121.
298. Ver GÓMEZ REQUENA, J. A., (2019), *Op. cit.*, p. 273; Ver también NAVARRO IBARROLA, A., (2018), *Op. cit.*, p. 128.
299. Ver numeral 3 del Capítulo III de este trabajo.
300. Ver CALDERÓN CARRERO, J. M., (2016), *Op. cit.*, p. 434.
301. Ver numeral 3 Capítulo III de este trabajo.

Vale la pena señalar que la Administración Tributaria y los órganos jurisdiccionales españoles[302] han considerado que el propio art. 9 del MC OCDE constituye a la base jurídica para realizar este tipo de ajustes. En este sentido, la aplicación directa del art. 9 del MC OCDE fue utilizada por el Tribunal Supremo como fundamento legal de la autorización para realizar ajustes transaccionales en vigencia de la Ley 36/2006[303]. Ello debe considerarse una interpretación errónea, teniendo en cuenta que el mencionado art. 9 del MC OCDE contiene una regla de valoración para asignar beneficios y no se refiere a la corrección de las condiciones de la operación[304]; quizás por ello, en posturas más recientes, el mismo Tribunal Supremo cambió su postura, señalando que el art. 9 del MC OCDE requiere de normas internas que permitan su aplicación[305].

Dicho lo anterior, es necesario señalar que ni la LIS de 2014 ni el RIS de 2015 contienen las condiciones o el alcance de este tipo de ajustes más allá la referencia del art. 18.10 LIS sobre los ***«términos que se hubieran acordado entre partes independientes»***. En este punto, la expresión «términos» parece abarcar las condiciones y no únicamente la valoración de la operación vinculada[306]; aun así, no hay una referencia concreta a lo que debe entenderse por condiciones de la operación o algún concepto similar que guíe la aplicación de los ajustes transaccionales. El problema, en general, es que el art. 18 de la LIS de 2014 y el RIS de 2015 contienen los principios básicos para la aplicación del principio de plena competencia, pero no hay una regulación clara sobre la aplicación de los mismos[307]. En este sentido, la modificación normativa que introdujo los ajustes transaccionales puede ser más problemática que positiva. Para CALDERÓN la legislación ha creado una nueva caja de pandora, que puede ser abierta por la Administración sin un marco legal que regule su aplicación[308]; lo que a su vez puede resultar en un incremento de la litigiosidad nacional e internacional. El único límite normativo vinculante, es el que se encuentra en la disposición del art. 9 del MC OCDE, que, reiteramos, no contiene *per se* la autorización para realizar ajustes a las condiciones de las operaciones vinculadas, pero sí establece

302. Ver nota al pie 62 del Capítulo IV de este trabajo.
303. Ver STS 18 de julio 2012, (Recurso.3779/09)
304. Ver numeral 3 Capítulo III de este trabajo; Ver CALDERÓN CARRERO, J. M., (2016), *Op. cit.*, p. 433.
305. Ver STS 31 de mayo de 2016 (Rec. 58/2015); STS 21 de febrero de 2017. Ver RUBIO CUADRADO, F., (2019), *Op. cit.*, p. 356.
306. Ver NAVARRO IBARROLA, A., (2018), *Op. cit.*, p. 128; Ver CARMONA FERNÁNDEZ, N., (2016), *Op. cit.*, p. 43.
307. NAVARRO pone como ejemplos las legislaciones de Australia, Canadá y Estados Unidos, que tienen más experiencia en la realización de este tipo de ajustes; legislaciones en las que se han desarrollado parámetros para realizar el ajuste transaccional, bien sea en la propia ley o a través de regulaciones administrativas, aportando mayor seguridad jurídica sobre los límites y el alcance de los mismos. Ver NAVARRO IBARROLA, A., (2018), *Op. cit.*, pp. 130 y ss.
308. Ver CALDERÓN CARRERO, J. M., (2016), *Op. cit.*, p. 434; Ver GARCÍA PRATS, F. A., (2016), *Op. cit.*, pp. 664 y ss.

el principio de plena competencia. En este sentido se debe entender que la realización de dichos ajustes no puede implicar la aplicación de disposiciones contrarias al ALP.

Ahora bien, de acuerdo con la exposición de motivos de la LIS de 2014, las disposiciones sobre operaciones vinculadas deben interpretarse en concordancia con las DPT OCDE y las recomendaciones del JTPF. Para el tiempo en que la LIS y el RIS fueron publicados en el ordenamiento jurídico español (2014 y 2015 respectivamente), las DPT OCDE no habían sido modificadas considerando las medidas de los Informes Finales de BEPS. En concreto, en 2015 solo se conocía el Informe Final de las Acciones 8-10 de BEPS, que en todo caso fue incorporado en su integridad en la versión de 2017 de las DPT OCDE. Lo que no deja de cuestionar a partir de qué momento las medidas de BEPS se consideran herramientas interpretativas y, por tanto, desde qué momento se puede considerar herramienta interpretativa el actual parágrafo 1.122 de las DPT OCDE, de acuerdo con el preámbulo de la Ley 27/2014[309]. A mi juicio, las modificaciones recomendadas en los Informes Finales de BEPS solo pueden ser consideradas como herramientas interpretativas de la normativa española cuando hayan sido introducidas en las DPT OCDE, y siempre que no contradigan el principio de plena competencia (art. 18.1 LIS). De acuerdo con las DPT OCDE de 2010, los ajustes a las condiciones de la operación vinculada pueden realizarse en casos de falta de sustancia de la operación o por ser comercialmente irracional; mientras que, con las medidas de BEPS[310] introducidas en las DPT OCDE de 2017, el ajuste será aplicado únicamente cuando las operaciones vinculadas carezcan de racionalidad comercial.

Ahora bien, la realización de los ajustes transaccionales depende del examen particular de la operación. De acuerdo con las DPT OCDE de 2017, el análisis de comparabilidad es fundamental para la aplicación de las posibles consecuencias[311]. Aun así, la facultad de la Administración Tributaria tiene como límite el respeto a la operación tal como fue estructurada por las partes —*as structured principle*—[312]; aunque las DPT OCDE se refieren a la posibilidad de no reconocer una operación vinculada en el supuesto de irracionalidad comercial, este debe ser excepcional, y enmarcarse —en la mayor medida posible— dentro de tal estructura efectiva. En este sentido, el ajuste debe dirigirse a las modificaciones de las condiciones necesarias para alcanzar tal racionalidad comercial; por ello una sustitución total de la operación es considerada por algunos autores como arbitraria y contraria a las recomendaciones de la OCDE[313].

309. Ver numeral 2.2 de este Capítulo sobre la posición de las DPT OCDE en el ordenamiento español.
310. Ver DPT OCDE (2010), pár. 1.64 y ss.
311. Ver CALDERÓN CARRERO, J. M., (2016), *Op. cit.*, p. 436.
312. Ver DPT OCDE (2017), pár. 1.121.
313. Ver CALDERÓN CARRERO, J. M., (2016), *Op. cit.*, p. 434 nota 41.

A pesar de la interpretación de la norma a la luz de las DPT OCDE, la aplicación de los ajustes transaccionales sigue siendo preocupantemente subjetiva. Lo anterior teniendo en cuenta que varios de los conceptos jurídicos fundamentales para el análisis no están determinados en las DPT OCDE (creación de valor; sustancia; racionalidad comercial) y deben ser interpretados por las autoridades tributarias en un sentido que puede contradecir la naturaleza del principio de plena competencia[314]. Es curioso que, estos conceptos jurídicos se encuentren dentro del texto de las DPT que desarrollan la aplicación del ALP, lo que al parecer los reviste de una presunta compatibilidad con el mismo, aun cuando pueden ser entendidos de forma contraria a este.

Respecto de los ajustes secundarios, el art. 18.11 de la LIS de 2014 prevé también la aplicación de estos ajustes cuando se haya realizado un ajuste primario. En este caso se trata de dar al valor ajustado el tratamiento fiscal y contable que le corresponde[315]. Adicionalmente el precepto mantiene como caso de recalificación de rentas el que se refiere a la relación socio (o partícipe) entidad, que ya había sido descrito en el art. 16 de la TRLIS tras la reforma de 2006. Para CALDERÓN, además de esta mención sobre el ajuste secundario, ni la LIS ni el RIS señalan el procedimiento que debe seguirse en estos casos, laguna que contribuye a la inseguridad jurídica que rodea[316] la aplicación de estas normas sobre precios de transferencia.

314. Por ejemplo, respecto del criterio de la entidad separada, la realidad de la conducta de partes independientes el análisis *ex ante* de las operaciones. Ver Capítulo II y III de este trabajo; ver también NAVARRO IBARROLA, A., (2018), *Op. cit.*, p. 137.

315. Ver GONZÁLEZ CARCEDO, J., «Capítulo 15. Ajustes secundarios», En CARMONA FERNÁNDEZ, N. (Ed.) Nuevo Régimen de las operaciones vinculadas, CISS 2016, pp. 515 y ss.; Ver CARMONA FERNÁNDEZ, N., (2016), *Op. cit.*, p. 37.

316. Ver CALDERÓN CARRERO, J. M., (2016), *Op. cit.*, p. 434.

Capítulo V

Interpretación jurisprudencial del TJUE y los tribunales españoles en relación con las operaciones vinculadas y los precios de transferencia

Una vez analizado el contexto normativo de los precios de transferencia a nivel europeo y español, procedemos a realizar un análisis de la jurisprudencia de los principales órganos jurisdiccionales europeos[1] (principalmente del Tribunal de Justicia de la Unión Europea —TJUE—) y españoles (de la Audiencia Nacional —AN— y del Tribunal Supremo —TS—) en relación con el ALP y la interpretación de las normas sobre operaciones vinculadas. El estudio consecutivo de la jurisprudencia en ambos planos nos permite: encontrar elementos comunes en la postura de los órganos jurisdiccionales tanto europeos como españoles; identificar los límites comunitarios para la interpretación de la legislación española sobre precios de transferencia; establecer si estos límites comunitarios han sido considerados en la jurisprudencia española y en qué forma; y, finalmente, identificar los elementos propios de la jurisprudencia española que han caracterizado la comprobación de operaciones vinculadas.

El estudio de la interpretación judicial que realizamos a continuación se estructura en dos partes. En la primera, se revisa la jurisprudencia del TJUE en dos aspectos que le han llevado a pronunciarse sobre el ALP y la normativa sobre precios de transferencia: i) la prohibición de restricciones a las libertades fundamentales del Derecho comunitario; y ii) la prohibición de ayudas de Estado. En segundo lugar, estudiamos la jurisprudencia española de la AN y del TS en materia de precios de transferencia y los elementos normativos que han utilizado para la comprobación de operaciones vinculadas.

1. LA JURISPRUDENCIA DEL TJUE Y LAS REGLAS SOBRE PRECIOS DE TRANSFERENCIA

En el estudio de la jurisprudencia del TJUE, en materia de precios de transferencia es necesario considerar varias premisas, que se enuncian brevemente con el propósito de ubicar el hilo conductor del estudio, pero que se desarrollarán a lo largo de este numeral:

- No existe una normativa comunitaria sobre operaciones vinculadas; estas se tratan de normas referidas a la imposición directa y la competencia en esta materia es exclusiva de los Estados miembros.
- No obstante, la normativa que aprueban los Estados miembros en esta materia debe respetar el Derecho de la Unión Europea. Y, en particular, lo dispuesto en el TFUE, Tratado que contiene las libertades funda-

1. Hasta la entrada en vigor, el 1 de diciembre de 2009, del Tratado de Lisboa su denominación era la de «Tribunal de Justicia de las Comunidades Europeas» (TJCE). El TJUE es una institución judicial que consta de dos tribunales distintos: el Tribunal de Justicia y el Tribunal General. El Tribunal General de la Unión Europea (TGUE), anteriormente TPI, creado en 1989, actúa como órgano de primera instancia en la mayoría de los recursos directos. Está formado por 54 jueces (dos por cada Estado miembro). Se encarga fundamentalmente de materias de naturaleza económica y sus decisiones son susceptibles de recurso ante el Tribunal de Justicia.

mentales y los principios para alcanzar el correcto funcionamiento del mercado interior.

- Esta protección de las libertades y principios regulados en el TFUE no es absoluta. Tanto el propio tratado como la jurisprudencia del TJUE han señalado un conjunto de circunstancias en virtud de las cuales se aceptan medidas de los Estados miembros que puedan implicar una restricción de las libertades fundamentales previstas en el TFUE. Estas circunstancias a las que se refiere la jurisprudencia del TJUE corresponden a justificaciones de interés general y permiten un balance entre la salvaguarda del régimen jurídico comunitario y las competencias propias de los Estados miembros. Entre las circunstancias consideradas por el TJUE como justificantes de una medida restrictiva en materia tributaria se encuentra la lucha contra el fraude y el abuso fiscal (riesgo de evasión fiscal); el reparto equilibrado de potestades tributarias de los Estados; y la coherencia de régimen fiscal, entre otras.

- La doctrina jurisprudencial del TJUE sobre la justificación de las restricciones a las libertades fundamentales se basa en un principio general de prohibición de abuso del Derecho comunitario. Para ello el TJUE utiliza una estructura de análisis de la normativa considerada posiblemente restrictiva, en la que se comprueba que se trata de una medida proporcional al objetivo que se persigue con la misma (*test* de proporcionalidad de la medida). Asimismo, el TJUE también ha establecido un *test* con la finalidad de determinar si la conducta de una entidad en concreto puede configurar un abuso. En materia tributaria, este *test* tiene un elemento objetivo (el cumplimiento formal de la norma, pero con un resultado distinto al objetivo de esta), y un elemento subjetivo (la voluntad de obtener el beneficio de la aplicación formal de la norma).

- En materia tributaria, la aplicación de la doctrina antiabuso del TJUE también ha incluido el examen de la norma fiscal y las conductas abusivas que quieren prevenirse a través de estos *test* elaborados desde la doctrina general del TJUE. Sin embargo, el desarrollo concreto de sus elementos ha variado en función del tipo de normativa fiscal —posiblemente restrictiva— que se revisa (normativas sobre imposición indirecta o directa) y el objetivo con el que se busca justificar tal restricción. En materia de imposición directa, el TJUE se ha pronunciado principalmente respecto de las conductas abusivas configuradas a través de montajes puramente artificiales carentes de realidad económica. Con ello, también se ha pronunciado respecto a los motivos comerciales que pueden tener los contribuyentes para excluir su conducta de la calificación de abusiva.

- Los pronunciamientos del TJUE sobre la compatibilidad de las normativas nacionales sobre precios de transferencia con el Derecho comunitario tienen, por lo tanto, fundamentos distintos a los señalados por la OCDE (tanto en el art. 9 MC OCDE como en las DPT OCDE). Mientras que desde la perspectiva de la OCDE la aplicación de las normas sobre precios de transferencia debe estar en línea con el principio de plena competencia, desde la perspectiva del Derecho comunitario estas normas no pueden implicar una restricción a las libertades fundamentales protegidas en el TFUE.

- Asimismo, es importante considerar que el TFUE prohíbe las medidas nacionales que implican una ayuda de Estado que afecten a la competencia y el intercambio intracomunitario. Las ayudas de Estado prohibidas por el TFUE son aquellas medidas nacionales que otorgan una ventaja selectiva a una empresa o sector, que puede afectar la competencia y el comercio comunitario. En materia fiscal, los APA sobre la determinación de precios de transferencia en operaciones vinculadas puede constituir una ayuda de Estado prohibida por el Derecho comunitario.

- En este ámbito, el principio de plena competencia ha sido utilizado como criterio para la determinación de las condiciones de libre competencia en los APA. Y ello con la finalidad de establecer las condiciones normales que se aplican a una operación vinculada, y verificar si existe alguna diferencia con respecto a las condiciones adoptadas en el APA. Tal diferencia, injustificada, podría llevar a considerar la resolución del APA como una ayuda de Estado prohibida por el TFUE.

- Al ser un ámbito de aplicación del principio de ALP distinto, en estricto sentido, al de las operaciones vinculadas, pero que puede afectar a la definición de la normativa de los Estados en la materia, se deben considerar las posiciones de la Comisión Europea, el TGUE y el TJUE sobre la naturaleza del ALP en el análisis de las ayudas de Estado.

La delimitación del abuso del Derecho en materia tributaria y la posición sobre las ayudas de Estado que pueden involucrar operaciones vinculadas, desarrolladas por el TJUE[2] en su jurisprudencia, han delimitado el ALP y sus reglas de aplicación en el ámbito comunitario; estos límites deben ser considerados por los Estados miembros en la aplicación de la normativa nacional sobre operaciones vinculadas.

2. Aunque haremos mención al TJUE de manera general, se debe mencionar que hasta 2009 el Tribunal de Justicia se denominó TJCE.

1.1. EN RELACIÓN CON LA NO DISCRIMINACIÓN Y LA PROHIBICIÓN DE RESTRICCIONES DE LAS LIBERTADES FUNDAMENTALES

1.1.1. La doctrina general del TJUE sobre la prohibición de discriminación y el riesgo de abuso

En primer lugar, como ya se ha mencionado, en el Derecho comunitario la competencia en materia de imposición directa recae de manera exclusiva en los Estados miembros. Desde que se inició el proceso para alcanzar el mercado interior, los Estados miembros mostraron una fuerte posición para conservar su potestad tributaria en materia de imposición directa. Prueba de ello fue la Convención sobre Arbitraje 90/436/CEE, desarrollada en un Convenio independiente del Derecho comunitario, en el que se indicaron las obligaciones de los países europeos para eliminar la doble imposición causada por los ajustes primarios unilaterales por precios de transferencia[3]. En consecuencia, las materias reguladas por este Convenio no forman parte del Derecho comunitario y tampoco están dentro del ámbito de competencia de los Tribunales europeos (TGUE y TJUE). Asimismo, es importante resaltar que la regulación de los CDIs también es competencia de los Estados miembros[4]. Aunque los CDIs contribuyen al buen funcionamiento del mercado interior, ya que permiten resolver las diferencias derivadas de la interacción de diferentes regímenes fiscales, no existe una obligación comunitaria por parte de los Estados de eliminar la doble imposición internacional[5].

A pesar de ello, los Estados miembros tienen la obligación de aprobar normativas compatibles con el Derecho comunitario establecido en el TFUE[6]. De forma general, el TFUE (antes TCE) establece un conjunto de libertades económicas fundamentales, dirigidas a la construcción y el funcionamiento del mer-

3. El contenido del Convenio se sometió a una negociación entre los firmantes y con ello se evitó el efecto directo de las disposiciones del mismo en el Derecho comunitario. Ver GARCÍA PRATS, F. A., (2005), *Op. cit.*, p. 63-64.
4. Tanto los CDIs inciden en el Derecho comunitario, como a la inversa a nivel legislativo. Así, por ejemplo, las Directivas de la UE como el régimen común aplicable a la relación Matriz-Filial (Directiva. 2011/96/UE, entre otras). A nivel jurisprudencial, los pronunciamientos del TJUE sobre la compatibilidad de ciertas cláusulas de los CDIs con el Derecho de la UE, especialmente por la restricción a las libertades fundamentales. Ver CALDERÓN CARRERO, J. M. y MARTÍN JIMÉNEZ, A. J., (2019), Capítulo I..., *Op. cit.*, p. 43.
5. Ver STJCE de 14 de noviembre de 2006 (TJCE 2006, 330) *Kerckhaert-Morres;* STJCE de 12 de febrero de 2009 (TJCE 2009, 31) *Block;* STJCE de 16 de julio de 2009 (TJCE 2009, 235) *Damseaux;* Ver CALDERÓN CARRERO, J. M. y MARTÍN JIMÉNEZ, A. J., (2019), Capítulo I..., *Op. cit.*, p. 42
6. En reiterada jurisprudencia el TJCE ha establecido que, si bien la fiscalidad directa es competencia de los Estados miembros, no es menos cierto que estos últimos deben ejercer esta competencia respetando el Derecho comunitario. Ver STJCE de 14 de febrero de 1995 (TJCE 1995, 13) *Schumacker*, pár. 21; STJCE de 11 de agosto de 1995 (Asunto C-80/94), *Wielockx*, pár. 16; STJCE de 27 de junio de 1996 (TJCE 1996, 114), *Asscher*, pár. 36; STJCE de 15 de mayo de 1997 (TJCE 1997, 90), *Futura Participations y Singer*, pár. 19.

cado interior[7]; por ejemplo, la libre circulación de mercancías, personas, servicios y capitales (art. 26); la libertad de establecimiento (art. 49); o la libre circulación y residencia en el territorio de los Estados miembros (art. 21.1). Asimismo, el TFUE también establece principios como la prohibición de establecer medidas que discriminen, de forma directa o indirecta, por razón de la nacionalidad (art. 18) o la prohibición de ayudas de Estado (art. 107), sobre la que nos pronunciamos en el siguiente en el numeral 1.2 de este Capítulo. Estas libertades y principios están dirigidos a alcanzar y procurar el funcionamiento del mercado interior.

El TJUE a través de su jurisprudencia ha desarrollado el contenido de estas libertades y principios. En su conjunto, las libertades comunitarias son derechos de acceso al mercado interior, y los principios mencionados están dirigidos a limitar las conductas que pueden coartar tal acceso al mercado. En particular, el Tribunal ha señalado que existe una prohibición de establecer medidas discriminatorias en relación con las libertades económicas fundamentales del TFUE; por lo tanto, los Estados no pueden establecer normativas que impliquen una discriminación en el acceso a los derechos que se derivan de estas libertades. Este principio de prohibición de discriminación se basa en el principio de la igualdad, y se refiere a dar un trato diferente a situaciones idénticas (o un trato igual a situaciones diferentes). Sobre el contenido de estas libertades, ya desde los años 1970s la jurisprudencia del TJUE (Casos como *Dassonville* en 1974 y *Rewe-Cassis de Dijon* en 1979)[8], amplió el alcance de las condiciones que podían afectar a las libertades fundamentales (para ese entonces principalmente de circulación de mercancías), reconociendo que no solo las discriminaciones por razón de la nacionalidad estaban prohibidas, sino también las medidas restrictivas, teniendo en cuenta que pueden configurar un obstáculo para el comercio entre Estados miembros[9]. Por otro lado, el TJUE también amplió progresivamente el alcance de esta prohibición de discriminación y restricción a otras libertades contenidas en el TJUE. Inicialmente, los pronunciamientos del Tribunal estuvieron en el marco de la libre circulación de mercancías; tras las reformas a los Tratados Constitutivos para el alcance del mercado interior[10], en los años 1990 sentencias del TJUE (casos como *Kraus* y *Gebhard)*[11] extendieron

7. Ver RUIZ ALMENDRAL, V., ¿Tiene futuro el test de los «motivos económicos válidos» en las normas anti-abuso?: sobre la planificación fiscal y las normas anti-abuso en el Derecho de la Unión Europea. Revista de Contabilidad y tributación, 329-330 (2010), CEF, p. 14.

8. Ver STJCE de 11 de julio de 1974 (Asunto 8-74) *Dassonville*, pár 10-17.; STJCE de 20 de febrero de 1979, *Rewe, Cassis de Dijon,* (Asunto 120/78), pár. 15.

9. Ver MARTÍN JIMÉNEZ, A., (2010), Operaciones vinculadas ..., *Op. cit.*, p. 74.

10. Ver numeral 1.1 del Capítulo IV.

11. Ver STJCE de 31 de marzo de 1993 (TJCE 1993, 41), *Kraus*, pár 30-32.; STJCE de 30 de noviembre de 1995 (TJCE 1995, 212), *Gebhard,* pár. 37.; STJCE de 1 de febrero de 2001 (TJCE 2001, 23), *Mac Quen y otros*, pár. 26; STJCE de 17 de octubre de 2002 (TJCE 2002, 287), *Payroll y otros*, pár 26.; Ver STJCE de 5 de octubre de 2004 (TJCE 2004, 273), *CaixaBank France,* pár. 9-13.

la prohibición de discriminación a las libertades de establecimiento y prestación de servicios[12].

Sin embargo, la prohibición de discriminación no fue establecida en el TFUE con carácter absoluto. El Tratado también incluyó excepciones que admiten el establecimiento de medidas discriminatorias[13]; y, en tal sentido, no toda medida que establece una discriminación vulnera una libertad fundamental o está prohibida por el TFUE[14]. En esta misma línea, el TJUE ha construido una jurisprudencia en torno a las circunstancias por las cuales es posible admitir medidas discriminatorias de las libertades fundamentales, distintas de las excepciones señaladas en el texto del TFUE[15].

Concretamente, de acuerdo con la jurisprudencia del TJUE las disposiciones adoptadas por los Estados pueden restringir estas libertades cuando se presentan ciertas «exigencias imperativas de interés general», distintas de las descritas en las excepciones a las libertades comunitarias establecidas en el TJUE[16]. Las exigencias del interés general son circunstancias permitidas por el TJUE, para equilibrar la limitación impuesta por el TFUE y permitir la distribución de competencias tributarias entre los Estados y la Comunidad Europea en este ámbito[17]. Esta interpretación del TJUE permitió salvaguardar la potestad de los Estados miembros para imponer ciertas disposiciones que pudieran considerarse, de otra forma, incompatibles con el Derecho comunitario por ser discriminatorias. En consecuencia, una restricción puede estar justificada por ciertos objetivos o circunstancias establecidos tanto en el TFUE, en forma de excepciones, como en la jurisprudencia del TJUE, como parte de las razones imperiosas de interés general. En su conjunto, estas dos vías dieron paso a un solo régimen de situaciones que podían dar lugar a medidas discriminatorias aceptadas bajo el marco del Derecho comunitario[18].

---

12. Ver MARTÍN JIMÉNEZ, A., (2010), Operaciones vinculadas ..., *Op. cit.*, p. 74.
13. El artículo 36 del TFUE, establece excepciones, justificadas por ciertas razones, a las libertades del mercado interior previstas en los artículos 34 y 35 del TFUE, en los siguientes términos: «*Las disposiciones de los artículos 34 y 35 no serán obstáculo para las prohibiciones o restricciones a la importación, exportación o tránsito justificadas por razones de orden público, moralidad y seguridad públicas, protección de la salud y vida de las personas y animales, preservación de los vegetales, protección del patrimonio artístico, histórico o arqueológico nacional o protección de la propiedad industrial y comercial. No obstante, tales prohibiciones o restricciones no deberán constituir un medio de discriminación arbitraria ni una restricción encubierta del comercio entre los Estados miembros*». Ver TFUE *Op. cit.* art. 36.
14. Ver GARCÍA CARACUEL, M., «Límites a la potestad tributaria de los Estados derivados del Derecho de la UE», en MORENO GONZÁLEZ, S. y NOCETE CORREA, F. J. (Eds.), Introducción a la fiscalidad internacional, Atelier 2020, p. 211.
15. Ver STJCE 16 de diciembre de 2008 (TJCE 2008, 309) *Arcelor Atlantique et Lorraine y otros*, pár. 23.
16. En sentencias posteriores, el TJUE y la doctrina se refieren a este pronunciamiento como la doctrina de las justificaciones, *rule of reason*, o doctrina *Cassis de Dijon*.
17. Ver MARTÍN JIMÉNEZ, A., (2010), Operaciones vinculadas ..., *Op. cit.*, p. 75.
18. Ver MARTÍN JIMÉNEZ, A., (2010), Operaciones vinculadas ..., *Op. cit.*, p. 75.

Además de la doctrina sobre las razones imperiosas de interés general que justifican una medida restrictiva en el ámbito comunitario, el TJUE empezó a pronunciarse sobre las conductas de los residentes comunitarios (personas naturales y jurídicas) que podían constituir un abuso del Derecho comunitario. En línea con lo anterior, el TJUE empezó a admitir que podían existir ciertas medidas restrictivas de una libertad fundamental, justificadas por la necesidad de los Estados de evitar una conducta abusiva por parte de los residentes comunitarios[19]. Si bien el TFUE establece una serie de libertades protegidas para alcanzar y permitir el funcionamiento del mercado interior, los residentes no deben reclamar la protección de los derechos derivados de estas libertades para validar una conducta abusiva que evita la aplicación correcta de las normas de los Estados miembros. En este sentido, según reiterada doctrina del TJUE sobre la prohibición de abuso del Derecho Comunitario[20], el establecimiento de una medida restrictiva se justifica para evitar que una persona o entidad, valiéndose de una protección comunitaria, pueda evadir la aplicación de una normativa nacional con un objetivo legítimo, abusando del Derecho comunitario con su conducta. En palabras de SOLER, el principio general de prohibición de abuso del Derecho comunitario elaborado por el TJUE puede resumirse en el siguiente criterio: *«un Estado miembro está facultado para adoptar medidas destinadas a impedir que, aprovechando las posibilidades creadas en el Tratado, algunos de sus nacionales intenten evitar abusivamente la aplicación de su legislación nacional y puedan invocar el Derecho comunitario de forma abusiva o fraudulenta»*[21].

Ahora bien, de acuerdo con la jurisprudencia del TJUE, para que una medida restrictiva pueda considerarse conforme al Derecho comunitario, esta debe respetar el principio de proporcionalidad (Caso Comisión/Italia)[22]; es decir, la dis-

19. Según el TJCE un Estado miembro está facultado para adoptar medidas destinadas a impedir que, aprovechando las posibilidades creadas por el Tratado, algunos de sus nacionales intenten evitar abusivamente la aplicación de su legislación nacional y que los justiciables puedan invocar el Derecho comunitario de forma abusiva o fraudulenta. Ver STJCE de 3 de diciembre de 1974 (Asunto 33-74), *Van Binsbergen*, pár. 13; Ver STJCE de 25 de julio de 1991 (TJCE 1991, 247), *Collectieve Antennevoorziening Gouda y otros*, en el que compañías ubicadas en diferentes Estados miembros realizan una actividad de emisión de comunicaciones que tiene efecto en Países Bajos con el fin de evadir la normativa de dicho país. Materia que se reguló posteriormente a nivel comunitario. Ver DELGADO PACHECO, A., (2017), *Op. cit.*, *Op. cit.*, p. 290.; Ver también GARCÍA CARACUEL, M., (2020), *Op. cit.*, p. 212.
20. En materia de libertad de establecimiento, ver STJCE de 7 de febrero de 1979 (Asunto C-115/78), *Knoors*, pár. 25; STJCE de 3 de octubre de 1990 (TJCE 1991, 60), *Bouchoucha*, pár. 14; en otras libertades STJCE de 10 de enero de 1985 (Asunto C-299/83), *Leclerc y otros*, pár. 27; STJCE de 3 de marzo de 1993 (TJCE 1993, 25), *General Milk Products*, pár. 21.
21. Ver SOLER ROCH, M. T., «El fraude a la ley tributaria en la jurisprudencia europea y española», En BAEZA DÍAZ-PORTALES, M. J. (coord.) V Congreso tributario: cuestiones tributarias problemáticas y de actualidad, Consejo General del Poder Judicial. Centro de Documentación Judicial. Asociación Española de Asesores Fiscales 2010, p. 387.
22. Ver STJCE de 10 de febrero de 2009 (TJCE 2009, 21), *Comisión/Italia*. En la Opinión del Abogado General Poiares Maduro, de 3 de abril de 2008 pár. 7, STJCE de diciembre de 2008

posición nacional debe ser adecuada para garantizar la realización del objetivo que persigue y no debe ir más allá de lo necesario para alcanzar dicho objetivo. En suma, sobre las limitaciones a la potestad legislativa de los Estados miembros derivadas de las libertades fundamentales del TFUE, la doctrina jurisprudencial del TJUE estableció que: i) las medidas nacionales que pudieran configurar una restricción a las libertades comunitarias[23]; ii) y que se encuentren justificadas por las excepciones recogidas en el TFUE o por razones imperiosas de interés general; podrían considerarse compatibles con el Derecho comunitario si, iii) se demuestra que son adecuadas (a la realización del objetivo que persiguen) y necesarias (no van más allá de lo necesario para alcanzar su objetivo) —*test* de proporcionalidad de la medida—[24].

1.1.2. La doctrina del TJUE sobre la prohibición de medidas restrictivas y abuso en materia tributaria

Esta doctrina general del TJUE también es aplicable en materia tributaria, es decir, es posible establecer medidas fiscales nacionales que sean discriminatorias siempre que las mismas se encuentren justificadas dentro de los parámetros establecidos por el Tribunal; por ello, deben ser medidas establecidas con relación a una excepción del TFUE o por una razón imperiosa de interés general, y en cumplimiento del principio de proporcionalidad. Asimismo, el TJUE ha considerado justificada una restricción establecida en una normativa nacional que busque prevenir el abuso del Derecho comunitario por parte de los contribuyentes. En las sentencias de casos como *Kefalas* (1998)[25], y *Centros Ltd.* (1999)[26], el TJUE se pronunció sobre las circunstancias en las que el ejercicio de un Derecho comunitario por parte de un contribuyente podía constituir un

(TJCE 2008, 314) *Huber*, el abogado concluyó lo siguiente: *«Para llegar a la conclusión de que no existe discriminación, no basta con señalar que los nacionales alemanes y los extranjeros no están en la misma situación. Es necesario demostrar además que la diferencia entre sus situaciones respectivas puede justificar la diferencia de trato. En otras palabras, la diferencia de trato debe estar vinculada y ser proporcionada a la diferencia en sus situaciones respectivas*. En idéntico sentido, la Opinión de la Abogada General Kokott de 18 de septiembre de 2008, pár. 37, en STJCE de 22 de diciembre de 2008 (TJCE 2008, 342), *Truck Center*; Ver también Opinión del Abogado General Bot de 8 julio de 2008, pár. 101, en STJCE (TJCE 2009, 21), *Comisión/Italia, Op. cit.*: *«El control de proporcionalidad permite al Tribunal de Justicia llevar a cabo una ponderación de intereses entre las preocupaciones vinculadas a la consecución del mercado interior y la protección de los intereses legítimos de los Estados miembros»*.

23. Un test de afectación al acceso al mercado interior, que de manera general se refiere a medidas que prohíben, obstaculizan o afectan al mercado y obstaculizan el comercio intracomunitario. Ver STJCE (TJCE 2009, 21), *Comisión/Italia, Op. cit*; Ver MARTÍN JIMÉNEZ, A., (2010), Operaciones vinculadas ..., *Op. cit.*, p. 79.
24. Ver GARCÍA PRATS, F. A., (2005), *Op. cit.*, p. 80.
25. *«los justiciables no pueden prevalerse del Derecho comunitario de forma abusiva o fraudulenta»*. Ver STJCE de 12 de mayo de 1998 (TJCE 1998, 96), *Kefalas,* pár 20.
26. Ver STJCE de 9 de marzo de 1999 (TJCE 1999, 47), *Centros*. Aunque en este caso el TJUE falló a favor de las pretensiones de la sociedad, los fundamentos jurídicos establecen bases para la doctrina antiabuso que se desarrollaría posteriormente. Ver DELGADO PACHECO, A., (2017), *Op. cit.*, p. 294.

abuso del Derecho nacional de un Estado miembro, lo que puede justificar la acción de dicho Estado miembro para utilizar una medida restrictiva[27], que de otra forma se consideraría contraria al Derecho comunitario.

En materia de elusión fiscal o abuso en materia tributaria, es necesario distinguir los pronunciamientos del TJUE en tres ámbitos[28]: i) las sentencias en el ámbito armonizado de la imposición indirecta (como el IVA); ii) las sentencias sobre imposición directa en relación con ámbitos regulados en Directivas comunitarias (como la Directiva Matriz-filial)[29]; iii) las sentencias sobre imposición directa de impuestos no afectados por las Directivas comunitarias, en las que se revisa la compatibilidad con los principios y libertades fundamentales del TFUE. A los efectos de este trabajo, nos ubicamos en el estudio de la doctrina del TJUE principalmente sobre imposición directa, relacionada con normas no afectadas por Directivas comunitarias, cuyo marco normativo de enjuiciamiento es la compatibilidad con las libertades fundamentales del Derecho comunitario[30]. En todo caso es necesario resaltar algunas diferencias.

En materia de imposición directa la doctrina del TJUE ha presentado unas características diversas con respecto a la imposición indirecta[31]. La principal es quizás el hecho de que el TJUE ha sido menos rígido en el examen de compatibilidad respecto de los asuntos de imposición directa[32], lo que puede obedecer

27. Como bien señala RUÍZ, la jurisprudencia del TJUE ha evolucionado hacia la utilización del criterio de la restricción, siendo un criterio originalmente señalado para los impuestos indirectos. Lo que implica una aplicación teórica del concepto distinta en el campo de la imposición directa, que hasta el momento no ha sido detallada claramente. Ver RUIZ ALMENDRAL, V., (2010), *Op. cit.*, p. 15.
28. Ver SOLER ROCH, M. T., (2010), *Op. cit.*, p. 386.
29. En *Centros y Kefalas* el TJCE se pronuncia sobre la trasposición nacional de las normas comunitarias; tal como como la Directiva 2011/96/UE, conocida como Directiva Matriz-filial. Ver SOLER ROCH, M. T., (2010), *Op. cit.*, p. 386.
30. No obstante, a lo largo del texto se hacen las referencias necesarias a algunos pronunciamientos en materia de imposición indirecta, o de imposición directa en materias contenidas en Directivas comunitarias ya que han sido fundamentales para establecer las bases del análisis de la doctrina objeto de estudio, incluyendo la normativa sobre precios de transferencia.
31. En el ámbito de la imposición indirecta (como la relacionada con el IVA), que es materia armonizada en el Derecho comunitario, se ha utilizado el concepto de *«práctica abusiva»* caracterizado por tener: i) un elemento objetivo (no se alcanza el objetivo establecido por la norma); ii) un elemento subjetivo, consistente en la voluntad de obtener un beneficio de la normativa comunitaria (creando las condiciones para su obtención); y iii) el elemento teleológico (la finalidad de la operación es esencialmente la ventaja fiscal). Ver SOLER ROCH, M. T., (2010), *Op. cit.*, p. 387.
32. Para RUIZ la aplicación del test antiabuso realizado por el TJCE en materia de un impuesto armonizado es más concreta, porque el TJCE puede realizar la interpretación teniendo todos los elementos (principios y propósitos de la norma) en una legislación determinada —la Directiva Comunitaria—. Mientras que en asuntos de imposición directa para la interpretación y aplicación del test antiabuso, incluso en algunos aspectos cubiertos por Directivas comunitarias, el marco legislativo solo contiene algunos de los elementos, principalmente una parte de la consecuencia fiscal. Ver RUIZ ALMENDRAL, V., «Tax Avoidance, the

a que no es materia armonizada y que, por tanto, guarda una relación estrecha con la competencia de los Estados y el equilibrio entre la soberanía nacional y la competencia comunitaria[33]. Como hemos mencionado, la posición de los Estados miembros respecto la conservación de su soberanía en estos aspectos ha impedido el reconocimiento expreso sobre la atomización en materia de imposición directa en el ámbito comunitario[34]. Por esto, como señala MARTÍN, la jurisprudencia en materia de imposición directa permite afirmar que, si hay un ámbito en el que las normas nacionales discriminatorias resultan amparadas por el TJUE, ese es el tributario[35].

Asimismo, entre los asuntos de imposición directa, la doctrina del TJUE es relativamente asimétrica, dependiendo del contexto normativo; hay mayor dureza en la aplicación de la doctrina jurisprudencial del TJUE cuando se trata de normas contenidas en Directivas comunitarias, que en ausencia de ellas[36]. El marco normativo establecido en las Directivas es más específico, y permite un enjuiciamiento más concreto de las normativas nacionales. Mientras que, en cambio, ausencia de estas normas comunitarias, el examen se contrasta con el marco de las libertades fundamentales, el cual presenta más aristas. Si bien es cierto que el ámbito de la imposición directa no está armonizado en el Derecho comunitario, la jurisprudencia del TJUE en materia de restricciones a las libertades fundamentales ha establecido algunos límites, en función de las exigencias del mercado interior, logrando cierta armonización en este aspecto[37].

Como se mencionó anteriormente, la doctrina del TJUE ha dejado claro que el abuso de las normas no está permitido en el ámbito comunitario[38]; en este mismo sentido, el TJUE ha construido una doctrina sobre la cual ciertas medidas restrictivas de las libertades fundamentales son admitidas en el Derecho comunitario[39], siempre que tenga una justificación en una razón imperiosa de interés general (doctrina de *Cassis de Dijon*). Esta doctrina es igualmente aplicable en materia tributaria, por lo que una medida tributaria considerada restrictiva puede estar justificada por razones imperativas de interés general, en este caso

«Balanced Allocation of Taxing Powers» and the Arm's Length Standard: An Odd Threesome in Need of Clarification», En RICHELLE, I., SCHÖN, W. Y TRAVERSA, E. (Eds.) Allocating Taxing Powers within the European Union (Vol. 2). Spinger 2013, p. 164.

33. Ver MARTÍN JIMÉNEZ, A., (2010), Operaciones vinculadas ..., *Op. cit.*, p. 80.
34. Recordemos que la posición de los Estados miembros sobre la conservación de su soberanía en materia de imposición directa fue la razón por la que el tratamiento del arbitraje por la corrección de ajustes sobre precios de transferencia se estableció en un instrumento que no es parte del Derecho comunitario. Ver numeral 1.1 del Capítulo IV.
35. Ver MARTÍN JIMÉNEZ, A., (2010), Operaciones vinculadas ..., *Op. cit.*, p. 82.
36. Ver RUIZ ALMENDRAL, V., (2010), *Op. cit.*, p. 13.
37. Ver GARCÍA PRATS, F. A., (2005), *Op. cit.*, p. 78.
38. Ver STJCE (TJCE 1998, 96), *Kefalas* y STJCE (TJCE 1999, 47), *Centros. Op. cit.*
39. Ver STJCE (Asunto C 33-74) *Van Binsbergen*. *Op. cit.*

relacionadas con justificaciones de carácter fiscal como la lucha contra el fraude y la evasión[40], y el reparto equilibrado de la potestad tributaria, entre otras[41].

Asimismo, el establecimiento de medidas tributarias restrictivas por parte de los Estados miembros también está relacionado con la limitación a las conductas abusivas en materia fiscal. En este sentido, el TJUE también se ha pronunciado sobre los elementos que deben constatarse para determinar que existe una conducta abusiva por parte de los contribuyentes. La jurisprudencia antiabuso del TJUE en materia fiscal viene consolidándose más concretamente desde mediados de los años 1990s[42]. De acuerdo con DELGADO, en general la construcción de esta doctrina del TJUE parte de la observación de dos elementos[43]: i) un elemento objetivo, que se refiere a la realización, por parte del contribuyente, de una actividad que objetivamente se atribuye a un Estado distinto del cual reside; y ii) un elemento subjetivo que consiste en la finalidad que tiene el contribuyente para realizar la actividad de tal forma.

Inicialmente, estos dos elementos de la doctrina antiabuso fueron indicados por el TJUE en la sentencia del caso *Emsland-Stärke*[44], en el que la normativa objeto del abuso era una regulación comunitaria sobre ayudas en materia de política agrícola. El supuesto fáctico del caso se refería a la operativa de varias entidades asociadas, residentes en distintos Estados miembros, a través de la cual la entidad productora enviaba los productos o mercancías producidos a otra entidad, residente en un Estado distinto, con el fin de ser reenviadas al Estado inicial, para poder beneficiarse de las ayudas comunitarias. En la sentencia del este caso, el TJUE señaló que *«la aplicación de los Reglamentos comunitarios no puede extenderse hasta llegar a cubrir prácticas abusivas de los operadores económicos»*[45]. En este sentido, el Tribunal indicó que la constatación de una práctica abusiva exige, por un lado, la existencia de unas circunstancias objetivas, es

40. Teniendo en cuenta la finalidad de prevención de abuso de las normas tributarias, muchas de las medidas restrictivas que puede fijar un Estado están relacionadas con evitar las conductas de los contribuyentes para eludir o evitar la aplicación de un impuesto. Ver DELGADO PACHECO, A., (2017), *Op. cit.*, p. 290.
41. Aunque también se ha pronunciado sobre razones como la garantía de la eficacia de los controles fiscales y la recaudación tributaria; o de coherencia del sistema fiscal; entre otras. Ver GARCÍA CARACUEL, M., (2020), *Op. cit.*, pp. 213-214. En todo caso el TJUE no ha reconocido la pérdida de ingresos fiscales como una razón imperiosa de carácter fiscal, según GARCÍA por entender que es una razón de contenido meramente económico que no merece la protección del ordenamiento comunitario. Ver GARCÍA PRATS, F. A., «La cláusula general antielusión de la Ley General Tributaria. Problemas aplicativos», En COLLADO YURRITA, M. A. (direc.), MORENO GONZÁLEZ, S. y SANZ DÍAZ-PALACIOS, J. A. (Coords.) La lucha contra el fraude fiscal: estrategias nacionales y comunitarias. Atelier 2008, p. 184.
42. Ver RIBES RIBES, A., «Las medidas tributarias anti-abuso en la jurisprudencia comunitaria», Quincena Fiscal núm. 1-2 (2009).
43. Ver DELGADO PACHECO, A., (2017), *Op. cit.*, p. 290.
44. Ver STJCE de 14 de diciembre de 2000 (TJCE 2000, 326), *Emsland-Stärke*.
45. Ver STJCE (TJCE 2000, 326) *Emsland-Stärke. Op. cit.* pár. 51.

decir, que el contribuyente respeta formalmente la normativa comunitaria, pero esta es contraria al objetivo perseguido por dicha norma[46]; y, por otro lado, el elemento subjetivo de la voluntad del contribuyente de obtener un beneficio de la normativa comunitaria, para lo cual ha creado artificialmente las condiciones requeridas por la norma[47].

Esta doctrina del TJUE es reiterada en el caso *Halifax*[48], en el que se plantea una cuestión prejudicial con relación a una norma británica sobre el IVA, un impuesto que como sabemos está armonizado y se regula en el Derecho comunitario; por lo que el examen del TJUE se dirige a la revisión de la conducta y el resultado obtenido según el objetivo del impuesto en concreto, y no respecto a las libertades comunitarias o el funcionamiento del mercado interior. En el supuesto fáctico, una entidad financiera que realiza al mismo tiempo operaciones gravadas y no gravadas por el IVA, cede un contrato de arrendamiento de una propiedad inmobiliaria a una de sus vinculadas, la cual según la legislación británica tiene derecho a optar por la tributación del arrendamiento de esta propiedad y, de este modo, a deducir la totalidad del IVA soportado por los gastos de construcción o de renovación. La administración tributaria británica considera que la operación se realizó con la finalidad de obtener una ventaja fraudulenta para que la entidad cedente pudiera obtener las devoluciones que normalmente no le habrían correspondido. En este caso el TJUE reitera que los justiciables no pueden prevalerse de las normas comunitarias de forma abusiva o fraudulenta[49]; y reitera los elementos que deben comprobarse para determinar si la conducta de un contribuyente constituye un abuso. Por un lado, la aplicación formal de la normativa, pero obteniendo un resultado contrario al objetivo perseguido por dicha normativa; y, por el otro, que la finalidad esencial de las operaciones sea la de obtener una ventaja fiscal. Justamente en este último elemento el TJUE, citando al Abogado General Poiares Maduro, señala que la prohibición de prácticas abusivas carece de pertinencia cuando las operaciones en cuestión pueden tener una justificación distinta de la mera obtención de ventajas fiscales[50], con lo que confirma que el abuso requiere que la conducta del contribuyente no puede tener una finalidad distinta a la de obtener tal ventaja fiscal; lo que para SOLER implica que los elementos del *test* de prácticas abusivas sean tres, a efectos prácticos: 1) el elemento objetivo (que se cumpla formalmente con la norma, pero no se alcance el objetivo perseguido por esta); 2)

46. Ver STJCE (TJCE 2000, 326) *Emsland-Stärke. Op. cit.* pár. 52.; Adicionalmente el TJUE pone de relieve que, el hecho de que no se realicen transacciones comerciales normales, sino transacciones para beneficiarse abusivamente del TFUE, puede impedir el propio montaje establecido en la norma, haciendo alusión a la obstaculización del objetivo de la misma. Como ya lo había establecido en la sentencia del caso *General Milk Products.* Ver STJUE (TJCE 1993, 25) *General Milk Products. Op. cit.* pár. 21.
47. Ver STJCE (TJCE 2000, 326) *Emsland-Stärke. Op. cit.* pár. 53.
48. Ver STJCE de 21 de febrero de 2006 (TJCE 2006, 383), *Halifax y otros.*
49. Ver STJCE (TJCE 2006, 383), *Halifax. Op. cit.* pár. 68.
50. Ver STJCE (TJCE 2006, 383), *Halifax. Op. cit.* pár. 74 y 75.

elemento subjetivo (la voluntad de obtener un beneficio resultante de la normativa, para el que se crean artificialmente las condiciones); y 3) el elemento teleológico (la finalidad esencialmente fiscal de la operación)[51].

En su conjunto, las sentencias de *Emsland-Stärke* y *Halifax* establecieron el uso de un doble *test* para determinar la existencia de una práctica abusiva en materia tributaria, particularmente desde la perspectiva de la imposición indirecta[52]. A pesar de las diferencias que pueden existir en ambos casos, el TJUE establece una estructura de *test* que permite realizar un análisis de la sustancia de la operación y justificar una operación cuando se demuestre que existen motivos distintos a los fiscales para su realización, evitando la calificación como conducta abusiva[53].

En materia de imposición directa el TJUE también aplicó el principio de prohibición de abuso del Derecho comunitario. En este punto se debe recordar que los Estados miembros tienen la competencia exclusiva sobre la imposición directa, y también sobre la negociación y conclusión de CDIs relativos al reparto de potestades tributarias. Estos aspectos no armonizados son analizados por el TJUE a la luz del contenido de las libertades del TFUE. Por ello, la elaboración de la doctrina en materia de prácticas abusivas en este ámbito tiene como marco las propias libertades fundamentales.

Inicialmente, el TJUE se pronunció sobre la lucha contra la evasión fiscal como razón imperiosa para justificar el establecimiento de medidas restrictivas de carácter fiscal. En este caso, la doctrina del TJUE sobre el abuso se enfocó en evitar el uso de montajes artificiosos para obtener una ventaja contraria a las libertades fundamentales del Derecho comunitario[54]. Esta expresión fue utilizada por primera vez en el caso *Imperial Chemical Industries* (ICI) (1996)[55]. En este caso, la sociedad ICI (domiciliada en el Reino Unido) forma parte de un consorcio que administra la titularidad de participaciones en sociedades filiales, algunas ubicadas en Reino Unido y otras diversos Estados miembros y terceros países. La sociedad ICI solicitó las desgravaciones fiscales por las pérdidas registradas por una de las compañías administradas por el Consorcio. La Administración tributaria británica denegó tal solicitud basada en una normativa nacional que niega tal desgravación a las sociedades que controlan filiales no residentes. La sociedad ICI consideró esto como una vulneración al libre establecimiento protegido por el TFUE. Ante la controversia citada se elevó una

51. Ver SOLER ROCH, M. T., (2010), *Op. cit.*, p. 387.
52. Otras sentencias en las que el TJUE señala la concurrencia de estos dos elementos en la identificación de una práctica abusiva, en el ámbito del IVA, son por ejemplo la STJCE de 29 de abril de 2004 (TJCE 2004, 124), *Gemeente Leusden* y *Holón Groep BV*. Ver DELGADO PACHECO, A., (2017), *Op. cit.*, p. 237.
53. Ver RUIZ ALMENDRAL, V., (2013), *Op. cit.*, p. 148.
54. Ver GARCÍA CARACUEL, M., (2020), *Op. cit.*, p. 212.
55. Ver STJCE de 16 de julio de 1998 (TJCE 1998, 175), *ICI*.

cuestión prejudicial al TJUE para pronunciarse sobre la compatibilidad de la normativa británica con el TFUE. El Tribunal reconoció que tal tratamiento es una medida restrictiva, que en todo caso puede estar justificada por el riesgo de evasión fiscal que resulta de la utilización de montajes artificiosos para obtener una ventaja fiscal[56]. Por lo tanto, la utilización de estos montajes puede ser atacada por la normativa nacional de un Estado. Sin embargo, esta fue solo una mención inicial a la noción de montajes artificiosos.

En la sentencia del caso *Cadbury Schweppes* (2006)[57], el TJUE desarrolló un poco más los elementos de los «montajes artificiosos». En esta sentencia el TJUE se pronunció sobre la compatibilidad de la normativa británica sobre transparencia fiscal internacional con las libertades fundamentales[58]. En general, este tipo de regímenes buscan imputar al socio los beneficios obtenidos por la sociedad en la que tiene participación, ubicada en determinados territorios de inferior tributación, por lo que suponen una restricción al libre establecimiento, y posiblemente establecen una presunción de fraude para estos esquemas de organización empresarial[59]. En este sentido, el TJUE reconoce que la normativa revisada puede configurar una restricción a la libertad de establecimiento, que puede estar justificada por el riesgo de evasión fiscal materializado en un traslado artificial de beneficios. El TJUE reitera que los contribuyentes no pueden alegar la protección de una libertad fundamental, como el libre establecimiento, para validar una conducta de abuso que pretenda evadir la legislación de un Estado miembro. En este sentido el TJUE confirma que la protección de una libertad fundamental implica un ejercicio efectivo del derecho que se deriva de esta —en este caso de establecimiento—, por lo que una restricción a tal derecho *«debe oponerse a comportamientos consistentes en crear montajes puramente*

56. Para el TJCE «la justificación basada en la evasión fiscal no tiene por objeto excluir de una ventaja a los montajes artificiosos, sino que contempla en general, cualquier situación en la que la mayoría de las sociedades filiales de un grupo se hallen establecidas fuera del Reino Unido por la razón que sea. Pues bien, el establecimiento de una sociedad fuera del Reino Unido no implica, en sí, la evasión fiscal ya que la sociedad en cuestión estará sujeta, de todos modos, a la legislación fiscal del Estado de establecimiento». Ver STJCE (TJCE 1998, 175), *ICI*, *Op. cit.* pár 25 y 26.
57. Ver STJCE de 12 de septiembre de 2006 (TJCE 2006, 243), *Cadbury Schweppes y otro.*
58. La sentencia corresponde a cuestión prejudicial en la que se consulta al TJUE sobre los efectos de la presencia de una entidad en un centro financiero ubicado fuera del Reino Unido (en Irlanda) «Sociedad Extranjera Controlada» (SEC), bajo el régimen de transparencia fiscal británico. En efecto, cuando la sociedad residente haya constituido una SEC en un Estado miembro en el que esta esté sujeta a un nivel de tributación inferior en el sentido de la legislación sobre las SEC, los beneficios obtenidos por dicha sociedad controlada se atribuyen, en virtud de dicha legislación, a la sociedad residente, que tributa por esos beneficios. En cambio, cuando la sociedad controlada se haya constituido y tribute en el Reino Unido o en un Estado en el que no esté sujeta a un nivel de tributación inferior en el sentido de la citada legislación, esta última no es aplicable y, conforme a la legislación del Reino Unido relativa al impuesto sobre sociedades, la sociedad residente no tributa, en tales circunstancias, por los beneficios de la sociedad controlada. Ver STJCE (TJCE 2006, 243), *Cadbury Schweppes. Op. cit.* pár. 44.
59. Ver GARCÍA CARACUEL, M., (2020), *Op. cit.*, pp. 212-213.

artificiales, carentes de realidad económica, con el objetivo de eludir (...) el impuesto nacional»[60].

Ahora bien, el TJUE señala que la constatación del abuso no consiste simplemente en que el contribuyente obtenga una ventaja fiscal con la conducta; el hecho de que un contribuyente saque provecho de las ventajas fiscales ofrecidas por la normativa de un Estado miembro no autoriza *per se* a privarle de invocar la normativa comunitaria[61]. En concreto, establecer una sociedad en un Estado miembro con la finalidad de beneficiarse de una legislación más favorable no implica por sí sola la existencia de una práctica abusiva[62]. El abuso consiste en la utilización de un montaje puramente artificial carente de realidad económica, cuya finalidad sea esencialmente fiscal, por lo que debe constatarse la existencia de los elementos que configuran tal abuso: i) el objetivo (cumplimiento formal de la normativa que en todo caso no alcanza el objetivo de la misma), y ii) el subjetivo (la voluntad de obtener una ventaja esencialmente fiscal)[63]. De acuerdo con el razonamiento del TJUE, la justificación de una medida restrictiva por el riesgo de evasión fiscal, dirigida a los montajes puramente artificiales que constituyen un abuso, debe cumplir con las condiciones de proporcionalidad establecidas en su jurisprudencia para ser admitida en el Derecho comunitario; esto es i) que es adecuada para garantizar la realización del objetivo perseguido (eliminar la conducta de abuso fiscal-los montajes puramente artificiales), y ii) que no va más allá de lo necesario para alcanzarlo[64] (que la normativa tenga elementos que garanticen que la restricción solo alcanzará los casos de abuso como un régimen de excepciones y la posibilidad de demostrar la existencia de una actividad comercial efectiva —motivos comerciales—).

La jurisprudencia del caso *Cadbury Schweppes* es muy importante porque confirma la incorporación de elementos de la doctrina sobre medidas restrictivas elaborados en casos de imposición indirecta como *Halifax.* Sin embargo, el marco normativo de referencia es distinto, ya que, al tratarse de imposición directa, la formulación y existencia del abuso depende de la configuración previa del contenido de cada una de las libertades fundamentales que ha elaborado el TJUE[65]; esto permite determinar cuándo el contribuyente está haciendo un uso efectivo de la libertad que reclama y cuándo se trata de un abuso. En todo caso el TJUE reitera los elementos del doble *test* del abuso (en este caso el uso de

60. Ver STJCE (TJCE 2006, 243), *Cadbury Schweppes. Op. cit.* pár. 55. Reiterando la jurisprudencia del caso *ICI.* Ver STJCE (TJCE 1998, 175), *ICI. Op. Cit.* pár 26.
61. Ver STJCE (TJCE 2006, 243), *Cadbury Schweppes. Op. cit.* pár. 35-36. De hecho, el propio funcionamiento de la Unión Europea implica que los Estados miembros siguen siendo soberanos de su potestad para determinar los asuntos de la fiscalidad directa interna, lo que da lugar a la coexistencia de diferencias en esta imposición.
62. Ver STJCE (TJCE 2006, 243), *Cadbury Schweppes. Op. cit.* pár. 37.
63. Ver SOLER ROCH, M. T., (2010), *Op. cit.*, p. 387.
64. Ver STJCE (TJCE 2006, 243), *Cadbury Schweppes. Op. cit.* pár. 47 Reiterando la jurisprudencia de *Futura Participations y Singer*. Ver STJUE (TJCE 1997, 90). *Op. cit.* pár. 26.
65. Ver GARCÍA PRATS, F. A., (2008), *Op. cit.*, p. 183.

montajes puramente artificiales), haciendo referencia a la doctrina de *Emsland-Stärke* y *Halifax*. En este sentido, el TJUE reconoce que la doctrina sobre el abuso del derecho construida principalmente en materia de imposición indirecta es aplicable a supuestos distintos, solo que el marco normativo del examen de la medida restrictiva depende del tipo de disposición y del propósito de la misma[66]. Respecto al análisis particular del abuso en materia de imposición directa, la construcción del concepto de montaje puramente artificial implicó un avance en materia de análisis de la sustancia de las operaciones, pues este concepto es más más amplio que la búsqueda de una ventaja puramente fiscal[67].

1.1.3. La doctrina del TJUE sobre la prohibición de medidas restrictivas y abuso en operaciones vinculadas internacionales

Específicamente, en materia de operaciones transfronterizas cuatro casos han sido relevantes en los últimos años de la jurisprudencia del TJUE: *Lankhorst-Hohorst* (2002)[68]; *Test Claimants in the Thin Cap Group Litigation* (2007)[69]; *Société Industrielle de Gestion* (2010)[70] y *Hornbach-Baumarkt* (2018)[71]. Estos pronunciamientos contienen deliberaciones más concretas sobre la compatibilidad de normas como las de precios de transferencia y subcapitalización[72] con respecto a los fundamentos del mercado interior[73]. En general, estos casos permiten señalar que el establecimiento de medidas que limiten las operaciones vinculadas puede constituir una medida discriminatoria si se dirigen únicamente a las operaciones internacionales; pero que, en aplicación de la doctrina del TJUE, pueden estar justificadas por razones imperiosas

66. Ver RUIZ ALMENDRAL, V., (2013), *Op. cit.*, p. 148.
67. Ver SOLER ROCH, M. T., (2010), *Op. cit.*, p. 389.
68. Ver STJCE de 12 de diciembre de 2002 (TJCE 2002, 372), *Lankhorst-Hohorst*.
69. Ver STJCE de 13 de marzo de 2007 (TJCE 2007, 59), *Test Claimants in the Thin Cap Group Litigation*.
70. Ver STJUE de 21 de enero de 2010 (TJCE 2010, 16), *Société Industrielle de Gestion* (en adelante SGI).
71. Ver STJUE de 31 de mayo de 2018 (JUR 2018, 152927), *Hornbach-Baumarkt y otro*.
72. Referida, en este caso, a las normativas internacionales que buscan limitar las prácticas de traslados de beneficios a través de operaciones intragrupo de servicios financieros; en este caso se utiliza el pago de intereses por un préstamo intragrupo para encubrir una distribución de dividendos. Ver SALA GALVAÑ, G., «Puntos críticos actuales de los precios de transferencia internacionales», Tribuna Fiscal: Revista Tributaria y Financiera núm. 275 (2014), pp. 28-29. Aun así, es necesario señalar que la subcapitalización es un problema diferente del derivado de los préstamos intragrupo que trasladan los beneficios, pero presentan elementos en común, es decir, pueden existir casos de subcapitalización en los que no estén presentes los elementos fácticos de una operación vinculada. Ver CORDÓN EZQUERRO, T. y GUTIÉRREZ LOUSA, M., «Cláusulas antielusión en el impuesto sobre sociedades: la subcapitalización», COLLADO YURRITA, M. A. (direc.), MORENO GONZÁLEZ, S. y SANZ DÍAZ-PALACIOS, J. A. (Coords.) La lucha contra el fraude fiscal: estrategias nacionales y comunitarias, Atelier 2008, p. 194; Ver PALAO TABOADA, C., «La subcapitalización y los convenios de doble imposición», Estudios Financieros núm. 137 (1994), pp.77 y ss.
73. Ver SCHÖN, W., (2011), *Op. cit.*, p. 5.

de interés general como la prevención de la evasión fiscal[74], el reparto equilibrado de la potestad tributaria[75] o la coherencia del sistema fiscal[76], siempre que sean medidas proporcionales[77].

1.1.3.1. La sentencia del caso Lankhorst-Hohorst

En la sentencia del caso *Lankhorst-Hohorst (2002),* el TJUE analiza la compatibilidad de la normativa alemana de subcapitalización con respecto a la libertad fundamental de establecimiento[78]. En el caso, una filial alemana (*Lankhorst-Hohorst*) recibió un préstamo de su matriz holandesa (*Lankhorst-Hohorst BV*), acordado a unos intereses considerados por la administración tributaria alemana inferiores a los de mercado[79]. La difícil situación financiera de la filial le había impedido la obtención de préstamos con entidades financieras independientes. El préstamo fue concedido para satisfacer las obligaciones financieras que tenía la filial con un banco específico y evitar las consecuencias del impago. La filial alemana no pudo probar que la operación se habría pactado en condiciones similares entre partes independientes, por lo que la administración tributaria alemana consideró que los intereses pagados por *Lankhorst-Hohorst* a su matriz holandesa eran equiparables a una distribución de beneficios encubierta y, en consecuencia, aplicó la normativa de subcapitalización para gravarlos como tal. La normativa alemana recaía únicamente sobre las filiales de matrices extranjeras, dejando en una posición menos gravosa a las filiales con matrices nacionales. En este caso, el gobierno alemán argumentó que su normativa estaba justificada por la lucha contra la evasión al impuesto nacional, a través de la utilización de operaciones vinculadas financieras para encubrir la distribución de beneficios; y que su normativa estaba en línea con el art. 9 del MC OCDE.

74. Ver STJCE (TJCE 2006, 243), *Cadbury Schweppes. Op. cit.*
75. El objetivo es preservar el reparto de la potestad tributaria, en ausencia de medidas de unificación o armonización. Ver GARCÍA CARACUEL, M., (2020), *Op. cit.*, p. 214.
76. Esta es una razón imperiosa de interés general, que se fundamenta en la cohesión de las normas fiscales, como un conjunto separado del respeto de disposiciones jurídicas. En una razón controvertida, analizada por el TJUE en la Sentencia *Bachmann: «disposiciones como las de la ley belga debatida están justificadas por la necesidad de garantizar la coherencia del régimen tributario del que forman parte y que, por consiguiente, tales disposiciones no son contrarias al artículo 48 del Tratado»*. Ver STJCE de 28 de enero de 1992 (TJCE 1992, 10), *Bachmann*, pár. 28. Ver SCHÖN, W., (2011), *Op. cit.*, p. 25.
77. Ver GARCÍA PRATS, F. A., (2005), *Op. cit.*, p. 80.
78. La normativa se aplicaba a no residentes y establecía una ratio de 3:1 calculada sobre el valor de la participación del socio, por encima de la cual, los intereses pagados al socio se calificaban como dividendos, a menos que se comprobara que los intereses habrían sido pactados entre empresas independientes. Ver MARTÍN JIMÉNEZ, A., (2010), Operaciones vinculadas ..., *Op. cit.*, p. 83.
79. El tipo de interés variable ascendía hasta finales de 1997 al 4,5 %. Los intereses se devengaban a final de año. Así, fueron pagados a LT BV 135.000 DEM en 1997 y 109.695 DEM en 1998, en concepto de intereses. Entre otras condiciones que usualmente no se presentarían en préstamos realizados entre partes independientes. Ver STJCE (TJCE 2002, 372), *Lankhorst-Hohorst. Op. cit.* pár. 5-9.

En este caso, el TJUE consideró que la normativa alemana efectivamente creaba una situación de discriminación a la libertad de establecimiento al no dirigirse a las operaciones de financiación cuando ambas partes vinculadas son residentes[80]. En cuanto a la consistencia con el art. 9 del MC OCDE, esta no es una disposición vinculante en el Derecho comunitario. Se debe recordar que la negociación y conclusión de CDIs en este ámbito es competencia de cada Estado miembro. Aun así, el TJUE señala que el ALP es un principio internacionalmente reconocido[81], pero que en el caso concreto no es un argumento para justificar la validez de la normativa analizada a efectos del Derecho comunitario. El marco de referencia correspondiente es el contenido de la libertad de establecimiento, y tal sentido la normativa alemana configura una restricción injustificada, a pesar de invocar el cumplimiento del art. 9 del MC OCDE.

Ahora bien, respecto a la justificación de la restricción por el riesgo de abuso fiscal, el Tribunal retomó la jurisprudencia señalada en *Cadbury Schweppes* indicando que, para ser admitida a la luz del Derecho comunitario, la medida restrictiva debe dirigirse a las conductas que configuran un abuso, concretamente a los montajes puramente artificiales diseñados para eludir la legislación fiscal. En el caso de la legislación alemana, el TJUE aplicó el *test* sobre la proporcionalidad de la medida, para determinar si era adecuada al objetivo y no iba más allá de lo necesario[82]. Al respecto el TJUE consideró que la normativa no se dirigía en concreto a las conductas abusivas, sino de manera general a cualquier situación en la que la sociedad matriz tenga, sea cual fuere el motivo, su domicilio fuera de Alemania. En este sentido el Tribunal recordó que la disminución de ingresos de los Estados no es una justificación para establecer una medida restrictiva[83], y que el establecimiento de una entidad en un estado para aprovechar los beneficios de su normativa no es *per se* un abuso. De hecho, en el supuesto fáctico enjuiciado no se produjo un abuso, pues el préstamo se utilizó para reducir la carga financiera de la filial, lo que demuestra, de nuevo, que la normativa en cuestión no se dirige a los supuestos de abuso. Finalmente, el TJUE determinó que una normativa como la alemana que establece una discriminación por razón de la residencia no se encontraba justificada en el caso analizado. En este sentido, no quedó claro si las normativas que limitan los acuerdos sobre operaciones vinculadas internacionales (en este caso, operaciones financieras— subcapitalización—) son contrarias o no al ordenamiento comunitario

80. Ver STJCE (TJCE 2002, 372), *Lankhorst-Hohorst. Op. cit.* pár. 33-45. Ver LUCAS DURÁN, M., «STJCE 12/12/2002, Lankhorst-Hohorst versus Finanzamt Steinfurt, As. C-324/00. Libertad de establecimiento; normas tributarias sobre subcapitalización; distribución encubierta de beneficios; coherencia del régimen fiscal; evasión fiscal», Crónica tributaria núm. 117 (2005), p. 159; Ver GARCÍA PRATS, F. A., (2005), *Op. cit.*, p. 80.
81. Ver STJCE (TJCE 2002, 372), *Lankhorst-Hohorst. Op. cit.* pár. 39.
82. Ver STJCE (TJCE 2002, 372), *Lankhorst-Hohorst. Op. cit.* pár. 37.
83. Ver STJCE (TJCE 1998, 175), *ICI. Op. cit.* pár. 28.

de manera general; pero sí se desprende que tales normativas son permitidas cuando se dirigen a evitar conductas abusivas[84].

La doctrina expuesta en el caso *Lankhorst-Hohorst* fue recibida por algunos Estados con una lectura particular, según la cual las normas fiscales que aplicaban restricciones a las operaciones vinculadas (con un posible traslado encubierto de beneficios) debían dirigirse, no solo a las operaciones extranjeras, sino también a las nacionales, eliminando la diferenciación por cuestión de la residencia. Tras el pronunciamiento del TJUE, España derogó en 2004 su normativa (anti)subcapitalización[85], la cual tenía un alcance similar al de la norma revisada en el caso *Lankhorst-Hohorst*; la medida podía contener una restricción indirecta a la libertad de establecimiento, ya que afectaba más gravosamente a las filiales de matrices extranjeras que a las de matrices residentes en España[86]. Para la doctrina habría bastado con extender su supuesto de aplicación a las residentes en España para que se cumpliera con la doctrina jurisprudencial comunitaria[87]. Adicionalmente, esta lectura de la doctrina del TJUE posiblemente abrió paso a la modificación de normas en materia de operaciones vinculadas, de forma que se diera el mismo trato a las operaciones nacionales que a las internacionales; como sucedió en España con la reforma del art. 16 de la TRLIS realizada por la Ley 36/2006[88].

Sin embargo, como bien menciona MARTÍN, esta lectura particular de la doctrina expuesta en el caso *Lankhorst-Hohorst* dejó de lado la argumentación del TJUE respecto a la necesidad de revisar la relación entre la posible disposición discriminatoria y la justificación que se invoca[89]. Por ejemplo, en el caso expuesto, la normativa discriminatoria no cumplía su objetivo de atacar conductas abusivas; el riesgo de evasión fiscal no se eliminaba simplemente con el establecimiento de un trato diferente. En este caso era necesario establecer en la norma los criterios que llevaran su aplicación a los casos efectivamente abusivos (donde no hubiera otros motivos económicos que pudieran explicar el acuerdo del precio en la operación). Por ello, incluso teniendo un trato diferente entre las operaciones internacionales y las nacionales, tal trato estaría justificado si la norma tiene el efecto de evitar la evasión fiscal, por ejemplo, a través del uso de montajes puramente artificiales. Lo que se aclararía por el TJUE en sentencias posteriores.

---

84. Ver SERRANO ANTÓN, F. y ALMUDÍ CID, J. M., «STJCE 12.12.2002. Lankhorst-Hohorst GmbH, As. C-324/00. Impuesto sobre sociedades. Subcapitalización. Coherencia del régimen fiscal. Evasión fiscal», Crónica tributaria núm. 117 (2005), p. 166.
85. Una norma reglamentaria que establece un supuesto de ajuste secundario en los casos de subcapitalización. Ver TRLIS de 2004. *Op. cit.* art. 20.
86. Ver GARCÍA PRATS, F. A., (2005), *Op. cit.*, p. 80.
87. Ver MARTÍN JIMÉNEZ, A., (2010), Operaciones vinculadas ..., *Op. cit.*, p. 84.; Ver CORDÓN EZQUERRO, T. y GUTIÉRREZ LOUSA, M., (2008), «Cláusulas ...», *Op. cit.*, pp. 218 y ss.
88. También Alemania y Reino Unido tuvieron reacciones similares. Sobre la reforma en materia de la norma de operaciones vinculadas en España ver numeral 2.3.1 del Capítulo IV.
89. Ver MARTÍN JIMÉNEZ, A., (2010), Operaciones vinculadas ..., *Op. cit.*, p. 85; Ver SERRANO ANTÓN, F. y ALMUDÍ CID, J. M., (2005), «STJCE ...», *Op. cit.*, p. 167.

1.1.3.2. La sentencia del caso Thin Cap

En el caso *Test Claimants in the Thin Cap Group Litigation* enjuiciado en 2007 (en adelante *Thin Cap*) el TJUE se pronuncia nuevamente sobre la compatibilidad de una norma de subcapitalización, esta vez británica, con respecto al Derecho comunitario[90]. El supuesto fáctico era similar al de *Lankhorst-Hohorst,* pero en este caso, la legislación británica solo disponía la recalificación de los pagos de intereses que excedieran de aquellos que se habrían pactado entre partes independientes. El gobierno británico señaló que tal normativa estaba dirigida a evitar el riesgo de evasión fiscal a través de operaciones abusivas. En línea con sus pronunciamientos anteriores, el TJUE consideró que la normativa constituía una discriminación a las operaciones transfronterizas que afectaba a la libertad de establecimiento, por estar dirigida solo a las filiales cuyas matrices son no residentes, sin cobertura de aquellas que tienen matrices residentes[91]. De acuerdo con la doctrina del TJUE, evitar el riesgo de evasión fiscal es una razón imperiosa válida si se dirige a enfrentar efectivamente el abuso[92]. Al respecto el TJUE señaló que, aplicar la recalificación de los pagos de intereses sólo cuando la operación no se da en condiciones similares a las que se acordarían entre partes independientes, permitía enfrentar la conducta abusiva. En este sentido el TJUE reconoció que la obtención de un préstamo intragrupo en condiciones distintas a las que habrían acordado partes independientes es un elemento objetivo que permite a los Estados determinar que la operación se trata de un montaje puramente artificial para eludir la normativa tributaria[93], con lo cual el uso del criterio del ALP era adecuado para alcanzar el objetivo de evitar la evasión fiscal. En cuanto a la comprobación sobre el alcance de la normativa, el TJUE consideró que esta no va más allá de lo necesario si se garantiza que el contribuyente puede presentar elementos sobre los motivos comerciales por los cuales realizó tal operación[94] (con lo que se garantiza que la medida va dirigida a los montajes carentes

90. La cuestión prejudicial se planteó con motivo de las reclamaciones por restituciones y/o compensaciones realizadas por los grupos empresariales y matrices de las filiales a raíz de la sentencia de *Lankhorst-Hohorst.* Ver MARTÍN JIMÉNEZ, A., (2010), Operaciones vinculadas ..., *Op. cit.*, p. 84.; Ver CORDÓN EZQUERRO, T. y GUTIÉRREZ LOUSA, M., (2008), «Cláusulas ...», *Op. cit.*, p. 217.

91. *«(...) es preciso señalar que una diferencia de trato entre filiales residentes en función del lugar donde tiene su domicilio su sociedad matriz constituye una restricción a la libertad de establecimiento, puesto que hace menos atractivo el ejercicio de dicha libertad por parte de sociedades domiciliadas en otros Estados miembros, las cuales, en consecuencia, podrían renunciar a la adquisición, la creación o el mantenimiento de una filial en el Estado miembro que adopte dicha disposición (véase la sentencia Lankhorst-Hohorst, antes citada, apartado 32)».* Ver STJCE (TJCE 2002, 372), *Lankhorst-Hohorst. Op. cit.* pár. 61.

92. Ver STJCE (TJCE 2002, 372), *Lankhorst-Hohorst. Op. cit.* pár. 64.

93. Ver STJCE (TJCE 2002, 372), *Lankhorst-Hohorst. Op. cit.* pár. 81.

94. No se pueden establecer por el legislador presunciones generales de fraude fiscal. Cuando se den determinadas circunstancias objetivas que sean caldo natural de cultivo para el fraude, es legítimo que el legislador haga de estas circunstancias un supuesto de presunción *iuris tantum* de fraude, de manera que el contribuyente pueda probar, sin excesivas

de realidad económica); adicionalmente, se consideró que la normativa británica es proporcional, ya que se dirige solo a la parte que excede del precio de mercado[95].

El pronunciamiento del TJUE permite afirmar que los ordenamientos nacionales pueden establecer normas sobre operaciones vinculadas y subcapitalización, incluso si están dirigidas únicamente a operaciones transfronterizas, por razones de riesgo de evasión fiscal cuando se dirigen a montajes puramente artificiales diseñados para evadir una normativa fiscal. En este sentido, tanto el Abogado General[96] como el TJUE señalaron que no se trata de extender el alcance de la medida restrictiva a las operaciones nacionales en la misma medida que a las operaciones internacionales, sino de dirigir la restricción a los casos en los que se justifica excluir el abuso. Cuando se dirige la norma solo contra la parte que excede el precio de mercado y se verifica que existieron motivos económicos que explican la desviación del precio, la normativa se dirige solamente contra las conductas abusivas.

En conjunto, el pronunciamiento del TJUE en este caso posicionó el principio de plena competencia como un principio antiabuso que permite evitar los montajes puramente artificiales utilizados para el traslado de beneficios[97]. En la sentencia se reconoció el ALP como un criterio de referencia para identificar una conducta abusiva (cuando la operación no está en línea con el mercado hay un elemento objetivo que puede indicar la existencia de un montaje puramente artificial). En palabras de SCHÖN este pronunciamiento sitúa el ALP en una base sólida que no tenía en el caso *Lankhorst-Hohorst,* pero al mismo tiempo asocia su campo de aplicación con las delimitaciones del concepto de abuso[98]; por ello, el Abogado General incluso señaló que *«el contribuyente tiene que estar facultado para demostrar que, aunque las condiciones de la operación difieran de las que se pactarían entre partes independientes, la operación respondía sin embargo a motivos comerciales reales distintos de la obtención de una ventaja fiscal»* [99].

dificultades administrativas, que no se trata de un montaje realizado para defraudar, sino que se trata de su actividad comercial legítima. Ver STJCE de 26 de septiembre de 2000 (TJCE 2000, 217), *Comisión/Bélgica*, pár. 45; Ver STJCE de 4 de marzo de 2004 (TJCE 2004, 55), *Comisión/Francia*, pár. 27; Ver STJCE (TJCE 2006, 243), *Cadbury Schweppes, Op. cit.* pár. 50.

95. Ver STJCE (TJCE 2002, 372), *Lankhorst-Hohorst. Op. cit.* pár. 83.
96. Ver Opinión del Abogado General Geerlhoed, pár. 68, STJCE (TJCE 2002, 372), *Lankhorst-Hohorst.*
97. Doctrina confirmada en la STJCE de 17 de enero de 2008 (TJCE 2008, 4), *Lammers & Van Cleeff.*
98. Ver SCHÖN, W., (2011), *Op. cit.*, p. 34.
99. Ver STJCE (TJCE 2002, 372), *Lankhorst-Hohorst. Op. cit.* pár. 67.

Esta es una perspectiva problemática. El ALP no responde principalmente a esta finalidad antiabuso[100]. De hecho, como se extrae de la lectura del art. 9 MC OCDE, es un principio que tiene como objeto fundamental la distribución adecuada de beneficios entre partes vinculadas (y el correspondiente reparto adecuado de poderes tributarios entre los Estados involucrados). En esta línea, la lectura del ALP como principio antiabuso debe ser tomada con precaución, especialmente porque el TJUE no sólo se ha pronunciado sobre el principio de plena competencia respecto a la justificación de medidas restrictivas de las libertades fundamentales, sino también en aspectos como la prohibición de ayudas de Estado[101]. Teniendo en cuenta el efecto que tiene la jurisprudencia del TJUE en el ordenamiento de los Estados miembros, esta lectura puede influir en la inclusión de *test* antiabuso como parte de la aplicación de las normativas sobre precios de transferencia basadas en el ALP. De hecho, CALDERÓN afirma que el ALP como principio antiabuso conduce a que toda normativa fundamentada en tal principio constituye una legislación antibauso desde esta perspectiva comunitaria; por tanto, tal normativa resulta justificada siempre que se ajuste a la doctrina antiabuso del TJUE (*test* de proporcionalidad sobre la adecuación y necesidad de la medida), es decir, que solo se aplique a operaciones que no posean una justificación comercial[102].

Para autoras como RUIZ, esta posición del TJUE puede verse como una intromisión del Tribunal en la fiscalidad directa, competencia de los Estados miembros[103]. La aplicación de las normativas nacionales sobre precios de transferencia, desde esta perspectiva, tiene un enfoque más limitado, que depende no solo de la alineación con el ALP sino también con la doctrina antiabuso del TJUE. Asimismo, esta concepción del principio de plena competencia estrecha mucho más la relación entre la aplicación de la normativa sobre operaciones vinculadas y la doctrina de los motivos económicos válidos[104]. No puede per-

100. Como hemos visto en los Capítulos I, II de esta obra; Ver RUÍZ ALMENDRAL, V., (2012), *Op. cit.*, p. 268; Ver SCHÖN, W., (2011), *Op. cit.;* Ver CALDERÓN CARRERO, J. M., (2016), *Op. cit.;* Ver GÓMEZ REQUENA, J. A., (2019), *Op. cit.;* Ver SCREPANTE, M., (2019), *Op. cit.*

101. Como se estudia en el numeral 1.2 del Capítulo IV.

102. Ver CALDERÓN CARRERO, J. M., «La prestación de servicios intragrupo en la nueva regulación de operaciones vinculadas», Carta tributaria Monografías núm. 8 (2008), p. 9.; ver también CALDERÓN CARRERO, J. M. y GARCÍA-HERRERA BLANCO, C., «La doctrina del TJUE sobre el principio de plena competencia al hilo de la sentencia de la High Court británica en el caso «Test Claimants in the Thin Cap»: el test comunitario de los motivos comerciales y sus implicaciones», Estudios financieros Revista de contabilidad y tributación núm. 332 (2010), p. 50.

103. *«La intromisión del Tribunal en la fiscalidad directa es, por tanto, notable ya que el Tribunal se ha concedido a sí mismo la capacidad de anular las medidas de los Estados miembros en un ámbito en el que la actividad de las instituciones de la UE está prohibida sin la aprobación de todos los Estados miembros y en un ámbito que forma parte integral de la capacidad de los Estados miembros para recaudar ingresos. Se trata de una situación insostenible».* Ver RUIZ ALMENDRAL, V., (2013), *Op. cit.*, p. 166.

104. Ver MARTÍN JIMÉNEZ, A., (2010), Operaciones vinculadas ..., *Op. cit.*, p. 92.

derse de vista que el ALP ha sido construido sobre la base de estas dos finalidades, incluso cuando se defienda que es únicamente un criterio de reparto de beneficios. Como se indicó anteriormente, en los propios comentarios del MC OCDE se observa la admisión de las doctrinas como la sustancia sobre la forma o la utilización de cláusulas antiabuso cuando se trata de los ajustes transaccionales por precios de transferencia[105]. En este sentido, más que una finalidad exclusivamente antiabuso, la interpretación de la doctrina del TJUE debe entenderse desde la doble función que puede tener el principio, como criterio para asignación de beneficios y también como mecanismo antiabuso[106].

1.1.3.3. La sentencia del caso SGI

En la sentencia del caso *Société Industrielle de Gestion*, el TJUE se pronunció directamente sobre una normativa sobre precios de transferencia, en el ordenamiento jurídico belga. Esta normativa estaba dirigida únicamente a las operaciones transfronterizas y establecía un ajuste a las ventajas inusuales o gratuitas permitidas por la entidad residente en Bélgica, por lo que los valores acordados por encima del valor de mercado, pagados a entidades vinculadas no residentes, se atribuían a la base imponible de la entidad residente en Bélgica. El gobierno de Bélgica señaló que tal normativa obedecía a evitar el riesgo de evasión fiscal derivado del uso de montajes artificiales y a permitir un reparto equilibrado de las potestades tributarias[107].

Al igual que en las decisiones sobre normativas de subcapitalización de Alemania y Reino Unido, el TJUE señaló que la normativa belga configuraba una discriminación entre las operaciones transfronterizas y las nacionales, lo cual implicaba una restricción a libertad fundamental de establecimiento[108]. Para la Abogada General Kokott, a pesar de ser una normativa que establecía un trato discriminatorio, esta podía justificarse por el reparto equilibrado de la potestad tributaria entre los Estados junto con la prevención del abuso fiscal[109]. Respecto a la primera razón, una medida restrictiva puede estar justificada siempre que el objetivo de la normativa sea evitar comportamientos de los contribuyentes que puedan comprometer el derecho de un Estado miembro a ejercer su com-

105. Ver OCDE. (2010) MC OCDE. Comentario 22 al art. 1.
106. Ver MARTÍN JIMÉNEZ, A., (2010), Operaciones vinculadas ..., *Op. cit.*, p. 92.
107. Razón imperiosa de interés general en materia fiscal establecida por el TJUE en una sentencia sobre compensación de pérdidas: *«el mantenimiento del reparto de la potestad tributaria entre los Estados miembros podría requerir que a las actividades económicas de las sociedades establecidas en uno de dichos Estados se les aplique únicamente la normativa tributaria de éste, tanto en lo relativo a los beneficios como a las pérdidas.»*. Ver STJCE de 13 de diciembre de 2005 (TJCE 2005, 372), *Marks & Spencer,* pár. 45-46.
108. Ver STJUE (TJCE 2010, 16), *SGI. Op. cit.* pár. 30-36, 44.
109. Ver STJUE (TJCE 2010, 16), *SGI. Op. cit.* pár. 71.; en la Sentencia del caso *Oy AA,* el TJUE señaló que estos dos elementos, conjuntamente considerados, son considerados objetivos legítimos compatibles con el TFUE. Ver STJCE de 18 de julio de 2007 (TJCE 2007, 202), *Oy AA.*

petencia fiscal en relación con las actividades desarrolladas en su territorio[110]. Es decir, evitar que un contribuyente, utilice los derechos que derivan de las libertades fundamentales (ej. invocar el derecho al libre establecimiento o circulación de mercancías para realizar operaciones en las que transfiere a una sociedad vinculada no residente más ingresos de los que corresponden a su actividad) y con ello obligue al Estado a renunciar a su derecho a gravar los beneficios por la actividad efectivamente realizada en su territorio. Respecto al objetivo de luchar contra el riesgo de evasión fiscal, este objetivo deriva de la finalidad de asegurar un reparto equilibrado de potestades tributarias, pues luchar contra el fraude fiscal a través de la comprobación de las operaciones según el estándar de mercado permite alcanzar este reparto de potestades equilibrado. Sobre esta razón imperiosa, la Abogada General Kokott no solo se refirió al ALP como un principio antiabuso sino también como un criterio de distribución de beneficios que permite alcanzar el mencionado reparto equilibrado de potestades tributarias. En efecto, el TJUE reconoció que una normativa sobre precios de transferencia, que contiene una discriminación entre las operaciones transfronterizas y nacionales, podía estar justificada por el reparto equilibrado de la potestad tributaria considerado conjuntamente con la prevención de uso de los montajes puramente artificiales[111]. Para el Tribunal la normativa es adecuada y proporcional a los dos objetivos planteados ya que i) grava la ventaja anormal (el precio de transferencia anómalo); ii) se dirige a los montajes puramente artificiales diseñados para evadir la legislación fiscal[112] y considera la existencia de motivos económicos válidos que evitarían la calificación de la operación como abusiva; y iii) se dirige solo contra la operación que difiere del acuerdo que habrían alcanzado entre partes independientes.

De acuerdo con esta sentencia, una normativa sobre precios de transferencia que establece una discriminación de las operaciones vinculadas internacionales respecto de las operaciones vinculadas puramente domésticas está justificada ante el Derecho comunitario, no solo por razones relacionadas con la lucha contra el fraude fiscal. En todo caso, este tipo de normativas están limitadas por los requisitos de la doctrina antiabuso del TJUE, es decir, debe ser una normativa adecuada y no ir más allá de lo necesario para alcanzar sus objetivos (evitar el fraude y distribuir los beneficios). Para alcanzar específicamente las conductas abusivas, la normativa debe garantizar que el contribuyente puede presentar los motivos económicos válidos que justifiquen un precio de transferencia distinto del precio de mercado y también debe comprobarse que —en todo caso— el

---

110. *«En efecto, dar a las sociedades la facultad de optar entre el Estado miembro de establecimiento y otro Estado miembro para que se tengan en cuenta sus pérdidas pondría en grave peligro el equilibrio en el reparto de la potestad tributaria entre los Estados miembros ya que la base imponible aumentaría en el primer Estado y disminuiría en el segundo por el valor de las pérdidas transferidas».* Ver STJCE (TJCE 2005, 372), *Marks & Spencer. Op. cit.* pár. 46; Ver STJCE de 29 de marzo de 2007 (TJCE 2007, 72), *Rewe Zentralfinanz*, pár 42.
111. Ver STJUE (TJCE 2010, 16), *SGI. Op. cit.* pár. 60-69.
112. Ver STJUE (TJCE 2010, 16), *SGI. Op. cit.* pár. 68.

precio pactado está en línea con el principio de plena competencia[113]. En este sentido, la posición adoptada por el TJUE se distancia de sus pronunciamientos en *Lankhorst-Hohorst* y *Thin Cap;* en tales casos el contribuyente podía evitar la aplicación de la medida restrictiva si su conducta respondía a motivos económicos válidos, incluso si la operación vinculada no estaba en línea con el principio de plena competencia. Sin embargo, con la sentencia de SGI, el *test* para verificar la conducta abusiva del contribuyente debe demostrar, en última instancia, que el precio de la operación vinculada cumple con el criterio del mercado[114]. Lo que en principio deja ver una mayor reconciliación entre la perspectiva del ALP de la OCDE (MC OCDE y DPT OCDE) y el Derecho comunitario. A pesar de esto, la decisión no deja de ser controvertida por la aceptación de una medida que implica una discriminación[115].

1.1.3.4. La sentencia del caso Hornbach-Baumarkt

En la sentencia del caso *Hornbach-Baumarkt (2018)* el TJUE se pronuncia por segunda vez sobre la compatibilidad de una normativa sobre precios de transferencia, en este caso alemana, con el Derecho comunitario. Dicha normativa establecía un ajuste a las operaciones vinculadas transfronterizas, a través del cual se atribuía a la base imponible de la entidad residente en Alemania, la parte de los beneficios que no hubieran sido inicialmente incluidos como consecuencia de una operación pactada en condiciones distintas a las que habrían acordado partes independientes. En el supuesto fáctico, una matriz alemana prestó a sus filiales holandesas las garantías requeridas por una entidad bancaria para poder realizar un préstamo a estas últimas, teniendo en cuenta que estas no tenían la situación financiera para respaldar el préstamo solicitado. Tal operación se realizó sin solicitar algún tipo de contraprestación o modificación de las participaciones en las filiales beneficiadas con las garantías. La administración tributaria alemana entendió que este acuerdo no se realizaría entre partes independientes, considerando que en la base imponible de la matriz alemana debía integrarse la remuneración que se pactaría en una operación similar entre partes independientes. La matriz alemana interpuso los recursos correspondientes alegando un trato discriminatorio con respecto al que reciben las operaciones entre entidades vinculadas residentes en Alemania. El Tribunal alemán competente consideró que la normativa cuestionada podía constituir una restricción de la libertad de establecimiento (según la doctrina establecida en el caso *SGI)*; medida que podía no ser proporcionada teniendo en cuenta que la normativa no contemplaba la oportunidad de presentar pruebas sobre los motivos válidos de la operación por parte del contribuyente. Por esta razón el Tri-

113. Ver Conclusiones de la Abogada General Juliane Kokott, presentadas el 10 de septiembre de 2009. Asunto C-311/08. pár. 77-78, en relación con el caso de la STJUE (TJCE 2010, 16), *SGI.*

114. Ver MARTÍN JIMÉNEZ, A., (2010), Operaciones vinculadas ..., *Op. cit.*, p. 90.

115. Ver SCHÖN, W., (2011), *Op. cit.*, p. 45.

bunal alemán competente elevó al TJUE una cuestión prejudicial sobre la compatibilidad de dicha normativa con el Derecho comunitario.

Como se ha visto en los anteriores pronunciamientos, el TJUE considera que una normativa que se dirige únicamente a operaciones internacionales, es una medida restrictiva contraria a la libertad de establecimiento[116]. Sobre las razones imperiosas que justifican esta normativa, el gobierno alemán señaló que su objetivo era la protección del reparto equilibrado de potestades tributarias, considerando que debía enfrentar la conducta de los contribuyentes que transfieren beneficios a otros Estados miembros, pues permitir tales traslados implicaría una renuncia del Estado alemán a su competencia para gravar los beneficios por las actividades efectivamente realizadas en su territorio[117]. A diferencia del al supuesto de *SGI,* el gobierno alemán no se pronunció sobre el riesgo de evasión fiscal como razón imperiosa para establecer su normativa[118]. El TJUE consideró que la normativa alemana perseguía un objetivo legítimo compatible con el Derecho comunitario[119], confirmando su doctrina sobre la protección del reparto equilibrado de potestades tributarias[120].

Sobre la proporcionalidad de la normativa, el TJUE consideró que esta era adecuada al objetivo señalado, pues permitía al Estado miembro ejercer efectivamente su competencia tributaria sobre las actividades realizadas en su territorio, al impedir que a través de una operación sin contraprestación (no alineada con el principio de plena competencia) se produjera un traslado de los beneficios que le correspondía gravar a dicho Estado miembro. Asimismo el TJUE consideró que el alcance de la medida era el necesario, haciendo referencia a su razonamiento en el caso *SGI,* al señalar que una medida no va más allá de su objetivo cuando i) el contribuyente puede presentar elementos relativos a los posibles motivos comerciales por los que se efectuó la operación, y ii) la medida se limita a la fracción que supere lo que se habría convenido entre dichas sociedades en

---

116. Ver STJUE (JUR 2018, 152927), *Hornbach-Baumarkt. Op. cit.* pár. 32-35.
117. Ver STJUE (JUR 2018, 152927), *Hornbach-Baumarkt. Op. cit.* pár. 42.
118. *«Procede señalar que, en el presente asunto no se ha invocado ningún riesgo de evasión fiscal. El Gobierno alemán no ha mencionado ni la existencia de un montaje puramente artificial, en el sentido de la jurisprudencia del Tribunal de Justicia, ni la de la voluntad de la demandante en el litigio principal de reducir su beneficio imponible en Alemania».* Ver STJUE (JUR 2018, 152927), *Hornbach-Baumarkt. Op. cit.* pár. 55.
119. *«El Tribunal de Justicia ha considerado que permitir a las sociedades residentes de un Estado miembro que transfieran sus beneficios en forma de ventajas anormales o benévolas concedidas a sociedades con las que mantienen vínculos de interdependencia y que están domiciliadas en otros Estados miembros conlleva el riesgo de comprometer un reparto equilibrado de la potestad tributaria entre los Estados miembros y que una normativa de un Estado miembro que prevea la tributación de esas ventajas por parte de la sociedad residente que las ha consentido a una sociedad establecida en otro Estado miembro permitía al primero de esos Estados miembros ejercer su competencia tributaria en relación con las actividades realizadas en su territorio.».* Ver STJUE (TJCE 2010, 16), *SGI. Op. cit.* pár. 44-45.
120. Ver STJCE (TJCE 2007, 202), *Oy AA. Op. cit.* pár. 54.;

las condiciones del mercado[121], es decir, el ajuste se limita a la parte que excede al acuerdo de plena competencia. Para el TJUE, en el caso concreto, la matriz alemana tuvo la oportunidad de indicar sus motivos comerciales para realizar la operación; el examen sobre si las obligaciones administrativas fueron excesivas o no fue remitido por el TJUE a la competencia del organismo judicial alemán correspondiente.

Sin embargo, al referirse a la oportunidad del contribuyente para presentar datos sobre sus motivos comerciales, el TJUE se pronunció sobre la posibilidad de aceptar como sustento de la operación realizada los motivos comerciales relacionados con la posición de asociado, es decir, con la vinculación. En el caso concreto el TJUE considera que, en efecto, entre partes independientes la prestación de garantías para un préstamo habría sido retribuida. Aun así, entre partes vinculadas esta falta de remuneración puede explicarse por el propio interés económico de la matriz en el éxito comercial de sus filiales[122]. En tal sentido, la normativa no va más allá de lo necesario si el contribuyente tiene la oportunidad de probar motivos comerciales que pueden derivarse, incluso, de su vinculación con una entidad no residente. En todo caso, el TJUE estimó que el fondo de dichos motivos debía ser valorado por el órgano jurisdiccional remitente.

De esta sentencia es posible extraer varias consideraciones sobre el principio de plena competencia. En primer lugar, que una normativa nacional sobre precios de transferencia que establece una diferenciación entre operaciones internacionales y nacionales puede ser admisible en el Derecho comunitario por razones exclusivamente relacionadas con el reparto equilibrado de las potestades tributarias, con lo cual el Tribunal da un margen para la interpretación del ALP como norma positiva de distribución, cuyo efecto antiabuso puede ser consecuencia de tal distribución equilibrada. Aunque vale la pena mencionar que la doctrina del TJUE también podría utilizarse para soportar la idea contraria, es decir, que una normativa sobre precios de transferencia (basada en el ALP) con un objetivo antiabuso de prevención de la evasión fiscal, necesariamente, tiene el efecto de asegurar el reparto equilibrado de potestades tributarias entre los Estados[123].

Más allá de cualquiera de estas dos posiciones, la doctrina del TJUE en los dos casos analizados sobre normativas en materia de precios de transferencia permite concluir que, a pesar de la restricción intrínseca que esta normativa contiene a la libertad de establecimiento y de los posibles obstáculos a los objetivos del mercado interior que el ajuste de operaciones vinculadas implica, esta es admisible por razones imperiosas de interés general. Eso sí, tal justificación

121. Ver STJUE (TJCE 2010, 16), *SGI. Op. cit.* pár. 71 y 72.
122. Ver STJUE (JUR 2018, 152927), *Hornbach-Baumarkt. Op. cit.* pár. 56-58.
123. De acuerdo con la doctrina del SGI y la admisión conjunta de la prevención del riesgo de evasión fiscal y el reparto equilibrado de potestades tributarias como razones legítimas para justificar una medida restrictiva de las libertades comunitarias.

está fuertemente relacionada con la constatación del alcance de las conductas que realmente constituyen un abuso o riesgo considerado por el Derecho comunitario, y no de manera general. Esto puede verse tanto en el *test* de los motivos —comerciales o económicos— que pueden excluir la consideración de razones «puramente fiscales» sobre las razones de los contribuyentes para llevar a cabo una operación que en principio se desvía de las condiciones de mercado, como en el *test* sobre la proporcionalidad de la medida en relación con el objetivo perseguido (adecuación y necesidad)[124]. En este escenario la presencia del ALP como referencia para el examen de la conducta del contribuyente sigue siendo una herramienta, casi indiciaria, de lo que puede o no considerarse un abuso. Por ello, aunque el TJUE ha reconocido que el incumplimiento del ALP en una operación aporta elementos objetivos para constatar la existencia de un montaje puramente artificial diseñado con el fin de evadir la legislación tributaria, no puede negarse que tal consideración infiere en el elemento subjetivo del abuso (la finalidad). Esta posición es riesgosa porque la realización de una operación vinculada, por parte de una EMN, en condiciones que recaen fuera del marco del ALP, no conlleva necesariamente una práctica abusiva[125].

Esto nos lleva a una segunda conclusión importante a partir de la sentencia de *Hornbach-Baumarkt,* relacionada con la evolución del *test* de motivos económicos válidos. Como puede observarse, en general esta sentencia confirma la doctrina del TJUE establecida en el caso *SGI,* relacionada con el establecimiento de normas sobre precios de transferencia restrictivas de las libertades fundamentales, pero justificadas por razones del reparto equilibrado de las potestades tributarias. Sin embargo, en este pronunciamiento el TJUE se refiere a la justificación de esta normativa sin hacer mención a la prevención del fraude fiscal o el abuso. El TJUE se centra en la justificación de la normativa con fundamento en la función del ALP como criterio de reparto. Esto permite observar una mayor elaboración de la doctrina del TJUE sobre los motivos comerciales válidos, como excluyente de la aplicación de la corrección tributaria a la base imponible. En este sentido, el Tribunal consideró como admisibles los motivos comerciales basados en razones propias de la vinculación como posibles justificantes de los precios distintos a los de mercado. En este sentido se puede afirmar, que entre de los motivos económicos válidos para explicar la falta de adecuación de una operación con el principio de plena competencia, se encuentran razones comerciales propias de los grupos empresariales[126], que en todo

124. El mismo test de proporcionalidad que fue elaborado en la jurisprudencia del TJUE para disposiciones antiabuso. Ver BURIAK, S. y LAZAROV, I., «Between State aid and the fundamental freedoms: The arm's length principle and EU law», Common Market Law Review no. 56(4) (2019), p. 40.

125. Ver BURIAK, S. y LAZAROV, I., (2019), *Op. cit.*, p. 36.

126. Ver SÁNCHEZ DE CASTRO MARTÍN-LUENGO, E., «Las reglas sobre precios de transferencia bajo el derecho europeo, algunas reflexiones tras la sentencia del TJUE de 31 de mayo de 2018, C-382/16, asunto «Hornbach-Baumarkt AG»», Nueva Fiscalidad núm. 1

caso están fuera del ámbito de la causalidad o la intencionalidad. La consideración de estos motivos permite constatar un reconocimiento de la realidad económica de los grupos empresariales, y no únicamente de la perspectiva de las empresas individualmente consideradas.

Este reconocimiento no implica directamente que toda razón interna de los grupos empresariales será válida[127], pero sí que pueden considerarse como justificaciones aquellas que provienen de un ejercicio efectivo de los derechos derivados de las libertades fundamentales, por lo menos de la libertad de establecimiento[128]. En este caso, utilizar el contenido de las libertades fundamentales (para constatar si hay o no un ejercicio efectivo del derecho) como referencia para determinar la lógica comercial de la operación, aporta elementos más concretos para la realización de ajustes en materia de precios de transferencia. Sobre este punto es interesante mencionar la sentencia del TJUE en el caso *WebMindLicences*[129], un fallo sobre la determinación de conductas abusivas en materia de IVA y la utilización de mecanismos de cooperación administrativa, que sin embargo contiene algunas consideraciones específicas sobre los elementos para identificar la actividad real de una operación[130]. En este pronunciamiento el TJUE señala que la comprobación de la existencia de un montaje puramente artificial, en este caso para disimular una prestación de servicios que en realidad se realiza desde otro Estado, *«debe basarse en elementos objetivos y verificables por terceros, como la existencia física de entidad* (que presuntamente explota el *know-how*), *por lo que a locales, personal y equipos se refiere»*[131], aplicando por analogía la doctrina de *Cadbury Schweppes*.

(2019), p. 67.; Ver BARCIELA PÉREZ, J. A., «Precios de transferencia y el Derecho de la Unión. El asunto Hornbach-Baumarkt, C-382/16», Quincena fiscal núm. 7 (2020), p. 14.

127. Ver CALDERÓN CARRERO, J. M. y GARCÍA-HERRERA BLANCO, C., (2010), *Op. cit.*, p. 63-65; Ver GÓMEZ REQUENA, J. A., (2019), *Op. cit.*, p. 232.

128. La protección de la libertad de establecimiento se limita a aquellas sociedades controladas que estén implantadas realmente en el Estado miembro en que se han constituido y ejerzan en éste actividades económicas efectivas. Lo que GARCÍA considera principio sustantivo. Ver GARCÍA PRATS, F. A., (2008), *Op. cit.*, p. 183.

129. Ver STJUE de 17 de diciembre de 2015 (TJCE 2015, 393), *WebMindLicences*.

130. En el supuesto fáctico, una entidad húngara transfiere a una entidad constituida en Madeira un *know-how* para que explotara un sitio web. Aunque el asunto principal es sobre la utilización de pruebas obtenidas en el marco de un procedimiento penal paralelo y no concluido, sin conocimiento del sujeto pasivo, pero también se pronuncian sobre los elementos de los montajes puramente artificiales. Esta sentencia en la que se resuelve una cuestión prejudicial, respecto a una comprobación del IVA por parte del gobierno húngaro. Ver STJUE (TJCE 2015, 393), *WebMindLicences. Op. cit.*

131. En la misma línea el TJUE indica que, para determinar si la operación constituyó un montaje de este tipo, el órgano jurisdiccional competente debe analizar todos los hechos que se han presentado, averiguando en particular si la implantación de la sede de actividad económica o del establecimiento permanente en otro Estado no era real o si tal entidad no poseía la estructura adecuada para ejercer la actividad económica de la operación (locales, personal y equipo técnico), o si no ejercía tal actividad a su propio nombre, cuenta y riesgo. Ver STJUE (TJCE 2015, 393), *WebMindLicences. Op. cit.* pár 44-45.

Incluso si se considera problemático utilizar la perspectiva antiabuso en la aplicación del ALP, esta perspectiva del ejercicio efectivo de los derechos, que permite la utilización de motivos comerciales derivados de la vinculación, aporta elementos más concretos para justificar una operación vinculada que difiere de las condiciones que habrían establecido partes independientes (si los motivos derivados de la vinculación, a pesar de ser interno y propios del grupo, no se relaciona con la intencionalidad).

Esta posición sobre los motivos comerciales válidos se relaciona con la consideración sobre las posibles razones que pueden entenderse como aceptables para justificar la desviación de una operación respecto a la conducta de partes independientes de manera general. La doctrina académica ha identificado dos tipos de motivos que pueden sustentar tal desviación frente al precio de mercado[132]: los motivos objetivos[133] (relacionados con condiciones o causas comerciales que pueden probarse usualmente en mercado abierto) y los subjetivos (relacionados propiamente con situaciones de la empresa o grupo como la conveniencia empresarial, dificultades financieras, o también los errores de gestión)[134]. Originalmente se identificaba la racionalidad objetiva como propia de la posición de la OCDE por contraposición a las posiciones de países como Francia por la admisión de causas comerciales como el mantenimiento de la reputación empresarial[135]. Lo cierto es que ambas posiciones se han ido flexibilizando para considerar, en general, que los motivos justificantes de operaciones vinculadas en condiciones distintas a las exigidas por el ALP pueden coincidir con circunstancias de ambos tipos.

CALDERÓN y GARCÍA-HERRERA sostienen que en la doctrina jurisprudencial del TJUE se aprecia un mayor encaje de la doctrina de la razonabilidad subjetiva, no solo porque los motivos objetivos se entienden implícitos en las condiciones de aplicación del ALP, sino principalmente porque la compatibilidad de las medidas restrictivas como la subcapitalización o los precios de transferencia (que establecen ajustes a las operaciones estructuradas por las partes) deben corresponder a montajes abusivos —puramente artificiales—; las medidas deben ser proporcionales y adecuadas, por lo que la consecuencia de la normativa sobre precios de transferencia no debería aplicarse sino a los montajes

132. Ver CALDERÓN CARRERO, J. M. y GARCÍA-HERRERA BLANCO, C., (2010), *Op. cit.*, p. 56.
133. SALA se refiere en general a la interpretación objetiva o «razonabilidad objetiva» del principio de plena competencia, en la que se utilizan criterios objetivos de análisis de las operaciones que pueden ser aplicados casi mecánicamente. Ver SALA GALVAÑ, G., (2003), *Op. cit.*, p. 133.
134. Inicialmente las normativas sobre precios de transferencia de Francia y Bélgica se identificaban con esta interpretación, por la alineación del principio de plena competencia con la diligencia o la razonabilidad, en los que se requiere un análisis más discrecional, pero que buscan principalmente evitar comportamientos de abuso fiscal. Ver CALDERÓN CARRERO, J. M. y GARCÍA-HERRERA BLANCO, C., (2010), *Op. cit.*, p. 56.
135. Ver SALA GALVAÑ, G., (2003), *Op. cit.*, p. 196.

puramente artificiales sin justificación comercial. En este sentido, el contribuyente debe tener la opción de justificar el motivo de la desviación (objetiva o subjetiva)[136]. La jurisprudencia del TJUE parece admitir ambos motivos comerciales siempre que estos tengan una sustancia efectiva y una lógica comercial de la empresa o del grupo, pues como se puede ver en el caso *Hornbach Baumarkt* se trata, no solo de señalar la existencia de tal motivo asociado a la vinculación, sino que se evidencia en la propia operación (el préstamo fue utilizado para salvar financiera a la filial de la matriz alemana). Esto no quiere decir que siempre que concurra un motivo subjetivo se podrá justificar la desviación de los precios de mercado, sino que debe existir una relación entre el motivo comercial y las circunstancias económicas y fácticas que rodean la operación. Aun así, a nivel comunitario, la valoración de estos aspectos corresponde a los tribunales nacionales[137].

Esto no quiere decir que no pueden argumentarse más motivos comerciales que los reconocidos hasta ahora en las sentencias dictadas por el TJUE, sino que hasta el momento estos son los que se han reconocido a través de las cuestiones prejudiciales específicas realizadas por los tribunales de Estados miembros al TJUE. Lo que a la vez conlleva una posible asimetría en la doctrina jurisprudencial del TJUE y hace difícil establecer una posición judicial que comprenda todo el ámbito de los precios de transferencia[138].

En todo caso, esta ampliación de los pronunciamientos sobre el *test* de motivos comerciales válidos marca algunas pautas para la aplicación del ALP en la posible realización de recaracterizaciones y ajustes transaccionales en las operaciones vinculadas llevados a cabo por las administraciones tributarias nacionales. En este sentido, es necesario comprobar que no existe un montaje puramente artificial en los términos de la doctrina del TJUE, que constituya un abuso de la normativa fiscal que a su vez afecte al funcionamiento del mercado interior. A tal efecto, es posible que las administraciones tributarias consideren que las desviaciones de las operaciones vinculadas con respecto al ALP son elementos objetivos para constatar la existencia de un montaje puramente artificial y, en

136. Ver CALDERÓN CARRERO, J. M. y GARCÍA-HERRERA BLANCO, C., (2010), *Op. cit.*, p. 60.

137. Como bien señala MARTÍN, es muy importante tener claros cuáles son los elementos del abuso, en este caso de los montajes puramente artificiales (y los motivos que justifican una operación y no se consideran abusivos), particularmente porque las competencias del TJUE son distintas a las de los tribunales nacionales, es decir, mientras que al primero le corresponde la definición del principio de prohibición del abuso en Derecho comunitario y la apreciación e interpretación de los objetivos de las normas comunitarias, a los segundos les corresponde la determinación de si el comportamiento del contribuyente es abusivo. En tal sentido, los fundamentos del abuso, por lo menos, deben quedar lo más claros posible desde la posición del TJUE. Ver MARTÍN JIMÉNEZ, A., «Hacia una concepción unitaria del abuso del derecho tributario de la Unión Europea», Quincena Fiscal núm. 7 (2012), p. 22.

138. Ver RUIZ ALMENDRAL, V., (2010), *Op. cit.*, p. 53.

consecuencia, se apliquen las correcciones correspondientes, incluyendo posibles recaracterizaciones de la operación.

Asimismo, considerando el *test* de proporcionalidad de las medidas construido por el TJUE, es necesario asegurar que la aplicación de la normativa tampoco va más allá del objetivo perseguido por la norma y que, por lo tanto, se dirige concretamente a enfrentar el abuso. En mi opinión, una interpretación estricta de este punto implica que un ajuste (valorativo o transaccional) solo puede aplicarse en la proporción de lo que se considera como un exceso desde el punto de vista del mercado. Un ajuste transaccional debería limitarse a lo necesario para alcanzar el estándar. En definitiva, debe mantenerse una aplicación de mínimos y no de máximos que lleve a la configuración total de una nueva operación con respecto a la estructurada por las partes[139].

1.2. EN RELACIÓN CON LA PROHIBICIÓN DE AYUDAS DE ESTADO

1.2.1. Aproximación general a las ayudas de Estado en materia tributaria

Como se mencionó anteriormente, otro ámbito relevante en el que el TJUE se ha pronunciado respecto al principio de plena competencia y las operaciones vinculadas es en relación con el régimen de las ayudas de Estado. De acuerdo con el art. 107.1 del TFUE, son incompatibles con el mercado interior, *«en la medida en que afecten a los intercambios comerciales entre Estados miembros, las ayudas otorgadas por los Estados o mediante fondos estatales, bajo cualquier forma, que falseen o amenacen falsear la competencia, favoreciendo a determinadas empresas o producciones»*.

A través de esta disposición se busca proteger el mercado interior de las ayudas que presta directamente una entidad pública, con recursos públicos, a una empresa o sector específico. Se debe resaltar que la integración económica de los Estados de la UE para consolidar el mercado interior se basa, en gran medida, en una filosofía económica liberal[140]; según esta, la manera más eficiente para distribuir ingresos es a través de un mercado abierto, con una injerencia de los Estados limitada a los aspectos necesarios para asegurar el buen funcionamiento de dicho mercado. Por lo anterior, la prohibición de ayudas de Estado tiene como objetivo evitar que las disposiciones prácticas emitidas por las entidades públicas de los Estados miembros, como el favorecimiento de entidades ineficaces, el proteccionismo de empresas nacionales y, en general, las medidas cuyo resultado sea ineficiente a efectos del mercado, distorsionen la competencia. En este sentido, las intervenciones de los Estados miembros

139. Ver NAVARRO IBARROLA, A., (2016), *Op. cit.*, pp. 211 y ss.

140. Ver MARTÍN JIMÉNEZ, A. J., «El concepto de ayuda de Estado y las normas tributarias en materia de imposición directa: estado de la cuestión», Noticias de la Unión Europea núm. 324 (2012), p. 35.

en materia de imposición directa deben considerar las disposiciones relativas a las ayudas de Estado señaladas en el art. 107.1 del TFUE[141].

El art. 108 del TFUE señala que la Comisión tiene la competencia para decidir sobre la compatibilidad de una ayuda de Estado con el Derecho comunitario, lo cual ha reiterado el TJUE en sus pronunciamientos[142]. En consecuencia, la Comisión tiene la función de controlar que las medidas adoptadas por los Estados miembros no corresponden a una ayuda prohibida que puede afectar el mercado interior y la competencia. Para ello, la Comisión puede ejercer este control sobre medidas ya existentes[143] o sobre medidas nuevas. Sobre las primeras, tiene la capacidad de recabar información, hacer recomendaciones sobre la modificación o eliminación de las medidas y, en última instancia, exigir tal modificación o eliminación ante el TJUE cuando los Estados miembros se nieguen a considerar la recomendación en tal sentido (art. 108.2. del TFUE). Respecto a las ayudas nuevas, los Estados miembros deben informar previamente a la Comisión de los proyectos dirigidos a conceder o modificar una ayuda, antes de aplicarla o llevarla a cabo (salvo por las excepciones indicadas en el art. 107.2 del TJUE). Si una ayuda se lleva a cabo sin la autorización de la Comisión se considera ilegal[144] (aunque no necesariamente ilícita)[145]. En consecuencia, la Comisión tiene la competencia para decidir sobre la compatibilidad de las medidas notificadas por los Estados miembros con el Derecho comunitario, y para autorizarlas[146].

Además de la normativa de los art. 107 y 108 del TFUE, las disposiciones sobre ayudas de Estado también se encuentran desarrolladas en el Reglamento de la Comisión UE 2015/1589[147], en el que se detallan los tipos de ayudas, el procedimiento de comprobación que debe adelantar la Comisión según las distintas ayudas, y el procedimiento de recuperación de la ayuda cuando ésta es

141. Ver STJUE de 16 de marzo de 2021 (JUR 2021, 82274), *Comisión/Polonia,* pár. 26.

142. Ver STJCE de 17 septiembre 1980 (Asunto 730/79), *Philip Morris Holland*; STJCE de 22 de junio de 2006 (TJCE 2006, 174), *Bélgica y Forum*.

143. Haciendo referencia a las ayudas que habían sido emitidas y aplicadas por los Estados miembros a la entrada en vigor del TFUE. Ver GARCÍA CARACUEL, M., (2020), *Op. cit.*, p. 219.

144. En todo caso, el TJUE ha señalado que las ayudas no notificadas no son automáticamente (en base a la normativa procesal) ilegales y automáticamente incompatibles con el mercado único, pues se requiere que la decisión sobre la incompatibilidad se realice de manera sustancial y no simplemente procedimental. Ver STJCE de 29 de octubre de 1980 (Asunto 22/80), *Boussac Saint-Frères SA v Brigitte Gerstenmeier*.

145. Ver SZOTEK, P., Multinational enterprises, European state aid and transfer pricing: a study of the application of EU State Aid Law to transfer pricing and allocation of income to permanent establishments, Tesis doctoral, Maastricht University 2020. URL: https://doi.org/10.26481/DIS.20201204PS Revisado en 05/07/2022 p. 45.

146. La ausencia de decisión por parte de la Comisión dentro de los plazos establecidos para hacerlo, a pesar del requerimiento del Estado miembro, no produce un silencio administrativo positivo. Ver GARCÍA CARACUEL, M., (2020), *Op. cit.*, p. 220.

147. Ver Consejo Europeo (2015) Reglamento del Consejo por el cual se establecen normas detalladas para la aplicación del artículo 108 del Tratado de Funcionamiento de la Unión Europea (versión codificada). Publicado en Diario Oficial de la Unión Europea No. 24.9.2015 L 248/9. (UE) 2015/1589.

declarada ilegal. También existen documentos no vinculantes de la Comisión, como la Comunicación relativa al concepto de ayuda estatal del 19 de julio de 2016[148]; y particularmente en el ámbito fiscal, el Informe de la Comisión del 11 de noviembre de 1998 sobre ayudas de Estado en materia de fiscalidad directa; y también el Informe de la Comisión del 9 de febrero de 2004 que se refiere a la aplicación del Informe de 1998, antes mencionado.

Tal como sucede con la prohibición de discriminación de las libertades fundamentales, existen excepciones al principio de prohibición de ayudas de Estado. Estas pueden ser de tres tipos: i) las ayudas de carácter social, ayudas en casos de desastres naturales y ayudas para favorecer la economía de determinadas regiones, que se consideran compatibles con el Derecho comunitario de manera automática[149]; ii) las ayudas destinadas a favorecer el desarrollo económico de regiones desfavorecidas, ayudas destinadas a un proyecto de interés económico general, ayudas destinadas a la promoción de la cultura, la conservación del patrimonio, entre otras[150], las cuales no son automáticas y requieren de la autorización de la Comisión para ser aplicadas[151]; y iii) las que se encuentran excluidas del concepto de ayuda de Estado de acuerdo con el Reglamento Nº 1407/2013 de la Comisión que establece una regla *de minimis* según la cual la Comisión no investigará las ayudas que son de cuantías consideradas bajas para tener un impacto en el mercado interior (en general, unos 200.000€ aproximadamente)[152].

De acuerdo con el art. 107.1 del TFUE, la calificación de una medida nacional como una «ayuda de Estado», exige que concurran los siguientes elementos[153]:

i) *La existencia de una ventaja*. En efecto, la medida del Estado miembro debe conferir a sus beneficiarios una ventaja, que puede consistir no solo en prestaciones positivas (como una subvención), sino también en medidas que tengan como resultado mitigar la carga tributaria que nor-

148. Ver Comisión Europea. (2016) Comunicación de la Comisión relativa al concepto de ayuda estatal conforme a lo dispuesto en el artículo 107, apartado 1, del Tratado de Funcionamiento de la Unión Europea. (2016/C 262/01). Publicada en Diario Oficial de la Unión Europea No. 19.7.2016 C 262/1.

149. El Estado miembro debe notificarlas a la Comisión, pero no requieren autorización de esta para ser aplicadas. Ver TFUE. *Op. cit.* Art. 107.2.

150. En general las que determine el Consejo, a propuesta de la Comisión, como la promoción del desarrollo de Pymes o para la investigación y el desarrollo. Ver GARCÍA CARACUEL, M., (2020), *Op. cit.*, p. 218.

151. Ver TFUE. *Op. cit.* Art. 107.3.

152. Ver Comisión Europea. (2013). Reglamento de la Comisión relativo a la aplicación de los artículos 107 y 108 del Tratado de Funcionamiento de la Unión Europea a las ayudas de *minimis.* Publicado en el Diario Oficial de la Unión Europea No. 24.12.2013 L 352/1. p. 1 y ss.

153. Ver STJCE (Asunto 730/79), *Philip Morris Holland, Op. cit.* pár. 104.; Ver STJUE de 6 de octubre de 2021 (TJCE 2021, 245), *World Duty Free Group y España/Comisión*; Ver también STJUE de 8 de noviembre de 2022 (JUR 2022, 344406), *Fiat,* pár. 66.

malmente le corresponde a una empresa[154]. El TJUE se ha pronunciado sobre este requisito desde 1961, en los siguientes términos: «el concepto de ayuda es más general que el concepto de subvención, ya que comprende no sólo prestaciones positivas, como las propias subvenciones, sino también intervenciones que, de diversas maneras, aligeran las cargas que normalmente gravan el presupuesto de una empresa y que, por tanto, sin ser subvenciones en el sentido estricto de la palabra, tienen el mismo carácter e idénticos efectos.». Lo que el TJUE ha ratificado en sentencias posteriores. En este sentido, en materia fiscal el elemento distintivo de las ayudas de Estado, es que resultan en un aligeramiento de la carga tributaria. La ventaja puede otorgarse a los beneficiarios a través de la reducción de la base imponible, una reducción total o parcial de la carga tributaria, el diferimiento o cancelación de la deuda tributaria, etc. En este sentido, el TJUE y la Comisión Europea han señalado que la ventaja otorgada por la medida nacional es en cierta forma una excepción a la aplicación normal de la norma tributaria[155]; una derogación de la norma general aplicable, sin importar la forma en que se instrumente.

ii) *Otorgada a través de recursos estatales*. En este sentido se deben tener en cuenta varios aspectos. Por un lado, la ventaja debe ser otorgada por el Estado miembro, es decir, a través de disposiciones emanadas por el Estado (legislativas, administrativas o regulatorias)[156] o por cualquiera de sus entidades, de todos los niveles territoriales en los que se organice el poder público. Por otro lado, la ventaja debe consistir en fondos estatales, es decir, cualquier tipo de fondos del sector público[157]. En consecuencia, la pérdida de fondos estatales debe ser imputable al mismo Estado (o sus organismos regionales o locales)[158]. A estos efectos, la pérdida de fondos estatales es equivalente

154. Solo es relevante el efecto de la medida en la empresa y no la causa ni el objetivo de la ayuda. Ver Comisión Europea. (2016/C 262/01). *Op. cit.* pár. 67.

155. «*En efecto, como se desprende, en particular, del apartado 101 de la sentencia de 15 de noviembre de 2011, Comisión y España/Government of Gibraltar y Reino Unido (C-106/09 P y C-107/09 P, EU:C:2011:732), aunque una medida no tenga formalmente carácter de excepción y se base en criterios que, en sí, tengan carácter general, puede ser selectiva si provoca, de hecho, una discriminación entre sociedades que se encuentran en situaciones comparables con respecto al objetivo perseguido por el régimen tributario de que se trate (véase, en este sentido, la sentencia de 19 de diciembre de 2018, A-Brauerei, C-374/17, EU:C:2018:1024, apartados 32 y 33 y jurisprudencia citada).*» Ver STJUE (JUR 2022, 344406), *Fiat. Op. cit.* pár. 70; Ver GARCÍA CARACUEL, M., (2020), *Op. cit.*, p. 217.; Ver también MARTÍN JIMÉNEZ, A. J., (2012), «El concepto de ayuda de Estado...», *Op. cit.*, p. 39.

156. Ver STJCE de 14 de octubre de 1987 (Asunto C-248/84), *Alemania/Comisión*.

157. Fondos que pueden ser aportados por entidades total o parcialmente públicas. Ver Comisión Europea. (2016/C 262/01). *Op. cit.* pár. 48-49.

158. En palabras de MARTÍN se optó por interpretar este requisito como único y cumulativo. Ver STJCE de 13 de marzo de 2001 (TJCE 2001, 102), *PreussenElektra y otros*. Ver también MARTÍN JIMÉNEZ, A. J., (2012), «El concepto de ayuda de Estado...», *Op. cit.*

al consumo de los mismos pues, en última instancia, el Estado no podrá recibirlos como consecuencia de la aplicación de la medida.

iii) *Que afecte el comercio y la competencia*. En este sentido la jurisprudencia del TJUE ha establecido que no es necesario probar que la afectación al comercio intracomunitario o la competencia ya existe, sino que es posible que se dé tal afectación[159]. Asimismo, el TJUE ha considerado que, las ayudas que implican la disminución de la carga tributaria que normalmente corresponde a una empresa por su actividad en un Estado, distorsionan las condiciones de competencia en el ámbito del mercado interior[160]. En concreto, la actividad transfronteriza de los beneficiarios y la existencia de una ventaja, previamente establecida en el proceso de análisis, pueden ser indicadores del efecto potencialmente distorsionador del mercado interior[161], lo que en todo caso debe ser justificado por la Comisión al analizar la medida.

iv) *A favor de empresas determinadas o sectores específicos*[162]. En relación a este elemento, la medida otorgada por el Estado debe establecer una ventaja selectiva para su beneficiario en relación con otros que se encuentren en similares condiciones fácticas y jurídicas[163]. En consecuencia, la ventaja debe dar un trato diferente a unas empresas respecto de otras, de forma injustificada. La cuestión importante en este ámbito es determinar si la posición del beneficiario de la ayuda se ha mejorado con respecto a otras empresas que operan en el mismo sector y su efecto en el mercado interior[164]. El TJUE indica que en este aspecto se requiere determinar si la medida nacional en cuestión puede favorecer a «determinadas empresas o producciones» en relación con otras que se encuentran en una situación fáctica y jurídica comparable, habida cuenta del objetivo perseguido por el referido régimen, y que por lo tanto reciben un trato diferenciado que, en esencia, puede calificarse de discriminatorio[165]. En este sentido, se observa una similitud respecto a la prohibición de discriminación de las libertades fundamenta-

159. Ver STJUE (Asunto 730/79), *Philip Morris Holland, Op. cit.* pár. 12.
160. Ver STJCE de 30 de abril de 2009 (TJCE 2009, 110), *Comisión de las Comunidades Europeas v. Italia y Wam SpA*.
161. Ver STJCE (TJCE 2006, 172), *Bélgica y Forum, Op. cit.*
162. Las normas sobre ayudas estatales solo se aplican cuando el beneficiario de la medida de ayuda es una «empresa»; una entidad que realice una actividad económica de forma directa o indirecta. Ver Comisión Europea. (2016/C 262/01). *Op. cit.* pár. 6 y ss.
163. Ver STJCE de 8 de noviembre de 2001 (TJCE 2001, 304), *Adria-Wien Pipeline GmbH y otros*; Ver STJUE (TJCE 2021, 245), *World Duty Free Group y España/Comisión, Op. cit.* pár. 26.
164. Ver SZOTEK, P., (2020), *Op. cit.*, p. 44.
165. Ver STJUE (JUR 2021, 82274), *Comisión/Polonia, Op. cit.* pár. 28.

les, considerando que ambos corresponden a distintas manifestaciones del principio de igualdad[166].

Para establecer la «selectividad» de la medida, la Comisión debe, en un primer paso, identificar el marco de referencia[167], que en el caso de las medidas tributarias es el régimen tributario aplicable tanto a las beneficiarias de la ayuda como a sus comparables. En este asunto el TJUE ha aclarado que, para identificar el sistema de referencia en materia de fiscalidad directa, solo debe tenerse en cuenta el Derecho nacional aplicable en el Estado miembro de que se trate, ya que esa identificación es, a su vez, un requisito previo indispensable para apreciar no solo la existencia de una ventaja, sino también si ésta reviste carácter selectivo[168]. Lo anterior, porque el objetivo es comprobar que la medida no genera un trato discriminatorio, y que tales medidas pueden estar incorporadas en cualquier tipo de disposición proveniente del Estado. Como bien indica GARCÍA, la definición de este marco puede ser compleja, pues, aunque en algunos supuestos dicho marco es plenamente identificable (en las medidas que establecen una excepción a un sistema de tributación), en otras medidas nacionales como las resoluciones tributarias particulares es necesario identificar las condiciones de comparabilidad[169]. Una vez definido el marco de referencia el siguiente paso es identificar si la medida constituye una derogación o exclusión frente a la aplicación del marco de referencia, es decir, si la ayuda otorgada por el Estado conlleva una aplicación distinta que resulta en una reducción de la carga tributaria del beneficiario frente a otras empresas que se encuentran en una situación fáctica y jurídica comparable. Y finalmente, en un tercer paso, el análisis de la selectividad debe verificar si tal meda selectiva está justificada[170].

166. Puede observarse que la interpretación del requisito de la selectividad material en la doctrina del TJUE sobre el régimen de las ayudas de Estado confluye con la doctrina sobre las libertades fundamentales, interpretadas a la luz del principio de no discriminación. Ver MERINO JARA, I., «Selectividad regional, con especial consideración a su incidencia en España», en Las ayudas de Estado en el ámbito tributario. Experiencia española y contexto actual, Fundación Impuestos y Competitividad (2021), pp. 213-243. Ver RUIZ ALMENDRAL, V., «Poder tributario autonómico y Derecho de la Unión Europea: Consecuencias de un federalismo fiscal inacabado», Revista Española De Derecho Europeo núm. 64 (2018), pp. 25-76, en particular p. 51. RUIZ ALMENDRAL señala que: «La doctrina del TJUE sobre las Ayudas de Estado y su interpretación de la selectividad material refuerzan y complementan la doctrina sobre el principio de no discriminación y las libertades fundamentales, hasta el punto de que el análisis del TJUE es indistinguible en una y otra razón de decidir». Ver también BURIAK, S. y LAZAROV, I., (2019), *Op. cit.*, p. 31.
167. Como señala el TJUE, la determinación del marco de referencia reviste especial importancia en el caso de medidas fiscales ya que la existencia de una ventaja económica, a efectos del artículo 107 TFUE, apartado 1, solo puede acreditarse en relación con una imposición considerada «normal». Ver STJUE (JUR 2022, 344406), *Fiat. Op. cit.* pár. 69; STJUE de 20 de septiembre de 2023 (TJCE 2023, 142), *Bélgica v Comisión,* pár. 37 y ss.
168. Ver STJUE (JUR 2022, 344406), *Fiat. Op. cit.* pár. 68.
169. Ver GARCÍA CARACUEL, M., (2020), *Op. cit.*, p. 216.
170. Conforme a la jurisprudencia del TJUE, una medida que encuentre justificación por la naturaleza o la economía general del sistema en el que se inscribe, no reúne el requisito

En conjunto, la constatación de la ventaja y el carácter selectivo son los dos aspectos que han causado mayor número de pronunciamientos tanto de la Comisión como de los Tribunales europeos. El TGUE y el TJUE han indicado que la verificación de la existencia de una ventaja es independiente y debe darse de forma previa al examen de la selectividad de la ayuda[171]. Usualmente estos aspectos se analizan juntos[172], pero esto no exime a la Comisión de explicar cómo se verifica cada elemento en la identificación de una ayuda prohibida por el TFUE.

Cuando el examen de la Comisión concluye que se cumplen todos los elementos del art. 107.1 del TFUE, se considera que la ayuda es incompatible con el Derecho comunitario. En tal caso (y cuando no haya sido notificada a la Comisión previamente a su aplicación) la ayuda debe ser recuperada por el Estado miembro que la otorgó[173]. De esta manera se restablece la situación de ilegalidad causada con la medida y se elimina la afectación, o el riesgo de causarla, al mercado interior. El plazo de prescripción en este caso es de 10 años desde que la ayuda ilegal fue concedida a la empresa o sector beneficiario[174]. El procedimiento para tal recuperación debe ser reglamentado por la legislación interna de cada Estado miembro[175].

1.2.2. Ayudas de estado y precios de transferencia

Aunque los Estados miembros conservan la competencia exclusiva en materia de imposición directa, están obligados a respetar la prohibición de ayudas de Estado para alcanzar el correcto funcionamiento del mercado interior[176]. Con el principio de prohibición de ayudas de Estado, en materia tributaria, el objetivo es proteger la competencia entre las entidades privadas, pero a la vez limitar las

de selectividad, aunque constituya una ventaja para su beneficiario. Ver STJCE (TJCE 2001, 304), *Adria-Wien Pipeline. Op. cit.* pár. 42.; Ver STJUE (JUR 2022, 344406), *Fiat. Op. cit.* pár. 68.

171. Ver STGUE de 24 de septiembre de 2019 (Asunto T-755/15 y T-759/15). *Luxemburgo y Fiat Chrysler Finance Europe v. Comisión.* pár. 122.; Ver STJUE (JUR 2022, 344406), *Fiat. Op. cit.* pár. 65-69.
172. A efectos del análisis de ayudas de Estado, como bien señalan BURIAK y LAZAROV, el análisis de la selectividad solo puede realizarse dentro de los límites de la competencia de un Estado, de su soberanía; solo dentro de esos límites es posible determinar si se está dando un trato distinto a una empresa respecto de otras. Sin embargo, no se puede establecer si este trato diferente implica una ventaja económica sin considerar el tratamiento fiscal internacional general (el de su grupo empresarial). Con lo cual, ambos exámenes deben hacerse por separado, pero es difícil establecer sus límites. Ver BURIAK, S. y LAZAROV, I., (2019), *Op. cit.*, p. 8-9.
173. Ver STJCE de 29 de abril de 2004 (TJCE 2004, 140), *Alemania v Comisión.*
174. Ver Comisión Europea. (UE) 2015/1589. *Op. cit.* pár. 26.
175. Ver GARCÍA CARACUEL, M., (2020), *Op. cit.*, p. 220. En la normativa de España se contempla el procedimiento específico de recuperación de ayudas de Estado en los artículos 260 a 271 *LGT*.
176. Ver STJCE de 2 de julio de 1974 (Asunto C-173/73), *Italia v. Comisión*, pár. 26 y ss.

conductas de los Estados miembros en materia de competencia fiscal que puede ser lesiva al funcionamiento del mercado interior. Como menciona SOLER, la competencia fiscal entre los Estados puede involucrar aspectos distintos, no solo una baja tributación, por lo que no solo los territorios considerados de baja tributación están involucrados en dicha competencia[177]; hay otro tipo de jurisdicciones frecuentemente utilizadas por las ventajas fiscales que otorgan[178].

Estas ventajas pueden provenir de medidas generales y abstractas[179], o de medidas adoptadas por el Estado respecto a un contribuyente en particular. Entre las competencias en materia fiscal que tienen los Estados, existen supuestos en que las administraciones públicas tienen facultades discrecionales para aplicar una medida o determinar las condiciones en que conceden una ventaja fiscal de manera previa a su realización[180]. Entre estas medidas se encuentran las Resoluciones Fiscales Administrativas, también conocidas como *tax ruling;* resoluciones de carácter fiscal, que son adoptadas por las autoridades tributarias para brindar seguridad jurídica sobre un hecho fiscal relevante antes de que este ocurra[181]. En materia de precios de transferencia este tipo de resoluciones administrativas se utilizan para adoptar los APAs, entre la Administración tributaria y el contribuyente, con el objetivo de establecer la metodología para la determinación del precio de transferencia, de manera que exista una certeza sobre su alineación con el principio de plena competencia[182].

En consecuencia, los APA, como medidas nacionales de carácter fiscal que pueden establecer una ventaja en favor de un beneficiario particular, deben ser controlados por la Comisión para determinar si los Estados han aplicado debidamente la legislación nacional (el régimen tributario aplicable de manera gene-

177. Ver SOLER ROCH, M. T., «La imposición justa sobre las sociedades en un escenario global: un tema pendiente», Derecho & Sociedad núm. 50 (2018), p. 192.
178. En el mismo sentido GIRAUD y PETIT se refieren al caso de Luxemburgo que, tras la revelación en 2014 de cientos de *tax rulings* suscritos por su autoridad tributaria (asunto *LuxLeaks*) ha dejado en evidencia la posible práctica de ayudas de Estado prohibidas por el TFUE por las que la Comisión ha iniciado y resuelto ya varias investigaciones. Ver GIRAUD, A. y PETIT, S., «Tax Rulings and State Aid Qualification Should Reality Matter?», European State Aid Law Quarterly no. 16(2) (2017), p. 233.
179. Ver STJUE de 16 de septiembre de 2021 (JUR 2021, 296469), *Comisión Europea v. Bélgica y otro*. En la STJUE de 20 de septiembre de 2023 (TJCE 2023, 142), *Bélgica v Comisión,* el TJUE revisa el control de la Comisión sobre un régimen legal de exención a los beneficiós extraordinarios que configura una ayuda de estado; en el examen de la Comisón se utilizó como marco de referencia el régimen legal del Impuesto sobre sociedades belga y el principio de plena competència establecido en este.
180. Los criterios para la concesión de la ayuda están formulados de manera muy vaga o general que necesariamente implica un margen discrecional en su evaluación. Ver Comisión Europea. (2016/C 262/01). *Op. cit.* pár. 124.
181. Ver Comisión Europea (2016/C 262/01). *Op. cit.* pár. 169.
182. Ver MILADINOVIC, A. y PETRUZZI, R., «The Recent Decisions of the European Commission on Fiscal State Aid: An Analysis from a Transfer Pricing Perspective», International Transfer Pricing Journal, 26(4) (2019), p. 243.

ral) sin llegar a otorgar una ventaja selectiva[183]. Como señala SZOTEK, la pregunta específica en estos casos es si, en un APA, una administración tributaria admitió un análisis de precios de transferencia (concretamente una metodología para la determinación del precio) que puede ser incompatible con el marco jurídico normalmente aplicable a tal operación, otorgando así una ventaja selectiva ilegal[184]. Esto no quiere decir que todos los APA sobre operaciones vinculadas deban ser considerados *per se* ventajas ilegales, sino que, por su características —resoluciones adoptadas por los Estados sobre los elementos de una obligación tributaria en un caso particular— deben ser compatibles con el Derecho comunitario para poder ser aplicados. En tal sentido los APA que hayan sido establecidos bajo criterios objetivos y no discriminatorios, previamente notificados a la Comisión, posiblemente no configuren una ayuda ilegal.

1.2.2.1. La doctrina de la Comisión

En el ejercicio de su competencia de control, la Comisión se ha enfocado recientemente en el control de los APA suscritos entre las administraciones tributarias de los Estados miembros y sus contribuyentes, sobre la determinación de un precio de transferencia o de las condiciones para considerar la operación alineada con el ALP[185]. En concreto, la Comisión se ha centrado en determinar si la metodología de precios de transferencia que se acepta en un APA a favor de un contribuyente (y la EMN a la que pertenece) tiene como resultado un precio que no es de mercado y, por lo tanto, reduce los beneficios imponibles de dicho contribuyente respecto de otras empresas[186].

En la sentencia del caso *Bélgica y Forum (2001),* el TJUE estableció que la reducción de la base imponible de una empresa, como resultado de una ayuda de Estado que permite al contribuyente utilizar precios de transferencia que no se aproximen a los precios que se aplicarían en condiciones de libre competencia, podía otorgar una ventaja económica[187].

Haciendo una interpretación de la jurisprudencia del TJUE en el caso *Bélgica y Forum*, la Comisión ha establecido como criterio de referencia, el principio de

183. En varias decisiones la Comisión ha señalado que el marco de referencia en el control del elemento de la selectividad en un APA sobre precios de transferencia, debe ser el régimen general del impuesto sobre sociedades. Este marco se hace más concreto al comprender la parte del impuesto sobre sociedades que establece el tratamiento predeterminado relacionado con el APA (ej. establecimiento permanente u operaciones vinculadas). Ver Comisión (2016) Decisión de 30 de agosto, *Apple* SA.38373, pár. 227-228; Ver Comisión Europea (2015) Decisión de 21 de octubre, en el asunto SA.38374, *Starbucks,* p. pár. 231.; Ver Comisión Europea (2017) Decisión de 4 de octubre, *Amazon*, en el asunto SA.38944, pár. 398.
184. Ver SZOTEK, P., (2020), *Op. cit.*, p. 53.
185. Ver Decisión CE (2015) *Starbucks, Op. cit.*; Ver Comisión Europea (2015) Decisión de 21 de octubre, *Fiat,* en el asunto SA.38375.; Ver Decisión CE. (2017) *Amazon, Op. cit.;*
186. Ver SZOTEK, P., (2020), *Op. cit.*, p. 54.
187. Ver STJCE (TJCE 2006, 172), *Bélgica y Forum. Op. cit.* pár. 96-97.; Ver Comisión Europea. (2016/C 262/01). *Op. cit.* pár. 95-96.

plena competencia, ya que este principio permite determinar el resultado que obtendrían partes independientes en una operación comparable; y, por tanto, es una garantía de que no se ha dado un trato favorable al beneficiario de la ayuda de Estado con respecto a sus comparables (empresas o sector)[188]. El principio de plena competencia, originario de las reglas internacionales sobre operaciones vinculadas derivadas del art. 9 del MC OCDE y desarrollado por las DPT OCDE, no había sido utilizado en el ámbito de las ayudas de Estado hasta hace pocos años. Sin embargo, como se mencionó anteriormente, a partir de 2014 los APAs que fijan condiciones de determinación de precios de transferencia empezaron a ser objeto de control por parte de la Comisión más frecuentemente. En este sentido, a raíz de las Decisiones de los casos sobre *Fiat y Starbucks,* la Comisión indicó la utilización del ALP en el análisis de selectividad de las medidas adoptadas en APAs[189].

A partir de estas Decisiones, la Comisión reiteró en varias de sus decisiones que el principio de plena competencia que aplica en el *test* de selectividad de los APAs es un principio que se deriva del art. 107.1 del TFUE sobre ayudas de Estado y, por lo tanto, es independiente del establecido por la OCDE en el art. 9 del MC OCDE[190]. El art. 107.1 del TFUE prohíbe tal trato desigual entre empresas que se encuentran en una situación jurídica y fácticamente comparable. En este sentido, la Comisión reconoce que el ALP que aplica en el control de las ayudas de Estado (principio de no discriminación en la competencia) es distinto al de la OCDE (principio de competencia fiscal), pues mientras que el primero es el criterio para determinar el tratamiento igualitario de un contribuyente en un Estado miembro, el segundo es el principio para la distribución de los beneficios empresariales en operaciones vinculadas de los CDI[191]. De hecho, en algunas de sus decisiones, la Comisión ha manifestado que el ALP forma parte del análisis de ayudas de Estado del art. 107.1 TFUE y que, al derivarse de esta disposición, es aplicable independientemente de que un ordenamiento haya incorporado este principio a su ordenamiento jurídico nacional[192]. En este sentido, la Comisión señala que en materia de APA el marco de referencia del que parte es el sistema ordinario del impuesto sobre sociedades del correspondiente Estado miembro[193], que en todo caso pretende gravar por igual a todas las empresas sujetas al impuesto, lo que se garantiza con la aplicación del ALP derivado del art. 107.1 TFUE. Este es el supuesto del caso *Apple,* en el que la Comisión investigó varios APAs suscritos entre empresas vinculadas

188. Ver MILADINOVIC, A. y PETRUZZI, R., (2019), *Op. cit.*, p. 245.
189. Ver Decisión CE (2015) *Starbucks, Op. cit.* pár. 264.; Ver Decisión CE (2015) *Fiat, Op. cit.* pár. 228.
190. Ver Decisión CE (2015) *Starbucks. Op. cit.* pár 264.; Ver BURIAK, S. y LAZAROV, I., (2019), *Op. cit.*, p. 15.
191. Ver RAPP, J. & JANUS, R., «Institutional report», en Taxation, State Aid and Distortions of Competition VILACA JL (eds.), Edicoes Almedina 2018, p. 134.
192. Ver Decisión CE (2015) *Starbucks. Op. cit.* Pár. 264.;
193. Ver Comisión Europea. (2016/C 262/01). *Op. cit.* pár. 170.

de la EMN y la administración tributaria de Irlanda, y concluyó la existencia de una ventaja selectiva utilizando como referencia el ALP, aun cuando la ley irlandesa no incorpora dicho principio[194]. Lo que, como veremos un poco más adelante, fue rechazado por el TJUE al determinar el marco de referencia que debe usarse en el *test* de selectividad en una sentencia de 2022, justamente sobre el caso *Fiat*[195].

En todo caso, la Comisión utiliza el marco de las DPT OCDE, pues estas reflejan el consenso internacional sobre precios de transferencia y son las recomendaciones a las que acuden las administraciones tributarias para determinar los precios de mercado[196]. Para la Comisión, las DPT OCDE son una herramienta para establecer si una operación vinculada obtiene un resultado de plena competencia, pero esto no quiere decir que la Comisión se vea vinculada por las DPT o por cualquier otra recomendación de la OCDE en la materia[197]. Tal como sostiene la Comisión, el ALP que esta aplica en ejercicio de su potestad de control de las ayudas de Estado es un principio autónomo que se deriva directamente del art. 107. 1 del TFUE, y que forma parte de un principio general del Derecho (principio de igualdad) que, sin embargo, no tiene un desarrollo propio en forma de directrices, métodos y prácticas[198]. La Comisión únicamente ha señalado que las DPT OCDE se utilizan para asegurar que la medida nacional adoptada en los APA debe permitir un resultado basado en el mercado, lo que se equipara con la aplicación del ALP. Por lo anterior, la utilización de las DPT OCDE posiblemente corresponde a la necesidad de utilizar una metodología de aplicación del principio, que la Comisión justifica en el reconocimiento de un consenso internacional sobre el ALP y de la práctica de los Estados en su aplicación[199]. A pesar de este reconocimiento, la Comisión reitera que no está vinculada por el contenido de las DPT OCDE y se limita a señalar que «puede tener en cuenta» sus orientaciones, y que dirigirá sus investigaciones a «infracciones manifiestas». Aun así, como señala LUJA, esta expresión no es suficiente para aportar seguridad jurídica y certeza a los contribuyentes sobre el futuro de los APAs que suscriben con las administraciones[200].

---

194. Ver Decisión CE (2016), *Apple, Op. cit.* pár. 59-60.
195. Ver STJUE (JUR 2022, 344406), *Fiat. Op. cit.* pár. 94-96.
196. Ver Comisión Europea (2016/C 262/01). *Op. cit.* pár. 173.
197. Ver BONNICI, R., «The European Commission's Arm's Length Standard: Relationship and Compatibility with the Arm's Length Principle under Transfer Pricing», IBFD International Transfer Pricing Journal, 26(1) (2019), p. 59; Ver Bal, Aleksandra. (2018). Tax Rulings: Uncertain Certainty. En M. Cotrut & K. Munyandi (Eds.), Tax Incentives in the BEPS Era (pp. 231-259). IBFD Tax Research Series. p. 237.
198. BONNICI considera que el ALP que utiliza la Comisión carece de «marco analítico articulado». Ver BONNICI, R., (2019), *Op. cit.*, p. 58.
199. Ver Comisión Europea. (2016/C 262/01). *Op. cit.* pár. 173.
200. Ver LUJA, R. H., «Do State Aid Rules Still Allow European Union Member States to Claim Fiscal Sovereignty?», EC Tax Review 25(5) (2016), p. 323.

Vale la pena señalar que la aplicación de las directrices de la OCDE para la determinación de los precios de mercado por parte de la Comisión ha sido detallada y extensiva en al menos dos de los aspectos del análisis de precios de transferencia: la delineación precisa de la operación a través del análisis funcional; y la selección y aplicación de los métodos de valoración[201]. En la búsqueda por justificar que el APA analizado tiene errores metodológicos, la Comisión ha realizado extensos estudios sobre la determinación de las partes vinculadas en la creación de valor en el grupo empresarial, el análisis funcional y la distribución de los riesgos, la selección de la parte vinculada para el análisis, y la aplicación de métodos.

Por ejemplo, en la Decisión sobre el caso *Amazon,* la Comisión analiza un APA entre la administración tributaria de Luxemburgo y las sociedades LuxOpCo y LuxSCs, ambas participadas y controladas completamente por la empresa matriz Amazon Inc, residente en EEUU. LuxSCS era la holding del grupo en Europa, pero opaca a efectos fiscales para EEUU[202], lo que determinó que no estuviera sujeta a impuesto sobre los beneficios ni en Luxemburgo ni en EEUU. Como consecuencia de una ARC, LuxSCS obtuvo el derecho explotación y licencia de un intangible de propiedad intelectual de propiedad de Amazon Inc, para el cual Lux SCS tuvo que realizar el pago compensatorio —*buy in*— por haber entrado al ARC una vez este ya se estaba ejecutando. Posteriormente, Lux SCS estableció un acuerdo de licencia exclusivo con LuxOpCo para que esta última hiciera uso del intangible a cambio del pago de un canon. LuxOpCo actuaba como empresa operativa de Amazon en Europa y registraba todas las ventas de la región. En el APA suscrito entre las dos compañías ubicadas en Luxemburgo y la administración tributaria de dicho Estado, se estableció la determinación del canon por la licencia exclusiva concedida por LuxSCS a LuxOpCo a través del método de reparto del beneficio residual, por lo que la mayoría de rendimientos producidos por la explotación de los intangibles fueron atribuidos a LuxSCS, lo que resultaba en una imposición muy baja en Luxemburgo.

La Comisión consideró que el APA permitía a LuxOpCo deducir de su base imponible todos sus beneficios residuales en forma de pagos de cánones a LuxSCS por los intangibles licenciados, lo que configuraba una ventaja selectiva para el grupo Amazon[203]. En la Decisión de la Comisión, las conclusiones se fundan sobre la base de un análisis funcional de la operación basado en DEMPE para determinar las contribuciones realizadas por LuxOpCo al valor del intangible. Sin embargo, en su análisis la Comisión solo consideró la distribución de funciones entre las partes vinculadas, sin entrar a considerar la creación de valor del intangible de todas las entidades del grupo involucradas, entre las que seguramente Amazon

201. Ver MILADINOVIC, A. y PETRUZZI, R., (2019), *Op. cit.*, p. 244 y ss.; Ver SZOTEK, P., (2020), *Op. cit.*

202. Según la clasificación de la normativa estadounidense sobre clasificación de entidades a efectos fiscales. Ver US. IRS. Treasury Regulations. (1997). Section 301.7701.

203. Ver Decisión CE. (2017) *Amazon, Op. cit.* pár. 560.

Inc. era la que había generado la mayor parte del valor, por lo menos en lo relacionado con la tecnología y las marcas[204]. Adicionalmente, la Comisión analizó el pago compensatorio —*buy in*— hecho por LuxSCS para ingresar al ARC, señalando que este se realizó con el valor histórico de los intangibles (es decir el valor de estos al momento de concluir el ARC) y que debió hacerse sobre la base de los beneficios efectivamente obtenidos por el intangible (aplicando un enfoque retrospectivo de la valoración). A pesar de la controversia que puede suscitar el uso de este enfoque[205], si se tienen en cuenta las DPT OCDE 2017, la valoración de las contribuciones en el ARC debería resultar en una mayor atribución del beneficio a quien desarrolló las funciones más significativas para el intangible, posiblemente Amazon Inc. Por el contrario, a esto, la Comisión determinó que tal enfoque retrospectivo resultaría en una mayor imposición de los beneficios para Luxemburgo[206]. A pesar de las diferentes perspectivas de la Comisión frente a lo que sería un análisis global del valor creado por el grupo, en general, el esfuerzo hecho por la Comisión en la aplicación del análisis del ALP merece un reconocimiento y una valoración, especialmente cuando se observa una aplicación de las recomendaciones metodológicas de la OCDE[207]. Un análisis que, en todo caso, no establece un escenario claro sobre la aplicación de las DPT OCDE, por la posición de la Comisión sobre estas, y por la determinación discrecional que puede tener en cuenta este organismo a la hora de establecer el alcance del principio que aplica, todo ello justificado por el principio de plena competencia derivado del art. 107.1 del TFUE.

En conjunto, para la Comisión la existencia de una ventaja selectiva concedida en un APA solo puede establecerse si el Estado miembro en cuestión ha aplicado de forma manifiestamente incorrecta su marco de precios de transferencia, lo que incluye el ALP (derivado del art. 107.1 del TFUE) independientemente de su incorporación en la legislación nacional de dicho Estado. Teniendo en cuenta la aplicación metodológica de dicho principio considerada en las DPT OCDE, una excepción a tal marco legal puede provenir de un error manifiesto en el análisis funcional o en el método elegido para la asignación de beneficios[208]. Lo que llevaría a un resultado no alineado con el de mercado y, por tanto, a un trato diferente del beneficiario respecto a sus comparables.

204. Ver MILADINOVIC, A. y PETRUZZI, R., (2019), *Op. cit.*, p. 249.

205. En primer lugar, Irlanda no incorpora en su legislación el ALP como principio para la asignación de beneficios en operaciones vinculadas. En segundo lugar, sobre la aplicación del enfoque retrospectivo, puede aceptarse que es aplicable por la regla del CWI estadounidense respecto de los ingresos de Amazon Inc, pero puede que sea una aplicación que se extralimita del marco de referencia para la calificación de la selectividad realizada por la Comisión. En tercer lugar, es controvertido por la aceptación de la aplicación del enfoque retrospectivo y la compatibilidad de este con el Derecho comunitario, lo cual no estaba siendo discutido ni había sido aclarado por el TJUE.

206. Ver Decisión CE. (2017) *Amazon, Op. cit.* Sección 9.2.1 de la Decisión.

207. Ver MILADINOVIC, A. y PETRUZZI, R., (2019), *Op. cit.*, p. 244.

208. Ver BURIAK, S. y LAZAROV, I., (2019), *Op. cit.*, p. 29.

En todo caso, la perspectiva de la Comisión sobre el ALP ha sido considerada por la doctrina como problemática[209], pues el principio utilizado por la Comisión se refiera una nueva finalidad del ALP, como garantía de las condiciones de igualdad en el ámbito de la competencia comunitaria, partiendo del TFUE como fuente jurídica de tal principio, lo que implicaría que es de obligatorio cumplimiento para todos los Estados miembros. Teniendo en cuenta que cada legislación introduce las reglas sobre operaciones vinculadas según su propia interpretación, y también que muchos aspectos de las DPT OCDE no han sido definidos, las diferencias en la aplicación del principio de ALP entre uno y otro Estado puede ser problemáticas. Además, los resultados de plena competencia en un Estado, completamente válidos y justificados, puede diferir de los de otro Estado, también válidos, y no por ello justificar que una u otra conclusión debe ser considerada como una ayuda de Estado. En cuanto a la consideración del ALP como derivado del principio de igualdad, la Comisión no señala cuál es el vínculo con el contenido de este principio desarrollado por el Derecho comunitario[210]. Algunos autores como WATTEL han señalado que en el fondo la Comisión ha querido referirse a la igualdad de condiciones o al principio de igualdad de manera general[211], pero lo cierto es que la Comisión ha señalado explícitamente, en decisiones como las de *Starbucks* y *Fiat, que* el ALP que utiliza es un principio derivado del art. 107.1 del TFUE autónomo del ALP del art. 9.1 del MC OCDE.

1.2.2.2. La posición del TGUE

La posición de la Comisión sobre el ALP fue generalmente avalada por el TGUE[212]. En las Sentencias sobre los casos de *Starbucks, Fiat o Amazon,* el TGUE señaló que la Comisión efectivamente ostenta las facultades para realizar el análisis sobre ayudas de Estado de las medidas fiscales concedidas por los Estados a través de los APA[213]; y que para ello puede aplicar el principio de plena competencia, considerado como parte del principio de igualdad de trato fiscal entre empresas comparables fáctica y jurídicamente. Respecto al fundamento jurídico de este ALP utilizado por la Comisión, el TGUE ha confirmado que es un principio derivado del art. 107.1 del TFUE y que debe considerarse autónomo e independiente del ALP dispuesto en la legislación nacional de los Estados miembros y del art. 9 del MC OCDE[214]. Respecto a la posición de las DPT OCDE

209. Ver BONNICI, R., (2019), *Op. cit.,* p. 59 y ss.; Ver LUJA, R. H. (2016), *Op. cit.*, pp. 315 y ss.
210. Ver BONNICI, R., (2019), *Op. cit.,* pp. 59-61.
211. Ver WATTEL, P. J., «Stateless income, state aid and the (which?) arm's length principle», Intertax 44(11) (2016), p. 792.
212. Ver CALDERÓN CARRERO, J. M., «La jurisprudencia del TGUE en los casos Starbucks y Fiat: clarificación del impacto del art.107 TFUE sobre APAs y tax rulings en materia de precios de transferencia», Quincena fiscal núm. 19 (2019), p. 140.
213. Ver STGUE de 24 de septiembre de 2019 (Asunto T-755/15 y T-759/15), *Fiat*. pár. 104.; STGUE. de 24 de septiembre de 2019 (Asuntos T-760/15 y T-636/16), *Starbucks*. pár. 161.
214. Ver STGUE (Asunto T-755/15 y T-759/15), *Fiat, Op. cit.,* pár. 149-154.; Ver STGUE, (Asuntos T-760/15 y T-636/16) *Starbucks, Op. cit.* pár. 163.

en el análisis de la selectividad de las ayudas de Estado, el TGUE ha indicado que la Comisión no está vinculada por las DPT OCDE, pero reconoce que tales directrices son útiles porque provienen del consenso internacional y reflejan la práctica internacional sobre el análisis del principio de plena competencia, lo que permite que sean relevantes para el análisis de la Comisión[215]. Y por todo ello, el TGUE ha afirmado que la posición de la Comisión sobre el ALP y las DPT OCDE no configura una vulneración a la competencia de los Estados miembros en materia de imposición directa, pues en última instancia, los Estados deben ejercer tal competencia dentro de los límites establecidos por el Derecho comunitario[216].

En todo caso, el TGUE también limitó la calificación como «selectivas» de las medidas establecidas en los APA por razones de errores metodológicos. Aunque la Comisión ha argumentado que la determinación de los precios de transferencia de algunos APAs contiene errores manifiestos en la definición del análisis funcional o de la selección y aplicación del método de valoración adecuado, el TGUE ha establecido que no basta con llegar a tal conclusión, sino que la Comisión debe demostrar porqué la elección metodológica adoptada en el APA no permite alcanzar un resultado de mercado. Por lo que, si la fundamentación del APA es consistente y bien fundamentada, no debería considerarse que el APA contiene una ventaja selectiva ilegal prohibida por el art. 107.1 del TFUE. En las sentencias del TGUE sobre los casos *Amazon*[217] *y Apple*[218], el tribunal rechazó la calificación como medidas «selectivas» de dichos APAs, entre otras razones, teniendo en cuenta que puede haber distintos resultados y que lo importante es obtener un resultado fiable y aproximado al valor de mercado, por lo que no basta simplemente con identificar errores metodológicos[219]. En concreto el TGUE ha señalado que cuando la Comisión utiliza los métodos de valoración de los precios de

215. Ver STGUE (Asunto T-755/15 y T-759/15), *Fiat. Op. cit.* pár. 147.
216. Ver STGUE (Asunto T-755/15 y T-759/15), *Fiat. Op. cit.* pár. 105-106.
217. El Tribunal General concluye que la Comisión tampoco ha demostrado, en este contexto, que los errores metodológicos señalados hayan conducido necesariamente a una infravaloración de la remuneración que LuxOpCo habría percibido en condiciones de mercado y, en consecuencia, a la existencia de una ventaja consistente en una reducción de su carga fiscal. Ver STGUE de 12 de mayo de 2021 (Asunto T-755/15 y T-759/15), *Luxemburgo y Amazon v. Comisión.* pár. 509-514.
218. Ver STGUE de 15 de julio de 2020 (Asuntos T-778/16 y T-892/16), *Apple,* pár. 319.
219. *«Más concretamente, aunque la Comisión podía considerar válidamente que determinadas funciones desempeñadas por LuxOpCo en relación con los activos inmateriales iban más allá de las meras funciones de «gestión», no justificó con el nivel jurídico exigido la elección metodológica que dedujo de ello. Tampoco demostró por qué las funciones de LuxOpCo, tal como las identificó la Comisión, deberían haber conducido necesariamente a una mayor remuneración de LuxOpCo. Asimismo, por lo que respecta tanto a la elección del indicador de nivel de beneficios más adecuado como al mecanismo de límite máximo avalado por la resolución fiscal controvertida a efectos de determinar la renta imponible de LuxOpCo, aunque fueran erróneos, la Comisión no cumplió los requisitos probatorios que se le exigen».* Ver TGUE. (2021) Comunicado de prensa sobre la sentencia de los casos *T-816/17 Luxembourg v Commission and T-318/18 Amazon EU Sàrl and Amazon.com, Inc. v Commission*. Publicado el 12 de mayo de 2021. p. 3.

transferencia, en el marco de su apreciación en virtud del art. 107.1 TFUE, debe tener en cuenta su naturaleza aproximativa, por lo que no basta con verificar la existencia de errores metodológicos, sino que tales errores exceden de las imprecisiones inherentes a la aplicación de un método destinado a obtener una aproximación fiable de un resultado basado en el mercado[220]. Esta posición coincide con una concepción menos rígida de la aplicación de las reglas sobre precios de transferencia, cuya metodología no es una ciencia exacta, como también ha sido señalado por la OCDE. Para el TGUE, la mera constatación de errores o de la inobservancia de las recomendaciones sobre la determinación de los precios de transferencia no basta para demostrar la existencia de una ayuda ilegal, pues también es necesario que la Comisión demuestre que los errores metodológicos que identificó no permitían llegar a una aproximación de un resultado de plena competencia y que conllevaron una reducción de los beneficios imponibles en relación con los beneficios que se habrían calculado con arreglo al principio de plena competencia[221].

En general, las sentencias del TGUE han refrendado la posición de la Comisión sobre el ALP, lo que algunos autores han considerado como una victoria de la Comisión[222], que le ha permitido ampliar su margen de discrecionalidad en cuanto a la aplicación de las DPT OCDE, independientemente de si han sido incorporadas por el Estado miembro o no[223]. En este caso el propósito es demostrar un trato desigual, y no directamente comprobar la valoración de la operación con miras a un ajuste valorativo. El objetivo de la Comisión es demostrar que el APA no contiene una valoración que corresponde a los beneficios que habrían obtenido partes independientes en condiciones similares; el ALP es la referencia para determinar cuál es la situación de los beneficios en el sistema normal de mercado y, en su caso, que los beneficios en el marco del APA se han reducido, y que por lo tanto la medida es selectiva[224].

1.2.2.3. La posición del TJUE

Lo cierto es que la última palabra sobre la posición del ALP en el análisis de las ayudas de Estado derivadas de los APA suscritos entre a las administraciones tributarias de los Estados miembros y los contribuyentes comunitarios la tiene el TJUE. Hasta 2021, los casos conjuntos de *Bélgica* y *Forum*, eran los únicos en los que el TJUE había dado ciertas luces sobre la aplicación

220. Ver STGUE (Asunto T-755/15 y T-759/15), *Fiat. Op. cit.* pár. 207.; Ver STGUE (Asunto T-755/15 y T-759/15), *Luxemburgo y Amazon. Op. cit.* pár. 204.
221. Ver STGUE (Asuntos T-760/15 y T-636/16) *Starbucks. Op. cit.* pár. 427; Ver STGUE (Asuntos T-778/16 y T-892/16), *Apple. Op. cit.* pár. 319.
222. Ver CALDERÓN CARRERO, J. M., (2019). «La jurisprudencia del TGUE...», *Op. cit.*, pp. 128 y 141; Ver MONSENEGO, J., «Some observations on Starbucks, Fiat, and their potential impact on future amendments to the arm's length principle», Kluwer International Tax Blog (2019).
223. Ver SZOTEK, P., (2020), *Op. cit.*, Conclusiones Cap. 5.7.
224. Ver MILADINOVIC, A. y PETRUZZI, R., (2019), *Op. cit.*, p. 245.

de la normativa de ayudas de Estado a las resoluciones sobre precios de transferencia como las contenidas en los APA. En la sentencia citada, el TJUE señaló que para examinar si la determinación de los ingresos de los contribuyentes en una operación vinculada les permite obtener una ventaja, es necesario *«comparar el citado régimen al del Derecho común basado en la diferencia entre el activo y el pasivo de una empresa que desarrolle sus actividades en un* ***entorno de libre competencia.»***[225]. En tal sentido, el TJUE únicamente señaló que, en el caso concreto, se configuró una ventaja, ya que la medida no permitía llegar a precios de transferencia cercanos a los que se aplicarían en condiciones de plena competencia.

Posterior a este pronunciamiento, el TJUE se ha pronunciado sobre las ayudas de Estado y los precios de transferencia en escasas ocasiones. En 2021, el TJUE se pronunció sobre el caso *Comisión/Bélgica y Magnetrol,* en el que se discutía la calificación de la normativa belga sobre beneficios extraordinarios[226]. La Comisión concluyó que el régimen configuraba una ayuda de Estado prohibida por el art. 107.1 TFUE, y ordenó la recuperación de la ayuda[227]. El TGUE, como se mencionó en otras sentencias, confirmó las cuestiones materiales de la Decisión relacionadas con la competencia de la Comisión, el ALP y la utilización de las DPT OCDE, pero anuló la Decisión de la Comisión por errores de procedimiento[228]. El TJUE se pronunció sobre los motivos del recurso de casación, relacionados principalmente con aspectos procedimenta-

225. Ver STJCE (TJCE 2006, 172), *Bélgica y Forum. Op. cit.* pár. 95-96.

226. Es decir, en este caso la medida nacional se instrumentó en una normativa nacional, no en un APA. Aun así, el objeto de la medida también está relacionado con el establecimiento de ingresos en operaciones vinculadas y por ello vale la pena hacer mención a este caso. A través de esta normativa, las entidades belgas que forman parte de una EMN podían deducir los beneficios extraordinarios de los beneficios reales obtenidos, con lo que podían reducir su base imponible y el exceso de beneficios se atribuiría a la entidad del grupo a la que estos corresponden. Las entidades belgas que quisieran aplicar tal normativa podían solicitar una Resolución Administrativa de la administración tributaria para la estimación de los beneficios que serían gravables en Bélgica.

227. Que hasta el momento había sido concedida a 55 beneficiarios. La Comisión concluyó que concurrían todos los elementos para dicha calificación: i) la exención de los beneficios extraordinarios constituía una intervención del Estado, imputable a este, que daba lugar a una pérdida de fondos estatales, a través de la reducción del impuesto adeudado en Bélgica por las empresas beneficiarias de la medida; ii) tal régimen podía afectar al comercio intracomunitario ya que había beneficiado a sociedades multinacionales que operaban en varios Estados miembros; iii) el régimen belga liberaba a las empresas beneficiarias de una carga que normalmente habrían debido soportar, lo que afectaba la competencia al reforzar la posición financiera de las empresas beneficiarias, iv) que el mencionado régimen otorgaba una ventaja selectiva a las entidades belgas al beneficiar únicamente a los grupos multinacionales de empresas a los que estas entidades pertenecían. Ver Comisión (2016) Decisión de 11 de enero de 2016, *Comisión v. Bélgica y Margentrol,* (SA.37667) (UE) 2016/1699. pár. 111-117.

228. El TGUE consideró que la Comisión había concluido erróneamente que el régimen de exención de los beneficios extraordinarios, tal como se define en la Decisión controvertida, no precisaba de medidas de aplicación adicionales y que, por tanto, dicho régimen constituía un «régimen de ayudas» en el sentido del artículo 1, letra d), del Reglamento 2015/1589.

les, y anuló la sentencia de TGUE sin hacer mención a la aplicación del ALP realizada por la Comisión.

Posteriormente, el TJUE decidió un recurso de casación en uno de los casos más relevantes en materia de precios de transferencia y ayudas de estado: el caso *Fiat*[229]. En esta sentencia, el TJUE se pronunció sobre el recurso de casación interpuesto por *Fiat* contra la Sentencia del TGUE dictada en 2019[230], que confirmó la declaración de la Comisión sobre la existencia de una ayuda de estado selectiva. Recordemos que, fue justamente a partir de la Decisión de este caso que la Comisión empezó a consolidar su posición sobre la naturaleza del ALP como un principio autónomo del señalado en las DPT OCDE que se deriva de los principios del Derecho de la UE, lo que permite su utilización en el análisis de la selectividad de las medidas estatales, incluso cuando no está expresamente incorporado en la legislación nacional de los EEMM. En la sentencia de 2022 el TJUE aclaró que la decisión del TGUE se basó en una determinación errónea del marco de referencia, poniendo así un alto a la doctrina de la Comisión sobre el ALP y las DPT OCE. A continuación, vemos los fundamentos más relevantes del TJUE en este sentido.

En la sentencia de casación, el TJUE señaló en primer lugar que, aunque la legislación nacional de Luxemburgo sobre la tributación de sociedades vinculadas pretende dar lugar a una aproximación fiable al precio de mercado, esto no implica que tal legislación se asimile al principio de plena competencia. En este sentido, el TJUE también resaltó que, a falta de armonización en el Derecho de la Unión en materia de imposición directa, la forma concreta de aplicación del ALP se define por el Derecho nacional y debe tenerse en cuenta al identificar el marco de referencia a efectos de la determinación de la existencia de una ventaja selectiva[231]. Por ello, el TJUE consideró que la Comisión no podía invocar normas que no formaran parte del Derecho luxemburgués, como una norma expresa sobre el principio de plena competencia, pues ello vulneraría la autonomía de un Estado miembro en materia de fiscalidad directa[232]. El examen del art. 107.1 TFUE debe basarse exclusivamente en normas fiscales ordinarias establecidas por la ley del Estado miembro de que se trate[233]. Posición que ha reiterado en decisiones posteriores sobre *Tax rulings*

Ver STGUE de 14 de febrero de 2019 (Asunto T-131/16 y T-263/16), *Bélgica y Magnetrol International/Comisión*, pár. 120.

229. Ver STJUE (JUR 2022, 344406), *Fiat. Op. cit.*
230. Ver STGUE (Asunto T-755/15 y T-759/15), *Fiat. Op. cit.* pár. 89.
231. Ver STJUE (JUR 2022, 344406), *Fiat. Op. cit.* pár. 68 y ss.; STJUE de 21 de septiembre de 2023 (JUR 2023, 347762), *Fachverband Spielhallen eV*, pár. 32 y ss.
232. El TJUE ha reiterado esta jurisprudencia en casos posteriores. Ver STJUE de 20 de septiembre de 2023 (TJCE 2023, 142), *Bélgica v Comisión*, pár. 37-40.
233. Ver STGUE (Asunto T-755/15 y T-759/15), *Fiat. Op. cit.* pár. 94.

como en el caso *Amazon*[234], e incluso en otro tipo de medidas estatales relacionadas con operaciones vinculadas[235].

En segundo lugar, el TJUE indicó que, aunque los Estados miembros de la OCDE reconozcan el mérito del uso del principio de libre competencia, existen diferencias entre estos sobre la aplicación de los métodos establecidos en las DPT OCDE. Asimismo, señaló que aun suponiendo que existe cierto consenso sobre el criterio del ALP, y que las DPT OCDE inspiren la legislación e interpretación existente en distintos países, a efectos del examen de las ayudas de Estado (sobre resoluciones en materia de precios de transferencia), únicamente son pertinentes las disposiciones nacionales. Por lo tanto, en el análisis de estas medidas, no pueden tenerse en cuenta parámetros y normas ajenos al sistema fiscal nacional en cuestión, a menos que este se refiera expresamente a ellos[236]. De acuerdo con el TJUE, tener en cuenta normas ajenas a la legislación nacional iría en contra del principio de legalidad tributaria que es un principio general del Derecho comunitario, y que exige que toda obligación de pago y demás elementos de un impuesto estén previstos en la ley[237].

En tercer lugar, el TJUE indicó expresamente que *«(...) no existe, en el estado actual del Derecho de la Unión, un principio autónomo de plena competencia que se aplique con independencia de su incorporación al Derecho nacional a efectos del examen de las medidas de carácter fiscal en el marco del artículo 107 TFUE, apartado 1»*[238], con lo cual desestimó la posición de la Comisión sobre el ALP. En línea con las primeras consideraciones de la sentencia, el TJUE aclara que su pronunciamiento en la sentencia del caso *Bélgica y Forum,* no establece que el ALP sea aplicable cuando el Derecho nacional pretende gravar a las sociedades integradas y a las sociedades autónomas de la misma manera, con independencia de si dicho principio está incorporado a ese Derecho y de qué manera lo está. Lo anterior resulta ya que, en el caso analizado, el Derecho belga establecía una norma que hacía referencia a una disposición de la OCDE, por lo que no se puede deducir que el TJUE pretendía formular un ALP, aplicable con independencia de su incorporación en el Derecho nacional, a efectos del análisis de ayudas de

234. Ver STJUE de 14 de diciembre de 2023 (JUR 2023, 440279), *Comisión v Amazon y Luxemburgo,* pár. 40-44. Señalar que, en este caso no fue anulada la STGUE, sino que fueron sustituidos los fundamentos de Derecho ya que el fallo resultaba justificado con arreglo a otros fundamentos distintos de la determinación del marco de referencia en el análisis de la selectividad.

235. Ver STJUE (JUR 2023, 347762), *Fachverband Spielhallen eV, Op. cit.* pár. 36-38.

236. Ver STJUE (JUR 2022, 344406), *Fiat. Op. cit.,* pár. 68.; Ver STJUE (JUR 2023, 440279), *Comisión v Amazon y Luxemburgo, Op. cit.,* pár. 40-44.; Ver STJUE (JUR 2023, 347762), *Fachverband Spielhallen eV, Op. cit.* pár. 38.

237. Ver STGUE (Asunto T-755/15 y T-759/15), *Fiat. Op. cit.* pár. 97.; STJUE de 8 de mayo de 2019 (JUR 2019, 144684), *Związek Gmin Zagłębia Miedziowego.* pár. 39.

238. Ver STJUE (JUR 2022, 344406), *Fiat. Op. cit.* pár. 104. Ver STJUE (JUR 2023, 440279), *Comisión v Amazon y Luxemburgo, Op. cit.* pár. 42.

Estado[239]. Entonces, cuando la Comisión basó su marco de referencia «subsidiariamente» en la configuración de este principio autónomo, no presente en la legislación nacional, cometió un error; en este sentido, también erró el TGUE al ratificar tal razonamiento[240]. Con fundamento en lo anterior, el TJUE anuló la sentencia del TGUE y la Decisión de la Comisión dictadas en el caso.

En mi opinión, el pronunciamiento del TJUE es acertado porque limita la interpretación de la Comisión, no solo en los casos en que los Estados miembros no incorporan expresamente el principio de plena competencia. La confirmación sobre la relevancia del principio en el contexto, especialmente de los países miembros de la OCDE, y sobre la importancia de las DPT como inspiración de las legislación e interpretación de los Estados, está en línea con el reconocimiento que se ha hecho de estos (el ALP y las DPT) en el Derecho de la UE. La posición del TJUE confirma que el ALP no tiene su origen en un principio comunitario que por tanto es aplicable a todos los Estados y limita su potestad tributaria en materia de imposición directa. El ALP es relevante solo en la medida en que forma parte de la legislación nacional y teniendo en cuenta cómo forma parte de ésta. Por lo anterior, no puede considerarse que el ALP como tal es un principio con una nueva finalidad, como criterio de determinación de la igualdad de trato en la adopción de un APA. El principio de plena competencia forma parte de la normativa fiscal de los Estados miembros que lo han incorporado y ello tiene como efecto que pueda ser, en todo o parte, el marco normativo de referencia sobre la aplicación normal del Derecho cuando el supuesto de hecho de la medida nacional bajo examen de la Comisión sea el propio de las operaciones vinculadas. En este sentido, incluso a efectos de la normativa sobre ayudas de Estado, el ALP conserva su naturaleza como principio destinado a la distribución de beneficios empresariales, y quizás, desde una perspectiva BEPS, como instrumento antiabuso, como hemos afirmado reiteradamente en este trabajo.

En otro asunto, sobre la utilidad de la aplicación metodológica del análisis de precios de transferencia realizada por la Comisión, es importante considerar que, aunque los pronunciamientos sobre ayudas de Estado no tienen la finalidad de una comprobación de operaciones vinculadas, sí pueden ser relevantes para ilustrar la aplicación de los elementos del análisis propuesto por la OCDE. Varios de los casos investigados por la Comisión han analizado operaciones vinculadas relacionadas con intangibles, por lo que la Comisión ha realizado un trabajo especialmente referido al análisis funcional para establecer la distribución de los beneficios derivados del valor creado por el intangible[241]. La comprobación de estos casos ha sido realizada con un conjunto de información mucho más apropiado que el que pueden obtener las administraciones fiscales

239. Ver STGUE (Asunto T-755/15 y T-759/15), *Fiat. Op. cit.* pár. 102-104.
240. Ver STGUE (Asunto T-755/15 y T-759/15), *Fiat. Op. cit.* pár. 112.
241. Como en el caso de *Amazon, Starbucks,* o *Apple*.

nacionales en una comprobación de operaciones vinculadas, teniendo en cuenta los requisitos de información y documentación que acompañan la adopción de los APAs. En este sentido, la Comisión también ha aplicado enfoques para operaciones complejas como las de intangibles de difícil valoración (IDV), por las que se puede tener en cuenta el valor de los beneficios efectivamente obtenidos, respecto de los beneficios históricos o inicialmente proyectados. Sin embargo, en todos estos aspectos y en la aplicación general del análisis sobre precios de transferencia, la posición de la Comisión estaba fundamentada por una definición discrecional de sus herramientas de análisis, tanto del marco normativo nacional del Estado miembro involucrado en la investigación, como de las consideraciones sobre las DPT OCDE. Se debe recordar que la Comisión ha manifestado no estar vinculada por estas, y que tiene la facultad de considerarlas en la medida que le permitan determinar un resultado de plena competencia, sin que existan mayores razonamientos al respecto. Un ejemplo de ello es que la Comisión limita su análisis a la revisión de las funciones significativas, pero no siempre teniendo en cuenta las contribuciones globales con un enfoque de grupo, o considerando el resto de factores de comparabilidad para delinear la operación[242]. Tampoco quedaba claro qué versión de las DPT OCDE era utilizada en el análisis de la Comisión o bajo qué criterio era seleccionada una versión en particular. Ello seguramente cambie con el reciente pronunciamiento del TJUE en la sentencia del caso *Fiat,* a partir del cual la Comisión deberá adoptar posiciones más concretas sobre el marco de referencia que utiliza en cada análisis, teniendo en cuenta la configuración del ALP en la normativa nacional, y la posición de las DPT OCDE en tal ordenamiento.

Lo que sí puede evidenciarse de los casos analizados en materia de ayudas de Estado es que la aplicación del ALP y las recomendaciones de las DPT OCDE no lleva a un único resultado, y que presenta diferencias según las disposiciones de cada Estado, lo que puede resultar en diferentes metodologías válidas para determinar el precio y condiciones de mercado. Como punto de referencia para las administraciones tributarias de los Estados miembros, es posible que el trabajo realizado por la Comisión tenga un impacto significativo en la práctica de los *tax rulings*, y en la comprobación de las operaciones vinculadas; y, en consecuencia, en la práctica de las EMN para planificar sus operaciones fiscales[243].

2. JURISPRUDENCIA TRIBUTARIA ESPAÑOLA EN MATERIA DE OPERACIONES VINCULADAS

La jurisprudencia de la Audiencia Nacional (AN) y del Tribunal Supremo (TS) en materia de operaciones vinculadas internacionales se ha desarrollado en torno a distintos aspectos relevantes involucrados en la interpretación de

242. Ver SZOTEK, P., (2020), *Op. cit.*, Conclusiones Cap. 6.7.
243. Ver MILADINOVIC, A. y PETRUZZI, R., (2019), *Op. cit.*, p. 251.

estos casos. Los pronunciamientos de estos dos tribunales han establecido doctrina jurisprudencial respecto al marco normativo aplicable; la función de las DPT OCDE en la interpretación de los casos; así como los fundamentos jurídicos según el carácter de la discusión en el caso (valorativo o de validez de las actuaciones). La jurisprudencia de estos dos tribunales permite identificar algunas reglas jurisprudenciales reiteradas y su evolución, particularmente en los casos de reestructuraciones empresariales que implican operaciones de la compra de acciones con financiación intragrupo, o las reorganizaciones funcionales de las distintas entidades integrantes de un grupo. También se ha identificado otro grupo de casos, con operaciones vinculadas individualmente examinadas, cuyo análisis lleva a unas consideraciones mucho más casuísticas.

2.1. SOBRE EL MARCO NORMATIVO PARA LA REALIZACIÓN DE AJUSTES A LAS OPERACIONES VINCULADAS: LA POSICIÓN DEL ART. 9.1 DE LOS CDI

En primer lugar, veamos la postura de los tribunales españoles, concretamente de la AN y el TS, respecto a la aplicación del art. 9 de los CDI como fundamento para los ajustes en operaciones vinculadas que involucran entidades de distintos Estados. En relación con este tema los altos tribunales españoles han demostrado en sus pronunciamientos posiciones distintas respecto a la aplicación directa del art. 9.1 de los CDI como fundamento jurídico para la realización de ajustes transaccionales.

En la SAN de 21 de mayo de 2009[244], en el caso conocido como *BICC,* la AN admitió los argumentos de la Administración tributaria sobre la aplicación del art. 9.1 del CDI correspondiente para realizar el ajuste de la base imponible del IS en una operación entre partes vinculadas relativa a un préstamo para la compra de participaciones de una entidad del mismo grupo[245]. En concreto, en 1997 una entidad española (BICC España) adquirió participaciones en una empresa vinculada estadounidense (BICC USA), con un préstamo realizado por un banco inglés. BICC España realizó una amortización parcial del préstamo y tiempo después otra empresa del grupo, BICC Overseas, adquiere las acciones de BICC USA propiedad de BICC España y, simultáneamente, se subroga en la parte del préstamo no amortizada. En su declaración, BICC España presentó los gastos financieros por los pagos del préstamo, como deducibles del total de la base imponible para el impuesto sobre sociedades en España. La Administración tributaria (AT) negó tal deducción, señalando que la operación no correspondía con los términos del ALP establecidos en el art. 9 del CDI suscrito entre España y Estados Unidos. Para la AT, la operación no habría sido acordada entre partes independientes porque implicó unos gastos financieros gravosos sin obtener los

244. Ver SAN de 21 de mayo de 2009 (JUR 2009, 281462).
245. Un supuesto de compra apalancada de participaciones intragrupo, que se estudia con mayor detalle en el numeral 2.3.2 del Capítulo V.

ingresos correspondientes a tal inversión (al final BICC España vendió sus acciones por un valor menor al que las adquirió), por lo tanto, procedió a no reconocerla a efectos del impuesto. Sin embargo, BICC España argumentó que el art. 9.1 del CDI no tenía aplicabilidad directa para realizar tal desconocimiento de la operación, pues la aplicación de dicho precepto debía hacerse acudiendo a una de las reglas antiabuso establecidas en la legislación española (fraude de ley[246] o simulación regulados en la LGT) o al procedimiento de comprobación de operaciones vinculadas indicado en el art. 16 LIS de 1995[247]. La AN señaló que la realización del ajuste no estaba supeditada a la calificación del acto como una simulación o fraude de ley, pues «*los Convenios autorizan a regularizar al contribuyente cuando se acredite que la actuación realizada (...) ha estado exclusivamente determinada por su vinculación, de suerte que puede colegirse que esa operación no habría sido realizada sino ocurriera tal vinculación*»; en tal caso las autoridades fiscales podrán efectuar ajustes, entre ellos la anulación de cualquier efecto fiscal derivado de la operación analizada. Tal razonamiento fue confirmado por el TS en sentencia que resolvió el recurso de casación[248], en la que el tribunal reconoció que, en vista de la vinculación entre las partes de la operación y los resultados económicos para BICC España, se verificó un quebrantamiento del principio de plena competencia señalado en el art. 9 del CDI (una operación que no correspondió a la voluntad libre sino que fue impuesta por la matriz), y era procedente una regularización de los beneficios como la realizada por la AT en este caso. Esta doctrina fue reiterada en varios pronunciamientos de la AN de los siguientes años, como los casos *Lafarge Asland* y *Lafarge Cementos*[249].

Sin embargo, el TS empezó a matizar esta posición sobre la aplicación del art. 9 del CDI como norma que autoriza a realizar estos ajustes a los beneficios de forma independiente de las normas internas. En algunas sentencias posteriores en casos similares al de *BICC*, el TS señaló también la importancia de aplicar las normas antiabuso internas, particularmente porque la aplicación de estos convenios no puede amparar conductas abusivas de los contribuyentes. Además, el TS empezó a identificar la prevención del abuso como una de las mayores preocupaciones en el seno de la OCDE, apreciada por ejemplo en el proyecto BEPS, y también en las posturas establecidas en la doctrina judicial del TJUE sobre la prevención de prácticas abusivas en materia tributaria. Este es el caso de las sentencias de 9 de febrero de 2015 en el caso *SABIC*[250] y de

246. En la anterior LGT (Ley 230/1963, de 28 de diciembre), el art. 24 regulaba el fraude de ley tributario. Esta figura se corresponde con el actual art. 15 LGT que regula el conflicto en la aplicación de la norma tributaria. De allí que, a efectos de este trabajo, hagamos referencia al fraude de ley o al conflicto en la aplicación de la norma tributaria indistintamente.
247. Ver STS de 18 de julio de 2012 (RJ 2012, 7924), *BICC*. *Op. cit.* FJ 4º.
248. Ver STS de 18 de julio de 2012 (RJ 2012, 7924), *BICC*.
249. Ver SAN de 21 de septiembre de 2009 (JT 2009, 952); SAN de 7 de diciembre de 2011 (JT 2011, 1252).
250. Ver STS de 9 de febrero de 2015 (RJ 2015, 902), *SABIC*. FJ 8º.

12 de febrero de 2015 del caso *Mann Hummel*[251], en las que el TS afirma que «*la aplicación y la interpretación de los Tratados Internacionales no pueden desplazar sin más la eficacia de los principios básicos de tributación recogidos en el art. 31 de la Constitución española*», haciendo referencia al principio de igualdad o no discriminación[252]. Por tanto, afirmando que la existencia de una conducta abusiva comporta que no pueda considerarse la aplicación de los beneficios establecidos en las disposiciones de un CDI.

En la STS de 31 de mayo de 2016[253] del caso *Peugeot,* el TS muestra una posición aún más clara respecto a la posible interpretación de la aplicación del art. 9.1 CDI de manera directa en los ajustes a los beneficios en operaciones vinculadas. En términos generales, el caso se refería a una operación de reorganización empresarial que implicaba la realización de inversiones por parte de la entidad española del grupo (PCAE) en una empresa vinculada situada en Argentina (PCA), en el ejercicio 2001, durante un período de crisis económica en Argentina. Básicamente PCAE compró participaciones en PCA y adquirió varios créditos a distintas vinculadas en contra de PCA, para aportar tales créditos como capital a esta misma empresa. En el período de crisis económica las participaciones se depreciaron y PCAE debió dotar de una provisión económica a PCA. La AT negó la deducción de los gastos asumidos por PCAE en las operaciones de inversión que realizó en PCA por considerarlos no alineados con el mercado, ya que tales inversiones no habrían sido realizadas por una empresa independiente en las condiciones del mercado para ese momento (aplicando de manera directa el art. 9.1 del CDI correspondiente). La entidad española presentó recurso contra la decisión de la AT confirmada por el TEAC, por considerar que tal desconocimiento de sus inversiones requería la aplicación de un mecanismo previsto en la legislación interna (fraude de ley o simulación; o la comprobación de operaciones vinculadas establecida en el art. 16 de la LIS de 1995). Al revisar el recurso contencioso, la AN consideró que no era necesario acudir a uno de los mecanismos señalados por la recurrente, pues el propio art. 9 del CDI «*hace referencia a la posibilidad de incluir en los beneficios de la empresa, los obtenidos como consecuencia de operaciones comerciales realizadas entre las empresas vinculadas en condiciones que difieran de las que se acordarían entre sociedades o empresas independientes*»[254], es decir, aplicó la doctrina jurisprudencial del TS establecida en el caso *BICC.* Tal decisión fue recurrida en casación por la entidad española, argumentando que en su inversión no se incumplía con el principio de plena competencia (aspecto que se estudia con más detalle posteriormente), y que la AT había violentado la normativa interna aplicable. En esta ocasión el TS confirmó los motivos argumentados por la recurrente y declaró que la AT no podía simplemente acudir a la aplicación del art. 9.1 del

251. Ver STS de 12 de febrero de 2015 (RJ 2015, 912), *Mann Hummel*. FJ 5º.
252. Ver DELGADO PACHECO, A., (2017), *Op. cit.*, p. 195.
253. Ver STS de 31 de mayo de 2016 (RJ 2016, 3289), *Peugeot*.
254. Ver SAN de 11 de diciembre de 2014 (JT 2014, 2081), *Peugeot*. FJ 11º.

CDI correspondiente, pues era necesario aplicar una norma antiabuso interna[255]. En distintos pronunciamientos posteriores, el TS identifica este fallo como el hito de su posición sobre la imposibilidad de aplicar directamente el art. 9.1 de los CDI como norma habilitadora para realizar ajustes independientemente de la normativa interna. Esta posición del TS no determinó claramente a qué tipo de normas internas antiabuso se refería en su pronunciamiento, y si estas consideraban también la normativa sobre operaciones vinculadas establecida en la legislación del impuesto sobre sociedades. En todo caso, la jurisprudencia del TS continuaba teniendo una perspectiva aparentemente centrada en la doctrina antiabuso.

De hecho, en la STS de 19 de julio de 2016[256], sobre la reestructuración del grupo *Sara Lee*, con una sucesión de hechos muy similares a los casos anteriores (un conjunto de operaciones de compra de acciones entre partes vinculadas con préstamos intragrupo, y ampliaciones de capital, entre otras), el TS afirmó que el desconocimiento de los gastos financieros soportados por la entidad española podía ser fundamentado por la AT en las normas antiabuso internas, ya que tal conducta incumbe propiamente al Derecho interno, pues «*el negocio en que pretende sustentarse se ha hecho en fraude de ley con independencia de la cualidad nacional o extranjera del contratante, y a tal efecto poco importa que exista un Convenio de Doble Imposición, pues el vicio relevante es ajeno al elemento extranjero*»[257]. En este caso el TS confirmaba la regularización de los beneficios de la entidad española, realizada por la AT a través de un expediente de fraude de ley. Aun así, esta posición aparentemente más radical respecto a la aplicación del art. 9.1 del CDI, no se observó en otros casos posteriores en los que el TS se pronunció sobre regularizaciones en los que estuvieron involucradas operaciones vinculadas.

En sentencia de 21 de diciembre de 2017, el TS analizó la regularización practicada por la AT en una operación de suministro de insumos y concentrados para bebidas en la que participaba la entidad española *Cítricos y Refrescantes SA (Citresa)*. En el caso enjuiciado, el TS se pronunció concretamente sobre los fundamentos del recurso de casación interpuesto por la contribuyente, según el cual la decisión de la AT sobre la valoración de la operación vinculada era una contravención de las DPT OCDE, por lo que el pronunciamiento citado del TS se centró en confirmar el carácter no vinculante de estas. Sin embargo, como *obiter dicta* de este pronunciamiento, el TS dio un paso más respecto a la doctrina sobre la aplicación del art. 9.1 de los CDIs, señalando que: «*La invocación al artículo 9 del Convenio con los Países Bajos supone un apoderamiento recíproco a ambos Estados signatarios para gravar las rentas como consecuencia del procedente ajuste que el Convenio habilita, **pero con remisión al sistema de fuentes***

255. Ver STS (RJ 2016, 3289) *Peugeot. Op. cit.* FJ 9º.
256. Ver STS de 19 de julio de 2016 (RJ 2016, 5774), *Sara Lee.*
257. Ver STS (RJ 2016, 5774), *Op. cit. Sara Lee.* FJ 16º.

***interno** (...)(negrilla propia)»*[258]. A pesar de no formar parte del razonamiento central para la resolución del recurso de casación, el TS señaló expresamente la relevancia de estas aclaraciones. Es importante señalar que el TS no identificó particularmente un tipo de normas, como en los pronunciamientos anteriores, sino que indicó la necesidad de valerse de las fuentes normativas internas de manera general.

En sentencia de TS de 5 de noviembre de 2020[259], este aspecto fue tratado con mayor profundidad. En el caso enjuiciado, se analizó una provisión de reserva causada por la depreciación de las participaciones adquiridas por la entidad española *Jacobs* (antes *Sara Lee*) en una empresa vinculada extranjera, para que esta reflotara. Cabe señalar que esta operación tuvo su origen en la reorganización del grupo *Sara Lee* mencionada anteriormente. En este caso la AT negó la deducibilidad de los gastos provenientes de la provisión de reservas, por considerar que la entidad española adquirió las participaciones conociendo la situación de pérdidas experimentada por la entidad italiana, que luego provocaría la necesidad de las reservas para evitar su quiebra; la AT negó la deducción de gastos acudiendo a la regularización a través de un expediente de fraude de ley. El contribuyente recurrió la decisión por considerar que las operaciones revisadas por la AT se llevaron a cabo por su valor de mercado, y que en todo caso la AT debió iniciar un expediente de comprobación de operaciones vinculadas para aplicar el art. 9.1 del CDI correspondiente. Al resolver el recurso ordinario, la AN tuvo en cuenta la doctrina del TS en el caso *Peugeot* según la cual el art. 9 de los Convenios sobre doble imposición es plenamente aplicable a los casos de operaciones vinculadas, y que tal precepto autoriza a realizar la regularización al contribuyente cuando se acredita que la actuación realizada ha estado exclusivamente relacionada con la vinculación entre las empresas participantes, para cuya aplicación se debe acudir a las normas antiabuso internas[260]. En casación, el TS (refiriéndose específicamente al CDI celebrado entre España y Francia) señaló que es imposible aplicar directamente el art. 9.1 *«pues tal precepto del CDI no establece cuál es el procedimiento para determinar si una operación cumple con el principio de plena competencia, ni cómo debe gestionarse el expediente de precios de transferencia, ya que ello queda al arbitrio de las legislaciones internas»*[261]. Para el TS cualquier intento por señalar que el art. 9.1 de los CDI puede ser aplicado directamente (doctrina del caso *BICC*) fue superado incluso desde sus pronunciamientos en los casos *Peugeot y Citresa*. El TS señaló además que la aplicación del art. 9 del CDI requiere un análisis de la operación, que implica necesariamente un análisis de comparabilidad y la aplicación posterior de la tributación según la operación que sea reconocida o aceptada, después del análisis. El TS aclaró que la legislación interna aplicable puede provenir bien del art. 16 del

258. Ver STS de 21 de febrero de 2017 (RJ 2017, 1757). *Citresa. Op. cit.* FJ 6º.
259. Ver STS de 5 de noviembre de 2020 (RJ 2020, 4548), *Jacobs*.
260. Ver SAN de 29 de diciembre de 2017 (JUR 2018, 59337), *Jacobs* FJ. 8º.
261. Ver STS (RJ 2020, 4548), *Jacobs. Op. cit.* FJ 9º.

TRLIS o de las normas de la LGT según el caso. Como veremos un poco más adelante, esta distinción sobre la legislación interna aplicable depende de la cuestión a resolver en cada caso.

Esta posición fue reconocida en pronunciamientos posteriores como el del caso *Carbon Holding,* de 22 de septiembre de 2021[262], en el que el TS resolvió un recurso de casación por la regularización en el marco de una operación de reorganización empresarial con financiación intragrupo, en la que era aplicable el CDI celebrado entre España y Alemania. El TS reiteró que el CDI era aplicable, pero en este caso añadió que el mismo Convenio es el que establece que los beneficios que se derivan de este no deben ser concedidos en casos de abuso. De hecho, la cláusula del art. 28.1 del CDI entre Alemania y España, establece que el CDI no se interpretará en el sentido de impedir a un Estado contratante aplicar las disposiciones de la normativa interna relativas a la prevención de la evasión y la elusión fiscal, confirmando la compatibilidad entre las disposiciones del CDI y las normativas internas que tienen naturaleza antielusiva[263].

El desarrollo de la doctrina del TS sobre la aplicación del art. 9.1 de los CDI parece estar en línea con las consideraciones internacionales que estudiamos en el numeral 2.2 del Capítulo IV, como los Comentarios al MC OCDE y las discusiones de la doctrina académica al respecto. Como bien señala GÓMEZ, una posición a favor de la aplicación directa del art. 9.1 de un CDI aplicable, vulneraría el principio de legalidad en el ejercicio de las potestades administrativas, pues tal competencia sólo corresponde al poder legislativo[264]. El art. 9.1 de los CDI es una norma bilateral que requiere de la existencia de una normativa interna que permita su aplicación, es decir, una normativa que establezca la realización de un ajuste a los beneficios de operaciones vinculadas que no estén en línea con el ALP, según sea establecido por las legislaciones internas; y en tal sentido fue reconocido en la sentencia de TS en el caso *Jacobs*.

2.2. SOBRE LA NORMATIVA INTERNA APLICABLE A LOS AJUSTES POR OPERACIONES VINCULADAS: EL ART. 16 DEL TRLIS O LOS ART. 13, 15 Y 16 DE LA LGT

Visto lo anterior, una segunda cuestión relevante sobre la cual se han pronunciado el TS y la AN, es la distinción de las circunstancias en las que es aplicable la normativa sobre operaciones vinculadas establecida en el impuesto sobre sociedades y aquellas en que se aplican las conocidas como normas generales antiabuso establecidas en la LGT (calificación, conflicto en la aplicación de la norma tributaria —fraude de ley— y la simulación). Esta distinción está muy relacionada con la naturaleza como de la normativa sobre operaciones vinculadas (como norma antiabuso o como norma meramente valorativa), según la finalidad

262. Ver STS de 22 de septiembre de 2021 (RJ 2021, 4446), *Carbon Holding.*
263. Ver STS (RJ 2021, 4446), *Carbon Holding. Op. cit.* FJ 2º.
264. Ver GÓMEZ REQUENA, J. A., (2019), *Op. cit.*, p. 255.

de la misma, y también en relación con el aspecto controvertido en la comprobación fiscal analizada por la AT.

Como se estudia en el numeral 2.3 del capítulo IV, ante un supuesto de operación vinculada, la normativa española del impuesto sobre sociedades contiene un criterio de valoración según el cual los precios fijados en este tipo de transacciones deben estar en línea con aquellos que serían fijados entre partes independientes en una operación en condiciones similares. Este criterio ha estado presente de manera explícita en la normativa del impuesto desde la LIS de 1978, hasta el actual art. 18 de la LIS de 2014 (con las variaciones en su contenido que hemos estudiado supra). La Administración tributaria es la encargada de comprobar y verificar que este criterio se cumpla en las operaciones vinculadas realizadas por los contribuyentes, y además tiene la facultad de regularizar la operación de tal manera que se incluyan en la base imponible aquellos beneficios que no se hayan tenido en cuenta en la declaración de estos contribuyentes como consecuencia de la vinculación. Por esto, en virtud de tales potestades, la AT puede llevar a cabo regularizaciones a los beneficios imponibles de las operaciones vinculadas. En este sentido, al aplicar la normativa correspondiente indicada en la LIS, la actividad de la AT irá dirigida a asegurar que la tributación de las operaciones vinculadas corresponda efectivamente al acto o negocio jurídico que puso de manifiesto la capacidad económica de las entidades imponibles que hayan sido parte de esas operaciones.

Ahora bien, cabe señalar que la actuación de la Administración tributaria está relacionada, en general, con la potestad de calificación jurídico-tributaria de los hechos, que consiste en caracterizar en términos jurídicos una situación fáctica para reconducirla a alguna de las normas aplicables en materia tributaria[265]. En este sentido, se deben fijar e identificar los hechos realmente acaecidos para compararlos con la hipótesis abstracta prevista en la norma[266]. La calificación jurídica de los hechos, a efectos tributarios, ha estado regulada en el ordenamiento tributario español desde 1963; actualmente se regula en el art. 13 de la LGT, en los siguientes términos: «*Las obligaciones tributarias se exigirán con arreglo a la naturaleza jurídica del hecho, acto o negocio realizado, cualquiera que sea la forma o denominación que los interesados le hubieran dado, y prescindiendo de los defectos que pudieran afectar a su validez*». El principio señalado existe, de forma general, que en el examen de los actos o negocios jurídicos, a efectos de la aplicación de las normas tributarias, debe atenderse más a la sustancia o realidad de los hechos que a la forma externa en que se presentan, con la finalidad de subsumir tal rea-

265. Ver RUIZ ALMENDRAL, V. y ZORNOZA PÉREZ, J., (2004), *Op. cit.*, p. 18.

266. Ver NAVAS VÁZQUEZ, R. «La calificación del hecho imponible según el artículo 25 de la ley general tributaria», Crónica tributaria núm. 50 (1984), p. 103 y ss.; Ver PALAO TABOADA, C., (2001), *Op. cit.*, p. 127-141.; Ver SÁINZ DE BUJANDA, F., «Las nuevas medidas frente al fraude de ley tributaria», 2001. (Artículo inédito ubicado en los archivos del autor), citado en GARCÍA NOVOA, C., Las potestades de calificación y recalificación como mecanismos antielusorios en el derecho español, Themis Revista de Derecho, No. 51 (2005), p. 160.

lidad en el presupuesto de hecho de las normas tributarias que le resulten aplicables[267]. Esta potestad general de calificación de la Administración tributaria puede requerir como resultado la (re)calificación del acto o negocio por uno distinto del presentado por el contribuyente formalmente, con el fin de aplicarle el tributo correspondiente. En este sentido, la actividad de calificación realizada por la AT puede llevar a la realización de ajustes; en un marco concreto, con es el del art. 18 de la LIS en materia de operaciones vinculadas, o de manera general respecto de toda comprobación fiscal en virtud de lo señalado en los art. 13, 15 o 16 de la LGT; esto es, las denominadas como normas generales antiabuso (también conocidas como GAAR por sus siglas en inglés)[268].

Como se ha estudiado en este trabajo, los ajustes a las operaciones vinculadas pueden ser tanto valorativos como transaccionales. Sin embargo, esta posibilidad de realizar ajustes transaccionales solo ha quedado explícita en la LIS desde la publicación de la Ley 27/2014 (*«la Administración tributaria podrá comprobar las operaciones vinculadas y efectuar las correcciones que procedan de acuerdo con el principio de libre competencia»*). Esto no quiere decir que en España se hayan realizado únicamente ajustes valorativos en los supuestos de operaciones vinculadas. De hecho, tal como señala RUIZ[269], puede decirse que, en ausencia de la autorización explícita del art. 18 de la LIS de 2014 para llevar a cabo ajustes transaccionales, el art. 13 de la LGT proporcionaba (e incluso puede considerarse que lo seguirá haciendo) suficiente alcance normativo a la AT para realizar una recalificación de los ingresos obtenidos en las operaciones vinculadas a efectos del impuesto sobre sociedades.

El TS y la AN han resuelto casos relacionados con operaciones vinculadas, aplicando la LIS y también las normas de la LGT que permiten una regularización de los beneficios distribuidos en la operación a efectos tributarios. Ya que la normativa sobre operaciones vinculadas ha estado explícitamente relacionada con la diferencia entre los precios de la operación vinculada y los precios de mercado, la aplicación de la LIS en casos de diferencias valorativas siempre ha sido más clara. Incluso estando en vigor el art. 16 de la LIS de 1978, el TS afirmó claramente que, en los casos en que la cuestión objeto de litigio estaba relacionada con la valoración de la operación entre partes vinculadas, debía aplicarse el «criterio de valoración de los precios de transferencia», haciendo referencia a dicho precepto normativo. Así puede verse en sentencias como las de 14 de febrero de 2006[270] y de 10 de enero de 2007[271], ambas relacionadas con operaciones vinculadas del Grupo *Roche*, sobre el suministro de materias primas e

267. Ver RUIZ ALMENDRAL, V. y ZORNOZA PÉREZ, J., (2004), *Op. cit.*, p. 19.
268. Ver RUIZ ALMENDRAL, V. y ZORNOZA PÉREZ, J., (2004), *Op. cit.;* PALAO TABOADA, C., (2001), *Op. cit.*; NAVAS VÁZQUEZ, R., (1984). *Op. cit.*; Ver también numeral 2.1 del Capítulo IV de este trabajo.
269. Ver RUÍZ ALMENDRAL, V., (2012), *Op. cit.*, p. 288.
270. Ver STS de 14 de febrero de 2006 (RJ 2006, 782), *Roche.*
271. Ver STS de 10 de enero de 2007 (RJ 2007, 407), *Roche.*

insumos para la fabricación de fármacos entre empresas del grupo en 1990. En estos casos, el problema planteado en casación ante el TS se centró en la validez del ajuste valorativo realizado por la AT en la regularización de los beneficios de la operación vinculada. La AT consideró que existía un exceso en la fijación del precio vinculado, por encima del precio de mercado (aproximadamente un 90% de mayor valor), que calculó utilizando el método CUP, revisando los precios pactados entre empresas españolas sobre los mismos principios activos; un método distinto al utilizado por el contribuyente. El TS señaló que, en aspectos valorativos, correspondía al contribuyente demostrar que la valoración realizada por la Inspección era inexacta para fijar el importe de dichas operaciones; haciendo también referencia a las formas de cálculo y a los elementos para establecer la comparabilidad de las operaciones entre entidades independientes[272].

Cuando el TS o la AN se refieren a la aplicación de la normativa de la LIS en las discusiones sobre aspectos valorativos, pueden considerar elementos relacionados con la selección del método de valoración, la forma de cálculo, y también, elementos determinantes para tal valoración, como el rol funcional desempeñado por las partes vinculadas en la operación. Un ejemplo de ello es la sentencia de 9 de diciembre de 2011[273], en la que el TS analiza el caso *Esmalglass,* por el que una entidad española cede a una vinculada en Suiza su cartera exterior de clientes para que esta los gestione y realice la comercialización de los productos del grupo. En tal caso el TS considera aplicable la normativa del art. 16 de la LIS, ya que se discuten las diferentes consideraciones de la AT y la empresa recurrente sobre el análisis funcional de las labores desarrolladas por las entidades vinculadas antes y después de la cesión, que determinó la redistribución de los beneficios realizada por la AT (como se analiza con mayor detalle *infra* al revisar las consideraciones de la jurisprudencia sobre ajustes valorativos). El TS consideró probada la existencia de precios de transferencia diferentes al precio de mercado, con el propósito de trasladar beneficios a jurisdicciones de menor imposición, y aceptó la regularización practicada por la AT, teniendo en cuenta que las funciones realizadas por la entidad suiza, eran menores a las indicadas en el acuerdo de cesión, y que la operación correspondía más a una interposición mediante la utilización de esta entidad para trasladar beneficios.

Por otro lado, en aquellos casos en que el elemento determinante de la controversia parecía estar más relacionado con la validez de la conducta de las partes respecto a la aplicación de la normas tributarias, los tribunales han confirmado la aplicación de las normas generales antiabuso contenidas en la LGT, En Sentencia de la AN de 7 de noviembre de 2003[274], en el caso conocido como *Chocolates Hueso,* el tribunal analizó la regularización practicada por la Administración tributaria en un conjunto de operaciones de compraventa de acciones entre

272. Ver STS (RJ 2006, 782), *Roche Op. cit.* FJ 6°.
273. Ver STS de 9 de diciembre de 2011 (RJ 2012, 2645), *Esmalglass.*
274. Ver SAN de 7 de noviembre de 2003 (JUR 2003, 26587), *Chocolates Hueso.* FJ 5°.

entidades vinculadas, realizadas en un período muy corto de tiempo (entre enero y marzo de 1989). La AN señaló que, en este caso, no se trataba de operaciones que se hubieran realizado efectivamente, y que solo podían considerarse válidas en términos formales; habían sido estructuradas para evitar la aplicación de la norma tributaria (en dicha ocasión se consideró que el negocio era simulado). De acuerdo con la AN, la controversia versaba sobre la validez de la actuación de las partes en la realización de tal negocio para obtener unas consecuencias tributarias de su aplicación. En concreto señaló que, si el conjunto de negocios jurídicos no responde a necesidades de la vida real ya que, pese a haber sido celebrados con las formalidades exigidas por la ley, pretenden ocultar la realidad subyacente a ellos, se configura un abuso (en ese caso un negocio simulado), lo que fue confirmado por el TS en casación[275]. En estos fallos se observa que, al considerar no solo una operación vinculada, sino el conjunto de negocios realizados por el contribuyente respecto a la aplicación de un impuesto, llevados a cabo con el fin de eludir la imposición, los tribunales entendían aplicable la normativa de la LGT. En contraste, podemos ver que, en el caso *Esmalglass,* antes mencionado, a pesar de presentar algunos elementos que podrían indicar la finalidad elusiva del contribuyente en la realización de la operación vinculada (pocas funciones efectivamente realizadas por la entidad cesionaria; además de la conclusión del TS sobre la utilización de esta entidad como una interposición para trasladar beneficios a Suiza), al centrarse la controversia sobre el efecto de las funciones en la valoración y sobre la operación vinculada individualmente considerada, el TS consideró aplicable la normativa reguladora de las operaciones vinculadas de la LIS (en ese caso el art. 16 de la LIS de 1995).

Esta distinción en la normativa aplicable empezó a evidenciarse más claramente a propósito de los casos de reestructuración empresarial, como en el caso *BICC* (RJ 2012,7924). Recordemos que el caso se situó en la reestructuración empresarial que incluyó préstamos intragrupo para la compra de acciones entre empresas vinculadas, y la posterior venta de tales acciones por un precio menor. En el caso, tanto la AN (al resolver el recurso contencioso) como el TS (al resolver la casación) consideraron que el conjunto de operaciones no respondía en absoluto al principio de plena competencia: «*la Sala entiende que la forma en que se ha efectuado la adquisición de las acciones de la compañía norteamericana, la financiación de la misma, la retribución pactada y la posterior transmisión de los títulos a la entidad vinculada pone de manifiesto, más allá de toda duda razonable, que la citada operación fue impuesta a la demandante por la matriz del grupo, que la actora no obtuvo beneficio alguno —al contrario de lo sucedido con la titular de las acciones adquiridas—, y que se vulneró el principio de libre concurrencia en los términos acordados por las resoluciones recurridas.*»[276]. Adicionalmente, el TS aclaró que la regularización practicada por la AT no dependía de la valoración de

275. Ver STS de 18 de marzo de 2008 (RJ 2008, 2707), *Chocolates Hueso*.

276. Para la AN y el TS en las operaciones de reestructuración no hubo una valoración formal de las acciones, el porcentaje de acciones entregado a la entidad española era menor que el

los criterios del art. 16 de la LIS de 1995, ya que «*lo esencial no era tanto la determinación del importe de la operación o la cuantía de la misma, sino la constatación fehaciente de que se ha realizado —o no— en condiciones ajenas a la libre competencia*» [277] (teniendo en cuenta que el TS consideró la aplicación directa del art. 9 de los CDI como fundamento para los ajustes de operaciones vinculadas, con independencia de la utilización de la normativa interna)[278].

De hecho, en muchos casos el TS ha reconocido que las operaciones analizadas son válidas y respetan el principio de plena competencia y ello con independencia del juicio sobre la validez de la conducta de las partes a efectos de las normas generales antiabuso. En la sentencia de 5 de febrero de 2015[279](caso *Coty*), el TS analizó la decisión de la AT sobre la no deducibilidad de gastos como resultado de una operación financiera para la compra de participaciones intragrupo como parte de una reestructuración empresarial. A pesar de la controversia respecto a la posible comisión de un abuso fiscal, el TS señaló que no cabía ninguna objeción oponible a la operación de reestructuración, ni a la valoración de mercado de las acciones adquiridas en las entidades vinculadas[280]. En concreto, el TS reconoció que la reorganización empresarial realizada, contenía una serie de operaciones lícitas y reales, consideradas cada una de manera individual, pero que el resultado del conjunto de las operaciones efectuadas era contrario al ordenamiento, y por ellos aceptaba la aplicación de una regularización por fraude de ley, practicada por la Administración tributaria. Esta doctrina es posteriormente reconocida en otras sentencias del TS como la STS de 22 de diciembre de 2016[281], del caso *Arrow,* también en el marco de una reestructuración empresarial; el TS en esta sentencia, indicó que no se cuestionaban las operaciones vinculadas individualmente analizadas, pues lo que importaba era la eventual verificación de un fraude de ley.

En 2020, en la Sentencia del caso *Jacobs,* el TS afirmó que el art. 9 de los CDI requiere de la legislación interna para ser aplicado. De acuerdo con el TS, esta legislación puede ser la normativa sobre operaciones vinculadas establecida en la LIS o la que se indica en otras normas del ordenamiento como las de la LGT[282], haciendo referencia a las normas generales antiabuso. En este caso, también sobre operaciones financieras para la compra de participaciones intragrupo, era aplicable el CDI celebrado entre Francia y España en 1995. Para determinar la interpretación que debía realizarse de la legislación interna,

porcentaje que debía haber adquirido por el valor pagado; no había interés de parte de la entidad española en reclamar los dividendos que le correspondían por las acciones que había adquirido, entre otras. Ver STS de 18 de julio de 2012 (RJ 2012, 7924). BICC. *Op. cit.* FJ 3º.

277. Ver STS de 18 de julio de 2012 (RJ 2012, 7924). BICC. *Op. cit.* 3º.
278. Ver numeral 2.1 de este Capítulo.
279. Ver STS de 5 de febrero de 2015 (RJ 2015, 1045), *Coty*.
280. Ver STS (RJ 2015, 1045), *Coty. Op. cit.* FJ 6º.
281. Ver STS de 22 de diciembre de 2016 (RJ 2016, 6238), *Arrow*.
282. Ver STS (RJ 2020, 4548), *Jacobs. Op. cit.* FJ 10º.

el TS partió de las finalidades expresamente señaladas en el CDI, cuyo título indica: *«Convenio entre Francia y España a fin de evitar la doble imposición y prevenir la evasión y fraude fiscal en materia de impuestos sobre la renta y el patrimonio»*. Para el TS, ya desde el título se establece que la aplicación de los preceptos del Convenio, incluido el art. 9, debe considerar el alcance de cualquiera de las finalidades de éste: evitar la doble imposición y prevenir la evasión y fraude fiscal. Teniendo en cuenta los problemas que puede plantear un supuesto de operaciones vinculadas, el TS señaló que debía aplicarse el art. 16 del TRLIS de 2014 cuando *«lo único que sea materia de controversia sea la cuantificación o el valor, en términos de mercado, del objeto o precio de las operaciones»*, mientras que, cuando el aspecto discutido no se refiere a la cuantificación sino a la justificación del negocio jurídico: *«habrá de aplicarse otras normativas internas cuando lo discutido (...) por exteriorizar este un único propósito de elusión fiscal u no estar justificado con circunstancias o hechos que releven su lógica jurídica o económica»*. En esta sentencia, el TS se refirió explícitamente a las normas de la LGT relativas a la calificación, el conflicto en la aplicación de la norma tributaria y la simulación. Cabe señalar que el pronunciamiento del TS en el caso *Jacobs* se limitó a lo indicado en el CDI entre España y Francia. Aun así, la aclaración del TS aporta certeza a la aplicación de los ajustes en operaciones vinculadas, en aplicación del art. 9 de un CDI de manera general, respecto al análisis de las operaciones vinculadas ya que debe acudirse al criterio del objeto de discusión para determinar cuál debe serla normativa interna aplicable; además el TS estableció la doctrina sobre la aplicación del art. 9 de los CDI, a todo tipo de operaciones vinculadas, y no solo a los casos de análisis de un conjunto de operaciones como las reestructuraciones empresariales; y, finalmente, la posición del TS confirmó que los ajustes en operaciones vinculadas, distintos de los valorativos, eran admisibles en el ordenamiento español, incluso en supuestos ocurridos con anterioridad a la aprobación de la norma del art. 18 de la LIS de 2014 (que introdujo expresamente la habilitación para realizar estos ajustes en el régimen de operaciones vinculadas), al menos desde la perspectiva de la doctrina jurisprudencial.

2.3. LOS AJUSTES NO VALORATIVOS Y LA DOCTRINA ANTIABUSO EN LA JURISPRUDENCIA ESPAÑOLA SOBRE OPERACIONES VINCULADAS

En síntesis, la jurisprudencia revisada del TS[283] parece ser clara sobre la distinción entre la aplicación de la normativa de operaciones vinculadas establecida en la LIS y la aplicación de las normas establecidas en los artículos 13, 15 y 16 de la LGT. Cuando se trata del análisis de una operación vinculada con-

283. Al menos la aplicable hasta la revisión de actuaciones y declaraciones por el impuesto sobre sociedades hasta el ejercicio fiscal de 2014, por lo tanto, supuestos de hecho en los que se aplica la normativa del art. 16 del TRLIS de 2004, con las reformas introducidas por la Ley 36/2006.

creta, que es real y lícita, donde se discute únicamente lo relativo a su cuantificación o los elementos que puedan llevar a calcular adecuadamente el precio de mercado, se debe aplicar la normativa de la LIS (art. 16 del TRLIS). De otro lado, cuando se trate de determinar si tal operación o conjunto de operaciones tiene una justificación más allá de una finalidad elusiva, se deben aplicar las normas del ordenamiento establecidas para la prevención de tal abuso en los art. 13, 15 y 16 de la LGT, es decir la calificación, el conflicto en la aplicación de la norma tributaria o la simulación.

2.3.1. La normativa reguladora de las operaciones vinculadas como norma antiabuso

Ahora bien, también es necesario señalar que existen diferentes pronunciamientos de los altos tribunales españoles haciendo referencia a la naturaleza antiabuso de las normas sobre operaciones vinculadas establecidas en la LIS. Por lo tanto, el hecho de que se las identifique como norma a aplicar en los casos en que se discuten aspectos valorativos de las operaciones vinculadas, no quiere decir que no sean consideradas en sí mismas como normas antiabuso por los tribunales españoles.

En primer lugar, especialmente en los casos en que la legislación aplicable era la LIS de 1978 y el TRLIS de 2004, el TS hacía referencia a los precios de transferencia desde una connotación negativa, indicando que estos correspondían necesariamente a precios distintos de los de mercado, y con una finalidad esencial de traslado de beneficios. En STS de 11 de febrero de 2000[284], en el análisis sobre una operación de compra de acciones entre partes vinculadas, el TS señaló que los precios de transferencia son distintos de los de mercado, y se denominaban así porque podían transferir el beneficio de unas sociedades a otras; aunque reconoció que esto podía responder a razones diversas, identificaba dentro de estas la minoración de carga fiscal. En la sentencia del caso *Roche,* de 10 de enero de 2007, en la que se analizaron operaciones vinculadas realizadas a comienzos de los años 1990, el TS señaló: «*existe precio de transferencia cuando en la relación económica existente entre dos entidades vinculadas se fija un precio distinto, superior o inferior, a aquél que sería acordado entre dos sociedades independientes. La finalidad primordial de los precios de transferencia es trasladar los beneficios de una empresa a otra (...)*»[285]. En sentencias posteriores, como la de *Esmalglass* del 9 de diciembre de 2011, el TS señaló de manera más explícita que los precios de transferencia tenían este propósito de traslado de beneficios y eran naturalmente distintos a los precios de mercado por no responder a las fuerzas de la oferta y la demanda[286].

284. Ver STS de 11 de febrero de 2000 (RJ 2000, 2786).
285. Ver STS (RJ 2007, 407), *Roche. Op.Cit.* FJ 4°; Ver SAN de 30 de abril de 2009 (JUR 2009, 218875), *Esmalglass.* FJ 3°.
286. Ver STS (RJ 2012, 2645), *Esmalglass. Op. cit.* FJ 3°.

De forma un poco más contundente, en la sentencia de 30 de mayo de 2011[287], en el caso *Construcciones Sánchez,* el TS identificó la lucha contra la elusión fiscal como un objetivo constitucional legítimo. En la sentencia, el TS afirmó que este objetivo de lucha contra la elusión fiscal, entendida como una violación indirecta de la norma tributaria, tiene fundamento constitucional en la solidaridad en el sostenimiento de los gastos públicos, la justa distribución en la carga fiscal y, sobre todo, en el principio de capacidad económica como presupuesto del deber de contribuir, inspirado también en los principios de igualdad y generalidad (art. 31 CE)[288]. En la sentencia el TS hizo un examen de los mecanismos del ordenamiento para garantizar la transparencia y prevenir la elusión en los que identificó, no solo a las normas de la LGT, sino también la normativa sobre operaciones vinculadas, en los siguientes términos: «*La LGT/1963 reguló de forma específica el fraude de ley en materia tributaria. Ello no ha sido obstáculo, de una parte, para que la legislación contemplara también* ***otras medidas específicas antielusivas para garantizar la transparencia (ad exemplum, regulación de operaciones vinculadas)****; y, de otra, para que la jurisprudencia haya aplicado, con el mismo propósito, distintas figuras o categorías jurídicas provenientes de la teoría general del Derecho o del Derecho civil*» (negrilla propia)[289]. Asimismo, el Tribunal Constitucional (TC) en sentencia de 11 de julio de 2013[290], en el que se pronuncia sobre la legalidad del régimen sancionatorio por incumplimiento de las obligaciones documentales sobre operaciones vinculadas establecido en el RIS de 2004, reconoció que, de la lectura del art. 16 del TRLIS, reformado por la Ley 36/2006, era posible establecer el objetivo fundamental de la lucha contra el fraude fiscal, y en particular contra la elusión fiscal en las operaciones vinculadas, para lo cual el legislador dispuso de una serie de medidas antielusivas. De acuerdo con el TC, tal objetivo «*se desprende claramente también del apartado III de la exposición de motivos de la Ley 36/2006 y como subraya acertadamente el Fiscal General del Estado*». Estas dos posturas (del TS y TC) sobre la naturaleza antiabuso de la normativa sobre precios de transferencia, se derivan de una interpretación finalista de las normas tributarias[291], es decir, una interpretación acorde con los objetivos del régimen jurídico en el que se insertan y, sobre todo, de la normativa específica de la que hacen parte.

287. Ver STS de 30 de mayo de 2011 (RJ 2011, 4838), *Construcciones Sánchez.*

288. El TS cita además la jurisprudencia del Tribunal Constitucional sobre los mencionados fundamentos constitucionales de la lucha contra la elusión fiscal. Sobre la solidaridad (STC de 13 de febrero (RTC 1995, 50); sobre el reparto de la carga tributaria (STC de 28 de octubre (RTC 1997, 182)); sobre la necesidad de evitar que se produzcan actuaciones antielusivas (STC de 17 de febrero [RTC 2000, 46]). Ver STS (RJ 2011, 4838), *Construcciones Sánchez. Op. cit.* FJ 3°.

289. Ver STS (RJ 2011, 4838), *Construcciones Sánchez. Op. cit.* FJ 3°.

290. Ver STC de 11 de julio de 2013 (RTC 2013, 145). *Op. cit.* FJ 6.

291. En este sentido se puede afirmar que la interpretación de las normas tributarias siempre considera la finalidad de las mismas y así lo han reconocido también la jurisprudencia del TS y la doctrina académica. Ver STS de 12 de diciembre de 1985 (RJ 1985, 6243); Ver STS de 5 de marzo de 1988 (RJ 1988, 1649). FJ 1°.; Ver RUIZ ALMENDRAL, V. y ZORNOZA PÉREZ, J., (2004), *Op. cit.*, pp. 26 y ss.

Ahora bien, la jurisprudencia del TS o el TC no ha identificado la normativa sobre operaciones vinculadas, contenida en el art. 16 del TRLIS, como una norma general antiabuso (GAAR) o como una norma especial antiabuso (SAAR[292]), como sucede con otras normas que establecen límites en circunstancias similares como la subcapitalización o la transparencia fiscal internacional, sobre las que el TS sí ha considerado tal naturaleza[293]. Aun así, los pronunciamientos de estos tribunales sobre la naturaleza que puede tener la normativa de operaciones vinculadas, sí relacionan esta normativa con la necesidad de comprobar las operaciones de forma que no se permita obtener resultados abusivos; no solo partiendo de la finalidad de las medidas establecidas por la Ley 36/2006, sino también considerando las recomendaciones de BEPS, que son mencionadas en el preámbulo de la Ley 27/2014[294], y que también han sido reconocidas por el TJUE en la revisión de las medidas tributarias restrictivas de las libertades fundamentales, como se estudia en el numeral 1.1 del Capítulo V. En algunas sentencias del TS como las de *Construcciones Sánchez* y *SABIC*, el tribunal ha señalado que el ejercicio legítimo del derecho de los contribuyentes a definir de forma autónoma sus negocios incluyendo aspectos fiscales —legítima planificación fiscal—, en ningún caso puede entenderse como la facultad para realizar tales negocios sin un efecto legal y económico relevante y con el único fin de obtener una ventaja fiscal[295]. La planificación fiscal legítima termina cuando comienza la elusión fiscal. Para el TS, el ejercicio por parte de los contribuyentes de esta libertad para definir sus operaciones, por ejemplo, no debe implicar la distorsión de la correcta y normal aplicación de las normas tributarias. Teniendo en cuenta esta serie de aspectos, autores como DELGADO identifican

292. *Specific anti-avoidance rule* (SAAR).

293. Ver por ejemplo la STS (RJ 2015, 902), *SABIC. Op. cit.* FJ 6º. En el texto de la sentencia el TS señala: *«Bajo el prisma de la existencia de una razón imperiosa de interés general, la práctica abusiva que detecta y corrige la Administración tributaria constituye en la actualidad una de las mayores preocupaciones en el seno de la erosión de la base imponible y el traslado de beneficios, habiendo reaccionado también el legislador español ante el nuevo tratamiento de la deducción de los gastos financieros en los grupos de sociedades dado por el Real Decreto Ley 12/2012, de 30 de marzo»*.

294. En atención a los elementos señalados, hay que tener en cuenta además que el preámbulo de la Ley 27/2014 también señala la necesaria lucha contra la evasión fiscal como una razón fundada para las modificaciones del Impuesto sobre Sociedades introducidas en su texto. En concreto, haciendo referencia a los trabajos de la OCDE en el marco del Plan BEPS, incluyendo las modificaciones relacionadas con operaciones vinculadas, el preámbulo señala: *«resulta esencial incrementar las medidas que favorezcan una efectiva lucha contra el fraude fiscal, no solo a nivel interno sino en el ámbito de la fiscalidad internacional. Precisamente en este ámbito, los últimos trabajos elaborados por la Organización para la Cooperación y el Desarrollo Económico y materializados en los planes de acción contra la erosión de la base imponible y el traslado de beneficios, constituyen una herramienta fundamental de análisis del fraude fiscal internacional.* ***En este marco, la presente reforma anticipa medidas encaminadas a este objetivo, como es el caso del tratamiento de los híbridos, o las modificaciones realizadas en materia de transparencia fiscal internacional u operaciones vinculadas****»* *(negrilla propia)*. Ver LIS de 2014. *Op. cit.* Preámbulo II literal h).

295. Ver STS (RJ 2011, 4838), *Construcciones Sánchez. Op. cit.*; En el mismo sentido, STS (RJ 2015, 902), *SABIC. Op. cit.*

la normativa sobre operaciones vinculadas contenida en la LIS (tanto en la reforma realizada por la Ley 36/2006, como por el contenido de la Ley 27/2014) como una norma antiabuso *ad hoc*[296], con una finalidad implícita de reproche moral y social a las conductas que buscan eludir artificialmente la carga fiscal.

En suma, desde la perspectiva de la jurisprudencia revisada, además de la función como criterio de valoración para la realización de ajustes valorativos en operaciones vinculadas, la normativa del art. 16 del TRLIS (o la del art. 18 de la LIS) tiene también una finalidad antiabuso, en lo que también coincide una parte de la doctrina académica[297].

2.3.2. Mecanismos antiabuso utilizados en la comprobación de operaciones vinculadas en la jurisprudencia española

Como se mencionaba antes, de acuerdo con la doctrina jurisprudencial del TS, cuando la controversia relacionada con operaciones vinculadas se refiere a aspectos distintos de la cuantificación de los precios, más bien relacionados con la validez de los negocios jurídicos por la posible configuración de una práctica de evasión o fraude fiscal, habrá de aplicarse una de las normas generales antiabuso, previstas en la LGT[298]. El TS y la AN también han señalado que estas normas son aplicables cuando se trata de analizar el conjunto de operaciones que forman el negocio jurídico y no solo una operación vinculada aislada, por lo que, esta aplicación de normas antiabuso se ha utilizado mayoritariamente en el marco de reestructuraciones empresariales[299].

296. Una elusión fiscal contraria a la realidad social y cuya relevancia se ha incrementado con la crisis económica de 2008, permitiendo que la legislación española y la jurisprudencia de los altos tribunales se anticiparan a la reacción política que llevó a BEPS. Ver DELGADO PACHECO, A., (2017), *Op. cit.*, p. 121 y ss.

297. Ver ALMUDI CID, J. M. y SERRANO ANTÓN, F., «Las medidas antiabuso en los convenios bilaterales para evitar la doble imposición internacional», En CORDÓN EZQUERRO, T. (Dir.), Manual de Fiscalidad internacional (3ª ed.). IEF (2007), p. 864; Ver también ESTEVE PARDO, M. L., (1996) Fiscalidad de las operaciones..., *Op. cit.*, p. 75.

298. En este punto es necesario señalar que la «genuina» o «tradicional» norma general antiabuso es la `revista en el art. 15 LGT, pero a los efectos de este trabajo también se incluyen los arts. 13 y 16 LGT, por su utilización como normas antiabuso en la comprobación de operaciones vinculadas.

299. Tanto la AN como el TS han declarado que corresponde aplicar las normas generales antiabuso en aquellos casos en que se analiza, no una operación individualmente considerada, sino un conjunto de operaciones que pueden configurar una conducta abusiva o elusiva. De allí que los casos analizados correspondan en su mayoría a operaciones en el marco de una reestructuración empresarial. Este tipo de operaciones pueden implicar fusiones, escisiones, aportaciones de activos y canjes de valores representativos del capital social, operaciones normalmente sujetas a un régimen fiscal favorable (art. 97-100 LIS de 1995; art. 83-96 del TRLIS de 2004; art. 76-89 de la LIS de 2014). En el caso de la legislación española, este régimen consiste en el diferimiento del impuesto que normalmente recaería sobre las plusvalías puestas de manifiesto en la operación, es decir, que estas no serán gravadas hasta el momento en que los activos (generadores de las plusvalías) sean enajenados por quienes

Para comenzar, es necesario señalar, en sentido amplio: que el ordenamiento español contiene varias normas generales antibauso en la LGT: la calificación (art. 13); el conflicto en aplicación de la norma tributaria o fraude de ley (art. 15); y la simulación (art. 16). Aunque doctrinalmente algunos autores se refieren indistintamente a estas tres normas como cláusulas generales antiabuso[300], la que verdaderamente refleja el objeto de una cláusula de salvaguarda del sistema es la del conflicto en la aplicación de la norma tributaria establecida en el art. 15 de la LGT[301]. La función de estas cláusulas es la de dejar sin efectos aquellos actos o negocios dirigidos a obtener una aplicación de las normas tributarias contraria a su finalidad[302]. De forma general, a efectos de este trabajo, destacamos las principales características de estas normas generales antiabuso en sentido amplio.

En primer lugar, se encuentra la calificación, establecida en el art. 13 LGT, que consiste en exigir las obligaciones tributarias con arreglo a la naturaleza jurídica del hecho, acto o negocio realizado, cualquiera que sea la forma o denominación que los interesados le hubieran dado, y prescindiendo de los defectos que pudieran afectar su validez. En general, la Administración tributaria, como parte de su función de control, tiene las potestades de comprobar e investigar los hechos, actos, elementos, actividades etc., con el fin de determinar todos los elementos relevantes de la obligación tributaria y asegurar el correcto cumplimiento de las normas aplicables al efecto[303]. En relación con estas actividades, la AT también tiene la función de liquidación, es decir, la de reflejar e incorporar en un acto resolutorio del procedimiento el resultado de la comprobación (normalización de la relación jurídico-tributaria y la regularización de la situación fiscal)[304]. Pues bien, el ejercicio de estas funciones y potestades parte de la actividad inicial de la calificación de los hechos o negocios realizados. La calificación, desde una perspectiva finalista, es jurídica, ya que se realiza teniendo en cuenta los objetivos de la norma aplicable, y es tributaria, pues su objetivo es determinar la capacidad económica puesta de manifiesto en el hecho o acto. Adicionalmente, es una calificación autónoma de otras calificaciones jurídicas,

---

los adquirieron en la reorganización empresarial. Ver PALAO TABOADA, C., (2009), *Op. cit.*, p. 201.

300. Ver SOLER ROCH, M. T., (2010), *Op. cit.*, p. 394; Ver DE LA CUEVA GONZÁLEZ-COTERA, A. y ARROYO ATAZ, A., «El concepto de abuso en la norma tributaria española: una revisión práctica en la era post-BEPS», En ARRIETA MARTÍNEZ DE PISÓN, J. (Ed.) Abuso y planificación fiscal internacional: una perspectiva jurídica, económica y ética, Thomson Reuters Aranzadi 2022, p. 341.
301. Ver BÁEZ MORENO, A. y ZORNOZA PÉREZ, J., «Spain», En 72nd Congress of the International Fiscal Association: Anti-avoidance measures of general nature and scoope GAAR and other rules, Seoul, Vol. 103, No. 1 (2018), Cahiers de Droit Fiscal International, pp. 699-700.
302. Ver DELGADO PACHECO, A., (2017), *Op. cit.*, p. 38.
303. Ver LGT. *Op. cit.* Art. 115.; Ver MARTÍN QUERALT, J. y otros (2020), *Op. cit.*, p. 314; GARCÍA NOVOA, C., (2005), *Op. cit.*, p. 160.
304. Ver MARTÍN QUERALT, J. y otros (2020), *Op. cit.*, p. 316.

pues se trata de determinar la naturaleza económica del acto con tal finalidad tributaria, independientemente de la calificación que se realice en otras áreas del derecho sobre el acto o negocio correspondiente[305].

En segundo lugar, el conflicto en la aplicación de la norma tributaria, establecido en el art. 15 LGT, se regula aquellos actos o negocios con los que se evite, total o parcialmente, la realización del hecho imponible, o se minore la carga tributaria, por tratarse de actos que sean notoriamente artificiosos o impropios para la consecución del resultado obtenido, y de cuya utilización no resulten efectos jurídicos o económicos relevantes, distintos del ahorro fiscal y de los efectos que se hubieran obtenido con los actos o negocios usuales o propios. El propósito de esta norma general antiabuso es evitar que la aplicación formal de la norma legitime comportamientos abusivos en contra del espíritu de esta. De acuerdo con el art. 15 de la LGT, el conflicto en la aplicación de la norma tributaria tiene de un procedimiento especial, que requiere en un informe previo favorable de la Comisión consultiva regulada en el art. 159 LGT, por lo que la AT debe solicitar este informe con carácter previo a la regularización de los beneficios imponibles. En general, hay pocos pronunciamientos judiciales sobre la aplicación de esta norma en la distinción de conductas de planificación fiscal o simple elusión fiscal, más allá de los casos que veremos a continuación en adquisiciones de participaciones intragrupo a través de operaciones financieras. De acuerdo con BAEZ y ZORNOZA, es posible que el conflicto en la aplicación de la norma tributaria no se utilice tanto en estos casos porque su procedimiento es complicado, y porque la AT ha podido recurrir a otros mecanismos, como la simulación, en la que además puede aplicarse una sanción; o la doctrina de los motivos económicos válidos, que, aunque se utiliza como parte del fraude de ley, no resulta propiamente del art. 15 de la LGT[306].

En tercer lugar, la simulación, establecida en el art. 16 de la LGT, regula aquellos supuestos en los que mediante actos o negocios se evita la aplicación de la norma tributaria que resultaría aplicable, y concurre ocultación o engaño[307], es decir, las partes involucradas en la operación buscaron dar la apa-

305. De acuerdo con GARCÍA: *«la calificación «autónoma» que supuestamente se desprende del artículo 13 de la LGT, a partir de la exigencia que impone no tomar en consideración los «defectos de validez» del acto o negocio que se califica, supone, por un lado, que la Administración no puede invadir competencias reservadas a los jueces, aun a sabiendas de que se trata de una excepción al carácter ipso iure de la nulidad de los negocios jurídicos y por otro lado, implica que la calificación efectuada limita sus efectos al ámbito tributario y no prejuzga la naturaleza del negocio desde la perspectiva civil»*. Ver GARCÍA NOVOA, C., (2005), *Op. cit.*, p. 163-164.

306. Ver BÁEZ MORENO, A. y ZORNOZA PÉREZ, J., (2018), *Op. cit.*, p. 699.

307. *«La simulación, por el contrario, supone la creación de una realidad jurídica aparente (simulada) que oculta una realidad jurídica distinta (subyacente) o que oculta la inexistencia de acto o de negocio jurídico. Esta simulación puede alcanzar a cualquiera de los elementos del negocio o del contrato; en nuestro ordenamiento, por tanto, tratándose del contrato, puede afectar a los sujetos, al objeto y a la causa (art. 1261 CC).»*. Ver STS (RJ 2008, 2707), *Chocolates Hueso. Op. cit.* FJ 3°.

riencia jurídica de un negocio jurídico a otro negocio que no existió en todo o en parte de sus elementos (sean los sujetos, su objeto o, lo que es más usual, la causa del negocio o contrato). En este sentido, la aplicación de la simulación requiere probar tal elemento para aplicar su consecuencia. El art. 16 de la LGT se limita a señalar que los actos o negocios en los que existió simulación serán gravados según el hecho imponible efectivamente realizado por las partes. A diferencia del conflicto en la aplicación de la norma tributaria que requiere un procedimiento especial (arts. 15 y 115 LGT), la existencia de simulación será declarada por la AT en el correspondiente acto de liquidación. La distinción práctica entre el conflicto en la aplicación de la norma tributaria y la simulación no ha sido, ni es, tarea fácil. Aunque se resalta el elemento del engaño como la principal diferencia entre ambos institutos jurídicos, lo cierto es que el abuso o la artificiosidad que debe estar presente en el conflicto en la aplicación de la norma tributaria también incorpora cierta intencionalidad, o falta de causa del negocio o contrato, que puede confundirse con la simulación[308].

2.3.2.1. La utilización indistinta de normas antiabuso y otras figuras jurídicas relacionadas con la finalidad antiabuso

En las décadas que transcurrieron entre los años 1990 y 2010, la Administración tributaria aplicó las normas generales antiabuso de la LGT, utilizando distintos mecanismos para definir la irregularidad o abuso identificado en un negocio relacionado con operaciones vinculadas; no únicamente la simulación o el fraude de ley. Me refiero a la aplicación exclusiva de la calificación como norma para regularizar la situación fiscal; la consideración de doctrinas propias del Derecho civil, como el negocio jurídico indirecto, el conjunto de negocios carente de causa, y los efectos indirectos perversos del negocio jurídico, entre otras[309]. La AN y el TS tuvieron distintas posiciones al respecto.

En la sentencia del TS de 18 de marzo de 2008 sobre el caso de *Chocolates Hueso,* se analizaba el supuesto de una serie de compraventas de acciones entre partes vinculadas. Concretamente, en un período de tres meses (entre enero y marzo de 1989), los accionistas de Chocolates Hueso realizaron varias adquisiciones de acciones de dos entidades vinculadas más. Esto provocó que, en un corto espacio de tiempo, las vinculadas incrementaran abruptamente su capital, todo ello sin que en la realidad se produjeran flujos monetarios[310]. Los accio-

308. Ver BÁEZ MORENO, A. y ZORNOZA PÉREZ, J., (2018), *Op. cit.,* pp. 711 y 712.

309. Ver DELGADO PACHECO, A., (2017), *Op. cit.*, p. 82-96.

310. En un periodo de tres meses, entre enero y marzo de 1989, los accionistas de *Chocolates Hueso* realizaron una serie de compraventas de acciones entre esta compañía y dos vinculadas más, Inversiones Aloña e Inversiones Egea. En corto tiempo (desde el 14 de enero de 1989 hasta el 29 de marzo de 1989), Inversiones Aloña pasó a tener un capital de poco más de 20 millones de pesetas a 350 millones de pesetas, primero y otros 1.050 millones en una segunda ampliación de capital. Además, Inversiones Egea, que se creó el 20 de enero de 1989 con un capital de 150.000 pesetas, pasó a tener un capital de 4.375.000.000 pesetas el 21 de marzo de 1989. Ver STS (RJ 2008, 2707), *Chocolates Hueso. Op. cit.*

nistas de las tres sociedades eran los mismos y en idéntica proporción que la que ostentaban en la sociedad originaria —Chocolates Hueso—. Al comprobar los actos realizados por las sociedades, la AT llegó a la conclusión de que lo que querían los accionistas era descapitalizar Chocolates Hueso, y ocultar las plusvalías desplazándolas a las sociedades vinculadas. Para la AT, el conjunto de operaciones configuró un negocio simulado. Al resolver el recurso de casación, el TS consideró que los negocios jurídicos señalados ni siquiera eran reales, pese a haber sido formalmente celebrados e inscritos en el registro correspondiente. A pesar de las alegaciones de *Chocolates Hueso* sobre la obtención de beneficios económicos por la trasmisión de los elementos patrimoniales, el TS señaló que los negocios jurídicos eran «anómalos», y que no podía apreciarse tal realidad económica[311]. En este punto es necesario señalar que en otras sentencias sobre el tratamiento fiscal de los dividendos, el TS había considerado casi innecesario tratar de subsumir el conjunto operativo llevado a cabo en una categoría de negocio (negocio simulado o disimulado; negocio en fraude de ley; negocio indirecto, negocio fiduciario y/o demás especialidades de los negocios jurídicos anómalos), cuando en realidad lo único que se produce *«es un intento de obtener un tratamiento fiscal improcedente al reparto de dividendos»*[312]. En la sentencia de *Chocolates Hueso,* el TS reiteró la misma categoría de negocios y además señaló que *«con frecuencia los vicios de los negocios subyacentes pueden ser calificados de modo diverso, pero esta diversidad no implica contradicción, pues en los negocios analizados es posible apreciar la concurrencia simultánea de vicios diversos.»*[313]. En el caso concreto enjuiciado el TS señaló que los negocios eran inexistentes y no se apreciaba causa en los mismos, a pesar de su realización formal. En este pronunciamiento, para el TS las diversas calificaciones jurídicas eran irrelevantes cuando en los negocios jurídicos se evidenciaban tales anomalías. Esta sentencia del año 2008 es una muestra de la escasa delimitación que se establecía jurisprudencialmente, no solo entre las normas generales antiabuso en sentido amplio reguladas en la LGT (simulación o el fraude de ley), sino también al considerar otros conceptos jurídicos (negocios indirectos, negocios fiduciarios)[314].

En la STS de 30 de mayo de 2011, sobre el caso *Construcciones Sánchez,* el TS examinó el conjunto de operaciones realizadas por la empresa *Construcciones Sánchez Domínguez SA* y sus dos socios (personas físicas). El caso consistía en una reducción de capital de la empresa a través de aportaciones a los socios, seguida de una ampliación de capital con cargo a los recursos de reserva por el mismo valor de la reducción. La AT consideró que, en el fondo, se había realizado un reparto de dividendos a los socios, por lo que procedió a regularizar la situa-

311. Ver STS (RJ 2008, 2707). *Chocolates Hueso. Op. cit.* FJ 9°. Sobre el negocio jurídico anómalo, ver también STS de 27 de mayo de 2008 (RJ 2008, 2870); STS de 15 de julio de 2008 (RJ 2008, 3911).
312. Ver STS de 25 de octubre de 2005 (STS 6774/2004)
313. Ver STS (RJ 2008, 2707), *Chocolates Hueso. Op. cit.* FJ 5°.
314. Ver STS (RJ 2008, 2707), *Chocolates Hueso. Op. cit.*

ción fiscal acudiendo exclusivamente a su facultad de calificación jurídica sin recurrir a la consideración del negocio simulado o en fraude de ley. Para el contribuyente, la AT ejerció erróneamente tal facultad de calificación y no acudió al procedimiento adecuado para comprobar los hechos y regularizar la obligación tributaria. En sede de casación, el TS inició sus fundamentos jurídicos señalando las diferencias entre la simulación y el fraude de ley, particularmente en vigencia de la LGT de 1963[315]. Posteriormente, procedió a señalar la dificultad de diferenciación entre ambas figuras, especialmente respecto de la simulación en la causa: *«por su estrecha vinculación con la finalidad o propósito que las partes persiguen al celebrar un contrato. Así se considera que un contrato realizado no con el fin habitual o normal, sino para el logro de un resultado singular adolece de vicio en la causa, y al apartarse de la «causa típica» o carecer de ella merece la calificación de simulado, con simulación relativa o absoluta. Y es entonces cuando se produce la confluencia y posible superposición entre fraude de ley y simulación, que dificulta extraordinariamente su distinción, haciendo depender la consideración de una u otra figura, en cada caso concreto, de la labor de interpretación y de calificación que corresponde, primero, a la Administración tributaria y, luego, a los Tribunales.»*[316]. En general, a pesar de sus esfuerzos para identificar los elementos de cada figura, particularmente al fraude de ley, el TS reconoce su problemática diferenciación práctica, también de sus efectos, que a veces se reducían únicamente a indicar que en el caso de la simulación podía aplicarse una sanción. A pesar de los fundamentos, ya de por sí confusos respecto a la diferencia entre las figuras, el TS añadió que: *«La propia jurisprudencia de esta Sala admite que el negocio indirecto y la simulación relativa puedan ser el medio de actuar en fraude de ley, y como tal resultar aplicables las previsiones del artículo 24 LGT/1963.»*. En conclusión, el TS reconoció que la Administración tributaria podía hacer una utilización indistinta de estas figuras, y que en el caso específico esta había acudido a la figura del «negocio jurídico indirecto», en ejercicio de su potestad de calificación, para regularizar la carga tributaria de los contribuyentes[317].

En la sentencia del caso *Construcciones Sánchez,* el TS observó que la AT no había considerado que se tratase de un negocio jurídico en fraude de ley, sino que simple y sencillamente había determinado el régimen tributario aplicable conforme a una calificación de los negocios jurídicos realizados, de acuerdo con el art. 28.2 LGT 1963 (actual art. 13 de la LGT de 2003). El TS

---

315. En esencia, el TS señala que, en el fraude de ley existen uno o varios negocios jurídicos válidos, que reúnen los requisitos del ordenamiento para desplegar sus efectos jurídicos y que han sido realizados al amparo de una norma de cobertura, que no se les va a aplicar pues les corresponde la aplicación de otra norma —la norma defraudada—; mientras que la simulación supone la creación de una realidad jurídica que oculta una realidad subyacente o la existencia de un acto distinto. Ver STS (RJ 2011, 4838), *Construcciones Sánchez. Op. cit.* FJ 3°.

316. Ver STS (RJ 2011, 4838), *Construcciones Sánchez. Op. cit.* FJ 3°.

317. Lo que además reiteró en otras sentencias. Ver STS de 30 de junio de 2011 (RJ 2011, 6063). FJ 2°.

señaló que la AT había recurrido a una interpretación teleológica para concluir que el verdadero negocio realizado constituía un reparto de dividendos a los socios (distribución encubierta de beneficios) y, por tanto, generaba rendimientos de capital mobiliario. En palabras del TS, «*se confirma en instancia* ***una mera y simple calificación jurídica*** *de unas operaciones o negocios, realizada sencillamente conforme a los criterios ordinarios de la interpretación jurídica-singularmente el criterio teleológico— sin que, por tanto, en manera alguna resultara exigible ningún procedimiento especial ni declaración singular sobre el fraude de ley, que no es el verdadero fundamento del acto administrativo inicialmente recurrido, ni la "ratio decidendi" de la sentencia de instancia que se impugna.*»(negrilla propia)[318]. Como puede apreciarse, con esta doctrina el TS confirma que cabe establecer distinciones entre las figuras aplicables para atajar los comportamientos fiscalmente abusivos, y que todas estas figuras o institutos jurídicos tienen la finalidad de evitar legitimar el tratamiento fiscal diferente —y con menor carga tributaria— que se perseguía por el contribuyente. En definitiva, evitar un resultado contrario al objetivo de las normas tributarias, que es gravar el hecho imponible efectivamente realizado por las partes. El TS confirmó la utilización de distintos conceptos llevada a cabo por la AT con tal propósito, bajo una interpretación teleológica; incluso la calificación de conformidad con el art. 13 LGT, como una norma que puede aplicarse de forma singular y autónoma, sin que se requiera acudir a los supuestos de la simulación o el fraude de ley.

Vale la pena resaltar el Voto particular a la STS del caso *Construcciones Sánchez*[319], emitido por el magistrado Emilio Frías Ponce, quien señala que el negocio jurídico indirecto carece de soporte normativo en el ordenamiento tributario español. De acuerdo con las consideraciones del magistrado, un negocio calificado como indirecto debe considerarse constitutivo de fraude de ley (si su finalidad era eludir) o de una simulación (si su finalidad era engañar u ocultar para evadir). El magistrado Frías observa que la calificación es una actividad mediante la que la Administración determina la verdadera naturaleza jurídica de un hecho, acto o negocio, al margen de la forma dada por las partes, por lo que se encuentra estrechamente relacionada con la interpretación de la ley. Señala el magistrado Frías que la esta calificación está dirigida a determinar si un supuesto de hecho puede subsumirse en la hipótesis normativa constitutiva de un hecho imponible. Por tanto, si tras la comprobación de los elementos del negocio jurídico la AT concluyó que la finalidad de este negocio era esquivar la aplicación de una norma tributaria, debió apreciar la existencia de una simulación y aplicar la normativa correspondiente o utilizar el fraude de ley. De manera contundente, señala el magistrado que la calificación es insuficiente para regularizar tal situación. Esta posición del voto particular fue adoptada por el TS en

318. Ver STS (RJ 2011, 4838), *Construcciones Sánchez. Op. cit.* FJ 6°.
319. Ver STS (RJ 2011, 4838), *Construcciones Sánchez. Op. cit.* FJ Voto particular.

sentencias recientes como la STS de 2 de julio de 2020[320], en un caso sobre sociedades profesionales.

2.3.2.2. La jurisprudencia en materia de compras apalancadas de participaciones intragrupo, en el marco de operaciones de reestructuración

Como se ha visto, en la realización de ajustes no valorativos a operaciones vinculadas, los tribunales han admitido la utilización de distintos mecanismos antiabuso (tanto normas antiabuso, como institutos jurídicos que han sido objeto de construcción doctrinal o jurisprudencial), con el objetivo de evitar la legitimación de actos que resultan en una injustificada menor carga tributaria. Esta jurisprudencia implica en la práctica, no solo la dificultad para diferencias entre las distintas normas antiabuso establecidas en la LGT, sino también en una laxa admisión de otras figuras o institutos jurídicos (como el negocio jurídico anómalo, o el negocio indirecto, etc.), lo que genera inseguridad jurídica sobre el fundamento a la hora de llevar a cabo los ajustes. Sin embargo, los tribunales han mostrado cierta consistencia al confirmar la comprobación de operaciones vinculadas en los casos de compras apalancadas de participaciones en empresas vinculadas (usualmente en el marco de la reestructuración de un grupo empresarial). En términos generales, las características fácticas de estas operaciones son las siguientes[321]: una entidad residente en España, subsidiaria de una EMN (beneficiaria de una excepción de los dividendos provenientes del extranjero), adquiere una cantidad significativa de participaciones en una entidad vinculada no residente en España, a través de un préstamo otorgado por una empresa vinculada o por un banco. Teniendo en cuenta que tal ingreso de participaciones está exento[322] y que los gastos por los pagos de intereses son deducibles, la entidad española obtiene importantes pérdidas a efectos tributarios. Lo que puede ser aún mayor si se aplica el régimen de consolidación fiscal. En la mayoría de estos casos, el TS ha avalado la aplicación del instituto del fraude a la ley tributaria, específicamente fundado en la carencia de motivos económicos válidos que justifiquen el conjunto de las operaciones realizadas.

De acuerdo con la doctrina académica[323], la utilización de la doctrina de los motivos económicos válidos por parte de la Administración tributaria para llevar a cabo la regularización en estos casos tiene su origen en el tratamiento fiscal favorable que reciben ciertas operaciones de reorganización en aplicación de la

---

320. Ver STS de 2 de julio de 2020 (RJ 2020, 2836) y (RJ 2020, 2203). FJ 4º.
321. Ver BÁEZ MORENO, A. y ZORNOZA PÉREZ, J., (2018), *Op. cit.,* p. 712.
322. En general, las operaciones de fusiones, escisiones, aportaciones de activos, canje de valores y cambio de domicilio social de una sociedad europea o una sociedad cooperativa europea de un Estado miembro a otro reciben un tratamiento favorable. Ver Art. 76-89 LIS de 2014. *Op. cit.*
323. Ver BÁEZ MORENO, A. y ZORNOZA PÉREZ, J., (2018), *Op. cit.,* pp. 711 y ss.; Ver PALAO TABOADA, C., (2009), *Op. cit.*, p. 201.

Directiva UE 90/434/CEE sobre fusiones, aplicable, entre otras operaciones, a aportaciones de activos o al canje de valores (muy relacionados con el supuesto de compras apalancadas intragrupo). De acuerdo con esta Directiva, es posible diferir el gravamen por el Impuesto sobre Sociedades (y el del IRPF), que normalmente recaería sobre las plusvalías puestas de manifiesto en estas operaciones, de forma que estas no serán gravadas hasta el momento futuro en que los activos (generadores de las plusvalías) sean enajenados por quienes los adquirieron en la reorganización empresarial[324]. Asimismo, la Directiva 90/434/CEE contiene una cláusula antiabuso que permite al Estado miembro negarse a aplicar el beneficio cuando la operación tenga como principal objetivo el fraude o evasión fiscal, e indica como presunción de tal objetivo la falta de «motivos económicos válidos» de las operaciones en la reorganización[325]. Una presunción muy relacionada con la doctrina del ***business purpose test*** propia del Derecho tributario estadounidense[326]. La normativa española del Impuesto sobre Sociedades contiene la transposición de las disposiciones de esta Directiva UE. En concreto, la incorporación de esta norma antiabuso en la legislación española del Impuesto sobre Sociedades se realizó en el año 2000, a través de una reforma del art. 110 de la Ley 43/1995 (LIS), en la cual se indicó que el régimen especial para estas operaciones de reorganización «*no se aplicará cuando la operación **no se efectúe por motivos económicos válidos**, tales como la reestructuración o la racionalización de las actividades de las entidades que participan en la operación, **sino con la mera finalidad de conseguir una ventaja fiscal.** (negrilla propia)*[327]».

Además de las comprobaciones realizadas en el ámbito específico de este régimen especial, la Administración tributaria empezó a extender el uso de la doctrina de los «motivos económicos válidos» como fundamento para la regularización de las obligaciones tributarias en otros ámbitos relacionados con operaciones de reorganización empresarial[328]. Un ejemplo de ello son los casos en los que la AT se pronuncia sobre la deducción de gastos financieros asumidos por la compra de participaciones en empresas vinculadas. En principio, puede afirmarse que la introducción del concepto de los» motivos económicos válidos» en la doctrina antiabuso se inició por esta utilización extendida de la Administración tributaria en asuntos más allá de los señalados en el régimen especial

324. Ver PALAO TABOADA, C., (2009), *Op. cit.*, p. 201.
325. Ver Directiva UE 90/434/CEE. *Op. cit.* art. 11.1.
326. De acuerdo con PALAO, varios autores que han comentado la Directiva 90/434/CEE coinciden en identificar la raíz de la presunción de fraude ante la ausencia de motivos económicos válidos en esta doctrina estadounidense, enfocada en la determinación de la finalidad de los negocios o de su objetivo comercial, que en todo caso se diferencia de la doctrina de la simulación de la sustancia sobre la forma utilizada en el Derecho continental, en la que es más relevante el examen del contraste entre la realidad y el negocio formalizado. Ver PALAO TABOADA, C., (2009), *Op. cit.*, pp. 208 y ss.
327. Ver Ley 14/2000, de 29 de diciembre, de Medidas fiscales, administrativas y del orden social. Publicada en BOE. núm. 313, de 30/12/2000, en vigor desde el 1 de enero de 2001. Apartado 6 que modificó el art. 110.1 y 110.2 de la LIS de 1995.
328. Ver BÁEZ MORENO, A. y ZORNOZA PÉREZ, J., (2018), *Op. cit.*, p. 711.

de la LIS. Sin embargo, la AN y el TS fueron admitiendo progresivamente este uso en otros casos y validando los argumentos de la AT al respecto.

Como se mencionó anteriormente, en la mayoría de casos, la aplicación del concepto de los «motivos económicos válidos» por parte de la Administración tributaria se realizó mediante la figura del fraude de ley[329]. En consecuencia, la configuración de la conducta elusiva debía fundarse sobre la existencia de dos elementos[330]: el primero, un juicio de adecuación de los negocios realizados a la consecución del resultado obtenido (si hubo o no un ahorro fiscal); y el segundo, un juicio sobre los efectos jurídicos o económicos que pudieran justificar el negocio, distintos del mero ahorro fiscal. La utilización de la doctrina de los motivos económicos válidos se situó en este segundo elemento. Es decir, comprobado el ahorro fiscal, precisamente como consecuencia de la estructura adoptada en el negocio, el fraude sería aplicado por la inexistencia de motivos válidos económicos que pudieran justificar tal estructura.

Uno de los primeros casos en los que el TS trató la compra apalancada de participaciones intragrupo es el de *BICC,* en sentencia de 12 de julio de 2012. En el caso enjuiciado, en 1997 la entidad española (BICC ESPAÑA) adquirió las participaciones de su vinculada estadounidense (BICC USA), a través de un préstamo otorgado por un banco inglés. Tras haber realizado varios pagos para la amortización del préstamo, BICC ESPAÑA vendió sus participaciones en BICC USA a su empresa matriz, por el valor del saldo del préstamo. La AT consideró que la operación no se llevó a cabo en las condiciones que se darían entre partes independientes, pues la vinculación restringió la voluntad libre del contribuyente para realizar y aceptar tales condiciones, por lo que la AT decidió negar la deducción de gastos derivados de la operación financiera y regularizar la operación en tal sentido. Como se menciona supra, la AT señaló que su facultad para realizar el ajuste a los beneficios imponibles provenía directamente del art. 9 del CDI correspondiente. El TS confirmó tal decisión, ya que en la comprobación de los hechos se evidenció que la operación implicó altos costes para el contribuyente, sin que percibiera los ingresos correspondientes, algo que no aceptaría una entidad independiente. En tal sentido, no se apreciaron motivos económicos válidos, y se consideró una operación «intrínsecamente asombrosa», siendo *«la parte que realiza la operación la que debe justificar su razonabilidad pese a la apariencia que de ella se infiere, actividad que en este caso no ha sido ni siquiera intentada al no pedir el recibimiento a prueba»*[331]. Asimismo, el TS recordó que en todo caso la facultad de calificación establecida en la LGT

329. Como señalan algunos autores, la utilización de una reestructuración requiere por lo menos de una formalización en la que no parece viable considerar la simulación, aunque puede haberla. Ver PALAO TABOADA, C., (2009), *Op. cit.*, p. 229.

330. Ver RUIZ ALMENDRAL, V. y ZORNOZA PÉREZ, J., (2004), *Op. cit.*, pp. 43 y ss.; Ver TELLO LÓPEZ, J., «La «cláusula antiabuso» del anteproyecto de nueva Ley General Tributaria», Actualidad Jurídica Uría & Menéndez núm. 5 (2003), pp. 48 y ss.

331. Ver STS de 18 de julio de 2012 (RJ 2012, 7924). BICC. *BICC. Op. cit.* FJ 4º.

permitía a la Administración decidir tal ajuste[332]; y, para terminar sus consideraciones, el TS indicó su asombro por el hecho de que la Administración tributaria hubiera optado por la más liviana de las facultades, en vez de haber acudido a la declaración de un negocio simulado que le hubiera permitido aplicar también una sanción. A pesar de ello, el TS no anuló la decisión de la Administración, entendiendo que *«el no uso de un procedimiento agravado, el simulatorio, no puede convertirse en una ventaja para el simulador»* [333]. Aunque este pronunciamiento no hace referencia expresa a la doctrina de los motivos económicos válidos, la posición del TS permite confirmar, en mi opinión, que el elemento relevante para el ajuste de la operación es la existencia de una ventaja fiscal, y la ausencia de motivación económica para realizar la operación.

La doctrina de los motivos económicos válidos se apreció con mucha más certeza en una serie de fallos sobre compras apalancadas de participaciones intragrupo a partir del año 2015. Como bien señala DELGADO, la Administración tributaria y el TEAC empezaron a utilizar la doctrina de los motivos económicos en el ámbito de las reestructuraciones empresariales, para abordar los supuestos en que se utilizaban negocios artificiosos, particularmente cuando estos no conllevan un crecimiento o eficiencia económica real, sino que corresponden a meros movimientos financieros.

Las primeras sentencias en las que el TS discute más a fondo la cuestión del fraude de ley en ausencia de motivos económicos válidos se dieron en los pronunciamientos de *Coty y SABIC,* de 5 y 9 de febrero de 2015. En estas reestructuraciones, la operación financiera para la adquisición de participaciones se consideró formalmente válida y correcta de acuerdo con la valoración de mercado. Sin embargo, para la AT las inversiones realizadas en la reorganización fueron meros movimientos financieros que no conllevaron crecimiento en términos de economía real. Ya que la aplicación del fraude de ley requiere que los actos considerados en su conjunto sean notoriamente artificiosos, y que de los mismos no resulten efectos jurídicos o económicos relevantes distintos del ahorro fiscal, la AT señaló, que al no poder encontrar la lógica empresarial de las mismas, quedaba demostrado el requisito de la artificiosidad, por lo que se daba la figura del fraude a la ley tributaria[334]. El TS señaló que el contribuyente había creado artificiosamente las condiciones para obtener un ahorro fiscal, cuya lógica empresarial no fue probada. A pesar de que todas las operaciones eran reales y lícitas, *«en su conjunto consideradas, no responden a una lógica empresarial, pues la compleja operativa se revela innecesaria y contraria a la eficiencia económica, de modo que no se habría llevado a cabo de no ser por la ventaja fiscal obtenida, la finalidad elusoria resulta evidente.»*. Ahora bien, en concreto, el TS introdujo un criterio de una prueba

332. Ver STS de 18 de julio de 2012 (RJ 2012, 7924). BICC. *Op. cit.* FJ 5º.
333. Ver STS de 18 de julio de 2012 (RJ 2012, 7924). BICC. *Op. cit.* FJ 6º.
334. Ver STS (RJ 2015, 1045), *Coty. Op. cit.* FJ 6º.

invertida del propósito elusivo de la operación, necesario para configurar el fraude de ley: «*No puede considerarse como no probado el propósito elusivo de la reestructuración llevada a cabo, porque lo cierto es que,* ***ante la ausencia de cualquier otra motivación económica válida para tal reestructuración, lo único que la justifica es precisamente la reducción de la carga fiscal*** *de las dos sociedades operativas españolas*»[335] (negrilla propia).

Adicionalmente, en el caso de *SABIC,* el TS fundamentó la aplicación de la figura del fraude a la ley tributaria señalando la consistencia con distintas posturas internacionales en materia de lucha contra la evasión y el fraude fiscal. En primer lugar, el TS hizo referencia a la prohibición de abuso en la doctrina jurisprudencial del TJUE (casos *Centros, Halifax,* entre otros, analizados supra), especialmente al análisis de prácticas abusivas. En la sentencia de *SABIC,* el TS consideró que el análisis de la ausencia de motivos económicos válidos utilizado en los casos españoles era compatible con la doctrina del TJUE respecto a la prevención del uso de montajes puramente artificiales. Para el TS, el examen de los motivos económicos servía a la finalidad de evitar la legitimación de conductas abusivas de los contribuyentes[336], en este caso, a raíz del uso de operaciones de reorganización empresarial. En segundo lugar, el TS señaló que la normativa española está en línea con la preocupación de la OCDE por la lucha contra las prácticas BEPS, pues en el caso enjuiciado (SABIC) se observó que la matriz del grupo tenía el propósito de erosionar la base imponible de la entidad contribuyente española (incrementando el pasivo con el préstamo) y trasladar los beneficios a un territorio con nula tributación sin existir razones económicas distintas al ahorro fiscal. Y, finalmente, el TS reconoció las recomendaciones de la Comisión Europea sobre planificación fiscal agresiva[337], en relación con los asuntos identificados en BEPS. Esta relación entre las conductas cometidas en fraude de ley analizadas desde la perspectiva de la ausencia de motivos económicos que las justifiquen, y la posición del Derecho de la UE (del TJUE o la Comisión) sobre el objetivo de lucha contra la evasión, configuraron el enfoque antiabuso que fue adoptando el TS para limitar la planificación fiscal de las EMN. Con ello, se permitió fundamentar la comprobación de operaciones vinculadas utilizando herramientas propias de las GAAR y no de otras reglas específicas como las normas de subcapitalización, como se ve en otros pronunciamientos posteriores[338].

335. Ver STS (RJ 2015, 1045), *Coty. Op. cit.* FJ 6°.
336. Ver STS (RJ 2015, 902), *SABIC. Op. cit.* FJ 5°.
337. Ver Comisión Europea (2012) Recomendación sobre la planificación fiscal agresiva, de 6 de diciembre de 2012. (2012/772/UE). pár. 7-8.
338. El TS también utiliza el mismo fundamento en conexión con la doctrina antiabuso del TJUE y la prevención de prácticas BEPS en materia de planificación fiscal agresiva en la regularización del caso *Mann Hummel,* en una sentencia muy cercana a la del caso *SABIC,* de hecho, también de febrero de 2015. Ver STS 614/2015. *Mann Hummel. Op. cit.* FJ 7°.; Ver también STS (RJ 2016, 6238), *Arrow. Op. cit.* FJ 7°.

En las SSTS de los casos *Glaxo*[339] y *Colgate*[340], de 2015 y 2016, el TS introdujo algunos requisitos más, especialmente relevantes, para determinar cuándo puede considerarse que el conjunto de operaciones configura un fraude de ley y cuando no.

En el caso *Glaxo,* la AT consideró que, en vez de utilizar una compra de participaciones financiada, el grupo de empresas pudo optar por una aportación no dineraria para adquirir acciones, pues ya lo había hecho en otras operaciones de reestructuración pasadas. Además, en este caso el contribuyente logró demostrar que tales operaciones correspondieron a una actividad real y legítima realizada bajo necesidades normales de reorganización y reagrupación de entidades de la EMN. Ante estas evidencias, en STS de 26 de febrero de 2015, el TS señaló que el hecho de que una alternativa para llevar a cabo la operación es más idónea que otra, no podía eliminar el hecho de que contribuyente había demostrado la existencia de motivos económicos válidos, además mediante a un negocio que es habitual en este tipo de operaciones (un préstamo intragrupo), y que podía incluso reportar ventajas económicas y mercantiles[341]. En el caso *Colgate,* la financiación para la adquisición de participaciones intragrupo provino de entidades financieras externas al grupo. La AT reconoció la existencia de algunos motivos comerciales para llevar a cabo las compras de participaciones intragrupo (reorganización y reagrupación de unidades, entre otras), pero consideró que el conjunto de negocios seguía siendo reprochable ya que el endeudamiento para la compra de acciones tenía como efecto la reducción de las bases imponibles de la entidad comercializadora residente en España. Asimismo, la AT señaló que, en reestructuraciones realizadas por el grupo *Colgate* en años anteriores, este había utilizado un mecanismo distinto para reorganizar sus entidades, el de las aportaciones no dinerarias. Sin embargo, en STS de 20 de mayo de 2016, el TS consideró que no podía apreciarse la existencia de un fraude de ley, ya que existían motivos económicos válidos y porque la financiación de la compra de acciones fue exterior al grupo[342]. Con todo, la AT no llegó a acreditar la existencia de un montaje puramente artificial, siendo lo cierto que en este caso no llegó a justificar y acreditar que las razones fiscales hayan sido las únicas determinantes para la realización de las operaciones controvertidas.

En este sentido, el TS delimitó la aplicación del fraude de ley a aquellos casos en que, aun existiendo motivos válidos, la ventaja fiscal sea la razón principal por la cual el negocio fue realizado. Asimismo, el TS estableció que la carga de la prueba sobre la existencia de fraude de ley correspondía a la AT, al señalar que ésta no había podido despejar las dudas existentes sobre las razones fiscales como única motivación en el conjunto de operaciones[343]. Res-

339. Ver STS de 26 de febrero de 2015 (RJ 2015, 1281), *Glaxo*.
340. Ver STS de 20 de mayo de 2016 (RJ 2016, 3266), *Colgate*.
341. Ver STS (RJ 2015, 1281), *Glaxo. Op. cit.* FJ 10º.
342. Ver STS (RJ 2016, 3266), *Colgate. Op. cit.* FJ 7º.
343. Ver STS (RJ 2015, 1281), *Glaxo. Op. cit.* FJ 10º.

pecto a la financiación externa, como bien señalan BAEZ y ZORNOZA, no puede afirmarse que sea una razón en sí misma suficiente para excluir la aplicación del fraude de ley[344].

La sentencia del TS de 31 de mayo de 2016, del caso *Peugeot,* introduce otro elemento importante sobre los límites de la aplicación del fraude de ley por ausencia de motivos económicos válidos. En el supuesto de hecho enjuiciado, como mencionamos anteriormente, PCAE entidad española compró en 2001 las participaciones de su vinculada argentina (PCA) y, posteriormente, adquirió varios créditos que luego aportó también como capital a PCA para incrementar aún más su inversión. Teniendo en cuenta el contexto de crisis económica en Argentina, el valor de las participaciones se depreció, y PCAE tuvo que dotar de una provisión de cartera a su participada para que esta reflotara. La AT negó la deducción de los gastos financieros derivados de esta provisión de cartera por considerar que tal inversión no habría sido hecha por un inversionista independiente. Al igual que en otros casos como el de *BICC* o *Construcciones Sánchez,* la AT fundó su regularización simplemente en el ejercicio de su facultad de calificación y en la constatación de que el conjunto de negocios no cumplía con el criterio del ALP establecido en el art. 9 del CDI celebrado entre España y Argentina. Este criterio de la AT fue confirmado por la AN al resolver el recurso. Sin embargo, el TS, al resolver el recurso de casación, señaló que la AN no tuvo en cuenta la prueba pericial aportada por *Peugeot* sobre la existencia de otras inversiones realizadas por entidades españolas en empresas argentinas durante la crisis, lo que demostraba que la operación, desconocida por la Administración tributaria, sí se hubiese dado entre partes independientes.

Para el TS la falta de valoración de la prueba pericial implicó dos problemas[345]: uno técnico, porque consideró inaceptable entender que los créditos carecían de valor por la crisis económica cuando hay una prueba pericial que demuestra la existencia de operaciones comparables; y otro jurídico porque no se podía prescindir de la operación efectivamente realizada entre las partes vinculadas, a las que era posible atribuir un valor de mercado, acudiendo sin más a la aplicación directa del art. 9.1 del CDI, sin aplicar una cláusula general antiabuso interna como el fraude de ley o la simulación. El TS introdujo un requisito importante en esta sentencia, al confirmar que no procede el desconocimiento de una operación vinculada cuando puede llevarse a cabo el análisis de comparabilidad y, adicionalmente, que la posibilidad de hacer un análisis de comparabilidad puede ser un indicio para no proceder al desconocimiento de una operación por razones de abuso. Visto desde otra perspectiva, para realizar un ajuste de la operación vinculada, que en este caso implica su desconocimiento, en aplicación de una norma general antiabuso, es condición necesaria que no pueda realizarse el análisis de comparabilidad; lo anterior parece una obviedad, pero

344. Ver BÁEZ MORENO, A. y ZORNOZA PÉREZ, J., (2018), *Op. cit.,* p. 713.
345. Ver STS (RJ 2016, 3289), *Peugeot. Op. cit.* FJ 9º.

el caso *Peugeot* muestra un ejemplo de cómo una operación que parece no tener lógica empresarial (una inversión que parece ir a pérdida en un mercado de crisis económica) no puede considerarse *a priori* imprescindible, por existir circunstancias que prueban tanto la existencia de mercado como la posibilidad de que el negocio tenga su lógica[346].

En la STS de 22 de diciembre de 2016, caso *Arrow,* el TS analizó tres elementos para determinar si el negocio se había realizado en fraude de ley: i) la presencia tanto de una norma eludida como de una norma de cobertura; ii) la obtención de un resultado equivalente al derivado del hecho imponible; y iii) el propósito de eludir el impuesto. Una vez verificado el primer elemento, en el segundo y el tercero el TS buscó determinar si, dejando al margen la fiscalidad, una variación en la situación del Grupo respecto a la que existiría de no haberse realizado la operativa descrita. Para ello, el TS observó los cambios experimentados, antes y después de la operación de reestructuración, en el porcentaje accionarial, en la dirección y gestión de las entidades vinculadas, y en el funcionamiento de la entidad. En su conjunto, el tribunal no observó variaciones, por lo que estimó que dada la «equivalencia de resultados» no era posible apreciar ningún otro propósito más que el de la obtención de una reducción de base imponible a través de la generación de gastos financieros deducibles[347]. De acuerdo con la sentencia, en las pruebas no se evidenció que la reestructuración hubiera alterado la estructura y el funcionamiento anterior de las entidades involucradas en esta, ni que hubiera una necesidad de financiación[348], por lo que el TS calificó el conjunto de operaciones de innecesario y contrario a la eficiencia económica. Este pronunciamiento del TS afirmó estableció que la comprobación de la existencia de resultados económicos podía verse reflejada en una variación de las condiciones y la situación del grupo tras la reestructuración; en este caso el TS utilizó la expresión de la «equivalencia», pero en esencia se conserva un juicio respecto al conjunto de resultados obtenidos (además de la ventaja fiscal) con respecto al hecho imponible.

Este elemento también fue puntualizado por la AN en sentencia de 22 de abril de 2019[349], sobre el caso *Carbon Holding.* En los hechos del caso, es necesario distinguir dos partes de la reestructuración. Por un lado, SGL Carbon Holding, S.L. (SCH), entidad española, está participada por la entidad alemana SGL Carbon Beteiligung GMBH (SCBG). En 2005, SCBG aportó las

346. En este sentido, también es importante tener en cuenta que el TJUE ha considerado válidos los argumentos de una empresa para realizar inversiones, que a primera vista parecen no estar alineadas con la conducta de partes independientes, que pueden estar justificadas por el interés en el éxito financiero de la vinculada. Lo que también habría podido considerarse en este caso. Ver STJUE (JUR 2018, 152927), *Hornbach-Baumarkt. Op. cit.* pár. 56-58. Ver en numeral 1.1 del Capítulo IV.

347. Ver STS (RJ 2016, 6238), *Arrow. Op. cit.* FJ 6º.

348. Ver STS (RJ 2016, 6238), *Arrow. Op. cit.* FJ 5º y 6º.

349. Ver SAN de 22 de abril de 2019 (JT 2019, 542), *Carbol Holding.*

acciones de SCH a la ampliación de capital efectuada por la sociedad alemana SGL Carbon Holding GMBH (SCG), que pasó a ser el socio único de la entidad española. Por otro lado, SCH realizó la adquisición de distintas sociedades vinculadas del grupo entre 2005 y 2007, para las que recibió préstamos de la matriz del grupo empresarial. Como resultado de una reestructuración de la EMN, la entidad española *SCH* acabó siendo participada únicamente por su matriz (de manera indirecta) y, a la vez, teniendo participaciones en otras entidades vinculadas operativas con las que realizaba consolidación fiscal. La AT realizó el examen de las variaciones de la situación del grupo, y constató que la reestructuración no había ido acompañada de una alteración significativa de los administradores de dichas entidades[350] y tampoco se habían adoptado decisiones relativas a la dirección y gestión de los negocios de las sociedades participadas. Por lo anterior, la AT concluyó que, ni desde el punto de vista jurídico, ni desde la perspectiva económica, se podía apreciar un control efectivo del funcionamiento de las filiales operativas por parte de la entidad española. Por lo que la AT consideró que SCH no logró acreditar *«las ventajas económicas que la atribución de la titularidad directa de las diversas entidades operativas podría suponer (...) ni en aumento de ingresos ni en reducción de costes, ni a corto ni a largo plazo»*[351]. La AN confirmó la declaración de fraude de ley basada en los anteriores argumentos y señaló que, más allá de las sinergias que se pueden presentar en una operación, de lo que se trata es de analizar las razones que justifican la operación, incluso si tuvo un efecto económico, para valorar que no tuvo una finalidad esencialmente fiscal. En el caso de *Carbon Holding* el TS consideró probada la finalidad fiscal relacionada con el beneficio de la reducción de la base imponible por los gastos financieros asumidos por SGL y aquellos derivados de la consolidación fiscal.

En la SAN de 16 de noviembre de 2020, en el caso *Yule,* la AN confirmó la inexistencia de motivos económicos válidos, teniendo en cuenta que no se produjo un cambio efectivo en las funciones realizadas por la entidad española sobre su subordinada extranjera (de la que adquirió las acciones con un préstamo intragrupo), con respecto a la situación que había antes de la reorganización. Adicionalmente, la AN señaló que *«no se ha demostrado que la operativa de la entidad responda a una auténtica lógica empresarial, que redunde en una real mayor eficacia; sí se ha probado en cambio la finalidad de elusión fiscal y precisamente en esto radica la esencia del fraude»*[352]. En este caso la AN señaló explícitamente que para probar la existencia del fraude de ley era necesario acudir a la prueba indirecta de las presunciones recogida en el artículo 108.2 LGT[353],

350. Como puede apreciarse en el Informe de la Comisión, p. 10 y ss. Ver SAN (JT 2019, 542), *Op. cit.*

351. Ver SAN (JT 2019, 542), *Op. cit.*

352. Ver SAN de 16 de noviembre de 2011 (JUR 2021, 7179), *Yule,* FJ 4º.

353. Aunque como hemos visto en los fundamentos de sus pronunciamientos anteriores ya ha reconocido esta prueba indirecta de la finalidad esencialmente fiscal, a través de la ausencia de motivos económicos.

según el cual *«para que las presunciones no establecidas por las normas sean admisibles como medio de prueba, es indispensable que entre el hecho demostrado y aquel que se trate de deducir haya un enlace preciso y directo según las reglas del criterio humano»* [354]. Para la AN, en el análisis del caso fueron hechos reveladores el resultado de reducción en la base imponible del IS como consecuencia de la estructura de reorganización utilizada y la inexistencia de otros motivos que la justifiquen (porque el contribuyente no pudo probarlos) que, por lo tanto, acreditan de manera indirecta los elementos configuradores del fraude de ley.

En la SAN de 30 de junio de 2021[355], en el caso *de Iniciativas Culturales de España (ICE),* la AN analizó el caso de una reestructuración empresarial de una EMN dedicada al sector de la educación. En los hechos enjuiciados, en 2005 y 2006, ICE (empresa española) adquirió participaciones de entidades vinculadas en América Latina y Europa, a través de créditos realizados por la empresa matriz del grupo residente en Holanda; derechos de créditos que fueron cedidos posteriormente por la entidad holandesa a una vinculada residente en Luxemburgo. De acuerdo con ICE, las adquisiciones de acciones fueron realizadas basándose en un plan de concentración del control y la gestión de los negocios en España. La AT consideró que ICE asumió una importante cantidad de gastos financieros, con el único objetivo de lograr un ahorro fiscal para el grupo empresarial, trasladando los beneficios a la entidad con derecho al crédito. Por ello, consideró que se configuraba un fraude de ley, por concurrencia de tres elementos: i) la falta de sentido empresarial que tenía la adquisición por la recurrente de las participaciones intragrupo, teniendo en cuenta la perspectiva global de las operaciones y no solo la adquisición; aún más considerando el elemento (ii) la falta de asunción efectiva, por parte de ICE, de las funciones de dirección de los negocios de las entidades adquiridas; y iii) la ausencia de necesidades reales de financiación de los compromisos adquiridos por ICE para adquirir las entidades vinculadas. La AN confirmó la liquidación practicada por la Administración tributaria, y además se refirió expresamente a la doctrina del TS respecto la aplicación del fraude de ley en este ámbito, para indicar que: i) las operaciones financieras deben ser reales y lo que se discute es si existen motivos económicos válidos que respalden la lógica empresarial estructurada por las partes; ii) la explicación de la operación debe referirse a concretas y específicas ventajas comerciales de la operación de reorganización y las inversiones; iii) no puede aplicarse si existieron motivos económicos válidos además de la ventaja fiscal. En especial, la AN indicó la necesidad de que las justificaciones presentadas por los contribuyentes para demostrar los motivos económicos de sus operaciones deben tener sentido no solo de manera abstracta (por ejemplo, al señalar que se planificó una reagrupación de entidades bajo el control de una misma para gestionar y controlar su actividad de mejor manera), sino que tal justificación también debe tener sentido en concreto, por ejemplo a tra-

354. Ver SAN (JUR 2021, 7179) *Yule. Op. cit.* FJ 3º.
355. Ver SAN de 30 de junio de 2021 (JT 2021, 976), *ICE.*

vés de la efectiva asunción de funciones con ocasión de la reorganización[356]. En conclusión, sobre el caso, la AN señaló que: «*al no acreditarse la dirección efectiva por la recurrente de los negocios adquiridos, en el sentido que se ha expuesto, resulta completamente diluida la razonabilidad y la lógica ínsita a la operación de reestructuración, al menos a los efectos que aquí estamos examinando*»[357].

Finalmente es importante señalar que, no en todos los casos de compras apalancadas intragrupo los tribunales han admitido la aplicación del fraude de ley por ausencia de motivos económicos válidos como cláusula aplicable. Además del caso de *Chocolates Hueso,* en el que la AT concluyó la existencia de un negocio simulado, se han dictado otras sentencias aplicando este mecanismo. En un conjunto de pronunciamientos del año 2016, sobre el Grupo *Dorna,* el TS revisó una serie de operaciones realizadas por la entidad *Dorna Sports SL (Dorna)* y sus socios, en las que básicamente los socios transmitían sus acciones en Dorna a otra sociedad que posteriormente absorbía a Dorna y pasaba a tener su denominación social. Esta operación se repitió en varias ocasiones. Para realizar la absorción de Dorna, la entidad absorbente solicitaba créditos externos, los cuales eran deducibles al momento de fusionar las empresas. En esta operativa, la AT consideró que entre los socios se presentó un acuerdo común y consciente, con la finalidad de obtener un ahorro fiscal considerable, creando una apariencia de negocio jurídico, que en el fondo les permitía obtener una retribución por la participación en los fondos propios. Dorna argumentó que la operación de compras apalancadas era una operativa usual en el ámbito mercantil, válida desde el punto de vista legal y frecuentemente utilizada por entidades de capital de riesgo. El TS confirmó la aplicación realizada por la Administración tributaria y además consideró probada la existencia de la culpabilidad, por apreciar una simulación en la causa de los negocios jurídicos[358].

Sin embargo, el magistrado Emilio Frías Ponce dictó su voto particular[359] para expresar su posición en contra del fallo adoptado por el TS, por considerar que en el caso solo estaba probado el ahorro fiscal, y que no bastaba para indicar que los socios, conscientemente y de común acuerdo, crearon la apariencia de los negocios jurídicos, mucho menos siendo esta alternativa una operación habitual y frecuente entre las empresas de capital de riesgo (una de las entidades sociedad de Dorna era de este tipo), y cuando las condiciones de los préstamos y precios fueron aceptadas por entidades financieras independientes. Para el magistrado Frías, la realidad fáctica del caso sí demostraba una estratagema tendente a obtener tal resultado de menor tributación, pero no un falseamiento,

356. En el mismo sentido, el TS en sentencia de 19 de julio de 2016 hizo una referencia a la necesidad de demostrar que la operación tiene ventajas concretas y específicas con relación a la estructura adoptada por las entidades vinculadas. Sin embargo, en esta sentencia la AN lo expone con mayor detalle.
357. Ver SAN (JT 2021, 976), *ICE. Op. cit.* FJ 20º.
358. Ver STS de 24 de febrero de 2016 (RJ 2016, 1374), *Dorna,* FJ 9º.
359. Ver STS (RJ 2016, 1374), *Dorna. Op. cit.* Voto particular.

con lo cual solo podía haberse realizado una recalificación de la operación a través de un expediente de fraude de ley. En mi opinión, el pronunciamiento del magistrado Frías en el voto particular es relevante porque el factor de la financiación externa no fue abordado concretamente por la AN o el TS, y puede ser un elemento de prueba valioso sobre los motivos económicos existentes además de la ventaja fiscal, obviamente considerando también si, incluso con la financiación externa, la finalidad esencial de la operación puede ser obtener de una ventaja fiscal. También es relevante, porque demuestra que la determinación de la norma aplicable depende de la elección que realiza la Administración.

2.4. AJUSTES VALORATIVOS EN LA JURISPRUDENCIA ESPAÑOLA SOBRE OPERACIONES VINCULADAS

En el ámbito de las discusiones sobre aspectos relacionados con la valoración de las operaciones vinculadas, como hemos mencionado antes, tanto el TS como la AN han considerado aplicable la normativa contenida en la legislación del Impuesto sobre Sociedades (el art. 16 TRLIS o sus antecesores)[360]. En este ámbito, podemos encontrar pronunciamientos de ambos tribunales en relación con cuestiones tales como la naturaleza de los precios de transferencia; la relevancia de los términos contractuales; el análisis de la sustancia de la operación a través de las funciones desarrolladas por las partes para determinar la retribución que les corresponde a cada una; elementos del análisis de comparabilidad y aspectos sobre la elección del método de valoración. La mayoría de estas discusiones corresponden a aspectos más técnicos que jurídicos; sin embargo, es necesario revisar algunos pronunciamientos para comprender el tratamiento que los tribunales confieren a este tipo de ajustes.

2.4.1. La vinculación como presupuesto de la aplicación de la normativa sobre operaciones vinculadas

En primer lugar, para aplicar la normativa del art. 16 TRLIS, los tribunales han indicado que el primer elemento que debe concurrir es el de la vinculación existente entre las dos entidades involucradas en una operación comercial o financiera. Tanto en los supuestos en que es aplicable el art. 9 de un CDI, como en aquellos casos en que no existe tal Convenio, no hay discusión sobre este prerrequisito en aplicación del art. 16 TRLIS. El presupuesto de hecho en este ámbito está construido por la vinculación y la existencia de operaciones comerciales o financieras entre las partes vinculadas; estos elementos deben consi-

360. Recordemos que todavía no contamos con jurisprudencia sobre el art. 18 LIS 2014, pero los pronunciamientos de la AN y el TS que analizamos en el texto son de utilidad pues en ellos está presente el núcleo esencial de la norma tributaria en este ámbito: el ALP y el supuesto de hecho de la vinculación. Por ello, es posible extraer de esta jurisprudencia elementos relevantes sobre la posición de los tribunales sobre el principio y las disposiciones que lo desarrollan.

derarse previamente, y sin que se dé por hecho que su constatación implica *per se* que el precio fijado en tal supuesto no es válido o no está en línea con el ALP.

En las SSTS de 14 de febrero de 2006 y 10 de enero de 2007, relacionadas con *Productos Roche SA,* se enjuiciaba un supuesto fáctico de compra de principios activos para la fabricación de productos farmacológicos por parte de una entidad española a su vinculada suiza, bajo la vigencia del art. 16 de la LIS de 1978. El TS señaló: «*Consiguientemente, **una vez que ha sido probada la vinculación entre dos sociedades** será necesario demostrar que la operación u operaciones realizadas entre aquéllas lo han sido por un precio distinto al de mercado, dado que la vinculación entre dos o más entidades no implica, automáticamente, la presunción de que en sus transacciones estén utilizando precios diferentes a los de mercado.*» (negrilla propia)[361]. Por lo anterior, apreciado el presupuesto de hecho de la vinculación y la existencia de la operación entre las partes vinculadas, se procede a comprobar si el precio fijado en la operación vinculada corresponde con el precio de mercado. Sobre la relevancia de este presupuesto de hecho, el TS indicó en la sentencia del caso *Roche* que «*la relevancia de esta premisa —la vinculación entre las sociedades contratantes— es la aplicabilidad del artículo 16.3 de la L.I.S., si además, el precio de mercado no resulta coincidente con el declarado por los contratantes*»[362].

En tal sentido, en la SAN de 5 de noviembre de 2011, sobre el caso *Jacobs,* la AN se refiere a los términos generales que componen el art. 9.1 del CDI (en tal caso entre España y Francia). De acuerdo con la AN, los elementos fácticos para la aplicación del precepto son: la presencia de dos personas jurídicas asociadas (por participar, directa o indirectamente, una de ellas en la dirección, control o capital de la otra); la existencia de relaciones financieras o comerciales entre ellas, normalmente remuneradas; y la constatación de que los beneficios que deberían producirse normalmente para una de las partes, no se han producido por causa de tal vinculación[363]. Si bien el art. 9.1 de los CDI no tiene exactamente el mismo enunciado que el artículo 16 TRLIS sobre operaciones vinculadas, en esencia ambos preceptos hacen referencia a estos mismos elementos. Aunque parece no haber discusiones sobre este aspecto, es importante señalar algunos pronunciamientos en los que el criterio de valoración y, más específicamente, las consecuencias de la normativa sobre el ALP se han aplicado a supuestos que no parecen encajar directamente en este requisito.

En la SAN de 29 de marzo de 2019[364], en el caso *Acer,* la AN se pronunció sobre la decisión de la AT de negar la deducción de los pagos financieros realizados por una entidad española a un banco independiente. En los hechos del caso, Acer Computer Ibérica (Acer España), entidad que actuaba como una dis-

361. Ver STS (RJ 2007, 407), *Roche. Op.Cit.* FJ 4º.
362. Ver STS (RJ 2006, 782), *Roche Op. cit.* FJ 6º.
363. Ver STS (RJ 2020, 4548), *Jacobs. Op. cit.* FJ 10º.
364. Ver SAN de 29 de marzo de 2018 (JUR 2019, 128007). *Acer. Op. cit.*

tribuidora de riesgo limitado, tenía un acuerdo suscrito con Acer Europe AG (Acer Europe) residente en Suiza, empresa del grupo que coordinaba las operaciones en la región EMEA, para realizar sus operaciones de distribución de productos electrónicos en España y Portugal del grupo empresarial. Acer España era principalmente la distribuidora, según el acuerdo de distribución, y solo compraba los productos a Acer Europa inmediatamente antes de la venta al cliente, una vez el producto era transportado al cliente final. Acer España acordó un plazo de pago con Acer Europa que vencía a los 55 días desde que se hacía el pedido. Por su parte Acer España tenía como fecha límite de pago de los clientes la fecha de entrega del producto. La diferencia de las fechas de pago podía generar riesgos de cobro y liquidez, por lo que Acer España suscribió un contrato de *factoring* con bancos no vinculados para cubrir tales diferencias, así como las derivadas de la cancelación de compras.

Tras el análisis de la operación, la AT consideró que Acer Europe era la propietaria de los productos hasta el momento de la entrega al cliente final, por lo que el riesgo que motivó la adquisición del *factoring* con el banco no era un riesgo que debiera asumir Acer España, así que denegó parcialmente la deducibilidad de dichos pagos a los bancos, por concepto del *factoring*. En este sentido, aunque la operación de *factoring* se da en el marco de realización de una operación vinculada, el acuerdo financiero propiamente dicho se realiza entre partes no vinculadas (Acer España y los bancos). Con lo cual, la no deducibilidad de los gastos se llevó a cabo extendiendo la cobertura de la normativa sobre operaciones vinculadas a un supuesto de hecho distinto, sin que concurriera el presupuesto principal para tal aplicación: la vinculación. Si tenemos en cuenta que en el caso *BICC,* en el que se realizó una compra apalancada por préstamos con bancos ingleses, el TS confirmó la regularización de la obligación tributaria como consecuencia de la aplicación directa del art. 9.1 del CDI (España-Reino Unido), esta no sería la primera vez que un tribunal confirma la aplicación de normas sobre operaciones vinculadas a partes no vinculadas[365]. Sin duda, cabe preguntarse si la cuestión no debiera haberse resuelto acudiendo a otro tipo de normativa, como por ejemplo a alguna de las cláusulas antiabuso previstas en la LGT. Teniendo en cuenta la jurisprudencia del TS y la AN sobre la aplicación de la normativa del art. 16 TRLIS, sorprende que, en un pronunciamiento de 2019, la AN pase por alto uno de los elementos incuestionables de aplicación de tal normativa, la existencia de vinculación.

2.4.2. Análisis Funcional

En segundo lugar, es necesario mencionar dos sentencias en las que la AN ha puesto de manifiesto la importancia del análisis funcional en la realización de ajustes a las operaciones vinculadas.

365. Ver NAVARRO IBARROLA, A., «Contractual Allocation of Risks and Substance: The Acer Case» International Transfer Pricing Journal, 28(3) (2021), p. 204.

En la SAN de 22 de febrero de 2018, en un caso de la multinacional *Colgate,* la AN se pronunció sobre la valoración de una operación de reestructuración de funciones, y el correspondiente cambio por la remuneración de determinados servicios recibidos por la entidad comercializadora de la EMN en España. En 2005 la EMN Colgate llevó a cabo una reestructuración empresarial[366], dentro de la cual se creó la sociedad Colgate Palmolive Europe SARL (CP Europe) residente en Suiza, con el propósito de ser la entidad principal de operaciones de comercialización en Europa. En este sentido, las comercializadoras de los distintos países como la de España (CP España) dejaron de adquirir los productos a las entidades fabricantes del grupo para adquirirlas a CP Europa. Asimismo, la comercializadora española pasó a pagar a la entidad CP Europe, la retribución por el uso de intangibles del grupo (marcas; nombres comerciales; know how; etc.), que hasta el momento era pagada a la matriz estadounidense (titular de los derechos sobre estos intangibles). Antes de la creación de CP Europe, algunas de las actividades del holding europeo eran realizadas por una entidad vinculada del grupo residente en Francia que además prestaba servicios de gestión y administración, entre otros servicios de bajo valor añadido. De acuerdo con la reestructuración del grupo Colgate, CP España pasó de ser un «distribuidor pleno» (se ocupaba, en esencia, de todos los ámbitos del proceso de distribución desde la compra de los productos a los fabricantes hasta la entrega a los comercializadores) a ser un «distribuidor de riesgo limitado» (solo realizaba determinadas funciones). Mientras que CP Europe pasó a ser la entidad empresaria principal de negocios en Europa, lo que provocó una reasignación de precios por la remuneración en la actividad de ambas compañías (CP Europe y CP España)[367]. Tras la reestructuración, se trasladó el beneficio residual generado por el conjunto de operaciones de CP España, hasta el momento percibido por la entidad española, a la entidad suiza CP Europe. Para la valoración de la remuneración fijada en el conjunto de actividades realizadas por CP España (*tested party*), para CP Europe Colgate utilizó el método del margen neto de operaciones (TNMM). La AT no estuvo de acuerdo con esta valoración pues, al realizar el análisis funcional (funciones, riesgos y activos), consideró que la caracterización de las funciones efectivamente realizadas por CP Europe correspondía a una

366. Recordemos que en sentencia del TS de 20 de mayo de 2016 se anuló la declaración de fraude de ley de esta reestructuración. Ver STS de 20 de mayo (RJ 2016, 3266), *Colgate. Op. cit.*

367. En resumen, *«en el modelo anterior a 2005, la política de precios de transferencia puede ser resumida en los siguientes puntos: Retribución de CP COMPANY: Cobro de royalties al 5% sobre ventas. Retribución de fabricantes: Coste incrementado al 5%. Retribución al Headquarter francés: Coste incrementado al 6%. Retribución de CP España: Resultado residual».* Ver STS (RJ 2016, 3266), *Colgate. Op. cit.*
En el modelo posterior a 2005, la política de precios de transferencia se resumía, por lo tanto, en los siguientes puntos: Retribución de CP COMPANY: Cobro de royalties al 4,3% sobre ventas. Retribución de fabricantes: Coste incrementado al 5%. Retribución de CP ESPAÑA: Margen neto objetivo sobre ventas al 2,5%. Servicios intragrupo: Coste incrementado al 6%. Retribución de CP EUROPA: Beneficio residual.». Ver SAN de 22 de febrero de 2018 (JT 2018, 373). *Colgate. Op. cit.* FJ 2°.

entidad prestadora de servicios[368], que no poseía ningún tipo de activos intangibles (a diferencia de CP ESPAÑA, a la que, además de ser titular de las marcas Profiden y Cristasol, debía tener, al menos, el intangible del conocimiento y desarrollo del mercado español en el que venía por más de 50 años sufragando y asumiendo funciones de promoción), Además, la AT, consideró que CP Europe no había acreditado la asunción real de ninguno de los riesgos del negocio del grupo multinacional en España (solo fue una atribución nominal de los riesgos); dadas sus circunstancias le resultaba prácticamente imposible soportar tales riesgos materialmente. Por lo anterior, la AT consideró que lo correcto era atribuir el beneficio residual a CP España (después de retribuir a la matriz estadounidense como titular del intangible), ya que desarrolla muchas más funciones, y retribuir por los servicios efectivamente prestados a CP Europe, utilizando un CPM, habitual para determinar las remuneraciones por prestación de servicios intragrupo. En este sentido, la AT modificó la *tested party*, basada principalmente en la directriz 3.18 de las DPT OCDE de 1995[369].

En la sentencia del caso *Colgate,* la AN estimó correctos los argumentos señalados por la AT para realizar tal cambio en la metodología de valoración, especialmente considerando los resultados del análisis funcional. Para la AN quedó demostrado que no se produjo un cambio significativo en las funciones, riesgos y activos involucrados por CP España, y que la reestructuración de algunas funciones o riesgos de CP Europe había sido puramente nominal[370]. Adicionalmente, la AN señaló que hasta la fecha de la reestructuración el propio grupo Colgate valoraba las operaciones con la entidad francesa a cargo de la operativa europea como prestaciones de servicios. Para la AN, tras la comprobación de los hechos, resultó que la realidad era distinta a lo nominalmente señalado en los acuerdos entre ambas empresas. En palabras de la AN: «*el resultado del examen real —no nominal— de los activos, funciones y riesgos, puede poner en cuestión la calificación de determinada entidad como tested party y/o el método de valoración empleado, lo que permitirá a la Administración cuestionar el valor otorgado por las partes. Repárese en que es máxima jurídica, cuando de la aplicación del Derecho se trata, la de estar a la realidad de las cosas y no a las denominaciones dadas por las partes* ***—principio de calificación—***.» *(negrilla propia)*[371]. Lo que se tradujo en que no resultaba correcto atribuir a CP Europe el beneficio residual derivado de las operaciones del grupo en España, sino que

368. Servicios que desarrolló esencialmente a través de otras entidades jurídicas del grupo para lo que empleó un número reducido de personas, inferior al de la propia CP ESPAÑA, que era solo una de las múltiples comercializadores europeas. Ver SAN de 22 de febrero de 2018 (JT 2018, 373). *Colgate. Op. cit.*

369. Es decir, pasó a seleccionar como parte analizada aquella cuyo análisis funcional es más sencillo ya que esto permite aplicar el método de valoración de los precios con mayor fiabilidad pues existen más comparables sólidos.

370. Ver SAN de 22 de febrero de 2018 (JT 2018, 373). *Colgate. Op. cit.* FJ 5º.

371. Ver SAN de 22 de febrero de 2018 (JT 2018, 373). *Colgate. Op. cit.* FJ 5º.

dicho beneficio residual, deducida la retribución del propietario del intangible y del prestador de servicios —CP Europe—, debía recaer en CP España.

Esta sentencia permite apreciar elementos de las potestades de comprobación realizadas por la Administración tributaria, con el propósito de determinar la sustancia de la operación. La propia AN reconoce que esta reclasificación de la parte testada es resultado de la aplicación del Derecho y del principio de calificación. Es interesante cómo, en el escenario de una reestructuración empresarial, se lleva a cabo un análisis tan complejo de las relaciones comerciales entre dos entidades vinculadas, con especial atención a la ubicación del beneficio residual. La recalificación de las funciones, y de la parte analizada, partió de una delineación efectiva de la operación basada en el análisis funcional. Aunque el escenario de los hechos se enmarcó en de la aplicación de las DPT OCDE de 1995, se puede ver cómo un análisis funcional permitió efectivamente a la AT establecer la remuneración correspondiente a cada una de las partes en la operación. Para autores como CALDERÓN, en esta sentencia la AN admitió una especie de «desconocimiento impropio» de la operación de reestructuración, sin utilizar los mecanismos propios de las cláusulas generales antiabuso[372].

En todo caso, no puede decirse que el análisis funcional confirmado por la AN haya estado alineado con las DPT OCDE en otros casos. En la SAN de 29 de marzo de 2019, en el caso *Acer* antes mencionado, la AN estimó legítima la valoración de los riesgos realizada por la AT, sin que necesariamente se siguieran las recomendaciones de las DPT OCDE al respecto. Recordemos que en este caso existía, por un lado, una operación de distribución de los productos del grupo entre Acer España y Acer Europe y, por otro lado, el contrato de *factoring* que celebró Acer España con bancos independientes para cubrir los riesgos de cobro y liquidez por tal operación, particularmente, cuando tiene cancelaciones de pedidos. Acer España argumentó que debía asumir el riesgo por el cobro y la liquidez, ya que solo compraba los productos a Acer Europe en el momento en que los iba a transportar al cliente, justo antes de su entrega. Para realizar el examen de los hechos, la AT se basó en los términos contractuales de la operación: es decir, los *términos de propiedad y asunción de riesgos, aceptación de pedidos, asignaciones y envíos*. Básicamente realizó una lectura de la descripción de los términos para determinar cuáles eran los riesgos que debían asumir contractualmente las partes, como si el límite de la actuación que efectivamente pueden realizar las partes fueran tales términos, y no al revés (que la conducta efectiva fuera la que realmente delineara la realidad fáctica de la operación). De acuerdo con tales términos, la AT concluyó que los productos eran propiedad de Acer Europe hasta el momento inmediatamente anterior a su entrega al comprador, por lo que no podía haber «productos no vendidos». En consecuencia, no podía considerarse que Acer España asumiera algún riesgo de iliquidez

372. Ver CALDERÓN CARRERO, J. M., «Comentario a la SAN de 30 de noviembre de 2018 en el caso Colgate Palmolive», Quincena fiscal 10 (2019), pp. 101-124.

por estos productos, pues según la interpretación de la AT de las cláusulas del acuerdo, tal riesgo lo debía asumir Acer Europe. Por lo anterior, la AT negó la deducción de los pagos realizados por Acer Europe a los bancos. El TS confirmó la posición de la AT, pero además lo hizo citando a las DPT OCDE: «*La interpretación de las cláusulas del contrato que sostenemos, sigue las antes mencionadas Directrices OCDE: En las operaciones efectuadas en condiciones de plena competencia, las cláusulas contractuales definen generalmente, de forma expresa o implícita, cómo se reparten las responsabilidades, riesgos y resultados entre las partes*»[373]. Esta vez sin mencionar que las DPT OCDE también resaltan la importancia del análisis funcional, incluso las DPT OCDE de 1995. Finalmente, la AN concluye que la remuneración de la operación vinculada es de plena competencia, pues no contempló el riesgo de insolvencia (era un gasto aparte de la operación vinculada).

Ahora bien, en este caso se puede apreciar cómo la AN dio prevalencia a los términos contractuales de la operación, sin atender a la realidad fáctica, para decidir la calificación de la operación íntegramente. Adicionalmente, la AN reconoció la existencia de un riesgo de insolvencia que debía ser asumido por Acer Europe, pero que en realidad estaba siendo pagado por Acer España. Como ya mencionamos antes, la AN desconoce una operación no vinculada acudiendo a un análisis derivado de la normativa sobre operaciones vinculadas y sobre las disposiciones de las DPT OCDE, e incluso aplicándolas indebidamente. Al contrario del examen realizado en la SAN del caso *Colgate,* en este caso la AN se basa principalmente en los términos contractuales para examinar la distribución de riesgos entre las partes. Es posible que, al examinar la conducta, la AT hubiera concluido que Acer España estaba asumiendo un riesgo de insolvencia —función de mitigación de un riesgo— que también debería ser retribuido en la operación vinculada y, por tanto, considerar tales gastos financieros como parte de la remuneración que debía ser cubierta en la operación vinculada. Como señala NAVARRO, de ser cierto que la AN interpretó la operación con base en las DPT OCDE, también debió considerar la metodología sugerida por estas para el análisis funcional, que no se limita únicamente a la revisión de los términos contractuales[374]. Incluso, sin necesidad de acudir a las DPT OCDE, y tan solo aplicando el mismo principio de calificación, el resultado habría sido distinto.

2.4.3. Sobre los métodos de valoración

En la STS de 9 de diciembre de 2011, en el caso *Esmalglass*, el TS declaró que sobre la carga de la prueba de que la valoración realizada por la AT es errónea corresponde al contribuyente. En el supuesto de hecho, Esmalglass (entidad española) cedió a Esmalglass Trading and Finance BV (ETF), residente en

373. Ver SAN de 29 de marzo de 2018 (JUR 2019, 128007). Acer. *Op. cit.* FJ 2º.
374. Ver NAVARRO IBARROLA, A., (2021), «Contractual Allocation...», *Op. cit.*, p. 206-208.

Holanda, la comercialización de su cartera de clientes exterior (independientes y filiales) mediante un contrato de fecha 1 de enero de 1997. En virtud de este contrato, Esmalglass encomendó a ETF la comercialización de sus productos por todo el mundo (salvo España), así como la coordinación del Grupo Esmalglass, funciones por las que ETF obtenía una remuneración del 20% sobre el coste de los productos vendidos. La sociedad holandesa prestó los servicios a través de una sucursal establecida en Suiza. Para comprobar el precio de transferencia establecido por las partes vinculadas, la AT partió de los términos contractuales[375] y, posteriormente, revisó los recursos humanos y físicos dispuestos tanto por ETF[376] como por su sucursal suiza[377] para realizar los servicios de comercialización. En resumen, la AT concluyó que la función asumida por la sucursal suiza ya venía siendo desarrollada por la empresa española y que, para valorar el precio de los servicios prestados a través de la sucursal, la AT podía tomar como base el margen percibido por la entidad española antes de la cesión. Al tomar este margen como referencia, la AT pudo verificar el precio establecido por el mismo producto y vendido al mismo cliente, antes y después de la cesión, es decir, aplicó un CUP; en los demás productos o clientes que no tenían tal identidad, la AT utilizó el margen sobre costes obtenido por Esmalglass (CPM), antes de la cesión, respecto a tales productos. Con base en estos métodos, la AT calculó los «precios de mercado» para la remuneración por los servicios prestados por ETF (a través de su sucursal), y concluyó que el precio de mercado era más bajo que la retribución pactada, por lo que resolvió ajustar la valoración de los ingresos de la operación. Esmalglass alegó que la AT había aplicado en realidad un margen neto de la operación, lo cual no podía proceder, pues tal método de valoración fue introducido en la legislación por la reforma realizada por la Ley 36/2006 al art. 16 TRLIS de 2004. El TS no estimó los argumentos de la entidad española, pues en los cálculos realizados por la AT no observó elementos propios de este método, y confirmó un aspecto importante en materia

375. *«Las funciones que, según el contrato deberá desarrollar la sucursal suiza se refieren a la actividad comercial y productiva, a la actividad financiera y a la Imagen Corporativa del grupo Esmalglass y comprenden: el control, seguimiento y asignación de pedidos; la planificación de la producción y el control de stocks del Grupo; la unificación de la política comercial del Grupo; infraestructura comercial; actividades de promoción; centralización del servicio de asistencia técnica; la centralización de la operativa bancaria y de la Tesorería del Grupo; la coordinación de la financiación en divisas y del asesoramiento legal y fiscal del Grupo».* Ver STS (RJ 2012, 2645), *Esmalglass. Op. cit.*

376. *«El capital de la entidad asciende a 3.720.000 pts; carece de personal a su servicio, el cargo de Director de la entidad holandesa lo ostenta otra entidad holandesa, careciendo este de retribución, el domicilio de la holandesa es el mismo que el de la entidad que ostenta el cargo de director, la entidad no tributa de forma efectiva en Holanda por el Impuesto sobre beneficios».* Ver STS (RJ 2012, 2645), *Esmalglass. Op. cit.*

377. Los cargos de dirección de eran desempeñados por personas vinculadas con la entidad española; que la sucursal tenía pocos empleados (de hecho, no tenía personal adecuado para asistencia técnica); que no tiene almacenes propios ni stock y que tal función del almacenamiento la sigue realizando la española; y que en su mayoría la gestión de la comercialización sobre los clientes situados fuera de España la seguía facturando hasta su destino la entidad española. Ver STS (RJ 2012, 2645) *Esmalglass. Op. cit.*

probatoria[378]: que corresponde al recurrente acreditar que el precio estimado por la Administración tributaria en la regularización de la operación vinculada es erróneo.

En un debate similar, en STS de 21 de febrero de 2017, en el caso *Citresa,* el TS se refirió a la irretroactividad en la aplicación de los métodos de valoración. En el caso se analizaba una operación de suministro de concentrados y extractos para la producción de bebidas por parte de una entidad holandesa a su vinculada española, para que esta última realizara el embotellamiento del producto. La AT realizó la comprobación de los precios pagados por esta operación durante los ejercicios fiscales de 2003 a 2006. Teniendo en cuenta la particularidad del concentrado y el extracto adquirido (para bebidas Schweppes), este solo podía comprarse al proveedor vinculado, haciendo difícil la identificación de comparables de mercado. La AT aplicó el método del margen neto del conjunto de las operaciones (TNMM) para calcular el beneficio obtenido por el suministro de los concentrados durante los ejercicios fiscales analizados. Como señalamos en el caso anterior, este método fue introducido por la reforma realizada por la Ley 36/2006, lo que quiere decir que solo resulta aplicable a los períodos impositivos que se inician a partir del 1 de diciembre de 2006. En efecto, el TS señaló que el método TNMM no estaba vigente al tiempo de los respectivos devengos del impuesto en el caso enjuiciado, por lo tanto, la Administración solo podía recurrir a alguno de los métodos señalados en el art. 16 del TRLIS antes de la modificación de la Ley 30/2006 (el CUP; y supletoriamente el RPM, el CPM y finalmente el método de distribución del resultado conjunto de la operación). En este caso, el TS aclaró que, incluso teniendo en cuenta que las DPT OCDE de 2010 (conocidas públicamente al momento en que la AT realizó la comprobación de los ejercicios fiscales) ya contemplaban este método dentro de aquellos aplicables para la valoración de las operaciones vinculadas, estas no tienen la naturaleza normativa para justificar el empleo retroactivo de un método de valoración. Además, sobre los métodos establecidos en las DPT OCDE el TS indicó que *«los métodos de valoración a precio de mercado que en tales recomendaciones o reglas se prevén y definen no pueden ser impuestos en el empleo de las potestades tributarias si no han sido asumidos por los Estados, en ejercicio de su soberanía, bien por disposición normativa interna o por convenio internacional. Tampoco pueden operar como métodos subsidiarios de último grado en defecto de los legalmente aplicables ratione temporis en cada caso, pues al margen de todo otro efecto, tal conclusión supondría aceptar la existencia de una laguna normativa allí donde no la hay»*[379]. Ante la dificultad para encontrar comparables, la AT podía haber acudido a los métodos supletorios.

378. En las sentencias *Roche* de 2006 y 2007 el TS ya había hecho mención a este aspecto. Ver STS (RJ 2006, 782), *Roche Op. cit.* y STS (RJ 2007, 407), *Roche. Op.Cit.*

379. Ver STS de 21 de febrero de 2017 (RJ 2017, 1757). *Citresa*. *Op. cit.* FJ 6º.

En este asunto el TS estableció un aspecto muy importante respecto a la utilización de las DPT OCDE como herramienta interpretativa, relacionado con la elección de la versión de las directrices que debe ser utilizada al momento de comprobar las operaciones vinculadas. La sentencia sobre el caso *Citresa* dejó ver el límite que debe seguirse en la utilización de las recomendaciones de estas directrices. No puede justificarse la utilización de una metodología por la falta de comparabilidad o las particularidades del caso, si tal justificación puede vulnerar los principios de legalidad o reserva de ley[380]. Aunque la posición del TS en esta sentencia se centra específicamente en los métodos de valoración, este debería ser un juicio extrapolable a otros elementos de la metodología de los precios de transferencia, especialmente aquellos (la mayoría) que no han sido señalados en la normativa interna, y para los que seguramente la AT debe acudir constantemente a las DPT OCDE. Aunque no hay muchos pronunciamientos de los altos tribunales relacionados con operaciones sobre activos intangibles, también es cierto que estas transacciones pueden compartir tales características de falta de comparabilidad, o incluso de imposibilidad en la determinación de su valor al momento de acordarse la operación, lo que puede promover la utilización de algunas metodologías indicadas en las DPT OCDE de 2017 o 2022 cuya aplicación podría estar fuera de los límites de la legalidad del ALP establecido en la legislación del Impuesto sobre Sociedades. En concreto, el enfoque *ex post* para casos de intangibles de difícil valoración (o de intangibles únicos y valiosos), debería ser cuidadosamente considerada o directamente no utilizada por la AT hasta tanto no exista una disposición legislativa que permita aplicar tal enfoque sin vulnerar los requisitos del ALP establecidos en la normativa del art. 18 de la LIS[381].

Otro aspecto importante en materia de valoración es señalado por el TS en la sentencia del caso *Peugeot.* Como vimos anteriormente, en este caso la AT resolvió no permitir deducir los gastos financieros derivados de las inversiones realizadas por una empresa española en una empresa argentina, durante la crisis económica sufrida por este país a comienzos de los años 2000. La AT en su momento consideró que este era un caso de elusión fiscal y que podía realizar el ajuste de la operación (esto es, no considerar las deducciones por gastos financieros), ya que el conjunto del negocio jurídico no respetaba el art. 9.1 del CDI entre España y Argentina, lo cual no estaba supeditado a la aplicación de legislación interna. El TS anuló las decisiones administrativas y la sentencia de la AN por considerar ciertos los argumentos de *Peugeot* sobre la falta de valoración de la prueba pericial, que permitía demostrar la existencia de comparables en el mercado (inversiones realizadas en el mercado de Argentina en el período 2000/2001 por otras empresas españolas). Adicionalmente, el TS señaló que incluso, aunque se aceptara que no hay comparables, la valoración de la operación realizada por la AT debía analizar si el valor pactado

380. Ver STS de 21 de febrero de 2017 (RJ 2017, 1757). *Citresa*. *Op. cit.* FJ 6º.
381. Ver NAVARRO IBARROLA, A., (2019), *Op. cit.*, p. 184 y ss.

entre las vinculadas era de mercado o no, en palabras del TS: «*En cualquier caso, y aunque se aceptara que no existían operaciones comparables, es lo cierto que el acuerdo de valoración no analizó tampoco si el valor de mercado de los activos era o no coincidente con el valor contable de los mismos, ni sigue ningún método de valoración de empresas en funcionamiento, con el fin de desvirtuar la metodología de valoración seguida por PWC*»[382]. Para el TS, si la AT llegó a la conclusión de que existió una vulneración del art. 9.1 del CDI porque se estableció un precio (en este caso por la adquisición de unos créditos para la inversión en la entidad argentina) que no se hubiera acordado entre partes independientes, tal afirmación solo puede probarse atendiendo a los métodos legalmente previstos a tal efecto. Visto lo anterior, el TS coincide con las recomendaciones de la OCDE respecto de la necesidad de respetar lo máximo posible la operación estructurada por las partes y, con ello, acudir a su desconocimiento solo cuando las condiciones no hayan permitido determinar el precio que hubieran pactado partes independientes, acudiendo para ello a los métodos de valoración que puedan evidenciar tal resultado de mercado.

382. Ver STS (RJ 2016, 3289), *Peugeot. Op. cit.* FJ 9º.

Capítulo VI

Marco de interpretación del ALP para la calificación de operaciones vinculadas y los ajustes por precios de transferencia de acuerdo con el art. 18 LIS

1. DOS ASPECTOS A CONSIDERAR SOBRE LA NORMA

1.1. NUEVO ESCENARIO NORMATIVO

Como hemos visto, el contexto para el tratamiento de las operaciones vinculadas y en particular para su comprobación, ha cambiado tanto en el ámbito internacional, como comunitario, como español. El análisis de los precios de transferencia y sus consecuencias jurídicas también se ve afectado por estos cambios, pero los mimos dependen en gran parte de la interpretación que se realice de los principios desde el plano internacional, al incorporarse en la legislación interna y aplicarse por las autoridades correspondientes. En el Capítulo V, hemos visto cómo la norma aplicable para la comprobación de operaciones vinculadas ha dependido de cuál es la cuestión controvertida que se discute en relación con la operación vinculada[1]; bien puede ser sobre su cuantificación o sobre la validez de la misma. Este escenario puede cambiar, teniendo en cuenta que el art. 18 LIS incorporó expresamente la posibilidad de realizar correcciones a las operaciones vinculadas en un sentido más amplio que el indicado bajo la vigencia del art. 16 TRLIS[2]. Aunque existen posiciones encontradas sobre si este tipo de correcciones ya podían realizarse en el ordenamiento español o no[3], lo cierto es que el art. 18 LIS establece un marco legal más amplio para aplicar ajustes a las operaciones vinculadas realizadas en los ejercicios fiscales de 2015 y siguientes.

Además de este cambio normativo, las DPT OCDE (fuente de interpretación no vinculante sobre la aplicación del principio de plena competencia) también sufrieron cambios como resultado de las conclusiones del Plan BEPS. Este Plan puso de manifiesto la preocupación de los Estados desarrollados por la disminución de las bases imponibles a raíz de la utilización de prácticas de planificación fiscal agresiva por parte de las EMN[4]. Entre las prácticas más preocupantes, fueron señaladas aquellas relacionadas con el uso de operaciones vinculadas; por lo que algunas de las propuestas del Plan BEPS estuvieron dirigidas a establecer medidas sobre la asignación de los beneficios derivados de los intangibles, la distribución de los riesgos y las inversiones de capital. Como se estudia en el Capítulo I de esta monografía, las medidas del Plan BEPS fueron elaboradas con el fin de asegurar un reparto de beneficios en línea con la creación de valor. Con este criterio de distribución de los beneficios, la OCDE buscó dar mayor énfasis a la actividad sustancial para determinar la ubicación de los beneficios derivados de las operaciones vinculadas[5]. A pesar de ser un elemento principal de las propuestas de BEPS, la creación de valor no es en sí misma una novedad[6], sino una denominación distinta para un principio presente en las recomendaciones de la OCDE desde sus orígenes, el de la búsqueda de la verdadera sustancia de la operación[7].

1. Ver numeral 2.2 del Capítulo V de este trabajo.
2. El art. 16 TRLIS, únicamente se refería a la habilitación a la AT para realizar correcciones valorativas a las operaciones vinculadas. Ver numeral 2.3.2 del capítulo IV de este trabajo.
3. Para NAVARRO los ajustes distintos de los valorativos (ajustes transaccionales) ya eran admisibles en el ordenamiento español ya que tras un ajuste transaccional procede un ajuste valorativo de los precios de transferencia. Ver NAVARRO IBARROLA, A., (2016), *Op. cit.*, p. 69. Mientras que CALDERÓN o PRATS consideran que esta es la primera vez que se incluyen en el ordenamiento. Ver CALDERÓN CARRERO, J. M., (2016), *Op. cit.*, p. 432.; Ver GARCÍA PRATS, F. A., (2016), *Op. cit.*, p. 664.
4. Ver Capítulo I y II de este trabajo.
5. Ver numeral 4.3.2 del capítulo II de este trabajo.
6. Ver SCREPANTE, M., (2019), *Op. cit.*, p. 464; Ver MARTÍN JIMÉNEZ, A. J., (2020), *Op. cit.*, p. 197 y ss.
7. Este principio fundamental del análisis de los precios de transferencia ha estado presente a través de diferentes formas, con algunas variaciones en su contenido, como por ejemplo la aplicación del principio de prevalencia de sustancia sobre la forma, que posteriormente se enfocó más en aspectos relacionados con la sustancia económica y que en las versiones

En este contexto, de cara a la interpretación de la norma del art. 18 LIS, para los ejercicios fiscales de 2015 y siguientes, cabe cuestionarse si a la comprobación de las operaciones vinculadas y la posible regularización de los beneficios imponibles le corresponde a la misma interpretación que en el escenario normativo anterior.

1.2. FUNDAMENTOS DE LA CONFIGURACIÓN DEL ART. 18 LIS COMO UN MECANISMO ANTIABUSO

Como hemos señalado, el art. 9 MC OCDE establece el principio de plena competencia como estándar de valoración de los beneficios de las operaciones vinculadas y este principio es aplicado según las disposiciones internas de cada Estado[8]. A efectos de esta norma bilateral (art. 9.1 del CDI), el objetivo es conseguir que los beneficios puedan ser gravados respetando el criterio de valoración del ALP cuando se está ante el supuesto de vinculación entre las entidades de la operación. Esto no quiere decir que el art. 9 del CDI correspondiente solo pueda ser aplicado a través de una normativa interna sobre operaciones vinculadas o precios de transferencia, pues los Estados pueden prever distintos mecanismos internos para aplicar este precepto bilateral, incluso el de las cláusulas generales antiabuso[9]. De acuerdo con la jurisprudencia, para determinar la norma aplicable, los tribunales distinguen según cuál sea el objeto de la disputa sobre la operación vinculada[10]: es aplicable la normativa del art. 16 TRLIS cuando se discuten aspectos sobre la cuantificación del precio; y se aplica la normativa de la LGT cuando se discute la validez de la operación a efectos de evitar la legitimación de una conducta de abuso de las normas tributarias en la operación vinculada.

Según puede verse en la jurisprudencia española estudiada, una vez determinado que la cuestión litigiosa no es la relativa a la cuantificación del precio, es casi incuestionable la aplicación de una norma general antiabuso. Por lo anterior, la comprobación del abuso en las operaciones vinculadas se ha llevado a cabo mediante unas disposiciones cuya delimitación práctica es poco clara (a pesar de la extensa literatura sobre su diferencia teórica)[11]. El único aspecto

más recientes de las DPT OCDE bien se ha enfocado en la sustancia en términos de creación de valor en las operaciones vinculadas. Ver MARTÍN JIMÉNEZ, A. J., (2020), *Op. cit.*, pp. 200-202.

8. Ver VOGEL, K., BECKER, J., (2022), *Op. cit.*, p. 728.
9. Ver OCDE. (2010) MC OCDE. Comentario 22.1 y 22.2 al art. 1; VOGEL, K., BECKER, J., (2022), *Op. cit.*, p. 732.
10. Ver numeral 2.2 del Capítulo V de este trabajo.
11. En la jurisprudencia del TS y la AN sobre la aplicación de normas antiabuso, la utilización del fraude de ley (art. 15 LGT) y la simulación (art. 16 LGT) no ha sido clara. En algunos casos se ha podido establecer que ante la inexistencia real de la operación el negocio es simulado y que el fraude de ley se aplica para la regularización de los beneficios cuando el negocio es real y válido pero su finalidad es principalmente fiscal. De hecho, en algunos casos el TS ha reconocido la dificultad para distinguir entre ambas figuras, confirmando una

que puede concluirse de dicha aplicación es que, mientras esté presente el riesgo de un ahorro fiscal injustificado, la AT puede utilizar el mecanismo antiabuso que considere apropiado[12].

Sin embargo, la normativa sobre operaciones vinculadas también ha sido considerada por los jueces y la doctrina como un conjunto de medidas con fines antielusivos[13]. Esto quiere decir, que también es legítimo comprobar comportamientos que pueden configurar un abuso a través de la norma del art. 18 LIS. Aún más si consideramos que este precepto permite un marco más amplio de correcciones que el art. 16 TRLIS. La cuestión es, entonces, determinar el tipo de «abuso» al que se pueden dirigir las comprobaciones de operaciones vinculadas en bajo este artículo. Se trata de concretizar el ALP como mecanismo antiabuso, en reglas que determinan a qué abuso se dirige su aplicación[14]. Esto puede limitar en cierta medida la aplicación de estas comprobaciones bajo las normas antiabuso de la LGT, lo que sería un avance en materia de seguridad jurídica.

La consideración de la normativa sobre operaciones vinculadas como una norma antiabuso encuentra fundamento desde varias perspectivas. En primer lugar, desde las modificaciones realizadas por la Ley 36/2006, fue reconocido un enfoque antielusivo de las reformas introducidas al art. 16 del TRLIS de 2004,

---

especie de discrecionalidad de la AT para determinar los mecanismos que sirven para la aplicación de estas normas antiabuso; por ejemplo, los tribunales han admitido la utilización de la doctrina del negocio jurídico indirecto y la categoría general del negocio jurídico anómalo. Por ello, el TS ha confirmado regularizaciones practicadas por la AT aun cuando señala en la misma decisión que no entiende bien por qué la AT no ha usado otro mecanismo que el TS considera más adecuado al supuesto de hecho. Ver numeral 2.3.2 del Capítulo IV.; sobre las dificultades para aplicar la norma antiabuso establecida en el art. 15 LGT y su difícil delimitación con otras normas ver también ARRIETA MARTÍNEZ DE PISÓN, J. «Aproximación a un concepto jurídico de fraude y evasión tributarias, elusión fiscal, abuso y planificación fiscal», En ARRIETA MARTÍNEZ DE PISÓN, J. y MARTÍNEZ LAGUNA, F. D. (Eds.), Abuso y planificación fiscal internacional: una perspectiva jurídica, económica y ética, Thomson Reuters Aranzadi 2022, pp. 44 y ss.

12. En los diferentes pronunciamientos del TS y la AN, se puede observar la admisión de distintos tipos de mecanismos para validar las declaraciones de la AT sobre los motivos infundados de los contribuyentes para realizar operaciones en las que obtienen una ventaja fiscal contraria al espíritu de las normas fiscales. No únicamente normas, como es el caso de la doctrina de los «motivos económicos válidos». BÁEZ MORENO, A. y ZORNOZA PÉREZ, J., (2018), *Op. cit.,* pp. 710-711.
13. Ver numeral 4.3.1 del Capítulo II, numeral 2.3.2 del Capítulo IV y numeral 2.3.1 del Capítulo V de esta monografía.
14. Sobre la necesaria concretización de los principios en reglas, que puedan servir como fundamento para la resolución de casos concretos, específicamente en relación con el Derecho constitucional tributario, puede verse, TOLEDO ZÚÑIGA, P. A., «Concretización y ponderación de principios de Derecho tributario. Análisis de la jurisprudencia constitucional desde la Teoría General del Derecho», Tesis doctoral, Universitat Pompeu Fabra 2015. La autora sigue el modelo de análisis lógico de sistemas normativos desarrollado por ALCHOURRÓN y BULYGIN. Ver ALCHOURRÓN, C. y BULYGIN, E., Introducción a la metodología de las ciencias jurídicas y sociales, Ed. Astrea 1974.

entre otros motivos porque la Ley 36/2006 en sí misma tenía como objetivo prevenir el fraude fiscal[15]. Con esta reforma, el análisis de las operaciones vinculadas se acercó mucho más a los desarrollos en el ámbito comunitario europeo e internacional; ello se observa en la mención concreta del preámbulo a los trabajos de las DPT OCDE y del FCPT de la UE. Es necesario señalar que el art. 16 TRLIS solo habilitaba la realización de correcciones valorativas de las operaciones vinculadas; el precepto era considerado como parte de las medidas antielusivas utilizadas por el legislador para prevenir el fraude fiscal, y así lo reconocieron también el TS y el TC[16]. Asimismo, la Ley 27/2014 del Impuesto sobre Sociedades fue resultado de la preocupación del legislador por atender problemas como el de las conductas abusivas de los contribuyentes para obtener reducciones en la carga fiscal contrarias a los objetivos del impuesto, adicionalmente en un contexto de menor recaudación y de crisis económica[17]. Además, la Ley 27/2014 permitió al legislador coincidir con la discusión por la preocupación internacional sobre las prácticas BEPS. En tal sentido, es posible afirmar que el legislador español se adelantó a la discusión de medidas para enfrentar este problema y por ello consideró relevantes las conclusiones de la OCDE al respecto, tal como se observa en la mención explícita del RIS de 2015[18].

En segundo lugar, la consideración de la normativa sobre operaciones vinculadas en el ordenamiento español como norma antiabuso tiene fundamento en las modificaciones realizadas por BEPS a las DPT OCDE de 2017. A pesar de ser una fuente interpretativa no vinculante, las DPT OCDE reflejan el carácter antiabuso que fue reforzado en el marco de BEPS[19]. El Plan BEPS fue establecido para enfrentar estructuras de planificación fiscal agresiva utilizadas por las EMN para beneficiarse de la interacción de las legislaciones de tal forma que pudiera obtenerse el mayor beneficio global neto, llegando incluso a la no imposición de los beneficios empresariales, en ninguna jurisdicción. En materia de operaciones vinculadas el Plan BEPS dirigió varias de sus acciones a enfrentar conductas que permitían el traslado de beneficios a jurisdicciones de menor imposición, a través de la asignación contractual de funciones y riesgos que permitían traslado de beneficios[20]. Como hemos visto, tras las conclusiones de BEPS, fueron introducidas en las DPT OCDE una serie de modificaciones dirigidas a «alinear los beneficios con la creación de valor», con el objetivo de refor-

15. Cabe mencionar que en la Ley 43/1995, el art. 16 ya tenía una configuración antielusiva, pues establecía como condición para su aplicación la constatación de un perjuicio recaudatorio. Ver ESTEVE PARDO, M. L., (1996), Fiscalidad de las operaciones..., *Op. cit.*, pp. 126 y ss.
16. Ver numeral 2.3.1 del Capítulo V.; Ver STS (RJ 2020, 4548), *Jacobs. Op. cit.* FJ 10º; Ver STS (RJ 2016, 6238), *Arrow. Op. cit.* FJ.; ver también GARCÍA BAÑUELOS, J. A. y MUT AGUILAR, I., (2017), *Op. cit.*, p. 110.
17. Ver PATÓN GARCÍA, G., (2016), *Op. cit.*, p. 10 y ss.
18. Ver Numeral 2.3.2. del capítulo IV.
19. Ver numeral 4.3 del Capítulo I y 4.3 del Capítulo II de esta obra.
20. Ver numeral 4.3 del Capítulo II de esta obra.

zar la importancia del examen de sustancia de la operación como base para la imposición adecuada[21]. Partiendo del contexto de BEPS, y ante la indefinida noción de creación de valor por parte de la OCDE, la perspectiva antiabuso del ALP puede verse fortalecida, si esta se interpreta de acuerdo con los objetivos del Plan.

En tercer lugar, la finalidad antiabuso de la normativa sobre operaciones vinculadas también tiene relación con las consideraciones del TJUE en el marco de la doctrina antiabuso respecto a las legislaciones tributarias nacionales que pueden ser restrictivas de las libertades fundamentales[22]. El TJUE consideró la lucha contra la evasión y el fraude fiscal como una razón legítima para establecer medidas nacionales restrictivas en este ámbito[23]. De acuerdo con el TJUE, la evasión fiscal incluye el hecho de que una EMN organice sus operaciones vinculadas de manera que los beneficios imponibles se transfieran a las empresas del grupo establecidas en los Estados miembros con los tipos impositivos más bajos y que las pérdidas fiscales se transfieran a las empresas del grupo establecidas en los Estados miembros con los tipos impositivos más altos[24]. Concretamente, el TJUE se ha referido a esta forma de organizar los negocios como «montajes puramente artificiales» que no reflejan la realidad económica y tienen como objetivo evitar la imposición correspondiente de los beneficios generados por las actividades realizadas en el Estado correspondiente[25]. Las normativas nacionales sobre operaciones vinculadas que impliquen una restricción a las libertades fundamentales del TFUE pueden estar justificadas por esta razón antiabuso, pero deben cumplir con el principio de proporcionalidad, es decir, deben ser medidas adecuadas para alcanzar su objetivo normativo y necesarias para dirigirse solo contra la parte que constituye un abuso (no más allá de este)[26]. Asimismo, se requiere que la normativa permita al contribuyente alegar los motivos comerciales válidos que pueden explicar la realización de las operaciones vinculadas, motivos que en todo caso deben estar en línea con el principio de plena competencia.

---

21. Queda reforzada pues, de acuerdo con BULLEN, esta distinción entre los dos enfoques, el del ALP y el de la sustancia, como criterios separados fundamentados en las DPT OCDE ya que podía verse en la discusión de los borradores para la versión de las directrices de 2010. Ver BULLEN, A., «Comment on Discussion Draft on the Transfer Pricing Aspects of Business Restructurings» 19 September 2008 to 19 February 2009. OECD Transfer Pricing Documents; Ver también VOGEL, K., BECKER, J., (2022), *Op. cit.*, p. 734.
22. Ver EY Abogados, (2015), *Op. cit.*, p. 37.
23. Ver STJCE (TJCE 2006, 243), *Cadbury Schweppes. Op. cit.* pár. 49; Ver STJUE (TJCE 2010, 16), *SGI. Op. cit.* pár. 67-69; Ver CALDERÓN CARRERO, J. M., (2005), *Op. cit.*, pp. 53 y ss.
24. Ver WITTENDORFF, J., (2010), *Op. cit.*, pp. 268.
25. Ver CALDERÓN CARRERO, J. M. y GARCÍA-HERRERA BLANCO, C., (2010), *Op. cit.*, p. 60.; Ver STJCE (TJCE 2006, 243), *Cadbury Schweppes. Op. cit.* pár. 55, reiterando la jurisprudencia del caso *ICI*. Ver STJCE (TJCE 1998, 175), *ICI., Op. Cit.* pár 26.
26. Ver STJCE (TJCE 2002, 372), *Lankhorst-Hohorst. Op. cit.* pár. 30 y ss.; Ver STJUE (TJCE 2010, 16), *SGI. Op. cit.* pár. 71 y 72.

Todas estas perspectivas (internacional, comunitaria europea y nacional) fundamentan la consideración de la normativa (española) sobre operaciones vinculadas como una medida antiabuso. Lo anterior no quiere decir que dicha normativa no tenga otra finalidad. De hecho, el objetivo de la normativa sobre precios de transferencia es principalmente alcanzar el reparto de los beneficios empresariales en concordancia con el ALP, lo que se desprende no solo del enunciado del art. 9 del MC OCDE, sino también del texto del art. 18 LIS, e incluso de las consideraciones del TJUE[27] sobre el reparto equilibrado de las potestades tributarias como otra razón válida para establecer restricciones a las libertades en normativas sobre operaciones vinculadas[28]. Por todo lo anterior, partiendo de la interpretación finalista[29] de las normas tributarias (art. 12.1 LGT)[30], es legítimo afirmar que esta normativa también tiene una finalidad antiabuso y que la importancia de esta finalidad se ha incrementado con la evolución reciente de las reglas internacionales (DPT OCDE) y de las normas nacionales[31]. Con lo cual, es indispensable considerar que el ALP establecido en la normativa tributaria española no tiene únicamente una finalidad de valoración de los beneficios en operaciones vinculadas[32], sino también una finalidad de prevención del fraude fiscal.

Esto no quiere decir que la normativa del art. 16 TRLIS o la del art. 18 LIS corresponda a una norma general antiabuso, o que los elementos para alcanzar tal finalidad coincidan con los elementos de normas como la simulación o el fraude de ley. Tampoco se trata de normas especiales antiabuso dirigidas a evitar un comportamiento en particular como las SAAR. Como bien señala DELGADO, la normativa sobre operaciones vinculadas establecida en el art. 18 LIS está en un punto intermedio pues, a pesar de dirigirse a un grupo de conductas terminado dentro del marco del Impuesto sobre Sociedades, con-

27. Además del uso del ALP como criterio de valoración en la estimación del elemento de la selectividad en el examen sobre ayudas de Estado relacionado con los APAS. Ver numeral 1.2.2 del Capítulo V de esta monografía.

28. Ver STJCE (TJCE 2007, 202), *Oy AA. Op. cit.* pár. 54; Ver STJUE (TJCE 2010, 16), *SGI. Op. cit.* pár. 75-77; y más concretamente. Ver STJUE (JUR 2018, 152927), *Hornbach-Baumarkt. Op. cit.* pár. 42.

29. Sobre la necesidad de tener en cuenta la finalidad de la norma tributaria a la hora de interpretarla, ver STS de 5 de febrero de 2019 (RJ 2019, 442); STS de 26 de febrero de 2020 (RJ 2020, 74164). Ver STS (RJ 1985, 6243). *Op. cit.;* Ver STS (RJ 1988, 1649). *Op. cit.* FJ 1º.

30. El art. 12.1 LGT que se refiere a la interpretación de las normas tributarias reenvía al art. 3.1 del Código Civil, que indica que las normas se interpretarán según el sentido propio de sus palabras, en relación con el contexto, los antecedentes históricos y legislativos y la realidad social del tiempo en que han de ser aplicadas, atendiendo fundamentalmente al espíritu y finalidad de aquellas. Ver MARTÍN QUERALT, J. y otros, (2020), *Op. cit.*, p. 180.

31. Lo que RUIZ ALMENDRAL llama un extraño trío: El ALP, la prevención del abuso y el reparto equilibrado de potestades tributarias. Ver RUIZ ALMENDRAL, V., (2013), *Op. cit.*, pp. 131 y ss.

32. El art. 18 LIS no es meramente una norma valorativa. Ver AGULLÓ AGÜERO, A., (1998), *Op. cit.*, p. 170; ver también ESTEVE PARDO, M. L., (1996) Fiscalidad de las operaciones..., *Op. cit.*

tiene una dosis de generalidad; por lo cual pueden ser consideradas unas normas antiabuso *ad hoc*[33].

En este sentido, considerando la ampliación del marco de correcciones que puede realizar la AT en virtud del art. 18 LIS, y teniendo en cuenta la interpretación y aplicación que hemos analizado en los pronunciamientos del TS y la AN, ¿a qué tipo de abuso puede dirigirse la aplicación del art. 18 LIS cuando se refiere a las correcciones que procedan para alcanzar el ALP además de los ajustes en los casos en que se discute la cuantificación del precio? No cabe duda que, tanto el art. 18 LIS como las cláusulas generales antiabuso de la LGT pueden aplicarse a los supuestos de operaciones vinculadas, concretamente en asuntos no relacionados con la cuantificación de estas. Para poder distinguir sus respectivos ámbitos de aplicación, es necesario analizar los elementos del análisis de las operaciones vinculadas a la luz del art. 18 LIS, y distinguirlos de la configuración del análisis de las cláusulas generales antiabuso.

2. LA FUNCIÓN DE CALIFICACIÓN EJERCIDA POR LA ADMINISTRACIÓN TRIBUTARIA EN LA COMPROBACIÓN DE OPERACIONES VINCULADAS

2.1. LA CALIFICACIÓN JURÍDICO-TRIBUTARIA EN GENERAL

Con respecto a la aplicación de los tributos, en general corresponde a la Administración tributaria la comprobación e investigación de todos los hechos y elementos que permiten determinar la obligación tributaria[34], incluyendo por supuesto la que se deriva de las operaciones vinculadas como parte del Impuesto sobre Sociedades. Dejando a un lado las tareas que corresponden a los contribuyentes, la AT tiene la función de calificar los hechos y negocios que conforman la operación vinculada con respecto al mandato de valoración del ALP establecido en el art. 18 LIS.

La calificación es una actividad de la Administración en ejercicio de sus funciones de comprobación[35], que le permite garantizar que la imposición corresponde a la realidad económica del acto o negocio que efectivamente se lleva a cabo por el contribuyente (art. 13 LGT). En este sentido, la calificación es la actividad previa a la correcta exigencia de los tributos, pues primero se debe determinar la realidad económica de la operación para, posteriormente, gravar la capacidad económica puesta de manifiesto en ese análisis de la realidad[36]. Para el TS, la importancia de exigir la imposición de acuerdo con la sustancia y no

33. Ver DELGADO PACHECO, A., (2017), *Op. cit.*, p. 9.
34. Ver MARTÍN QUERALT, J. y otros (2020), *Op. cit.*, p. 343.
35. Ver GARCÍA NOVOA, C., (2005), *Op. cit.*, pp. 168-169.
36. De acuerdo con MARTÍN y otros autores, la aplicación de los tributos consiste, cabalmente, en la efectiva aplicación de las normas tributarias evitando la divergencia entre la norma y la realidad, entre lo que debería ser y lo que es. Ver MARTÍN QUERALT, J. y otros, (2020), *Op. cit.*, p. 314.

con la forma dada por partes siempre ha sido fundamental para evitar la alteración que las formas de los negocios puedan tener en la correcta imposición[37]. Particularmente cuando la forma externa de un acto o negocio impide o altera la subsunción de los hechos reales en una norma tributaria, con lo cual, solo la verdadera naturaleza económica del acto puede garantizar una imposición acorde con la capacidad económica.

Esta calificación, supone etiquetar jurídicamente la realidad del negocio a efectos tributarios[38], es decir, es autónoma de otras calificaciones jurídicas sobre el acto o negocio correspondiente; y parte de una interpretación finalista de las normas tributarias, concretamente de sus objetivos, por lo que también puede decirse que es una interpretación teleológica[39]. Por ello, a pesar de consistir en una comprobación de los hechos que busca establecer la realidad económica de los mismos es una calificación «jurídico-tributaria»: Por un lado es una calificación de carácter jurídico, pues el examen de los hechos debe realizarse dentro del marco de los elementos normativos de los posibles tributos aplicables, por lo que la Administración Tributaria debe recurrir a criterios jurídicos para calificar los hechos[40]. En tal sentido, aunque la función calificadora tenga como objeto constatar la realidad económica de los hechos acaecidos, la etiqueta jurídica que otorga la AT a esos hechos depende del encaje de estos con los elementos jurídicos de la norma aplicable[41]. Por otro lado, es una calificación de carácter tributario, pues se trata de determinar la verdadera naturaleza económica del negocio con el fin de exigir la imposición que realmente corresponde a la capacidad económica puesta de manifiesto en el acto o negocio[42]. En este sentido, la calificación parte de los hechos reales para determinar la norma tributaria que les es aplicable, pero una vez esta norma es identificada, los hechos también son analizados a la luz de los elementos jurídicos de la misma. Por ello, el hecho jurídico-tributario relevante se determina de forma definitiva teniendo en cuenta las normas que le serían aplicables, las cuales son a la misma vez determinadas por los hechos reales[43].

37. En una sentencia de 1978, el TS ya indicaba que la verdadera naturaleza jurídica de un negocio no se extrae de los derechos y obligaciones establecidos por las partes en el contrato; por lo que la calificación de los hechos es fundamental, particularmente cuando la forma externa de un acto o negocio impide o altera la subsunción de los hechos reales en una norma tributaria, con lo cual, solo la verdadera naturaleza económica del acto puede garantizar una imposición acorde con la capacidad económica. Ver STS de 4 de febrero de 1978 citada en RUIZ ALMENDRAL, V. y ZORNOZA PÉREZ, J., (2004), *Op. cit.*, p. 20.
38. Ver CASERO BARRÓN, R., (2020), *Op. cit.*, pp. 47 y ss.; Ver PALAO TABOADA, C., (2001), *Op. cit.*
39. Ver RUIZ ALMENDRAL, V. y ZORNOZA PÉREZ, J., (2004), *Op. cit.*, p. 21.
40. Ver RUIZ ALMENDRAL, V. y ZORNOZA PÉREZ, J., (2004), *Op. cit.*, p. 22-25.
41. Ver CASERO BARRÓN, R., (2020), *Op. cit.*, p. 84.
42. STS 11 de mayo de 2004; STS 31 de marzo de 2008. Ver SOLER ROCH, M. T., (2010), *Op. cit.*, p. 394.
43. Ver LARENZ, K., Metodología de la ciencia del derecho (4a Ed.) (Traducción española), Ariel 1975, p. 274.

La calificación de los hechos implica otorgarles una etiqueta jurídico-tributaria, de forma tal que, fijada la realidad y la norma que le corresponde, se fija también la consecuencia jurídica aplicable. Por ello, si la AT cambia la calificación que las partes dieron inicialmente a sus hechos o negocios (forma), cambia también la consecuencia jurídica[44]. El efecto de la recalificación realizada por la AT, puede derivar en la aplicación de una regularización en virtud de la aplicación de la norma tributaria aplicable[45]. Tal y como se revisó en el Capítulo IV, ello no quiere decir que la mera calificación tenga los efectos de una cláusula general antiabuso[46] y que contemple una consecuencia jurídica similar a estas[47]. La calificación es una potestad independiente y no se puede acudir a ella para establecer consecuencias que no le corresponden, ante la imposibilidad de comprobar los elementos de la simulación o el conflicto en la aplicación de la norma tributaria[48].

Ahora bien, la calificación es una actividad fundamental para evitar la elusión fiscal, especialmente a través de mecanismos como la manipulación de las formas de las figuras negociales[49]. En tal sentido, el TS ha señalado que no es posible admitir que la apariencia de los documentos privados (la forma), que puede crear una confusión sobre la relación jurídico-tributaria de la que se deriva la imposición, pueda beneficiar a los intervinientes, a los meros efectos fiscales[50]. En concreto, la calificación que realiza la AT permite determinar si el negocio formalizado es distinto al realmente realizado por el contribuyente,

---

44. Ya que esta actividad de la AT puede derivar en un cambio en la calificación indicada por las partes —una recalificación respecto a la calificación inicial hecha por estas—. Ver NAVARRO IBARROLA, A., (2018), *Op. cit.*, p. 170.
45. La regularización incluye también la recalificación de los hechos *«representados o reflejados por el propio contribuyente en su declaración-liquidación»*. Ver CASADO OLLERO, G., «Los negocios anómalos ante el Derecho Tributario español», En Legalidad tributaria y función calificadora de la Administración Fiscal, Boletín 16 del ilustre Colegio de Abogados de Madrid-Septiembre (2000), p. 54; Ver también GARCÍA NOVOA, C., (2005), *Op. cit.*, p. 162 y ss.; Ver NAVAS VÁZQUEZ, R., «Interpretación y calificación en derecho tributario: art. 25», En Comentarios a la Ley General Tributaria y líneas para su reforma: libro-homenaje al profesor Dr. Fernando Sainz de Bujanda (Vol. 1), Instituto de Estudios Fiscales 1991, p. 396.
46. Como se estudia en el numeral 2.3.2 del Capítulo V de esta monografía.
47. Busca prevenir el ejercicio de comportamientos considerados lesivos para los fines del ordenamiento tributario o de una legislación en concreto, estableciendo una consecuente recalificación y posiblemente una sanción. Ver GARCÍA BAÑUELOS, J. A. y MUT AGUILAR, I., (2017), *Op. cit.*, p. 108.
48. Ver DELGADO PACHECO, A., «La aplicación jurisprudencial de los nuevos conceptos en materia de abuso: perspectiva española» En ARRIETA MARTÍNEZ DE PISÓN, J. y MARTÍNEZ LAGUNA, F. D. (Eds.), Abuso y planificación fiscal internacional: una perspectiva jurídica, económica y ética, Thomson Reuters Aranzadi 2022, pp. 370-372.
49. Ver GARCÍA NOVOA, C., (2005), *Op. cit.*, p. 161.; ver RUIZ ALMENDRAL, V., (2013), *Op. cit.*, p. 141.
50. Recientemente una sentencia del TS confirmó que la función calificadora es una potestad independiente, que se ejerce como parte de la función tributaria de control, distinta de las normas relativas al fraude o simulación. Ver STS (RJ 2020, 2836), *Op. cit.*

utilizando para ello los elementos jurídicos de la norma tributaria que sería aplicable a ese negocio efectivo. Pero la aplicación efectiva de la imposición y las demás consecuencias jurídicas no proceden por el ejercicio de la calificación sino de las normas tributarias que sean aplicables al supuesto de hecho. Por esto, la enervación de las conductas abusivas no es un efecto propio de la calificación, sino que esta sirve a otras normas que sí habilitan a la AT a desconocer dichos actos elusivos, como la simulación o el conflicto en la aplicación de la norma tributaria[51]. Como señala GARCÍA, la actividad calificadora no es en sí misma un instrumento antielusivo, sino que permite el ejercicio normal de las potestades de la AT para aplicar los tributos; entonces, la aplicación correcta de los tributos evita la elusión[52]. Mucho menos corresponde a una cláusula general antiabuso[53], pues ello sólo corresponde a las normas que constituyen, lo que PALAO denomina el «remedio extraordinario del fraude de ley», como es el conflicto en la aplicación de la norma tributaria, establecido en el art. 15 LGT[54].

2.2. LA CALIFICACIÓN JURÍDICO-TRIBUTARIA DE LAS OPERACIONES VINCULADAS SEGÚN EL ART. 18 LIS

Como parte de su función calificadora, la AT puede comprobar los hechos o negocios declarados por las partes con relación a sus obligaciones tributarias. Esto se aplica igualmente respecto al art. 18 LIS que establece, concretamente, la habilitación de la AT para comprobar las operaciones realizadas entre entidades vinculadas y efectuar, en su caso, las correcciones que procedan de acuerdo con el ALP[55].

En materia de operaciones vinculadas la calificación jurídico-tributaria que realiza la AT tiene, por tanto, unas consideraciones específicas. En este caso, la búsqueda de la verdadera realidad económica se da en el contexto de la vinculación y las relaciones económicas y financieras entre las partes vinculadas. Por lo tanto, de cumplirse alguno de los casos de vinculación señalados en el art. 18.2 LIS en el marco de una operación entre dos entidades, debe ser aplicado el criterio de valoración del ALP[56], allí señalado. En cuanto al examen para la comprobación de la sustancia de la operación, el art. 17.2 RIS recoge las características relevantes de la operación[57], que en términos generales se refieren a

51. Ver ARRIETA MARTÍNEZ DE PISÓN, J., (2022)., «Aproximación a un concepto ...», *Op. cit.*, p. 45.
52. Ver GARCÍA NOVOA, C., (2005), *Op. cit.*, p. 169; Ver CASADO OLLERO, G., (2000), *Op. cit.*, p. 41.
53. Ver SOLER ROCH, M. T., (2010), *Op. cit.*, p. 393.
54. Ver PALAO TABOADA, C., «¿Existe el fraude a la ley tributaria?» Estudios Financieros. Revista de Contabilidad y Tributación: Comentarios, Casos Prácticos núm. 182 (1998), p. 6.
55. Ver EY Abogados, (2015), *Op. cit.*, p. 58-63.
56. Ver numeral 2.3.2.2 del capítulo IV de esta monografía.
57. Ver numeral 2.3.2.2 i) del capítulo IV de esta monografía.

los elementos para la delineación precisa de la operación establecidos en las DPT OCDE de 2017 (y previamente en los Informes Finales de BEPS de 2015). Sin embargo, esta identificación de los factores relevantes solo se limita a enunciarlos, por lo que se acude al desarrollo de los mismos en las DPT OCDE, como fuente interpretativa de carácter no vinculante.

En el ámbito de las operaciones vinculadas, esta es una calificación jurídica, mediante la cual la realidad fáctica va a evaluarse de acuerdo con elementos jurídicos establecidos en el art. 18 LIS; en el art. 9 del CDI (que resulte aplicable)[58]; y, en un sentido más complementario, las DPT OCDE[59]. El supuesto de hecho, como en su caso mencionamos anteriormente, consiste en la existencia de vinculación entre las partes que realizan una operación vinculada (o varias operaciones que deben ser analizadas en su conjunto)[60]. Y también es una calificación tributaria, ya que la constatación de la realidad de la operación realizada por las partes permite gravar los beneficios que efectivamente le corresponden a la entidad contribuyente, respetando el principio de capacidad económica, y adecuándose a los objetivos del Impuesto sobre Sociedades.

En aplicación del art. 18 LIS, el eventual cambio de calificación que realiza la Administración tributaria continúa estando dentro del marco de las operaciones vinculadas; es decir, normalmente la comprobación de la vinculación y las operaciones o relaciones entre las partes vinculadas es la premisa de aplicación de este precepto, por lo que la discusión sobre la calificación se centra en los factores de comparabilidad (particularmente la distribución de las funciones y los riesgos), el análisis de comparabilidad y los aspectos de selección y aplicación del método de valoración[61]. Cuando la comprobación de la operación vinculada resulta en la constatación de una operación en la que no se encuentran los elementos del supuesto de hecho del art. 18 LIS (la vinculación y las relaciones comerciales y financieras entre las partes vinculadas) la AT, en ejercicio de su función calificadora, puede determinar la norma tributaria que corresponde según la realidad puesta de manifiesto, y proceder a aplicar sus consecuencias jurídicas.

58. En el caso de España, el escenario puede incluir: i) casos de operaciones vinculadas en los que sea de aplicación el art. 9.1 de un CDI y la normativa interna para poder aplicarlo; ii) casos de operaciones vinculadas en los que el art. 9.1 de un CDI tenga algún comentario que restrinja su aplicación a una normativa interna en concreto (como el CDI con Países Bajos que no contiene el art. 9.2 sobre el ajuste bilateral); iii) los casos en los que no hay suscrito un CDI y por lo tanto se aplica únicamente la normativa interna sobre operaciones vinculadas; y por supuesto, las limitaciones impuestas por el Derecho comunitario europeo, en todos los casos. Ver numeral 2.1 del capítulo IV de esta obra.

59. Incluso es posible incluir las DPT OCDE entre de los elementos normativos que delimitan la calificación jurídico-tributaria en materia de operaciones vinculadas, considerando su carácter no vinculante, pero reconociendo su valor jurídico para la interpretación y aplicación del ALP, siempre dentro de los límites de la legislación española. Ver numeral 2.2 del Capítulo IV de este trabajo.

60. Ver numeral 2.4.1 del Capítulo V de este trabajo.

61. Ver NAVARRO IBARROLA, A., (2018), *Op. cit.*, p. 170.

Ahora bien, es importante distinguir la aplicación normativa del art. 18 LIS como una norma con fines antielusivos, de la aplicación de las cláusulas generales antiabuso de la LGT, particularmente del fraude de ley que ha sido consistentemente utilizado por la AT y la jurisprudencia en determinados tipos de operaciones vinculadas (en general, cuando el análisis implica la consideración de las relaciones del grupo empresarial y no de la operación de manera aislada). Aunque ambos preceptos pueden derivar en un efecto económico similar —la recuperación de una imposición dejada de percibir—, el análisis de los elementos que conducen a este resultado y sus consecuencias jurídicas es distinto.

2.2.1. Test de la sustancia: la delineación precisa de la operación

La delineación precisa de la operación comprende los aspectos generales de la calificación de la sustancia económica de la operación, pero dentro de los límites normativos del art. 18 LIS[62]. En este caso, la AT puede concluir que es necesario corregir las condiciones de la operación vinculada, de acuerdo con la realidad económica de la operación observada en el análisis de la sustancia en términos de creación de valor.

Como vimos en el Capítulo III, la delineación precisa de la operación parte de la existencia de una serie de relaciones comerciales y financieras entre las partes vinculadas en una operación, y considera en primer lugar el contexto global del grupo al que pertenecen las entidades vinculadas, y posteriormente las características económicamente relevantes de la transacción, centradas en la perspectiva de las partes de la misma. La sustancia de las operaciones vinculadas se establece a través del estudio de cinco características económicamente relevantes[63]; i) los términos contractuales, considerados el punto de partida del análisis, ya que constituyen un testigo de la estructura dada por las partes sobre la asignación de funciones y riesgos, así como de los términos económicos de la operación; ii) el análisis funcional, en el que se busca examinar la relación entre el valor generado en una operación y las contribuciones de las partes desde la perspectiva de las funciones que desarrollan, los riesgos que asumen y los activos que involucran en la misma[64]; iii) las características de los bienes o servicios que son parte de la operación; iv) las circunstancias económicas de los mercados en los que tiene lugar la operación; y finalmente, v) las estrategias empresariales y otras circunstancias relevantes.

Aunque el peso de cada uno de estos elementos en la determinación de la sustancia de la operación vinculada puede variar de acuerdo con las circunstancias de cada caso, los dos factores que más importancia tienen son los términos contractuales y el análisis funcional. Como ya se ha mencionado, la finalidad del

62. Ver GARCÍA BAÑUELOS, J. A. y MUT AGUILAR, I., (2017), *Op. cit.*, pp. 111-112.
63. Ver numeral 2.3.2.2 del Capítulo IV de esta obra.
64. Quizás la más importante de las cinco características y a la que más trabajo han dedicado los trabajos de la OCDE en sus recientes modificaciones.

art. 18 LIS es tanto la distribución adecuada de los beneficios entre las partes vinculadas como la enervación de las conductas abusivas —básicamente el traslado de beneficios artificiosamente—. Una de las formas más comunes de abuso es la que se deriva de la libertad de los particulares para configurar sus negocios; para llevarlos a cabo a través de distintos actos o acuerdos, utilizados con el fin de obtener una menor carga tributaria. No en vano, la definición de la sustancia de las operaciones ha estado relacionada con la aplicación del principio de sustancia sobre la forma con fines antielusivos[65].

En la delineación precisa de la operación vinculada, el punto de partida son los términos contractuales, pero la determinación del precio de plena competencia depende, en última instancia, de la distribución efectiva de funciones significativas entre las partes involucradas, los riesgos relacionados con tales funciones, y los activos utilizados para llevarlas a cabo. Una vez establecido este análisis funcional, debe valorarse la retribución que corresponde a las partes que han contribuido a la generación de valor en la operación, en términos del ALP[66]. Y ello teniendo en cuenta que la «creación de valor» es un concepto jurídico indeterminado, añadido por BEPS en un intento por explicar otros conceptos jurídicos indeterminados utilizados para comprobar las operaciones vinculadas (como el concepto de «sustancia de la operación»). La interpretación que las legislaciones internas realicen de este concepto es muy importante para determinar el sentido en que finalmente se analizan las operaciones vinculadas.

Tal como se estudió en el Capítulo II, la interpretación del concepto de «creación de valor» como criterio para la remuneración que debe asignarse a cada parte vinculada puede resultar en dos acepciones o sentidos del concepto[67]. En primer lugar, puede entenderse como una fuente normativa positiva que establece un criterio de distribución de los beneficios[68]; pero también, como fuente normativa negativa, que permite indicar que, allí donde no hay actividad relacionada con las funciones significativas, no debe generarse valor. Esta última perspectiva se acerca más al enfoque antiabuso del análisis de las operaciones vinculadas, que han confirmado los tribunales españoles a través de argumentos como la falta de cambios sustanciales en la dirección general[69]; la falta de recursos para el desempeño de funciones[70]; etc.

65. Ver CASERO BARRÓN, R., (2020), *Op. cit.*, p. 43.
66. Ver numeral 4.3.2 del Capítulo II de esta obra.
67. Ver HEY, J., (2018), *Op. cit.*, pp. 203-204; Ver MARTÍN JIMÉNEZ, A. J., (2020), *Op. cit.*, pp. 207-208.
68. Caso en el cual es necesario establecer indicadores objetivos que demuestren la relevancia de una función respecto de otra y de los elementos que permiten medir el desempeño de tales funciones como los recursos humanos, técnicos, tecnológicos, o de cualquier otro tipo relacionados con la actividad económica que genera valor —excluyendo la función de financiación—.
69. Ver SAN (JT 2021, 976), *ICE. Op. cit.* FJ 20º.
70. Ver STS (RJ 2012, 2645) *Esmalglass. Op. cit.*; Ver numeral 2.3 y 2.4 del Capítulo V de esta obra.

En este sentido, el enfoque del análisis de funciones significativas o la asignación de los riesgos, debe corresponder con la contribución al valor que las partes realizan al llevar a cabo tales funciones. El análisis funcional no es una actividad dirigida a desconocer todos los aspectos de la realidad económica que riñan con la distribución contractual, como sucedió en el supuesto de la SAN sobre el caso *Acer*[71]. Por el contrario, la delineación de los riesgos efectivamente asumidos por las partes también puede tener como resultado el reconocimiento de las contribuciones no reconocidas en los términos contractuales estipulados por las partes. En este sentido, aunque el análisis de la sustancia de la operación vinculada pueda tener una perspectiva antiabuso, debe respetarse el objetivo principal del art. 18 LIS, que es la aplicación del principio de plena competencia.

La determinación de la sustancia de las operaciones vinculadas es distinta del análisis de sustancia que se realiza en el caso de las cláusulas generales antiabuso. En este último, el objetivo es determinar si la forma en que fue llevado a cabo un acto o negocio y que le ha permitido al contribuyente obtener un beneficio fiscal, cumple con el propósito la norma tributaria aplicada[72]. En tal caso, el acto o negocio ha sido realizado en cumplimiento de las formalidades que tal norma requiere, por ello, el examen de la sustancia se dirige a comprobar si la realidad económica del negocio también refleja el cumplimiento o verificación del supuesto de hecho de dicha norma. Tras la calificación jurídico-tributaria, la comprobación de la sustancia puede llevar a la aplicación de una norma general antiabuso cuando se constata que el acto o negocio jurídico realmente realizado es distinto al que se quiso reflejar en las formas inicialmente empleadas; adicionalmente, la comprobación también debe evidenciar que se obtuvo una ventaja fiscal al utilizar tal forma de negocio[73]. En el caso del conflicto en la aplicación de la norma tributaria, este resultado implica un posible negocio artificioso, en el que se pretendió la aplicación de una norma tributaria de cobertura, para evitar la aplicación efectiva de una norma tributaria defraudada.

En ambos casos el análisis de la sustancia puede derivar en la verificación de una diferencia entre la forma y la sustancia, pero en el ámbito de las operaciones vinculadas, para aplicar el art. 18 LIS, es necesario que el supuesto de hecho siga siendo una operación vinculada; mientras que el examen de la sustancia en el ámbito del conflicto en la aplicación de la norma tributaria o de la simulación puede resultar en la constatación de un supuesto distinto, cuyas condiciones determinan la aplicación de una norma tributaria diferente a la que las partes pretendían aplicar.

71. Ver SAN de 29 de marzo de 2018 (JUR 2019, 128007). Acer. *Op. cit.*
72. Ver GUTIÉRREZ BENGOECHEA, M. y SÁNCHEZ-ARCHIDONA HIDALGO, G., Cuestiones actuales de la fiscalidad internacional, Editorial Comares 2018, pp. 153-156.
73. Ver CASERO BARRÓN, R., (2020), *Op. cit.*, p. 45 y ss.

2.2.2. Test sobre los efectos: la racionalidad comercial

Una vez determinada la sustancia, y ante la posible existencia de un abuso de la norma tributaria, tanto en aplicación del art. 18 LIS como de los art. 15 y 16 LGT, corresponde llevar a cabo un juicio sobre la posible justificación del contribuyente para los resultados del análisis de sustancia.

Tras la delineación precisa de la operación, la AT puede llegar a la conclusión de que la operación efectivamente realizada por las partes no se encuentra en línea con el principio de plena competencia. Además de los aspectos cuantitativos, las diferencias pueden provenir de elementos fácticos de la operación vinculada no reflejados en sus condiciones contractuales. Aunque el art. 18 LIS no hace mención a un análisis específico sobre las razones que pueden existir para justificar la operación efectivamente estructurada por las partes, los contribuyentes deben tener la oportunidad de justificar sus operaciones[74].

De acuerdo con las DPT OCDE de 2017, como fuente para la interpretación del art. 18 LIS, la operación precisamente delineada debe someterse a un análisis sobre su racionalidad comercial[75]. Por tanto, debe analizarse si la operación precisamente delineada tiene o no racionalidad comercial, antes de proceder a aplicar las consecuencias referidas a un posible desconocimiento de la operación tal cual como fue estructurada por las partes (—*as structured principle*—). Sin embargo, la racionalidad comercial es un concepto poco delimitado por las DPT OCDE. De hecho, es un concepto que en la práctica puede confundirse con el análisis de la sustancia económica de la operación, pues en ambos casos se busca comprobar el sustrato económico de la estructura de la operación efectivamente realizada por las partes. Además, hasta las DPT OCDE 2010, la sustancia económica también era parte de las excepciones para excluir el desconocimiento y recaracterización de la operación, de acuerdo con el parágrafo 1.65 de dichas directrices[76].

---

74. Recordemos que, de acuerdo con la doctrina del TJUE sobre las normativas de los Estados en materia de operaciones vinculadas, estas deben responder al principio de proporcionalidad, lo que implica que la normativa debe permitir a los contribuyentes aportar la información que demuestre la existencia de motivos económicos válidos en sus operaciones vinculadas. Y esto además de la oportunidad que tienen de indicar todas las circunstancias que sean relevantes para la delineación de sus operaciones vinculadas en los informes de precios de transferencia que deben mantener a disposición de la AT (art. 18.3 LIS). Ver numeral 1.1.3 del Capítulo V de esta obra.

75. «*Cuando los acuerdos relativos a la operación precisamente delineada, valorados globalmente, difieran de los que habrían suscrito empresas independientes que actuaran de modo racional desde un punto de vista comercial y en circunstancias comparables, impidiendo así que se determine un precio aceptable para ambas partes teniendo en cuenta sus respectivas perspectivas y las opciones de las que dispongan de modo realista en el momento de realizarse la operación*». Ver DPT OCDE (2017), pár. 1.122.

76. Ver numeral 3 del Capítulo II de esta obra.

Sobre este aspecto, el TJUE ha indicado que el *test* de racionalidad comercial es diferente del *test* de la sustancia, especialmente porque en la verificación sobre la existencia de razones sobre la lógica comercial se pueden considerar circunstancias que implican al grupo empresarial y no únicamente el contribuyente, como entidad separada[77]. En este sentido, la legislación de los Estados miembros sobre operaciones vinculadas debe permitir que la justificación comercial de una operación vinculada pueda ser evaluada desde la perspectiva del grupo en vez de desde la perspectiva de la empresa separada[78].

Al respecto, debemos recordar la distinción académica de las razones que pueden justificar una desviación de la operación frente al criterio de mercado. Por un lado, se encuentran los motivos objetivos[79], relacionados con condiciones o causas comerciales que pueden encontrarse en el mercado abierto. Por el otro lado, existen los motivos subjetivos[80], asociados a situaciones de la empresa o grupo empresarial, como la conveniencia empresarial, dificultades financieras o errores de gestión. Distinción que, en todo caso, se ha ido flexibilizando para considerar que ambos tipos de motivos pueden formar parte de las justificaciones que tiene una entidad o una EMN para explicar una operación tal como fue efectivamente estructurada[81]. En tal sentido, la doctrina jurisprudencial del TJUE también ha considerado aspectos de ambas categorías como justificantes de la realización de una operación vinculada que en principio pudo ser considerada abusiva. De hecho, el TJUE ha llegado a considerar como una razón válida para realizar una operación aparentemente irracional (un préstamo concedido sin la retribución de mercado), el propio interés de una matriz en el éxito comercial de sus filiales[82]. Ello se diferencia de la posición de los tribunales españoles, como la AN que consideró abusiva una inversión realizada por una entidad en su subordinada que presentaba pérdidas económicas por no corresponder con la conducta que habría adelantado un inversionista independiente, en el caso *Peugeot*[83]. En la sentencia del caso *Hornbach Baumarkt,* el TJUE se acercó a esta postura, advirtiendo que las razones que explican una operación deben tener una sustancia efectiva y una lógica comercial que se evidencie en

77. Ver STJCE (TJCE 2002, 372), *Lankhorst-Hohorst. Op. cit.*; Ver también WITTENDORFF, J., (2010), *Op. cit.*, p. 270.
78. Ver MARTÍN JIMÉNEZ, A., «Transfer Pricing and EU Law following SGI», Bulletin for International Taxation no. 64 (2010), p. 276.
79. Ver nota a pie 133 del Capítulo V de esta obra.
80. Ver nota a pie 134 del Capítulo V de esta obra.
81. Lo que SALA considera una razonabilidad subjetiva. Ver SALA GALVAÑ, G., (2003), *Op. cit.*, p. 133; CALDERÓN CARRERO, J. M. y GARCÍA-HERRERA BLANCO, C., (2010), *Op. cit.*, p. 56.
82. Ver STJUE (JUR 2018, 152927), *Hornbach-Baumarkt. Op. cit.* pár. 56-58.
83. En instancia de casación, el TS se refirió a la existencia de una prueba pericial que documentaba la comparabilidad con operaciones de inversión en otras empresas en similares circunstancias, razón por la que se anuló la decisión de la AN. No sabemos que habría indicado el TS sobre el interés de la entidad española que invirtió en la argentina para evitar su quiebra financiera como una razón de lógica comercial.

la propia operación. Por ello, el TJUE se ha referido no tanto al derecho de los contribuyentes a justificar los motivos válidos por los que ha realizado una operación sino al derecho a presentar la información que pruebe la existencia de tales razones de lógica comercial[84].

Ahora bien, la carencia de racionalidad comercial de las operaciones vinculadas debe impedir la determinación de los precios de transferencia. Este punto es relevante porque, a diferencia de las cláusulas generales antiabuso, la finalidad del art. 18 LIS no es únicamente negar la protección jurídica a una operación vinculada que se haya realizado esencialmente para trasladar beneficios a otra jurisdicción (finalidad antiabuso). En aplicación del art. 18 LIS también debe considerarse si la falta de racionalidad comercial impide determinar el precio de mercado y, por tanto, impide la distribución adecuada de los beneficios según el criterio de valoración legal establecido en dicho artículo —el ALP— (finalidad como criterio de valoración)[85]. El art. 18 LIS tiene una doble finalidad, lo que se debe reflejar en su aplicación, por ello el abuso que pretende enervar es el traslado de beneficios empresariales por razón esencial de la vinculación. Por lo anterior, la ausencia de racionalidad comercial no puede demostrar por sí sola la existencia del abuso al que se dirige el art. 18 LIS, sino que esta ausencia debe impedir la determinación del precio de mercado en la operación, impedir la comparabilidad.

Como se observa, aun siendo cuestiones no relacionadas con la cuantificación del precio de transferencia, es posible realizar un análisis de estas razones de lógica empresarial dentro del ámbito de aplicación del art. 18 LIS, incluso también incorporando elementos de la doctrina antiabuso establecidos en la jurisprudencia del TJUE sobre legislaciones de precios de transferencia. En este sentido, a pesar de la interpretación antiabuso que puede hacerse del concepto de racionalidad comercial como parte del art. 18 LIS, es posible identificar razones que pueden explicar la estructura efectivamente realizada por las partes en sus operaciones vinculadas, que a pesar de ser propias de los sujetos (entidad o su grupo empresarial), tienen un carácter objetivo que no depende de la valoración de su intencionalidad, elemento que sería mucho más difícil de probar.

Lo anterior debe distinguirse de la aplicación de la doctrina de los motivos económicos válidos en relación con el fraude de ley, confirmada por los tribunales españoles en la jurisprudencia sobre abuso en materia tributaria[86]. En el caso de las cláusulas generales antiabuso, una vez determinada la sustancia fác-

84. Ver numeral 1.1.3 del Capítulo V de esta obra.
85. E incluso como una norma destinada a asegurar el reparto equitativo de potestades tributarias. Con lo cual, si no se considera el efecto distributivo que tiene el desconocimiento de una operación vinculada en materia de doble imposición, la medida puede ser considerada no proporcional en los términos de la doctrina del TJUE establecida en *Hornbach.* Ver STJUE (JUR 2018, 152927), *Hornbach-Baumarkt. Op. cit.*
86. Ver BÁEZ MORENO, A. y ZORNOZA PÉREZ, J., (2018), *Op. cit.*, p. 710-712.

tica que concluyó la existencia de un negocio posiblemente abusivo por su finalidad esencialmente fiscal, es necesario determinar si existen razones económicas, además del ahorro fiscal, que puedan explicar la utilización de dicho negocio o estructura por parte del contribuyente[87]. De haber otras razones, es posible excluir la calificación de la conducta como abusiva.

Como hemos visto en la revisión de la jurisprudencia española en el Capítulo IV, aunque el ahorro fiscal es en sí mismo un motivo comercial para realizar un negocio, el juicio sobre los efectos del negocio jurídico trata de determinar que dicho ahorro no fue la razón esencial para la elección del negocio bajo la forma jurídica cuestionada[88]. En suma, se busca establecer cuál es la relevancia de estos motivos dentro del resultado de la operación. Por esto, una de las preguntas consideradas en este examen de resultados se refiere a si la operación se llevaría a cabo aun prescindiendo del beneficio fiscal obtenido[89].

En este juicio se observan, entonces, dos aspectos importantes: por un lado, la obtención de un ahorro fiscal a través del negocio formalmente realizado; y por el otro, la falta de motivos válidos para realizar tal negocio, distintos del ahorro fiscal[90]. En cuanto al primer aspecto, el ahorro o la ventaja fiscal, puede referirse no sólo a una menor carga tributaria, sino a la obtención de otras ventajas derivadas de la elección del acto o negocio artificial, como un tipo fiscal más bajo; la aplicación de deducciones; el aplazamiento de pagos; entre otras[91]. Por tanto, la obtención de una ventaja fiscal debe estar claramente relacionada con el negocio jurídico formalizado. En cuanto al segundo aspecto, como mencionamos antes, se trata de determinar si existen otros motivos económicos relevantes que hayan sido determinantes para la elección del negocio jurídico formalizado, además del ahorro fiscal[92]. En este caso, el análisis no se centra tanto en la presencia de una forma impropia de negocio, contraria al objetivo de la norma, sino en la posible inexistencia de otras finalidades comerciales en el

87. Ver BÁEZ MORENO, A. y ZORNOZA PÉREZ, J., (2018), *Op. cit.,* p. 705.
88. Ver GUTIÉRREZ BENGOECHEA, M. y SÁNCHEZ-ARCHIDONA HIDALGO, G., (2018), *Op. cit.*, p. 158.
89. Ver PASCHEN, U., «Steuerumgehung im nationalen und internationalen Steuerrecht», Springer 2001, p. 93; citado en RUIZ ALMENDRAL, V. y ZORNOZA PÉREZ, J., (2004), *Op. cit.*, p. 49;
90. Ver RUIZ ALMENDRAL, V. y ZORNOZA PÉREZ, J., (2004), *Op. cit.*, p. 47.
91. Ver CALDERÓN CARRERO, J. M. y RUIZ ALMENDRAL, V., «La codificación de la «doctrina de la sustancia económica» en EEUU como nuevo modelo de norma general antiabuso: la tendencia hacia el "sustancialismo»», Quincena Fiscal núm. 15-16 (2010), p. 58.
92. Lo que distingue al conflicto en la aplicación de la norma tributaria (fraude de ley) de la economía de opción, en la que el ejercicio de la autonomía del contribuyente le permite elegir entre dos alternativas tributarias válidas por razones puramente fiscales; por lo que no se realiza el supuesto de hecho del abuso. Ver RUIZ ALMENDRAL, V. y ZORNOZA PÉREZ, J., (2004), *Op. cit.*, p. 49-50; Ver LARRAZ, J., Metodología aplicativa del Derecho Tributario, Editorial Revista de Derecho Privado 1952, p. 61.

negocio[93]. En este sentido, esta doctrina es cercana al *business purpose test* utilizado en el ordenamiento estadounidense, que en última instancia responde a una modalidad de interpretación de las normas según sus finalidades, una interpretación teleológica[94]. En términos generales, el *business purpose test* permite determinar la adecuación del negocio elegido, no en base a las formas propias para realizarlo, sino a la existencia de efectos económicos válidos más allá de la ventaja fiscal. En este sentido, el análisis de los motivos económicos válidos seguramente haya estado presente en el examen de la sustancia del negocio pues se relaciona estrechamente con la identificación del sustrato económico del negocio[95]. Como vimos en el estudio de la jurisprudencia española, en la valoración de «motivos económicos válidos» los tribunales han confirmado criterios generales como la demostración de la eficiencia económica alcanzada con las operaciones vinculadas; la necesidad de inversión en las operaciones de reestructuración[96]; y el cambio sustancial de las funciones de las partes en la operación, o de los recursos efectivamente utilizados para desarrollar las funciones asignadas contractualmente[97].

Aunque se observan estos criterios con carácter objetivo, el problema es que, cuando no se prueban claramente, los tribunales han confirmado que puede deducirse, de forma indirecta, que existe un propósito de abuso de la norma tributaria. Hemos analizado posiciones jurisprudenciales de los tribunales españoles que confirman la ausencia de motivos económicos válidos como una prueba indirecta de la artificiosidad del negocio, como si esta pudiera probar la intencionalidad del abuso, derivada del análisis conjunto de los elementos (negocio jurídico, ahorro fiscal y carencia de motivos válidos)[98]. Sin embargo, es necesario diferenciar esta dificultad de prueba, del análisis sobre la intención o los propósitos del negocio[99]. En los casos en que se observe claramente la existencia de un engaño, de acuerdo con la normativa española, debe aplicarse la figura de la simulación establecida en el art. 16 LGT. En todo caso, en el ámbito del conflicto en la aplicación de la norma tributaria, CALDERÓN y RUÍZ[100]

93. Ver GUTIÉRREZ BENGOECHEA, M. y SÁNCHEZ-ARCHIDONA HIDALGO, G., (2018), *Op. cit.*, p. 156.
94. Ver CALDERÓN CARRERO, J. M. y RUIZ ALMENDRAL, V., (2010), «La codificación ...», *Op. cit.*, pp. 60-61.
95. Como señala RUIZ, el examen de los motivos económicos válidos es un criterio para determinar si la forma utilizada por las partes es artificial, pero a la vez es una manera de excluir la existencia de elusión fiscal. Ver RUIZ ALMENDRAL, V., (2013), *Op. cit.*, p. 142.; Ver también SCREPANTE, M., (2019), *Op. cit.*, p. 454-455.
96. Ver STS (RJ 2016, 6238), *Arrow. Op. cit.*
97. Ver SAN de 22 de febrero de 2018 (JT 2018, 373). *Colgate. Op. cit.*
98. Ver SAN (JUR 2021, 7179), *Yule. Op. cit.* FJ 3º.
99. Sobre el distanciamiento con el elemento de la intencionalidad en el análisis de la doctrina antiabuso en materia fiscal. Ver AVERY JONES, J. F., «Nothing either good or bad, but thinking makes it so the mental element in anti-avoidance legislation», British Tax Review no. 9 (1983).
100. Ver CALDERÓN CARRERO, J. M. y RUIZ ALMENDRAL, V., (2010), «La codificación ...», *Op. cit.*, p. 52-53.

reconocen que el *test* de los motivos económicos válidos se acerca más a la configuración de la norma antiabuso estadounidense, en la que se evalúa si la operación modificó sustancialmente la posición del contribuyente, de manera conjunta con el análisis de las finalidades del negocio además del ahorro fiscal.

En suma, el *test* sobre la justificación de la conducta en aplicación del art. 18 LIS y de las cláusulas generales antiabuso de la LGT, recurren de manera similar a la justificación, desde un punto de vista económico, que tiene el contribuyente para la estructura negocial que ha elegido. En la aplicación de ambos preceptos puede observarse una perspectiva teleológica en el análisis de estas posibles razones justificantes. Sin embargo, el alcance del examen de esta justificación en el marco de operaciones vinculadas debe estar restringido a los objetivos del ALP, es decir, siempre desde la comprobación de una racionalidad comercial propia de un negocio entre partes independientes. Por ello, el juicio sobre la irracionalidad comercial de una operación vinculada debe acompañarse de una imposibilidad para determinar un precio de mercado; es decir, la imposibilidad de realizar un análisis de comparabilidad y aplicar un método de valoración, aun realizando algunas correcciones no valorativas a la operación (por ejemplo, a la asignación funcional o de riesgos), basadas en la propia evidencia sustancial. En el caso de las cláusulas generales antiabuso, el resultado del *test* sobre los efectos del negocio jurídico debe demostrar que existe un vínculo directo entre la ausencia de motivos económicos válidos, el negocio formalizado y el ahorro fiscal; en este caso no existe la necesidad de demostrar la imposibilidad de determinar las condiciones de comparabilidad[101].

2.2.3. Consecuencia: ajustes transaccionales y abuso

La consecuencia jurídica de la aplicación del art. 18 LIS depende de varios escenarios a considerar. El primero, cuando el análisis de la sustancia de la operación demostró que la operación precisamente delineada es distinta de la declarada por las partes en los términos contractuales y, posteriormente, en el análisis de racionalidad comercial se comprobó la existencia de razones comerciales que validan la utilización de tal estructura; en tal caso, aún es necesario efectuar las correcciones para que la operación vinculada cumpla con el principio de plena competencia pues, a pesar de estar justificada, la operación efectivamente realizada por las partes —*as structured*— sigue siendo distinta a la declaración de la obligación tributaria presentada por las partes de acuerdo con los términos contractuales. En el segundo escenario, cuando el análisis de la sustancia demostró la existencia de una operación vinculada distinta a la declarada por las partes, y no pudo justificarse su lógica comercial, lo que impide que pueda comprarse en términos del ALP.

101. Ver GARCÍA BAÑUELOS, J. A. y MUT AGUILAR, I., (2017), *Op. cit.*, pp. 112-113.

En el primer escenario, la aplicación del art. 18 LIS habilita a la AT para realizar las correcciones a la operación vinculada (distintas de las cuantificativas), que permitan llevar a cabo el análisis de comparabilidad y estimar un precio de mercado al que habrían llegado partes independientes en condiciones similares. En este sentido, la operación vinculada sigue existiendo (el vínculo entre las partes y relaciones comerciales o financieras entre ellas expresadas en la transacción) pero se deben modificar condiciones de la operación vinculada para que se alcance el estándar de mercado. En este sentido es muy importante considerar la delineación precisa de la operación, pues esta es la base para estimar los elementos fácticos que deben ser modificados para permitir el análisis de comparabilidad y el posterior cálculo del precio de mercado.

De acuerdo con el parágrafo 1.123 de las DPT OCDE de 2017, la cuestión clave en el análisis de la lógica comercial es determinar si la operación efectivamente delineada «*corresponde a un acuerdo al que hubieran llegado partes no vinculadas en circunstancias económicas comparables, no si puede observarse esa misma operación entre partes independientes*», por lo que los elementos del análisis pueden partir tanto de un *test* inductivo[102] como de un *test* deductivo[103]. Esto no quiere decir que la AT pueda utilizar todo tipo de elementos para alcanzar la comparabilidad de la operación, sino que debe ceñirse, en la medida de lo posible, a los elementos fácticos identificados en el análisis de la delineación precisa de la operación. Solo de esta manera puede considerarse que la aplicación de ajustes a las condiciones de la operación se realiza respetando el principio de plena competencia. Asimismo, se asegura el respeto a la operación efectivamente estructurada por las partes vinculadas[104]; y también se confirma una aplicación de la normativa de acuerdo con el principio de proporcionalidad en los términos de la doctrina antiabuso del TJUE (no debe ir más allá de lo necesario)[105].

En el segundo escenario, cuando la operación precisamente delineada carece de tal lógica comercial que impide la determinación de la remuneración de mercado, esto habilita a la AT a considerar que hubo un abuso al realizar la operación, consistente en el traslado de beneficios por razón exclusiva de la vinculación. De acuerdo con las DPT OCDE[106], en estos casos excepcionales se recomienda el desconocimiento de la operación y su posible sustitución. A diferencia de las «correcciones procedentes» a la operación, el art. 18 LIS no regula

102. Así sucede cuando el análisis se basa en precios de transacciones que efectivamente fueron realizadas entre partes independientes, en la forma más pura de evidencia de un resultado *a posteriori*, basado en la experiencia (empírico). Ver WITTENDORFF, J., (2010), *Op. cit.*, p. 18.

103. Así sucede cuando la determinación se basa en condiciones que se asume que partes independientes habrían acordado en una transacción que no ha tenido lugar efectivamente, una forma pura de evidencia *a priori*, (un test más hipotético pero basado en elementos reales) Ver WITTENDORFF, J., (2010), *Op. cit.*, p. 18.

104. Ver DPT OCDE (2017), pár. 1.121.

105. Tal como lo indican los requisitos de la doctrina antiabuso del TJUE.

106. Ver DPT OCDE (2017), pár. 1.121-1.125.

lo relativo al desconocimiento de las mismas. En el ordenamiento español, tal desconocimiento de las operaciones solo podría ser procedente en aplicación de una cláusula general antiabuso[107]. El art. 18 LIS parte de la premisa fundamental de la existencia de una operación vinculada y habilita a realizar correcciones para alcanzar los términos del ALP, por lo que el desconocimiento de una operación más allá de las consideraciones del art. 18 LIS debe efectuarse en virtud de las normas establecidas por el ordenamiento para evaluar sus efectos bajo criterios distintos del ALP, determinar si hubo un abuso fiscal en términos generales y en consecuencia negar el reconocimiento de tal operación.

En todo caso, tal aplicación de la norma general antiabuso solo será procedente cuando se haya verificado que no existen las condiciones para aplicar el art. 18 LIS, como hemos descrito anteriormente. Si una operación tiene ciertas condiciones con las cuales podrían realizarse ajustes para alcanzar el estándar de mercado, no debería desconocerse[108]. De lo contrario se vulnera el principio de proporcionalidad, según la doctrina del TJUE. Acudir al desconocimiento de la operación sin demostrar la totalidad de los análisis que requiere el art. 18 LIS, implicaría un ejercicio arbitrario de la función de control de la Administración tributaria, de acuerdo con las condiciones establecidas por el TJUE (las medidas deben ser proporcionales y necesarias); de acuerdo con la LGT (la calificación debe hacerse con los límites que le impone la propia normativa)[109]; y también las recomendaciones de las DPT OCDE (no puede desconocerse una operación en la que pueda realizarse un análisis de comparabilidad)[110].

La consecuencia jurídica es distinta cuando se trata de la aplicación de las cláusulas antiabuso. En estos casos, tras los juicios de sustancia y efectos del negocio jurídico, si se concluye que el negocio jurídico se realizó de manera artificiosa para conseguir principalmente un ahorro fiscal, posiblemente probado por la carencia de motivos económicos válidos, la consecuencia jurídica principal es la recalificación de la operación a efectos tributarios[111]. Como hemos advertido antes, esto puede significar la aplicación de una norma tributaria distinta (norma defraudada), según corresponda al supuesto de hecho evidenciado en el análisis de la realidad jurídica del negocio. Si en este análisis se comprueba la ocultación o el engaño, el negocio debe ser calificado como simulado[112]. En todo caso, se aplicará al negocio subyacente el tratamiento que

107. Ver CALDERÓN CARRERO, J. M., (2016), *Op. cit.*, p. 432.

108. De acuerdo con PANKIV, cuando una operación tal como ha sido estructurada por las partes se ajusta a la aplicación de una norma interna, debe tenerse en cuenta que si la operación cumple ciertas mínimas circunstancias no debería ser recaracterizada, sino ajustada de manera que pueda establecerse el precio de acuerdo con el ALP. Ver PANKIV, M., (2016), *Op. cit.*, p. 474; CORREIA, M., Taxation of corporate groups, Kluwer Law International 2013, pp. 108 y ss.

109. Ver GARCÍA NOVOA, C., (2005), *Op. cit.*, p. 165.

110. Ver DPT OCDE (2017), pár. 1.122.

111. Ver BÁEZ MORENO, A. y ZORNOZA PÉREZ, J., (2018), *Op. cit.*, p. 706.

112. Ver GARCÍA BAÑUELOS, J. A. y MUT AGUILAR, I., (2017), *Op. cit.*, pp. 112-113.

le hubiera correspondido, eliminando el efecto elusivo que tenía el negocio formalmente realizado.

Reiteramos que la AT estaría habilitada a aplicar estas cláusulas una vez demuestre que no se cumplen los elementos para aplicar el art. 18 LIS en los términos que hemos analizado en este apartado de la monografía. Aún más, si el análisis de las operaciones vinculadas permite concluir que la operación vinculada es irreal, está claro que no se cumplen los supuestos fácticos del art. 18 LIS, sino que existen elementos para considerar que la operación configuró un negocio simulado, al que se le aplican las consecuencias previstas en el art. 16 LGT[113]. Recordemos que la utilización de estas cláusulas generales antiabuso no es incompatible con el art. 9.1 del MC OCDE[114], pues tal como señalan sus Comentarios, y la jurisprudencia de los tribunales españoles[115], este puede valerse de la aplicación de la normativa interna para cumplir su finalidad. Aunque hay que recordar que tal uso debe hacerse cuando no pueda aplicarse el principio legal adoptado en el art. 18 LIS, el principio de plena competencia. El art. 18 LIS restringe la aplicación de las normas generales antiabuso cuando las operaciones vinculadas son genuinas y no constituyen un abuso[116].

2.3. SUMARIO: LÍMITES A LA INTERPRETACIÓN Y APLICACIÓN JURÍDICO-TRIBUTARIA DEL ART. 18 LIS

Como resultado de lo anterior, la calificación jurídico-tributaria que resulta en una recalificación de las operaciones vinculadas puede recogerse en los siguientes términos:

Cuando en una operación vinculada, considerando tanto las entidades vinculadas como el grupo del que forman parte, no se hayan alcanzado acuerdos en los términos en los que se hubieran realizado entre partes independientes en circunstancias similares, de conformidad con el principio de plena competencia, se considerará que hubo un traslado de beneficios por razón esencial de la vinculación, si se verifica uno de los siguientes supuestos:

i. La operación carece de racionalidad comercial de tal manera que no pueden determinarse las correcciones a las condiciones de la misma, que permitan determinar una valoración de mercado;

ii. La modificación de las condiciones para que la operación alcance la racionalidad comercial del acuerdo al que llegarían partes independientes, implica la sustitución esencial de la operación por otra distinta que

113. Ver GARCÍA BAÑUELOS, J. A. y MUT AGUILAR, I., (2017), *Op. cit.*, p. 114.

114. Ver OCDE. (2010) MC OCDE. Comentario 22.1 y 22.2 al art. 1.

115. Ver STS (RJ 2020, 4548), *Jacobs. Op. cit.* FJ 9º; Ver STS (RJ 2021, 4446), *Carbon Holding. Op. cit.* FJ 2º.; Ver numeral 2.1 del Capítulo V de esta obra.

116. Tal como debería interpretarse el art. 9 del MC OCDE según se advierte en su enunciado y en los Comentarios al MC OCDE. Ver PANKIV, M., (2016), *Op. cit.*, p. 474.

no se basa en los elementos fácticos observados en la operación efectivamente estructurada;

iii. Al establecer o incorporar elementos que modifican las condiciones de la operación vinculada con el objetivo de alcanzar la comparabilidad, se suprime el supuesto de hecho del art. 18 LIS.

iv. La delineación precisa de la operación evidenció la inexistencia real de la operación vinculada.

La regularización de la obligación tributaria en estos casos dependerá de la calificación de la operación que la AT realice, una vez establecido que el negocio configuró el traslado por razón esencial de la vinculación. La aplicación de normas generales antiabuso solo podrá tener lugar una vez se compruebe que no puede aplicarse el art. 18 de la LIS en los términos antes señalados.

3. CALIFICACIÓN JURÍDICO-TRIBUTARIA DEL ART. 18 LIS EN LAS OPERACIONES VINCULADAS CON INTANGIBLES

Para el análisis de las operaciones vinculadas con intangibles, en aplicación del art. 18 LIS, se deben considerar ciertas particularidades, tanto en la delineación de la sustancia de la operación como en el juicio sobre la racionalidad comercial de la operación efectivamente realizada.

Aunque el art. 18 LIS no se refiere expresamente a la metodología de comprobación de las operaciones vinculadas con intangibles, la AT puede recurrir a las recomendaciones de la OCDE señaladas en el Capítulo VI de las DPT 2017, como fuente para la interpretación. Como señalamos en los primeros capítulos de esta monografía, las principales conclusiones de BEPS, posteriormente incorporadas en las DPT OCDE, tienen su origen en la necesidad de actualizar la metodología de análisis de las operaciones con intangibles. El Plan BEPS integró esta necesidad de actualización con la elaboración de medidas para luchar contra estructuras de planificación fiscal agresiva que involucran intangibles como las *cash boxes* o las *IP Holdings,* bajo las cuales las EMN conservaban gran parte de sus beneficios, sin que en realidad tuvieran actividad económica sustancial, más allá de la tenencia de capitales y la titularidad legal de los intangibles del grupo[117].

Las medidas del Plan BEPS fueron elaboradas con el objetivo de asegurar que los beneficios se alineen con la creación de valor. En materia de intangibles, las medidas BEPS recomendaron utilizar un enfoque del análisis funcional basado en las funciones significativas DEMPE. En este sentido, la distribución de los beneficios en operaciones vinculadas debería corresponder con las con-

117. Ver numeral 4.2 del Capítulo II este trabajo; Ver ESTEVE PARDO, M. L., (2017), *Op. cit.*, p. 377.

tribuciones realizadas por las partes que han desarrollado estas funciones DEMPE, pues se considera que allí es donde el valor del intangible fue generado. Desde esta perspectiva, la creación de valor refuerza la importancia del principio de sustancia como el criterio aplicable ante las dificultades para determinar el valor de mercado en los intangibles más complejos en los que la comparabilidad es más difícil de aplicar[118]. En este contexto, el análisis funcional de las operaciones con intangibles propuesto por las DPT OCDE podría interpretarse como la admisión del criterio DEMPE (sustancia donde el valor es creado), independientemente del ALP. Sin embargo, la normativa española establece como principio único de valoración de las operaciones vinculadas el principio de plena competencia. Por lo tanto, en aplicación del art. 18 LIS, el análisis de las funciones DEMPE como base para la asignación de beneficios en operaciones vinculadas con intangibles está limitada por el principio de plena competencia.

Esto quiere decir que, en aplicación del art. 18 LIS, la creación de valor a través del enfoque DEMPE debe reflejar la obtención de resultados alineados con el principio de plena competencia. No puede haber resultados de un análisis funcional DEMPE que sean inconsistentes con el acuerdo al que habrían llegado partes independientes. Por ello, incluso desde una interpretación antiabuso de la creación de valor en el análisis de las funciones DEMPE, es necesario establecer expresamente los elementos que demuestran que la distribución de los beneficios corresponde al ALP. Teniendo en cuenta que la normativa del art. 18 LIS permite la aplicación de correcciones a las condiciones de las operaciones vinculadas, no simplemente valorativas, la AT debe señalar de forma concreta cómo este análisis cumple con el principio de plena competencia.

Teniendo en cuenta que el derecho a percibir ingresos derivados de la explotación del intangible depende de las contribuciones de valor en términos DEMPE[119], la AT no puede simplemente considerar como titular de tales beneficios al propietario legal de los intangibles, sino que debe considerar las funciones significativas desempeñadas por las entidades vinculadas, para determinar la retribución que le corresponde al contribuyente cuya operación está comprobando[120]; lo mismo debe suceder con el análisis de los riesgos. En este sentido, un supuesto de hecho como el de la SAN sobre el caso *Colgate*[121], en el que la AN atribuyó la totalidad del beneficio residual en la operación. a la entidad española sin considerar las retribuciones por las funciones significativas desempeñadas por otras entidades del grupo, es contrario a un análisis adecuado a la sustancia en estos casos. Asimismo, cuando se desco-

118. Sobre la dualidad de los criterios desarrollados en las DPT OCDE para la valoración de las operaciones: el ALP y la sustancia. Ver BULLEN, A., «Comment on "Discussion Draft ..."», *Op. cit.*

119. Ver numeral 4.3.2 del Capítulo II de esta obra.

120. Ver ESTEVE PARDO, M. L., (2017), *Op. cit.*, p. 380.

121. Ver SAN de 22 de febrero de 2018 (JT 2018, 373). *Colgate. Op. cit.*

nocen riesgos que son significativos en la generación de valor de la operación como en la SAN del caso *Acer*[122].

La comprobación de las operaciones con intangibles debe considerar el valor del intangible a través de las contribuciones de las entidades vinculadas desde una perspectiva de grupo, no solo desde el criterio de la entidad separada. De esta forma, se reducen los riesgos de producir resultados de doble imposición, o de desconocer la imposición que corresponde a otros Estados. Esta aplicación de la normativa es mucho más consistente con la posición del TJUE respecto a la justificación de la legislación de precios de transferencia como garantía del reparto equitativo de potestades tributarias[123].

El *test* más complicado en el caso de las operaciones con intangibles quizás sea el de la racionalidad comercial. Este juicio sobre las posibles razones comerciales que expliquen la operación vinculada está muy relacionado con la posibilidad de realizar el análisis de comparabilidad y, como se estudia en el Capítulo II, este es uno de los aspectos más problemáticos de las operaciones vinculadas con intangibles. Como se vio en el pronunciamiento del TS en los casos de *ICE* y *Yule,* las operaciones vinculadas deben tener sentido no solo en abstracto, sino de manera concreta, lo que debe reflejarse en la sustancia económica de tal explicación, por ejemplo, a través de la efectiva asunción de funciones[124]. En este sentido, desde la delineación precisa de la operación, debería poder identificarse tal evidencia sustancial de la lógica de la operación.

En este contexto, puede ser útil el uso de las características marco de modelos de negocio que involucran intangibles y que son frecuentemente utilizados por las EMN[125]. De forma genérica en el Capítulo II y III hicimos referencia al modelo de licencia, en el que la distribución de beneficios realizada en los términos contractuales suele atribuir más participación a entidades cuya función está relacionada con la financiación. Como se observa en las DPT OCDE de 2017, las entidades que realizan estas funciones deberían tener derecho a percibir ingresos derivados de la explotación del intangible solo cuando ejerzan el control y gestión de una función significativa DEMPE, evitando que se asignen beneficios ante la ausencia de actividad significativa real. No se trata de establecer un modelo de negocio propio, por contraposición a uno impropio, en las operaciones con intangibles, sino de utilizar un conjunto de características relevantes cuya comprobación podría demostrar la lógica empresarial de la operación, desde la perspectiva de los negocios globales del grupo relacionados con intangibles (a manera de estudios sobre las cadenas de valor de los intangibles).

122. Ver SAN de 29 de marzo de 2018 (JUR 2019, 128007). Acer. *Op. cit.* FJ 2º.
123. Ver STJUE (TJCE 2010, 16), *SGI. Op. cit.*; Ver STJUE (JUR 2018, 152927), *Hornbach-Baumarkt. Op. cit.*
124. Ver SAN (JT 2021, 976), *ICE. Op. cit.* FJ 6º.
125. Ver SCREPANTE, M., (2019), *Op. cit.*, p. 435-440.

Respecto a lo anterior, debemos recordar que la posibilidad de realizar ajustes a las condiciones de las operaciones parte del criterio de lo que acordarían partes independientes y no simplemente de si la misma transacción puede observarse entre partes independientes[126]. Por ejemplo, ciertas estructuras de propiedad intelectual pueden no encontrarse en entornos de terceros[127]. Por lo anterior, teniendo en cuenta que el análisis de DEMPE parte de la base de elementos fácticos de sustancia, particularmente funcionales, el análisis de racionalidad comercial puede basarse en este tipo de modelos para establecer de manera general si tienen lógica empresarial, y si con la operación efectivamente estructurada mediante el análisis de sustancia pueden realizarse ajustes a dichos elementos fácticos que permitan alcanzar el estándar de mercado.

En cuanto a los posibles ajustes a las condiciones de la operación, es importante considerar los elementos fácticos evidenciados en el análisis de la sustancia (enfoque DEMPE) que son distintos de los declarados por las partes en los términos contractuales. La utilización de estructuras frecuentemente utilizadas por las EMN como los modelos de licencia puede permitir la identificación del elemento fáctico en el que se sitúa la desalineación con el principio de plena competencia.

BULLEN por ejemplo, señala algunos supuestos fácticos que pueden identificarse en la confrontación de los términos contractuales y el análisis de sustancia[128]; es posible identificar que una de las entidades vinculadas no fue suficientemente retribuida por su contribución funcional (*true earner*); también es posible encontrar una entidad vinculada que fue establecida como intermediaria y es retribuida por ello a pesar de no realizar funciones significativas, asumir riesgo o involucrar sus activos (*non contributing intermediate*); y también es posible encontrar una actividad que no fue reconocida en la operación o conjunto de operaciones vinculadas y, por lo tanto, no fue indicada una retribución para la entidad que la realiza (*unremunerated transfer*). En estos casos, la modificación a las condiciones de la operación podría partir de elementos de la propia estructura de la operación efectivamente realizada[129], lo que limita el uso de ajustes que van más allá de lo necesario, y permiten alcanzar la alineación con el principio de plena competencia dentro del marco del art. 18 LIS. Por ejemplo, puede realizarse una recalificación de las funciones, el desconocimiento de la intermediación o el reconocimiento de una función que no fue establecida en los términos contractuales.

Para finalizar, un último punto que merece atención respecto a la comprobación de operaciones vinculadas con intangibles es el uso del enfoque *ex post*

126. Ver PANKIV, M., (2016), *Op. cit.*, p. 475.
127. Ver DPT OCDE (2017), pár. 1.123.
128. Ver BULLEN, A., (2011), *Op. cit.*, p. 157-159.
129. En concordancia también con el principio de respeto a la operación del pár 1.120-1.121. Ver DPT OCDE (2017), pár. 1.120 y ss.

como referencia para la valoración del precio de transferencia. Este análisis utiliza como referencia de remuneración de mercado los beneficios obtenidos efectivamente en la operación, es decir, sus resultados *a posteriori*[130]. Este enfoque, inicialmente rechazado por la OCDE como enfoque para la comprobación de operaciones vinculadas con intangibles, fue incorporado en las DPT OCDE de 2017 y posteriormente complementado en las DPT OCDE de 2022. Aunque las directrices limitan su utilización a los casos de los intangibles de difíciles de valoración (IDV), las objeciones iniciales de la OCDE sobre su incompatibilidad con el ALP no han desaparecido. El análisis de las operaciones vinculadas se basa, de manera general, en la conducta que partes independientes habrían tenido al momento de realizar un acuerdo, es decir *ex ante*. Por lo tanto, la negociación de transacciones bajo el criterio de mercado se realiza con la información de la que disponen las partes al momento de llegar al acuerdo[131].

Sin embargo, con el enfoque *ex post,* se admite no solo el uso de resultados posteriores al acuerdo, sino que también se asume que, entre partes vinculadas, se habrían pactado ajustes periódicos al precio de la operación para actualizar el acuerdo según los beneficios que se van generando. Este enfoque no puede ser admitido a la luz del art. 18 LIS, pues se funda en una presunción completamente hipotética, que va en contra del estándar de las partes independientes. En particular, la exigencia de una cláusula de ajustes periódicos en los casos de intangibles difíciles de valorar, puede conducir a una interpretación de una especie de «realidad jurídica impropia» de las operaciones vinculadas en estos casos, cuando no se pacte tal cláusula. En este punto es importante señalar que la calificación jurídico-tributaria de los hechos parte de la tipicidad de los elementos esenciales de los tributos, por lo que la calificación debe intentar reconducir el acto o negocio a alguna de las características tipificadas en la hipótesis normativa[132]. En el caso de las comprobaciones de operaciones vinculadas que hicieran uso de un enfoque *ex post,* el análisis de la racionalidad comercial de la operación se haría también acudiendo a la información de la operación proveniente de datos posteriores al acuerdo entre las partes, vulnerando el derecho de los contribuyentes a justificar que la operación tal como fue estructurada por estas tiene una explicación comercial válida[133].

No se observa en el art. 18 LIS ninguna mención adicional al principio de plena competencia que pueda justificar el uso de un enfoque *ex post*, únicamente el criterio del comportamiento que tendrían partes independientes en condiciones similares. Por lo tanto, una calificación jurídico-tributaria de la operación vinculada con intangibles que no se ajuste a la tipificación supondría un ejercicio arbitrario de la función de comprobación de la AT, fuera de los

130. Ver numeral 4.1 del Capítulo II y 2.2 del Capítulo III de esta obra.
131. Ver ESTEVE PARDO, M. L., (2017), *Op. cit.*, pp. 383 y ss.
132. Ver GARCÍA NOVOA, C., (2005), *Op. cit.*, p. 166.
133. Ver ESTEVE PARDO, M. L., (2017), *Op. cit.*, p. 387.

límites del art. 18 LIS, y desproporcionada si se considera que va más allá de lo necesario para alcanzar los objetivos de dicha normativa[134]. Ello sin mencionar la posible vulneración de los principios de reserva de ley y seguridad jurídica. La AT debe evitar el uso de este enfoque mientras no se incorpore una disposición legislativa que permita su uso, y que garantice que la imposición a los beneficios de las operaciones vinculadas con intangibles, basada en resultados *ex post,* es procedente en términos de reserva de ley.

134. Ver Numeral 1.1 del Capítulo V de esta obra.

Conclusiones

A lo largo de esta monografía, el estudio del régimen jurídico de las operaciones entre sociedades vinculadas y los precios de transferencia en el Derecho internacional tributario, el Derecho de la Unión Europea y el Derecho español, ha permitido concluir cuáles son los fundamentos y límites que deben ser tenidos en cuenta en la interpretación y aplicación del artículo 18 de la LIS para la comprobación de operaciones vinculadas en el Impuesto sobre Sociedades español.

Las principales conclusiones obtenidas se centran en los ejes que han estructurado la investigación. En primer lugar, el análisis desde la perspectiva del Derecho internacional tributario, con especial referencia a las operaciones vinculadas con intangibles, por la importancia que los intangibles han tenido en la evolución del principio de plena competencia (ALP). En segundo lugar, el análisis desde la perspectiva del Derecho comunitario europeo y del Derecho español, respectivamente y en particular de la evolución del régimen jurídico de las operaciones vinculadas y los precios de transferencia, en línea con la perspectiva internacional. En tercer lugar, el análisis jurisprudencial, tanto de la jurisprudencia del TJUE como de los Tribunales españoles, que ha tenido una importancia fundamental para la formulación de una propuesta interpretativa sobre los límites a la aplicación del artículo 18 de la LIS. Finalmente, se abordan los retos de futuro a los que se enfrenta el régimen jurídico de las operaciones vinculadas y los precios de transferencia en el contexto actual.

PRIMERA. Desde la perspectiva del Derecho internacional tributario en materia de operaciones vinculadas y precios de transferencia, para la interpretación y aplicación del artículo 18 de la LIS (particularmente, para una interpretación finalista de la norma), ha sido indispensable estudiar la naturaleza y evolución del principio de plena competencia (*Arm's Length Principle* —ALP—); su relación con el objetivo de lucha contra la evasión fiscal; y su incorporación e interpretación en el ordenamiento comunitario europeo y español.

El ALP, un principio cuyo enfoque tradicional se basaba en una estricta comparabilidad de las operaciones vinculadas con aquellas realizadas entre partes independientes, ha tenido una evolución sustancial desde finales de los años 1980's, provocada por la necesidad de actualizar tal enfoque y permitir su aplicación a los casos más complejos (entre ellos, los casos de operaciones vinculadas con intangibles), como fue evidenciándose en la construcción de las DPT OCDE. Esta transformación configuró una doble finalidad del principio ALP, como criterio de valoración y también como mecanismo antiabuso.

Dicha transformación se ve reflejada principalmente en la evolución del principio de sustancia, principio establecido en las DPT OCDE para la aplicación del ALP. Este principio fue inicialmente formulado como prevalencia de la sustancia sobre la forma, pero progresivamente fue acercándose cada vez más a un enfoque de sustancia basado en la conducta (DPT OCDE 2010) y, más recientemente, en las funciones significativas (BEPS), llegando incluso a extenderse más allá de la estructura de la operación establecida por las partes. A pesar de un detallado avance en las recomendaciones sobre el análisis funcional, la comprensión del principio de sustancia está cada vez más relacionada con la finalidad antiabuso de las reglas sobre precios de transferencia. Por lo anterior, más que una evolución encaminada a la constatación de la sustancia de acuerdo con la realidad de las EMN (uno de los principales déficits de la regulación sobre precios de transferencia desarrollada por la OCDE), las modificaciones a las técnicas de análisis se han dirigido a evitar conductas identificadas como evasivas o fraudulentas.

Un ejemplo de ello es la anunciada actualización de las DPT OCDE como resultado de los trabajos del Plan BEPS. El objetivo fundamental de estos trabajos fue atacar las estructuras de planificación fiscal como *Cash Boxes* o *IP Holding que* permitían el traslado de beneficios sin necesidad de realizar una actividad sustancial. La respuesta del Plan BEPS fue una serie de modificaciones dirigidas a asegurar la alineación de los beneficios con la «creación de valor». En consecuencia, el Plan propuso un cambio en la realización del análisis funcional, centrado principalmente en la retribución de las funciones significativas que generan valor, cuyo exponente más conocido fue el enfoque DEMPE para el análisis de intangibles. Sin embargo, la OCDE no indicó ninguna definición de «creación de valor» y se limitó a establecer el concepto y aplicarlo como una especie de principio para explicar otro principio, el de sustancia. Teniendo en cuenta el origen del Plan BEPS en la preocupación por las conductas abusivas relacionadas con el traslado de beneficios en ausencia de funciones significativas, es inevitable que este criterio se interprete desde la finalidad antielusiva. Por lo tanto, la interpretación del principio de sustancia como fines antiabuso también se acentúa. En términos prácticos, el principal efecto de la incorporación del enfoque BEPS al análisis de precios de transferencia es el refuerzo de una regla negativa sobre la atribución de beneficios: allí donde no hay actividad no se crea valor y, por tanto, no pueden asignarse beneficios.

Autores como BULLEN han considerado que el progresivo fortalecimiento del principio de sustancia dentro de las DPT OCDE ha provocado que la distribución de beneficios en las operaciones vinculadas tenga dos ángulos: por un lado, el ALP y por el otro, el principio de sustancia[1]. Esto se debe a que dentro del análisis propuesto por las DPT OCDE, es posible encontrar fundamentos para que cualquiera de los dos ángulos permita comprobar que la operación se ha remunerado adecuadamente, aunque cada uno pueda llevar a un resultado diferente. En esta monografía, hemos concluido que el ALP es el principio legalmente admitido por el consenso internacional y particularmente por la legislación española. Aun así, no puede negarse la relevancia del principio de sustancia y el crecimiento de su posición hasta casi alcanzar dichos límites del ALP. Vista la investigación para este trabajo, no solo estoy de acuerdo con la afirmación de BULLEN, sino que considero que el trabajo realizado en esta investigación permite concluir que la interpretación del principio de sustancia ha derivado en la percepción del ALP como un principio que, además de ser criterio de valoración, también tiene una finalidad antiabuso.

SEGUNDA. También en el Derecho europeo y en el Derecho nacional, el enfoque o finalidad antiabuso se evidencia en el diseño y elaboración de las normativas y recomendaciones sobre precios de transferencia. Esto puede observarse en la identificación de las prácticas de planificación fiscal agresiva como objetivo de Directivas y Comunicaciones de la UE, en las que se evidencia la aceptación y apoyo de las conclusiones de BEPS. Lo anterior ha permitido la coordinación y armonización del régimen jurídico de los precios de transferencia, particularmente a través de medidas administrativas y de recomendaciones que impulsan una aplicación uniforme de las DPT OCDE por los Estados miembros.

Por su lado, la normativa española sobre precios de transferencia, especialmente en los años más recientes, ha actualizado sus disposiciones teniendo en cuenta cada vez más el objetivo de lucha contra el fraude fiscal. Esto se debe, no solo a su alineación con las recomendaciones de la OCDE, sino también a las preocupaciones internas derivadas del déficit recaudatorio, especialmente en periodos de crisis económica. El art. 16 de la Ley 43/1995 contenía el perjuicio recaudatorio como parte del supuesto de hecho para la aplicación de la normativa. Aunque la reforma de la Ley 36/2006 eliminó tal requisito del art. 16 TRLIS, este artículo fue modificado como parte de un paquete de medidas antielusivas. Posteriormente, la Ley 27/2014 fue producto de una modernización de la ley del Impuesto sobre Sociedades, que integraba tanto la preocupación por la situación recaudatoria interna como la necesidad de alinear los contenidos con las DPT OCDE y las recomendaciones del JTPF. Por ello, en el contexto español, el enfoque antielusivo de la aplicación de las normas de precios de transferencia no es únicamente una respuesta del legislador a tendencias internacionales.

En cuanto a la normativa española sobre operaciones vinculadas, este estudio también nos permite concluir que las DPT OCDE tienen un valor jurídico fundamental en la comprobación de operaciones vinculadas. Aunque las direc-

1. Ver BULLEN, A. (2011), Op. cit., p. 157-159.

trices no son un instrumento vinculante en términos jurídicos (lo cual es reconocido por la legislación, la jurisprudencia de los tribunales españoles y la doctrina científica), la estructura de la normativa española en este asunto hace necesario acudir a las DPT OCDE para su aplicación, por lo tanto, su valor jurídico es innegable[2]. No obstante, el alcance material de su utilización no está claro. Es indispensable que el TS y la AN tengan una postura clara sobre la aplicación temporal de las DPT OCDE para que los contribuyentes y la Administración tributaria se remitan a la versión de las mismas que sea consecuente con la interpretación normativa. Tampoco se observa por parte de los jueces una posición sobre los aspectos de las DPT que podrían no ser compatibles con el ALP establecido en el art. 18 LIS. Esto resulta en un uso parcial y conveniente de las DPT OCDE que genera inseguridad jurídica en el análisis de las operaciones vinculadas. En el caso de las recomendaciones de la OCDE en materia de intangibles, acotar estos aspectos es indispensable teniendo en cuenta el enfoque *ex post* para la valoración de intangibles difíciles de valorar[3]. De acuerdo con los argumentos expuestos en esta monografía, este enfoque no debe ser utilizado hasta tanto no sea revisado e incorporado en la legislación española.

TERCERA. El análisis de los pronunciamientos jurisprudenciales del TJUE nos permitió concluir los límites que se derivan del Derecho de la UE para la regulación y aplicación de las operaciones vinculadas y los precios de transferencia desde dos normas europeas diferentes: la prohibición de restricción a las libertades fundamentales y la prohibición de ayudas de Estado. Respecto a la primera, el TJUE considera que las legislaciones nacionales de precios de transferencia pueden ser restrictivas de las libertades fundamentales, pero su incorporación en el ordenamiento de los Estados puede justificarse por una razón legítima de interés general. Estas razones pueden ser la prevención de la evasión fiscal y la garantía del reparto equilibrado de potestades tributarias. La doctrina jurisprudencial del TJUE se ha desarrollado mucho más respecto a la finalidad de prevención de la evasión fiscal, definiendo los elementos del marco anti abuso del Derecho comunitario. El eje principal de este marco es el principio de proporcionalidad, de acuerdo con el cual las legislaciones nacionales sobre operaciones vinculadas deben ser adecuadas y necesarias para poder ser admitidas en el Derecho de la UE. Estos elementos deben ser considerados tanto en la elaboración como en la aplicación de dichas legislaciones.

En segundo lugar, respecto a la prohibición de ayudas de estado, el TJUE se ha referido al ALP por su rol específico en la determinación de la selectividad de ayudas concedidas por los Estados miembros a través de APAs. Aunque la Comisión consideró que el ALP utilizado en este análisis era un principio independiente derivado del Derecho comunitario, el TJUE dejó claro en su más reciente pronunciamiento que este principio es parte del marco de referencia

2. Ver VEGA GARCÍA, A. (2014), *Op. cit.*
3. Ver NAVARRO IBARROLA, A., (2019), Op. cit.

solo en la medida que las legislaciones nacionales lo definen. Por ello, en asuntos de ayudas de Estado no es relevante el consenso internacional o la utilidad de las DPT OCDE más allá de lo establecido en la legislación nacional ya que sólo así se garantiza el principio de legalidad tributaria.

Con todo, este conjunto de pronunciamientos del TJUE sobre el ALP y las normativas internas sobre precios de transferencia no aclara las funciones exactas que cumple el principio en el ámbito europeo. Sin embargo, sí permite concluir los límites comunitarios para la interpretación normativa del art. 18 LIS y en particular que su aplicación debe ser necesaria y adecuada a los objetivos de la legislación.

CUARTA. El análisis de la jurisprudencia española en materia de operaciones vinculadas nos ha permitido llegar a varias conclusiones.

En primer lugar, la comprobación de operaciones vinculadas en el régimen jurídico-tributario español puede llevarse a cabo a través de dos normativas: la regulación sobre operaciones vinculadas contenida en la LIS, o la regulación de las normas generales antiabuso previstas en la LGT. Los organismos jurisdiccionales españoles han establecido, como criterio principal para determinar la normativa aplicable, el objeto de debate respecto a la operación vinculada, esto es: cuando se discuten aspecto relacionados con la cuantificación del precio de la operación es aplicable la normativa de la LIS; en cambio, cuando se discuten aspectos sobre la validez de la operación vinculada, es procedente aplicar las normas generales antiabuso de la LGT. Además de este criterio, los altos tribunales también han hecho referencia al uso de la normativa referida de la LGT cuando la comprobación requiere un examen de varios negocios en conjunto, por lo que consideran que la comprobación escapa al alcance de la normativa de la LIS. Aun así, los altos tribunales no han establecido la relevancia de este último criterio considerado separadamente del primero (el objeto de la cuestión debatida). En este sentido, consideramos que el objeto de discusión en la comprobación de la operación es el criterio más importante.

En segundo lugar, teniendo en cuenta el criterio del objeto de discusión en la comprobación, gran parte de las regularizaciones a operaciones vinculadas en el ordenamiento español se han realizado en aplicación de las normas generales antiabuso de la LGT. En concreto, a través del fraude a la ley tributaria y la simulación; pero también de otros mecanismos antiabuso objeto de construcción doctrinal y jurisprudencial que la AT y los tribunales han relacionado con estas normas (como el «negocio jurídico anómalo» o «los motivos económicos válidos»). El propósito de la aplicación de estas normas e institutos jurídicos es evitar la legitimación de actos que lleven a un ahorro fiscal injustificado. A pesar de las diferencias teóricas expuestas por la propia jurisprudencia de estos tribunales, estos también han reconocido reiteradamente la problemática dificultad para la diferenciación práctica entre las normas antiabuso de la LGT. Esto genera que la comprobación de operaciones vinculadas a través de las normas antiabuso de la LGT carezca de seguridad jurídica sobre los fundamentos para la realización de ajustes y que no tenga en cuenta los elementos concretos desarrollados para el análisis de las operaciones vinculadas que hemos visto en el Derecho tributario internacional, en el Derecho de la UE y en la propia normativa española.

En tercer lugar, se observó en la jurisprudencia española que la doctrina sobre la utilización de normas antiabuso de la LGT en la comprobación de operaciones vinculadas, también se funda en la doctrina antiabuso en materia fiscal del TJUE y en los objetivos de lucha fiscal establecidos tanto en BEPS como en el Derecho de la UE.

En cuarto lugar, en el análisis de la jurisprudencia española sobre la comprobación de las operaciones vinculadas no se observó una distinción entre los aspectos no cuantitativos del precio, que permitiera distinguir cuáles pueden ser objeto de un examen antiabuso y cuáles no. En la jurisprudencia analizada, una vez se hubo constatado que el objeto debatido en el caso no era relativo a la cuantificación del precio de la operación vinculada, los altos tribunales consideraron la aplicación de las normas antiabuso de la LGT sin mayores razonamientos sobre el objeto discutido *per se*. En este sentido, la determinación de estas normas antiabuso como aplicables a este tipo de comprobaciones fue casi automática, lo que en mi opinión conduce a una confusión material sobre las cuestiones de las operaciones vinculadas que pueden ser debatidas bajo el análisis de una norma antiabuso.

QUINTA. Para proponer los límites que deben ser tenidos en cuenta en la interpretación y aplicación del art. 18 LIS, hemos considerado que, a pesar de que los pronunciamientos jurisprudenciales analizados corresponden a la aplicación del art. 16 TRLIS, el núcleo esencial de la normativa contenida en el art. 18 LIS no ha cambiado sustancialmente. A efectos de la comprobación, el ALP sigue siendo el principio rector en la valoración de las operaciones vinculadas y el supuesto de hecho al que se dirige no ha variado. Por supuesto, hay cambios en la estructura del artículo; el más importante a efectos de este trabajo es el que se refiere a la descripción de un marco de correcciones que puede efectuar la AT no restringido a las correcciones valorativas. Respecto a este último aspecto, hemos visto la oportunidad para discutir algunos elementos que conducen a una utilización más restringida y excepcional de las normas antiabuso en la comprobación de operaciones vinculadas a la luz del art. 18 LIS. Estos elementos son el resultado del estudio que hemos llevado a cabo del Derecho tributario internacional, el Derecho de la UE y la normativa española sobre operaciones vinculadas.

En primer lugar, el art. 18 LIS cumple dos finalidades legítimas: como criterio para la distribución de los beneficios provenientes de las operaciones vinculadas para su correcta tributación y como mecanismo antiabuso en los supuestos de dichas operaciones. Como vimos en este trabajo, este precepto no sólo contiene un criterio de valoración, sino que también se ha configurado como un instrumento antiabuso *ad hoc,* cuyos límites están determinados por el principio europeo de proporcionalidad y por la propia interpretación de los elementos jurídicos que lo componen (el principio de plena competencia). En tal sentido, incluso el análisis de una posible conducta abusiva configurada a través de la operación vinculada puede iniciarse por la confrontación con los elementos del art. 18 LIS.

En segundo lugar, el cambio normativo respecto a los tipos de correcciones que puede efectuar la AT en virtud del art. 18 LIS permite discutir los aspectos de la operación vinculada que no se relacionan únicamente con la cuantificación del precio o con su análisis aislado de otros negocios. Esto no quiere decir que las cuestiones sobre elementos distintos de la cuantificación del precio (como las modificaciones a las condiciones de la operación para alcanzar su comparabilidad) no pudieran discutirse en virtud del art. 16 TRLIS; sino que, la limitación del precepto a las «correcciones valorativas» podía constituir un fundamento para no discutir otros elementos. Vale la pena señalar que en la jurisprudencia analizada no encontramos que los tribunales españoles discutieran esta referencia concreta del art. 16 TRLIS a las correcciones valorativas. Como se menciona supra, el examen del contenido de estas cuestiones, más allá del criterio de «cuantificación», no fue detallado.

En tercer lugar, teniendo en cuenta la finalidad antiabuso del art. 18 LIS y el cambio normativo respecto al marco de correcciones a las operaciones vinculadas que permite efectuar dicho precepto, es necesario delimitar las cuestiones «no valorativas» que pueden regularizarse en aplicación del mismo. Esto a su vez permite distinguirlas de aquellas cuestiones que deben regularizarse a través de las normas generales antiabuso de la LGT. Aunque el art. 9 del MC OCDE es compatible con la utilización de la normativa de la LIS sobre operaciones vinculadas y, también, con la normativa antiabuso de la LGT, la interpretación que se ha hecho en la jurisprudencia española sobre los escenarios aplicables de cada una puede ser contraria al ALP y a las recomendaciones sobre el análisis metodológico de las DPT OCDE (cuyos elementos generales han sido integrados en las legislaciones de la LIS).

En cuarto lugar, para delimitar las cuestiones que pueden ser regularizadas a través del art. 18 LIS, el primer elemento de toda comprobación de operaciones vinculadas debe ser el análisis de la sustancia, seguido de la racionalidad comercial. Atendiendo a las características de la calificación jurídico-tributaria y la interpretación finalista, la constatación de la realidad fáctica de un acto o negocio debe realizarse con respecto a los elementos jurídicos de la norma tributaria que, en principio, le es aplicable. De acuerdo con estas disposiciones, el análisis de las operaciones entre entidades vinculadas debe realizarse de acuerdo con las condiciones establecidas para ello, es decir, el análisis de sustancia, la comparabilidad y racionalidad comercial establecidos en el art. 18 LIS, en el art. 17 RIS y las DPT OCDE como herramientas interpretativas. Solo dicho examen otorga los fundamentos para determinar si la operación debe ser regularizada a través de la normativa sobre operaciones vinculadas, o si debe comprobarse la configuración de un negocio simulado o constitutivo de conflicto en la aplicación de la norma tributaria.

En quinto lugar, el análisis de la racionalidad comercial de las operaciones vinculadas no corresponde al análisis de los «motivos económicos válidos» de las normas antiabuso. La ampliación del marco normativo de correcciones posibles implica una necesaria justificación de las razones por las cuales la norma de la LIS no sería aplicable más allá de los criterios hasta ahora utilizados. En este caso, es necesario tener en cuenta que la lógica comercial de la operación puede encontrarse tanto en circunstancias objetivas del mercado, como en razones propias de los grupos empresariales. En este sentido, el examen de las operaciones vinculadas no se restringe a los supuestos en los que solo puede analizarse una operación.

En sexto lugar, la consecuencia de la comprobación de operaciones vinculadas en virtud del art. 18 LIS puede ser un ajuste transaccional, pero no el no-reconocimiento de la operación vinculada. Mientras se cumplan los elementos jurídicos del supuesto de hecho del art. 18 LIS, este puede aplicarse a los casos en que se discuta la validez de las operaciones vinculadas y por lo tanto permite efectuar las correcciones que procedan. Tales correcciones dependen estrechamente del análisis de los elementos fácticos identificados en la delineación precisa de la operación y pueden consistir en ajustes a las condiciones de la operación o en ajustes valorativos. De esta manera, se cumple con el objetivo de respetar en la medida de lo posible la operación efectivamente estructurada por las partes y, por tanto, el posible desconocimiento de la operación se efectuará solo en casos excepcionales.

En séptimo lugar, cuando la delineación precisa de la operación y el análisis de la racionalidad comercial hayan demostrado que no es posible alcanzar las condiciones del ALP, de acuerdo con el art. 18 LIS, así es posible iniciar el análisis propio de las normas de la LGT. No obstante, su aplicación no es automática. En mi opinión, la operación o el conjunto de operaciones que no son de plena competencia de acuerdo con el art. 18 LIS no pueden considerarse automáticamente artificiales o engañosas. Es necesario realizar el procedimiento correspondiente y demostrar la presencia de los elementos que se requieren para la regularización de dichas operaciones bajo los expedientes de simulación o conflicto en la aplicación de la norma tributaria.

En suma, aunque el art. 9 MC OCDE puede ser aplicado a través de normas de la LIS o de la LGT, existen factores para delimitar los supuestos a los que cada una se dirige. La diferenciación establecida por los tribunales españoles entre la aplicación del art. 16 TRLIS y las normas de la LGT debe moverse hacia una aplicación más precisa y coordinada en el escenario normativo del art. 18 LIS. Si bien la aplicación de ambas normas puede tener efectos económicos similares (la recuperación de la recaudación dejada de percibir), establecer una aplicación coordinada de estas normas aporta mayor certeza respecto a las consecuencias jurídicas y delimita de mejor forma los criterios aplicables.

SEXTA. Por último, es importante advertir que este régimen jurídico analizado de los precios de transferencia tiene retos importantes para combinar su acción con los trabajos de la OCDE sobre los Pilares I y II. Como hemos observado en este trabajo, la construcción de las directrices sobre precios de transferencia y la incorporación de normas internas sobre el tema se ha hecho sobre la base de un sistema de principios. El estándar del ALP, aceptado en el consenso internacional, está ligado a otros principios establecidos para alcanzar sus objetivos, algunos económicos o contables (como el de libre mercado o el criterio de la entidad separada) y otros de contenido jurídico (como el principio de sustancia en todas sus expresiones). Como hemos visto, todos estos principios requieren de interpretación, lo que ha resultado en un sistema complejo de reglas que no acaba de solucionar sus principales problemas. Los retos de la digitalización de la economía, cuyos trabajos iniciaron en la Acción 1 de BEPS, han abierto la discusión de medidas integrales sobre la imposición de las EMN. La digitalización requiere una mirada integral, pues no es un fenómeno que se concentre solo en un sector de la economía, sino que se está extendiendo a toda actividad comercial. El valor que se genera en las empresas teniendo en cuenta este factor, ha llevado a la OCDE a explorar respuestas diferentes a las desarrolladas en las conclusiones de BEPS. Por esto, la propuesta de la OCDE en los Pilares I y II parece optar por un sistema distinto, basado en reglas concretas que fijan porcentajes e indicadores para la determinación de los beneficios gravables de las EMN (imposición mínima global y reparto formulado de los beneficios globales). Este nuevo sistema, como indica MARTIN, se distancia del análisis basado en principios.

La aprobación de estos Pilares en el consenso internacional ha tenido avances sustanciales en los últimos dos años. Países influyentes en la elaboración de las disposiciones sobre precios de transferencia como Estados Unidos y el conjunto de Estados miembros de la UE han manifestado su apoyo a estas propuestas de la OCDE. Ante la posible incorporación de medidas normativas que desarrollen estos pilares en los próximos años, cabe advertir un estudio necesario sobre la estructura jurídica de estas propuestas y su interacción con la normativa española establecida en el art. 18 LIS. En particular, será interesante comprobar ver si el principio de sustancia es finalmente superado para pasar a un sistema de límites concretos y analizar la posición que adopten los tribunales españoles respecto a este posible cambio.

Bibliografía

AGULLÓ AGÜERO, A., «Operaciones vinculadas», En YEBRA MARTUL-ORTEGA, P., GARCÍA NOVOA, C. y LÓPEZ DÍAZ, A. (Eds.) Estudios sobre el impuesto de sociedades, Comares 1998, pp. 167-186.

AGULLÓ AGÜERO, A. y ESTEVE PARDO, M. L., «Régimen tributario de las operaciones entre sociedades vinculadas», En Agulló Agüero, A., Arrieta Martínez de Pisón, J. y Cayón Galiardo, A. (Eds.) Presente y futuro de la imposición directa en España, *Lex* Nova 1997, pp. 597-622.

ÁLAMO CERRILLO, R. y LAGOS RODRÍGUEZ, M. G., «Necesidades de adaptación de los conceptos tributarios a la realidad económica digital», *Quincena* Fiscal núm. 3 (2015), pp. 19-30.

ALCHOURRÓN, C. y BULYGIN, E., Introducción a la metodología de las ciencias jurídicas y sociales, Ed. Astrea 1974.

ALMUDÍ CID, J. M., «Capítulo 13. El establecimiento de normas de transparencia fiscal internacional más eficaces frente a la erosión de bases imponibles y el traslado de beneficios (Acción 3)». En ALMUDÍ CID, J. M., FERRERAS GUTIÉRREZ, J. A. y HERNÁNDEZ GONZÁLEZ-BARREDA, P.A. (Eds.) El plan de acción sobre erosión de bases imponibles y traslado de beneficios (BEPS): G20, OCDE y Unión Europea, Aranzadi Thomson Reuters 2017, pp. 297-330.

ALMUDÍ CID, J. M., FERRERAS GUTIÉRREZ, J. A. & HERNÁNDEZ GONZÁLEZ-BARREDA, P. A. (Eds), El plan de acción sobre erosión de bases imponibles y traslado de beneficios (BEPS): G20, OCDE y Unión Europea, Aranzadi Thomson Reuters 2017.

ALMUDI CID, J. M. y SERRANO ANTÓN, F., «Las medidas antiabuso en los convenios bilaterales para evitar la doble imposición internacional», En CORDÓN EZQUERRO, T. (Dir.), Manual de Fiscalidad internacional (3.ª ed.). IEF (2007).

ALONSO GONZÁLEZ, L. M., «Régimen especial de infracciones y sanciones», En CORDÓN EZQUERRO, T. (Ed.) Fiscalidad de los precios de transferencia: (operaciones vinculadas) (3.ª ed.), CEF 2019.

AMBAGTSHEER-PAKARINEN, L., BAKKER, A. J., BAL, A., BALDEWSING, B., BETTEN, R., LAW, S. B., COTRUT, M., GUTIÉRREZ, C., HAMZAOUI, R., KINDS, M., NAOUM, M., OFFERMANNS, R., OGAZÓN JUÁREZ, L. G., PERDELWITZ, A. y VLASCEANU, R., «International Tax Structures in the BEPS Era: An analysis of anti-abuse measures», IBFD 2015.

ANDRADE RODRÍGUEZ, B., «Article 12B: Income from Automated Digital Services (UN Model)», Global Tax Treaty Commentaries — Global Topics IBFD (2022).

ANDRUS, J. y COLLIERS, R., «ALS after Pillars», Tax Notes International núm. 105 (2022), 543-555.

ARNOLD, B. J., «An Investigation into the Interaction of CFC Rules and the OECD Pillar Two Global Minimum Tax», Bulletin for International Taxation no. 76(6) (2022).

ARRIETA MARTÍNEZ DE PISÓN, J. «Aproximación a un concepto jurídico de fraude y evasión tributarias, elusión fiscal, abuso y planificación fiscal», En ARRIETA MARTÍNEZ DE PISÓN, J. y MARTÍNEZ LAGUNA, F. D. (Eds.), Abuso y planificación fiscal internacional: una perspectiva jurídica, económica y ética, Thomson Reuters Aranzadi 2022, pp. 35-56.

AULT, H. J., ARNOLD, B. J., Comparative Income Taxation — A Structural Analysis (3.ª ed.), Kluwer Law International 2010.

AVERY JONES, J. F., «Nothing either good or bad, but thinking makes it so the mental element in anti-avoidance legislation (I)», British Tax Review no. 9 (1983).

AVI-YONAH, R. S., «International Tax as International Law» Tax L. Rev. 57, no. 4 (2004): 483-501. https://repository.law.umich.edu/articles/553

AVI-YONAH, R. S., «Tax competition, tax arbitrage, and the international tax regime», Bulletin for International Taxation no. 61(4) (2007), 130-138.

AVI-YONAH, R. S., «The Rise and Fall of Arm's Length: A Study in the Evolution of U.S. International Taxation», Law & Economics Working Papers Archive: 2003-2009 (2007), University of Michigan Law School Scholarship Repository. http://repository.law.umich.edu/law_econ_archive/art73

AVI-YONAH, R. S., «Between Formulary Apportionment and the OECD Guidelines: A Proposal for Reconciliation», University of Michigan Law & Economics, Working Paper No. 09-011 (2009), Elsevier BV.

AVI-YONAH, R. S., «The International Tax Regime at 100: Reflections on the OECD's BEPS Project», Bulletin for International Taxation no. 75(11/12) (2021), 522-526.

AVI-YONAH, R. S. & MAZZONI, G., «Coca-Cola: A Decisive IRS Transfer Pricing Victory, at Last», Tax Notes International 2020.

AVI-YONAH, R. S. y XU, H., «Evaluating BEPS: A Reconsideration of the Benefits Principle and Proposal for UN Oversight», Harvard Business Law Review no. 6(2) (2016), pp. 185-238.

AZAM, R., «Minimum Global Effective Corporate Tax Rate as General Anti-Avoidance Rule», Columbia Journal of Tax Law no. 8 (2017).

BÁEZ MORENO, A., «Capítulo 24. El plan BEPS y los países en vías de desarrollo», En Almudí Cid, J. M., Ferreras Gutiérrez, J. A. & Hernández González-Barreda, P. A. (Eds.) El plan de acción sobre erosión de bases imponibles y traslado de beneficios (BEPS): G20, OCDE y Unión Europea, Aranzadi Thomson Reuters (2017), pp. 537-565.

BÁEZ MORENO, A. y ZORNOZA PÉREZ, J., «Spain», En 72nd Congress of the International Fiscal Association: Anti-avoidance measures of general nature and scoope- GAAR and other rules, Seoul, Vol. 103, No. 1 (2018), Cahiers de Droit Fiscal International.

BAEZA DÍAZ-PORTALES, M. J. (coord.) V Congreso tributario: cuestiones tributarias problemáticas y de actualidad, Consejo General del Poder Judicial. Centro de Documentación Judicial. Asociación Española de Asesores Fiscales 2010.

BAISTROCCHI, E., «The transfer pricing problem: global proposal for simplification», The Tax Lawyer no. 59(4) (2006), pp. 941-979.

BAISTROCCHI, E. & ROXAN, I., «Resolving transfer pricing disputes: a global analysis», Cambridge University Press 2012.

BAKER, P., «The BEPS 2.0 Project Over the Coming Months», Intertax, nº 48(10) (2020), pp. 844-847.

BAL, A., «Tax Rulings: Uncertain Certainty», En M. Cotrut & K. Munyandi (Eds.), Tax Incentives in the BEPS Era, IBFD Tax Research Series 2018, pp. 231-259.

BARCIELA PÉREZ, J. A., «Precios de transferencia y el Derecho de la Unión. El asunto Hornbach-Baumarkt, C-382/16», Quincena fiscal no. 7(2020).

BARNET, R. J. y MULLER, R. E., «Global reach: the power of the multinational corporations», Simon and Schuster 1974.

BARRENO ASENSIO, M., «Capítulo 16. La documentación de las operaciones intragrupo: el country by country reporting (Acción 13)», En ALMUDÍ CID, J. M., FERRERAS GUTIÉRREZ, J. A. y HERNÁNDEZ GONZÁLEZ-BARREDA, P.A. (Eds.) El plan de acción sobre erosión de bases imponibles y traslado de beneficios (BEPS): G20, OCDE y Unión Europea, Aranzadi Thomson Reuters 2017, pp. 375-387.

BARRENO ASENSIO, M., «Capítulo 10. Transfer pricing y recaracterización de transacciones: sustancia económica vs. términos contractuales (acciones 8-10)». En ALMUDÍ CID, J. M., FERRERAS GUTIÉRREZ, J. A. y HERNÁNDEZ GONZÁLEZ-BARREDA, P.A. (Eds.) El plan de acción sobre erosión de bases imponibles y traslado de beneficios (BEPS): G20, OCDE y Unión Europea, Aranzadi Thomson Reuters 2017, pp. 251-259.

BECH SANZ, J., COSÍN OCHAITA, R., COSIN SANZ, R., FERRER VIDAL, D., FONT GORGORIÓ, P. & PIEDRA ARJONA, S., «Metodología de los precios de transferencia: régimen fiscal de las operaciones vinculadas», Thomson Reuters Aranzadi 2019.

BIRCH, R. J., «High Profit Intangibles After the White Paper and Bausch and Lomb: Is The Treasury Using Opaque Lenses?», University of Miami Business Law Review no. 2(105) (1991).

BLAIR-STANEK, A., «Intellectual Property Law Solutions to Tax Avoidance», UCLA Law Review no. 62(2) (2015).

BONNICI, R., «The European Commission's Arm's Length Standard: Relationship and Compatibility with the Arm's Length Principle under Transfer Pricing», IBFD International Transfer Pricing Journal, 26(1) (2019).

BORGSTRÖM, I. y ANDERSSON, S., The Concept of Commensurate with Income: Retroactive adjustments and the arm's length standard, Master dissertation, Jönköping University (2009).

BORNEMANN, M., KOCH, G. y LEITNER, K., Measuring and reporting intangible assets and results in a European Contract Research Organization, 2000.

BRAUNER, Y., «Value in the Eye of the Beholder: The Valuation of Intangibles for Transfer Pricing Purposes», Virginia Tax Review, no. 28 (2008), pp. 79-164.

BRAUNER, Y., «Cost Sharing and the Acrobatics of Arm's Length Taxation», Intertax no. 38(11) (2010), Kluwer Law International, pp. 554-567.

BRAUNER, Y., «BEPS: An Interim Evaluation», World Tax Journal, 6(1) (2014), Tax Research Platform IBFD, pp. 10-39.

BRAUNER, Y., «Changes? BEPs, Transfer Pricing for Intangibles, and CCAS», Global Transfer Pricing Conference —WU— Proceedings Research Paper No. 16-14 (2016).

BRAUNER, Y. y PISTONE, PASQUALE. «Adapting Current International Taxation to New Business Models: Two Proposals for the European Union», Bulletin for International Taxation, No. 71(12) (2017).

BULLEN, A., «Comment on «Discussion Draft on the Transfer Pricing Aspects of Business Restructurings»– 19 September 2008 to 19 February 2009, OECD Transfer Pricing Documents.

BULLEN, A., Arm's Length Transaction Structures. IBFD Doctoral Series 2011.

BURIAK, S. y LAZAROV, I., «Between State aid and the fundamental freedoms: The arm's length principle and EU law», Common Market Law Review no. 56(4) (2019), pp. 905-948.

CALDERÓN CARRERO, J. M., Precios de transferencia e impuesto sobre sociedades: un análisis de la normativa española desde una perspectiva Internacional, Comunitaria y Constitucional, Tirant lo Blanch 2005.

CALDERÓN CARRERO, J. M., «The OECD Transfer Pricing Guidelines as a Source of Tax Law: Is Globalization Reaching the Tax Law?», Intertax 35-1 (2007), pp. 4-29.

CALDERÓN CARRERO, J. M., «La prestación de servicios intragrupo en la nueva regulación de operaciones vinculadas», Carta tributaria Monografías núm. 8 (2008), pp. 3-18.

CALDERÓN CARRERO, J. M., «El procedimiento para la resolución de conflictos fiscales de precios de transferencia establecido por el Convenio Europeo 90/436/CEE», Civitas Revista española de derecho financiero núm. 151 (2011), pp. 903-944.

CALDERÓN CARRERO, J. M., «The Spanish Transfer Pricing Regime and the OECD/G20 Base Erosion and Profit Shifting Project», Bulletin for International Taxation no. 70(8) (2016), pp. 430-441.

CALDERÓN CARRERO, J. M., «Las nuevas directrices OCDE de Precios de Transferencia de 2017 adaptadas a BEPS», Análisis Tributario núm. 356 (2017), pp. 12-16.

CALDERÓN CARRERO, J. M., «Comentario a la SAN de 30 de noviembre de 2018 en el caso Colgate Palmolive», Quincena fiscal 10 (2019), 101-124.

CALDERÓN CARRERO, J. M., «La jurisprudencia del TGUE en los casos Starbucks y Fiat: clarificación del impacto del art.107 TFUE sobre APAs y tax rulings en materia de precios de transferencia», Quincena fiscal núm. 19 (2019), pp. 127-152.

CALDERÓN CARRERO, J. M., «La transformación del marco fiscal internacional resultante de la Reforma Fiscal Global», Civitas Revista Española de Derecho Financiero núm. 193 (2022), pp. 13-66.

CALDERÓN CARRERO, J. M., CARMONA FERNÁNDEZ, N., MARTÍN JIMÉNEZ, A. J. y TRAPÉ VILADOMAT, M., Convenios de doble imposición: el impacto BEPS, análisis y evolución de la red española de tratados fiscales (N. CARMONA FERNÁNDEZ (Ed.). Wolters Kluwer CISS 2019.

CALDERÓN CARRERO, J. M. y GARCÍA-HERRERA BLANCO, C., «La doctrina del TJUE sobre el principio de plena competencia al hilo de la sentencia de la High Court británica en el caso "*Test* Claimants in the Thin Cap": el *test* comunitario de los motivos comerciales y sus implicaciones», Estudios financieros Revista de contabilidad y tributación núm. 332 (2010), pp. 45-70.

CALDERÓN CARRERO, J. M. y MARTÍN JIMÉNEZ, A. J., «Problemas de la normativa española en materia de operaciones vinculadas/precios de transferencia», Crónica Tributaria núm. 116 (2005), pp. 35-44.

CALDERÓN CARRERO, J. M. y MARTÍN JIMÉNEZ, A. J., «Capítulo I. Los tratados internacionales, los convenios de doble imposición en el ordenamiento español», En N. CARMONA FERNÁNDEZ (ed.) Convenios de doble imposición: el impacto BEPS, análisis y evolución de la red española de tratados fiscales, Wolters Kluwer CISS 2019.

CALDERÓN CARRERO, J. M. y RUIZ ALMENDRAL, V., «La codificación de la "doctrina de la sustancia económica" en EEUU como nuevo modelo de norma general anti-abuso: la tendencia hacia el "sustancialismo"», Quincena Fiscal núm. 15-16 (2010), pp. 37-75.

CALVO VÉRGEZ, J., «Las reglas de valoración de operaciones vinculadas en el IS a la luz de la Ley 36/2006, de 29 de noviembre, de medidas para la prevención del fraude fiscal: principales novedades», Nueva Fiscalidad núm. 4 (2007), pp. 43-77.

CAÑABATE CLAU, D., Precios de transferencia en las operaciones de reestructuración empresarial: modelo de análisis y validación, Francis Lefebvre 2016.

CARBAJO VASCO, D., «De la tributación de la economía digital a BEPS 2.0 ¿Una nueva etapa de la fiscalidad internacional?», Revista de Fiscalidad Internacional y Negocios Transnacionales núm. 12 (2019), pp. 41-64.

CARMONA FERNÁNDEZ, N., «Nuevo régimen fiscal para Operaciones Vinculadas», Estrategia Financiera núm. 324 (2015), pp. 16-19.

CARMONA FERNÁNDEZ, N., «Recaracterización de operaciones por aplicación del régimen de vinculación fiscal», Carta Tributaria núm. 2 (2015).

CARMONA FERNÁNDEZ, N., «Capítulo 1. Principios generales, fuentes de Derecho y doctrinales: incidencia del proyecto BEPS y otras regulaciones», En CARMONA FERNÁNDEZ, N. (Ed.) Nuevo Régimen de las operaciones vinculadas, CISS 2016.

CARMONA FERNÁNDEZ, N. (Dir.) y CALDERÓN CARRERO, J. M., Régimen fiscal de las operaciones vinculadas: valoración y documentación: supuestos prácticos, doctrina y jurisprudencia, especial referencia a Pymes, CISS 2011.

CARMONA FERNÁNDEZ, N., CALDERÓN CARRERO, J. M., JONES RODRÍGUEZ, L., LONGARTE CIFRIÁN, I., MARTÍN JIMÉNEZ. A. J., PÉREZ-RODILLA, G. y TRAPÉ VILADOMAT, M., Fiscalidad de las operaciones vinculadas, CARMONA FERNÁNDEZ, N. (Ed.), CISS 2009.

CARROLL, M. B., Taxation of Foreign and National Enterprises. League of Nations Fiscal Committee, Report to the Council on the Work of the Fourth Session of the Committee 1933.

CASADO OLLERO, G., «Los negocios anómalos ante el Derecho Tributario español», En Legalidad tributaria y función calificadora de la Administración Fiscal, Boletín 16 del ilustre Colegio de Abogados de Madrid— septiembre (2000).

CASERO BARRÓN, R., Aplicación de la norma tributaria: conflictos de calificación, Aranzadi Thomson Reuters 2020.

CENCERRADO MILLÁN, E., «Análisis de algunas de las cuestiones más relevantes de la nueva propuesta de Directiva relativa a una Base Imponible Común del Impuesto sobre Sociedades», Documentos de trabajo, V Encuentro de Derecho Financiero y Tributario «El futuro del Impuesto de sociedades» (1.ª parte), Instituto de Estudios Fiscales (2017).

CHRISTIANS, A., «Taxing According to Value Creation», Tax Notes International no. 90 (2018), pp. 1379-1383.

COLLIER, R. y ANDRUS, J., «Transfer pricing and the arm s length principle after BEPS». Oxford University Press 2017.

COMBARROS VILLANUEVA, V. E., Régimen tributario de las operaciones entre sociedades vinculadas en el impuesto sobre sociedades, Tecnos 1988.

CORDERO GARCÍA, J. A., «Las operaciones vinculadas y el impuesto sobre sociedades: el desarrollo de la ley de medidas de prevención del fraude fiscal», Nueva Fiscalidad núm. 5 (2010), pp. 53-102.

CORDÓN EZQUERRO, T., «El artículo 16 del Texto Refundido de la Ley del Impuesto sobre Sociedades: análisis crítico y alternativas de reforma», Cuadernos de Formación. Colaboración I (2006), Instituto de Estudios Fiscales, pp. 7-22.

CORDÓN EZQUERRO, T., «La obligación de documentación en las operaciones vinculadas», Crónica Tributaria núm. *Extra* 3 (2010), pp. 11-21.

CORDÓN EZQUERRO, T. y GUTIÉRREZ LOUSA, M., «Cláusulas antielusión en el impuesto sobre sociedades: la subcapitalización», COLLADO YURRITA, M. A. (direc.), MORENO GONZÁLEZ, S. y SANZ DÍAZ-PALACIOS, J. A. (Coords.) La lucha contra el fraude fiscal: estrategias nacionales y comunitarias, Atelier 2008, pp. 187-224.

CORDÓN EZQUERRA, T. y GUTIÉRREZ LOUSA, M. «La obligación de documentación». En CORDÓN EZQUERRO, T. (Dir.) Fiscalidad de los precios de transferencia (operaciones vinculadas). CEF 2019.

CORREIA, M., Taxation of corporate groups, Kluwer Law International 2013.

CRUZ AMORÓS, M., «Los precios de transferencia y la deslocalización de beneficios», Revista Impuestos núm. 13(2) (1997), pp. 359-370.

CUBERO TRUYO, A. M. y DÍAZ RAVN, N., Convenios para evitar la doble imposición suscritos por España y modelo de la OCDE: análisis comparativo, Tirant lo Blanch 2012.

DE LA CUEVA GONZÁLEZ-COTERA, A. y ARROYO ATAZ, A., «El concepto de abuso en la norma tributaria española: una revisión práctica en la era post-BEPS», En ARRIETA MARTÍNEZ DE PISÓN, J. (Ed.) Abuso y planificación fiscal internacional: una perspectiva jurídica, económica y ética, Aranzadi Thomson Reuters 2022, pp. 339-366.

DE LANGE, M., LANKHORST, P. y HAFKENSCHEID, R. «(Non-)Recognition of Transactions between Associated Enterprises: On Behaving in a Commercially Rational Manner, Decision-Making Traps and BEPS». International Transfer Pricing Journal, no. 22(2) (2015).

DEL ARCO RUETE, L., Doble imposición internacional y derecho tributario español, Ministerio de Hacienda 1977.

DELGADO PACHECO, A., «Algunas cuestiones de procedimiento en los ajustes por precios por transferencia en el Ordenamiento tributario español», Revista Impuestos núm. 14(2) (1998), pp. 332-370.

DELGADO PACHECO, A., Las normas generales antielusión en la jurisprudencia tributaria española y europea, Tesis doctoral, Universidad Autónoma de Madrid 2017.

DELGADO PACHECO, A., Las normas generales antielusión en la jurisprudencia tributaria española y europea, Aranzadi Thomson Reuters, 2018.

DELGADO PACHECO, A., «La aplicación jurisprudencial de los nuevos conceptos en materia de abuso: perspectiva española» En ARRIETA MARTÍNEZ DE PISÓN, J. y MARTÍNEZ LAGUNA, F. D. (Eds.), Abuso y planificación fiscal internacional: una perspectiva jurídica, económica y ética, Thomson Reuters Aranzadi 2022, pp. 367-389.

DI CESARE, F., «Implications of Recent Supreme Court Decision on Transfer Pricing: An Update on the Arm's Length Principle, Anti-Avoidance and Burden of Proof», International Transfer Pricing Journal, no. *18*(5) (2011).

DOURADO, A. P., «Digital Taxation Opens the Pandora Box: The OECD Interim Report and the European Commission Proposals», Intertax no. 46(6/7) (2018), pp. 565-572.

DRUCKER, J., «Google 2.4% Rate Shows How $60 Billion Is Lost to Tax Loopholes», Bloomberg (2010, October 21), URL: https://www.bloomberg.com/news/articles/2010-10-21/google-2-4-rate-shows-how-60-billion-u-s-revenue-lost-to-tax-loopholes

DUFF & PHELPS CORP., Guide to international transfer pricing: law, tax planning and compliance strategies (Fifth). Kluwer Law International 2016.

DUHIGG, C. y KOCIENIEWSKI, D., «Apple's Tax Strategy Aims at Low-Tax States and Nations», The New York Times (2012, April 28). URL: https://www.nytimes.com/2012/04/29/business/apples-tax-strategy-aims-at-low-tax-states-and-nations.html

DWARKASING, R. S., «Comments on the revised discussion draft on transfer pricing aspects of intangibles», 2013. URL: https://www.oecd.org/ctp/transfer-pricing/dwarkasing-maastricht-university.pdf

DWARKASING R. S., The concept of associated enterprises. Intertax, núm. 41(8-9) (2013), pp. 412-429.

ESCRIBANO LÓPEZ, E., «Capítulo 23. ¿Se ha equivocado el proyecto BEPS en el planteamiento? Los paradigmas de la fiscalidad internacional que no han sido cuestionados.» En ALMUDÍ CID, J. M., FERRERAS GUTIÉRREZ, J. A. y HERNÁNDEZ GONZÁLEZ-BARREDA, P. A. (Eds.) El plan de acción sobre erosión de bases imponibles y traslado de beneficios (BEPS): G20, OCDE y Unión Europea, Aranzadi Thomson Reuters 2017, pp. 513-534.

ESCUDERO GUTIÉRREZ, E. y GUTIÉRREZ LOUSA, M., «Algunas consideraciones sobre la regulación de los precios de transferencia. Especial consideración de los métodos de valoración», IEF (2009), 89-132.

ESEVERRI MARTÍNEZ, E., Presunciones legales y derecho tributario. Marcial Pons 1995.

ESTEVE PARDO, M. L., El impuesto sobre sociedades en la Unión Europea, Tirant Lo Blanch 1996.

ESTEVE PARDO, M. L., Fiscalidad de las Operaciones Entre Sociedades Vinculadas y Distribuciones Encubiertas de Beneficios, Editorial Tirant lo Blanch 1996.

ESTEVE PARDO, M. L., «Capítulo XII. Intangibles y precios de transferencia. Las nuevas directrices de la OCDE y sus aspectos más cuestionables», en MORENO GONZÁLEZ, S. & GÓMEZ REQUENA, J. A. (Eds.) Tendencias y desafíos fiscales de la economía digital, Thomson Reuters Aranzadi 2017, pp. 363-390.

EY Abogados, Cláusula general antiabuso tributaria en España: propuestas para una mayor seguridad jurídica, Fundación Impuestos y Competitividad 2015.

FEDI, A., «Transfer Pricing Aspects of Transactions with Marketing Intangibles in a Post-BEPS World», International Transfer Pricing Journal no. 26(6) (2019).

FEINSCHREIBER, R. y KENT, M., «Connecting Intangibles to Goods or Services», Corporate Business Taxation Monthly no. 14(1) (2012), pp. 29-32.

FERRER VIDAL, D., El ajuste secundario en las operaciones vinculadas, Tesis Doctoral, Universitat Ramon Llull ESADE (2014).

GARCÍA BAÑUELOS, J. A. y MUT AGUILAR, I., «Descripción precisa de las transacciones entre partes vinculadas, desconocimiento o sustitución de las mismas y su relación con las cláusulas antiabuso generales», Crónica Tributaria núm. 164 (2017), pp. 97-131.

GARCÍA CARACUEL, M., «Límites a la potestad tributaria de los Estados derivados del Derecho de la UE», en MORENO GONZÁLEZ, S. y NOCETE CORREA, F. J. (Eds.), Introducción a la fiscalidad internacional, Atelier 2020.

GARCÍA FREIRÍA, M., La calificación en materia tributaria. Estudio desde la perspectiva del derecho español y de la Unión Europea, Tesis doctoral, Universidad de Vigo, 2021.

GARCÍA-HERRERA BLANCO, C., Precios de Transferencia y otras operaciones vinculadas en el Impuesto sobre Sociedades, Ministerio de Hacienda 2001.

GARCÍA NOVOA, C., Las potestades de calificación y recalificación como mecanismos antielusorios en el derecho español, Themis Revista de Derecho, No. 51 (2005), 159-169.

GARCÍA PRATS, F. A., «Los precios de transferencia: su tratamiento tributario desde una perspectiva europea», Crónica Tributaria núm. 117 (2005), pp. 33-82.

GARCÍA PRATS, F. A., «La cláusula general antielusión de la Ley General Tributaria. Problemas aplicativos», En COLLADO YURRITA, M. A. (direc.), MORENO GONZÁLEZ, S. y SANZ DÍAZ-PALACIOS, J. A. (Coords.) La lucha contra el fraude fiscal: estrategias nacionales y comunitarias, Atelier 2008, pp. 168-186.

GARCÍA PRATS, F. A., «La interpretación jurisprudencial como mecanismo para hacer frente a la elusión tributaria», Tribuna Fiscal: Revista Tributaria y Financiera núm. *220* (2009), 22-35.

GARCÍA PRATS, F. A., «Capítulo 18. Recaracterización de operaciones y normas antiabuso», En CARMONA FERNÁNDEZ, N. (Ed.) Nuevo régimen fiscal de las operaciones vinculadas: valoración, documentación y supuestos prácticos. Wolters Kluwer 2016.

GARCÍA PRATS, F. A., «Las operaciones vinculadas y los precios de transferencia: la aplicación del principio de libre competencia. Valoración a valor de mercado», en CORDÓN EZQUERRO, T. (Dir.), Fiscalidad de los precios de transferencia (operaciones vinculadas) (2.ª ed.), CEF Madrid 2019.

GARCÍA PRATS, F. A., HASLEHNER, W., HEYDT, V., KEMMEREN, E., KOFLER, G., LANG, M., LÜDICKE, J., PINTO NOGUEIRA, J. F., PISTONE, P., RAVENTÓS CALVO, S., RAINGEARD BLÉTIÈRE, E., RICHELLE, I., RUST, A., SHIERS, R. y PIERGIORGIO, V., «EU Report». 72nd Congress of the International Fiscal Association Seoul (2018), pp. 55-85.

GARCÍA PUENTE, J., «Los acuerdos previos de valoración como mecanismo para evitar la conflictividad derivada de las operaciones vinculadas», VII Encuentro de Derecho Financiero y Tributario, Documentos de trabajo No. 11 (2019), pp. 158-162.

GASCÓN CATALÁN, J., Diagnóstico y propuestas para una reforma fiscal, Civitas 2013.

GASCÓN CATALÁN, J., «Análisis de los datos estadísticos del Impuesto sobre Sociedades». Crónica Tributaria núm. 150 (2014), pp. 99-130.

GILLET, P., «Transfer Pricing disputes in the European Union», En BAISTROCCHI, E. & ROXAN, I. (Eds.) Resolving transfer pricing disputes: a global analysis, Cambridge University Press 2012.

GIRAUD, A. y PETIT, S., «Tax Rulings and State Aid Qualification Should Reality Matter?», European State Aid Law Quarterly no. 16(2) (2017), pp. 233-242.

GÓMEZ REQUENA, J. A., El Análisis de Comparabilidad Post-Beps en Precios De Transferencia: Definición precisa y recaracterización de operaciones vinculadas con activos intangibles, Tesis doctoral, Universidad de Castilla-La Mancha 2018.

GÓMEZ REQUENA, J. A., El Análisis de comparabilidad post-BEPS en precios de transferencia: una visión sobre las operaciones vinculadas con activos intangibles, Thomson Reuters Aranzadi 2019.

GÓMEZ REQUENA, J. A. (2020). El principio *at arm´s length* bajo la libertad de establecimiento en el mercado interior al hilo de la sentencia del TJUE en el asunto Hornbach-Baumarkt. En A. Valencia Sáiz, G. Sánchez-Archidona Hidalgo & A. Pastor García (Eds.), *Desafíos actuales del derecho: Aportaciones presentadas al II Congreso Nacional de jóvenes investigadores en Ciencias Jurídicas* (pp. 1408-1416). Eumed.

GÓMEZ REQUENA, J. A., «Capítulo VI. Las operaciones entre personas y entidades vinculadas. Precios de transferencia», en MORENO GONZÁLEZ, S. y NOCETE CORREA, F. J. (Eds.), Introducción a la fiscalidad internacional, Atelier 2020, pp. 269-301.

GONZÁLEZ CARCEDO, J., «Capítulo 15. Ajustes secundarios», En CARMONA FERNÁNDEZ, N. (Ed.) Nuevo Régimen de las operaciones vinculadas, CISS 2016.

GONZÁLEZ CARCEDO, J., «Capítulo 13. Valoración de activos intangibles», En CORDÓN EZQUERRO, T. (Ed.) Fiscalidad de los precios de transferencia (operaciones vinculadas) (3.ª Ed.), CEF 2019, pp. 561-592.

GONZÁLEZ CARCEDO, J., ORDOÑEZ CEBALLOS, M. y FERRE PEROTE, P., «Capítulo 4. Los precios de transferencia en el derecho comparado: Europa y América Latina», En Cordón Ezquerro, T. (Ed.) Fiscalidad de los precios de transferencia (operaciones vinculadas) (3ª ed.), CEF 2019.

GONZÁLEZ DE FRUTOS, U., «Capítulo 3. BEPS y los precios de transferencia», En CORDÓN EZQUERRO, T. (Ed.), Fiscalidad de los precios de transferencia (operaciones vinculadas) (3.ª ed.), CEF 2019, pp. 121-158.

GONZÁLEZ DE FRUTOS, U., «Capítulo 2. Historia de los precios de transferencia», En CORDÓN EZQUERRO, T., SOLER ROCH, M. T. (Eds.) Fiscalidad de los precios de transferencia (operaciones vinculadas), CEF 2022, pp. 53-99.

GOTA LOSADA, A. Tratado del impuesto de sociedades (Tomo II). Extecom (1988).

GREGGI, M., «Il rapporto BEPS (Base Erosion and Profit Shifting) dell'OCSE e la sua incidenza sull'attività di tutela dell'interesse erarial», Rivista Della Guardia Di Finanza, núm. 61(6) (2013), pp. 1703-1717.

GREGGI, M., «Il caso Apple: vecchi e nuovi limiti europei alla potestà impositiva statale nei tax rulings», Quaderni Costituzionali núm. 36(4) (2016), 821.

GREGGI, M., «Transfer Pricing and Tax Law – BEPS Actions 8, 9, 10 and the Italian System: an Assessment», En KRAFT, W., STRIEGEL, A. (eds) WCLF Tax und IP Gesprächsband 2017, Springer 2019.

GREIL, S., MÜLLER, R. y OLBERT, M., «Transfer Pricing for Digital Business Models: Early Evidence of Challenges and Options for Reform». World Tax Journal no. 11(4) (2019), p. 681-722.

GRÜBER, S., Intangible values in financial accounting and reporting: An analysis from the perspective of financial analysts, En *Intangible Values in Financial Accounting and Reporting: An Analysis from the Perspective of Financial Analysts*, Springer 2015.

GUTIÉRREZ BENGOECHEA, M. y SÁNCHEZ-ARCHIDONA HIDALGO, G., Cuestiones actuales de la fiscalidad internacional, Editorial Comares 2018.

HAMAEKERS, H., «The Arm's Length Principle and the Role of Comparables», Bulletin of International Fiscal Documentation no. 46(12) (1992), pp. 602-605.

HAMAEKERS, H., La Tributación Frente a las Relaciones Internacionales y la Utilización de Nuevas Tecnologías, Tema 2 Precios de Transferencia, Conferencia Técnica (1999).

HAMAEKERS, H. (2002). Arm's length: how long? En *International and comparative taxation: essays in honour of Klaus Vogel* (pp. 29-52). Kluwer Law International.

HAMAEKERS, H., Introduction to Transfer Pricing, IBFD Transfer Pricing Database (extract), International Tax Center Leiden 2010

HEIDECKE, B., HÜBSCHER, M. C., SCHMIDTKE, R. y SCHMITT, M., Intangibles in the World of Transfer Pricing, Springer International Publishing 2021.

HENSEL, A. y BÁEZ MORENO, A., Derecho tributario, Traducción al español, Marcial Pons 2005.

HERNÁNDEZ GONZÁLEZ-BARREDA, P. A., «Capítulo 1. El alcance material y formal del Plan BEPS», En ALMUDÍ CID, J. M., FERRERAS GUTIÉRREZ, J. A. y HERNÁNDEZ GONZÁLEZ-BARREDA, P.A. (Eds.) El plan de acción sobre erosión de bases imponibles y traslado de beneficios (BEPS): G20, OCDE y Unión Europea, Aranzadi Thomson Reuters 2017, pp. 37-66.

HERRERO MALLOL, C., Precios de transferencia internacionales: estudio tributario y microeconómico, Aranzadi 1999.

HERZFELD, M., «Can GILTI + BEAT = GLOBE?», Intertax 47(5) (2019), University of Florida Levin College of Law Research Paper Forthcoming, 888-897, URL: http://dx.doi.org/10.2139/ssrn.3436997,

HERZFELD, M., «The Case Against BEPS: Lessons for Tax Coordination», Florida Tax Review no. 21(1) (2017), pp. 1-59.

HEY, J., «Taxation Where Value is Created and the OECD/G20 Base Erosion and Profit Shifting Initiative», Bulletin for International Taxation no. 72(4/5) (2018), pp. 203-208.

HOOK, J. y YADRON, D., «Apple CEO Tim Cook, Lawmakers Square *Off* Over Taxes», Wall Street Journal (2013, May 22). URL: https://www.wsj.com/articles/SB10001424127887324102604578497550932292788

HOROWITZ, M., MARTIN, M. y BETTGE, T., «INSIGHT: Transfer Pricing Substance in Flux-DEMPE, BEPS 2.0, and Covid-19» (2020), URL: https://news.bloombergtax.com/transfer-pricing/insight-transfer-pricing-substance-in-flux-dempe-beps-2-0-and-covid-19

HORTALÀ I VALLVÉ, J., Comentarios a la red española de convenios de doble imposición, Aranzadi 2007.

HORTALÀ I VALLVÉ, J y SOLER BABRA, R., «Los acuerdos previos de valoración», En CORDÓN EZQUERRO, T. (Ed.) Fiscalidad de los precios de transferencia: (operaciones vinculadas) (3.ª ed.), CEF 2019

JIMÉNEZ-VALLADOLID DE L'HOTELLERIE-FALLOIS, D. J., «Evaluando BEPS: ¿es necesario un cambio de paradigma en la fiscalidad internacional?», Instituto de Estudios Fiscales núm. 15 (2016), pp. 81-90.

JOHNSTON, S., «Largest companies 2008 vs. 2018, a lot has changed», Milford Asset (2018) URL https://milfordasset.com/insights/largest-companies-2008-vs-2018-lot-changed

JONES RODRÍGUEZ, L., «Criterios para la determinación del valor de mercado de las operaciones vinculadas. El análisis de comparabilidad», En CARMONA FERNÁNDEZ, N. (Dir.) Régimen fiscal de las operaciones vinculadas: valoración y documentación: supuestos prácticos, doctrina y jurisprudencia, especial referencia a Pymes, CISS 2011, pp. 125-174.

JORDÀ, Ò., SINGH, S. y TAYLOR, A., «Longer-Run Economic Consequences of Pandemics», The Review of Economics and Statistics no. 104(1) (2022), pp. 166-175.

KANE, M. A., «Transfer Pricing, Integration and Synergy Intangibles: A Consensus Approach to the Arm's Length Standard», World Tax Journal no. 6(3) (2014), pp. 282-341.

KIPKA, T., Arm's length treatment of soft-intangibles: Comparative analysis of the treatment of soft-intangibles in business restructurings in Germany, the United States and according to the OECD, Tesis doctoral, Maastricht University (2019).

LACRUZ BERDEJO, J. L., Elementos de derecho civil.: Vol. III. Derechos Reales, Librería Bosch (1979).

LAGARDEN, M., «Intangibles in a Transfer Pricing Context: Where Does the Road Lead?», International Transfer Pricing Journal no. 21(5) (2014).

LAGOS RODRÍGUEZ, M. G., «El plan BEPS de la OCDE/G20 y el tratamiento de las operaciones vinculadas», Revista Jurídica de Castilla-La Mancha núm. 57 (2015), pp. 105-142.

LANG, M., COTANI, G., PETRUZZI, R. (Eds.), Fundamentals of Transfer Pricing: General Topics and Specific Transactions, Kluwer Law International 2021.

LANG, M., STORCK, A. y PETRUZZI, R. (Eds), Transfer Pricing in a Post-BEPS World, Wolkers Kluwer 2016.

LANG, M., STORK, A., PETRUZZI, R. y RISSE, R., «Transfer Pricing and Intangibles: Current Developments, Relevant Issues and Possible Solutions», Linde 2019.

LARENZ, K., Metodología de la ciencia del derecho (4a Ed.) (Traducción española), Ariel 1975.

LARRAZ, J., Metodología aplicativa del Derecho Tributario, Editorial Revista de Derecho Privado 1952.

LEPARD, B. D., «Is the United States Obligated to Drive on the Right? A Multidisciplinary Inquiry into the Normative Authority of Contemporary International Law using the Arm's Length Standard as a Case Study», Duke Journal of Comparative and International Law, vol. 10, no. 1 (1999), pp. 68-69.

Levey, Marc. M., Van Herksen, Monique., Schnorberger, Stephan. & Breckenridge, Stephen. (2006). The Quest for Marketing Intangibles. *Intertax*, *34*, 2-48.

LI, J., «Economic Substance: Drawing the Line between Legitimate Tax Minimization and Abusive Tax Avoidance», Osgoode Hall Law School Legal Studies Research Pa*per se*ries (2012).

LINDE, S. A., Regulation of Transfer Pricing in Multinational Corporations: An International Perspective. N.Y.U. Journal of International Law and Politics, no. 10(67) (1977), pp. 67-123.

LÓPEZ DE HARO ESTESO, R., CABELLO GIL, R. y GIL DÍEZ DE LEÓN, P., «Fiscalidad internacional», En SERRANO ANTÓN, F. (Ed.) Fiscalidad Internacional Vol. 1 (7.ª ed.), CEF 2019.

LÓPEZ DE HARO, R., PONS MESTRE, A. y DÍAZ DE DURANA, J., «Spain», En HEIDECKE, B., HÜBSCHER, M. C., SCHMIDTKE, R. y SCHMITT, M. (Eds.) Intangibles in the World of Transfer Pricing, Springer International Publishing (2021).

LUCAS DURÁN, M., «STJCE 12-12-2002, Lankhorst-Hohorst versus Finanzamt Steinfurt, As. C-324/00. Libertad de establecimiento; normas tributarias sobre subcapitalización; distribución encubierta de beneficios; coherencia del régimen fiscal; evasión fiscal», Crónica tributaria núm. 117 (2005), pp. 155-163.

LUJA, R. H., «Do State Aid Rules Still Allow European Union Member States to Claim Fiscal Sovereignty?», EC Tax Review 25(5) (2016), pp. 312-324.

MACARRO OSUNA, J. M., «El futuro de la tributación internacional BEPS y economía digital». En RAMOS PRIETO, J. (Ed.), Erosión de la base imponible y traslado de beneficios: estudios sobre el Plan BEPS de la OCDE, Thomson Reuters Aranzadi 2016, pp. 81-114.

MACHO PÉREZ, A. B., «El principio de justicia en el Gasto Público y la protección de los derechos constitucionales: ponderación y concretización», En NAVARRO FAURE, A. (dir.) y GIL GARCÍA, E. (coord.)., Retos del Derecho Financiero y Tributario ante los desafíos de la economía digital y la inteligencia artificial, Tirant lo Blanch 2021, pp. 539-585.

MANZANO SILVA, M. E., Las Directrices de la OCDE en materia de precios de transferencia y su influencia en el régimen español de operaciones vinculadas: métodos de valoración y comparabilidad. En Serrano Antón, F., Simón Acosta, E. A. y Taveira Torres, H. (Coords) Fiscalidad y Globalización, Aranzadi 2012, pp. 829-842.

MARÍN BENÍTEZ, G., «Capítulo 3. El concepto de planificación fiscal agresiva en BEPS», En ALMUDÍ CID, J. M.; FERRERAS GUTIÉRREZ, J. A.; HERNÁNDEZ GONZÁLEZ-BARREDA, P. A. (Eds.) El plan de acción sobre erosión de bases imponibles y traslado de beneficios (BEPS): G20, OCDE y Unión Europea, Aranzadi Thomson Reuters 2017, pp. 85-108.

MARKHAM, M., The transfer pricing of intangibles. Kluwer Law International 2005.

MARKHAM, M., «A rose by any other name...? the OECD's proposed revised definition of intangibles», Intertax, International Tax Review no. 43(11) (2015), pp. 637-687.

MARTÍN JIMÉNEZ, A. J., «Operaciones vinculadas y derecho comunitario: ¿es necesaria una nueva reforma del art. 16 TRLIS?», En CORDÓN EZQUERRO, T. (Ed.) Fiscalidad de los precios de transferencia (Operaciones vinculadas) (1ª), Centro de Estudios Financieros 2010, pp. 71-105.

MARTÍN JIMÉNEZ, A., «Transfer Pricing and EU Law following SGI», Bulletin for International Taxation no. 64 (2010), pp. 271-282.

MARTÍN JIMÉNEZ, A., «Hacia una concepción unitaria del abuso del derecho tributario de la Unión Europea», Quincena Fiscal núm. 7 (2012), 59-114.

MARTÍN JIMÉNEZ, A. J., «El concepto de ayuda de Estado y las normas tributarias en materia de imposición directa: estado de la cuestión», Noticias de la Unión Europea núm. 324 (2012), pp. 35-50.

MARTÍN JIMÉNEZ, A., «La información fiscal país por país, la interacción con el Derecho de la UE y su utilización como instrumento de política tributaria», En CORDÓN EZQUERRO, T. (Dir.) Fiscalidad de los precios de transferencia (operaciones vinculadas), CEF 2016.

MARTÍN JIMÉNEZ, A., J., «BEPS, the Digital(ized) Economy and the Taxation of Services and Royalties», Intertax no. 46(8) (2018), pp. 620-638.

MARTÍN JIMÉNEZ, A., J., «Value Creation: A Guiding Light for the Interpretation of Tax Treaties?», Bulletin for International Taxation no. 74(4/5) (2020), pp. 197-215.

MARTÍN JIMÉNEZ, A. J. y CALDERÓN CARRERO, J. M., Los precios de transferencia en la encrucijada del siglo XXI, Netbiblo 2012.

MARTÍN JIMÉNEZ, A. J. y CALDERÓN CARRERO, J. M., «El plan de acción de la OCDE para eliminar la erosión de bases imponibles y el traslado de beneficios a otras jurisdicciones ¿Final, el principio del final o el final del principio?», Quincena fiscal núm. 1-2 (2014), p. 87-115.

MARTÍN QUERALT, J., LOZANO SERRANO, C., TEJERIZO LÓPEZ, J. M. y CASADO OLLERO, G., Curso de Derecho Financiero y Tributario (31.ª ed.) Tecnos 2020.

MENELL, P. y SCOTCHMER, S., «Cap. 19. Intellectual Property Law». En Handbook of Law and Economics (1.ª Ed.) Vol. 2., Elsevier 2007, pp. 1473-1570.

MENÉNDEZ MENÉNDEZ, A. y ROJO FERNÁNDEZ-RÍO, A., Lecciones de derecho mercantil. Vol. I (11.ª Ed.), Aranzadi (2011).

MERINO JARA, I., «Selectividad regional, con especial consideración a su incidencia en España», en Las ayudas de Estado en el ámbito tributario. Experiencia española y contexto actual, Fundación Impuestos y Competitividad (2021), pp 213-243.

MILADINOVIC, A. y PETRUZZI, R., «The Recent Decisions of the European Commission on Fiscal State Aid: An Analysis from a Transfer Pricing Perspective», International Transfer Pricing Journal, 26(4) (2019), pp, 243-252.

MILLER, A. y OATS, L., Principles of international taxation, London Bloomsbury Professional 2016.

MIYATAKE, T. y GREEN, R. H., «Transfer pricing and intangibles», International Fiscal Association Congress 61st. Kyoto, Japan (2007), Sdu Fiscale y Financiële Uitgevers.

MOGLE, J. R., «Intercompany transfer pricing for intangible property», Tax Management Transfer Pricing Report no. 6(2-25) (1997), pp. 1-52.

MONSENEGO, J., Introduction to transfer pricing, Wolters Kluwer 2013.

MONSENEGO, J., Introduction to transfer pricing (2.ª ed.), Wolters Kluwer 2015.

MONSENEGO, J., «Some observations on Starbucks, Fiat, and their potential impact on future amendments to the arm's length principle», Kluwer International Tax Blog (2019).

MORENO CEREZO, F., Impuesto sobre sociedades, Pirámide 1981.

MORENO GONZÁLEZ, S., «State Aid and Tax Competition: Comments on the European Commission "s Decisions on Transfer Pricing Rulings"», European State Aid Law Quarterly no. 15(4) (2016), pp. 556-574.

MORENO GONZÁLEZ, S. & GÓMEZ REQUENA, J. A. (Eds.), Tendencias y desafíos fiscales de la economía digital, Thomson Reuters Aranzadi 2017.

MORENO GONZÁLEZ, S., «Capítulo III. Las reglas de reparto de la potestad tributaria en los Convenios para evitar la doble imposición», en MORENO GONZÁLEZ, S. y NOCETE CORREA, F. J. (Eds.) Introducción a la fiscalidad internacional, Atelier 2020, pp. 81-190.

MORENO GONZÁLEZ, S. y GÓMEZ REQUENA, J. A., «Capítulo I. Los principios y conceptos tradicionales de la fiscalidad internacional: pasado, presente y futuro», en MORENO GONZÁLEZ, S. y NOCETE CORREA, F. J. (Eds.) Introducción a la fiscalidad internacional, Atelier 2020, pp. 21-46.

MORO VISCONTI, R., «Exclusive Patents and Trademarks and Subsequent Uneasy Transaction Comparability: Some Transfer Pricing Implications», Intertax no. 40(3) (2012), Kluwer Law International, pp. 212-210.

MPOHA, J. W., «Article 12B of the UN Model (2021): A Simplified Solution for Developing Countries to Tax Income from the Digital Economy?», Bulletin for International Taxation no. 76(5) (2022), pp. 228-240.

NAVARRO IBARROLA, A., Los ajustes transaccionales en la normativa sobre precios de transferencia, Tesis doctoral, Universidad Carlos III de Madrid 2016.

NAVARRO IBARROLA, A., «Capítulo 5. La modificación de las pautas sobre precios de transferencia en BEPS (Acciones 8-10): ¿cambio o evolución?», En ALMUDÍ CID, J. M., FERRERAS GUTIÉRREZ, J. A. y HERNÁNDEZ GONZÁLEZ-BARREDA, P.A. (Eds.) El plan de acción sobre erosión de bases imponibles y traslado de beneficios (BEPS): G20, OCDE y Unión Europea, Aranzadi Thomson Reuters 2017, pp. 313-348.

NAVARRO IBARROLA, A., El desconocimiento de operaciones vinculadas en el marco del principio de plena competencia del artículo 18 de la Ley del impuesto sobre sociedades. Instituto de Estudios Fiscales 2018.

NAVARRO IBARROLA, A., «Intangibles de difícil valoración y ajustes retrospectivos en la normativa española sobre precios de transferencia», Crónica Tributaria núm. 173 (2019), pp. 153-185.

NAVARRO IBARROLA, A., «Consideraciones de política fiscal sobre la propuesta GloBE de tributación mínima (pilar 2) y su implementación», Revista Crónica Tributaria, 179(2) (2021), 63-91.

NAVARRO IBARROLA, A., «Contractual Allocation of Risks and Substance: The Acer Case» International Transfer Pricing Journal, 28(3) (2021), pp. 203-209.

NAVARRO PORTILLO, M. J., «Desde la contribución de inmuebles cultivo y ganadería hasta el impuesto sobre bienes inmuebles. Evolución histórica, situación actual y perspectivas de futuro», Documentos – IEF núm. (14) (2010).

NAVAS VÁZQUEZ, R. «La calificación del hecho imponible según el artículo 25 de la ley general tributaria», Crónica tributaria núm. 50 (1984).

NAVAS VÁZQUEZ, R., «Interpretación y calificación en derecho tributario: art. 25», En Comentarios a la Ley General Tributaria y líneas para su reforma: libro-homenaje al profesor Dr. Fernando Sainz de Bujanda (Vol. 1), Instituto de Estudios Fiscales 1991, pp. 393-408.

NEIGHBOUR, J. y OWENS, J., Transfer Pricing in the New Millennium: Will the Arm's Length Principle Survive. George Mason Law Review, no. 10(4) (2001), pp. 951-958.

OWENS, J., «Myths and Misconceptions About Transfer Pricing and the Taxation of Multinational Enterprises», Tax Management Transfer Pricing Report no. 21 (2013).

PALAO TABOADA, C., «La subcapitalización y los convenios de doble imposición», Estudios Financieros núm. 137 (1994), pp. 77-94.

PALAO TABOADA, C., Los precios de Transferencia, En Temas pendientes de derecho tributario, Librería Anticuaria Jerez 1997.

PALAO TABOADA, C., «¿Existe el fraude a la ley tributaria?» Estudios Financieros. Revista de Contabilidad y Tributación: Comentarios, Casos Prácticos núm. 182 (1998), pp. 3-28.

PALAO TABOADA, C., «Algunos problemas que plantea la aplicación de la norma española sobre el fraude a la ley tributaria», Crónica tributaria núm. 98 (2001), pp. 127-141.

PALAO TABOADA, C., La aplicación de las normas tributarias y la elusión fiscal, *Lex* Nova 2009.

PALAO TABOADA, C., «The Spanish General Anti-Abuse Rule», Bulletin for International Taxation no. 70(8) (2016), pp. 474-480.

PALAO TABOADA, C., El abuso del derecho en materia tributaria en el Derecho comunitario europeo, REDE. Revista Española de Derecho Europeo no. 61(2017), pp. 13-61.

PANKIV, M., «Post-BEPS Application of the Arm's Length Principle to Intangibles Structures», International Transfer Pricing Journal 23(6) (2016), pp. 463-476.

PARILLO, K. A., «Tax Analysts Interview: OECD s Mary Bennett», Tax Notes International (2011).

PASCHEN, U., «Steuerumgehung im nationalen und internationalen Steuerrecht», Springer 2001.

PATÓN GARCÍA, G., «Análisis de las medidas españolas alineadas con el Plan de acción BEPS: desafíos en la implementación e incidencia en Latinoamérica. Relatoría española», XXVIII Jornadas Latinoamericanas de Derecho Tributario. Tema 1: Medidas nacionales para evitar la erosión de la base tributaria ¿Influencia de BEPS en Latinoamérica?, México, D.F. (Fecha de redacción y entrega a la AEDF: abril de 2015).

PATÓN GARCÍA, G., «La posición del legislador español ante el Proyecto BEPS y los avances del Plan de Acción de la Unión Europea», Documentos. Instituto de Estudios Fiscales no. 20 (2016), pp. 1-56.

PENG, C. y LAGARDEN, M., «DEMPE Functions and the RACI Concept – More Clarity or Confusion Ahead?», International Transfer Pricing Journal no. 26(1) (2019).

PÉREZ BERNABEU, B., «La armonización como instrumento de lucha contra la planificación fiscal internacional», En HINOJOSA TORRALVO, J. J., CRUZ PADIAL, I. y SÁNCHEZ-ARCHIDONA HIDALGO, G. (Eds.) Cuestiones actuales de planificación fiscal internacional, Atelier 2019, pp. 109-126.

PÉREZ ROYO, F., «Sobre los ajustes por operaciones vinculadas (Resolución del TEAC de 10 de septiembre de 1986)», Crónica Tributaria núm. 56 (1986).

PETRUZZI, R., «The arm's length principle: between legal fiction and economic reality», en LANG, M., STORCK, A. y PETRUZZI, R. (Eds.), Transfer Pricing in a post-BEPS world, Wolters Kluwer, 2016, pp. 1-32.

PETRUZZI, R. y BURIAK, S., «Addressing the Tax Challenges of the Digitalization of the Economy – A Possible Answer in the Proper Application of the Transfer Pricing Rules?», Bulletin for International Taxation no. 72-4 (2018).

PETRUZZI, R. y MYZITHRA, A., «Substance in Transfer Pricing in a Post-BEPS World and Beyond», International Transfer Pricing Journal no. 27(6) (2020), pp. 430-447.

PETRUZZI, R., TAVARES, R. J. S. (coords), Transfer pricing and value creation, Linde 2019.

PICCIOTTO, S., International business taxation: a study in the internationalization of business regulation, *Quorum* Books 1992.

PIEDRA ARJONA, S., «El régimen español de las operaciones vinculadas», En FERRER VIDAL, D. (dir.) Metodología de los precios de transferencia: régimen fiscal de las operaciones vinculadas, Thomson Reuters Aranzadi 2019.

QUENTIN, C., «Gently Down the Stream: BEPS, Value Theory and the Allocation of Profitability along Global Value Chains», World Tax Journal, 13(2) (2021).

QUINTAS BERMÚDEZ, J., «Las relaciones intergrupo en el Impuesto sobre Sociedades», Revista de derecho financiero y de hacienda pública Vol. 33 núm. 166-167 (1983), pp. 995-1020.

RAMOS HERRERA, A. J. y CALVO VÉRGEZ, J., «Los esfuerzos de la Comisión Europea por la implantación de una Base Imponible Común Consolidada del IS en el ámbito comunitario: de la propuesta de Directiva [COM (2011) 121 final/SEC (2011) 315 final] a las propuestas de Directiva [COM (2016) 685 final] y [COM (2016) 683 final]», Documentos de Trabajo 13/2017, V Encuentro de Derecho Financiero y Tributario: «El futuro del Impuesto sobre Sociedades» (2.ª parte), Instituto de Estudios Fiscales (2017).

RAMOS MUÑOZ, D., «Abuso del derecho, transacciones transfronterizas y la construcción del Mercado Interior y de la UE. ¿Un equilibrio imposible?», REDE. Revista Española de Derecho Europeo, núm. 44(2012), pp. 61-122.

RIBES RIBES, A., «Las medidas tributarias anti-abuso en la jurisprudencia comunitaria», Quincena Fiscal núm. 1-2 (2009), pp. 39-73.

RUBIO CUADRADO, F., «Capítulo 7. Análisis de comparabilidad», En CORDÓN EZQUERRO, T. (Ed.) Fiscalidad de los precios de transferencia (operaciones vinculadas). (3.ª Ed.) CEF 2019, pp. 309-357.

RUIZ ALMENDRAL, V., Tax Avoidance and the European Court of Justice: What is at Stake for European General Anti-Avoidance Rules? Intertax, no. 33(12) (2005), pp. 562-583.

RUIZ ALMENDRAL, V., ¿Tiene futuro el *test* de los «motivos económicos válidos» en las normas anti-abuso?: sobre la planificación fiscal y las normas anti-abuso en el Derecho de la Unión Europea. Revista de Contabilidad y Tributación núm. 329-330 (2010), CEF, pp. 5-60.

RUIZ ALMENDRAL, V., «The Transfer Pricing in Spain: The tax problem for the next ten years», En BAISTROCCHI, E. (Coord) Resolving transfer pricing disputes: a global analysis., Cambridge University Press 2012.

RUIZ ALMENDRAL, V., «Tax Avoidance, the "Balanced Allocation of Taxing Powers" and the Arm's Length Standard: An Odd Threesome in Need of Clarification», En RICHELLE, I., SCHÖN, W. Y TRAVERSA, E. (Eds.) Allocating Taxing Powers within the European Union (Vol. 2), Spinger 2013, pp. 131-170.

RUIZ ALMENDRAL, V., «Poder tributario autonómico y Derecho de la Unión Europea: Consecuencias de un federalismo fiscal inacabado», Revista Española De Derecho Europeo núm. 64 (2018), pp. 25-76.

RUIZ ALMENDRAL, V. y ZORNOZA PÉREZ, J., Interpretación, calificación, integración y medidas anti elusión en la Ley 58/2003, de 17 de diciembre, General Tributaria, La reforma de la Ley General Tributaria núm. 57, Consejo General del Poder Judicial 2004.

RUIZ GALLUD, S., «Ámbito subjetivo del perímetro de vinculación», En CORDÓN EZQUERRO, T. (Dir.) Fiscalidad de los precios de transferencia: (operaciones vinculadas) (3.ª ed.), CEF 2019.

RUSSO, A., «Formulary Apportionment for Europe: An Analysis and A Proposal», Intertax, *33*(1) (2005), pp. 1-31.

SALA GALVAÑ, G., Los Precios de transferencia internacionales. Su tratamiento tributario. Tirant lo Blanch 2003.

SALA GALVAÑ, G., «Puntos críticos actuales de los precios de transferencia internacionales», Tribuna Fiscal: Revista Tributaria y Financiera núm. 275 (2014), pp. 24-42.

SALVADOR, G., *Il Transfer Pricing Nelle Transazioni Di Intangibles,* Tesis doctoral, Università di Bologna (2018).

SÁNCHEZ DE CASTRO MARTÍN-LUENGO, E., La teoría sobre la prohibición del abuso del derecho europeo como base de las cláusulas anti-elusivas generales nacionales. Crónica Tributaria núm. 167(2018), pp. 209-243.

SÁNCHEZ DE CASTRO MARTÍN-LUENGO, E., Las reglas sobre precios de transferencia bajo el Derecho Europeo, Estudios Financieros, núm. 435(2019), pp. 39-70.

SÁNCHEZ DE CASTRO MARTÍN-LUENGO, E., «Las reglas sobre precios de transferencia bajo el derecho europeo, algunas reflexiones tras la sentencia del TJUE de 31 de mayo de 2018, C-382/16, asunto "Hornbach-Baumarkt AG"», Nueva Fiscalidad núm. 1 (2019), pp. 153-189.

SÁNCHEZ-ARCHIDONA HIDALGO, G., La erosión de las bases imponibles societarias, Aranzadi 2018.

SANTOS FLORES, I., Régimen jurídico de los acuerdos previos de valoración (APAS), Tesis doctoral, Universidad Complutense de Madrid 2017.

SANZ GADEA, E., Impuesto sobre sociedades (Tomo I.), Centro de Estudios Financieros (1987).

SANZ GADEA, E., «Operaciones Vinculadas (I)», Revista de Contabilidad y Tributación núm. 209-210 (2000), pp. 73-122.

SANZ GADEA, E., «La imposición mínima global de los grupos de sociedades. OCDE. Pillar 2», Derecho & Sociedad núm. 56(2021), pp. 1-38.

SCHECHNER, S., «Google's Tax Setup Faces French Challenge», Wall Street Journal (2014, October 9), URL: https://www.wsj.com/articles/googles-tax-setup-faces-french-challenge-1412790355

SCHOLES, MYRON. S., WOLFSON, MARK. A., ERICKSON, MERLE. M., MAYDEW, EDWARD. L. y SHEVLIN, TERRENCE. J., Taxes and business strategy: a planning approach. Pearson 2013.

SCHÖN, W., «Transfer Pricing, the Arm's Length Standard and European Union», Working Paper of the Max Planck Institute for Tax Law and Public Finance no. 2011-08.

SCHÖN, W., «Transfer Pricing Issues of BEPS in the Light of EU Law (No. 9)». Elsevier BV 2015.

SCHÖN, W., «Ten Questions about Why and How to Tax the Digitalized Economy», Bulletin for International Taxation no. 72(4/5) (2018), pp. 278-292.

SCHÖN, W., «One Answer to Why and How to Tax the Digitalized Economy», Intertax 47(12) (2019), pp. 1003-1022.

SCREPANTE, M., «Rethinking the Arm's Length Principle and Its Impact on the IP Licence Model after OECD/G20 BEPS Actions 8-10: Nothing Changed but the Change?», World Tax Journal no. 11(3) (2019), pp. 425-479.

SCREPANTE, M., «The Arm's Length Principle Evolves Towards a "Value Creation Functional (i.e. DEMPE) Formula Standard": A Barrier or a Gateway to Locational Business Planning?», Intertax no. 48(10) (2020), pp. 861-878.

SERRANO ANTÓN, F., «La influencia del Plan de Acción BEPS en la tributación española: impacto en la normativa, incremento de la litigiosidad y el papel de los tribunales». Revista de Contabilidad y Tributación núm. 391(2015), pp. 77-110.

SERRANO ANTÓN, F. y ALMUDÍ CID, J. M., «STJCE 12.12.2002. Lankhorst-Hohorst GmbH, As. C-324/00. Impuesto sobre sociedades. Subcapitalización. Coherencia del régimen fiscal. Evasión fiscal», Crónica tributaria núm. 117 (2005), pp. 164-167.

SERRANO ANTÓN, F., SIMÓN ACOSTA, E. y TAVEIRA TORRES, H., Fiscalidad y Globalización, Aranzadi 2012.

SEVILLA, B., «Cuestiones debatidas sobre forma y sustancia en la tributación internacional», Revista Crónica Tributaria núm. 176(3) (2020), pp. 117-137.

SOLER ROCH, M. T., «El fraude a la ley tributaria en la jurisprudencia europea y española», En BAEZA DÍAZ-PORTALES, M. J. (coord.) V Congreso tributario: cuestiones tributarias problemáticas y de actualidad, Consejo General del Poder Judicial. Centro de Documentación Judicial. Asociación Española de Asesores Fiscales 2010, pp. 383-400.

SOLER ROCH, M. T., «La imposición justa sobre las sociedades en un escenario global: un tema pendiente». Derecho & Sociedad, 50 (2018), pp. 186-197.

SOLOVYOVA, O., «Historical Evolution on the transfer pricing and value creation», En PETRUZZI, R., TAVARES, R. J. S. (coords) Transfer pricing and value creation, Linde 2019, pp. 3-31.

STEVENS, S. A., «The Duty of Countries and Enterprises to Pay Their Fair Share», Intertax no. 42(11) (2014), pp. 702-708.

STJEPAN GADŽO, Š. J., «International Corporate Tax Regime Post-BEPS: A Regulatory Perspective», Intertax no. 48(4) (2020).

SUÁREZ MOSQUERA, C., La calificación jurídica de las operaciones vinculadas, en la imposición directa, según la modificación realizada por la Ley 36/2006, de prevención del fraude fiscal. Crónica Tributaria núm. 125 (2007), pp. 149-174.

SZOTEK, P., Multinational enterprises, European state aid and transfer pricing: a study of the application of EU State Aid Law to transfer pricing and allocation of income to permanent establishments, Tesis doctoral, Maastricht University 2020.

TAVEIRA TORRES, H., «Tributaciones de intangibles». En Serrano Antón, F., Simón Acosta, E. y Taveira Torres, H. (Eds.) Fiscalidad y globalización, Aranzadi 2012, pp. 1125-1216.

TELLO LÓPEZ, J., «La "cláusula antiabuso" del anteproyecto de nueva Ley General Tributaria», Actualidad Jurídica Uría & Menéndez núm. 5 (2003).

T'NG, A., «The modern Marketplace, the Rise of Intangibles and Transfer Pricing», Intertax no. 44 (2016), pp. 413-433.

TOLEDO ZÚÑIGA, P. A., «Concretización y ponderación de principios de Derecho tributario. Análisis de la jurisprudencia constitucional desde la Teoría General del Derecho», Tesis doctoral, Universitat Pompeu Fabra 2015.

TORVIK, O., Transfer pricing and intangibles: US and OECD arm's length distribution of operation profits from IP value chains, IBFD 2018.

TRAPÉ VILADOMAT, M., «El Foro sobre precios de transferencia en la Unión Europea», Información Comercial Española (ICE): Revista de Economía núm. 825 (2005), pp. 161-172.

TRAPÉ VILADOMAT, M., «Empresas asociadas». En CARMONA FERNÁNDEZ N. & CALDERÓN CARRERO, J. M. (coords.) Convenios fiscales internacionales y fiscalidad de la Unión Europea, CISS 2005.

TRAPÉ VILADOMAT, M., «Acuerdos previos de Valoración». En CARMONA FERNÁNDEZ, N. y CALDERÓN CARRERO, J. M. (coords.), Fiscalidad de las operaciones vinculadas, CISS 2009.

TRAPÉ VILADOMAT, M., «III. Empresas asociadas». En N. CARMONA FERNÁNDEZ (Ed.), Convenios de doble imposición: el impacto BEPS: análisis y evolución de la red española de tratados fiscales, Wolkers Kluwer CISS 2019, pp. 411-471.

TRAPÉ VILADOMAT, M., «Métodos de valoración». En CORDÓN EZQUERRO, T. (Ed.) Fiscalidad de los precios de transferencia: (operaciones vinculadas) (3.ª ed.), CEF 2019.

TRAPÉ VILADOMAT, M., «Capítulo 8. Métodos de valoración». En CORDÓN EZQUERRO, T. (Ed.) Fiscalidad de los precios de transferencia: (operaciones vinculadas) (3.ª ed.), CEF 2022, pp. 359-379.

URQUIZU CAVALLÉ, Á. (dir.); RIVAS NIETO, E. (coord.) Comercio internacional y economía colaborativa en la era digital. Aspectos tributarios y empresariales, Aranzadi 2019.

VEGA GARCÍA, A., «¿Es obligatorio interpretar la normativa española de origen interno sobre precios de transferencia según las Directrices de la OCDE?», Crónica Tributaria núm. 4(2011), pp. 39-56.

VEGA GARCÍA, A., El soft law en la fiscalidad internacional, Tesis Doctoral, Universitat Pompeu Fabra 2014.

VERLINDEN, I. y BAKKER, A., Mastering the IP Life Cycle from a Legal, Tax and Accounting Perspective, IBFD 2018.

VERLINDEN, I., DE BAETS, S. y PARMESSAR, V., «Grappling with DEMPEs in the trenches: trying to give it the meaning it deserves», Intertax no. 47(12) (2019), pp. 1042-1056.

VERLINDEN, I. y MARKEY, B., «From Compliance to the C-Suite: Value Creation Analysed Through the Transfer Pricing Lens», Intertax no. 44(10) (2016).

VOGEL, K., Klaus Vogel on Double Taxation Conventions, Wolkers Kluwer 1997.

VOGEL, K., «The Influence of the OECD Commentaries on Treaty Interpretation. Tax Treaty Monitor», Bulletin for International Fiscal Documentation no. 51(12) (2000), pp. 612-616.

VOGEL, K., BECKER, J., Klaus Vogel on double taxation conventions (E. Reimer & A. Rust (eds.) (4.ª ed.), Wolters Kluwer Law International 2015

VOGEL, K., BECKER, J., Klaus Vogel on double taxation conventions (E. Reimer & A. Rust (eds.) (5.ª ed.), Wolters Kluwer Law International 2022.

WATTEL, P. J., «Stateless income, state aid and the (which?) arm's length principle», Intertax 44(11) (2016), 791-801.

WILLS, M., «The Tax Treatment of Intangibles in the Context of Transfer Pricing», Revenue Law Journal no. 9(1) (1999).

WITTENDORFF, J., «The transactional ghost of Article 9(1) of the OECD Model», Bulletin for International Taxation no. 63(3) (2009).

WITTENDORFF, J., Transfer pricing and the arm's length principle in international tax law, Wolters Kluwer Law & Business 2010.

ZIMMER, F., «Form and substance in tax law — General Report», IFA Cahiers (Vol. 87A) (2002), Kluwer Law International.

ZORNOZA PÉREZ, J., «Capítulo 22. El Convenio multilateral: un análisis preliminar», En ALMUDÍ CID, J. M.; FERRERAS GUTIÉRREZ, J. A.; HERNÁNDEZ GONZÁLEZ-BARREDA, P. A. (Eds.) El plan de acción sobre erosión de bases imponibles y traslado de beneficios (BEPS): G20, OCDE y Unión Europea, Aranzadi Thomson Reuters 2017, pp. 475-512.

Jurisprudencia citada

1. Jurisprudencia española

1.1 Tribunal Constitucional

- STC de 11 de julio de 2013 (RTC 2013, 145)

1.2 Tribunal Supremo

- TS Auto de 8 de febrero de 2011 (JUR 2011, 86969)
- STS de 12 de diciembre de 1985 (RJ 1985, 6243)
- STS de 5 de marzo de 1988 (RJ 1988, 1649)
- STS de 3 de junio de 2000 (RJ 2000, 4874)
- STS de 11 de febrero de 2000 (RJ 2000, 2786)
- STS de 15 de julio de 2002 ((RJ 2002, 7724)
- STS de 12 de febrero de 2003 (RJ 2003, 2492)
- STS de 25 de octubre de 2005 (6774/2004)
- STS de 14 de febrero de 2006 (RJ 2006, 782)
- STS de 10 de enero de 2007 (RJ 2007, 407)
- STS de 27 de mayo de 2008 (RJ 2008, 2870)
- STS de 15 de julio de 2008 (RJ 2008, 3911)
- STS de 18 de marzo de 2008 (RJ 2008, 2707)
- STS de 30 de mayo de 2011 (RJ 2011, 4838)
- STS de 30 de junio de 2011 (RJ 2011, 6063)
- STS de 9 de diciembre de 2011 (RJ 2012, 2645)

- STS de 18 de julio de 2012 (RJ 2012, 7924)
- STS de 27 mayo 2014 (RJ 2014, 3884)
- STS de 5 de febrero de 2015 (RJ 2015, 1045)
- STS de 9 de febrero de 2015 (RJ 2015, 902)
- STS de 12 de febrero de 2015 (RJ 2015, 912)
- STS de 26 de febrero de 2015 (RJ 2015, 1281)
- STS de 20 de mayo de 2016 (RJ 2016, 3266)
- STS de 31 de mayo de 2016 (RJ 2016, 3289)
- STS de 19 de julio de 2016 (RJ 2016, 5774)
- STS de 19 de octubre de 2016 (RJ 2016, 5194)
- STS de 22 de diciembre de 2016 (RJ 2016, 6238)
- STS de 24 de febrero de 2016 (RJ 2016, 1374)
- STS de 21 de febrero de 2017 (RJ 2017, 1757)
- STS de 23 de mayo de 2018 (RJ 2018, 2431)
- STS de 5 de febrero de 2019 (RJ 2019, 442)
- STS de 26 de febrero de 2020 (RJ 2020, 74164)
- STS de 2 de julio de 2020 (RJ 2020, 2836)
- STS de 2 de julio de 2020 (RJ 2020, 2203)
- STS de 5 de noviembre de 2020 (RJ 2020, 4548)
- STS de 22 de septiembre de 2021 (RJ 2021, 4446)

1.3 Audiencia Nacional

- SAN de 7 de noviembre de 2003 (JUR 2003, 26587)
- SAN de 30 de abril de 2009 (JUR 2009, 218875)
- SAN de 21 de mayo de 2009 (JUR 2009, 281462)
- SAN de 21 de septiembre de 2009. (JT 2009, 952)
- SAN de 7 de diciembre de 2011 (JT 2011, 1252)

- SAN de 4 de febrero de 2010 (JUR 2010, 67538)
- SAN de 24 octubre de 2013 (RJ 2013, 7015)
- SAN de 11 de diciembre de 2014 (JT 2014, 2081)
- SAN de 29 de diciembre de 2017 (JUR 2018, 59337)
- SAN de 22 de febrero de 2018 (JT 2018, 373)
- SAN de 22 de abril de 2019 (JT 2019, 542)
- SAN de 29 de marzo de 2018 (JUR 2019, 128007)
- SAN de 16 de noviembre de 2011 (JUR 2021, 7179)
- SAN de 30 de junio de 2021 (JT 2021, 976)

2. Jurisprudencia europea

2.1 Tribunal de Justicia de la Unión Europea

- STJCE de 3 de diciembre de 1974, *Van Binsbergen* (Asunto 33-74)
- STJCE de 11 de julio de 1974, *Dassonville* (Asunto 8-74)
- STJCE de 20 de febrero de 1979, *Rewe, Cassis de Dijon* (Asunto 120/78)
- STJCE de 7 de febrero de 1979, *Knoors* (Asunto C-115/78)
- STJCE de 17 de septiembre 1980, *Philip Morris Holland BV* (Asunto 730/79)
- STJCE de 29 de octubre de 1980, *Boussac Saint-Frères SA* (Asunto 22/80)
- STJCE de 10 de enero de 1985, *Leclerc y otros* (Asunto C-299/83)
- STJCE de 14 de octubre de 1987, *Alemania/Comisión* (Asunto C-248/84)
- STJCE de 3 de octubre de 1990, *Bouchoucha* (TJCE 1991, 60)
- STJCE de 25 de julio de 1991, *Collectieve Antennevoorziening Gouda y otros* (TJCE 1991, 247)
- STJCE de 28 de enero de 1992, *Bachmann* (TJCE 1992, 10)
- STJCE de 3 de marzo de 1993, *General Milk Products* (TJCE 1993, 25)

- STJCE de 31 de marzo de 1993, *Kraus* (TJCE 1993, 41)
- • STJUE de 11 de agosto de 1995, *Wielockx* (Asunto C-80/94)
- STJCE de 30 de noviembre de 1995, *Gebhard* (TJCE 1995, 212)
- STJCE de 27 de junio de 1996, Asscher (TJCE 1996, 114)
- STJCE de 15 de mayo de 1997, *Futura Participations y Singer* (TJCE 1997, 90)
- STJCE de 12 de mayo de 1998, *Kefalas* (TJCE 1998, 96)
- STJCE de 16 de julio de 1998, *ICI* (TJCE 1998, 175)
- STJCE de 9 de marzo de 1999, *Centros* (TJCE 1999, 47)
- STJCE de 14 de diciembre de 2000, *Emsland-Stärke* (TJCE 2000, 326)
- STJCE de 26 de septiembre de 2000, *Comisión/Bélgica* (TJCE 2000, 217)
- STJCE de 1 de febrero de 2001, *Mac Quen y otros* (TJCE 2001, 23)
- STJCE de 13 de marzo de 2001, *PreussenElektra y otros* (TJCE 2001, 102)
- STJCE de 8 de noviembre de 2001, *Adria-Wien Pipeline GmbH y otros* (TJCE 2001, 304)
- STJCE de 12 de diciembre de 2002, *Lankhorst-Hohorst* (TJCE 2002, 372)
- STJCE de 17 de octubre de 2002, *Payroll y otros* (TJCE 2002, 287)
- STJCE de 4 de marzo de 2004, *Comisión/Francia* (TJCE 2004, 55)
- STJCE de 29 de abril de 2004, *Gemeente Leusden y Holón Groep BV* (TJCE 2004, 124)
- STJCE de 29 de abril de 2004, *Alemania v Comisión* (TJCE 2004, 140)
- STJCE de 5 de octubre de 2004, *CaixaBank France* (TJCE 2004, 273)
- STJCE de 13 de diciembre de 2005, *Marks & Spencer* (TJCE 2005, 372)
- STJCE de 22 de junio de 2006, *Bélgica y Forum.* (TJCE 2006, 174)
- STJCE de 12 de septiembre de 2006), *Cadbury Schweppes* (TJCE 2006, 243)

- STJCE de 21 de febrero de 2006, *Halifax y otros* (TJCE 2006, 383)
- STJCE de 14 de noviembre de 2006, *Kerckhaert-Morres* (TJCE 2006, 330)
- STJCE de 13 de marzo de 2007, *Test Claimants in the Thin Cap Group Litigation* (TJCE 2007, 59)
- STJCE de 18 de julio de 2007, *Oy AA* (TJCE 2007, 202)
- STJCE de 29 de marzo de 2007, *Rewe Zentralfinanz* (TJCE 2007, 72)
- STJCE de 17 de enero de 2008, *Lammers & Van Cleeff* (TJCE 2008, 4)
- STJCE de 16 de diciembre de 2008, *Arcelor Atlantique et Lorraine y otros* (TJCE 2008, 309)
- STJCE de 16 diciembre de 2008, *Huber* (TJCE 2008, 314)
- STJCE de 22 de diciembre de 2008, *Truck Center* (TJCE 2008, 342)
- STJCE de 10 de febrero de 2009, *Comisión/Italia* (TJCE 2009, 21)
- STJCE de 12 de febrero de 2009, *Block* (TJCE 2009, 31)
- STJCE de 30 de abril de 2009, *Comisión de las Comunidades Europeas v. Italia y Wam SpA* (TJCE 2009, 110)
- STJCE de 16 de julio de 2009, *Damseaux* (TJCE 2009, 235)
- STJUE de 21 de enero de 2010, *Société Industrielle de Gestion* (TJCE 2010, 16)
- STJUE de 17 de diciembre de 2015, *WebMindLicences* (TJCE 2015, 393)
- STJUE de 31 de mayo de 2018, *Hornbach-Baumarkt y otro* (JUR 2018, 152927)
- STJUE de 8 de mayo de 2019, *Związek Gmin Zagłębia Miedziowego* (JUR 2019, 144684)
- STJUE de 16 de septiembre de 2021, *Comisión Europea v. Bélgica y otro* (JUR 2021, 296469)
- STJUE de 16 de marzo de 2021, *Comisión/Polonia* (JUR 2021, 82274)
- STJUE Sentencia de 6 de octubre de 2021, *World Duty Free Group y España/Comisión* (TJCE 2021, 245)

- STJUE de 8 de noviembre de 2022, *Fiat* (JUR 2022, 344406)
- STJUE de 20 de septiembre de 2023, *Bélgica v Comisión* (TJCE 2023, 142)
- STJUE de 21 de septiembre de 2023, *Fachverband Spielhallen eV.* (JUR 2023, 347762)
- STJUE de 14 de diciembre de 2023, *Comisión v Amazon y Luxemburgo* (JUR 2023, 440279)

2.2 Tribunal General de la Unión Europea

- STGUE de 14 de febrero de 2019, *Bélgica y Magnetrol International/ Comisión* (Asuntos T-131/16 y T-263/16)
- STGUE de 24 de septiembre de 2019, *Fiat* (Asuntos T-755/15 y T-759/15)
- STGUE de 24 de septiembre de 2019, *Starbucks* (Asuntos T-760/15 y T-636/16).
- STGUE de 15 de julio de 2020, *Apple* (Asuntos T-778/16 y T-892/16)
- STGUE de 12 de mayo de 2021, *Luxemburgo y Amazon v. Comisión* (Asunto T-755/15 y T-759/15)
- TGUE Comunicado de prensa sobre los casos *T-816/17 Luxembourg v Commission and T-318/18 Amazon EU Sàrl and Amazon.com, Inc. v Commission*. 2021

3. Jurisprudencia de Estados Unidos

- *R.T. French Co. vs. Commissioner of Internal Revenue, 60 TC 836 (1973).* United States Tax Court.
- *E.I. DuPont de Nemours & Co. vs. Commissioner,* 608 F2d 4445 (Fed. Cir. 1979). United States Court of Claims.
- *Ciba-Geigy Corp. vs. Commissioner, 85 TC 172 (1985).* United States Tax Court.
- *Eli Lilly & Co. v. Commissioner, 856 F.2d 855 (7th Cir. 1988).* United States Court of Appeals, Seventh Circuit.
- *Bausch & Lomb Inc. vs. Commissioner., 92 TC 525, 599 (1989).* United States Tax Court.

Sundstrand Corp. v. Commissioner of Internal Revenue, 96 TC 226, 96 TC 12 (1991). United States Tax Court.

- *Seagate Tech., Inc. v. Commissioner of Internal Revenue*, 102 TC 149,
- 102 TC 9 (1994) United States Tax Court.

- *GlaxoSmithKline Holdings (Americas) Inc. v. Commissioner. 117 TC 1 (2001)* United States Tax Court.

- *DHL Corp. v. Commissioner, 285 F.3d 1210 (9th Cir. 2002).* United States Court of Appeals, Ninth Circuit.

Guía de uso

¡ENHORABUENA!

ACABAS DE ADQUIRIR UNA OBRA QUE **INCLUYE LA VERSIÓN ELECTRÓNICA.**
APROVÉCHATE DE TODAS LAS FUNCIONALIDADES.

ACCESO INTERACTIVO A LOS MEJORES LIBROS JURÍDICOS

FUNCIONALIDADES

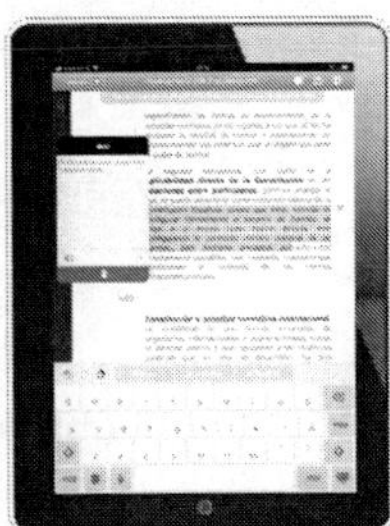

SELECCIONA Y DESTACA TEXTOS

Crea anotaciones y escoge los colores para organizar tus notas y subrayados.

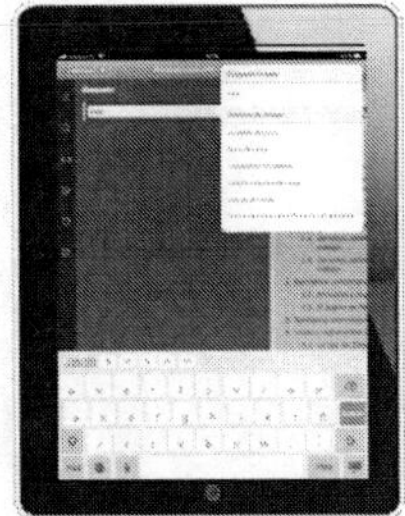

USA EL TESAURO PARA ENCONTRAR INFORMACIÓN

Al comenzar a escribir un término, aparecerán las distintas coincidencias del índice del Tesauro relacionadas con el término buscado.

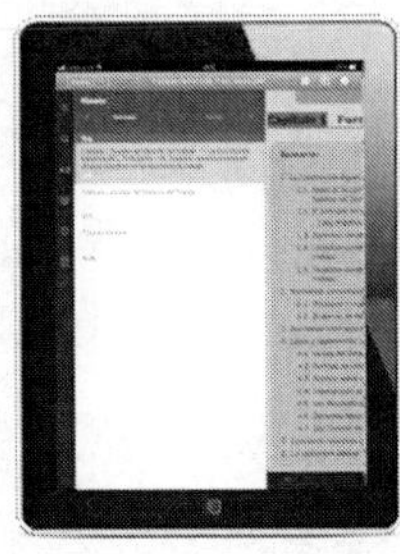

HISTÓRICO DE NAVEGACIÓN

Vuelve a las páginas por las que ya has navegado.

ORDENAR

Ordena tu biblioteca por:
Título (orden alfabético),
tipo (libros y revistas), editorial,
jurisdicción o área del Derecho.

CONFIGURACIÓN Y PREFERENCIAS

Escoge la apariencia de tus libros y revistas cambiando la fuente del texto, el tamaño de los caracteres, el espaciado entre líneas o la relación de colores.

MARCADORES DE PÁGINA

Crea un marcador de página en el libro tocando en el icono de Marcador de página situado en el extremo superior derecho de la página.

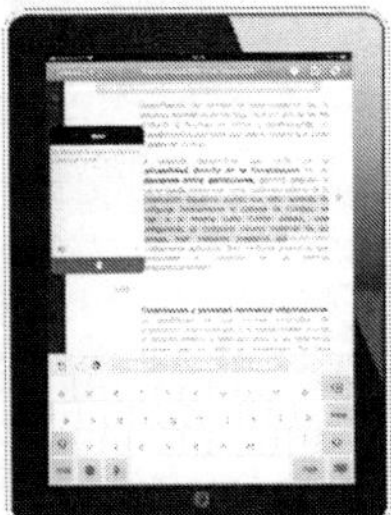

BÚSQUEDA EN LA BIBLIOTECA

Busca en todos tus libros y obtén resultados con los libros y revistas donde los términos fueron encontrados y las veces que aparecen en cada obra.

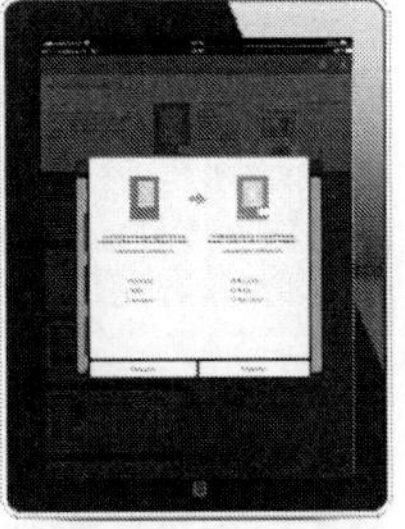

IMPORTACIÓN DE ANOTACIONES A UNA NUEVA EDICIÓN

Transfiere todas sus anotaciones y marcadores de manera automática a través de esta funcionalidad.

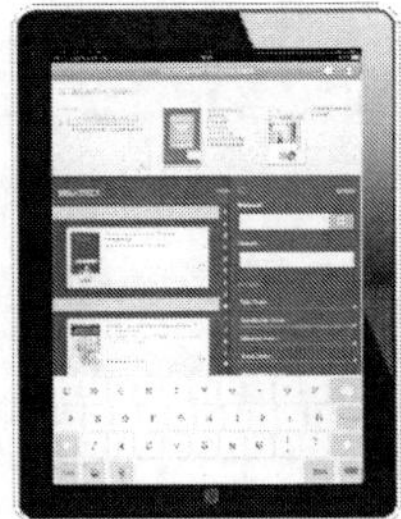

SUMARIO NAVEGABLE

Sumario con accesos directos al contenido.

INFORMACIÓN IMPORTANTE: Si has recibido previamente un correo electrónico deberás seguir los pasos que en él se detallan.

Estimado/a cliente/a,

Para acceder a la versión electrónica de este libro, por favor, accede a **http://onepass.aranzadi.es** Tras acceder a la página citada, introduce tu dirección de correo electrónico (*) y el código que encontrarás en el interior de la cubierta del libro.

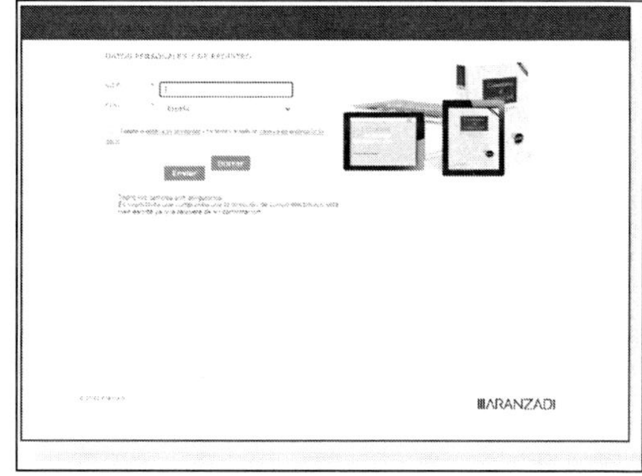

A continuación pulsa enviar.

Si te has registrado anteriormente en OnePass, en la siguiente pantalla se te pedirá que introduzcas el NIF asociado al correo electrónico.

Finalmente, te aparecerá un mensaje de confirmación y recibirás un correo electrónico confirmando la disponibilidad de la obra en tu biblioteca.

Si es la primera vez que te registras en **OnePass,** deberás cumplimentar los datos para crear tu cuenta y poder acceder a tu libro electrónico.

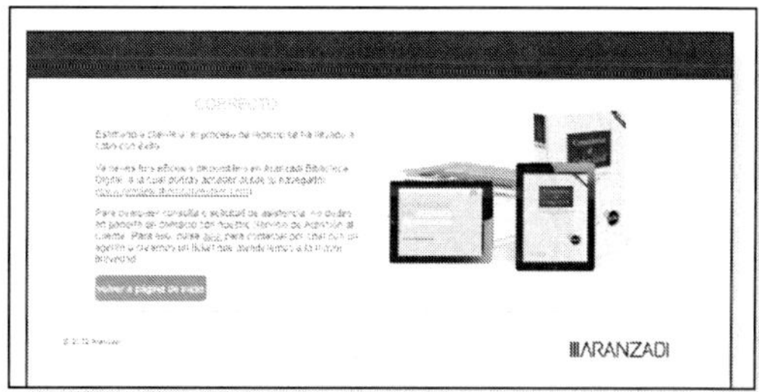

- Los campos **"Nombre de usuario"** y **"Contraseña"** son los datos que utilizarás para acceder a las obras que tienes disponibles a través del navegador en la ruta www.proview.thomsonreuters.com

Servicio de Atención al Cliente

Ante cualquier incidencia en el proceso de registro de la obra no dudes en ponerte en contacto con nuestro Servicio de Atención al Cliente. Para ello accede a nuestro Portal Corporativo y una vez allí en el apartado del Centro de Atención al Cliente selecciona la opción de Acceso a Soporte para no Suscriptores (compra de Publicaciones).